D1704520

Lehr- und Handbücher zu
Geld, Börse, Bank und Versicherung

Herausgegeben von
Universitätsprofessor Dr. Guido Eilenberger

Bisher erschienene Werke:

Döhring, Gesamtrisiko-Management von Banken
Dürr, Investor Relations, 2. Auflage
Eilenberger, Bankbetriebswirtschaftslehre, 6. Auflage
Eilenberger, Betriebliche Finanzwirtschaft, 5. Auflage
Jenkis, Wohnungsbaufinanzierung
Widdel, Theorie und Praxis der Aktienspekulation

Gesamtrisiko-Management von Banken

Von
Dr. Jens Döhring

R. Oldenbourg Verlag München Wien

Die Deutsche Bibliothek - CIP-Einheitsaufnahme

Döhring, Jens:
Gesamtrisiko-Management von Banken / von Jens Döhring. -
München ; Wien : Oldenbourg, 1996
   (Lehr- und Handbücher zu Geld, Börse, Bank und Versicherung)
   ISBN 3-486-23766-7

© 1996 R. Oldenbourg Verlag GmbH, München

Das Werk einschließlich aller Abbildungen ist urheberrechtlich geschützt. Jede Verwertung außerhalb der Grenzen des Urheberrechtsgesetzes ist ohne Zustimmung des Verlages unzulässig und strafbar. Das gilt insbesondere für Vervielfältigungen, Übersetzungen, Mikroverfilmungen und die Einspeicherung und Bearbeitung in elektronischen Systemen.

Gesamtherstellung: R. Oldenbourg Graphische Betriebe GmbH, München

ISBN 3-486-23766-7

Vorwort

Die Identifikation, Abbildung, Quantifizierung und Steuerung von Risiken stellen seit jeher die zentralen Aufgaben des Bankmanagement dar. Entsprechend ist bis heute bezogen auf die Einzelrisiken ein umfangreiches und immer weiter verfeinertes Instrumentarium entwickelt worden. Zu denken ist an Zinselastizitätsbilanzen, an Fremdwährungsbilanzen oder an Diskriminanzanalysen zur Trennung „guter" und „schlechter" Kreditnehmer. Mit Hilfe dieses Instrumentariums können die Einzelrisiken weitgehend sachgerecht abgebildet bzw. gesteuert werden. Ein Problem stellt bis dato allerdings immer noch die Integration der Einzelrisiken zu einem Gesamtrisiko dar. Ausfall-, Zinsänderungs- und Währungsrisiken können nämlich nicht einfach addiert werden; vielmehr setzt ihre Zusammenfassung eine Angleichung in der Darstellungsform sowie eine Berücksichtigung gegenseitiger Abhängigkeiten voraus. Ausfälle von Kreditnehmern sowie negative Zins- oder Wechselkursänderungen treten nun einmal nicht gleichzeitig ein, sondern sie sind mehr oder minder hoch korreliert. Ein Ziel der vorliegenden Untersuchung ist es daher, die allgemeine Vorgehensweise bei der Ermittlung eines integrativen Gesamtrisikos aufzuzeigen.

Anknüpfend an die Bestimmung eines Gesamtrisikos ist des weiteren zu eruieren, in welcher Form und in welcher Höhe Erfolgsbeiträge allein durch die Übernahme von Risiken erwirtschaftet werden können. Bereiten Risiken generell einen Mißnutzen, sollten Banken nämlich nur dann bereit sein, Risiken einzugehen, wenn sie hierfür auch eine Prämie erhalten. Zwar werden derartige Prämien auch bis dato schon berücksichtigt, doch ist die Kalkulation derselben oftmals nicht marktgerecht. Ein zweites Ziel der Arbeit besteht entsprechend darin, Risikoprämien zu identifizieren bzw. Ansätze für eine sachgerechte Kalkulation aufzuzeigen.

Drittens schließlich soll dargestellt werden, in welchem Verhältnis banktypische Einzelrisiken idealerweise übernommen werden sollten, da die Übernahme nur einer Risikoart aus Diversifikationsgesichtspunkten nicht sinnvoll erscheint. Wenngleich Banken auch bisher schon diversifizieren, so erfolgt dies doch in der Regel nur in „naiver" Form.

Die nachstehenden Ausführungen sind — unbeschadet der unverzichtbaren theoretischen Fundierung — durch zahlreiche erläuternde Beispiele im wesentlichen so gehalten, daß sie sich auch dem interessierten Laien erschließen. Der Adressatenkreis dieses Buches ist entsprechend breit. Primär wendet es sich jedoch an Studierende wirtschaftswissenschaftlicher Studiengänge — insbesondere mit bankbetrieblichem Schwerpunkt — an Universitäten und Fachhochschulen; aber auch an

Studenten an Berufs- und Wirtschaftakademien und vergleichbaren Einrichtungen. Ferner kommen Praktiker aus dem Bereich Risikocontrolling/Risikomanagement in Banken, aber auch in Industrie- und Handelsunternehmen als Adressaten dieses Buches in Betracht. Auch für Vorstände bzw. Geschäftsführer dieser Unternehmen können die Ausführungen von hohem Nutzen sein. Wirtschaftsprüfer, Unternehmensberater und nicht zuletzt Vertreter der Bankenaufsicht sind weitere potentielle Adressaten.

Einer großen Zahl von Personen, die in vielfältiger Weise zum Gelingen der Arbeit beigetragen haben, bin ich zu Dank verpflichtet. Von diesen sind insbesondere zu nennen mein akademischer Lehrer Herr Prof. Dr. Hans E. Büschgen, der mir die für das Entstehen eines solchen Werkes erforderliche wissenschaftliche Freiheit gewährte, Herr AOR Dr. Willi Böhner, der mich durch viele und teilweise heftig geführte Fachdiskussionen unterstützte, sowie Herr Prof. Dr. Herbert Hax, der sich freundlicherweise zur Übernahme des Korreferats bereit erklärte. Darüber hinaus haben die Damen Dipl.-Kff. Anne Böhm und Dipl.-Kff. Kirsten Siersleben sowie die Herren Dipl.-Kfm Dipl.-Hdl. Karl Dürselen, Dipl.-Kfm. Dr. Frieder Meyer und Dipl. Hdl. Dr. Hans-Joachim Herrmann erheblichen Anteil am erfolgreichen Entstehen der Arbeit. Schließlich sei an dieser Stelle meiner Lebensgefährtin Frau Sabine Schotte für Ihre liebevolle Geduld und Zurückhaltung gedankt.

Jens Döhring

Inhaltsverzeichnis

Seite

Abbildungsverzeichnis XIII
Abkürzungsverzeichnis XIX
Symbolverzeichnis XXI

Einleitung 1

ERSTER TEIL:
GRUNDLEGUNG ZUM RISIKO UND ZUR RISIKOPOLITIK
BEI BANKEN 7

A. Zum Wesen des Risikos 7
   I. Ursachen des Risikos 7
      1. Ungewißheit von Entscheidungen 7
         a) Konstituenten des Entscheidungsfeldes 7
           (1) Aktionsraum 7
           (2) Ergebnisfunktion 10
           (3) Zustandsraum 11
         b) Ergebnismatrix 13
         c) Zur Wahrscheinlichkeitsverteilung der Umweltzustände ... 13
           (1) Der klassische Wahrscheinlichkeitsbegriff 14
           (2) Der statistische Wahrscheinlichkeitsbegriff 14
           (3) Der subjektive Wahrscheinlichkeitsbegriff 15
      2. „Unscharfe" Definition der Entscheidungssituation 16
   II. Zur Kontroverse um den Risikobegriff 18
      1. Das Begriffsverständnis von Knight 20
      2. Der materielle Risikobegriff 23
      3. Der formale Risikobegriff 28
      4. Versuch einer Synthese 31
   III. Konzepte zur Messung des Risikos 32
      1. Theoretische Grundlagen der Messung 33
      2. Notwendigkeit der Messung bankbetrieblicher Risiken ... 36
         a) Risikomessung als Grundlage der bankbetrieblichen Risikopolitik ... 36
         b) Risikomessung als Bestandteil kollektiver Risikopolitik durch Einlagensicherungssysteme ... 37

      c) Risikomessung für bankenaufsichtsrechtliche
         Zwecke 39
      d) Risikomessung im Rahmen des Jahresabschlusses 40
   3. Risikomaßgrößen 41
      a) Messung materieller Risiken 42
      b) Messung formaler Risiken 44

B. Systematisierung bankbetrieblicher Risiken 53

  I. Absatzrisiken 53

  II. Risiken des Betriebsbereichs 56

  III. Risiken des Wertebereichs 58

   1. Erfolgsrisiken 59

      a) Zinsänderungsrisiko 59

      b) Währungsrisiko 63

      c) Ausfallrisiko 68

   2. Liquiditätsrisiken 71

C. Risikopolitik bei Banken 77

  I. Passive Maßnahmen zur Risikosteuerung 78

  II. Aktive Maßnahmen zur Risikosteuerung 79

   1. Die „unscharfe" Entscheidungssituation betreffende Maßnahmen ... 79

   2. Die Konstituenten der Entscheidungssituation betreffende
     Maßnahmen 82

      a) Steuerung der Handlungsalternativen 82

      b) Steuerung der Umweltzustände 84

         (1) Risikozerfällung 84

         (2) Risikodiversifikation 85

      c) Steuerung der Handlungsergebnisse 88

         (1) Risikokompensation 88

         (2) Risikoüberwälzung 90

         (3) Risikoabgeltung 91

ZWEITER TEIL:
FUNKTIONEN UND ANFORDERUNGEN AN DIE RISIKOMESSUNG UND KRITISCHE ANALYSE BISHERIGER QUANTIFIZIERUNGSANSÄTZE 93

- A. Funktionen und Anforderungen an die Risikomessung 93
  - I. Die Steuerungsfunktion der Risikomessung..93
  - II. Anforderungen an die Risikomessung 98
    1. Basisanforderungen 98
    2. Steuerungsadäquate Messung des materiellen Risikos......................101
    3. Steuerungsadäquate Messung des formalen Risikos.........................102

- B. Kritische Analyse isolierter Konzepte zur Messung banktypischer Erfolgsrisiken 104
  - I. Die Messung des Ausfallrisikos..104
    1. Zur Kontroverse um die Kreditvergabeentscheidung..........................104
    2. Darstellung der Messung von Ausfallrisiken auf der Basis einer modifizierten Risikonormierungsthese..108
       - a) Das Sicherheitskriterium bei der Übernahme von Ausfallrisiken 108
       - b) Das Gewinnkriterium bei der Übernahme von Ausfallrisiken...................119
    3. Kritische Analyse der herkömmlichen Ausfallrisikomessung...................123
       - a) Unvollständige Messung des materiellen Risikos im Rahmen des Gewinnkriteriums 124
       - b) Implikationen aus der indirekten Messung des formalen Risikos im Rahmen des Sicherheitskriteriums..129
  - II. Die Messung des Zinsänderungsrisikos 131
    1. Grundlegende Problematik der Zinsänderungsrisikomessung.................131
    2. Darstellung und kritische Analyse traditioneller Meßkonzepte....................133
       - a) Die Zinsbindungsbilanz..133
       - b) Das Solvenz- bzw. Durationskonzept 141
       - c) Der Zinselastizitätenansatz...150
    3. Entwicklung einer „modifizierten Zinsbindungsbilanz" zur exakten Quantifizierung zinsbedingter Reinvermögensänderungen 153
    4. Implikationen aus der vernachlässigten und nur indirekten Messung materieller bzw. formaler Zinsänderungsrisiken..161
       - a) Herleitung von Erwartungswerten zukünftiger Zinssätze.......................162
       - b) Implikationen aus der Vernachlässigung materieller Zinsänderungsrisikoprämien..167
       - c) Ermittlung und Implikationen aus der indirekten Messung des formalen Zinsänderungsrisikos...171

III. Die Messung des Währungsrisikos ... 177
   1. Grundlegende Problematik der Währungsrisikomessung ... 177
   2. Darstellung und kritische Analyse traditioneller Meßkonzepte ... 178
      a) Messung des Wechselkursrisikos im Rahmen einer Fremdwährungsbilanz ... 178
      b) Messung des Swapsatzrisikos aus zeitlich offenen Fremdwährungspositionen ... 183
      c) Entwicklung eines Ansatzes zur Interpretation des Swapsatzrisikos als Zinsänderungsrisiko in Fremdwährung ... 191
   3. Implikationen aus der vernachlässigten und nur indirekten Messung materieller bzw. formaler Wechselkursrisiken ... 201
      a) Herleitung von Erwartungswerten zukünftiger Wechselkurse ... 202
      b) Implikationen aus der Vernachlässigung materieller Wechselkursrisikoprämien ... 203
      c) Implikationen aus der indirekten Messung des formalen Wechselkursrisikos ... 205

C. Ermittlung und Interpretation von Risikoverbundeffekten zwischen Einzelrisiken ... **210**
   I. Das Wesen von Risikoverbundeffekten ... 210
   II. Abbildung und Analyse materieller Risikoverbundeffekte ... 212
      1. Materieller Risikoverbundeffekt zwischen dem Ausfall- und dem Zinsänderungsrisiko ... 212
      2. Materielle Risikoverbundeffekte zwischen dem Ausfall- und dem Wechselkurs- bzw. Swapsatzrisiko ... 225
         a) Ausfall- und Wechselkursrisiko ... 225
         b) Ausfall- und Swapsatzrisiko ... 228
      3. Materieller Risikoverbundeffekt zwischen dem Wechselkurs- und dem Zinsänderungsrisiko ... 233
   III. Abbildung und Analyse formaler Risikoverbundeffekte ... 241
      1. Das Wesen formaler Risikoverbundeffekte ... 241
      2. Empirische Messung formaler Einzelrisiken ... 246
         a) Quantifizierung des formalen Ausfallrisikos ... 246
         b) Quantifizierung des formalen Zinsänderungsrisikos ... 254
         c) Quantifizierung des formalen Wechselkurs- und Swapsatzrisikos ... 258
            (1) Swapsatzrisiko ... 258
            (2) Wechselkursrisiko ... 262

3. Empirische Messung und Interpretation formaler
   Risikoverbundeffekte 264
   a) Formaler Risikoverbundeffekt zwischen dem
      Ausfall- und dem Zinsänderungsrisiko 265
   b) Formale Risikoverbundeffekte zwischen dem
      Ausfall- und dem Wechselkurs- bzw. Swapsatzrisiko 269
      (1) Ausfall- und Swapsatzrisiko 269
      (2) Ausfall- und Wechselkursrisiko 271
   c) Formale Risikoverbundeffekte zwischen dem ....
      Zinsänderungs- und dem Wechselkurs- bzw. Swapsatzrisiko ... 274
      (1) Zinsänderungs- und Swapsatzrisiko 274
      (2) Zinsänderungs- und Wechselkursrisiko 277
   d) Formaler Risikoverbundeffekt zwischen dem
      Swapsatz- und dem Wechselkursrisiko 279

DRITTER TEIL:
PROBLEMFELDER UND VORGEHENSWEISE BEIM MANAGEMENT DES FORMALEN GESAMTRISIKOS DER BANK 284

A. Grundüberlegungen 284
I. Erhebung der Problemfelder bei der Ermittlung des formalen
   Gesamtrisikos 284
II. Die Versicherung von Ausfallrisiken 286
   1. Vorteile bei der Versicherung von Ausfallrisiken 286
   2. Bankenufsichtsrechtliche Anerkennung von Ausfallrisikoversicherungen 288
   3. Grundsätzliche Aspekte des Management von Ausfallrisiken 292
III. Formale Risikoprämien für strukturelle Risiken 297
   1. Grundsätzliche Problematik der Zurechnung formaler
      Risikoprämien 297
   2. Formale Risikoprämien für das Zinsänderungsrisiko 299
   3. Formale Risikoprämien für das Wechselkursrisiko 303

B. Kalkulation formaler Ausfallrisikoprämien 306
I. Mißnutzenausgleichs- und Sicherheitsfunktion formaler
   Ausfallrisikoprämien 307
II. Anforderungen an die Kalkulation formaler Ausfallrisikoprämien 310
III. Kalkulation formaler Ausfallrisikoprämien auf der Basis
    eines marktdeduzierten Ansatzes 311

C. Das Management des formalen Gesamtrisikos **336**
  I. Ermittlung des formalen Gesamtrisikos 336
    1. Informationsanforderungen und Vorgehensweise 336
    2. Problematik und Vorgehensweise bei der Integration des
       Zufallsrisikos in das formale Gesamtrisiko 338
    3. Paradigmatische Ermittlung des formalen Gesamtrisikos 344
  II. Bestimmung und Durchsetzung sicherheitspolitischer Vorstellungen 359
    1. Grundüberlegungen bei der Bestimmung des Sicherheitsniveaus 359
    2. Bestimmung des sicherheitsrelevanten Eigenkapitals 362
    3. Paradigmatische Darstellung der Durchsetzung
       sicherheitspolitischer Vorstellungen 370

Zusammenfassung der Ergebnisse 379

Literaturverzeichnis XXXI

Stichwortverzeichnis..XLV

Abbildungsverzeichnis

Seite

Abb. 1.1: Schematische Darstellung einer Ergebnismatrix 13
Abb. 1.2: Differenzierung zwischen Risiko und Ungewißheit nach Knight 21
Abb. 1.3: Prämienprinzip des materiellen Risikos 26
Abb. 1.4: Reinvermögensänderungen einer Entscheidung ohne materielle Risikoprämie 43
Abb. 1.5: Reinvermögensänderungen einer Entscheidung mit materieller Risikoprämie 44
Abb. 1.6: Verteilungsfunktion der Standardnormalverteilung 51
Abb. 1.7: Banktypische Risiken 53
Abb. 1.8: Differenzierung zwischen Swapsatz- und Wechselkursrisiken als Ausprägungen des Währungsrisikos 65
Abb. 1.9: Schematische Darstellung ausfallbedingter Reinvermögensänderungen im Zeitablauf 70
Abb. 1.10: Ausprägungen des Ausfallrisikos 71
Abb. 1.11: Ausprägungen des Liquiditätsrisikos 73
Abb. 1.12: Risikopolitische Maßnahmen der Banken 77

Abb. 2.1: Reinvermögensänderungen bei der Vergabe eines Großkredits 110
Abb. 2.2: Reinvermögensänderungen bei der Vergabe eines Einzelkredits 111
Abb. 2.3: Diskrete Wahrscheinlichkeitsverteilung bei der Vergabe eines Großkredits 112
Abb. 2.4: Wahrscheinlichkeitstabelle bei der Vergabe von drei Einzelkrediten bei einer Krisenquote von 1% 113
Abb. 2.5: Diskrete Wahrscheinlichkeitsverteilung bei der Vergabe von drei Einzelkrediten bei einer Krisenquote von 1% 113
Abb. 2.6: Wahrscheinlichkeitstabelle bei der Vergabe von drei Einzelkrediten bei einer Krisenquote von 2% 115
Abb. 2.7: Diskrete Wahrscheinlichkeitsverteilung bei der Vergabe von drei Einzelkrediten bei einer Krisenquote von 2% 116
Abb. 2.8: Reinvermögensänderungen bei der Vergabe eines zu 50% besicherten Großkredits (mit Konditionsmarge) 117
Abb. 2.9: Schematische Darstellung der Risikogrenzen bei der Kreditvergabe der Banken 119
Abb. 2.10: Reinvermögensänderungen bei der Vergabe eines zu 50% besicherten Kredits bei falscher Berechnung der materiellen Risikomarge (ohne Konditionsmarge) 125

Abb. 2.11: Reinvermögensänderungen bei der Vergabe eines zu 50% besicherten Kredits bei korrekter Berechnung der materiellen Risikomarge (ohne Konditionsmarge) 126

Abb. 2.12: Reinvermögensänderungen bei der Vergabe eines zu 50% besicherten Kredits bei falscher Berechnung der materiellen Risikomarge (mit Konditionsmarge) 127

Abb. 2.13: Schematische Darstellung einer Zinsbindungsbilanz 135

Abb. 2.14: Zinsertragsbilanz in t=1 (ohne variabel verzinsliches Geschäft) 136

Abb. 2.15: Zinsbindungsbilanz in t=1 (ohne variabel verzinsliches Geschäft) 137

Abb. 2.16: Aus der Zinsbindungsbilanz in t=1 abgeleitete Zahlungsreihen 143

Abb. 2.17: Durationstabelle für Einzahlungen 146

Abb. 2.18: Durationstabelle für Auszahlungen 146

Abb. 2.19: Elastizitätenbilanz in t=1 151

Abb. 2.20: Zinsertragsbilanz in t=1 unter Berücksichtigung variabel verzinslicher Geschäfte 156

Abb. 2.21: Modifizierte Zinsbindungsbilanz in t=1 (mit variabel verzinslichem Geschäft) 157

Abb. 2.22: DM-Geld- und Kapitalmarktzinsen in t=1 158

Abb. 2.23: DM-Geld- und Kapitalmarktzinsen in t=2 158

Abb. 2.24: Barwertänderungen offener DM-Festzinspositionen in t=2 (bei Annahme frei gewählter Zinsänderungen) 159

Abb. 2.25: Zeitlicher Anfall von Konditionsbeiträgen 160

Abb. 2.26: DM-Geld- und Kapitalmarktzinsen in t=1 163

Abb. 2.27: DM-Zerobond-Abzinsungsfaktoren in t=1 164

Abb. 2.28: Herleitung eines DM-Zerobond-Abzinsungsfaktors 164

Abb. 2.29: DM-forward-rates in t=1 166

Abb. 2.30: Herleitung einer DM-forward-rate 166

Abb. 2.31: Barwertänderungen offener DM-Festzinspositionen in t=2 (bei Eintritt der forward rates) 168

Abb. 2.32: Schematische Darstellung der Abweichungen potentiell eintretender von erwarteten DM-Zinssätzen 172

Abb. 2.33: DM-Zerobond-Abzinsfaktoren in t=2 bei Eintritt eines „Hochzinsszenarios" 172

Abb. 2.34: Barwertänderungen offener DM-Festzinspositionen in t=2 bei Eintritt eines „Hochzinsszenarios" 173

Abb. 2.35: DM-Zerobond-Abzinsfaktoren in t=2 bei Eintritt eines „Niedrigzinsszenarios" 173

Abb. 2.36: Barwertänderungen offener DM-Festzinspositionen in t=2 bei
Eintritt eines „Niedrigzinsszenarios" 174
Abb. 2.37: Schematische Darstellung eines konvexen Barwertverlaufs von
Festzinspositionen 175
Abb. 2.38: Schematische Darstellung einer Fremdwährungsbilanz 179
Abb. 2.39: Zinsertragsbilanz in t=1 180
Abb. 2.40: DM-Geld- und Kapitalmarktzinsen in t=1 184
Abb. 2.41: $-Geld- und Kapitalmarktzinsen in t=1 185
Abb. 2.42: $-Zerobond-Abzinsfaktoren in t=1 185
Abb. 2.43: $-Devisenterminkurse in t=1 186
Abb. 2.44: Herleitung eines $-Devisenterminkurses 186
Abb. 2.45: SFr-Geld- und Kapitalmarktzinsen in t=1 187
Abb. 2.46: SFr-Zerobond-Abzinsfaktoren in t=1 187
Abb. 2.47: SFr-Devisenterminkurse in t=1 187
Abb. 2.48: Aus einem in t=1 abgeschlossenen DM/$-Swapgeschäft
resultierende Zahlungen 192
Abb. 2.49: Arbitragefreie Rekonstruktion eines DM/$-Swapgeschäfts mittels
Kassageschäften 193
Abb. 2.50: Zinsertragsbilanz in t=1 für ein arbitragefrei mittels
Kassageschäften rekonstruiertes DM/$-Swapgeschäft 194
Abb. 2.51: Zinsbindungsbilanz in t=1 für ein arbitragefrei mittels
Kassageschäften rekonstruiertes DM/$-Swapgeschäft (ohne
Währungsdifferenzierung) 195
Abb. 2.52: Barwertänderungen offener Festzinspositionen in t=2 für ein
arbitragefrei mittels Kassageschäften rekonstruiertes DM/$-
Swapgeschäft (ohne Währungsdifferenzierung) 196
Abb. 2.53: DM-Zinsbindungsbilanz in t=1 für ein arbitragefrei mittels
Kassageschäften rekonstruiertes DM/$-Swapgeschäft (mit
Währungsdifferenzierung) 199
Abb. 2.54: $-Zinsbindungsbilanz in t=1 für ein arbitragefrei mittels
Kassageschäften rekonstruiertes DM/$-Swapgeschäft (mit
Währungsdifferenzierung) 199
Abb. 2.55: Barwertänderungen offener DM-Festzinspositionen in t=2 für ein
arbitragefrei mittels Kassageschäften rekonstruiertes DM/$-
Swapgeschäft (mit Währungsdifferenzierung) 200
Abb. 2.56: Barwertänderungen offener $-Festzinspositionen in t=2 für ein
arbitragefrei mittels Kassageschäften rekonstruiertes DM/$-
Swapgeschäft (mit Währungsdifferenzierung) 200

Abb. 2.57: Schematische Darstellung der Abweichungen potentiell eintretender von erwarteten DM/$-Wechselkursen 206
Abb. 2.58: Reinvermögensänderungen beim Ausfall eines fest verzinslichen Kreditengagements zu alternativen Zeitpunkten bei fristenkongruenter Positionsschließung 213
Abb. 2.59: Barwertermittlung einer exakt kalkulierten materiellen Risikoprämie eines fest verzinslichen Geschäfts unter Berücksichtigung materieller Risikoverbundeffekte 219
Abb. 2.60: Reinvermögensänderungen beim Ausfall eines variabel verzinslichen Kreditengagements zu alternativen Zeitpunkten bei fristenkongruenter Positionsschließung 221
Abb. 2.61: Tatsächlicher und sachgerechter Positionszins eines variabel verzinslichen Kreditengagements unter Berücksichtigung materieller Risikoverbundeffekte 222
Abb. 2.62: Ermittlung materieller Risikomargen eines variabel verzinslichen Engagements unter Berücksichtigung materieller Risikoverbundeffekte 224
Abb. 2.63: Zinsertragsbilanz in t=1 zur Verdeutlichung des materiellen Risikoverbundeffekts zwischen Ausfall- und Wechselkursrisiken 226
Abb. 2.64: Grafische Darstellung des unkorrigierten materiellen Risikoverbundeffekts zwischen Erfüllungs- und Swapsatzrisiken 231
Abb. 2.65: Grafische Darstellung des korrigierten materiellen Risikoverbundeffekts zwischen Erfüllungs- und Swapsatzrisiken 233
Abb. 2.66: Zinsertragsbilanz in t=1 zur Verdeutlichung des materiellen Risikoverbundeffekts zwischen Zinsänderungs- und Wechselkursrisiken 235
Abb. 2.67: Krisenquoten für Deutschland (alte Bundesländer) von 1964 bis 1994 (alle Unternehmen) 247
Abb. 2.68: Abweichungen tatsächlich eingetretener von erwarteten Krisenquoten für Deutschland (alte Bundesländer) von 1963 bis 1994 (alle Unternehmen) 252
Abb. 2.69: DM-Geld- und Kapitalmarktzinsen von 1976 bis 1994 255
Abb. 2.70: DM-Zerobond-Abzinsfaktoren von 1976 bis 1994 256
Abb. 2.71: Abweichungen tatsächlich eingetretener von erwarteten Kurswerten endfälliger und in DM denominierter zehnjähriger Anleihen von 1977 bis 1994 257

Abb. 2.72: $-Geld- und Kapitalmarktzinsen von 1976 bis 1994 259
Abb. 2.73: $-Zerobond-Abzinsfaktoren von 1976 bis 1994 260
Abb. 2.74: Abweichungen tatsächlich eingetretener von erwarteten
Kurswerten endfälliger und in $ denominierter zehnjähriger
Anleihen von 1977 bis 1994 261
Abb. 2.75: Abweichungen tatsächlich eingetretener von erwarteten DM/$-
Wechselkursen von 1976 bis 1994 263
Abb. 2.76: Korrelationsberechnung zwischen Zinsänderungs- und
Ausfallrisiken 266
Abb. 2.77: Korrelationsberechnung zwischen Swapsatz- und Ausfallrisiken 270
Abb. 2.78: Korrelationsberechnung zwischen Wechselkurs- und Ausfallrisiken 272
Abb. 2.79: Korrelationsberechnung zwischen Zinsänderungs- und
Swapsatzrisiken 275
Abb. 2.80: Korrelationsberechnung zwischen Zinsänderungs- und
Wechselkursrisiken 278
Abb. 2.81: Korrelationsberechnung zwischen Swapsatz- und
Wechselkursrisiken 280
Abb. 2.82: Vergleich der Abweichungen zwischen tatsächlich eingetretenen
und erwarteten Neunjahreszinssätzen für DM und $ 282

Abb. 3.1: Schematische Darstellung einer Wahrscheinlichkeitsverteilung
potentieller Reinvermögensänderungen unter Berücksichtigung
formaler Risikoprämien 307
Abb. 3.2: Schematische Darstellung der Sicherheitsfunktion der
Schwankungsrückstellung 309
Abb. 3.3: Kombinationsmöglichkeiten unterschiedlicher
Erfolgsrisikopositionen bei Banken 313
Abb. 3.4: Portfoliolinie eines Portfolios aus Zinsänderungs- und
Swapsatzrisiken 318
Abb. 3.5: Portfoliolinie eines Portfolios aus Zinsänderungs-,
Swapsatz- und Wechselkursrisiken 325
Abb. 3.6: Reinvermögensänderungen in t=2 bei der Vergabe von zwei
Einzelkrediten bei einer Krisenquote von 2% 339
Abb. 3.7: Reinvermögensänderungen in t=2 bei der Vergabe von zwei
Einzelkrediten bei einer Krisenquote von 1% 341
Abb. 3.8: Reinvermögensänderungen in t=2 bei der Vergabe von zwei
Einzelkrediten bei einer Krisenquote von 3% 341

Abb. 3.9: Grafische Darstellung des Zusammenwirkens von Zufalls- und Änderungsrisiken ... 342
Abb. 3.10: Zinsertragsbilanz in t=1 (ohne EK) ... 345
Abb. 3.11: Abweichungen tatsächlich eingetretener von erwarteten Kurswerten endfälliger und in $ denominierter fünfjähriger Anleihen von 1977 - 1994 ... 346
Abb. 3.12: Abweichungen tatsächlich eingetretener von erwarteten Kurswerten endfälliger und in DM denominierter fünfjähriger Anleihen von 1977 - 1994 ... 348
Abb. 3.13: Krisenquoten für Deutschland (alte Bundesländer) von 1963 bis 1994 (Risikoklasse „Baubranche") ... 349
Abb. 3.14: Abweichungen tatsächlich eingetretener von erwarteten Krisenquoten für Deutschland (alte Bundesländer) von 1963 bis 1994 (Risikoklasse „Baubranche") ... 351
Abb. 3.15: Korrelationsberechnung zwischen Ausfallrisiken der Risikoklasse „Baubranche" und Ausfallrisiken des Gesamtmarktes (alle Unternehmen) ... 353
Abb. 3.16: Zinsertragsbilanz in t=1 zur Verdeutlichung der Ermittlung des Barwertes des Eigenkapitals ... 364
Abb. 3.17: Zahlungsreihe eines um die materielle Ausfallrisikoprämie korrigierten Kredits ... 365
Abb. 3.18: DM-Geld- und Kapitalmarktzinsen in t=1 ... 365
Abb. 3.19: DM-Zerobond-Abzinsungsfaktoren in t=1 ... 365
Abb. 3.20: Risikodeckungspotentiale unterschiedlicher Risikotragfähigkeit ... 368
Abb. 3.21: Zinsertragsbilanz in t=1 (mit EK vor Optimierung) ... 370
Abb. 3.22: Zinsertragsbilanz in t=1 (mit EK nach Optimierung) ... 376

Abkürzungsverzeichnis

Abb.	Abbildung
Aufl.	Auflage
BFuP	Betriebswirtschaftliche Forschung und Praxis
BI	Bankinformation
bzw.	beziehungsweise
c.p.	ceteris paribus
d.h.	das heißt
DM	Deutsche Mark
DBW	Die Betriebswirtschaft
E	Einlage
EDV	Elektronische Datenverarbeitung
EK	Eigenkapital
Erg.	Ergebnis
FAZ	Frankfurter Allgemeine Zeitung
H.	Heft
HA	Handlungsalternative
HGB	Handelsgesetzbuch
hrsg. v.	herausgegeben von
i.e.S.	im engeren Sinne
i.w.S.	im weiteren Sinne
Jg.	Jahrgang
K	Kredit
komb.	kombiniert
lfd.	laufende
Mio.	Million(en)
neg.	negativ
o.ä.	oder ähnliches
ÖBA	Österreichisches Bank-Archiv
o.Jg.	ohne Jahrgang
ord.	ordentliches
Pos.	Position
pos.	positiv
Prim.	Primäres
Rv	Reinvermögen
S.	Seite

TDM	Tausend Deutsche Mark
U	Umweltzustand
u.a.	und andere
vgl.	vergleiche
W	Wahrscheinlichkeit
WiSt	Wirtschaftswissenschaftliches Studium
WISU	Das Wirtschaftsstudium
ZfB	Zeitschrift für Betriebswirtschaft
zfbf	Zeitschrift für betriebswirtschaftliche Forschung
ZfgK	Zeitschrift für das gesamte Kreditwesen

Symbolverzeichnis

A

A .... Aktiv
a .... Steigung eines Strahls, der aus dem Koordinatenursprung kommend
.... die Portfoliolinie tangiert
AR .... Ausfallrisiko
A_t .... Auszahlung in t
Al_t .... Wert der Aktivposition 1 in t

B

Bq .... Besicherungsquote
BS_t .... Bilanzsumme in t
Bw_t .... Barwert in t
Bw_t^A .... Barwert der Auszahlungen in t
Bw_t^E .... Barwert der Einzahlungen in t

C

c .... Parameter, der die Beziehung zwischen absoluten
                    Ausfallbeträgen und tolerablen Krisenquoten angibt
Cov .... Kovarianz
$Cov(\Delta Rv_x, \Delta Rv_y)$ ...... Kovarianz zwischen Reinvermögensänderungen der
                    Risikoarten x und y

D

D .... Duration
D_t^A .... Duration der Auszahlungen in t
D_t^E .... Duration der Einzahlungen in t

E

E_t .... Einzahlungen
$E(FTB_t)$ .... Erwartungswert des Fristentransformationsbeitrages in t
$E_G(U_{x,i=\emptyset_i}, U_{y,j=\emptyset_j})$ ..... Erwartungswert der gesamten Reinvermögensänderung
                    bei gleichzeitigem Eintritt der Umweltzustände $U_{x,i=\emptyset_i}$ und
                    $U_{y,j=\emptyset_j}$
$E_{x,i=\emptyset_i}$ .... Ergebnis (Reinvermögensänderung) bei Eintritt des
                    Umweltzustandes $U_{x,i=\emptyset_i}$

$E_{y,j=\emptyset_j}$ .... Ergebnis (Reinvermögensänderung) bei Eintritt des
Umweltzustandes $U_{y,j=\emptyset_j}$
$E(\Delta Rv_t)$ .... Erwartungswert der Reinvermögensänderung in t
$E(\Delta Rv_x)$ .... Erwartungswert der Reinvermögensänderung bei Risikoart x
$E(\Delta Rv_y)$ .... Erwartungswert der Reinvermögensänderung bei Risikoart y

F

f .... fix
$F_N(z)$ .... Verteilungsfunktion der Standardnormalverteilung
fr .... forward rate
$fRm_{gesamt,t}$ ..... formale Risikomarge insgesamt in t
fRp .... formale Risikoprämie
fRp_{AR_i} .... formale Risikoprämie für Ausfallrisiken der Risikoklasse i
fRp_{AR_M} .... formale Risikoprämie für Ausfallrisiken eines optimal
diversifizierten Marktportfolios
fRp_i .... formale Risikoprämie für Risiken der Risikoart i
fRp_j .... formale Risikoprämie für Risiken der Risikoart j
fRp_P .... formale Risikoprämie eines Portfolios P
$fRp_{P_{ZÄR^+,SR^+}}$ ..... formale Risikoprämie eines Portfolios P bestehend aus positiven
Zinsänderungs- und positiven Swapsatzrisiken
$fRp_{P_{ZÄR^+,WKR^-}}$ ... formale Risikoprämie eines Portfolios P bestehend aus positiven
Zinsänderungs- und negativen Wechselkursrisiken
$fRp_{P_{AR_M,AR_i}}$ .... formale Risikoprämie eines Portfolios P bestehend aus
Ausfallrisiken eines optimal diversifizierten Marktportfolios
und formalen Ausfallrisiken der Risikoklasse i
$fRp_{P_{ZÄR^+,SR^+,WKR^-}}$ .... formale Risikoprämie eines Portfolios P bestehend aus
positiven Zinsänderungs-, positiven Swapsatz- und
negativen Wechselkursrisiken
$fRp_{P_{ZÄR^+,SR^+,WKR^-,AR_M}}$ .... formales Risiko eines Portfolios P bestehend aus positiven
Zinsänderungs, positiven Swapsatz-, negativen
Wechselkurs- und Ausfallrisiken eines optimal
diversifizierten Marktportfolios
fRp_{SR^+} .... formale Risikoprämie für positive Swapsatzrisiken
fRp_{WKR^-} .... formale Risikoprämie für negative Wechselkursrisiken
$fRp_{ZÄR^+}$ .... formale Risikoprämie für positive Zinsänderungsrisiken
$fRp_{AR}^{3R-Fall}$ formale Risikoprämie bei alleinigem Eingehen von Ausfallrisiken
und Zugrundelegung der optimalen formalen Risiko-Risikoprämien-
Relation für ein Portfolio bestehend aus drei Risikoarten

$fRp_{AR}^{4R-Fall}$ .... formale Risikoprämie für Ausfallrisiken bei einem Portfolio bestehend aus vier Risikoarten

$fr_{t,1}$ .... forward rate mit einer Laufzeit bzw. Zinsbindungsfrist von einem Jahr in t

FTB_t .... Fristentransformationsbeitrag in t

$FTB_{A,t}$ .... aktivischer Fristentransformationsbeitrag in t

$FTB_{P,t}$ .... passivischer Fristentransformationsbeitrag in t

G

$GKMZ_t$ .... Geld- und Kapitalmarktzins in t

$GKMZ_t^A$ .... Geld- und Kapitalmarktzins Ausland in t

$GKMZ_{A,t}^A$ ...... aktivischer Geld- und Kapitalmarktzins Ausland in t

$GKMZ_{P,t}^A$ ...... passivischer Geld- und Kapitalmarktzins Ausland in t

$GKMZ_t^I$ .... Geld- und Kapitalmarktzins Inland in t

H

$h_n(A)$ .... absolute Häufigkeit des Ereignisses A bei n Versuchen

K

$KB_{A,t}$ .... aktivischer Konditionsbeitrag in t

$KB_{P,t}$ .... passivischer Konditionsbeitrag in t

KBB_t .... Konditionsbeitragsbarwert in t

Kq_t................ Krisenquote in t

Kq_t^e .... erwartete Krisenquote in t

Kq_t^{Ist} .... tatsächlich eingetretene Krisenquote in t

Kq_t^* .... tolerable Krisenquote in t

$\overline{Kq}_t^*$ .... Obergrenze tolerabler Krisenquoten in t

$Kq_{Bau,t}^I$ .... Erwartungswert der Krisenquote der Risikoklasse „Baubranche" plus eine Standardabweichung in t

$Kq_{Bau,t}^{II}$ .... Erwartungswert der Krisenquote der Risikoklasse „Baubranche" minus eine Standardabweichung in t

KV .... Kreditvolumen

$\underline{KV}$ .... besichertes Kreditvolumen

$Kw_t^{A,e}$ .... erwarteter Kurswert einer Anleihe in Fremdwährung in t

$Kw_t^{A,Ist}$ .... tatsächlich eingetretener Kurswert einer Anleihe in Fremdwährung in t

Kw_t^e .... erwarteter Kurswert einer Anleihe in t

Kw_t^{Ist} .... tatsächlich eingetretener Kurswert einer Anleihe in t

$Kw_t^{I,Ist}$ .... tatsächlich eingetretener Kurswert einer inländischen Anleihe in t

$Kw_t^{I,e}$ .... erwarteter Kurswert einer inländischen Anleihe in t

L

L .... Lagrange-Ansatz

$\lim_{n\to\infty}$ .... Limes für n gegen unendlich

Lz .... Zinsbindungsfrist bzw. Laufzeit

M

mRm_t .... materielle Risikomarge in t

$\overline{mRm}$ .... durchschnittliche materielle Risikomarge

$mRmI_t$ .... materielle Risikomarge I in t

mRp_t .... materielle Risikoprämie in t

$\overline{mRp}$ .... durchschnittliche materielle Risikoprämie

N

n .... Anzahl der Versuche in einem Zufallsexperiment

NKmII .... (Netto)Konditionsmarge II

Nw .... Nominalwert

P

P .... Passiv

$p(BIP_t^e)$ .... erwartete Zuwachsrate des Bruttoinlandsprodukts in t

$p(BIP_t^{Ist})$ .... tatsächliche Zuwachsrate des Bruttoinlandsprodukts in t

$p(Kq_t^e)$ .... erwartete Zuwachsrate der Krisenquote in t

$p(Kq_t^{Ist})$ .... tatsächliche Zuwachsrate der Krisenquote in t

PZ_t .... Positionszins in t

$\overline{PZ}$ .... durchschnittlicher Positionszins

$P1_t$ .... Wert der Passivposition 1 in t

S

Sbq .... Selbstbeteiligungsquote

SFr .... Schweizer Franken

SR .... Swapsatzrisiko

T

t .... Periodenindex

TGZ$_t$ .... Tagesgeldzins in t
TSFr .... Tausend Schweizer Franken
T$ .... Tausend Amerikanische Dollar

U

U .... Umweltzustand
U$_{x,i=\varnothing i}$ .... im Durchschnitt erwarteter Umweltzustand i bei Risikoart x
U$_{y,j=\varnothing j}$ .... im Durchschnitt erwarteter Umweltzustand j bei Risikoart y

V

v .... variabel
V .... Diversifikations- bzw. Vorteilseffekt, der dadurch entsteht, daß Ausfallrisiken einem Portfolio bestehend aus Zinsänderungs-, Wechselkurs- und Swapsatzrisiken hinzugefügt werden
Vol$_t$ .... DM-Volumen einer bestimmten Fremdwährungsposition in t

W

W(A) .... Wahrscheinlichkeit für das Auftreten des Ereignisses A
WKR .... Wechselkursrisiko
w$_{K(t)}$ .... Devisenkassakurs in t
WTB$_t$ .... Währungstransformationsbeitrag in t
WTB$_{A,t}$ .... aktivischer Währungstransformationsbeitrag in t
WTB$_{P,t}$ .... passivischer Währungstransformationsbeitrag in t
w$_{T(t,Lz)}$ .... Devisenterminkurs mit der Laufzeit Lz in t
w.Wert.$_t$ .... wechselkursbedingte Wertminderung in t
W(ΔRv$_{t,i}$) .... Wahrscheinlichkeit für den Eintritt einer Reinvermögensänderung ΔRv$_i$ in t
W$_I$ .... Wahrscheinlichkeit für den Eintritt des Umweltzustandes I
W$_{II}$ .... Wahrscheinlichkeit für den Eintritt des Umweltzustandes II

X

x$_{AR_i}$ .... Anteil von Ausfallrisiken der Risikoklasse i am Portfolio P
x$_{AR_M}$ .... Anteil von Ausfallrisiken eines optimal diversifizierten Marktportfolios am Portfolio P
x$_i$ .... Anteil von Risiken der Risikoart i am Portfolio P
x$_j$ .... Anteil von Risiken der Risikoart j am Portfolio P
x$_{SR^+}$ .... Anteil positiver Swapsatzrisiken am Portfolio P
x$_{WKR^-}$ .... Anteil negativer Wechselkursrisiken am Portfolio P

$x_{Z\ddot{A}R^+}$ .... Anteil positiver Zinsänderungsrisiken am Portfolio P

Z

Z, z .... z-Wert einer Standardnormalverteilung
ZAE .... Zinsanpassungselastizität
ZÄR .... Zinsänderungsrisiko
$ZAF_{t,Lz}$ .... Zerobond-Abzinsungsfaktor mit der Laufzeit bzw. Zinsbindungsfrist Lz in t
$ZAF^A_{t,Lz}$ .... ausländischer Zerobond-Abzinsungsfaktor mit der Laufzeit bzw. Zinsbindungsfrist Lz in t
$ZAF^I_{t,Lz}$ .... inländischer Zerobond-Abzinsungsfaktor mit der Laufzeit bzw. Zinsbindungsfrist Lz in t
ZE_t .... Zinserlöse in t
ZK_t .... Zinskosten in t
$Z\ddot{U}_t$ .... Zinsüberschuß in t

Δ

ΔBw_t .... Veränderung des Barwertes in t
ΔPZ .... Veränderung des Positionszinses
ΔRv_x .... Reinvermögensänderung bei Risikoart x
ΔRv_y .... Reinvermögensänderung bei Risikoart y
$\Delta Rv_{t,i}$ .... Ausprägung einer bestimmten Reinvermögensänderung i in t
ΔTGZ .... Veränderung des Tagesgeldzinses
$\Delta Z\ddot{U}_t$ .... Veränderung des Zinsüberschusses in t
$\Delta Z\ddot{U}_t^{WKR}$ .... wechselkursbedingte Veränderung des Zinsüberschusses in t
$\Delta(\varnothing GKMZ_{A,t})$ .... Veränderung des durchschnittlichen aktivischen Geld- und Kapitalmarktzinses in t
$\Delta(\varnothing GKMZ_{P,t})$ .... Veränderung des durchschnittlichen passivischen Geld- und Kapitalmarktzinses in t

ρ

ρ_{AR_{Bau},WKR^+} ..... Korrelationskoeffizient zwischen Ausfallrisiken der Risikoklasse „Baubranche" und positiven Wechselkursrisiken
ρ_{AR_M,AR_i} .... Korrelationskoeffizient zwischen Ausfallrisiken eines optimal diversifizierten Marktportfolios und Ausfallrisiken der Risikoklasse i
$\rho_{SR^+_{5:1},AR_{Bau}}$ ..... Korrelationskoeffizient zwischen positiven Swapsatzrisiken bei Zinsbindungsfristen von 5:1-Jahren und Ausfallrisiken der Risikoklasse „Baubranche"
ρ_{SR^+,AR_M} .... Korrelationskoeffizient zwischen positiven Swapsatzrisiken und Ausfallrisiken eines optimal diversifizierten Marktportfolios
$\rho_{SR^+_{5:1},WKR^+}$ ..... Korrelationskoeffizient zwischen positiven Swapsatzrisiken bei

Zinsbindungsfristen von 5:1-Jahren und positiven
Wechselkursrisiken

ρ_{SR^+,WKR^-} .... Korrelationskoeffizient zwischen positiven Swapsatzrisiken und
negativen Wechselkursrisiken

$\rho_{SR^+_{5:1},ZÄR^-_{5:1}}$ .... Korrelationskoeffizient zwischen positiven Swapsatzrisiken bei
Zinsbindungsfristen von 5:1-Jahren und negativen Zinsänderungsrisiken bei Zinsbindungsfristen von 5:1-Jahren

ρ_{SR^-,AR_M} .... Korrelationskoeffizient zwischen negativen Swapsatzrisiken und
Ausfallrisiken eines optimal diversifizierten Marktportfolios

ρ_{SR^-,WKR^+} .... Korrelationskoeffizient zwischen negativen Swapsatzrisiken und
positiven Wechselkursrisiken

ρ_{WKR^+,AR_M} ...... Korrelationskoeffizient zwischen positiven Wechselkursrisiken
und Ausfallrisiken eines optimal diversifizierten Marktportfolios

$\rho_{WKR^+,ZÄR^-}$ ..... Korrelationskoeffizient zwischen positiven Wechselkurs- und
negativen Zinsänderungsrisiken

ρ_{WKR^-,AR_M} ...... Korrelationskoeffizient zwischen negativen Wechselkursrisiken
und Ausfallrisiken eines optimal diversifizierten Marktportfolios

$\rho_{WKR^-,ZÄR^+}$ ..... Korrelationskoeffizient zwischen negativen Wechselkurs- und
positiven Zinsänderungsrisiken

$\rho_{ZÄR^+,AR_M}$ .... Korrelationskoeffizient zwischen positiven Zinsänderungs-
und Ausfallrisiken eines optimal diversifizierten Marktportfolios

$\rho_{ZÄR^+,SR^+}$ .... Korrelationskoeffizient zwischen positiven Zinsänderungsrisiken
und positiven Swapsatzrisiken

$\rho_{ZÄR^+,SR^-}$ .... Korrelationskoeffizient zwischen positiven Zinsänderungs- und
negativen Swapsatzrisiken

$\rho_{ZÄR^+,WKR^-}$ ..... Korrelationskoeffizient zwischen positiven Zinsänderungs- und
negativen Wechselkursrisiken

$\rho_{ZÄR^-_{5:1},AR_{Bau}}$ .... Korrelationskoeffizient zwischen negativen Zinsänderungsrisiken bei
Zinsbindungsfristen von 5:1-Jahren und Ausfallrisiken der
Risikoklasse „Baubranche"

$\rho_{ZÄR^-,AR_M}$ .... Korrelationskoeffizient zwischen negativen Zinsänderungsrisiken
und Ausfallrisiken eines optimal diversifizierten Marktportfolios

$\rho_{ZÄR^-,SR^+}$ .... Korrelationskoeffizient zwischen negativen Zinsänderungs- und
positiven Swapsatzrisiken

$\rho_{ZÄR^-_{5:1},WKR^+}$ ... Korrelationskoeffizient zwischen negativen Zinsänderungsrisiken bei
Zinsbindungsfristen von 5:1-Jahren und positiven Wechselkursrisiken

$\rho_{\Delta Rv_x,\Delta Rv_y}$ .... Korrelationskoeffizient zwischen Reinvermögensänderungen der
Risikoarten x und y

σ

$\sigma_{AR}^{\text{Änd.}}$ .... isoliert gemessenes Änderungsrisikos (Ausfallrisiko) unter Vernachlässigung des Zufallsrisikos

$\sigma_{AR_{Bau}}$ .... formales Ausfallrisiko der Risikoklasse „Baubranche"

σ_{AR_M} .... formales Ausfallrisiko eines optimal diversifizierten Marktportfolios

σ_{AR_M, AR_i} .... Kovarianz zwischen Ausfallrisiken eines optimal diversifizierten Marktportfolios und Ausfallrisiken der Risikoklasse i

$\sigma_{AR}^{\text{gew.Zuf.}}$ .... gewichtetes Zufallsrisiko (Ausfallrisiko)

$\sigma_{AR}^{\text{int.(Zuf.;Änd.)}}$ .... formales Ausfallrisiko bei integrativer Berücksichtigung von Zufalls- und Änderungsrisiken

σ_P .... formales Risiko des Portfolios P

$\sigma_{P_{AR_M, ZÄR^+}}$ .... formales Risiko eines Portfolios P bestehend aus Ausfallrisiken eines optimal diversifizierten Marktportfolios und Ausfallrisiken der Risikoklasse i

$\sigma_{P_{AR_M, ZÄR^+}}$ .... formales Risiko eines Portfolios P bestehend aus Ausfallrisiken eines optimal diversifizierten Marktportfolios und positiven Zinsänderungsrisiken

$\sigma_{P_{i,j}}$ .... formales Risiko eines Portfolios P bestehend aus Risiken der Risikoarten i und j

$\sigma_{P_{x,y}}$ .... formales Risiko eines Portfolios P bestehend aus Risiken der Risikoarten x und y

$\sigma_{P_{ZÄR^+, SR^+}}$ .... formales Risiko eines Portfolios P bestehend aus positiven Zinsänderungs- und positiven Swapsatzrisiken

$\sigma_{P_{ZÄR^+, WKR^-}}$ ...... formales Risiko eines Portfolios P bestehend aus positiven Zinsänderungs- und negativen Wechselkursrisiken

$\sigma_{P_{ZÄR^+, SR^+, WKR^-}}$ .. formales Risiko eines Portfolios P bestehend aus positiven Zinsänderungs-, positiven Swapsatz- und negativen Wechselkursrisiken

$\sigma_{P_{SR^+_{5:1}, ZÄR^+_{5:1}, WKR^+, AR_{Bau}}}$ .... formales Risiko eines Portfolios P bestehend aus positiven Swapsatzrisiken bei Zinsbindungsfristen von 5:1-Jahren, positiven Zinsänderungsrisiken bei Zinsbindungsfristen von 5:1-Jahren, positiven Wechselkursrisiken und Ausfallrisiken der Risikoklasse „Baubranche"

$\sigma_{P_{SR^+_{5:1}, ZÄR^-_{5:1}, WKR^+, AR_{Bau}^{\text{Änd.}}, AR_{Bau}^{\text{gew.Zuf.}}}}$ .... formales Risiko eines Portfolios P bestehend aus positiven Swapsatzrisiken bei Zinsbindungsfristen von 5:1-Jahren, negativen Zinsänderungsrisiken bei Zinsbindungsfristen von 5:1-Jahren, positiven Wechselkursrisiken und Ausfallrisiken der Risikoklasse „Baubranche" einschließlich des gewichteten

Zufallsrisikos

$\sigma^2_{P_{\Delta Rv_{i=1\to n}}}$ .... Varianz der Reinvermögensänderungen resultierend aus n Zufallsereignissen

$\sigma_{P_{\Delta Rv_{i=1\to n}}}$ .... Standardabweichung der Reinvermögensänderungen resultierend
aus n Zufallsereignissen

$\sigma_{P_{\Delta Rv_{i=1\to 2}}}$ .... Standardabweichung der Reinvermögensänderungen resultierend
aus zwei Zufallsereignissen

$\sigma_{P_{\Delta Rv_{i=1\to 100}}}$ .... Standardabweichung der Reinvermögensänderungen resultierend
aus 100 Zufallsereignissen

σ_{SR} .... formales Swapsatzrisiko

σ_{WKR} .... formales Wechselkursrisiko

$\sigma_{WKR_{P\$,SFr}}$ .... formales Wechselkursrisiko eines Portfolios bestehend aus \$ und
.... SFr

$\sigma_{ZÄR}$ .... formales Zinsänderungsrisiko

$\sigma_{AR}^{Zuf.}$ .... isoliert gemessenes Zufallsrisiko unter Vernachlässigung des
Änderungsrisikos (Ausfallrisiko)

$\sigma_{AR}^{Zuf.(1\%)}$ .... bedingtes Zufallsrisiko unter der Annahme, daß eine Krisenquote
von 1% eintritt

$\sigma_{AR}^{Zuf.(3\%)}$ .... bedingtes Zufallsrisiko unter der Annahme, daß eine Krisenquote
von 3% eintritt

$\sigma_{\Delta Rv_x}$ .... formales Risiko der Risikoart x (Standardabweichung der
Reinvermögensänderungen bei Risikoart x)

$\sigma_{\Delta Rv_y}$ .... formales Risiko der Risikoart y (Standardabweichung der
Reinvermögensänderungen bei Risikoart y)

λ

λ_1 .... Lagrange-Faktor 1
λ_2 .... Lagrange-Faktor 2

1

1JZ$_t$ .... Einjahreszins in t
1JZ$_{A,t}^A$ .... aktivischer Einjahreszins in Fremdwährung in t
1JZ$_{P,t}^A$ .... passivischer Einjahreszins in Fremdwährung in t

Ø

ØGKMZ$_{A,t}$ ... durchschnittlicher aktivischer Geld- und Kapitalmarktzins
ØGKMZ$_{P,t}$ ... durchschnittlicher passivischer Geld- und Kapitalmarktzins
ØPZ$_{A,t}$ .... durchschnittlicher aktivischer Positionszins
ØPZ$_{P,t}$ .... durchschnittlicher passivischer Positionszins
ØZAE$_A$ .... durchschnittliche aktivische Zinsanpassungselastizität
ØZAE$_P$ .... durchschnittliche passivische Zinsanpassungselastizität

$

$ .... US-Dollar

Einleitung

Das Kriterium der Sicherheit stellt neben dem Streben nach Rentabilität und Liquidität die dritte Komponente der klassischen Triade bankgeschäftlicher Ziele dar. Gleichwohl kann die Intention des Bankmanagement nicht darin bestehen, Risiken völlig zu vermeiden; vielmehr gehört die Risikotransformation seit jeher zu den originären Aufgaben einer Bank. Während die Risikosituation im klassischen Bankgeschäft allerdings im wesentlichen durch die Übernahme von Ausfallrisiken gekennzeichnet war, ist seit Anfang der siebziger Jahre ein verändertes Verhalten zu beobachten: Banken übernehmen seither neben Ausfall- bewußt auch Zinsänderungs-, Währungs- und sonstige Preisrisiken in erheblichem Umfang („risk taking"). Die Grenzen für ein derartiges Verhalten wurden dabei oftmals nicht rechtzeitig erkannt. Zu denken ist in diesem Zusammenhang an das übermäßige Eingehen von Währungsrisiken durch die Herstatt-Bank im Jahre 1974, an den Tribut für zu hohe Zinsänderungsrisiken Ende der siebziger Jahre, an die Erscheinungsform des Länderrisikos Anfang der achtziger Jahre sowie an aus derivativen Finanzinstrumenten resultierende Risiken, die letztlich zum Konkurs der Barings-Bank führten, in den neunziger Jahren.

Zur Messung und Steuerung dieser Einzelrisiken ist bis heute ein umfangreiches und immer weiter verfeinertes Instrumentarium entwickelt worden. Es kann davon ausgegangen werden, daß mit diesem Instrumentarium die Einzelrisiken weitgehend sachgerecht zu erfassen und zu begrenzen sind. Insofern könnte vermutet werden, daß die sich in der Bankpraxis wie auch in der Theorie vollziehenden aktuellen Entwicklungen in diesem Bereich allenfalls noch „Detailaspekte" der Risikomessung bzw. -abbildung betreffen. In jüngerer Zeit jedoch kann — primär angestoßen durch die als explosionsartig zu bezeichnende Entwicklung der derivativen Finanzinstrumente — auch eine verstärkte Erörterung grundlegender und einzelne Risikoarten übergreifender Aspekte beobachtet werden. Im Mittelpunkt derartiger Diskussionen steht der einmal als „der Heilige Gral der Risikopolitik"[1] be-

---

[1] Vgl. **Krümmel**, Führungsaufgabe, S. 158. Auch Büschgen führt in diesem Zusammenhang aus: *„Das traditionelle Risikomanagement hätte ... seinen theoretischen Höhepunkt und gleichzeitig Abschluß erreicht, wenn es gelänge, die gesamte Risikoposition einer Bank bzw. eines Bankkonzerns in einer Risikokennziffer zu komprimieren und sie nach ihrer Definition und Quantifizierung als absolute Größe in Relation zu einer Bezugsgröße, typischerweise zum haftenden Eigenkapital, zu setzen."* **Büschgen**, Veränderungen, S. 43 f.

zeichnete Versuch, ein sachgerechtes Gesamtrisiko bzw. das „capital at risk" einer Bank zu ermitteln.[1]

Zinsänderungs-, Wechselkurs- und Ausfallrisiken als banktypische Erfolgsrisiken werden bis dato nur isoliert gemessen, und es fehlt insbesondere an Informationen darüber, mit welchem Risiko das Eigenkapital insgesamt belastet ist. Schließlich steht das Eigenkapital — dies wird in Diskussionen bankenaufsichtsrechtlicher Eigenkapitalnormen unter dem Stichwort „Mehrfachbelastung des haftenden Eigenkapitals" immer wieder kritisiert — nicht für mehrere Risikoarten gleichzeitig zur Verfügung.[2] Eine Addition von offenen Festzinspositionen mit Fremdwährungsüberhängen oder Kreditvolumina, die traditionell als Risikomaßgrößen verwendet werden, führt in diesem Zusammenhang zu einer a prima vista nicht aussagekräftigen Größe. Entsprechend versuchen pragmatische Modelle durch Summation von Reinvermögensänderungen bei Eintritt nachteiliger und als worst-case-Fall definierter Umweltszenarien eine Zusammenfassung verschiedener Risiken zu ermöglichen.[3] Nicht bzw. nicht hinreichend berücksichtigt werden dabei jedoch die wechselseitigen Abhängigkeiten zwischen den Eintrittsursachen jeweiliger Risikoarten selbst: Nachteilige Zins- bzw. Wechselkursänderungen sowie Kreditausfälle treten nun einmal — dies zeigen zumindest die Erfahrungen der Vergangenheit — nicht immer gleichzeitig ein; vielmehr sind diese nur mehr oder minder hoch korreliert, so daß auch kompensatorisch wirkende Effekte zu beobachten sind.

Entsprechende Korrelationswirkungen werden zwar im Rahmen von Wertpapierportfolios seit der Entwicklung der Portfolio-Selection-Theorie von Markowitz berücksichtigt, jedoch scheint ein Konsens dahingehend zu bestehen, daß eine

---

[1] Beachtung gefunden hat in diesem Zusammenhang insbesondere der von der amerikanischen Bank J.P. Morgan veröffentlichte Ansatz zur integrativen Erfassung von Marktrisiken. Vgl. **J.P. Morgan**, RiskMetrics. Aber auch bei den deutschen Banken wie etwa bei der Deutsche Bank AG sind Ansätze zur Ermittlung eines konzernweiten Gesamtrisikos zu erkennen. Vgl. insbesondere **Krumnow**, Risikoanalyse, S. 93-119.

[2] Zu den Vorteilen und der Notwendigkeit der Ermittlung des Gesamtrisikos vgl. insbesondere **Keine**, Risikoposition, S. 17 ff.

[3] Die Grundidee der Ermittlung eines Gesamtrisikos basierend auf der additiven Verknüpfung von Einzelrisiken geht auf Stützel zurück, der mit der Maximalbelastungsrechnung bzw. der Einlegerschutzbilanz entsprechende Vorschläge machte. Vgl. **Stützel**, Richtschnur, S. 42, und **Stützel**, Bankpolitik, S. 41 ff. Zu neueren Ansätzen vgl. insbesondere **Bösl**, Risikobegrenzung, S. 99f., **Keine**, Risikoposition, S. 72 ff., und **Professoren Arbeitsgruppe**, Begrenzung, S. 285-302.

Übertragung dieser Theorie auf Portfolios bestehend aus Zinsänderungs-, Wechselkurs- und Ausfallrisiken wegen der Eigenarten dieser Risiken aus theoretischen Erwägungen nicht möglich[1], darüber hinaus aber auch aus Gründen der Informationsbeschaffung — es wird von der Ermittlung einer Vielzahl von Korrelationskoeffizienten ausgegangen — nicht praktikabel ist.[2] Das theoretische Problem scheint in diesem Zusammenhang darin zu bestehen, daß Markowitz das Risiko eines Wertpapierportfolios bzw. einzelner Aktien mit Hilfe der Streuungsmaße Varianz bzw. Standardabweichung ermittelt, während Zinsänderungs- oder Wechselkurs-, insbesondere aber Ausfallrisiken in der Regel mit allein auf negativen Abweichungen fokussierenden Größen wie etwa dem Schadenserwartungswert quantifiziert werden. Die für den Transfer der Portfolio-Selection-Theorie auf Bankrisiken erforderliche Messung des Ausfallrisikos mit Hilfe der Standardabweichung der Rückzahlungsbeträge wird hingegen — so zumindest die Literaturmeinung und die Auffassung der Bankpraxis — als nicht praktikabel angesehen.

Vor diesem Hintergrund ist es das erste Ziel der vorliegenden Arbeit, die bisherige Auffassung der Wissenschaft wie auch der Bankpraxis zu widerlegen und aufbauend auf dem Grundgedanken der Portfolio-Selection-Theorie erstmals ein Modell zur Ermittlung eines integrativen, d.h. eines insbesondere die Korrelationskoeffizienten zwischen den Einzelrisiken berücksichtigenden Gesamtrisikos einer Bank zu konzipieren. Mit diesem soll dem Entscheidungsträger eine abschließende Information darüber gegeben werden, mit welcher Wahrscheinlichkeit der Bar- bzw. Marktwert seines Eigenkapitals in der kommenden Periode aufgezehrt wird.

Neben der Ermittlung eines Gesamtrisikos stellt sich angesichts einer den Banken zu unterstellenden Risikoaversion des weiteren die in der bankbetriebswirtschaftlichen Literatur im allgemeinen vernachlässigte Frage nach der Kalkulation sachgerechter „Schwankungsrisikoprämien". Entsprechend einem Wertpapierportfolio, bei dem in Abhängigkeit von der Schwankung zukünftiger Renditen auch eine über den risikolosen Marktzins hinausgehende durchschnittliche Verzinsung des eingesetzten Kapitals erwartet werden kann[3], dürften nämlich auch Banken nur dann

---

[1] Versucht wurde allerdings, die Portfolio-Selection-Theorie auf das Problem der optimalen Strukturierung des Banksortiments zu übertragen. Vgl. **Pitz**, Anwendungsmöglichkeiten, und **Schneider**, Bankportefeuilleentscheidungen.

[2] Vgl. **Bösl**, Risikobegrenzung, S. 58 f., und **Professoren Arbeitsgruppe**, Begrenzung, S. 287.

[3] In einer neueren Untersuchung für den Zeitraum von 1875 bis 1992 wurde beispielsweise festgestellt, daß die jährliche Risikoprämie beim Halten eines

bereit sein, Zinsänderungs-, Wechselkurs- oder Ausfallrisiken einzugehen, wenn sie für die hieraus resultierenden Schwankungen Prämien erhalten. In bezug auf das Ausfallrisiko ist in diesem Zusammenhang ein Aufschlag auf die traditionelle und auf Erwartungswerten basierende Ausfallrisikoprämie zu kalkulieren und dem Kreditnehmer in Rechnung zu stellen. Die exakte Kalkulation derselben bereitet allerdings Probleme, will man sich nicht mit einer auf der Intuition der Entscheidungsträger beruhenden und objektiv nicht erklärbaren Höhe begnügen. Bezogen auf das Zinsänderungs- bzw. Wechselkursrisiko stellt sich darüber hinaus die Frage nach der grundsätzlichen Existenz derartiger Schwankungsrisikoprämien, da es sich bei den genannten Risiken um solche struktureller Art, die nicht ohne weiteres einem Kontraktpartner anzulasten sind, handelt.

Angesichts der vorgenannten Probleme besteht das zweite Ziel der Arbeit entsprechend darin, die Existenz von Schwankungsrisikoprämien für Zinsänderungs- und Wechselkursrisiken theoretisch zu begründen und empirisch nachzuweisen sowie einen Ansatz für eine marktgerechte Kalkulation von Schwankungsrisikoprämien für das Ausfallrisiko zu entwickeln.

Mit letzterem wird erstmals auch ein Konzept entwickelt, das aufzeigt, mit welchen Erfolgsbeiträgen die Bank-Eigenkapitalgeber allein aufgrund der Übernahme intertemporärer Schwankungen ihrer Eigenkapitalverzinsung im Durchschnitt rechnen können. Insofern leistet die vorliegende Arbeit auch einen wissenschaftlichen Beitrag zur immer mehr an Bedeutung gewinnenden Eigenkapitalbildung und Eigenkapitalfinanzierung deutscher Bankunternehmen.

Wenn Schwankungsrisikoprämien kalkuliert bzw. identifiziert und am Markt durchgesetzt werden können, dann sollte es weiterhin möglich sein, Bankrisiken ähnlich wie bereits Personen-, Sach- oder Haftpflichtrisiken auf Dritte und insbesondere auf Versicherungsunternehmen zu übertragen, wobei diesen die Schwankungsrisikoprämie als Ausgleich für den aus den Schwankungen resultierenden Mißnutzen zu vergüten ist. In diesem Fall kann die Entscheidung über einzugehende Risiken seitens der Bank unabhängig von zugrundeliegenden Kundengeschäften getroffen werden und das Phänomen Risiko stellt auch nicht länger mehr nur die negative Begleiterscheinung bankgeschäftlicher Tätigkeit dar. Vielmehr müssen in diesem Fall die mit der bewußten Übernahme von Risiken zu erzielenden Prämien

---

wohl diversifizierten Aktienportfolios gegenüber dem Halten eines Rentenportfolios im Durchschnitt 6,75% pro Jahr beträgt. Vgl. **Conen/Väth**, Risikoprämien, S. 645.

als weitere Quellen der Erlöserzielung interpretiert werden. In diesem Zusammenhang drängt sich dann aber auch die Frage auf nach der optimalen Struktur der Einzelrisiken. So wie es beim Wertpapierportfolio aus Risiko-Rendite-Gesichtspunkten nicht sinnvoll ist, nur eine Aktie zu halten, kann auch das isolierte Eingehen von Zinsänderungs-, Wechselkurs- oder Ausfallrisiken nicht rationalem Kalkül entsprechen. Die Diversifikation in verschiedene Risikoarten wird von den Banken zwar bereits in „naiver Form" verfolgt — insbesondere Universalbanken sind sich der Diversifikationsvorteile einer umfassenden Geschäftstätigkeit durchaus bewußt —, jedoch fehlt es bislang noch an Kenntnissen über eine optimale Mischung der einzugehenden Risiken.

Das dritte Ziel der Arbeit besteht entsprechend darin, jene Struktur von Zinsänderungs-, Wechselkurs- und Ausfallrisiken zu ermitteln, die hinsichtlich einer zu maximierenden „formalen Risiko-Risikoprämien-Relation" als optimal anzusehen ist. Bei letzterer Relation handelt es sich um das Verhältnis zu erwartender Schwankungsrisikoprämien einerseits und dafür einzugehender Schwankungsrisiken andererseits.

Ausgehend von den Zielsetzungen folgt der Aufbau der vorliegenden Arbeit einem dreistufigen Vorgehen. Im grundlegenden ersten Teil werden das Wesen des Risikos und der Risikopolitik der Banken dargelegt. Dabei wird zum einen gezeigt, daß die primäre Ursache jedes Risikos in der Ungewißheit einer Entscheidung über den Eintritt zukünftiger Umweltzustände begründet liegt und jede Risikosituation auf das Basismodell der Entscheidungstheorie zurückgeführt werden kann. Zum anderen wird aufbauend auf dem Basismodell zwischen einem sogenannten formalen bzw. Schwankungsrisikobegriff, der auch dem Begriffsverständnis von Markowitz zugrunde liegt, und einem auf Erwartungswerten fußenden materiellen Risikobegriff, der in der bankbetrieblichen Literatur wie auch in der Bankpraxis vorherrscht, differenziert.

Aufbauend auf diesen Grundlegungen werden im zweiten Teil die Funktionen der bzw. die Anforderungen an die Risikomessung aufgezeigt und bisherige Quantifizierungsansätze in einzelnen Ursachenbereichen — wie etwa die Zinsbindungsbilanz — kritisch analysiert. In einer die einzelnen Risikoarten übergreifenden Betrachtung werden sodann im Rahmen einer empirischen Analyse die bereits erwähnten Korrelationskoeffizienten zwischen den Einzelrisiken, sogenannte formale Risikoverbundeffekte, ermittelt. In diesem Zusammenhang werden aber auch Risikoverbundeffekte materieller Art, die durch das Zusammenwirken materieller Risiken entstehen, untersucht. Empirische Untersuchungen und grundlegende theoretische Arbeiten, die die mit beiden Arten von Risikoverbundeffekten verbundenen Problemkomplexe vollständig und systematisch angehen, fehlen bislang.

Nach dem analysierenden zweiten wird im konzeptionellen dritten Teil der Arbeit die Messung und Kalkulation des formalen Gesamtrisikos erörtert. Hierbei werden insbesondere drei im Zusammenhang mit dem formalen Gesamtrisiko stehende Fragestellungen geklärt. Erstens handelt es sich um die Versicherbarkeit von Ausfallrisiken, da auch das Modell von Markowitz den uneingeschränkten Transfer von Wertpapieren auf Dritte voraussetzt und bei einer fehlenden Handelbarkeit von Ausfallrisiken eine optimale Portfoliostruktur nicht bzw. nur bedingt planbar wäre.[1] Zweitens wird die Frage nach der Existenz von Schwankungsrisikoprämien für das Zinsänderungs- bzw. Wechselkursrisiko diskutiert. Neben theoretischen Überlegungen werden hierbei — aufbauend auf die bereits im zweiten Teil vorgenommenen Untersuchungen — auch empirisch fundierte Prämienhöhen ermittelt. Drittens schließlich wird ein marktdeduzierter Ansatz zur Kalkulation formaler Ausfallrisikoprämien entwickelt. Abschließend wird die Vorgehensweise bei der Ermittlung des formalen Gesamtrisikos paradigmatisch dargestellt.

Da es sich bei der hier vorliegenden Untersuchung insgesamt um ein weithin analytisches Problem handelt, kann auf einen aufwendigen Formelapparat sowie die Diskussion mathematischer Detailprobleme kaum verzichtet werden. Um dennoch eine Nachvollziehbarkeit der Gedankengänge zu gewährleisten, werden die Ausführungen durch zahlreiche Beispiele verdeutlicht. Dabei steht das Bemühen im Vordergrund, mit realistischen und praxisnahen Werten zu argumentieren.

---

[1] Gerade in der Tatsache, daß in der Bankpraxis über Kreditanträge und damit über Ausfallrisiken nicht gleichzeitig und zudem dezentral entschieden wird, sieht Schmidt eine Begründung dafür, daß eine Übertragung der Portfolio-Selection-Theorie auf banktypische Erfolgsrisiken nicht möglich ist. Vgl. **Schmidt**, Einzelkredit, S. 247.

Erster Teil

Grundlegung zum Risiko und zur Risikopolitik bei Banken

A. Zum Wesen des Risikos

I. Ursachen des Risikos

1. Ungewißheit von Entscheidungen

Risiko ist stets ein mit einer Entscheidungssituation in Zusammenhang gebrachtes Phänomen, wenngleich eine Entscheidungssituation — wie im Fall der Sicherheit — nicht zwangsläufig auch ein Risiko beinhaltet.[1] Auf den Bankbetrieb bezogen besteht ein Risiko beispielsweise dann, wenn zu entscheiden ist über die Annahme oder die Ablehnung eines Kreditantrages, über die Höhe und Struktur festverzinslicher oder in Fremdwährung denominierter Aktiva bzw. Passiva, aber auch bei der Entscheidung über die Einführung einer neuen Marktleistung, wenn die Nachfrage nach dieser ungewiß ist. Sämtliche Entscheidungssituationen lassen sich dabei zurückführen auf das Basismodell der Entscheidungstheorie, das sich aus den im folgenden zu beschreibenden Konstituenten Aktionsraum, Zustandsraum und Ergebnisfunktion zusammensetzt.[2]

a) Konstituenten des Entscheidungsfeldes

(1) Aktionsraum

Beim Aktionsraum handelt es sich im allgemeinen um die Gesamtheit aller konkreten Handlungsalternativen (HA), zwischen denen der Entscheidungsträger im Rahmen seines privaten oder wirtschaftlichen Agierens eigenständig wählen kann. Die Wahl einer Handlungsalternative selbst wird in diesem Zusammenhang als Entscheidung bezeichnet.[3] Von einer Entscheidung im engeren Sinne ist jedoch nur dann zu sprechen, wenn mindestens zwei Handlungsalternativen zur Wahl stehen, wobei allerdings auch das „Nichtstun" als Handlungsalternative (Unterlassungs-

---

[1] Vgl. beispielsweise **Büschgen**, Bankbetriebslehre, S. 735 f.

[2] Zum folgenden vgl. ausführlich **Bamberg/Coenenberg**, Entscheidungslehre, S. 12 ff., **Sieben/Schildbach**, Entscheidungstheorie, S. 15 ff., **Saliger**, Entscheidungstheorie, S. 2 ff., und **Laux**, Entscheidungstheorie, S. 21 ff.

[3] Vgl. **Herrmann**, Planung, S. 18.

alternative) anzusehen ist. Um eine rationale Entscheidung zu ermöglichen, sind ferner zwei Bedingungen zu erfüllen (Prinzip der vollkommenen Alternativenstellung):[1]

- Zum einen muß der Entscheidungsträger gezwungen sein, stets eine der im Aktionsraum enthaltenen Handlungsalternativen auch tatsächlich zu wählen.
- Zum anderen müssen die Handlungsalternativen einander streng ausschließen.

Die erste Bedingung zielt darauf ab, daß der Aktionsraum stets sämtliche Handlungsalternativen umfaßt und vollständig definiert ist. Ist letzteres nicht der Fall, kann der Entscheidungsträger auch eine nicht im Entscheidungsmodell enthaltene Handlungsalternative wählen, und das Entscheidungsproblem ist nicht abschließend formuliert. Die zweite Bedingung bezweckt über die erste hinausgehend, daß der Entscheidungsträger nicht nur gezwungen ist, innerhalb des Aktionsraums eine Handlungsalternative zu wählen; vielmehr soll er im Hinblick auf eine eindeutige Entscheidung immer auch nur eine einzige Handlungsalternative wählen dürfen (Exklusionsprinzip). Die Vergabe eines Kredits A etwa schließt zwar die Ablehnung des Kreditantrages A, in der Regel aber nicht die Vergabe eines Kredits B streng aus. Im Sinne des Exklusionsprinzips haben die Entscheidungsträger also nicht nur zwischen jeweils zwei Handlungsalternativen, sondern stets zwischen mehreren wie etwa zwischen der isolierten Vergabe der Kredite A oder B, der Gewährung beider sowie der Ablehnung beider Kredite zu entscheiden. Müssen bei einer Vielzahl von Krediten auch noch Zinsbindungsfristen, Sicherheiten u.ä. festgelegt werden, dann ist unmittelbar ersichtlich, daß ein derart als Totalmodell formuliertes Entscheidungsproblem nicht mehr lösbar ist. Entsprechend wird in der Bankpraxis versucht, Partialmodelle zu formulieren und über Kreditvergaben, Festzins- oder Fremdwährungsüberhänge, die Liquiditätsausstattung u.ä. isoliert zu befinden. Letzteres wiederum ist aber auch nur dann möglich, sofern externe Marktrestriktionen — wie etwa beschränkte Kapitalbeschaffungsmöglichkeiten —, interne Restriktionen in Form von nicht zu überschreitenden Risikogrenzen oder bankenaufsichtsrechtliche Eigenkapital- oder Liquiditätsgrundsätze nicht existent sind. Verfügt eine Bank beispielsweise aufgrund eines nahezu ausgelasteten bankenaufsichtsrechtlichen Eigenkapitalgrundsatzes I nur noch über einen begrenzten Kreditvergabespielraum, so kann nicht mehr isoliert über die Vergabe von solchen Krediten entschieden werden, die im Rahmen dieses Grundsatzes mit einem An-

---

[1] Vgl. **Schneider**, Wirtschaftlichkeitsrechnung, S. 33 f., **Engels**, Bewertungslehre, S. 83-85, und **Bamberg/Coenenberg**, Entscheidungslehre, S. 15.

rechnungsfaktor von größer als null berücksichtigt werden müssen. Vielmehr muß sie dann unter Umständen zwischen der Bewilligung der Kreditanträge A und B, der Ablehnung beider Anträge oder der Gewährung nur begrenzter Volumina wählen. Bestehen weitere Restriktionen, dann sieht sich das Bankmanagement mit der Notwendigkeit der Erstellung eines Totalmodells, also einer simultanen und zentral zu treffenden Gesamtentscheidung über sämtliche Geschäfte, konfrontiert. Um dennoch ein in die Bankpraxis umsetzbares Modell entwickeln zu können, wird im folgenden, wie bis dato üblich, — gleichwohl wissend, daß es sich hierbei um eine nur unvollkommene Abbildung der Realität handelt — von einer Vielzahl partieller Entscheidungen ausgegangen.[1] Angesichts eines in der Regel guten Zugangs von Banken zum Geld- und Kapitalmarkt, gewöhnlich restriktiveren bankinternen als bankenaufsichtsrechtlichen Risikogrenzen sowie der grundsätzlichen Möglichkeit, Zinsänderungs- und Wechselkursrisiken, insbesondere aber auch Ausfallrisiken unabhängig vom zugrundeliegenden Engagement auf Dritte zu übertragen, dürfte die Unterstellung von Partialmodellen aber auch zu weitgehend realisierbaren Entscheidungen führen.[2] Mit der Realisierbarkeit ist allerdings noch nicht gewährleistet, daß auch optimale, d.h insbesondere nicht gegen die sicherheitspolitischen Vorstellungen der Entscheidungsträger verstoßende Entscheidungen getroffen werden. In diesem Zusammenhang ist es erforderlich, im Rahmen einer zentralen Steuerung die aus den partiellen Entscheidungen resultierenden Ergebnisse unter Berücksichtigung der bereits erwähnten Risikoverbundeffekte zu

---

[1] Hinsichtlich der Diskussion um die Eignung von Total- oder Partialmodellen im Rahmen der Investitionsrechnung ist in diesem Zusammenhang auch der wissenschaftliche Diskurs zwischen Rolfes und Adam et al. zu beachten. Vgl. **Adam/Hering/Schlüchtermann**, Lenkpreistheorie, S. 786-790, **Adam/Hering/Schlüchtermann**, Partialmodell, S. 775-786, **Adam/Hering/Schlüchtermann**, Kalkulationszinsfüße, S. 115-119, **Adam/Hering/Schlüchtermann**, Versuch, S. 787-790, **Adam/Hering/Utzel**, Marktzinsmethode, S. 3-18, **Rolfes**, Investitionsrechnung, S. 691-713, **Rolfes**, Replik, S. 121-125, und **Rolfes**, Marktzinsmethode, S. 667-671.

[2] Können nämlich banktypische Erfolgsrisiken unabhängig von den zugrundeliegenden Engagements auf Dritte übertragen werden, ist davon auszugehen, daß das Bankmanagement bei einem aus Partialentscheidungen resultierenden und über die Risikogrenzen hinausgehenden Gesamtrisiko den überschießenden Teil veräußert. Sind zudem die bankinternen Risikogrenzen restriktiver als bankenaufsichtsrechtliche Rahmenbedingungen, dann dürfte das verbleibende Gesamtrisiko in jedem Fall auch letztere erfüllen. Unter diesen Voraussetzungen stellen bankenaufsichtsrechtliche Rahmenbedingungen keine Restriktionen für Einzelgeschäfte mehr dar. Zur Handel- bzw. Versicherbarkeit von Ausfallrisiken vgl. auch Kapitel A. II. im dritten Teil.

einem Gesamtergebnis, wie es sonst nur aus einem Totalmodell abgeleitet werden kann, zu ermitteln.

(2) Ergebnisfunktion

Den einzelnen Handlungsalternativen im Rahmen partieller Entscheidungen steht der Entscheidungsträger zunächst indifferent gegenüber. Die Annahme oder Ablehnung eines Kreditantrages, das Eingehen bestimmter Fremdwährungs- oder festverzinslicher Positionen stellen bei Abstraktion von den damit verbundenen Konsequenzen grundsätzlich gleichwertige Handlungsalternativen dar. Ein Wert der Alternativen ergibt sich erst dann, wenn deren Ergebnisse in Betracht gezogen werden. Welche Ergebnisarten dabei im einzelnen entscheidungsrelevant sind, legt der Entscheidungsträger im Hinblick auf seine individuellen Ziele fest. Angesichts eines in der Regel zu verfolgenden komplexen Zielsystems sind entsprechend auch unterschiedliche Ergebnisse zu berücksichtigen. Betreibt eine Bank etwa eine expansive Geschäftspolitik, dann sind die mit einer Kreditvergabe verbundenen Kreditvolumina entscheidungsrelevant. Im Falle des Gewinnziels müssen hingegen die mit der Kreditvergabe verbundenen Reinvermögensänderungen Beachtung finden.[1] Bezogen auf das Liquiditätsziel wiederum sind die aus einer Kreditvergabe resultierenden Zahlungen von Bedeutung. Schließlich können auch nichtmonetäre Ergebnisse wie etwa das mit einer Kreditvergabe verbundene Image der Bank im Hinblick auf Ziele im Rahmen der Öffentlichkeitsarbeit von Relevanz sein.

Die Zuordnung von Ergebnissen zu den jeweiligen Handlungsalternativen erfolgt durch die Ergebnisfunktion. Wird nur eine Ergebnisart angestrebt, handelt es sich um eine Funktion zweier unabhängiger Variablen — einer Handlungsalternative HA_i aus dem Aktionsraum und einem Umweltzustand U_j aus dem Zustandsraum —, denen eine abhängige Variable in Form einer bestimmten Ausprägung eines Ergebnisses der in Betracht kommenden Ergebnisart zugeordnet ist. Fokussiert der Entscheidungsträger hingegen auf mehrere Ergebnisarten gleichzeitig,

---

[1] Das Reinvermögen ist in diesem Zusammenhang als der Markt- bzw. Barwert der aus den bereits abgeschlossenen Geschäften resultierenden Zahlungen zu definieren. Entsprechend ist das Reinvermögen in diesem Sinne identisch mit dem Markt- bzw. Barwert des Eigenkapitals. Vgl. in diesem Zusammenhang insbesondere Kapitel C. II. 2. im dritten Teil. Zu unterscheiden ist das Reinvermögen jedoch vom haftenden oder bilanziellen Eigenkapital. Vgl. **Wöhe**, Betriebswirtschaftslehre, S. 969.

handelt es sich bei der Ergebnisfunktion um eine Matrixfunktion, bei der mit den unabhängigen Variablen eine Matrix der jeweiligen Ergebnisausprägungen aller relevanten Zielarten verknüpft ist.

Unmittelbar einsichtig ist in diesem Zusammenhang, daß Handlungsalternativen dann nicht vergleichbar sind, wenn mit ihnen relevante Ergebnisse unterschiedlicher Ergebnisarten verbunden sind. In diesem Fall ist eine Artenpräferenz erforderlich, bei der eine Ergebnisart als Standard festgelegt wird und alle anderen Ergebnisarten in diesem Standard ausgedrückt werden. Im Falle wirtschaftlicher Entscheidungen ist es in diesem Zusammenhang sinnvoll, die Ergebnisse von Handlungsalternativen jeweils als Reinvermögensänderungen zu formulieren. Hierdurch wird berücksichtigt, daß das Gewinnziel bei Unternehmen in der Regel Priorität besitzt und andere, in der Zielhierarchie subordinierte Ziele zu ersterem in komplementärer Beziehung stehen sollten.[1] Ein expansives Wachstum der Bilanzsumme oder die Erreichung eines bestimmten Marktanteils sind also hinsichtlich ihrer langfristigen Reinvermögensmehrung zu beurteilen und sollten keinen Selbstzweck darstellen.

(3) Zustandsraum

Die Ergebnisse einzelner Handlungsalternativen sind schließlich — abgesehen von der Unterlassungsalternative — auch vom Eintritt bestimmter Umweltzustände abhängig, wobei die Gesamtheit möglicherweise eintretender Umweltzustände als Zustandsraum bezeichnet wird. Der Zustandsraum umfaßt in diesem Zusammenhang alle Geschehnisse, die sich einerseits der Einflußnahme seitens des Entscheidungsträgers entziehen, die aber andererseits Auswirkungen haben auf die Ergebnisausprägungen. Zu denken ist hier an den Ausfall von Zins- und Tilgungszahlungen einerseits und die vollständige Rückzahlung der vereinbarten Beträge andererseits, an Zins- oder Wechselkursentwicklungen, an die zukünftige Nachfrage nach einer bestimmten Bankleistungsart oder ähnliches. Im Einzelfall ist es aber oftmals

---

[1] Vgl. **Büschgen**, Bankbetriebslehre, S. 443 ff. Eine Reduzierung der Ergebniswirkungen auf Reinvermögensänderungen ist — wie sich später zeigen wird — auch eine unabdingbare Voraussetzung für eine Aggregation der formalen Einzelrisiken zu einem formalen Gesamtrisiko. Offene Festzinspositionen, Fremdwährungsüberhänge bzw. Kreditvolumina können ansonsten nicht ohne weiteres zusammengefaßt werden. Auch ist nur die Inbeziehungsetzung von Reinvermögensänderungen zum Eigenkapital sinnvoll, denn nur in diesem Fall kann die letztlich interessierende Ruinwahrscheinlichkeit ermittelt werden. Vgl. insbesondere Kapitel B. im zweiten Teil.

schwierig, Geschehnisse klar abzugrenzen, die in jedem Fall unabhängig vom Handeln des Entscheidungsträgers eintreten. Bezogen auf das Kreditgeschäft ist es beispielsweise fraglich, ob der Ausfall eines Kreditengagements als Eintritt eines nicht zu beeinflussenden (zufällig eintretenden) Umweltzustandes oder als ein von der Bank grundsätzlich zu steuernder — etwa durch die Einflußnahme auf die Geschäftsführung des kreditnehmenden Unternehmens — bzw. als ein bereits a prima vista erkennbarer Umweltzustand anzusehen ist.[1] Unabhängig von diesem Abgrenzungsproblem tritt der Entscheidungsträger den jeweils relevanten Umweltzuständen aber wie bereits den Handlungsalternativen stets indifferent gegenüber. Die Umweltzustände werden erst über ihren Einfluß auf die Ergebnisse im Wertsystem des Entscheidungsträgers erfaßt.[2]

Stehen einer Handlungsalternative grundsätzlich mehrere relevante und potentiell eintretende Umweltzustände gegenüber, wird auch von einer Ungewißheitssituation gesprochen. Letzte Situation wird in allen theoretischen Auffassungen des Risikobegriffs als Ursache des Risikos bzw. als dessen eigentliche Problematik und somit als konstituierendes Element des Risikos angesehen. Im Falle nur eines Umweltzustandes spricht man hingegen von einer Situation der Sicherheit.

---

[1] Wird der Ausfall eines Kreditengagements als ein von der Bank nicht zu beeinflussender, d.h. als ein von zufällig eintretenden Markteinflüssen determinierter Umweltzustand angesehen, und können Ausfallrisiken entsprechend versichert bzw. gehandelt werden, dann bildet sich ein von der Bonität des Kreditnehmers abhängiger Preis für den Versicherungsschutz von Ausfallrisiken, und es können Ausfallrisiken wie Zinsänderungs- und Wechselkursrisiken auch als „Marktrisiken", bei denen sich das Risiko aus sich ändernden Marktpreisen ergibt, interpretiert werden. Hingegen liegt der traditionellen Differenzierung zwischen Marktrisiken einerseits und Ausfallrisiken andererseits oftmals die Vorstellung zugrunde, daß es sich bei einem Kreditausfall um einen internen und auf einer falschen Bonitätsbeurteilung des Kreditnehmers beruhenden Fehler handelt. Wenngleich letztere nicht prima facie ausgeschlossen werden können, sind Kreditausfälle im folgenden doch grundsätzlich als Zufallsereignisse anzusehen. Zur Differenzierung in Markt- bzw. Preis- und Ausfallrisiken vgl. **Schierenbeck**, Bankmanagement, S. 511, und zu den Merkmalen eines zu versichernden Risikos vgl. **Farny**, Versicherungsbetriebslehre, S. 27 ff.

[2] Vgl. **Vollmar**, Begriff, S. 147 ff.

b) Ergebnismatrix

Anschaulich dargestellt werden können die Konstituenten eines Entscheidungsfeldes in einer sogenannten Ergebnismatrix. Diese weist in der Vorspalte die möglichen Handlungsalternativen des Entscheidenden — den Aktionsraum —, in der Kopfzeile die potentiell eintretenden Umweltzustände — den Zustandsraum — und in der Matrix selbst die mit den Handlungsalternativen verknüpften Ergebnisse — den Ergebnisraum — auf (vgl. Abb. 1.1).

		Wahrscheinlichkeiten				
Ergebnis-matrix		W1	W2	W3	W4	Wm
		Zustandsraum				
		U1	U2	U3	U4	Um
Aktionsraum	HA1	E11	E12	E13	E14	E1m
	HA2	E21	E22	E23	E24 (Ergebnisraum)	E2m
	HA3	E31	E32	E33	E34	E3m
	HAn	En1	En2	En3	En4	Enm

Abb. 1.1: Schematische Darstellung einer Ergebnismatrix

c) Zur Wahrscheinlichkeitsverteilung der Umweltzustände

Nachdem bereits angedeutet wurde, daß sich Ungewißheitssituationen als allgemeine Ursache des Risikos dadurch auszeichnen, daß einzelnen Handlungsalternativen mehrere potentiell eintretende Umweltzustände gegenüberstehen, ist für die Beurteilung der Handlungsalternativen weiterhin entscheidend, mit welchen Wahrscheinlichkeiten die einzelnen Umweltzustände und zugleich auch die damit verknüpften Ergebnisse jeweils eintreten können. Unklar ist hierbei jedoch, was im einzelnen unter einer Wahrscheinlichkeit zu verstehen und wie diese im Einzelfall zu ermitteln ist. Unterschieden wird in diesem Zusammenhang zwischen dem klassischen, dem statistischen und dem subjektiven Wahrscheinlichkeitsbegriff.

(1) Der klassische Wahrscheinlichkeitsbegriff

Der klassische Wahrscheinlichkeitsbegriff, der primär im Zusammenhang mit Glücksspielen Bedeutung erlangt, geht von der Annahme aus, daß — so lange kein überzeugender Grund dagegen spricht („Prinzip des unzureichenden Grundes") — alle Ergebnisse eines Ergebnisraums gleich wahrscheinlich sind. Auf die Ungewißheitssituation bezogen würde dies beispielsweise bedeuten, daß bei fünf möglicherweise eintretenden Umweltzuständen die Wahrscheinlichkeit für den Eintritt jedes einzelnen 20% beträgt. Die Übertragbarkeit dieser Annahme auf praktische Situationen des Wirtschaftslebens ist allerdings fraglich. Bezogen auf das Kreditgeschäft würde der klassische Wahrscheinlichkeitsbegriff beispielsweise unterstellen, daß der Ausfall eines Kreditnehmers gleich wahrscheinlich ist mit der ordnungsgemäßen Erfüllung der vertraglichen Verpflichtungen. Beim Wechselkursrisiko wäre eine Verdopplung des Wechselkurses gleich wahrscheinlich mit einer Konstanz desselben. Beides sind in der Regel unrealistische Annahmen.

(2) Der statistische Wahrscheinlichkeitsbegriff

Im Unterschied zum klassischen geht der statistische Wahrscheinlichkeitsbegriff von einem Zufallsexperiment bestehend aus einer Folge voneinander unabhängiger Versuche aus. Die Wahrscheinlichkeit ergibt sich hierbei als Grenzwert der relativen Häufigkeit eintretender Ergebnisse. Die Wahrscheinlichkeit für das Auftreten des Ergebnisses A ergibt sich beispielsweise als:

(1.1) $$W(A) = \lim_{n \to \infty} \frac{h_n(A)}{n},$$

mit: $h_n(A)$ = absolute Häufigkeit des Ergebnisses A bei n Versuchen
n = Anzahl der Versuche.

Wenngleich statistische Wahrscheinlichkeiten prima facie plausibler erscheinen als klassische, sind sie gleichfalls mit Problemen behaftet. Zum einen können Zufallsexperimente in praxi nicht unendlich häufig durchgeführt werden, zum anderen sind auch die Bedingungskonstellationen, unter denen die Experimente ablaufen, in der Regel nicht bekannt. Beim Kreditgeschäft etwa können Kredite nicht unendlich häufig an eine Klasse als homogen angesehener Kreditnehmer vergeben und Kreditausfälle beobachtet werden. Aber auch wenn dies als möglich erachtet würde, wäre nicht gesichert, daß die Umstände, die zu Kreditausfällen führen, in der Zukunft denen der Vergangenheit entsprechen. Die restriktiven Bedingungen des statistischen Wahrscheinlichkeitsbegriffs können jedoch dadurch gelockert werden, daß nur von einer „großen Zahl" von Durchführungen eines Zufallsexperiments ausgegangen wird und die Bedingungskonstellationen als „nahezu konstant" unterstellt werden. Unbestimmt und im Einzelfall weiterhin zu klären bleibt in diesem Fall dann nur noch, wie oft ein Zufallsexperiment durchgeführt werden muß, damit die relativen Häufigkeiten als Wahrscheinlichkeiten betrachtet werden können, und in welchen Fällen von einer nahezu konstanten Bedingungskonstellation auszugehen ist.

(3) Der subjektive Wahrscheinlichkeitsbegriff

Anders als klassische und statistische Wahrscheinlichkeiten beruhen solche subjektiver Art auf der individuellen Überzeugung einer Person darüber, mit welcher Wahrscheinlichkeit ein bestimmtes Ergebnis eintreffen wird. Die individuelle Überzeugung kann dabei abgeleitet werden aus den relativen Häufigkeiten ähnlicher bzw. nur in geringer Zahl durchgeführter Versuche eines Zufallsexperiments, aber auch aus subjektiven Informationsverarbeitungsprozessen und Erwartungen. Bezogen auf das Kreditgeschäft können etwa aufgrund der Bonitätsmerkmale eines Kreditnehmers und den Erfahrungen mit Kreditnehmern in der gleichen Branche subjektive Wahrscheinlichkeiten für den Kreditausfall definiert werden. Der Vorteil dieses Vorgehens besteht insbesondere darin, daß Wahrscheinlichkeiten auch dann ermittelt werden können, wenn die Voraussetzungen für die Ermittlung solcher klassischer oder statistischer Art nicht vorliegen. Der Nachteil besteht dagegen in der fehlenden intersubjektiven Nachprüfbarkeit.

Insgesamt ist davon auszugehen, daß einzelnen Umweltzuständen statistische, zumindest aber subjektive Wahrscheinlichkeiten zugerechnet werden können. Eine exakte Trennung zwischen beiden ist im Einzelfall aber kaum möglich.[1]

---

[1] Zur Problematik von Wahrscheinlichkeitskonzeptionen bei bankbetrieblichen Entscheidungsproblemen vgl. auch **Küllmer**, Programmplanung, S. 10 ff.

2. „Unscharfe" Definition der Entscheidungssituation

Mit der Ungewißheit über den Eintritt zukünftiger Umweltzustände bzw. Ergebniswirkungen sind die Ursachen des Risikos noch nicht abschließend beschrieben. Als weitere Quelle des Risikos ist vielmehr von einer aus „menschlichem Versagen" bei der Informationsbeschaffung und -auswertung resultierenden „unscharfen" Definition der Entscheidungssituation[1] auszugehen. Das menschliche Versagen kann dabei in vier Punkten bestehen:

- Zum einen ist es denkbar, daß der Entscheidungsträger objektiv erlangbare Informationen nicht einholt. Dies ist allerdings nicht zwangsläufig auf ein Unvermögen des Handelnden zurückzuführen; vielmehr können ihm auch subjektive Grenzen gesetzt sein, die eine Erlangung objektiver Informationen verhindern. Zu denken ist in diesem Zusammenhang beispielsweise an einen begrenzten zeitlichen Rahmen der Informationsbeschaffung oder an begrenzte finanzielle Mittel, die eine Informationsbeschaffung verhindern. Auch aus Wirtschaftlichkeitsüberlegungen ist es nicht immer sinnvoll, jede objektiv erlangbare Information auch tatsächlich zu beschaffen.
- Zweitens ist es möglich, daß der Entscheidungsträger erlangte und für die Entscheidung bedeutsame Informationen nicht berücksichtigt.
- Drittens kann der Entscheidungsträger von erlangten und berücksichtigten Informationen den Informationsgehalt falsch erfassen.
- Viertens schließlich ist es denkbar, daß der Entscheidungsträger bei gegebener Informationslage aufgrund fehlenden Denkvermögens falsche Schlußfolgerungen zieht, die ein anderer Entscheidungsträger aufgrund besseren Denkvermögens oder größerer Erfahrung vermieden hätte.[2]

---

[1] Zum Begriff der „unscharfen Problemdefinition" vgl. **Adam**, Planung, S. 13. Der gleiche Gedanke ist auch bei Braun zu finden, der „scharf" definierte mehrwertige Entscheidungssituationen mit „determinierter Unsicherheit" und die „Unschärfe" der Entscheidungssituation mit „undeterminierter Unsicherheit" bezeichnet. Vgl. **Braun**, Risikomanagement, S. 32 ff. In diesem Zusammenhang vgl. auch **Zimmermann**, Problembeschreibungen, S. 785-795, und **Farny**, Versicherungsbetriebslehre, S. 17.

[2] Vgl. **Philipp**, Risiko, S. 16 ff. Kupsch bezeichnet diese von Philipp angeführten Risikoursachen zusammengefaßt als „kognitives Risiko", welches er allgemein als die Möglichkeit eines (menschlichen) Urteilsfehlers oder falscher Modellannahmen des Entscheidungsträgers im Problemraum beschreibt. Vgl. **Kupsch**, Entscheidungsprozeß, S. 242 ff. Vgl. in diesem Zusammenhang weiterhin **Wittmann**, Information, S. 36, und **Staudt**, Planung, S. 35.

Die hieraus resultierende Unschärfe äußert sich entsprechend darin, daß

- relevante Handlungsalternativen oder Umweltzustände bei der Entscheidungssituation nicht mit in Betracht gezogen werden,
- die funktionalen Beziehungen zwischen den Umweltzuständen und den Handlungsergebnissen falsch definiert sind,
- die den einzelnen Umweltzuständen zugeordneten Wahrscheinlichkeiten unzutreffend sind oder
- die bei mehreren Teilentscheidungen zu berücksichtigenden formalen Risikoverbundeffekte nicht den objektiven Verhältnissen entsprechen.[1]

Letzteres wiederum kann beispielsweise dazu führen, daß ein bei Kenntnis der „scharf" definierten Entscheidungssituation als unvorteilhaft zu betrachtendes Kreditengagement aufgrund der Unschärfe fälschlicherweise als günstig angesehen wird, oder daß die Notwendigkeit der Einleitung risikopolitischer Maßnahmen wegen der Unschärfe verkannt wird.

Da es schließlich unerheblich und in der Regel auch nicht zu trennen ist, ob ein bestimmtes Ergebnis auf Grund einer bestehenden Ungewißheitssituation zustandekommt oder auf eine unscharfe Definition der Entscheidungssituation zurückzuführen ist, sind bei der Risikosteuerung grundsätzlich beide Ursachenkomplexe zu berücksichtigen. Letzteres kann im Rahmen eines globalen Vorgehens beispielsweise dadurch erfolgen, daß die von den Entscheidungsträgern der Bank gerade noch akzeptierten Wahrscheinlichkeiten des Eigenkapitalverbrauchs, die im folgenden auch als Ruinwahrscheinlichkeiten bezeichnet werden sollen[2], großzügig festgesetzt werden: Beträgt eine unter der Fiktion einer scharf definierten Entscheidungssituation tolerierte Ruinwahrscheinlichkeit beispielsweise 5%, dann könnte diese unter Berücksichtigung der Unschärfe auf 4% oder 3% reduziert werden.[3]

---

[1] Zum Wesen der Risikoverbundeffekte vgl. auch Kapitel C. im zweiten Teil.

[2] Vgl. **Schierenbeck**, Bankmanagement, S. 508.

[3] In diesem Zusammenhang sind des weiteren auch
- nicht erkannte,
- erkannte, aber nicht meßbare (soweit sich Risiken der Meßbarkeit überhaupt entziehen können) sowie
- erkannte und meßbare, aber vernachlässigte

Risiken bzw. Ungewißheitssituationen zu berücksichtigen. Vgl. **Krümmel**, Vorgaben, S. 42.

II. Zur Kontroverse um den Risikobegriff

Mit der Ungewißheit und der Unschärfe der Entscheidungssituation wurden die Ursachen des Risikos abschließend beschrieben, und diesbezüglich ist auch ein allgemeiner Konsensus in der einschlägigen Literatur zu konstatieren. Gleichwohl sind mit dem konkreten Terminus Risiko unterschiedliche und kontrovers diskutierte Auffassungen verbunden.[1] Im wesentlichen handelt es sich hierbei um im folgenden als materiell zu titulierende Vorstellungsinhalte zum einen sowie um formale Begriffsverständnisse zum anderen.

Der materielle Risikobegriff bezeichnet in diesem Zusammenhang gemeinhin die Gefahr einer mit einem Mißnutzen verbundenen negativen Abweichung eines zukünftig tatsächlich eintretenden Ergebnisses von einem Referenzwert — Philipp spricht in diesem Zusammenhang auch von einem Schaden[2] —, wobei allein hinsichtlich der konkreten Festlegung des Referenzwertes unterschiedliche Vorstellungen bestehen.[3] Auf den Bankbetrieb bezogen findet das materielle Risiko beispielsweise seinen Ausdruck in der herkömmlichen Vorstellung vom Ausfallrisiko, das gemeinhin als die Gefahr bezeichnet wird, daß vereinbarte Zins- und Tilgungszahlungen nicht vollständig oder nicht fristgerecht zurückgezahlt werden. Der Referenzwert ist in diesem Fall die ordnungsgemäße Vertragserfüllung.

Dem formalen Risikobegriff liegt hingegen ein informationsbezogener bzw. ein auf Schwankungen um einen Erwartungswert beruhender Vorstellungsinhalt zugrunde, der das Vorliegen einer Risikosituation primär vom Informationsstand des Entscheidungsträgers über den Eintritt möglicher Umweltzustände bzw. Ergebniswirkungen abhängig macht.[4] Verwendung findet letzteres Risikoverständnis insbeson-

---

[1] Vgl. **Feuerstein**, Risikomessung, S. 9. Ein guter Überblick und eine kritische Analyse verschiedener Risikobegriffe findet sich auch bei **Karten**, Unsicherheit, S. 147-169.

[2] Vgl. **Philipp**, Risiko, S. 19 ff. Die Gefahr einer negativen Abweichung von einem Referenzwert wird von einigen Autoren auch als „Risiko im engeren Sinne" bezeichnet. Das „Risiko im weiteren Sinne" umfaßt dann auch positive Abweichungen. Dieser Differenzierung wird durch die hier vorgenommene terminologische Abgrenzung allerdings nicht entsprochen. In diesem Zusammenhang vgl. auch **Büschgen**, Bankbetriebslehre, S. 735.

[3] Vgl. **Haas**, Unsicherheit, S. 13.

[4] Zur Systematisierung der verschiedenen Risikobegriffe in solche formeller und materieller Art vgl. **Kupsch**, Gegenstand, S. 153 f., **Wittmann**, Infor-

dere im Bereich des Aktienkursrisikos, bei dem gewöhnlich nicht die Gefahr einer negativen Abweichung von einem Referenzwert, sondern vielmehr die fehlende bzw. unzureichende Information über zukünftige Aktienkursentwicklungen, d.h. die Möglichkeit von Kursschwankungen als risikobegründend angesehen wird.[1] Auch in der Entscheidungs-[2] und Finanzierungstheorie[3] sowie in der Versicherungsbetriebslehre[4] wird primär auf den formalen Vorstellungsinhalt fokussiert.

Wenngleich in den meisten Monographien zu risikopolitischen Themen jeweils nur ein Vorstellungsinhalt unterstellt und der andere — oftmals resultierend aus der Unkenntnis der Übertragbarkeit auf die spezifische Problemstellung — nicht weiter in Betracht gezogen wird[5], soll diesem Vorgehen hier nicht gefolgt werden. Vielmehr läßt sich zeigen, daß beide Vorstellungsinhalte auf unterschiedliche und damit auch auf bankbetrieblich relevante Entscheidungssituationen angewandt werden können und im Hinblick auf eine zieladäquate Steuerung auch angewandt werden müssen.

Um diese Dualität der beiden Risikoverständnisse zu demonstrieren, ist es hilfreich, ausführlicher auf das Risikoverständnis von Knight einzugehen. Dessen Ausführungen werden zwar regelmäßig als Ursprung allein des formalen Risikos angesehen, doch können — wie im folgenden dargelegt wird — sowohl materielle als auch formale Vorstellungsinhalte aus den Ausführungen von Knight abgeleitet werden.

---

mation, S. 35, und **Braun**, Risikomanagement, S. 22.

[1] Vgl. **Steiner/Bruns**, Wertpapiermanagement, S 49 ff.

[2] Vgl. **Sieben/Schildbach**, Entscheidungstheorie, S. 56.

[3] Vgl. **Schneider**, Investition, S. 35 ff.

[4] Vgl. **Farny**, Versicherungsbetriebslehre, S. 16 ff., **Schwake**, Versicherungsunternehmen, S. 61-88, und **Eichhorn**, Erscheinungsformen, S. 586-596.

[5] Vgl. beispielsweise **Meyer**, Hedging, S. 7 ff., und **Brakensiek**, Kalkulation, S. 11 ff.

1. Das Begriffsverständnis von Knight

Knight bezeichnet Risiko in seinen Originalausführungen als „meßbare Unsicherheit"[1], und er rekurriert damit nicht primär auf die mit den Handlungsalternativen einer Entscheidungssituation verbundenen Ergebniswirkungen, sondern er bezeichnet Situationen bereits dann mit dem Begriff „Risiko", wenn einer Gruppe von möglicherweise eintretenden Umweltzuständen — unabhängig von der Wahl einer bestimmten Handlungsalternative — "objektive Wahrscheinlichkeiten" beigelegt werden können.[2] Die objektiven Wahrscheinlichkeiten repräsentieren bei Knight statistische Wahrscheinlichkeiten bei einer endlichen Zahl von Versuchen eines Zufallsexperiments.[3] Knight rekurriert mit der Zurechnung von Wahrscheinlichkeiten für sämtliche Ergebnisse also nicht nur auf den Ausschnitt der Wahrscheinlichkeitsverteilung, der mit negativen Abweichungen von einem Referenzwert verbunden ist; vielmehr bezieht er die gesamte und das Risiko verursachende Wahrscheinlichkeitsverteilung — also auch die als „Chance" bezeichneten positiven Abweichungen von einem Referenzwert — mit in seinen Risikobegriff ein. In Abgrenzung zu einer Risikosituation spricht Knight von „uncertainty" (Ungewißheit i.e.S.)[4], wenn der Eintritt der Umweltzustände gänzlich unbestimmt oder durch „subjektive Wahrscheinlichkeiten" geprägt ist.[5] Subjektive Wahrscheinlichkeiten beruhen nach Ansicht von Knight weniger auf einem Akt der Vernunft als auf Intuition: *„The ultimate logic, or psychology, of these deliberations is obscure a part of the scientifically unfathomable mystery of life and mind."*[6] Die Begriffe „Risiko" und

---

[1] Vgl. **Knight**, Risk, S. 232 ff. Eine Kritik des von Knight geprägten Risikobegriffs findet sich beispielsweise bei Kupsch. Vgl. **Kupsch**, Entscheidungsprozeß, S. 27 f.

[2] Vgl. **Knight**, Risk, S. 214 f. und S. 233.

[3] Vgl. **Knight**, Risk, S. 225.

[4] Knight verwendet den Begriff „uncertainty" in zweifacher Weise: Zum einen wird „uncertainty" als Oberbegriff für alle Ungewißheitssituationen, also für die Ursache des Risikos verwandt, wobei im folgenden bei einem derartigen Begriffsverständnis von „Ungewißheit i.w.S." gesprochen werden soll. Zum anderen wird sich des Begriffs „uncertainty" im Sinne von nicht meßbarer Ungewißheit als Pendant zum Risikobegriff bedient; dieser Sachverhalt wird im folgenden mit „Ungewißheit i.e.S." bezeichnet.

[5] Knight bemerkt jedoch selbst, daß eine Differenzierung zwischen statistischen Wahrscheinlichkeiten und subjektiven Wahrscheinlichkeiten („estimates") oft nur gradueller Natur ist. Vgl. **Knight**, Risk, S. 225, **Kupsch**, Entscheidungsprozeß, S. 26 ff., und **Häberle**, Risiko, S. 20 ff.

[6] **Knight**, Risk, S. 227. Die Vertreter des materiellen Risikobegriffs würden

„Ungewißheit i.e.S." werden bei Knight also als zwei disjunktive Begriffe resultierend aus der Risikoursache „Ungewißheit" (i.w.S.) verstanden, wobei die Trennungslinie die objektive Meßbarkeit der Realisation möglicher Umweltzustände darstellt (vgl. Abb. 1.2).[1]

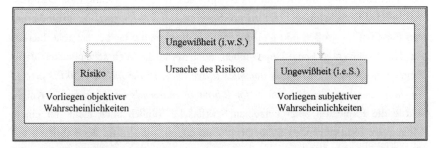

Abb. 1.2: Differenzierung zwischen Risiko und Ungewißheit nach Knight

Die Begründung für eine Trennung zwischen Ungewißheit (i.e.S.) und Risiko sieht Knight darin, daß es bei den mit dem Begriff „Risiko" beschriebenen Entscheidungssituationen seiner Ansicht nach möglich ist, durch „Konsolidierung der Ergebnisse" — „*the situation dealt with is in a high degree unique*"[2] — die mit diesen verbundene Ungewißheit (i.w.S.) — über eine große Zahl von Entscheidungssituationen betrachtet — in eine fixe Größe zu transformieren, wodurch die Ungewißheit (i.w.S.) verschwindet.[3] Hierbei ist es allerdings nicht unbedingt notwendig, daß in einer einzelnen Unternehmung selbst die Entscheidungen in großer Zahl getroffen werden; vielmehr kann dies auch nur über alle Unternehmen betrachtet der Fall sein, wenn eine Versicherung die Entscheidungen bzw. die daraus resultierenden ungewissen Ergebnisse auf sich vereinigt: *„And even if a single producer does not deal with a sufficiently large number of cases of the contingen-*

---

hingegen derartige Situationen gleichfalls mit dem Begriff „Risiko" belegen. Vgl. **Kupsch**, Gegenstand, S. 154.

[1] Vgl. **Kupsch**, Entscheidungsprozeß, S. 26. Bitz hingegen spricht auch dann von einer Risikosituation, wenn dieser lediglich subjektive Wahrscheinlichkeiten beigelegt werden können. Ungewißheitssituationen bestehen nach seiner Ansicht entsprechend dann, wenn überhaupt keine Wahrscheinlichkeiten ermittelbar sind. Vgl. **Bitz**, Entscheidungstheorie, S. 14 und 348. Vgl. auch **Steiner/Bruns**, Wertpapiermanagement, S. 49 f.

[2] **Knight**, Risk, S. 234.

[3] In diesem Zusammenhang spricht man auch vom „Risikoausgleich im Kollektiv". Vgl. **Farny**, Versicherungsbetriebslehre, S. 32 ff.

cy in question (in a sufficiently short period of time) to secure constancy in its effects, the same result may easily be realized, through an organization taking in a large number of producers."[1]

Zur Verdeutlichung führt Knight ein Beispiel aus der Sektfabrikation an: Dadurch, daß bei der Entscheidung, Sekt zu produzieren, der Prozentsatz der explodierenden Flaschen im großen und ganzen ziemlich gleichmäßig bleibe, entstehe hieraus für den Produzenten keine Ungewißheit, auch wenn die Wahrscheinlichkeit dafür ziemlich hoch liege: „The loss becomes a fixed cost in the industry and is passed on the consumer, like the outlays for labour or materials or any other."[2] Knight würde die Explosion einer einzelnen Sektflasche folglich auch nicht mit einem Mißnutzen verursachenden Schaden in Verbindung bringen, da der Fabrikant auf Grund historischer Erfahrungen mit einem bestimmten Prozentsatz explodierender Sektflaschen rechnen muß.[3]

Können den Umweltzuständen hingegen — anders als beim von Knight angeführten Beispiel der Sektproduktion — keine objektiven Wahrscheinlichkeiten beigelegt werden, ist eine Konsolidierung der Ergebnisse nicht möglich und die Ungewißheit (i.w.S.) bleibt weiter bestehen.[4] Zur Verdeutlichung dieser mit dem Begriff „uncertainty" belegten Situation führt Knight einen Unternehmer an, der überlegt, ob es zweckmäßig ist, weitere Verbindlichkeiten einzugehen, um die Kapazität seines Unternehmens zu erhöhen. Diese Situation ist im Vergleich zur Produktion von Sektflaschen seltener Natur, so daß den entscheidungsrelevanten Ergebnissen keine bzw. keine gesicherten und aus historischen Zahlenreihen gewonnenen Wahrscheinlichkeiten zugeordnet werden können: „the „instance" in question is so entirely unique that there are no others or not a sufficient number to make it

---

[1] **Knight**, Risk, S. 213.

[2] **Knight**, Risk, S. 213. Den grundlegenden Ansatz von Knight stellt auch Wittmann deutlich dar. Vgl. **Wittmann**, Information, S. 51 ff.

[3] Von einem „Schaden" könnte also nur dann gesprochen werden, wenn die Zahl der tatsächlich explodierenden Flaschen in einer bestimmten Periode über den erwarteten Prozentsatz hinausgeht.

[4] In dieser Situation, so ist aus den Ausführungen von Knight zu schließen, wird es auch keine Versicherung geben, die zu einer Übernahme entsprechender Ungewißheitssituationen (i.w.S.) bereit ist.

possible to tabulate enough like it to form a basis for any inference of value about any real probability in the case we are interested in."[1]

Insgesamt zielt Knight mit seiner Unterscheidung zwischen Risiko und Ungewißheit (i.e.S.) offensichtlich darauf ab, daß beim Vorliegen objektiver Wahrscheinlichkeiten die Ergebnisse von Handlungsalternativen bei häufiger Wiederholung der Entscheidung in ein sicheres Gesamtergebnis überführt werden können, während beim Vorliegen subjektiver Wahrscheinlichkeiten ein sicheres und bereits ex ante zu erwartendes Gesamtergebnis auch bei häufiger Wiederholung nicht erreicht werden kann. Im folgenden soll jedoch gezeigt werden, daß auch beim Vorliegen objektiver Wahrscheinlichkeiten zwischen einem materiellen und einem formalen Risiko zu differenzieren ist.

2. Der materielle Risikobegriff

Wenngleich der Vorstellung von Knight zuzustimmen ist, daß beim Vorliegen objektiver Wahrscheinlichkeiten und einer großen Zahl gleichartiger Entscheidungen die Ergebnisse insgesamt in eine quasi fixe Größe übergehen, wird ein Entscheidungsträger doch nur dann bereit sein, Entscheidungen in großer Zahl auch tatsächlich zu treffen, wenn das quasi fixe Gesamtergebnis nicht von einem zwischen Schäden und Chancen differenzierenden Referenzwert negativ abweicht. Im Falle des von Knight angeführten Unternehmers wird dieser beispielsweise dann nicht gewillt sein, Sektflaschen in großer Zahl zu produzieren, wenn die mit der möglichen Explosion eines Teils der Flaschen verbundenen Schäden nicht von erwarteten Gewinnen, die mit dem Verkauf der nicht explodierenden Flaschen erzielt werden, gedeckt sind.[2] In diesem Zusammenhang soll das materielle Risiko allgemein als die Gefahr definiert werden, daß ein im Durchschnitt zu erwartendes Gesamtergebnis bei häufigem Treffen einer Entscheidung von einem Referenzwert negativ abweicht. Bei Vorliegen eines materiellen Risikos wird der Unternehmer allerdings versuchen, die Preise um eine „materielle Risikoprämie" (mRp) zu erhöhen, damit er zumindest im Durchschnitt keinen Schaden erleidet.[3]

---

[1] **Knight**, Risk, S. 226.

[2] Knight deutet dies mit dem oben angeführten Halbsatz „*and is passed on the consumer*" bereits an.

[3] Bei Berücksichtigung einer exakt kalkulierten materiellen Risikoprämie im Entscheidungskalkül kann ein materielles Risiko also eigentlich nicht virulent

Bezogen auf die bankbetriebliche Praxis besteht das materielle Risiko beispielsweise im Rahmen des Kreditgeschäfts in der Gefahr, daß — eine große Zahl vergebener Kredite betrachtend — die mit den ordnungsgemäß zurückgezahlten Engagements erwirtschafteten Gewinne insgesamt nicht ausreichen, die durch ausgefallene Zins- und Tilgungszahlungen verursachten Schäden zu decken. Die Bank wird in diesem Fall gleichfalls versuchen, die mit dem Kunden vereinbarten Positionszinsen um mindestens eine materielle Ausfallrisikoprämie zu erhöhen, so daß sie mit der Kreditvergabe im Durchschnitt keinen Mißnutzen erleidet; andernfalls werden Kreditanträge abgelehnt.

Der Referenzwert, ab dem von einem Mißnutzen auszugehen ist, darf in diesem Zusammenhang jedoch nicht willkürlich und individuellen Vorstellungen entsprechend festgesetzt werden. Wurde oben bereits angeführt, daß sämtliche relevanten Ergebnisse von Handlungsalternativen bei wirtschaftlichen Entscheidungen im Hinblick auf das dominierende Gewinnziel in Veränderungen des Reinvermögens und nicht bezogen auf Absatz-, Produktivitäts- oder sonstige Subziele ausgedrückt werden sollten, und können Entscheidungen ferner unabhängig voneinander getroffen werden — bestehen also keine Restriktionen liquiditätsmäßiger, bankenaufsichtsrechtlicher oder sonstiger Art —, dann entspricht es einem rationalen Kalkül, eine Reinvermögensänderung von Null als adäquaten Referenzwert für das materielle Risiko anzusehen.[1] Im Falle einer im Durchschnitt zu erwartenden Reinvermögensmehrung ist eine Handlungsalternative folglich als vorteilhaft anzusehen, im Falle einer im Durchschnitt zu erwartenden Reinvermögensminderung entsprechend als nachteilig. Einer Reinvermögensänderung von Null sollte man indifferent gegenüberstehen. Bei einem höheren Referenzwert — beispielsweise bei Berücksichtigung eines in der Bankpraxis oftmals geforderten Mindestgewinnbedarfs[2] —

---

werden. Gleichwohl soll im folgenden weiterhin zwischen einem materiellen Risiko und einer materiellen Risikoprämie differenziert werden, da das Problem einer exakten Kalkulation letzterer andernfalls terminologisch nur schwer erfaßt werden kann. Des weiteren ist es aber auch in der Bankpraxis üblich, zwischen potentiell eintretenden Ergebnissen ohne Berücksichtigung einer materiellen Risikoprämie — zum Beispiel dem Ausfall eines Kreditengagements einerseits und der vollständigen Rückzahlung andererseits — und der materiellen (Ausfall-)Risikoprämie zu trennen.

[1] Eine Reinvermögensänderung von Null ist nur dann nicht als sachgerechter Referenzwert anzusehen, wenn durch die Wahl einer Handlungsalternative eine ertragreichere verdrängt wird. Dieser Fall wird allerdings durch die Annahme nicht existenter Restriktionen ausgeschlossen.

[2] Zur Ermittlung eines Mindestgewinnbedarfs vgl. auch **Schierenbeck**, Bank-

würden Handlungsalternativen hingegen bereits dann als unvorteilhaft erachtet, wenn sie zwar im Durchschnitt zu keiner Minderung des Reinvermögens führen, eine erwartete Reinvermögensmehrung aber ebenfalls nicht erreichen. Im Falle eines niedrigeren Referenzwertes würden Handlungsalternativen unter Umständen sogar dann gewählt, wenn sie im Mittel eine Minderung des Reinvermögens und bei langfristiger Betrachtung unter Umständen den Konkurs der Bank zur Konsequenz haben. Entsprechend soll das materielle Risiko weiter konkretisiert und — bei Festlegung einer Reinvermögensänderung von Null als Referenzwert — als die Gefahr bezeichnet werden, daß bei häufigem Treffen einer Entscheidung im Durchschnitt eine Reinvermögensminderung zu erwarten ist.[1]

Sofern im Falle einer im Durchschnitt zu erwartenden Reinvermögensminderung materielle Risikoprämien kalkuliert und am Markt durchgesetzt werden, dürfen diese aber auch dann nicht als entnahme- bzw. ausschüttungsfähiger Gewinn angesehen werden, wenn in einzelnen Perioden bzw. bei einzelnen Entscheidungen zufällig keine oder eine geringere als die erwartete Reinvermögensminderung bzw. sogar eine Reinvermögensmehrung eingetreten ist und die materiellen Risikoprämien — in der augenblicklichen Situation — zum Ausgleich von Schäden nicht benötigt werden. Es kann nämlich davon ausgegangen werden, daß ein zufällig eintretender Überschuß der materiellen Risikoprämien über die Schäden in späteren Perioden durch gleichfalls zufällig eintretende Prämienunterdeckungen ausgeglichen wird.[2] Entsprechend sind die materiellen Risikoprämien in jedem Fall einem Fonds (vgl. Abb. 1.3) zuzuführen, der zum langfristigen Ausgleich der Schäden dient (Prämienprinzip des materiellen Risikos).[3]

---

    management, S. 362 ff.

[1]   Im Rahmen planungsorientierter, entscheidungs- oder verlustbezogener sowie zielorientierter Auffassungen vom materiellen Risiko werden weitere Referenzwerte vorgeschlagen. Diese sind jedoch wenig geeignet, dem hier gewählten Vorstellungsinhalt zu entsprechen. Vgl. **Philipp**, Risiko, S. 34 ff.

[2]   Entsprechend führt Braeß auch für Versicherungsunternehmen aus: „*Ein Versicherer ... dürfte den Unterschaden eines Jahres, der einen versicherungstechnischen Überschuß ergibt, keinesfalls als effektiven Gewinn betrachten, weil solche Überschüsse mit Sicherheit zum Ausgleich entsprechender Überschäden (=Unterschüsse) gebraucht werden.*" **Braeß**, „Schwankungsrückstellung", S. 2 f.

[3]   Bezogen auf das Ausfallrisiko ist die Forderung nach einem Prämienfonds nicht neu. Vgl. beispielsweise **Beine**, Bilanzierung, S. 187 ff., **Brakensiek**, Kalkulation, S. 80, **Kremkow**, Verbesserung S. 27 f., **Hesberg**, Risikovorsorge, S. 543 ff., und **Wiegel**, Rentabilität, S. 301 ff. In bezug auf das

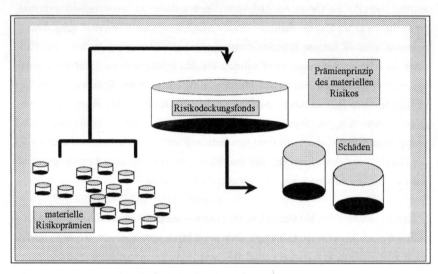

Abb. 1.3: Prämienprinzip des materiellen Risikos[1]

Abgesehen von Entscheidungen, die im Durchschnitt zu Reinvermögensminderungen führen und der Kalkulation und Einforderung einer zusätzlichen materiellen Risikoprämie bedürfen, ist in diesem Zusammenhang ferner zu beachten, daß auch bei solchen Handlungsalternativen, die langfristig mit einer Reinvermögensmehrung verbunden sind, stets nur der Durchschnittswert der Reinvermögensänderung ausschüttungs- und entnahmefähig ist und für den zufälligen Eintritt jener Umweltzustände, bei denen die Durchschnittswerte in einzelnen Perioden unterschritten werden, gleichfalls materielle Risikoprämien kalkuliert werden müssen.[2] Bei letzteren Prämien handelt es sich allerdings nur um innerbetriebliche Verrechnungspreise und nicht um eine zusätzlich an den Kontraktpartner zu stellende Forderung.[3] So

---

Zinsänderungs-, und Wechselkursrisiko ist der Vorschlag eines Prämienfonds hingegen bis dato noch nicht gemacht worden.

[1] Vgl. **Brakensiek**, Kalkulation, S. 80.

[2] Beispielsweise sind auch für solche Kreditengagements, bei denen davon ausgegangen werden kann, daß sie im Durchschnitt zu einer Reinvermögensmehrung führen — was in der Bankpraxis die Regel sein dürfte —, materielle Risikoprämien zu kalkulieren.

[3] Die Kalkulation materieller Risikoprämien wäre also auch dann nicht obsolet, wenn bei jeder Entscheidung stets mit einem positiven Erwartungswert zukünftiger Reinvermögensänderungen zu rechnen wäre. Hinsichtlich des Erwartungswertes zukünftiger Reinvermögensänderungen vgl. Kapitel A. III. 3. a) in diesem Teil.

entspricht die Höhe dieser Risikoprämien den zufällig eintretenden Reinvermögensmehrungen, die über den im Durchschnitt erwarteten Wert hinausgehen.[1] Insgesamt sind auch diese Prämien einem Fonds zuzuführen und dienen zum Ausgleich für jene Reinvermögensänderungen, die den Erwartungswert unterschreiten. Zu denken ist in diesem Fall beispielsweise an das Ausfallrisiko, bei dem dezentralen Kundenbetreuern auch dann nicht der gesamte aus einem Kreditgeschäft resultierende Gewinn zugerechnet werden darf, wenn die Kredite tatsächlich zurückgezahlt werden. Vielmehr ist der über den durchschnittlichen Gewinn hinausgehende Teil des Erfolges in einem Fonds anzusammeln, aus dem die zufällig eingetretenen Schäden aus ausgefallenen Engagements gedeckt werden. Letztlich ist jedem Kundenbetreuer bzw. jedem Geschäft — unabhängig vom Ausfall oder der vollständigen Rückzahlung eines einzelnen Engagements — stets die im Durchschnitt erwartete Reinvermögensänderung als Erfolgsbeitrag zuzurechnen.[2]

Unter Berücksichtigung der bislang unterstellten Prämisse objektiver Wahrscheinlichkeiten kann insgesamt konstatiert werden, daß ein materielles Risiko also auch dann besteht, wenn objektive Wahrscheinlichkeiten für den Eintritt bestimmter Umweltzustände vorliegen und — auf eine einzelne Entscheidung bezogen — ungewisse Ergebnisse von Handlungsalternativen — über eine Vielzahl von Entscheidungen betrachtet — in eine sichere Größe überführt werden können. Liegen hingegen subjektive Wahrscheinlichkeiten vor, dann ist nicht gesichert, daß die vereinnahmten materiellen Risikoprämien die Schäden im Durchschnitt zu decken in der Lage sind und eine Reinvermögensminderung verhindert wird. Letzteres und auf die Unschärfe der Entscheidungssituation zurückzuführendes Risiko ist über das auf objektiven Wahrscheinlichkeiten basierende materielle Risiko hinaus mit in das Kalkül des Entscheidungsträgers zu ziehen.[3]

---

[1] Vgl. auch Kapitel A. I. 3. a) im zweiten Teil.
[2] Vgl. **Büschgen**, Anreizsysteme, S. 528 f.
[3] In diesem Zusammenhang ist es beispielsweise denkbar, für den Eintritt mit einem Mißnutzen behafteter Ergebnisse weitgehend pessimistische Wahrscheinlichkeiten anzusetzen.

3. Der formale Risikobegriff

Wenn beim materiellen Risiko durch die Kalkulation materieller Risikoprämien oder die Wahl von Unterlassungsalternativen — die Ablehnung eines Kreditantrages etwa — zu verhindern versucht wird, daß beim Treffen wirtschaftlicher Entscheidungen im Durchschnitt Reinvermögensminderungen eintreten, so wird hierbei vernachlässigt, daß auch bei einer im Durchschnitt zu erwartenden Reinvermögensmehrung bzw. einer Reinvermögensänderung von Null gleichwohl in einzelnen Perioden Reinvermögensminderungen zufällig eintreten können. Von einer im Zeitablauf stets konstanten Reinvermögensänderung kann nämlich nur in jenem praxisfernen Fall ausgegangen werden, bei dem in jeder Betrachtungsperiode Entscheidungen in unendlicher Zahl getroffen werden. Letzteres ist selbst bei Versicherungen — auf die gewöhnlich die wirtschaftlichen Folgen einer Vielzahl von Ungewißheitssituationen übertragen werden — nicht der Fall. Zwar führen bei Versicherungen die Vielzahl eintretender Schäden einerseits und hohe materielle Prämieneinnahmen andererseits zu einer weithin ausgeglichenen Reinvermögensänderung, Schwankungen des Reinvermögens sind aber gleichwohl auch bei diesen Unternehmen zu konstatieren. Insgesamt können diese Schwankungen im Extremfall sogar dazu führen, daß in einzelnen Perioden das Eigenkapital einer Versicherung oder einer das Risiko selbst tragenden Bank zufällig durch den Eintritt unerwartet hoher und nicht durch materielle Risikoprämien gedeckter Schäden aufgezehrt wird und eine Fortführung der wirtschaftlichen Tätigkeit nicht mehr möglich ist. In diesem Fall hilft es dem Entscheidungsträger wenig, wenn im Durchschnitt ein vollständiger Verlust des Eigenkapitals nicht zu erwarten war und in zukünftigen Perioden — wenn die wirtschaftliche Tätigkeit fortgesetzt werden könnte — ein Ausgleich der negativen und zum Konkurs führenden Reinvermögensminderungen durch Reinvermögensmehrungen stattgefunden hätte.[1]

---

[1] Wenngleich dem vollständigen Verzehr des Eigenkapitals in der Regel nur eine geringe Wahrscheinlichkeit zuzurechnen ist, so ist dieser Fall — obschon er in der Literatur bei der Definition sogenannter worst-case-Szenarien oftmals vernachlässigt wird — gewöhnlich auch nicht ganz auszuschließen. Zu denken ist hier insbesondere an Reinvermögensminderungen resultierend aus exzessiven Zins- und Wechselkursschwankungen, die das Eigenkapital leicht übersteigen können. Hierauf deuten nicht zuletzt auch tatsächlich eingetretene Bankkonkurse bzw. „Schieflagen" hin. Entsprechend ist Küllmer nicht zuzustimmen, wenn er behauptet: *„Aus dem Sicherheitsaspekt heraus wird der Bankleiter in einer Vorauswahl alle jene Handlungsprogramme als unzulässige Alternativen verwerfen, bei denen das Verlustrisiko so groß ist, daß das Eigenkapital der Bank aufgezehrt werden kann."* **Küllmer**, Programmplanung, S. 54.

Beim von Knight angeführten Unternehmer könnten in einer Periode beispielsweise zufällig so viele Sektflaschen explodieren, daß auch die in den Preisen einkalkulierten materiellen Risikoprämien der verkauften Flaschen nicht ausreichen, die aus der Explosion resultierenden Schäden zu decken, und die Differenz zwischen Schäden einerseits und vereinnahmten materiellen Prämien andererseits das Eigenkapital übersteigt.[1] Bezogen auf den Bankbetrieb ist es in ähnlicher Weise bei der Vergabe von Krediten möglich, daß trotz Kalkulation materieller Ausfallrisikoprämien durch zufällig eintretende und unerwartet hohe Ausfälle eine Reinvermögensminderung, die das Eigenkapital übersteigt, stattfindet. In diesem Zusammenhang soll das formale Risiko allgemein definiert werden als die Gefahr, daß das Eigenkapital einer Unternehmung bzw. einer Bank durch den Eintritt von Reinvermögensminderungen in einer Betrachtungsperiode zufällig aufgezehrt wird.

Zu beachten ist bei dieser Definition des formalen Risikos indes, daß ein Konkurs in der Regel nicht bereits dann eintritt, wenn Reinvermögensminderungen einer einzelnen Entscheidung oder eines Bündels von Entscheidungen das Eigenkapital übersteigen, sondern nur, wenn die Summe positiver und negativer Reinvermögensänderungen aller in einer Periode getroffenen Entscheidungen einen größeren negativen Wert annimmt als das Eigenkapital. Auf den Bankbetrieb bezogen können also Reinvermögensminderungen im Bereich des Ausfallrisikos, die isoliert betrachtet — etwa beim Ausfall eines Großkredits — zu einem Konkurs führen würden, durch Reinvermögensmehrungen im Bereich des Zinsänderungs- oder Wechselkursrisikos — resultierend aus einem Eintritt positiver Zins- oder Wechselkursänderungen — ausgeglichen werden.[2] Entsprechend ist das Eigenkapital auch in dem Sinne als unteilbar anzusehen, als dieses — zumindest ohne Berück-

---

[1] Schierenbeck bezeichnet die Differenz zwischen vereinnahmten materiellen Risikoprämien und eingetretenen Schäden auch als Risikoergebnis. Vgl. **Schierenbeck**, Bankmanagement, S. 296 ff.

[2] Entsprechend ist auch die Bildung und Durchsetzung eines Systems von Risikokennzahlen im Hinblick auf einen „trade off" der verschiedenen Risikopositionen kaum sachgerecht. In diesem Fall würde nämlich vernachlässigt, daß Unterauslastungen einzelner Kennzahlen für bestimmte Risikopositionen, wie etwa einer maximal einzugehenden offenen Festzinsposition, durch Überschreitungen bei anderen ausgeglichen werden können, ohne daß sich die Ruinwahrscheinlichkeit insgesamt ändert. Zu entsprechenden Kennzahlensystemen vgl. **Schierenbeck**, Bankmanagement, S. 742 ff. Eine ähnliche Problematik im Bankenaufsichtsrecht durch eine Anknüpfung mehrerer Risikobegrenzungsnormen an das haftende Eigenkapital konstatiert auch Süchting. Vgl. **Süchting**, Überlegungen, S. 680 f.

sichtigung im folgenden näher zu diskutierender formaler Risikoverbundeffekte[1] — nicht einzelnen Entscheidungsbereichen[2] zugerechnet und von einem Konkurs oder einem sonstwie gearteten Mißnutzen nicht bereits dann ausgegangen werden darf, wenn zufällig eintretende Reinvermögensminderungen allein bei einzelnen und nicht bei allen Entscheidungsbereichen gleichzeitig das zugerechnete Eigenkapital übersteigen.[3] Die Gefahr des Eigenkapitalverbrauchs (die Ruinwahrscheinlichkeit) kann insgesamt also nur dann ermittelt werden, wenn die Handlungsalternativen im Sinne eines Totalmodells als komplexe und sämtliche Geschäfte übergreifende Entscheidungsmöglichkeiten definiert werden und für die hieraus resultierenden Reinvermögensänderungen Wahrscheinlichkeiten vorliegen. Gerade die Formulierung eines Totalmodells wurde aber oben bereits als nicht praktikabel und praxisfern bezeichnet, da über die Annahme oder Ablehnung einzelner Kreditanträge, den Umfang der Fremdwährungspositionen, die Zinsbindungsfristen u.ä. nicht simultan, sondern nur im Rahmen jeweils isolierter Kalküle entschieden wird. Um dennoch eine Ruinwahrscheinlichkeit ermitteln zu können, müssen auf der Ebene von Partialentscheidungen die Wahrscheinlichkeitsverteilungen der Reinvermögensänderungen bestimmt und erst danach — unter Berücksichtigung der bereits erwähnten formalen Risikoverbundeffekte zwischen den Partialentscheidungen — zu einer Wahrscheinlichkeitsverteilung der Reinvermögensänderungen komplexer Handlungsalternativen zusammengefaßt werden. Entsprechend ist in diesem Zusammenhang auch zwischen einem formalen Einzelrisiko und einem formalen Gesamtrisiko zu unterscheiden. Das formale Gesamtrisiko bezeichnet in diesem Zusammenhang die Gefahr, daß die Summe der positiven und negativen zukünftig eintretenden Reinvermögensänderungen aller in einer bestimmten Periode getroffenen Entscheidungen zufällig das Eigenkapital aufzehrt. Das formale Einzelrisiko hingegen, das zur Ermittlung des formalen Gesamtrisikos erforderlich ist — dabei handelt es sich etwa um das „formale Ausfallrisiko", das „formale Wechselkursrisiko" oder das „formale Zinsänderungsrisiko" —, besteht in den aus einzelnen Entscheidungen bzw. Entscheidungsbündeln resultierenden Schwankungen des Reinvermögens.

---

[1] Hierbei handelt es sich um das tendenziell gleich- oder gegengerichtete Eintreten von Reinvermögensmehrungen bzw. -minderungen, die aus einzelnen Risikoursachenbereichen, wie etwa aus Zins- oder Wechselkursänderungen, resultieren. Vgl. Kapitel C. III. im dritten Teil.

[2] Zu denken ist beispielsweise an profit centers, Geschäfts- oder Risikoarten.

[3] Eine derartige „Verteilung" des Eigenkapitals ist in der Bankpraxis üblich. Vgl. **Moser/Quast**, Organisation, S. 674 ff., und **Wieandt**, Ressourceneinsatz, S. 608 f.

Insgesamt bleibt festzuhalten, daß auch beim Vorliegen objektiver Wahrscheinlichkeiten ein Ruin der Bank dann eintreten kann, wenn Entscheidungen innerhalb einer Betrachtungsperiode nicht in großer Zahl getroffen und diese auch nicht versichert werden.[1] Beim Vorliegen subjektiver Wahrscheinlichkeiten hingegen kann ähnlich wie beim materiellen Risiko die Gefahr, daß ein Eigenkapitalverbrauch innerhalb einer bestimmten Periode zufällig stattfindet, nicht genau bestimmt werden. Dieses Risiko ist auf die Unschärfe der Entscheidungssituation zurückzuführen und über das auf objektiven Wahrscheinlichkeiten beruhende formale Gesamtrisiko hinaus im risikopolitischen Kalkül des Entscheidungsträgers zu berücksichtigen.

4. Versuch einer Synthese

Nach der Präzisierung des formalen und des materiellen Risikobegriffs ist hinsichtlich des Wesens des Risikos abschließend zu konstatieren, daß sich beide Vorstellungsinhalte nicht gegenseitig ausschließen, sondern in komplementärer Beziehung zueinander stehen: Wird etwa das materielle Risiko vernachlässigt und allein das formale berücksichtigt, wäre nur die Wahrscheinlichkeit dafür bekannt, daß das Eigenkapital innerhalb einer bestimmten Betrachtungsperiode zufällig aufgezehrt wird. Verhindert wird hiermit aber noch nicht, daß einzelne Entscheidungen im Durchschnitt zu einer Reinvermögensminderung führen bzw. daß in einzelnen Perioden auch über im Durchschnitt erwartete Reinvermögensmehrungen hinausgehende Erfolge entnommen und ausgeschüttet werden. Als Konsequenz wäre mit einem „schleichenden Eigenkapitalverbrauch" zu rechnen.

Berücksichtigt man hingegen nur das materielle und nicht auch das formale Risiko, werden zwar keine im Hinblick auf das langfristige Gewinnziel nachteiligen Handlungsalternativen gewählt, ein Entscheidungsträger hat aber auch keine Vorstellung davon, mit welcher Wahrscheinlichkeit das Eigenkapital in einer bestimmten Betrachtungsperiode zufällig aufgezehrt wird. Die Ruinwahrscheinlichkeit jedoch stellt nicht zuletzt für das Bankmanagement die zentrale Größe im Rahmen ihres risikopolitischen Kalküls dar.[2]

---

[1] In letzterem Fall würde das formale Risiko aber auch nicht ausgeschaltet, sondern nur auf das Versicherungsunternehmen übertragen.

[2] Bezogen auf das Ausfallrisiko schreibt auch Wiegel in diesem Zusammenhang, daß die Varianz als alleiniges Risikomaß nicht geeignet sei, da sie nicht

Zu beachten sind in diesem Zusammenhang aber noch folgende Aspekte: Formale und materielle Risiken treten stets gleichzeitig und nicht isoliert ein, so daß bei der Wahl einer Handlungsalternative stets sowohl das materielle als auch das formale Risiko gemessen werden muß. Bei der Vergabe von Krediten beispielsweise ist zum einen die Gefahr zu bestimmen, daß durch den Ausfall von Zins- und Tilgungszahlungen und einer nicht ausreichenden materiellen Risikoprämie im Durchschnitt Reinvermögensminderungen zu erwarten sind; gleichzeitig und mit dem materiellen Risiko einhergehend ist zum anderen die Möglichkeit zu erfassen, daß ein Eigenkapitalverbrauch zwar nicht langfristig, jedoch in einzelnen Perioden zufällig eintritt. Eine Ungewißheitssituation, bei der a prima vista entweder nur formale oder nur materielle Risiken eintreten können, ist hingegen nicht denkbar. Wird im folgenden also von Ausfall-, Zinsänderungs- oder Wechselkursrisiken gesprochen, ohne daß diese hinsichtlich ihres formalen oder materiellen Charakters näher spezifiziert werden, so handelt es sich um den allgemeinen Eintritt in eine Ungewißheitssituation, womit sowohl formale als auch materielle Risiken verknüpft sind. Wird hingegen nur auf das formale oder das materielle Risiko abgezielt, so ist der Terminus Risiko entsprechend spezifiziert.

III. Konzepte zur Messung des Risikos

Im Zusammenhang mit dem Wesen des Risikos geht es abschließend darum, Konzepte der Risikomessung darzustellen. Angesichts der engen Beziehungen zwischen den Risikobegriffen einerseits und der Messung des Risikos andererseits läßt sich das Problem der Wahl einer geeigneten Risikomaßgröße hierbei im wesentlichen auf die Frage des der Betrachtung zugrundeliegenden Risikobegriffs reduzieren.[1]

---

die Lage des Erwartungswertes der Wahrscheinlichkeitsverteilung möglicher Reinvermögensänderungen mit berücksichtigt. Die Betrachtung sowohl der Varianz bzw. der Standardabweichung als auch des Erwartungswertes dürfte allerdings — zumindest bei durch diese beiden Momente vollständig charakterisierten Wahrscheinlichkeitsverteilungen — zu einer sachgerechten Risikomessung führen. Letztere Konsequenz sieht Wiegel allerdings nicht. Vgl. **Wiegel**, Rentabilität, S. 82 ff.

[1] Erstaunlicherweise wird der Quantifizierung des Risikos in der Literatur im Gegensatz zur Risiko-Ursachenforschung, der Begriffsfestlegung und der Systematisierung sowie den Risiko-Abwehrmaßnahmen relativ wenig Beachtung geschenkt. Vgl. **Apfelthaler**, Risikoproblem, S. 9, und **Jenni**, Frage, S. 10.

Abgesehen von letzterem werden im Zusammenhang mit der Risikomessung aber noch zwei weitere Fragen stimuliert: Zum einen handelt es sich darum, ob Risikophänomene grundsätzlich gemessen werden können. Zum anderen ist zu klären, in welchen Bereichen insbesondere Bankrisiken einer genauen Messung bedürfen und auf welches Risiko dabei im einzelnen — das formale oder das materielle — fokussiert werden sollte.

1. Theoretische Grundlagen der Messung

Die klassische Auffassung versteht unter Messen folgendes: „*Eine Größe messen heißt, sie mit einer anderen Größe gleicher Art, die als Einheit gewählt ist, zu vergleichen. Das Ergebnis der Messung wird allgemein als Produkt aus einer Zahl, der Maßzahl, und der ihr zugeordneten Maßeinheit dargestellt.*"[1] In neueren Auffassungen ist der Meßbegriff erweitert worden. Unter Verzicht auf eine Maßzahl wird unter Messen die Bestimmung der Ausprägung einer Eigenschaft eines Dinges verstanden. Dies erfolgt durch die Zuordnung von Zahlen zu Dingen, die Träger der zu messenden Eigenschaft sind.[2] Es wird in diesem Zusammenhang auch von der Abbildung einer (empirischen) Menge X in eine (numerische) Menge Y gesprochen.[3] Beispielsweise wird einem Holzbrett A als Element der Menge X mit einer Länge von zwei Metern die Zahl „zwei" aus der Menge Y zugeordnet und einem Holzbrett B, das ebenfalls ein Element der Menge X ist, mit einer Länge von einem Meter, die Zahl „eins" aus der Menge Y. Zu beachten ist hierbei, daß nicht nur realen Dingen Zahlen zugeordnet werden, sondern daß auch empirische Relationen — Brett A ist länger als Brett B — durch numerische Relationen — die Zahl „zwei" ist größer als die Zahl „eins" — ausgedrückt werden können. Entsprechend wird von einer homomorphen Abbildung gesprochen, wenn nicht nur eine Menge in eine andere abgebildet wird, sondern gleichfalls Relationen, die auf der einen Menge bestehen, auch auf der anderen Menge Gültigkeit besitzen.[4] Die Existenz eines derartigen Homomorphismus ist das Kriterium dafür, ob eine Zu-

---

[1] **Kloidt**, Messen, S. 293.
[2] Vgl. **Orth**, Theorie, S. 13.
[3] Vgl. **Orth**, Theorie, S. 15.
[4] Vgl. **Orth**, Theorie, S. 17.

ordnung von Zahlen zu Dingen als Messen zu bezeichnen ist.[1] Ein Homomorphismus wird in diesem Zusammenhang auch als Skala bezeichnet.[2]

Wenn sich reale Sachverhalte in einem numerischen Bereich direkt abbilden lassen — dies ist beispielsweise bei der Ausdehnung von Gegenständen im Raum möglich —, dann spricht man von einer „fundamentalen Messung". Hiervon ist die „abgeleitete Messung" zu unterscheiden, bei der den Eigenschaften nur indirekt Zahlen zugeordnet werden können, wenn sie durch Apparate (Federwaage, Thermometer o.ä.) in fundamental meßbare übertragen werden können.[3]

Nach dieser allgemeinen Explikation stellt sich des weiteren die Frage, ob auch das Phänomen Risiko grundsätzlich meßbar ist, d.h. eine beobachtbare Eigenschaft darstellt bzw. fundamental oder abgeleitet durch Apparate gemessen werden kann. Weiterhin ist zu klären, welche Relationen dem Risiko beigelegt werden müssen, d.h., auf welchem Skalenniveau das Risiko gemessen werden soll.

Hinsichtlich der grundsätzlichen Meßbarkeit des Risikos ist zu konstatieren, daß physikalische Größen wie etwa Längen- oder Zeitmaße bereits aufgrund ihrer natürlichen Beschaffenheit existieren — die Maßeinheit sich quasi automatisch ergibt —, während ökonomische Größen wie das Risiko Sachverhalten nicht unmittelbar inhärent sind, sondern erst dann existent werden, wenn sie in den wirtschaftlichen Handlungsraum einbezogen werden; d.h., sie werden durch das ökonomische Urteil und entsprechendes Handeln des Unternehmers determiniert.[4] Aufgrund dieser fehlenden natürlichen Beschaffenheit ökonomischer Größen ist das Risiko auch nicht direkt beobachtbar und meßbar, sondern das Risiko wird erst durch Beilegung von aus dem wirtschaftlichen Handlungsraum entlehnten Stellvertretern, die in der Regel Geldgrößen darstellen, rechenbar. Im strengen Sinne kann das Risiko also nicht gemessen, sondern lediglich durch die Beilegung von Geldgrößen bewertet werden.[5] Da der Bewertung im Gegensatz zum Messen jedoch

---

[1] Vgl. **Orth**, Theorie, S. 18.

[2] Vgl. **Orth**, Theorie, S. 17.

[3] Vgl. **Orth**, Theorie, S. 18 f. Kloidt spricht in diesem Zusammenhang von „extensiven" und „intensiven Größen". Vgl. **Kloidt**, Messen, S. 290.

[4] Vgl. **Kloidt**, Messen, S. 292.

[5] Gleichwohl soll im folgenden weiterhin von „Risikomessung" und nicht von „Risikobewertung" gesprochen werden.

eine subjektive Komponente anhaftet, ist die Formulierung von expliziten Bewertungsregeln erforderlich. Bewertungsregeln stellen in diesem Zusammenhang die mit dem formalen bzw. materiellen Risiko verbundenen Vorstellungsinhalte dar. Hierdurch ist eine Objektivierung des Risikos möglich. Entscheidend ist in diesem Zusammenhang jedoch, daß ein Risikomaß im Gegensatz zu physikalischen Größen stets nur eine Stellvertretergröße darstellt, die das zu messende Risiko repräsentiert, und die Aussagekraft der Maßgröße primär von dem zugrunde gelegten Risikobegriff determiniert wird.[1]

Über die grundsätzliche Meßbarkeit des Risikos hinaus ist das Skalenniveau zu bestimmen, auf dem das Risiko zu messen ist.[2] Existiert im Rahmen eines Homomorphismus lediglich die Relation „ist ungleich", so kann nur auf einer Nominalskala gemessen werden. Dies bedeutet, daß die unterschiedlichen Ausprägungen der Eigenschaft Risiko gleichberechtigt nebeneinander stehen und keine natürliche Reihenfolge gebildet werden kann. Die Zuordnung einer Zahl dient lediglich der Identifikation unterschiedlicher Risiken. Auf einer Ordinalskala hingegen läßt sich zwischen den Risikoausprägungen eine „größer als"-Beziehung aufstellen. Allerdings sind auch hier die Abstände zwischen den Ausprägungen nicht quantifizierbar. Letzteres ist auf einer Intervallskala der Fall. Hier kann lediglich der Nullpunkt der Messung willkürlich festgelegt werden. Ein natürlicher Nullpunkt ist bei der Verhältnisskala vorhanden, so daß der Quotient zweier Merkmalsausprägungen unabhängig ist von einer gewählten Maßeinheit.

Da insbesondere im Hinblick auf eine adäquate Kalkulation von materiellen Risikoprämien Abstände zwischen den Risikoausprägungen quantifizierbar sein müssen, und durch die Situation der Sicherheit zudem ein „natürlicher Nullpunkt" der Messung vorgegeben ist, hat die Risikomessung regelmäßig verhältniskaliert zu erfolgen.[3]

---

[1] Es ist erstaunlich, daß man des öfteren in den Wirtschaftswissenschaften Risikomaßgrößen gebraucht, ohne sich vorher grundlegend mit dem Risikobegriff auseinandergesetzt zu haben. So auch **Sroka**, Messung, S. 32.

[2] Vgl. **Bleymüller/Gehlert/Gülicher**, Statistik, S. 3.

[3] Ob bei einer Erfassung bestimmter Zielgrößen auf dem Niveau einer Nominal- oder Ordinalskala überhaupt von Messung gesprochen werden kann, ist in der Literatur umstritten. Vgl. **Fertig**, Modelltheorie, S. 88 ff.

Schließlich ist der Terminus Messen von den Begriffen Schätzung, Beurteilung und Quantifizierung abzugrenzen. Gemessen werden können grundsätzlich nur sichere Größen, während die Schätzung — ein der Messung nahestehender Begriff — auf mit Ungewißheit (i.w.S.) behaftete Phänomene rekurriert. Da die Ungewißheit (i.w.S.) wiederum ein konstitutives Merkmal des Risikos darstellt, kann das Risiko daher eigentlich auch nicht gemessen bzw. bewertet, sondern nur geschätzt werden. Angesichts der üblichen Verwendung des Terminus „Messen" im Zusammenhang mit dem Risiko soll im folgenden aber weiterhin von Risikomessung gesprochen werden.[1] Unter dem Terminus „Beurteilung" — einem anderen im Zusammenhang mit der Messung gebrauchten Begriff — wird die Subjektivierung der Messung verstanden. Hier werden die Zielvorstellungen des Entscheidenden — bezogen auf das Risiko etwa die Risikoneigung — explizit mit in das Kalkül gezogen.[2] Somit geht die Subjektivität der Beurteilung über die subjektive Beilegung von Stellvertretergrößen hinaus. „Beurteilung" wird im Rahmen dieser Arbeit entsprechend auch nicht mehr dem Terminus Messen subsumiert. „Quantifizieren" wird schließlich als ein dem Terminus Messen synonymer Begriff verwandt.

2. Notwendigkeit der Messung bankbetrieblicher Risiken

a) Risikomessung als Grundlage der bankbetrieblichen Risikopolitik

Die Notwendigkeit der Risikomessung resultiert aus einzelwirtschaftlicher Sicht bereits aus dem bankbetrieblichen Zielsystem.[3] Wenngleich die relative Bedeutung des Formalziels Risiko bzw. Sicherheit im Vergleich zum konfligierenden Formalziel Gewinn umstritten ist, wird ersterem zumindest der Rang einer ständig zu beachtenden Nebenbedingung eingeräumt.[4] Insofern ist bei allen Entscheidungen des Bankmanagement auch stets das mit den Handlungsalternativen verbundene Risiko mit in das Kalkül zu ziehen.

---

[1] Vgl. **Orth**, Theorie, S. 17, **Brauch**, Quantifizierung, S. 36, und **Seil**, Quantifizierung, S. 24.

[2] Vgl. **Braun**, Risikomanagement, S. 247 ff.

[3] Vgl. in diesem Zusammenhang auch Kapitel A. im zweiten Teil.

[4] Vgl. zu den Zielen und dem Zielsystem in Bankunternehmen insbesondere **Büschgen**, Bankbetriebslehre, S. 443 ff.

Nicht konkretisiert wird in diesem Zusammenhang jedoch, was unter dem Unternehmensziel Risiko im einzelnen zu verstehen ist. Es kann sich zum einen um die Forderung handeln, im Rahmen von Ungewißheitssituationen materielle Risikoprämien in einer bestimmten Höhe zu erwirtschaften und diese einem Fonds zuzuführen, so daß im Durchschnitt keine Reinvermögensminderung zu erwarten ist. Zum anderen kann das Unternehmensziel Risiko aber auch dahingehend interpretiert werden, daß ein formales Gesamtrisiko nur in solcher Höhe eingegangen werden soll, daß die Summe der positiven und negativen Reinvermögensänderungen einer Periode nicht über eine bestimmte Höchstwahrscheinlichkeit hinaus zu einem zufälligen Verbrauch des Eigenkapitals führt. Welche Interpretation auch gewählt wird, ein zielverwirklichendes Verhalten ist stets nur dann möglich, wenn beide Risiken grundsätzlich gemessen werden können, d.h., wenn der Eigenschaft Risiko eine Zahl zugeordnet werden kann und dieses damit operationalisiert wird. Ist eine Quantifizierung des materiellen Risikos beispielsweise nicht möglich, tritt eine Bank unter Umständen auch in solche Ungewißheitssituationen ein, die im Durchschnitt zu einer Reinvermögensminderung und damit zu einem Mißnutzen führen. Kann hingegen das formale Risiko nicht gemessen werden, ist das Eigenkapital möglicherweise einer Verlustgefahr ausgesetzt, die den risikopolitischen Vorstellungen der Entscheidungsträger widerspricht, weil die Notwendigkeit der Initiierung risikopolitischer Maßnahmen nicht erkannt wird.

b) **Risikomessung als Bestandteil kollektiver Risikopolitik durch Einlagensicherungssysteme**

Neben dem einzelwirtschaftlichen Streben nach Sicherheit wird dieses Ziel auch von den Einlagensicherungssystemen der verschiedenen Bankengruppen, die als Mittel der kollektiven Risikopolitik bezeichnet werden können, verfolgt.[1] Zielsetzungen dieser Systeme können zum einen die Einlagensicherung (Gläubigersicherung) und zum anderen die Sicherung der Institute selbst sein (Institutssicherung). Beide Zielsetzungen werden durch einen Prämienfonds zu erreichen versucht, der durch Umlagen der einzelnen Mitgliedsbanken alimentiert wird.

---

[1] Zu Einlagensicherungssystemen im allgemeinen vgl. **Schnetzer**, Bankeinlagen.

Wenngleich sich die Höhe der Umlagen weitgehend an Bilanzpositionen wie etwa an der Höhe der Forderungen gegenüber Nichtbanken und damit im wesentlichen am Umfang des materiellen Risikos orientiert[1], sollte in diesem Zusammenhang idealiter auf das formale Gesamtrisiko bzw. auf die Ruinwahrscheinlichkeit der dem Sicherungssystem angeschlossenen Mitgliedsbanken fokussiert werden.[2] Die Sicherungssysteme sind nämlich gerade für den Fall konstruiert worden, daß das Eigenkapital in einer bestimmten Betrachtungsperiode zufällig aufgezehrt wird. Das materielle Risiko hingegen werden die Institute bereits aus Gründen der Substanzerhaltung durch entsprechende Risikoprämien abzudecken versuchen.

Kann das formale Gesamtrisiko auf der Ebene der einzelnen Banken nicht gemessen werden, dann ist es auch den Einlagensicherungssystemen nicht möglich, selbst eine Wahrscheinlichkeit dafür zu ermitteln, inwieweit das Vermögen des Fonds als ausreichend zu erachten ist, die Ziele der Institutssicherung bzw. des Gläubigerschutzes zu erreichen. Zudem ist es im Interesse einer Wettbewerbsneutralität unter den Mitgliedsbanken und im Interesse der Leistungsfähigkeit der Fonds erforderlich, daß sich die Höhe der von den jeweiligen Mitgliedsbanken in den Fonds einzuzahlenden Umlagen auch an den individuell eingegangenen formalen Gesamtrisiken ausrichtet. Eine Bank, bei der die Aufzehrung des Eigenkapitals als wahrscheinlicher zu erachten ist als bei einer anderen, sollte entsprechend — eine gleiche Institutsgröße vorausgesetzt — eine höhere Umlage entrichten als eine Bank mit geringerem formalen Gesamtrisiko. Erfolgt die Umlagefinanzierung der Einlagensicherungssysteme hingegen ohne Berücksichtigung des individuellen formalen Gesamtrisikos, ist nicht auszuschließen, daß einzelne Banken versuchen, durch die Hereinnahme höherer formaler Einzelrisiken höhere Erlöse zu erwirtschaften, ohne daß risikoaversere Banken hieran partizipieren.[3] Eine solche Situation begünstigt moral hazard, führt zu Wettbewerbsverzerrungen und benachteiligt letztgenannte Institute.[4]

---

[1] Vgl. **Büschgen**, Bankbetriebslehre, S. 797.

[2] Bei jenen Banken, die dem Einlagensicherungsfonds des Bundesverbandes deutscher Banken e.V. angeschlossen sind, ist von einem „Ruin" jedoch erst dann auszugehen, wenn neben dem Eigenkapital auch sämtliche Passiva außer den „Verbindlichkeiten gegenüber Kunden" aufgezehrt sind, da sich die Leistungen des Fonds allein auf diese Bilanzposition beschränken.

[3] Vgl. **Zimmer**, Harmonisierung, S. 459.

[4] Das moral-hazard-Problem der Sicherungseinrichtung verliert — so unterstreicht auch die Deutsche Bundesbank ausdrücklich — „*nur bei einer nach*

c) Risikomessung für bankenaufsichtsrechtliche Zwecke

Abgesehen von der direkten Einlagensicherung durch die Sicherungssysteme der einzelnen Bankengruppen wird der Gläubigerschutz auch durch die Bankenaufsicht, die das Eintreten von existenzbedrohenden Schäden präventiv zu sichern versucht, gewährleistet.[1] Darüber hinaus hat das Bankenaufsichtsrecht die Aufrechterhaltung der Funktionsfähigkeit des Bankwesens zum Ziel. Im Rahmen ihrer Tätigkeit steht den Trägern der Bankenaufsicht ein umfangreiches Instrumentarium wie etwa Regelungen bezüglich der Geschäftsaufnahme, besondere Struktur- und Ordnungsvorschriften, Melde-, Berichts- und Auskunftspflichten und auch Vorschriften zur Bilanzierung und Pflichtprüfung sowie spezielle Eingriffsbefugnisse zur Verfügung. Eine besondere Bedeutung kommt dabei den Struktur- und Ordnungsvorschriften zu, die die aus dem Bankgeschäft resultierenden Risiken ins Verhältnis zum haftenden Eigenkapital setzen und diese damit zu begrenzen versuchen.

Wenngleich auch bei der Risikomessung für bankenaufsichtsrechtliche Zwecke nicht eindeutig geklärt ist, ob es sich bei den hier relevanten Risiken um solche formaler oder materieller Art handelt[2], so ist doch zu vermuten, daß letztlich die Gefahr von Bedeutung ist, daß das Eigenkapital einer Bank in einer bestimmten Betrachtungsperiode zufällig aufgezehrt wird. Hinsichtlich des materiellen Risikos kann nämlich auch in diesem Zusammenhang davon ausgegangen werden, daß die Institute dieses bereits aus Gründen der Substanzerhaltung durch materielle Risikoprämien abzudecken versuchen. Kann also das formale Gesamtrisiko der beaufsichtigten Banken nicht bzw. nicht eindeutig bestimmt werden, dann sind schließlich auch die auf Bestandsgrößen wie etwa die auf die risikogewichteten Aktiva fokussierenden Struktur- und Ordnungsvorschriften nicht sachgerecht und können

---

Risikogesichtspunkten gestaffelten Einlagensicherungsprämie der Mitgliedsbanken erheblich an Gewicht". **Deutsche Bundesbank**, Einlagensicherung, S. 37. Fischer/Grünbichler entwickeln in diesem Zusammenhang einen auf dem Optionspreismodell von Black und Scholes basierenden und damit auch das formale Risiko berücksichtigenden Ansatz zur risikoangepaßten Kalkulation von Prämien für die Einlagensicherung. Vgl. **Fischer/Grünbichler**, Prämien, S. 747-758.

[1] Zur kritischen Analyse der Risikomessung für bankenaufsichtsrechtliche Zwecke im allgemeinen vgl. **Bösl**, Risikobegrenzung, **Erdland**, Einlegerschutz, **Müller** Gläubigerschutz, und **Regnery**, Bankenaufsicht.

[2] Vgl. beispielsweise **Keine**, Risikoposition, S. 53 ff.

die Erfüllung der Zielsetzungen des Bankenaufsichtsrechts nicht bzw. nur bedingt gewährleisten.[1]

d) Risikomessung im Rahmen des Jahresabschlusses

Die Rechnungslegungsinformationen des Jahresabschlusses beziehen sich auf einen abgeschlossenen, vergangenen Zeitraum, der meist ein Kalenderjahr umfaßt.[2] Erst dem Lagebericht wird die Aufgabe beigemessen, auf die zukünftige, ungewisse Entwicklung der Unternehmung einzugehen, wobei dort allerdings nur qualitative Aussagen verlangt werden.[3] Insofern liegt die Vermutung nahe, daß die Ungewißheit über das Eintreten zukünftiger Umweltzustände bzw. die Risikomessung im Rahmen des Jahresabschlusses keine Relevanz besitzt. Die Berücksichtigung zukunftsbezogener Informationen ist allerdings dort erforderlich, wo die Werte einzelner Vermögens- oder Schuldpositionen von Zukunftserwartungen bestimmt werden, damit ungewiß sind und zudem kein objektivierender Marktpreis existiert. In bezug auf die Jahresabschlüsse von Banken ist dieser Sachverhalt insbesondere bei der Bewertung unverbriefter Forderungen[4] und der Rückstellungsbilanzierung[5] gegeben. Hinsichtlich unverbriefter Forderungen etwa lassen sich Anhaltspunkte für den beizulegenden Wert erst aus der Diskontierung der aus den Forderungen resultierenden ungewissen Zahlungen herleiten, so daß der Kalkulationszinsfuß in diesem Zusammenhang in Form eines Aufschlags auf den risikolosen Zins um das materielle Risiko zu korrigieren ist. Um die Höhe dieses Aufschlags wiederum nicht der Intuition der Entscheidungsträger zu überlassen, ist eine exakte Messung des materiellen Risikos erforderlich. Darüber hinaus kann im Hinblick auf eine vorsichtige Bewertung aber auch das formale Gesamtrisiko in der Bilanz Berücksichtigung finden, wenn für die Gefahr des intertemporären Eigenkapitalverbrauchs ein Teil des Eigenkapitals in Form einer Schwankungsrückstellung — was bis dato jedoch nur bei Versicherungsunternehmen zulässig ist— bilanziert wird.[6] Auch hier

---

[1] Vgl. **Müller**, Gläubigerschutz, S. 47 ff.

[2] Zur Risikomessung im Bank-Jahresabschluß im allgemeinen vgl. **Scheffler**, Hedge-Accounting.

[3] Vgl. **Coenenberg**, Jahresabschluß, S. 331 ff.

[4] Vgl. **Birck/Meyer**, Bankbilanz (5), S. V 146 ff.

[5] Vgl. **Naumann**, Rückstellungen, S. 172 ff.

[6] Vgl. **Braeß**, „Schwankungsrückstellung", S. 1-17, und **Karten**, Schwankungsrückstellung, S. 763-765. Aber auch in der Bankbetriebslehre gibt es

darf die Höhe der Schwankungsrückstellung jedoch nicht willkürlich festgesetzt werden; vielmehr ist eine sachgerechte Dotierung in Abhängigkeit von der exakt quantifizierten Höhe des formalen Gesamtrisikos zu bemessen. Insgesamt sind also auch bei der Erstellung des Jahresabschlusses exakte formale und materielle Risikoinformationen erforderlich.

Da die Probleme bei der Ermittlung des formalen Gesamtrisikos bzw. der materiellen Einzelrisiken bei allen hier aufgeführten Bereichen weitgehend identisch sind, ist auch eine von der jeweiligen Zielsetzung im wesentlichen unabhängige Erkenntnisgewinnung möglich. Angesichts einiger Besonderheiten soll im folgenden gleichwohl auf den Bereich der Risikomessung als Grundlage der bankbetrieblichen Risikopolitik fokussiert werden.

3. Risikomaßgrößen

Nachdem die theoretischen Grundlagen der Messung und die Notwendigkeit der Messung bankbetrieblicher Risiken in verschiedenen Bereichen aufgezeigt wurden, geht es im weiteren darum, den mit den unterschiedlichen Risikobegriffen verbundenen Vorstellungsinhalten konkrete Zahlenwerte zuzuordnen.[1] Im einzelnen handelt es sich hierbei um eine Zuordnung von Zahlenwerten für

- das materielle Risiko,
- das formale Einzelrisiko sowie
- das formale Gesamtrisiko.

Da sich als allgemeine Ursache des materiellen wie auch des formalen Risikos das Vorliegen einer Ungewißheitssituation, d.h. einer Wahrscheinlichkeitsverteilung möglicher Ergebniswirkungen, herausgestellt hat, ist es sinnvoll und praktikabel, als Risikomaßgrößen stets Momente dieser Wahrscheinlichkeitsverteilung zugrunde zu legen. Diese Momente geben jedoch — im Unterschied zum Prinzip der

---

Überlegungen, eine der Schwankungsrückstellung analoge Kapitalreservierung für aus der bankbetrieblichen Geschäftstätigkeit resultierende formale Risiken vorzunehmen. Vgl. **Hesberg**, Risikovorsorge, S. 531-567.

[1] Unter Risikomessung wurde oben schließlich eine Zuordnung von Zahlenwerten zur jeweiligen Ausprägung der zu messenden Eigenschaft Risiko verstanden. Vgl. auch **Sroka**, Messung, S. 27 ff.

„stochastischen Dominanz"[1] — jeweils nur unterschiedliche Aspekte der Wahrscheinlichkeitsverteilung wieder, und ihre Verwendung impliziert einen Verlust an Information.[2] Die Güte einer Risikomaßgröße bestimmt sich folglich danach, inwieweit die dem Risiko beigelegten Momente der Wahrscheinlichkeitsverteilung den im Hinblick auf den zugrunde gelegten Risikobegriff relevanten Teil der Wahrscheinlichkeitsverteilung vollständig charakterisieren.[3] Letzteres ist im folgenden zu untersuchen.

a) Messung materieller Risiken

Besteht das materielle Risiko in der Gefahr, daß bei häufigem Treffen einer Entscheidung im Durchschnitt eine Reinvermögensminderung zu erwarten ist, dann ist es naheliegend, dieses Risiko anhand der Differenz zwischen dem im Durchschnitt eintretenden Ergebnis einerseits und dem Referenzwert — einer Reinvermögensänderung von Null — andererseits zu messen.[4] Wird eine Entscheidung näm-

---

[1] Vgl. **Roglin**, Dominanz, S. 484 ff.

[2] Vgl. **Karten**, Aspekte, S. 312 f.

[3] Vgl. **Wiegel**, Rentabilität, S. 91, und **Franke/Hax**, Finanzwirtschaft, S. 205. Für eine generelle Kritik alternativer Risikomaße, die hier nicht detailliert vorgenommen werden soll, vgl. beispielsweise **Wiegel**, Rentabilität, S. 82 ff., **Kugler**, Ansätze, S. 93 ff., **Markowitz**, Portfolio, S. 287 ff., und **Franke/Hax**, Finanzwirtschaft, S. 205 ff.

[4] Hingegen schlägt Wiegel in diesem Zusammenhang als Maßgröße für das materielle Ausfallrisiko — wobei er allerdings nicht explizit zwischen formalen und materiellen Risiken unterscheidet — die Differenz zwischem dem Erwartungswert der Rückzahlung einerseits und dem geforderten Rückzahlungsbetrag andererseits vor. Dies führt jedoch unter Umständen dazu, daß sich — wie leicht gezeigt werden kann — das materielle Risiko mit steigendem Zins erhöht, so daß es gerechtfertigt erscheinen würde, aus Risikogesichtspunkten nur einen geringeren Zins zu verlangen. Beträgt der vollständige Rückzahlungsbetrag eines Kreditengagements beispielsweise 100 DM, und beläuft sich die Wahrscheinlichkeit für die Rückzahlung auf 90%, und ist ferner mit einer Rückzahlung von 0 DM mit einer Wahrscheinlichkeit von 10% zu rechnen, dann ermittelt sich ein materielles Risiko von 10 DM. Erhöht sich nun der Zins derart, daß c.p. eine Rückzahlung von 110 DM zu erwarten ist, ergibt sich ein materielles Risiko von 11 DM. Das materielle Risiko hat sich also trotz Steigerung des mit dem Kunden vereinbarten Positionszinses erhöht. Zudem ist aber auch das Ausmaß eines so gemessenen Risikos nur wenig aussagekräftig und gibt insbesondere keine Hinweise auf die Vorteilhaftigkeit einzelner Kreditgeschäfte bzw. einer Handlungsalternative. Vgl. **Wiegel**, Rentabilität, S. 83 ff.

lich unendlich häufig getroffen und werden keine materiellen Risikoprämien erwirtschaftet, gibt diese Risikomaßgröße genau jene Reinvermögensminderung wieder, mit der im Durchschnitt gerechnet werden muß. Die Höhe des materiellen Risikos entspricht in diesem Zusammenhang vom absoluten Betrag her also jener materiellen Risikoprämie, die erwirtschaftet werden muß, um einer Handlungsalternative indifferent gegenüberzustehen.

Da das im Durchschnitt erwartete Ergebnis, das dem mathematischen Erwartungswert $E(\Delta Rv_t)$ der potentiell eintretenden Reinvermögensänderungen entspricht, im Falle einer diskreten Wahrscheinlichkeitsverteilung mit folgender allgemeiner Formel bestimmt werden kann:

(1.2) $$E(\Delta Rv_t) = \sum_{i=1}^{n} \Delta Rv_{t,i} \times W(\Delta Rv_{t,i}),$$

mit: $\Delta Rv_{t,i}$ = Ausprägung einer bestimmten Reinvermögensänderung i in t
und
$W(\Delta Rv_{t,i})$ = Wahrscheinlichkeit von $\Delta Rv_{t,i}$, wobei die Summe aller $W(\Delta R_{t,i})$ den Wert eins ergibt,

ergibt sich als Maßgröße für das materielle Risiko eine materielle Risikoprämie in Höhe von:

(1.3) $\quad mRp_t = \text{Referenzwert} - E(\Delta Rv_t)$.

Zur Verdeutlichung der Zusammenhänge wird davon ausgegangen, daß aus der Wahl einer Handlungsalternative nachstehende Reinvermögensänderungen mit zugehörigen Wahrscheinlichkeiten resultieren (vgl. Abb. 1.4):

Umweltzustand	Reinvermögensänderung	Wahrscheinlichkeit
I	-105 DM	0,1
II	10 DM	0,9

Abb. 1.4: Reinvermögensänderungen einer Entscheidung ohne materielle Risikoprämie

Hieraus ermittelt sich ein Erwartungswert der Reinvermögensänderung von:

(1.4) $\quad E(\Delta Rv_2) = 0{,}1 \times (-105 \text{ DM}) + 0{,}9 \times 10 \text{ DM} = -1{,}5 \text{ DM}$.

Beträgt der Referenzwert 0 DM, resultiert hieraus eine materielle Risikoprämie von:

(1.5) $\quad \text{mRp}_2 = 0 \text{ DM} - (-1,5 \text{ DM}) = 1,5 \text{ DM}$.

Ein rational handelnder Entscheidungsträger wäre also nur dann bereit, die Handlungsalternative zu wählen, wenn er zusätzlich zu den originären Erlösen eine materielle Risikoprämie in Höhe von 1,5 DM erwirtschaften kann.

Die Reinvermögensänderung unter Berücksichtigung der materiellen Risikoprämie setzt sich in diesem Fall wie folgt zusammen (vgl. Abb. 1.5):

Umweltzustand	Reinvermögensänderung ohne materielle Risikoprämie	materielle Risikoprämie	Reinvermögensänderung mit materieller Risikoprämie	Wahrscheinlichkeit
I	-105 DM	1,5 DM	-103,5 DM	0,1
II	10 DM	1,5 DM	11,5 DM	0,9

Abb. 1.5: Reinvermögensänderungen einer Entscheidung mit materieller Risikoprämie

Der mathematische Erwartungswert der Reinvermögensänderungen unter Berücksichtigung der materiellen Risikoprämie beträgt erwartungsgemäß:

(1.6) $\quad E(\Delta Rv_2) = 0,1 \times (-103,5 \text{ DM}) + 0,9 \times 11,5 \text{ DM} = 0 \text{ DM}$.

Wird die Entscheidung also wiederholt getroffen und werden materielle Risikoprämien in Höhe von 1,5 DM einem Fonds zugeführt, so können aus diesem Fonds im Durchschnitt eintretende Reinvermögensminderungen ausgeglichen werden.

b) Messung formaler Risiken

Besteht das formale Gesamtrisiko in der Gefahr, daß die Summe der positiven und negativen zukünftig eintretenden Reinvermögensänderungen aller in einer bestimmten Periode getroffenen Entscheidungen zufällig das Eigenkapital aufzehrt, dann ist nicht die Summe der aus den Partialentscheidungen resultierenden Erwartungswerte jeweiliger Reinvermögensänderungen[1] als Risikomaßgröße geeignet; vielmehr ist die sich aus den vorhandenen Risiko- bzw. Eigenkapitalpositionen ergebende Wahrscheinlichkeit des Eigenkapitalverbrauchs als adäquate Risikomaßgröße anzusehen. Letztere hängt dabei wiederum von zwei Einflußgrößen ab: der Höhe des Eigenkapitals einerseits sowie der Schwankung der Summe positiver und negativer Reinvermögensänderungen einzelner Entscheidungen andererseits.[2] Als Risikomaßgröße für die Schwankung sind in diesem Zusammenhang die mathematischen Streuungsmaße Varianz bzw. Standardabweichung von Relevanz.

Die Varianz der Summe der Reinvermögensänderungen resultierend aus n potentiellen Ausprägungen eines Zufallsexperiments ($\sigma^2_{P_{\Delta Rv_{i=1 \to n}}}$) ergibt sich dabei als das arithmetische Mittel der Abweichungsquadrate von n Einzelwerten ($\Delta Rv_{t,i}$) zu ihrem Mittelwert ($E(\Delta Rv_t)$):

$$(1.7) \qquad \sigma^2_{P_{\Delta Rv_{i=1 \to n}}} = \frac{1}{n} \sum_{i=1}^{n} (\Delta Rv_{t,i} - E(\Delta Rv_t))^2 .$$

Die positive Quadratwurzel aus der Varianz wird als Standardabweichung ($\sigma_{P_{\Delta Rv_{i=1 \to n}}}$) bezeichnet.

Wenngleich beide Größen durch Quadrierung bzw. Quadratwurzelziehung leicht ineinander überführt werden können, spricht für die Standardabweichung in diesem Zusammenhang, daß diese die gleiche Dimension wie die Reinvermögensänderungen aufweist und daher leichter interpretierbar ist.[3]

---

[1] Vgl. **Hölscher**, Risikokosten, S. 186 ff.

[2] Zur Entwicklung und Anwendung der Ruinwahrscheinlichkeit in der Versicherungsbetriebslehre vgl. **Kremer**, Risikotheorie, S. 675, und **Heilmann/Karten/Walter**, Risikopolitik, S. 663 ff. Die Determinanten der Ruinwahrscheinlichkeit finden sich auch in der „Grundgleichung des Risikomanagement" bei Schierenbeck. Vgl. **Schierenbeck**, Bankmanagement, S. 508.

[3] Vgl. **Bleymüller/Gehlert/Gülicher**, Statistik, S. 19. Darüber hinaus ist die Standardabweichung im Vergleich zur Varianz aber auch deshalb vorteilhaft, weil sich die Standardabweichung eines Portfolios bestehend aus gleichartigen, d.h. vollständig positiv korrelierten Risiken proportional zum Volumen der Einzelrisiken verändert. Die Standardabweichung eines Portfolios bestehend aus zwei gleichartigen Krediten mit einem Volumen von jeweils 10.000

Ist die Standardabweichung der Wahrscheinlichkeitsverteilung bekannt und ist die Wahrscheinlichkeitsverteilung weiterhin durch die Momente $\sigma_{P_{\Delta Rv_{i=1 \to n}}}$ und $E(\Delta Rv_t)$ vollständig charakterisiert — im folgenden wird eine durch diese Momente vollständig charakterisierte Normalverteilung der Reinvermögensänderungen unterstellt —, dann ist es möglich, eindeutige Wahrscheinlichkeiten für die Überschreitung bestimmter Reinvermögensänderungen zu ermitteln. Werden die Streuungsmaße anschließend dem Eigenkapital gegenübergestellt, ist entsprechend auch die Wahrscheinlichkeit dafür zu bestimmen, daß dieses zufällig aufgezehrt wird (Ruinwahrscheinlichkeit).[1]

Entscheidend ist in diesem Zusammenhang folgendes: Obwohl in die Berechnung der Varianz bzw. der Standardabweichung im allgemeinen sowohl positive als auch negative Abweichungen der Einzelwerte vom Erwartungswert einfließen, ist auf der Ebene sämtlicher Entscheidungen letztlich doch nur jene aus den Streuungsmaßen ableitbare Wahrscheinlichkeit von Relevanz, daß ein bestimmter und regelmäßig negativ vom Erwartungswert abweichender Einzelwert unter- und nicht auch überschritten wird. Die häufig geäußerte Kritik, daß Streuungsmaße für die Risikomessung schon deshalb nicht geeignet seien, weil hier auch positive Abweichungen von einem Referenz- oder Erwartungswert, also Chancen mit in die Betrachtung einbezogen werden, geht folglich ins Leere.[2] Als vorläufiges Risikomaß für

---

DM ist also genau doppelt so hoch wie die Standardabweichung jedes einzelnen Kredits. Die Varianz beträgt hingegen das Vierfache. Dieser Sachverhalt ist insbesondere im Zusammenhang mit der Ermittlung formaler Risiko-Risikoprämien-Relationen von Bedeutung. So ist allein bei einer Fokussierung auf die Standardabweichung und nicht die Varianz gewährleistet, daß sich die formale Risikoprämie proportional zum Umfang formaler Risiken entwickelt. In der Versicherungsbetriebslehre wird in diesem Zusammenhang auch von einer „Proportionalitätseigenschaft" gesprochen. Vgl. **Lippe**, Prämienprinzipien, S. 143.

[1] Wenngleich die Streuungsmaße Varianz und Standardabweichung zwar notwendige, aber noch keine hinreichenden Maßgrößen für das formale Gesamtrisiko darstellen, werden erstere im folgenden gleichwohl als solche bezeichnet. Hinsichtlich der letztlich interessierenden Möglichkeit des Eigenkapitalverzehrs wird hingegen von einer Ruinwahrscheinlichkeit gesprochen.

[2] Zu beachten ist in diesem Zusammenhang die zwischen Keppler und Bauer kontrovers geführte Diskussion um die Eignung von Varianz bzw. Standardabweichung als Risikomaßgrößen. Vgl. **Keppler**, Risiko, S. 610-614, **Keppler**, Portfolio-Theorie, S. 382-385, und **Bauer**, Volatilitäten, S. 172-175. Neben der Varianz bzw. Standardabweichung sind allerdings auch weitere Risikomaßgrößen, die sich nur auf die negativen Abweichungen von einem Referenzwert beziehen, entwickelt worden. Zu diesen „Downside-Risk-

das formale Gesamtrisiko, d.h. als Risikomaß vor Einbeziehung des Eigenkapitals sind die Varianz bzw. die Standardabweichung also durchaus geeignet.[1]

Schließlich kann auch das formale Einzelrisiko, d.h. die Schwankung möglicher Reinvermögensänderungen einzelner Entscheidungen, mit Hilfe des Streuungsmaßes Standardabweichung adäquat gemessen werden, wenn die Wahrscheinlichkeitsverteilung der Reinvermögensänderungen einzelner Entscheidungen normalverteilt ist bzw. durch eine solche bei endlicher Zahl von Entscheidungen approximiert werden kann[2]. Zwar ist es auf der Ebene einer einzelnen Entscheidung nicht wie beim formalen Gesamtrisiko möglich, nur den negativen Ast der Wahrscheinlichkeitsverteilung zu betrachten und das Risikomaß Standardabweichung beispielsweise dahingehend interpretieren zu wollen, daß jene Wahrscheinlichkeit ermittelt wird, mit der die Einzelentscheidung zum Ruin der Bank beiträgt, doch ist die Berücksichtigung sowohl positiver als auch negativer Abweichungen vom Erwartungswert $E(\Delta Rv_i)$ hier auch gewollt, da aus einzelnen Entscheidungen resultierende Reinvermögensmehrungen sich aus anderen Entscheidungen ergebende Reinvermögensminderungen durchaus kompensieren können und ein Mißnutzen schließlich erst dann eintritt, wenn über alle Entscheidungen betrachtet eine Reinvermögensminderung eintritt.

Sofern sämtliche formalen Einzelrisiken bekannt sind, kann hieraus aber immer noch nicht das formale Gesamtrisiko ermittelt werden. Vielmehr ist weiterhin ein Parameter erforderlich, der angibt, ob und in welcher Stärke positive oder negative Reinvermögensänderungen bei einer Entscheidung X mit positiven bzw. negativen Reinvermögensänderungen bei einer Entscheidung Y einhergehen. Werden die Reinvermögensänderungen der Entscheidungen X und Y als Zufallsvariablen auf-

---

Maßen" zählt beispielsweise die Semivarianz. Letztere kommt im Falle symmetrischer Verteilungen aber zum gleichen Ergebnis wie die Varianz. Vgl. **Nowak/Wittrok**, Performance-Messung, S. 13 ff.

[1] In diesem Zusammenhang wird das Wesen der Streuungsmaße Varianz bzw. Standardabweichung oftmals fehlinterpretiert. So führt Kopp beispielsweise aus: *„Im Unterschied zu Portfoliomodellen, bei denen die Varianz (Streuung) als Risikomass fungiert, ist man bei Risikomanagementmodellen nicht in erster Linie an der Streuung der Ergebnisse interessiert. Relevant ist vielmehr die Sicherung der Existenz der betrachteten Bank. Diese ist dann nicht mehr gegeben, wenn ein bestimmtes Szenario eintritt, bei dem die Bank insolvent wird."* **Kopp**, Risikomanagement, S. 3 und 44.

[2] Vgl. **Bleymüller/Gehlert/Gülicher**, Statistik, S. 68.

gefaßt, eignet sich zur Messung dieses Zusammenhangs die Kovarianz (Cov ($\Delta Rv_x, \Delta Rv_y$)), die allgemein definiert ist als:[1]

(1.8) $\quad \text{Cov}(\Delta Rv_x, \Delta Rv_y) = E\left[\left[\Delta Rv_x - E(\Delta Rv_x)\right] \times \left[\Delta Rv_y - E(\Delta Rv_y)\right]\right].$

Da die absolute Höhe der Kovarianz davon abhängt, in welchen Einheiten die Reinvermögensänderungen der Entscheidungen X und Y gemessen werden, wird die Kovarianz — um diesen Einfluß zu eliminieren — in der Regel durch das Produkt der Standardabweichungen der Reinvermögensänderungen der Entscheidungen X und Y dividiert. Die sich hieraus ergebende Größe wird als Korrelationskoeffizient $\rho_{\Delta Rv_x, \Delta Rv_y}$ bezeichnet:[2]

(1.9) $\quad \rho_{\Delta Rx_x, \Delta Rv_y} = \dfrac{Cov(\Delta Rv_x, \Delta Rv_y)}{\sigma_{\Delta Rv_x} \times \sigma_{\Delta Rv_y}}.$

Der Korrelationskoeffizient nimmt stets Werte im Bereich von plus eins bis minus eins an. Bei einem Korrelationskoeffizienten von plus eins spricht man auch von vollständig positiver Korrelation. Hier gehen positive Reinvermögensänderungen einer Entscheidung X stets mit positiven Reinvermögensänderungen einer Entscheidung Y und umgekehrt einher. Bei einem Korrelationskoeffizienten von minus eins hingegen — dies wird entsprechend als vollständig negative Korrelation bezeichnet — sind positive Reinvermögensänderungen einer Entscheidung X immer mit negativen Reinvermögensänderungen einer Entscheidung Y oder umgekehrt festzustellen.

Unter Berücksichtigung des Korrelationskoeffizienten ergibt sich das formale Gesamtrisiko für Reinvermögensänderungen resultierend aus den Entscheidungen X und Y abschließend als:

---

[1] Vgl. **Bleymüller/Gehlert/Gülicher**, Statistik, S. 48.

[2] Da es sich bei den formalen Risiken stets um Schwankungen von Reinvermögensänderungen um einen Mittelwert bzw. bei der Kovarianz oder der Standardabweichung um das Zusammenwirken von Reinvermögensänderungen handelt, wird im weiteren bei der konkreten Bezeichnung formaler Zinsänderungs-, Wechselkurs- oder Ausfallrisiken auf den Index „ΔRv" verzichtet. Das formale Ausfallrisiko beispielsweise wird mit „σ_{AR}" und nicht mit „$\sigma_{\Delta Rv_{AR}}$" bezeichnet.

(1.10) $\sigma_{P_{\Delta Rv_x;\Delta Rv_y}} = \sqrt{\sigma^2_{\Delta Rv_x} + \sigma^2_{\Delta Rv_y} + 2\rho_{\Delta Rv_x,\Delta Rv_y} \sigma_{\Delta Rv_x} \sigma_{\Delta Rv_y}}$.

Zur Verdeutlichung der Zusammenhänge wird wiederum auf obiges Beispiel Bezug genommen[1]. Für die unterstellten Reinvermögensänderungen errechnet sich dann nachstehendes formales Einzelrisiko ($\sigma_{\Delta Rv_i}$):

(1.11) $\sigma_{\Delta Rv_i} = \sqrt{((-103,50 \text{ DM}) - 0 \text{ DM})^2 \times 0,1 + (11,50 \text{ DM} - 0 \text{ DM})^2 \times 0,9}$
= 34,50 DM.

Bei zweimaligem Treffen der Entscheidung und einem Korrelationskoeffizienten von Null ergibt sich ein formales Gesamtrisiko ($\sigma_{P_{\Delta Rv_{i=1 \to n}}}$) von:

(1.12) $\sigma_{P_{\Delta Rv_{i=1 \to 2}}} = \sqrt{(34,5 \text{ DM})^2 + (34,5 \text{ DM})^2 + 2 \times 0 \times 34,5 \text{ DM} \times 34,5 \text{ DM}}$
= 48,79036 DM.

Gilt bei n-maligem Treffen einer gleichartigen Entscheidung bei einem Korrelationskoeffizienten von Null für das formale Gesamtrisiko ($\sigma_{P_{\Delta Rv_{i=1 \to n}}}$) allgemein:[2]

(1.13) $\sigma_{P_{\Delta Rv_{i=1 \to n}}} = \sqrt{n} \times \sigma_{\Delta Rv_i}$,

dann berechnet sich bei 100-maligem Treffen der Entscheidung ein formales Gesamtrisiko für den Beispielfall von:

(1.14) $\sigma_{P_{\Delta Rv_{i=1 \to 100}}} = \sqrt{100} \times 34,50 \text{ DM} = 345 \text{ DM}$.

Handelt es sich bei der oben angeführten Wahrscheinlichkeitsverteilung der Reinvermögensänderungen einzelner Entscheidungen ferner um eine Binomialverteilung, dann ist es möglich, diese unter Einhaltung der Bedingung:

(1.15) $n \times W_I \times W_{II} \geq 9$,

---

[1] Vgl. Abb. 1.5 in diesem Teil.
[2] Vgl. **Bleymüller/Gehlert/Gülicher**, Statistik, S. 49.

mit: W_I = Wahrscheinlichkeit für das Eintreten des Umweltzustandes I

und

W_{II} = Wahrscheinlichkeit für das Eintreten des Umweltzustandes II

durch eine Normalverteilung zu approximieren.[1]

Diese Bedingung ist im Beispielfall durch:

(1.16) $100 \times 0,1 \times 0,9 = 9,0$

erfüllt.

Kann schließlich jede mit $E(\Delta Rv_t)$ und σ_{Rv} normalverteilte Zufallsvariable der Reinvermögensänderungen durch Standardisierung in eine standardnormalverteilte Zufallsvariable Z mit:

(1.17) $$Z = \frac{\Delta Rv_{t,i} - E(\Delta Rv_t)}{\sigma_{Rv}}$$

überführt werden und liegt die Verteilungsfunktion der Standardnormalverteilung $F_N(z)$ in tabellierter Form[2] vor (vgl. Abb. 1.6), so ist auch die Wahrscheinlichkeit

---

[1] Die Möglichkeit der Transformation einer Binomialverteilung in eine Normalverteilung ist insbesondere im Hinblick auf das Ausfallrisiko von Relevanz. Denn auch beim Ausfallrisiko gibt es — bezogen auf den Einzelkredit — im wesentlichen nur zwei mögliche Ausgänge eines „Versuchs": Eine vollständige Rückzahlung eines Kredits einerseits oder einen Totalausfall der Zins- und Tilgungszahlungen andererseits. Ist die hieraus resultierende Wahrscheinlichkeitsverteilung der aus einem einzelnen Engagement resultierenden Reinvermögensänderungen extrem schief, so kann auf der Ebene eines Kreditportfolios gleichwohl eine Normalverteilung erwartet werden. In diesem Zusammenhang kann Wächtershäuser also nur bedingt zugestimmt werden, wenn er ausführt: *„Die gegen das Entscheidungskriterium „mathematischer Erwartungswert" erhobenen Bedenken treffen offensichtlich auch in entsprechender Weise auf das korrespondierende Streuungsmaß zu: µ und σ lassen im Falle extrem schiefer Verteilungen, wie sie unserem Entscheidungsproblem (dem Problem der Kreditvergabeentscheidung; d.V.) zugrundeliegen, nur völlig unzureichende Rückschlüsse auf die ursprüngliche Form der Verteilung zu."* **Wächtershäuser**, Kreditentscheidung, S. 310 f.

[2] Vgl. **Kobelt**, Sammlung, S. 21.

dafür, daß bestimmte Reinvermögensänderungen ($\Delta Rv_{t,i}$) bzw. z-Werte, die zu einem Eigenkapitalverbrauch führen, unterschritten werden, einfach zu bestimmen.

z	$F_N(z)$	z	$F_N(z)$
-3	0,0013	3	0,9987
-2,9	0,0019	2,9	0,9981
-2,8	0,0026	2,8	0,9974
-2,7	0,0035	2,7	0,9965
-2,6	0,0047	2,6	0,9953
-2,5	0,0062	2,5	0,9938
-2,4	0,0082	2,4	0,9918
-2,3	0,0107	2,3	0,9893
-2,2	0,0139	2,2	0,9861
-2,1	0,0179	2,1	0,9821
-2,0	0,0228	2,0	0,9772
-1,9	0,0287	1,9	0,9713
-1,8	0,0359	1,8	0,9641
-1,7	0,0446	1,7	0,9554
-1,6	0,0548	1,6	0,9452
-1,5	0,0668	1,5	0,9332
-1,4	0,0808	1,4	0,9192
-1,3	0,0968	1,3	0,9032
-1,2	0,1151	1,2	0,8849
-1,1	0,1357	1,1	0,8643
-1,0	0,1587	1,0	0,8413
-0,9	0,1841	0,9	0,8159
-0,8	0,2119	0,8	0,7881
-0,7	0,2420	0,7	0,7580
-0,6	0,2743	0,6	0,7257
-0,5	0,3085	0,5	0,6915
-0,4	0,3446	0,4	0,6554
-0,3	0,3821	0,3	0,6179
-0,2	0,4207	0,2	0,5793
-0,1	0,4602	0,1	0,5398
-0,0	0,5000	0,0	0,5000

Abb. 1.6: Verteilungsfunktion der Standardnormalverteilung

Beträgt das Eigenkapital beispielsweise 690 DM, dann ergibt sich bei einem Erwartungswert der Reinvermögensänderungen von Null DM und einem formalen Gesamtrisiko von 345 DM ein z-Wert von:

$$(1.18) \qquad z = \frac{-690 \text{ DM} - 0 \text{ DM}}{345 \text{ DM}} = -2$$

und entsprechend eine Ruinwahrscheinlichkeit in Höhe von 2,28%.[1] Wiederholt ein Entscheidungsträger die obige Entscheidung also einhundert mal, muß er trotz Kalkulation materieller Risikoprämien und einer im Durchschnitt ausgeglichenen Reinvermögensänderung mit einer Wahrscheinlichkeit von 2,28% damit rechnen, daß sein Eigenkapital in Höhe von 690 DM aufgezehrt wird und ein wirtschaftliches Handeln danach nicht mehr möglich ist.

---

[1] Neben den Streuungsmaßen Standardabweichung bzw. Varianz sowie der Ruinwahrscheinlichkeit gibt es in der Literatur eine Fülle weiterer Momente der Wahrscheinlichkeitsverteilung, die als geeignete Risikomaßgrößen angeführt werden. Hierbei handelt es sich insbesondere um auf den unteren Ast der Wahrscheinlichkeitsverteilung bezogene Extremwerte wie etwa den ungünstigsten Wert der originären Zielvariablen. Diese alternativen Risikomaßgrößen sind in der Regel aber nur wenig geeignet, die oben mit dem formalen bzw. materiellen Risikobegriff verbundenen Vorstellungsinhalte zu repräsentieren. Vgl. insbesondere **Bitz**, Strukturierung, S. 283 ff., **Franke/Hax**, Finanzwirtschaft, S. 205 ff., und **Philipp**, Risiko, S. 22 ff.

B. Systematisierung bankbetrieblicher Risiken

Nachdem Vorstellungsinhalte formaler und materieller Risiken erörtert und hieran anknüpfend adäquate Meßkonzepte dargestellt wurden, geht es im weiteren darum, unterschiedliche und mit Ungewißheiten bzw. Risiken behaftete Entscheidungssituationen im besonderen Fall der Banken systematisch darzulegen. Anknüpfend an verschiedene und die Ergebnisse von Handlungsalternativen determinierende Arten von Umweltzuständen soll hierbei zwischen Absatzrisiken sowie Risiken des Betriebsbereichs und des Wertebereichs unterschieden werden (vgl. Abb. 1.7). Bei jeder Risikoart sind die Konstituenten der Entscheidungssituation aufzuzeigen. Darüber hinaus soll jeweils die Messung formaler wie materieller Absatz-, Betriebs- bzw. Wertebereichsrisiken skizziert werden.[1]

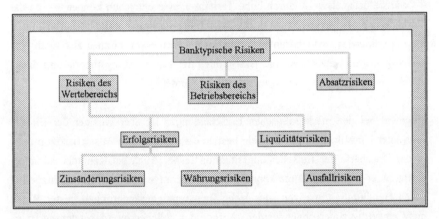

Abb. 1.7: Banktypische Risiken

I. Absatzrisiken

Die Ursachen von Absatzrisiken der Banken beruhen auf marktpolitischen Entscheidungen, die sowohl strategischer als auch operativer Natur sein können. Bei strategischen Entscheidungen handelt es sich insbesondere um Entscheidungen über die Struktur des Marktleistungsprogramms nach Breite und Tiefe, um solche über die geographische Ausdehnung des Geschäftsgebiets sowie um Entscheidun-

---

[1] In diesem Zusammenhang soll insbesondere deutlich werden, daß sich sämtliche banktypische Risikoarten auf das Grundmodell der Entscheidungstheorie reduzieren lassen. Vgl. in diesem Zusammenhang auch **Karten**, Aspekte, S. 309-323.

gen über zu bearbeitende Kundensegmente nach Größe und Differenziertheit.[1] Operative marktpolitische Entscheidungen betreffen hingegen den Einsatz und die Ausgestaltung einzelner Aktionsparameter im Rahmen der Marketing-Mix-Bereiche Leistungs-, Preis-, Distributions- und Kommunikationspolitik.[2]

Allen Handlungsalternativen stehen sowohl bei operativen als auch bei strategischen Entscheidungen stets Reinvermögensänderungen gegenüber, die abhängig sind vom Eintritt für die Ergebniswirkungen relevanter, von der Geschäftsleitung aber nicht weiter zu beeinflussender Umweltzustände. Zu denken ist hier beispielsweise an die tatsächliche Nachfrage nach einer neu eingeführten Bankleistungsart — soweit die Nachfrage nicht selbst wieder durch marketingpolitische Maßnahmen stimuliert werden kann —, an nicht vorhersehbare Kosten der Leistungserstellung — wie sie beispielsweise durch hohe Tarifabschlüsse entstehen können —, an die Veränderung der Preiselastizität der Nachfrage aufgrund einer steuerbedingten Verringerung des verfügbaren Einkommens u.ä. Insgesamt können also auch Absatzrisiken grundsätzlich auf das Basismodell der Entscheidungstheorie und damit auf eine Ungewißheitssituation zurückgeführt werden.

Ungewiß bei den marktpolitischen Entscheidungen ist aber weniger der Eintritt relevanter Umweltzustände; vielmehr besteht die Ursache von Absatzrisiken primär in der Unschärfe der Entscheidungssituation selbst. Auch bei Kenntnis zukünftig eintretender Umweltzustände können speziell operativen markt- bzw. absatzpolitischen Handlungsalternativen spezifische Reinvermögensänderungen in der Regel nicht eindeutig zugerechnet werden. Aufgrund sachlicher Interdependenzen ist es nämlich nur bedingt möglich, die Wirkung einzelner Instrumente von der Gesamtheit marktpolitischer Aktivitäten zu isolieren. Dies wäre nur in jenem praxisfernen Fall vorstellbar, wenn sich der Einsatz aller außer der in Betracht stehenden Maßnahme auf einem bestimmten Niveau konstant halten ließe. In praxi wird sich eine Ergebniszurechnung und -kontrolle daher nicht auf Einzelentscheidungen im Rah-

---

[1] Vgl. **Schierenbeck**, Bankmanagement, S. 414 ff.

[2] Schierenbeck beschreibt Absatzrisiken als die Gefahr, daß sich die Rentabilität einer Bank aufgrund von nicht angepaßten Produktportfolios, einer unzureichenden Marktbearbeitung und/oder zu hohen Produktions- bzw. Vertriebskosten verschlechtert. Vgl. **Schierenbeck**, Bankmanagement, S. 503. Zur Bestimmung und Steuerung von Absatzrisiken vgl. auch **Wölling**, Produktrisiken, S. 119-135, **Weiershäuser**, Geschäftsfeldrisiken, S. 158-175, und **Leichsenring/Schwarzkopff**, Strategische Risiken, S. 594.

men des Marketing-Mix, sondern eher auf Strategische Geschäftsfelder, wie sie Kundengruppen, Leistungsarten oder regionale Marktgebiete darstellen[1], beziehen.

Hinsichtlich des materiellen Risikos ist die fehlende Ergebniszurechnungsmöglichkeit auf einzelne Marketing-Mix-Instrumente dahingehend von Relevanz, daß bestimmte Maßnahmen im Durchschnitt zu Reinvermögensminderungen führen können, ohne daß dies von den Entscheidungsträgern erkannt und Unterlassungsalternativen gewählt werden. Zu denken ist beispielsweise an eine kostenintensive Werbekampagne, die die Nachfrage nach Bankleistungen nicht bzw. nur marginal stimuliert, oder an das Problem, der Öffentlichkeitsarbeit der Banken Erfolge zurechnen zu wollen. Wenn überhaupt, dann kann allein bei Strategischen Geschäftsfeldern wie etwa beim Geschäft mit Privat- oder Firmenkunden ex ante beurteilt werden, ob langfristig Reinvermögensmehrungen oder -minderungen zu erwarten sind. Anhaltspunkte hierfür können sich bei bereits bearbeiteten Geschäftsfeldern aus den durchschnittlichen Ergebnissen vergangener Perioden oder bei neuen Geschäftsfeldern aus den durchschnittlichen Erfolgen verwandter Bereiche oder konkurrierender Institute ergeben. Letztlich ist aber auch auf dieser Ebene das materielle Risiko nur schwer abzuschätzen, so daß Fehlinvestitionen auch hier nicht grundsätzlich auszuschließen sind. Besteht die primäre Ursache materieller Absatzrisiken also primär in der Unschärfe der Entscheidungssituation und weniger in dem zufälligen Eintritt ungewisser Umweltzustände, dann sind auch die auf Absatzrisiken bezogenen risikopolitischen Maßnahmen — hier dürfte es sich an erster Stelle um auf die Unschärfe der Entscheidungssituation selbst bezogene Ansatzpunkte wie etwa um eine intensive Marktforschung handeln — im wesentlichen andere als bei den banktypischen Erfolgsrisiken, wo insbesondere die Frage nach der Existenz bzw. der sachgerechten Höhe zu kalkulierender materieller Risikoprämien im Mittelpunkt steht. Insofern scheint es gerechtfertigt, materielle Absatzrisiken aus der weiteren Betrachtung auszuschließen.

Auch das formale Absatzrisiko, das aus schwankenden Reinvermögensänderungen im Rahmen des ordentlichen Geschäftsablaufs resultiert, läßt sich aus den oben genannten Gründen gleichfalls nur für strategische und nicht auch für operative Risiken ermitteln. So kann zwar anhand von Ergebnissen Strategischer Geschäftsfelder früherer Perioden erkannt werden, welchen zufälligen Einflüssen diese Ergebnisse aufgrund von Umweltveränderungen wie etwa Nachfrageschwankungen

---

[1] Vgl. **Büschgen**, Bankmarketing, S. 310.

oder Veränderungen der konjunkturellen Situation ausgesetzt sind und ob sich die Ergebnisschwankungen verschiedener Geschäftsfelder gleich- oder gegengerichtet entwickeln[1]; hingegen können für einzelne Entscheidungen im Rahmen des Marketing-Mix derartige Ergebnisschwankungen nicht zuletzt aufgrund der fehlenden Zurechenbarkeit entsprechender Erfolge kaum ermittelt werden.

Wenngleich die Bedeutung strategischer Absatzrisiken formaler Art nicht per se vernachlässigt werden darf und insbesondere bei Regional- und Spezialbanken zu beachten ist, dürfte deren Relevanz bei global und universal tätigen Instituten als relativ gering einzuschätzen sein. Angesichts der Vielzahl offerierter Leistungsarten, die an unterschiedlichste Kundengruppen national und international angeboten werden, sind Ausgleichseffekte zufällig eintretender Reinvermögensänderungen in einzelnen Geschäftsfeldern in hohem Maße zu erwarten, so daß es in diesem Zusammenhang neben der grundsätzlichen Entscheidung für eine universale Geschäftsausrichtung weiterer risikopolitischer Maßnahmen kaum noch bedarf. Zudem beruht die geringe Bedeutung von formalen Absatzrisiken bei Banken aber auch darauf, daß es sich bei Bankleistungen um weitgehend homogene und um — im Vergleich zum output anderer Branchen — Bedürfnisse nur indirekt befriedigende Leistungen handelt. Ungewisse Nachfrage- und damit Reinvermögensschwankungen aufgrund veränderter Bedürfnisstrukturen — wie sie in anderen Branchen häufig vorkommen — sind bei Banken entsprechend nur von vergleichsweise geringer Bedeutung.[2] Insgesamt scheint es also gerechtfertigt, auch formale Absatzrisiken im Rahmen des Risikomanagement zu vernachlässigen und diese nicht in die Ermittlung eines formalen Gesamtrisikos zu integrieren.

II. Risiken des Betriebsbereichs

Die Ursachen von Risiken des Betriebsbereichs sind mit Entscheidungen im Rahmen der Beschaffung und des Einsatzes der nichtmonetären Produktionsfaktoren

---

[1] Süchting stellt in diesem Zusammenhang einige Überlegungen an, in welcher Art und Stärke sich die Ergebnisse einzelner Geschäftsfelder im Zeitablauf bei Eintritt verschiedener Umweltszenarien gleich- oder entgegengerichtet entwickeln. Vgl. **Süchting**, Risikoüberlegungen I, und **Süchting**, Risikoüberlegungen II.

[2] Vgl. **Büschgen/Everling**, Prüfstand S. 38. Zu den Besonderheiten der Bankleistung und den daraus resultierenden Auswirkungen auf das Bankmarketing bzw. auf Absatzrisiken vgl. ferner **Büschgen**, Bankmarketing, S. 18 ff.

sowie deren Zusammenwirken im Betriebsablauf verbunden.[1] Hierbei kann es sich ähnlich wie bei den Absatzrisiken sowohl um Entscheidungen strategischer als auch operativer Ausrichtung handeln. Daneben wird zwischen Risiken personeller, technisch-sachlicher und ablaufstruktureller Art unterschieden.[2] Den einzelnen Handlungsalternativen — hierbei handelt es sich beispielsweise um die Entscheidung über den Kauf einer EDV-Anlage, die Anzahl und Qualifikation neu einzustellender Mitarbeiter oder die Festlegung der Ablauforganisation der Bank — stehen regelmäßig mehrere relevante Umweltzustände gegenüber. Zu denken ist an die Möglichkeit, daß die Mitarbeiter im Rahmen ihrer betrieblichen Tätigkeit Delikte begehen oder an fachliche Fehler sowie an Pflichtvergessenheit, was insbesondere in sensiblen Bereichen wie etwa dem Risikocontrolling im Geschäft mit Finanzderivaten an Bedeutung erlangt.

Ähnlich den Absatzrisiken ist es in diesem Zusammenhang auch bei den Betriebsrisiken problematisch, Handlungsalternativen bei Eintritt bestimmter Umweltzustände Reinvermögensänderungen zuzurechnen. Die Reinvermögensänderungen bei einem Ausfall der EDV-Anlage oder im Falle krimineller Handlungen etwa sind zumindest ex ante kaum abzuschätzen.[3] Zudem dürften den Umweltzuständen bei Betriebsrisiken aufgrund ihres — zumindest bei einer einzelnen Bank — in der Regel seltenen Eintritts auch nur schwer Wahrscheinlichkeiten zuzurechnen sein.

Angesichts der aus der fehlenden Ergebniszurechnungsmöglichkeit resultierenden Problematik, formale wie materielle Betriebsrisiken zu messen und Risikoprämien zu kalkulieren einerseits sowie der Bedeutung dieser Risiken andererseits, wird von den Banken in der Regel versucht, Betriebsrisiken bereits im Vorfeld durch eine Strategie der Risikovermeidung auszuschalten und hieraus resultierende ungewisse Reinvermögensänderungen erst gar nicht eintreten zu lassen.[4] Bezogen auf die

---

[1] Zur Integration von Betriebsrisiken in ein umfassendes Risikomanagement im allgemeinen vgl. insbesondere **Schulte**, Betriebskosten.

[2] Vgl. **Büschgen**, Bankbetriebslehre, S. 745 ff.

[3] Untersuchungen und Szenarien deuten beispielsweise darauf hin, daß nach dem vollständigen Ausfall der EDV-Anlage einer Bank die elementaren bankbetrieblichen Funktionen kaum länger als eine Woche aufrechtzuerhalten sein dürften. Vgl. **Büschgen**, Risikomanagement, S. 84.

[4] Eine vollständige Risikovermeidung ist in diesem Zusammenhang allerdings nicht möglich und wäre erst durch eine Geschäftsaufgabe zu erreichen. Ferner ist zu überlegen, ob durch einzelne Rationalisierungsstrategien wie etwa durch die Einsparung von Mitarbeitern im back-office-Bereich oder durch

Risiken personeller Art ist hier zu denken an die Einstellung von hoch qualifiziertem Personal oder an die Einrichtung von Kontrollen, die nicht nur der Aufdeckung von Fehlern dienen, sondern vor allem prophylaktischen Charakter haben sollen.[1] Hinsichtlich der Risiken sachlich-technischer Art handelt es sich um die Beschaffung hochwertiger EDV-Anlagen oder um exakte Bedienungsanweisungen, die Betriebsunterbrechungen verhindern sollen. Schließlich können, bezogen auf die Risiken ablaufstruktureller Art, genaue Organisationsschemata entwickelt oder ein Betriebsklima geschaffen werden, das auch bei Unzulänglichkeiten der vorgegebenen Ablaufstruktur den einzelnen Mitarbeiter dazu anhält, Fehler auch ohne explizite Arbeitsanweisungen zu erkennen und zu verhindern. Sofern dennoch Betriebsrisiken virulent werden, ist dies meist auf nicht mit in Betracht gezogene Umweltzustände oder unterschätzte Wahrscheinlichkeiten zurückzuführen und nicht auf zufällige Ereigniseintritte im Rahmen eines bewußten risk taking. Insgesamt ist also auch den Betriebsrisiken mit anderen risikopolitischen Maßnahmen zu begegnen als beispielsweise den Zinsänderungs-, Ausfall- oder Wechselkursrisiken, so daß die Betriebsrisiken wie bereits die Absatzrisiken aus der weiteren Betrachtung auszuschließen sind.[2]

III. Risiken des Wertebereichs

Die Risiken des Werte- bzw. liquiditätsmäßig finanziellen Bereichs einer Bank beruhen nicht wie die Risiken im Betriebsbereich auf Entscheidungen im Rahmen des Einsatzes nichtmonetärer Produktionsfaktoren zur Abwicklung finanzieller Transaktionen, sondern auf Entscheidungen über die finanziellen Transaktionen in der Wertsphäre der Bank selbst. Hierbei wird in der Regel zwischen Liquiditäts-

---

    sogenannte discount brokers in gewissem Umfang nicht auch bewußt Betriebsrisiken eingegangen werden.

[1]   In diesem Zusammenhang ist insbesondere die „Failure Mode and Effects Analysis" anzuführen, die auf dem Grundgedanken beruht, durch die Ermittlung sogenannter Fehler-Folge-Ursache-Ketten und die Initiierung entsprechender Prüfungsroutinen Fehler erst gar nicht auftreten zu lassen, sondern die Fehlerentstehung von vornherein zu vermeiden. Vgl. **Büschgen**, Bankmarketing, S. 186 ff.

[2]   Zu den zusätzlichen Möglichkeiten einer Fremdversicherung von Betriebsrisiken vgl. o.V., Banken, S. 50-53.

und Erfolgsrisiken[1] unterschieden, wobei die Erfolgsrisiken weiter in Zinsänderungs-, Währungs- und Ausfallrisiken differenziert werden können (vgl. Abb. 1.7).

1. Erfolgsrisiken

a) Zinsänderungsrisiko

Anders als Betriebs- und Absatzrisiken sind Zinsänderungsrisiken für den Erfolg einer Bank von zentraler Bedeutung. Die hohe Relevanz des Zinsänderungsrisikos resultiert dabei primär aus der Dominanz, die das Zinsergebnis für den Gesamterfolg einer Bank in der Regel hat. So betrug der Anteil der Zinserlöse an den Gesamterlösen der Geschäftsbanken — nach Berechnung der Deutschen Bundesbank — im Jahre 1993 im Durchschnitt über 90% (ohne Eigenhandel), und dies trotz der zu beobachtenden Ausweitung des zinsunabhängigen Geschäfts.[2]

Da die Entscheidungen über die Annahme oder Ablehnung von Kredit- und Einlagegeschäften im Sinne von Partialmodellen primär auf der Basis von Bonitäts- bzw. Rentabilitätsüberlegungen und insbesondere unabhängig von den im Kundengeschäft gewünschten Zinsanpassungsmodalitäten getroffen werden, besteht die Ursache des Zinsänderungsrisikos entscheidungstheoretisch zunächst darin, daß das Bankmanagement über die risikopolitische Angemessenheit der aus dem Kundengeschäft insgesamt resultierenden Zinsanpassungsmodalitäten aktivischer und passivischer Engagements im Rahmen eines weiteren Partialmodells zu entscheiden hat. Stimmt die aus dem Kundengeschäft insgesamt resultierende Zinskonstellation — die Reagibilität der Zinserlöse bzw. -kosten bei Marktzinsänderungen — mit den risikopolitischen Vorstellungen der Bank nicht überein, kann diese mit Hilfe sogenannter kompensatorischer Eigengeschäfte verändert werden.[3] Insgesamt steht das Bankmanagement also vor der Wahl eines ganzen Spektrums unterschiedlicher Handlungsalternativen. Welche Ergebnisse sich bei der Wahl einer bestimmten Handlungsalternative ergeben, ist dabei nicht sicher, sondern abhängig

---

[1] Der Terminus „Erfolgsrisiken" ist in diesem Zusammenhang eigentlich unpassend, da sich auch die Ergebniswirkungen aus Absatz- und Betriebs- wie auch aus Liquiditätsrisiken letztlich in Reinvermögens- und damit Erfolgsänderungen niederschlagen. Gleichwohl soll im folgenden weiterhin von „Erfolgsrisiken" gesprochen werden, da dieser Begriff üblich ist.

[2] Vgl. **Deutsche Bundesbank**, Monatsbericht, S. 40 f.

[3] Vgl. **Rolfes/v. Villiez**, Steuerung, S. 502-506.

von mehreren potentiell eintretenden Zinsszenarien, denen lediglich Wahrscheinlichkeiten zugerechnet werden können.

Hinsichtlich der aus dem Kundengeschäft resultierenden Zinsanpassungsmodalitäten handelt es sich zum einen um vertragliche Vereinbarungen im Rahmen von Festzinsgeschäften, zum anderen werden Zinsänderungsrisiken auch durch fehlende faktische Anpassungsmöglichkeiten im Bereich variabel verzinslicher Geschäfte determiniert. Die Anpassungsmöglichkeiten hängen hierbei ab von der Marktsituation, der Fristigkeit oder der Art der Engagements.[1] Im ersteren Fall spricht man auch von einem Festzinsrisiko, im letzteren von einem variablen Zinsänderungsrisiko.

Unterschiedliche Reinvermögensänderungen können beim Festzinsrisiko aus einer Handlungsalternative dann resultieren, wenn sich die durchschnittlichen Zinsbindungsfristen aktivischer und passivischer Festzinsgeschäfte nicht entsprechen. Ist die durchschnittliche aktivische Zinsbindungsfrist beispielsweise länger als die passivische — hier spricht man auch von einer positiven, im umgekehrten Fall von einer negativen Fristentransformation — und steigt zugleich der Zins, dann erhöhen sich die Zinskosten, während die Zinserlöse nicht in gleichem Umfang angepaßt werden können. Zudem verringern sich die Markt- bzw. Barwerte der festverzinslichen Aktiva stärker als die Marktwerte der Passiva. Sinkt hingegen der Zins, so resultiert hieraus c.p. eine Reinvermögenserhöhung. Unter Berücksichtigung entsprechender Wahrscheinlichkeiten für jeweilige Zinsänderungen läßt sich aus der Ungewißheitssituation dann auch eine Wahrscheinlichkeitsverteilung möglicher Reinvermögensänderungen ableiten.

Im Fall des variablen Zinsänderungsrisikos ergeben sich zinsbedingte Reinvermögensmehrungen bzw. -minderungen aus solchen Situationen, bei denen aktivische und passivische Geschäftspositionen zwar variabel verzinst werden, wo sich die durchschnittlichen aktivischen und passivischen Zinsanpassungselastizitäten aber unterscheiden. Als Zinsanpassungselastizität (ZAE) ist in diesem Zusammenhang die durchschnittliche Veränderung des mit dem Kunden vereinbarten Positionszinses einer Geschäftsart (Δ PZ) in Relation zur Veränderung eines repräsentativen

---

[1] Vgl. **Rolfes,** Steuerung, S. 30 ff.

Marktzinses zu definieren. Als Indikator für die Veränderung des Marktzinses wird hier in der Regel die Veränderung des Tagesgeldzinses (Δ TGZ) angesehen:[1]

$$(1.19) \qquad ZAE = \frac{\Delta PZ}{\Delta TGZ}.$$

Ist die passivische Zinsanpassungselastizität beispielsweise größer als die aktivische und steigt der Marktzins, stellt sich eine Reinvermögensminderung ein. Sinkt hingegen der Marktzins, so resultiert hieraus c.p. eine Reinvermögensmehrung. Die Ungewißheitssituation wird also auch hier neben der Art und dem Umfang von Zinsanpassungselastizitätsüberhängen des weiteren von der zukünftigen Zinsentwicklung determiniert.

Da die Wahrscheinlichkeitsverteilung möglicher Reinvermögensänderungen die Ursache sowohl des variablen als auch des Festzinsrisikos darstellt, können hieraus abgeleitet auch Zinsänderungsrisiken formaler wie materieller Art definiert werden. Wird als Referenzwert für das materielle Zinsänderungsrisiko eine Reinvermögensänderung von Null angesehen, besteht dieses folglich in der Gefahr, daß bei Eintritt der im Durchschnitt zu erwartenden Zinsänderung eine Reinvermögensminderung erfolgt. Letzteres ist beispielsweise dann der Fall, wenn die Erwartungswerte zukünftiger Zinssätze über den aktuellen Werten liegen und gleichzeitig ein aktivischer Festzinsüberhang vorliegt. In dieser Situation wäre die Bank nur dann bereit, in die Ungewißheitssituation einzutreten, wenn ihr als Ausgleich für die zu erwartende Reinvermögensminderung eine materielle Risikoprämie vergütet wird. Das formale Zinsänderungsrisiko besteht hingegen in der Schwankung möglicher Reinvermögensänderungen in einzelnen Betrachtungsperioden. Unter Berücksichtigung materieller Zinsänderungsrisikoprämien kann es also vorkommen, daß aus Zinssteigerungen, die über die Erwartungswerte hinausgehen, zinsbedingte Reinvermögensminderungen resultieren. Zufällig eintretende Reinvermögensmehrungen sind hingegen dann möglich, wenn die Erwartungswerte zukünftiger Zinssätze unterschritten werden.[2]

Anders als im Rahmen dieser Arbeit unterscheidet die herkömmliche bankbetriebswirtschaftliche Literatur nicht zwischen formalen und materiellen Zinsände-

---

[1] Vgl. **Schierenbeck**, Bankmanagement, S. 523 ff.
[2] Vgl. in diesem Zusammenhang auch Kapitel B. II. 4. im zweiten Teil.

rungsrisiken. Letztere werden vielmehr allgemein als die Gefahr bezeichnet, daß eine tatsächlich eintretende Größe von einem Referenzwert aufgrund von Zinsänderungen negativ abweicht.[1] Differenziert wird lediglich hinsichtlich der als relevant erachteten Ergebnisart, anhand derer die Auswirkungen von Zinsänderungen festgestellt werden, sowie in Abhängigkeit vom Referenzwert, ab dem von einem Mißnutzen auszugehen ist.[2]

Unabhängig von letzteren Festlegungen ist in diesem Zusammenhang grundsätzlich von Bedeutung, daß es sich bei der herkömmlich definierten Gefahr einer negativen Abweichung von einem Referenzwert regelmäßig um eine einperiodige und nicht um eine durchschnittliche Betrachtungsweise handelt,[3] gleichwohl aber bereits dann von einem Mißnutzen ausgegangen wird, wenn der festgelegte Referenzwert zufällig unterschritten wird. Von einem Zinsänderungsrisiko wird also unter Umständen schon in dem Fall gesprochen, wenn sich die aktuelle Bruttozinsspanne nur in einer bestimmten Periode aufgrund von zufällig eintretenden Zinsänderungen verringert. Ob es sich hierbei um einen Mißnutzen handelt, ist jedoch fraglich. Wie bereits an anderer Stelle angedeutet wurde, kann eine zufällig eintretende zinsbedingte Reinvermögensminderung nämlich auch dadurch ausgeglichen werden, daß etwa im Bereich des Ausfall- oder Wechselkursrisikos eine positive Reinvermögensänderung erzielt wird. Entsprechend ist auch noch nicht unmittelbar von einem Mißnutzen auszugehen, wenn eine zinsbedingte Reinvermögensminderung zufällig stattfindet. Zwar ist ein vollständiger oder teilweiser Ergebnisausgleich zwischen zinsbedingten Reinvermögensminderungen einerseits und entsprechenden -mehrungen bei einer weiteren Risikoart andererseits mit Sicherheit nur bei einem Korrelationskoeffizienten von minus eins zu erwarten, doch auszuschließen ist ein Ergebnisausgleich auch nur bei einem Korrelationskoeffizienten von plus eins. Ein Mißnutzen, resultierend aus zufällig eintretenden zinsbedingten Reinvermögensminderungen, kann also grundsätzlich nur auf der Ebene der Ergebnisse sämtlicher

---

[1] Vgl. **Büschgen**, Bankbetriebslehre, S. 834, **Schierenbeck**, Bankmanagement, S. 516, und **Rolfes,** Steuerung, S. 9.

[2] Hinsichtlich der Ergebnisarten, mit denen Zinsänderungsrisiken gemessen werden sollen, werden neben dem Zinsüberschuß bzw. der Bruttozinsspanne auch zinsbedingte Markt- bzw. Barwertänderungen vorgeschlagen. Als Referenzwerte zur Unterscheidung zwischen Zinsänderungsrisiken bzw. -chancen können des weiteren sowohl das bislang erzielte Ergebnis der jeweiligen Ergebnisart, ein „Nullergebnis" oder ein geplantes Ergebnis verwandt werden. Vgl. **Rolfes,** Steuerung, S. 11.

[3] Vgl. **Rolfes,** Steuerung, S. 16 f.

innerhalb einer Betrachtungsperiode getroffener Entscheidungen konstatiert werden.

Da letztere Überlegungen dem Vorstellungsinhalt des formalen Einzel- bzw. Gesamtrisikos entsprechen, kann dieser folglich auch der traditionellen Definition des Zinsänderungsrisikos unterstellt werden. Bei der Erfassung des Zinsänderungsrisikos ist es dann allerdings erforderlich, nicht nur die negative Abweichung von einem Referenzwert, sondern die gesamte Wahrscheinlichkeitsverteilung potentieller Reinvermögensänderungen zu berücksichtigen. Formale Zinsänderungsrisiken sollten daher auch nicht als Gefahr einer negativen Abweichung, sondern — wie oben bereits geschehen — als Schwankungen potentiell eintretender und aus Zinsänderungen resultierender Ergebnisse um einen Erwartungswert definiert werden.

Hinsichtlich der Ergebnisart, anhand derer die Auswirkungen von Zinsänderungen festgestellt werden, ist schließlich zu bedenken, daß sich Zinsänderungen innerhalb einer bestimmten Betrachtungsperiode grundsätzlich nicht nur in einer Veränderung der Bruttozinsspanne bzw. des Zinsüberschusses niederschlagen können, sondern auch in einer Variation des Marktwertes einzelner Aktiva bzw. Passiva. Hierbei sind beide Ergebnisarten im Hinblick auf die Gefahr, daß das Eigenkapital in einer Periode zufällig aufgezehrt wird, grundsätzlich von gleicher Bedeutung. So kommen im Falle eines Konkurses nicht nur ein negatives Zinsergebnis, sondern auch in der externen Rechnungslegung nicht ausgewiesene Buchverluste sowie Abschreibungen auf festverzinsliche Positionen zum Tragen. Zinsbedingte Reinvermögensminderungen sind entsprechend umfassend zu definieren und sollten sowohl Änderungen des Zinsüberschusses (Einkommenseffekte) als auch Marktwertänderungen (Solvenzeffekte) berücksichtigen.

b) **Währungsrisiko**

Währungsrisiken sind grundsätzlich immer dann von Relevanz, wenn Banken neben Geschäften in ihrer Heimatwährung auch solche in Fremdwährung abschließen.[1] In diesem Zusammenhang ist davon auszugehen, daß Entscheidungen über die Annahme oder Ablehnung von Kredit- und Einlagegeschäften ähnlich wie beim

---

[1] Zum Währungsrisiko im allgemeinen vgl. ausführlich **Wentz**, Devisenkurssicherung.

Zinsänderungsrisiko im Sinne von Partialmodellen primär auf der Basis von Bonitäts- bzw. Rentabilitätsüberlegungen und insbesondere unabhängig von den im Kundengeschäft gewünschten Währungsdenominationen getroffen werden. Darüber hinaus ist anzunehmen, daß Banken den Wechselkurssicherungsbedürfnissen ihrer Klientel auch durch den Abschluß von Devisentermingeschäften entsprechen. Folglich besteht die Ursache des Währungsrisikos entscheidungstheoretisch darin, daß das Bankmanagement über die risikopolitische Angemessenheit der aus dem Kundengeschäft resultierenden Fremdwährungskassa- und -terminpositionen im Rahmen eines weiteren Partialmodells zu entscheiden hat. Stimmen Umfang und/oder zeitliche Struktur der Fremdwährungspositionen nicht mit den risikopolitischen Vorstellungen der Bank überein, dann können die entsprechenden Netto-Fremdwährungspositionen mit Hilfe kompensatorischer Eigengeschäfte verändert werden. Insgesamt hat das Bankmanagement also auch hier zwischen einer Vielzahl von Handlungsalternativen, d.h. unterschiedlichen Höhen und Fälligkeiten aktivischer bzw. passivischer Fremdwährungspositionen zu wählen. Welche Ergebnisse aus den einzelnen Handlungsalternativen resultieren, ist dabei nicht sicher, sondern abhängig von den zukünftig eintretenden Wechsel- bzw. Devisenkursen. Letztere kennzeichnen die Austauschrelationen zweier Währungen und sind definiert als Preis einer ausländischen Währungseinheit gemessen in der jeweiligen Heimatwährung des Instituts.[1] Ist der Eintritt zukünftiger Wechselkurse — abgesehen von Festkurssystemen — nicht sicher, so können unterschiedlichen Wechselkursszenarien in der Regel zumindest Wahrscheinlichkeiten zugerechnet werden.

Unabhängig von Wechselkursänderungen ist das Reinvermögen einer Bank dann, wenn sich aktivische und passivische Fremdwährungskassa- und -terminpositionen in Höhe und Fälligkeit genau ausgleichen. Im Falle einer betragsmäßigen Inkongruenz aktivischer und passivischer Fremdwährungskassapositionen im Entscheidungszeitpunkt spricht man von einem Wechselkursrisiko. Eine lediglich laufzeitmäßige Inkongruenz von Devisenterminpositionen führt hingegen zum sogenannten Swapsatzrisiko (vgl. Abb. 1.8).[2]

---

[1] Vgl. **Rose/Sauernheimer**, Außenwirtschaft, S. 39 f.

[2] Die Termini Fremdwährungskassa- und Devisenkassa- bzw. Fremdwährungstermin- und Devisenterminposition werden im folgenden synonym verwandt.

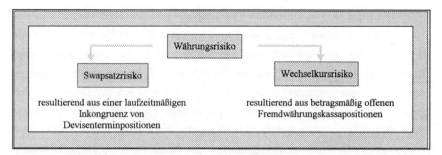

Abb. 1.8: Differenzierung zwischen Swapsatz- und Wechselkursrisiken als Ausprägungen des Währungsrisikos

Besteht beim Wechselkursrisiko zum Entscheidungszeitpunkt eine offene aktivische Fremdwährungskassaposition in einer bestimmten Währung, d.h. sind Fremdwährungsaktiva nicht durch Fremdwährungspassiva in gleicher Denomination und Höhe, sondern durch Positionen in heimischer Währung gedeckt, und sinkt der Wechselkurs, dann verringert sich der in heimischer Währung gemessene Wert der Fremdwährungsaktiva, während der Wert der Passiva konstant bleibt. In diesem Fall ergibt sich eine Reinvermögensminderung aus offenen Fremdwährungskassapositionen. Steigt hingegen der Wechselkurs, so resultiert hieraus c.p. eine Reinvermögensmehrung. Umgekehrt stellt sich die Situation im Falle einer offenen passivischen Fremdwährungskassaposition dar. Steigt hier der Wechselkurs, erhöht sich der Wert der in heimischer Währung gemessenen Fremdwährungsverbindlichkeiten, während diesmal der Wert der ungedeckten Forderungen konstant bleibt. Sinkt der Wechselkurs, resultiert hieraus c.p. eine Mehrung des Reinvermögens. Insgesamt läßt sich aus der Ungewißheit über den Eintritt bestimmter Wechselkurse auch hier eine Wahrscheinlichkeitsverteilung möglicher Reinvermögensänderungen ableiten.

Wie bereits angeführt wurde, kann eine Reinvermögensänderung nicht nur aus einer betragsmäßigen Inkongruenz von Fremdwährungskassapositionen, sondern auch aus einer nur laufzeitmäßigen Inkongruenz von Devisenterminpositionen resultieren (Swapsatzrisiko). Hinsichtlich der daraus resultierenden Auswirkungen auf das Reinvermögen ist die Entwicklung des Swapsatzes, der definiert ist als die Differenz zwischen Devisenkassa- und -terminkurs, entscheidend. Von einem Report spricht man in diesem Zusammenhang dann, wenn der Devisenterminkurs höher ist als der Devisenkassakurs, von einem Deport, wenn der Devisenkassakurs höher ist als der Devisenterminkurs.[1] Ist beispielsweise ein längerfristiges Devisenterminverkaufsgeschäft lediglich betragsmäßig, nicht aber laufzeitenkongruent mit einem kürzerfristigen Devisenterminkaufgeschäft gedeckt, dann verringert sich das Reinvermögen, wenn beim Ablauf des kürzerfristigen Termingeschäfts die Positionen durch jeweils gegenläufige geschlossen werden und sich der Deport im Vergleich zum Entscheidungszeitpunkt verringert hat. Steigt der Deport hingegen, führt dies zu einer Reinvermögensmehrung. Im Falle eines Reports bzw. eines längerfristigen Devisenterminkaufgeschäfts, das durch ein kürzerfristiges Devisenterminverkaufsgeschäft gedeckt ist, verhalten sich die Reinvermögensänderungen entsprechend umgekehrt.[2] Insgesamt lassen sich also beim Swapsatz- wie auch beim Wechselkursrisiko aus der Ungewißheit über den Eintritt zukünftiger Wechselkurse bzw. Swapsätze Wahrscheinlichkeitsverteilungen möglicher Reinvermögensänderungen ableiten.

Da die sich in der Wahrscheinlichkeitsverteilung widerspiegelnde Ungewißheit (i.w.S.) die Ursache des Währungsrisikos darstellt, können hieraus deduziert Wechselkurs- und Swapsatzrisiken formaler wie materieller Art definiert werden. Sofern als Referenzwert für das materielle Währungsrisiko eine Reinvermögensänderung von Null angesehen wird, besteht dieses folglich in der Gefahr, daß im Durchschnitt bei unendlich häufiger Wahl einer bestimmten offenen Fremdwährungskassaposition oder laufzeitmäßigen Inkongruenzen bei Termingeschäften eine Reinvermögensminderung erzielt wird. Liegt der Erwartungswert des zukünftig eintretenden Devisenkassakurses beispielsweise unter dem aktuellen Devisenkassakurs, und besteht gleichzeitig ein aktiver Fremdwährungsüberhang, dann entsteht ein materielles Wechselkursrisiko in Höhe der Kursdifferenz multipliziert mit dem Ausmaß der offenen Fremdwährungsposition. Eine Bank wird also nur dann bereit sein, in eine derartige Situation einzutreten, wenn sie hierfür eine materielle Wechselkursrisikoprämie erhält. Das formale Wechselkursrisiko besteht hingegen in der Schwankung aus inkongruenten Kassa- bzw. Terminpositionen resultierenden Reinvermögensänderungen in einzelnen Betrachtungsperioden. Es kann also

---

[1] Der Swapsatz (Report, Deport) wird in diesem Zusammenhang entweder als Zu- oder Abschlag in (Dezimal-)Stellen (Punkten, pips) zum Kassakurs ausgedrückt oder als Prozentsatz des Kassakurses p.a. Im Rahmen dieser Arbeit soll ausschließlich ersterer Vorgehensweise gefolgt werden. Vgl. **Büschgen**, Finanzmanagement, S. 94 f.

[2] Vgl. **Schierenbeck**, Bankmanagement, S. 599, und **Hölscher**, Risikokosten, S. 29.

auch unter Berücksichtigung materieller Risikoprämien, die im Durchschnitt zu einer Reinvermögensänderung von Null führen, vorkommen, daß zufällig eintretende wechselkursbedingte Reinvermögensminderungen das Eigenkapital vollständig aufzehren.

In der bankbetriebswirtschaftlichen Literatur finden sich sowohl an das formale wie auch an das materielle Wechselkurs- bzw. Swapsatzrisiko anknüpfende Definitionen. Zum einen werden diese Risiken definiert als die Gefahr, daß eine tatsächlich eintretende Ergebnisgröße von einem Referenzwert aufgrund von Wechselkurs- bzw. Swapsatzänderungen negativ abweicht.[1] Zum anderen wird das Wechselkursrisiko als die Gefahr der Schwankung des Wechselkurses um seinen erwarteten Mittelwert bezeichnet.[2] Beide Definitionen sind jedoch nur bedingt geeignet, den Zielen des Bankmanagement zu entsprechen. Erstere Definition ist dahingehend zu kritisieren, daß diese in der Regel eine einperiodige Betrachtungsweise unterstellt, gleichzeitig aber von einem Mißnutzen bereits dann ausgeht, wenn der Referenzwert aufgrund von Wechselkursschwankungen in einzelnen Perioden zufällig unterschritten wird. Wie bereits beim Zinsänderungsrisiko, wird hier ebenfalls nicht beachtet, daß wechselkursbedingte Reinvermögensminderungen durch gleichzeitig eintretende Reinvermögensmehrungen in anderen Bereichen ausgeglichen werden können und von einem aus einer negativen Referenzwertabweichung resultierenden Mißnutzen nur auf der Ebene der Ergebnisse sämtlicher in einer Betrachtungsperiode getroffenen Entscheidungen ausgegangen werden kann. Beim Wechselkursrisiko ist es beispielsweise möglich, daß sich Reinvermögensmehrungen und -minderungen offener Fremdwährungspositionen verschiedener Währungen ausgleichen. Zwar ist auch hier eine derartige Kompensation mit Sicherheit nur im Falle einer vollständig negativen Korrelation der Wechselkurse verschiedener Währungen zu erwarten, doch auszuschließen ist dieser auch nur bei einer vollständig positiven Korrelation. Über den Ausgleich positiver und negativer Reinvermögensänderungen bei verschiedenen Währungen hinaus kann eine Kompensation von swapsatz- bzw. wechselkursbedingten Reinvermögensminderungen aber auch durch gleichzeitig eintretende Reinvermögensmehrungen im Bereich des Zinsänderungs- oder Ausfallrisikos erfolgen.

---

[1] Vgl. z.B. **Schierenbeck**, Bankmanagement, S. 597.
[2] Vgl. z.B. **Stephan**, Wechselkurssicherung, S. 9.

Letztere Überlegungen entsprechen wiederum dem Vorstellungsinhalt des formalen Einzel- bzw. Gesamtrisikos, dessen Zielsetzung folglich auch den traditionellen Auffassungen vom Wechselkurs- bzw. Swapsatzrisiko — bei Einnahme einer einperiodigen und nicht einer durchschnittlichen Perspektive — zugrunde gelegt werden sollte. Die in der Literatur vorzufindenden und an das formale Einzelrisiko anknüpfenden Definitionen sind in diesem Zusammenhang aber dahingehend unpräzise, als sie Schwankungen der Wechselkurse um ihren erwarteten Mittelwert unabhängig von den damit verbundenen Reinvermögensänderungen betrachten. Ein Wechselkursrisiko wäre nach diesen Definitionen also auch dann gegeben, wenn der Wechselkurs im Zeitablauf schwankt, gleichzeitig aber eine geschlossene Fremdwährungsposition vorliegt. Sachgerechter ist es also, das formale Wechsel- bzw. Swapsatzrisiko als wechselkurs- bzw. swapsatzbedingte Schwankung von Reinvermögensänderungen um einen Mittelwert zu definieren.

Hinsichtlich der Bedeutung des Währungsrisikos ist zu konstatieren, daß sich dieses insbesondere seit Beginn der siebziger Jahre mit dem Zusammenbruch des Währungssystems von Bretton Woods grundlegend gewandelt hat. Wurden in der Zeit von 1944 bis 1971 die Währungen von 45 Ländern in weitgehend festen Relationen zum $ gehalten, waren Richtung und Ausmaß der Veränderungen der Austauschverhältnisse fortan mit hoher Ungewißheit behaftet. Für die deutschen Banken ist hierbei insbesondere der Wechselkurs zwischen der DM und dem $ von hoher Relevanz. Dies gilt zum einen wegen des Umfanges in $ gehaltener Fremdwährungspositionen, zum anderen aber auch wegen der besonders starken Schwankungen dieses Austauschverhältnisses.[1]

c) Ausfallrisiko

Ähnlich wie beim Zinsänderungs- und Währungsrisiko kann auch das mit der Kreditvergabe verbundene Ausfallrisiko als Ungewißheitssituation beschrieben werden. Den einzelnen Handlungsalternativen wie etwa der Entscheidung über die Annahme oder Ablehnung eines Kreditantrages bzw. der über den Umfang oder die Struktur des gesamten Kreditportfolios stehen dabei wiederum mehrere potentiell eintretende Umweltzustände gegenüber. Bei den Umweltzuständen handelt es sich um die Erfüllung der Kreditverträge seitens der Kreditnehmer einerseits und deren

---

[1] Entsprechend beschränken sich die Analysen im dritten Teil auch auf die Wechselkursentwicklung zwischen DM und $.

Unfähigkeit bzw. -willigkeit, den kreditvertraglichen Pflichten nachzukommen andererseits. Hinsichtlich der Handlungsergebnisse resultieren Veränderungen des Reinvermögens zum einen aus dem Ausfall des dem Kunden überlassenen Kapitalbetrages, zum anderen aber auch aus ausgefallenen Zinszahlungen. Sind die Reinvermögensänderungen und damit die Handlungsergebnisse abschließend definiert und liegen für den Ausfall einzelner Kreditnehmer Ausfallwahrscheinlichkeiten — sogenannte Krisenquoten — vor, dann läßt sich aus der durch potentielle Kreditausfälle resultierenden Ungewißheitssituation auch hier eine Wahrscheinlichkeitsverteilung möglicher Reinvermögensänderungen ableiten.

Stellt auch in diesem Zusammenhang die sich in der Wahrscheinlichkeitsverteilung widerspiegelnde Ungewißheit (i.w.S.) die Ursache des Ausfallrisikos dar, so können hierauf basierend Ausfallrisiken formaler wie materieller Art definiert werden. Da als Referenzwert für das materielle Ausfallrisiko eine Reinvermögensänderung von Null angesehen wurde, besteht dieses folglich in der Gefahr, daß im Durchschnitt bei unendlich häufiger Kreditvergabe eine Reinvermögensminderung zu erwarten ist. Die Bank würde in diesem Fall materielle Ausfallrisikoprämien kalkulieren, um langfristig eine Reinvermögensminderung von Null erwarten zu können. Das formale Ausfallrisiko besteht hingegen — bezogen auf das gesamte Kreditportfolio — in der Schwankung ausfallbedingter Reinvermögensänderungen in einzelnen Betrachtungsperioden.[1] Sollten materielle Risikoprämien kalkuliert werden, treten Reinvermögensminderungen dann ein, wenn zufällig mehr Kreditnehmer ausfallen als erwartet wurde; Reinvermögensmehrungen sind hingegen möglich, wenn die Zahl der ausgefallenen Kreditnehmer den erwarteten Wert unterschreitet (vgl. Abb. 1.9). In letzterem Fall könnte auch beim Ausfallrisiko von einer „Chance" gesprochen werden.[2]

---

[1] Ansatzweise Überlegungen zum formalen Ausfallrisiko finden sich in einigen neueren Literaturquellen wie beispielsweise bei Akmann/Benke. Vgl. **Akmann/Benke**, Steuerung, S. 71.

[2] Wiegel hingegen ist der Auffassung, daß die Differenzierung in eine Risiko-Chance-Struktur beim Ausfallrisiko mehr von theoretischem Interesse ist. Nach seiner Ansicht wird bei Kreditvergabeentscheidungen der Banken stets eine 100%ige Rückzahlung unterstellt, so daß die vollständige Rückzahlung nicht einer Chance, sondern vielmehr dem Normalfall entspricht. Vgl. **Wiegel**, Rentabilität S. 52 f. In diesem Zusammenhang vgl. ferner **Wächtershäuser**, Kreditentscheidung, S. 65 ff.

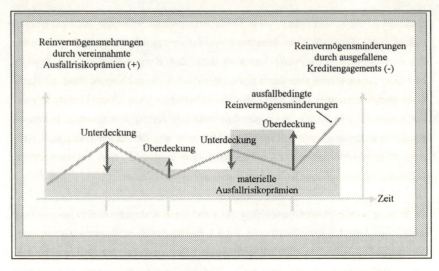

Abb. 1.9: Schematische Darstellung ausfallbedingter Reinvermögensänderungen im Zeitablauf

Bezogen auf das formale Ausfallrisiko kann des weiteren zwischen einem Zufallsrisiko und einem Änderungsrisiko unterschieden werden (vgl. Abb. 1.10).[1] Beim Zufallsrisiko wird davon ausgegangen, daß die Krisenquoten bzw. Ausfallwahrscheinlichkeiten bekannt und im Zeitablauf konstant sind und intertemporäre Schwankungen von ausfallbedingten Reinvermögensänderungen nur dann eintreten können, wenn lediglich eine kleine Zahl volumensmäßig größerer Kredite vergeben wird und entsprechend Großschäden auftreten können. Bei der Vergabe unendlich vieler und vom Volumen her kleinster Engagements hingegen werden die Kreditausfälle ihrem Erwartungswert genau entsprechen. Sofern in diesem Fall sachgerecht kalkulierte materielle Risikoprämien vereinnahmt werden, gleichen die durch Kreditausfälle verursachten Schäden genau die materiellen Risikoprämien aus, und die Reinvermögensänderung weist insgesamt einen Wert von Null auf.[2]

---

[1] Vgl. **Farny**, Versicherungsbetriebslehre, S. 70 ff. Relevant ist diese Unterscheidung deshalb, weil beide Risikoarten in der Regel gleichzeitig eintreten und das formale Gesamtrisiko erhöhen können. Vgl. Kapitel C. I. 2. im dritten Teil. Auch ist beim Einsatz risikopolitischer Maßnahmen stets zu unterscheiden, ob diese auf das Zufalls- oder das Änderungsrisiko einwirken. Vgl. Kapitel C. II. 2. b) in diesem Teil. Schließlich können formale Risikoverbundeffekte nur zwischen dem Änderungs- und nicht auch dem Zufalls- und anderen Risikoarten ermittelt werden. Vgl. Kapitel C. III. 3. im zweiten Teil.

[2] Vgl. **Rudolph**, Ansätze, S.889 f.

Im Unterschied zum Zufallsrisiko berücksichtigt das Änderungsrisiko den Sachverhalt, daß die Annahme einer bekannten und im Zeitablauf konstanten Krisenquote den Gegebenheiten der Bankpraxis widerspricht, und vielmehr davon auszugehen ist, daß sich die Krisenquoten im Zeitablauf nicht zuletzt in Abhängigkeit von konjunkturellen Entwicklungen verändern.[1] Wenngleich eine Verschlechterung der konjunkturellen Lage mit damit einhergehenden höheren Krisenquoten tendenziell absehbar ist, kann gleichwohl nicht erwartet werden, daß die zukünftigen Krisenquoten immer genau prognostiziert werden. Sollte eine Krisenquote unterschätzt werden, bedeutet dies, daß auch bei einer Vergabe unendlich vieler kleinster Kredite und der Vereinnahmung materieller Ausfallrisikoprämien eine Reinvermögensminderung hingenommen werden muß. Ist die tatsächlich eintretende Krisenquote jedoch geringer als prognostiziert wurde, resultiert hieraus eine Reinvermögensmehrung. Wird schließlich davon ausgegangen, daß sich Unter- und Überschätzungen der Krisenquoten im Zeitablauf ausgleichen, dann ergeben sich ähnlich dem Zufallsrisiko auch hier intertemporäre Schwankungen der ausfallbedingten Reinvermögensänderungen, die sich lediglich langfristig kompensieren.[2]

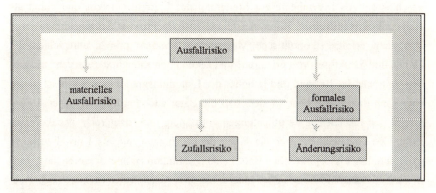

Abb. 1.10: Ausprägungen des Ausfallrisikos

2. Liquiditätsrisiken

Banken wie Unternehmen im allgemeinen werden in einer engen Auslegung des Liquiditätsbegriffs dann als liquide bezeichnet, wenn sie in der Lage sind, ihren

---

[1] Das Wesen des Ausfallrisikos ist hier ein anderes als das eines Würfelspiels, wo die Wahrscheinlichkeiten für den Eintritt bestimmter Zahlen von vornherein bekannt und im Zeitablauf konstant sind.

[2] Vgl. in diesem Zusammenhang auch Kapitel C. II. 2. b) (2) in diesem Teil.

fälligen Zahlungsverpflichtungen stets vollständig und fristgerecht nachzukommen.[1] Insbesondere bei Banken wird die Aufrechterhaltung der Zahlungsfähigkeit zu den vordringlichen Aufgaben gezählt, basiert ihre Geschäftsgrundlage doch primär auf einem diesbezüglichen Vertrauen ihrer Klientel.[2]

Wenngleich die Zahlungsfähigkeit einer Bank nicht zuletzt auch von der Höhe inbesondere formaler Ausfall-, Zinsänderungs- und Währungsrisiken determiniert wird und erfolgsrisikopolitische Entscheidungen in der Regel auch Auswirkungen auf die Zahlungsfähigkeit der Bank besitzen, so ist doch gleichwohl davon auszugehen, daß diese Entscheidungen weitgehend unabhängig von den hieraus resultierenden Liquiditätswirkungen getroffen werden. Ein Kreditantrag etwa wird im Falle einer im Durchschnitt zu erwartenden Reinvermögensmehrung in der Regel nicht allein deshalb abgelehnt, weil mit einer Kreditgewährung ungewisse Liquiditätswirkungen verbunden sind. Gleichfalls wird eine offene aktivische Festzinsposition wohl eher wegen eines nicht mehr tragfähigen formalen Zinsänderungsrisikos und nicht allein aufgrund der ungewissen Möglichkeit der Anschlußfinanzierung geschlossen. Als Instrumente zur Steuerung des Liquiditätsrisikos und damit als Handlungsalternativen im Rahmen liquiditätsrisikopolitischer Entscheidungen sind also nicht erfolgsrisikopolitische Maßnahmen, sondern primär unterschiedliche Höhen und Strukturen von primären[3] und sekundären Liquiditätsreserven[4] anzusehen. Je höher der Bestand und je höher der Liquiditätsgrad dieser Mittel ist, desto eher kann damit gerechnet werden, daß die Bank auch bei nicht erwarteten Zahlungen den finanziellen Verpflichtungen vollständig und fristgerecht nachkommen kann. Die Ungewißheit über die Höhe der Zahlungen, die als Umweltzustände einer liquiditätsrisikopolitischen Entscheidungssituation zu interpretieren sind, wird in diesem Zusammenhang insbesondere von drei Größen determiniert (vgl. Abb. 1.11):[5]

---

[1] Zum bankbetrieblichen Liquiditätsrisiko im allgemeinen vgl. ausführlich **Krümmel**, Liquiditätssicherung, S. 247-307, und **Krümmel**, Liquiditätssicherung (II), S. 60-110.

[2] Vgl. **Büschgen**, Bankbetriebslehre, S. 783 ff.

[3] Barreserve, Guthaben bei der Deutschen Bundesbank.

[4] Hierbei handelt es sich um hochgradig liquide und um im Vergleich zu den primärliquiden Aktiva ertragbringende Positionen, die praktisch ohne Zeitverlust und ohne nennenswerte Einbußen in Zentralbankgeld umgewandelt werden können.

[5] Vgl. **Schierenbeck**, Bankmanagement, S. 716 ff.

Im Rahmen des Refinanzierungsrisikos ist ungewiß, ob die durch die Fristentransformation erforderlichen Anschlußfinanzierungen jederzeit durchgeführt werden können. Ist dies nicht in jedem Fall möglich, werden Liquiditätsreserven benötigt, um den Zahlungsverpflichtungen, die aus den im Vergleich zur Aktivseite der Bilanz kürzerfristigen Passiva resultieren, dennoch nachkommen zu können. Entsprechend wird das Refinanzierungsrisiko auch als passivisches Risiko der Anschlußfinanzierung bezeichnet.

Das auch aktivisches Liquiditätsrisiko genannte Terminrisiko beinhaltet hingegen die Ungewißheit über die Kapitalbindungsdauer von Aktivgeschäften. So können Zins- und Tilgungszahlungen später als erwartet eingehen, ohne daß die Zahlungsverpflichtungen seitens der Bank gleichzeitig aufgeschoben werden könnten. Um letzteren dennoch fristgerecht entsprechen zu können, sind gleichfalls Liquiditätsreserven erforderlich.

Das Abrufrisiko schließlich beinhaltet die Ungewißheit darüber, daß Kreditzusagen unerwartet in Anspruch genommen bzw. Einlagen plötzlich abgerufen werden. Auch hierfür bedarf es Liquiditätsreserven. Das Abrufrisiko kann dabei als aktivisches wie auch als passivisches Risiko in Erscheinung treten. Typischerweise kommt es im Großkredit- und Großeinlagengeschäft zum Tragen.

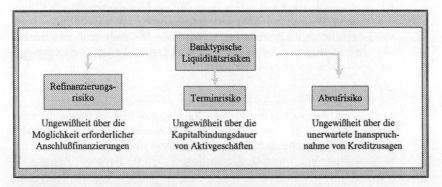

Abb. 1.11: Ausprägungen des Liquiditätsrisikos

Wenngleich sich die Ergebnisse einer Entscheidung über Höhe und Struktur der Liquiditätsreserven in erster Linie in einem Liquiditätsüberschuß bzw. in einer Liquiditätsunterdeckung äußern, so ist im letzten Fall in der Regel noch nicht der Tatbestand der Illiquidität gemäß den §§ 102 und 109 Konkursordnung erfüllt. Vielmehr sieht sich die Bank in dieser Situation lediglich gezwungen, ursprünglich nicht zur Liquiditätsreserve gerechnete Aktiva unter Inkaufnahme von Verwertungsverlusten zu veräußern oder kurzfristig Gelder auch zu über den Marktsätzen liegenden Zinsen zu beschaffen. Die Ergebniswirkung einer Liquiditätsunterdeckung wird sich also letztlich in einer Reinvermögensminderung konkretisieren.[1] Gleichfalls besteht die Ergebniswirkung im Falle eines Liquiditätsüberschusses auch nicht allein in einer über jeden Zweifel erhabenen Gewährleistung der Zahlungsfähigkeit der Bank — was isoliert betrachtet positiv zu werten wäre —, sondern auch hier läßt sich die Ergebniswirkung als Reinvermögensminderung resultierend aus entgangenen oder geringeren Zinserlösen insbesondere bei einer zu hohen Dotierung primärliquider Mittel ausdrücken. Lassen sich schließlich den einzelnen Umweltzuständen, d.h. den ungewissen Netto-Zahlungsverpflichtungen, Wahrscheinlichkeiten, die aus den Erfahrungen der Vergangenheit abgeleitet werden können, zuordnen, dann kann wie bei den Erfolgsrisiken auch hier die Ursache des Liquiditätsrisikos in einer Wahrscheinlichkeitsverteilung möglicher Reinvermögensänderungen gesehen werden.[2]

Aufbauend auf dieser Wahrscheinlichkeitsverteilung können wiederum Liquiditätsrisiken formaler wie materieller Art definiert werden. Wird als Referenzwert für das materielle Liquiditätsrisiko eine Reinvermögensänderung von Null angesehen,

---

[1] Es kann also auf die Berücksichtigung des Liquiditätsrisikos verzichtet werden, wenn die Aussage von Stützel gilt, daß die Liquidität der Bonität folgt. Vgl. **Stützel**, Bankpolitik. Dies setzt allerdings voraus, daß sich eine Bank am Geldmarkt stets Liquidität beschaffen kann. Die Bank muß ihre Bonität also glaubwürdig versichern können, und es darf zu keiner „Verklemmung" der Geld- und Kapitalmärkte kommen.

[2] Liquiditätsrisiken reduzieren sich in diesem Zusammenhang weitgehend auf das Problem der optimalen Kassenhaltung. Neben dem klassischen Modell von Baumol, der die Unsicherheit der Zahlungsein- und -ausgänge nicht beachtet, werden in den weiterentwickelten Modellen von Beranek und Miller/Orr auch Wahrscheinlichkeitsverteilungen von Ein- und Auszahlungen mit berücksichtigt. Vgl. **Baumol**, Transaction, S. 545 ff., **Beranek**, Analysis, S. 345 ff., **Miller/Orr**, Demand, S. 735 ff., und **Perridon/Steiner**, Finanzwirtschaft, S. 147 ff. Küllmer bestreitet indes die Übertragbarkeit des Problems der optimalen Kassenhaltung auf die Liquiditätsrisiken der Banken. Dies begründet er primär damit, daß eine kurzfristige Liquidierung von Aktiva auch unter Inkaufnahme einer Reinvermögensminderung nicht in jedem Fall möglich sei, und eine „Leistungsunfähigkeit" im finanziellen Bereich nicht mit „Strafkosten" verbunden ist, sondern zwangsläufig mit einer Beendigung der geschäftlichen Existenz. Den Bedenken von Küllmer ist aber insbesondere deshalb nicht zuzustimmen, weil gerade bei den Aktiva von Banken im Vergleich zu solchen von Industrieunternehmen mit einer hohen Liquidierbarkeit zu rechnen ist. Vgl. **Küllmer**, Programmplanung, S. 116 ff.

so besteht dieses Risiko in der „Gefahr", daß im Durchschnitt unverzinsliche Aktiva gehalten bzw. verzinsliche Aktiva unter Inkaufnahme von Verwertungsverlusten veräußert werden müssen. Um dieses Risiko auszuschalten, wird eine Bank versuchen, die Zahlungen möglichst genau zu prognostizieren und sowohl eine zu hohe Dotierung der Liquiditätsreserve als auch ungeplante Veräußerungen von nicht zur Liquiditätsreserve gehörigen Aktiva zu verhindern. In diesem Zusammenhang könnte daran gedacht werden, „materielle Liquiditätsrisikoprämien" zu kalkulieren und in die Zinssätze für Aktiva und Passiva einzurechnen, um insgesamt nicht zu verhindernde und sich auch im Durchschnitt nicht durch Chancen ausgleichende liquiditätsinduzierte Reinvermögensminderungen abzudecken.[1] Das formale Liquiditätsrisiko besteht hingegen in Schwankungen potentiell eintretender und aus zu hohen oder zu niedrigen Dotierungen von Liquiditätsreserven resultierenden Reinvermögensänderungen in einzelnen Betrachtungsperioden. Im Extremfall — Stützel spricht in diesem Zusammenhang auch von einer Maximalbelastung[2] — kann das formale Risiko speziell im Falle einer Liquiditätsunterdeckung sogar dazu führen, daß das Eigenkapital allein durch Verwertungsverluste aufgezehrt wird.

Die Bedeutung formaler wie materieller Liquiditätsrisiken dürfte im Vergleich zu den formalen Erfolgsrisiken allerdings gering sein. Zum einen werden sich die Verwertungsverluste bei der ungeplanten Veräußerung von Bankaktiva aufgrund der Dominanz des Geld- bzw. geldnahen Vermögens in Relation zum Sachvermögen in Grenzen halten;[3] zum anderen werden Banken aufgrund ihres relativ guten Zugangs zum Geldmarkt auch in Situationen der Liquiditätsanspannung — eine weiterhin vorhandene hohe Bonität vorausgesetzt — in der Lage sein, auch kurzfristig Gelder zu marktnahen Sätzen aufzunehmen. Wird hinsichtlich der materiellen Liquiditätsrisiken unterstellt, daß die Banken eine möglichst genaue Prognose zukünftiger Zahlungen anstreben und einen unverzinslichen Liquiditätsbestand nur in geringem Umfang halten[4], dann dürften auch materielle Liquiditätsrisikoprämien von nur geringer Relevanz sein. Insgesamt scheint es also gerechtfertigt, Liquidi-

---

[1] Problematisch wäre in diesem Zusammenhang allerdings die konkrete Zurechnung materieller Liquiditätsrisikoprämien auf bestimmte Engagements, da es sich beim Liquiditätsrisiko letztlich um ein strukturelles und nicht um ein einzelgeschäftsbezogenes Risiko handelt.

[2] Vgl. **Stützel**, Richtschnur, S. 37 und 40.

[3] Verwertungsverluste dürfte es aber gleichwohl bei Großkrediten geben.

[4] Zur praktischen Liquiditätspolitik der Banken vgl. **Heinke**, Bankliquidität, S. 11-16.

täts- wie bereits Betriebs- und Absatzrisiken aus der weiteren Betrachtung auszuschließen und insbesondere nicht mit in die Ermittlung eines formalen Gesamtrisikos einzubeziehen.

C. Risikopolitik bei Banken

Nach der Erörterung des Spektrums bankbetrieblicher Risikoarten soll im folgenden die Risikopolitik bei Banken, worunter die Systematisierung allgemeiner Handlungsformen zur Risikohandhabung zu verstehen ist, skizziert werden.[1] Im einzelnen handelt es sich dabei um Maßnahmen zur Steuerung sowohl formaler wie materieller Ausfall-, Zinsänderungs- und Währungsrisiken.

Wenngleich in der wirtschaftswissenschaftlichen Literatur gewöhnlich zwischen ursachen- und wirkungsbezogenen risikopolitischen Maßnahmen unterschieden wird[2], soll dieser Systematisierung hier nicht gefolgt werden, da den ursachenbezogenen Maßnahmen gewöhnlich nur solche risikopolitischen Ansatzpunkte subsumiert werden, die auf die „unscharfe" Definition der Entscheidungssituation, also auf nur einen Teil der Risikoursache rekurrieren, während dem Wortlaut „ursachenbezogen" folgend eigentlich auch sämtliche an den Konstituenten der Ungewißheitssituation anknüpfende Maßnahmen als „ursachenbezogen" klassifiziert werden müßten. Um derartige terminologische Unklarheiten zu vermeiden, sollen die risikopolitischen Ansatzpunkte im folgenden primär in aktive, d.h. unmittelbar auf die Entscheidungssituation bezogene, und passive Maßnahmen unterschieden und überblickartig dargestellt werden (vgl. Abb. 1.12).[3]

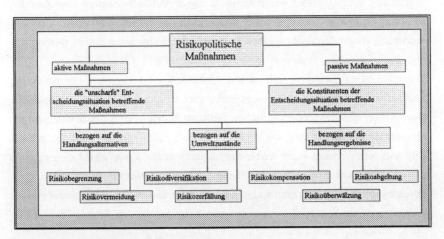

Abb. 1.12: Risikopolitische Maßnahmen der Banken

---

[1] Vgl. **Kupsch**, Entscheidungsprozeß, S. 33.
[2] Vgl. **Kupsch**, Gegenstand, S. 154.
[3] Vgl. **Schierenbeck**, Bankmanagement, S. 504.

I. Passive Maßnahmen zur Risikosteuerung

Die passiven Maßnahmen beziehen sich nicht direkt auf die den einzelnen Risikoarten wie dem Zinsänderungs-, Ausfall- oder Währungsrisiko zugrundeliegenden Ungewißheitssituationen; vielmehr werden letztere als gegeben angesehen, und es wird lediglich versucht, durch die Dotierung des Eigenkapitals die Höhe der Ruinwahrscheinlichkeit zu verringern.[1] Je höher nämlich der Eigenkapitalbestand insgesamt ausfällt, desto geringer ist die Gefahr, daß das Eigenkapital durch die Summe der positiven und negativen zukünftig eintretenden Reinvermögensänderungen aller in einer bestimmten Periode getroffenen Entscheidungen zufällig aufgezehrt wird. Entsprechend sind die passiven Maßnahmen stets auch abhängig von der Gesamtheit der in einer Betrachtungsperiode getroffenen risikopolitischen Entscheidungen. Es ist also wenig sinnvoll, das Eigenkapital nur für das formale Ausfall-, Zinsänderungs- oder Währungsrisiko stärken zu wollen.

Die Eigenkapitaldotierung kann in diesem Zusammenhang zum einen erfolgen durch die Stärkung der Ertragskraft im Rahmen des Rentabilitätsmanagement — hier wird die Integration von Rentabilitäts- und Risikosteuerung deutlich —, zum anderen ist auch eine externe Zuführung zusätzlichen Eigenkapitals möglich, wobei es sich aber nicht nur um Grundkapital bzw. offene Rücklagen, sondern auch um sogenannte hybride Mittel wie etwa nachrangige Verbindlichkeiten oder Genußrechtskapital handeln kann. Darüber hinaus kann das Eigenkapital durch die Thesaurierung von in der Vergangenheit erwirtschafteten Gewinnen dotiert werden.

Weiterhin ist zu bedenken, daß passive Maßnahmen der Eigenkapitalunterlegung eine aktive Risikopolitik keineswegs entbehrlich machen. Zum einen ist auch bei einer hohen und den risikopolitischen Sollvorstellungen der Entscheidungsträger entsprechenden Ausstattung mit Eigenkapital stets zu überprüfen, ob die gegebene Ruinwahrscheinlichkeit nicht weiter vermindert werden kann, zumal dies oftmals — wie etwa durch eine weitere Zerfällung des Kreditportfolios[2] — ohne Rentabilitätseinbußen möglich ist. Zum anderen ist zu eruieren, ob die später eingehend zu diskutierende formale Risiko-Risikoprämien-Relation, die den Ertrags- bzw. Miß-

---

[1] Hierbei handelt es sich aber nur um die „tatsächliche" Zuführung von Eigenkapital und nicht auch um jahresabschlußpolitische Maßnahmen, die — zum Beispiel durch die Auflösung stiller Reserven — lediglich das bilanzielle Eigenkapital, nicht aber auch den Markt- bzw. Barwert desselben erhöhen. Vgl. in diesem Zusammenhang Kapitel C. II. 2. im dritten Teil.

[2] Vgl. Kapitel C. II. 2. b) (1) in diesem Teil.

nutzenausgleich des pro Einheit des übernommenen formalen Risikos repräsentiert, nicht optimiert werden kann.[1] Schließlich entbindet eine passive Risikopolitik die Bank aber auch nicht von der Notwendigkeit insbesondere risikoabgeltender Maßnahmen.[2] Passive Maßnahmen sind nämlich nicht bzw. nur bedingt geeignet, materielle Risiken wie insbesondere das materielle Ausfallrisiko zu steuern. So ist das Eigenkapital grundsätzlich nur dafür vorgesehen, zufällig eintretende negative Reinvermögensänderungen in einzelnen Perioden und nicht auch eine langfristig zu erwartende Reinvermögensminderung auszugleichen. Letzteres führt zwangsläufig zum Verbrauch des Eigenkapitals und damit zur Aufgabe der wirtschaftlichen Tätigkeit.

II. Aktive Maßnahmen zur Risikosteuerung

Anders als die passiven Maßnahmen beziehen sich die aktiven unmittelbar auf die mit Ungewißheit bzw. Risiko behafteten Entscheidungssituationen. Hierbei handelt es sich zum einen um Maßnahmen, die auf die „Unschärfe" der Entscheidungssituation durch eine Verbesserung des Informationsstandes abzielen, zum anderen sind hier auch Instrumente zu subsumieren, die sich direkt auf die Konstituenten der Entscheidungssituation beziehen.

1. Die „unscharfe" Entscheidungssituation betreffende Maßnahmen

Bei den die „Unschärfe" der Entscheidungssituation betreffenden Maßnahmen geht es nicht um solche Ansatzpunkte, die die Erlangung einer Situation der Sicherheit bezwecken — dies ist in der Regel nicht möglich —, sondern lediglich um Instrumente, die die Unschärfe der Entscheidungssituation zu verringern versuchen.[3] Letzteres kann grundsätzlich geschehen durch Analysen und Prognosen zur exakten Eruierung der mit einzelnen Umweltzuständen verbundenen Wahrscheinlichkeiten, durch Untersuchungen im Hinblick auf die Ermittlung von bisher nicht in Betracht gezogenen Umweltzuständen bzw. Handlungsalternativen, durch die Bestimmung von exakten funktionalen Zusammenhängen zwischen Umweltzuständen und Handlungsergebnissen sowie durch die Ermittlung von Korrelationsbezie-

---

[1] Vgl. **Krümmel**, Vorgaben, S. 33.
[2] Vgl. **Schierenbeck**, Bankmanagement, S. 504 ff., und **Hölscher**, Risikokosten, S. 242 ff.
[3] Vgl. **Braun**, Risikomanagement, S. 46 ff.

hungen zwischen den Reinvermögensänderungen bzw. Umweltzuständen verschiedener Entscheidungen. Einen Schwerpunkt nimmt in diesem Zusammenhang allerdings die Ermittlung von mit einzelnen Umweltzuständen verbundenen Wahrscheinlichkeiten ein.

Hinsichtlich des Ausfallrisikos stellt die zentrale und auf die „Unschärfe" der Entscheidungssituation bezogene Maßnahme die Kreditwürdigkeitsprüfung dar, die entscheidungstheoretisch zum Ziel haben sollte, Krisenquoten dafür zu ermitteln, ob und inwieweit ein Kreditnehmer seinen vertraglichen Verpflichtungen zukünftig nachkommen wird.[1] Einsetzbar sind in diesem Zusammenhang sowohl logisch-deduktive als auch empirisch-induktive Verfahren.[2] Während erstere einen Begründungszusammenhang zwischen dem zukünftigen Umweltzustand des Kreditnehmers — seiner Fähigkeit und Willigkeit zur Vertragserfüllung — und den diesen Umweltzustand beeinflussenden Determinanten — der Eigenkapitalquote des Unternehmens, der Marktstellung u.ä. — herzustellen versuchen, verzichten letztere Verfahren auf einen derartigen Begründungszusammenhang und basieren vielmehr auf Beobachtungen historischer Kreditausfälle bei homogenen Kreditnehmergruppen und versuchen daraus, Folgerungen für die Zukunft abzuleiten.

Entscheidend ist in diesem Zusammenhang, daß es bei allen Verfahren der Kreditwürdigkeitsprüfung zumindest entscheidungstheoretisch nicht darum gehen kann, die Ausfallwahrscheinlichkeit von Kreditengagements zu reduzieren[3] — dies ist nämlich dann nicht möglich, wenn es sich beim Kreditausfall um ein Zufallsereignis handelt — bzw. solche Engagements zu selektieren, die eine nur geringe Krisenquote aufweisen. Grundsätzlich sind nämlich auch Kreditengagements mit hohen Krisenquoten dann nicht nachteilig, wenn bei Kenntnis der Krisenquoten materielle Ausfallrisikoprämien kalkuliert und marktlich durchgesetzt werden können.[4] In

---

[1] Vgl. **Schierenbeck,** Bankmanagement, S. 659 ff.

[2] Vgl. **Brakensiek,** Kalkulation, S. 38 ff.

[3] Vgl. **Büschgen,** Bankbetriebslehre, S. 712.

[4] Wächtershäuser, der in diesem Zusammenhang von „untragbaren" Wahrscheinlichkeiten spricht, kann hier nicht gefolgt werden. Vgl. **Wächtershäuser,** Krediteinzelentscheidung, S. 286 f. Aber auch in der Bankpraxis dürfte man einer Entscheidungssituation, bei der mit hohen ausfallbedingten Reinvermögensänderungen einerseits und gleich hohen materiellen Risikoprämien andererseits zu rechnen ist, nicht indifferent, sondern eher ablehnend gegenüberstehen. Vgl. in diesem Zusammenhang Kapitel B. I. 2. a) im zweiten Teil.

diesem Fall ist im Durchschnitt mit einer Reinvermögensänderung von Null und keiner Reinvermögensminderung zu rechnen.

Im Mittelpunkt der auf die „unscharfe" Entscheidungssituation bezogenen Maßnahmen zur Handhabung des Zinsänderungsrisikos steht die Zinsprognose. Hinsichtlich der verschiedenen Ansätze lassen sich hier die „Fundamentale Analyse" und die „Technische Analyse" unterscheiden. Erstere versucht, vor dem Hintergrund von theoretisch begründeten Ursache-Wirkungszusammenhängen anhand einer mehr oder weniger großen Anzahl zeitverzögert zu beobachtender fundamentaler Determinanten wie der staatlichen Schuldenpolitik, der Geldpolitik, der Konjunktur oder der Inflation die zukünftige Zinsentwicklung zu prognostizieren.[1] Die Technische Analyse vertritt hingegen die Auffassung, daß die Zinsentwicklung angesichts der Komplexität fundamentaler Determinanten nicht prognostizierbar ist und die Zinsentwicklung vielmehr in Trends verläuft, was wiederum Rückschlüsse auf die zukünftige Zinsentwicklung zuläßt.[2] Schließlich kann im Hinblick auf die Zinsprognose auch ein sogenannter random walk unterstellt werden, der die aus der aktuellen Zinsstrukturkurve abgeleiteten Terminzinssätze (forward rates) als unverzerrte Schätzer für zukünftig eintretende Zinssätze betrachtet.[3]

Unabhängig davon, welchem Ansatz im Einzelfall gefolgt wird, ist grundsätzlich zu beachten, daß es nicht das Ziel von Zinsprognosen sein kann, nur Zinstendenzen bzw. Erwartungswerte zukünftig eintretender Zinssätze zu ermitteln; vielmehr sollten Prognosen auch Angaben über Wahrscheinlichkeiten für zukünftige Zinssätze verschiedener Zinsbindungsfristen machen können.[4] Die Angabe von Erwartungswerten zukünftiger Zinssätze genügt nämlich nur der Quantifizierung materieller, nicht aber auch der formaler Zinsänderungsrisiken.

Gleiches wie für das Zinsänderungsrisiko gilt auch für das Wechselkurs- bzw. Swapsatzrisiko: Mit Hilfe der fundamentalen Analyse[5], der technischen Analyse[6]

---

[1] Vgl. **Heri**, Fundamentalanalyse, S. 11 ff.
[2] Vgl. **Welcker**, Point, S. 37.
[3] Vgl. in diesem Zusammenhang auch Kapitel B. II. 4. a) im zweiten Teil.
[4] Vgl. beispielsweise **Heri**, Fundamentalanalyse, **Welcker**, Point, **Schwartzkopff**, Zinsentwicklung, und **Frantzmann**, Saisonalitäten.
[5] Vgl. **Filc**, Fundamentalanalyse, S. 82 ff.
[6] Vgl. **Witte**, Praxis, S. 103 ff.

oder durch Ableitung von Devisenterminkursen als unverzerrten Schätzern zukünftiger Devisenkassakurse kann auch hier der Unschärfe der Entscheidungssituation begegnet werden. Jedoch darf sich die Prognose gleichfalls nicht auf Trends oder die Angabe von Bandbreiten potentiell eintretender Devisenkassakurse beschränken; vielmehr sind für sämtliche Wechselkurse zu verschiedenen Zeitpunkten Wahrscheinlichkeiten anzugeben.

2. Die Konstituenten der Entscheidungssituation betreffende Maßnahmen

Die auf die Konstituenten der Entscheidungssituation bezogenen risikopolitischen Maßnahmen versuchen, nicht die Unschärfe der Entscheidungssituation zu verringern; vielmehr setzen sie eine scharf definierte Entscheidungssituation voraus und beabsichtigen, auf die Konstituenten derselben direkt Einfluß zu nehmen.

a) Steuerung der Handlungsalternativen

Bezogen auf die Handlungsalternativen liegt es in diesem Zusammenhang nahe, durch eine volumensmäßige Begrenzung des Einsatzes des von einem Wertverlust bedrohten Vermögens die Gefahr, daß bei häufigem Treffen einer Entscheidung eine Reinvermögensminderung erreicht wird (materielles Risiko) bzw. die Gefahr, daß die Summe der positiven und negativen zukünftig eintretenden Reinvermögensänderungen aller in einer bestimmten Periode getroffenen Entscheidungen zufällig das Eigenkapital aufzehrt (formales Risiko), zu verringern. Sofern für die Handlungsalternativen lediglich Obergrenzen festgesetzt werden, spricht man von Risikobegrenzung; werden Geschäfte gänzlich nicht eingegangen, d.h. wird die Unterlassungsalternative gewählt, dann handelt es sich um eine Risikovermeidung.[1] Beide Ausprägungen können sich sowohl auf einzelne Geschäfte bzw. Risikoarten als auch auf das Gesamtgeschäft der Bank beziehen. Eine auf das Gesamtgeschäft bezogene Unterlassung des wagenden Einsatzes von Vermögen bedeutet allerdings die vollständige Aufgabe wirtschaftlichen Handelns.

Im Hinblick auf das Ausfallrisiko kann eine Risikovermeidung bzw. Risikoreduzierung durch Ablehnung von Kreditgeschäften erfolgen, was in Einzelfällen möglich,

---

[1] Vgl. beispielsweise **Büschgen**, Bankbetriebslehre, S. 798 ff.

auf das gesamte Kreditportfolio bezogen allerdings nicht sinnvoll ist, da dies in letzter Konsequenz die Aufgabe einer originären Funktion der Banken bedeuten würde.[1] So kann allenfalls eine Risikobegrenzung angestrebt werden, die in einer Festsetzung von konkreten Betragsgrenzen für bestimmte Kreditarten, Kundengruppen, Branchen oder Regionen besteht, bis zu der die Bank zu einer Kreditvergabe bereit ist.[2] Zu bedenken ist in diesem Zusammenhang allerdings, daß bei einer Überschreitung der Obergrenzen unter Umständen auch solche Engagements abgelehnt werden, bei denen im Durchschnitt mit einer Reinvermögensmehrung zu rechnen ist. Insofern scheint es dem Gewinnziel der Banken eher zu entsprechen, wenn dem Ausfallrisiko mit anderen risikopolitischen Maßnahmen wie etwa der Risikokompensation oder der Kreditversicherung begegnet wird.

Bezogen auf das Zinsänderungsrisiko von Festzinsgeschäften zeichnet sich die Risikovermeidung als risikopolitische Maßnahme grundsätzlich dadurch aus, daß die Bank generell keine Festzinsvereinbarungen eingeht und lediglich variabel verzinsliche Geschäfte tätigt.[3] Letzteres ist allerdings sowohl unter Markt- als auch unter Wettbewerbsgesichtspunkten nicht praktikabel und zudem mit einer Aufgabe der den Banken zugerechneten Fristentransformationsfunktion verbunden. Von diesem nicht realistischen Fall abgesehen, würde aber auch beim Eingehen nur zinsvariabler Positionen ein (variables) Zinsänderungsrisiko dadurch entstehen, daß variabel verzinsliche Positionen nur in Ausnahmefällen eine Zinsanpassungselastizität von eins aufweisen, d.h. stets vollständig an die Entwicklung der Marktzinsen angepaßt werden können. Insofern kann die Risikovermeidung als keine adäquate risikopolitische Maßnahme im Bereich des Zinsänderungsrisikos angesehen werden. Zwar ist eine Risikobegrenzung grundsätzlich möglich, indem beispielsweise eine als maximal zu akzeptierende offene Festzinsposition vorgegeben wird, doch müßten im Falle einer Überschreitung der festgesetzten Grenzen auch hier Kundengeschäfte unter Verzicht auf entsprechende Erfolgsbeiträge abgelehnt werden.

Hinsichtlich des Wechselkursrisikos besteht eine Risikovermeidung darin, grundsätzlich keine in Fremdwährung denominierten Geschäfte abzuschließen. Die Praktikabilität dieser Maßnahme für Banken ist in Abhängigkeit von ihrer geschäftspo-

---

[1] Vgl. **Büschgen**, Bankbetriebslehre, S. 712.

[2] Vgl. **Büschgen**, Bankbetriebslehre, S. 727, und **Schierenbeck**, Bilanzstrukturmanagement, S. 12.

[3] Vgl. **Kugler**, Ansätze, S. 294 ff.

litischen Ausrichtung unterschiedlich zu beurteilen. Insbesondere für Regionalbanken ist diese Maßnahme durchaus von Relevanz, während sie für international tätige Großbanken aus markt- und wettbewerbspolitischen Gründen kaum als geeignet anzusehen ist.[1] Die Risikobegrenzung fokussiert hingegen darauf, durch Einflußnahme auf die originären Kundengeschäfte offene Fremdwährungspositionen in einzelnen Währungen zu begrenzen, was grundsätzlich durch nicht zu überschreitende Limite erfolgen kann. Analog dem Zinsänderungsrisiko ist jedoch auch hier zu beachten, daß durch die Begrenzung offener Fremdwährungspositionen nicht nur das Wechselkursrisiko verringert wird, sondern bei Überschreitung der festgelegten Grenzen auch Geschäftsabschlüsse mit ausländischen Kunden oder mit im Auslandsgeschäft tätigen inländischen Kunden unterlassen und damit auf Erfolgsbeiträge verzichtet wird. Entsprechend ist die Risikobegrenzung auch bei international tätigen Großbanken nur bedingt als sinnvolle risikopolitische Maßnahme anzusehen.

b) Steuerung der Umweltzustände

Bei den auf die Umweltzustände der Entscheidungssituation bezogenen Maßnahmen handelt es sich nicht um einzelne Entscheidungen wie die Vergabe eines einzelnen Kredits betreffende, sondern um auf mehrere bzw. das Gesamtgeschäft fokussierende risikopolitische Ansatzpunkte. Hierbei wird der Umstand berücksichtigt, daß im Hinblick auf verschiedene Einzelentscheidungssituationen die jeweils relevanten Umweltzustände in einer bestimmten Art — positiv oder negativ — und in einer bestimmten Intensität miteinander korreliert sind, so daß durch die gezielte Ausnutzung dieser Korrelationsbeziehungen die Streuung der Summe der Reinvermögensänderungen einzelner Entscheidungen und damit das formale Gesamtrisiko reduziert werden kann. Das materielle Risiko wird durch diese Maßnahmen allerdings nicht verändert. Damit rekurrieren sämtliche Ausprägungen der auf die Umweltzustände bezogenen Maßnahmen stets nur auf den formalen Risikobegriff.

(1) Risikozerfällung

Bei der Risikozerfällung als einer Ausprägung auf die Umweltzustände bezogener Maßnahmen handelt es sich um solche Ansatzpunkte, bei denen ein großes Enga-

---

[1] Vgl. **Büschgen**, Bankbetriebslehre, S. 779 ff.

gement rein quantitativ in mehrere kleine Parten aufgeteilt und auf verschiedene Risikoträger übertragen wird.[1] Im Gegensatz zu den auf die Handlungsalternativen fokussierenden Maßnahmen wird hier nicht auf eine volumensmäßige Begrenzung der Handlungsalternativen rekurriert; vielmehr steht bei der Risikozerfällung der Gedanke im Vordergrund, daß Parten voneinander unabhängiger und tendenziell gleich risikobehafteter anstatt eines großen Engagements eingegangen werden sollen.

In bezug auf das Ausfallrisiko findet der Gedanke der Risikozerfällung insbesondere im Konsortialkreditgeschäft der Banken Anwendung, wo Großkredite jeweils von mehreren Banken zusammen vergeben werden. Im Unterschied zur Risikobegrenzung wird hier allerdings nicht eine Begrenzung des Kreditvolumens bezweckt; vielmehr soll aus Sicht der Bank lediglich die Anzahl der Kreditnehmer — bei gegebenem Volumen des Kreditportfolios — erhöht werden. Da aufgrund der Erfahrungen der Vergangenheit erwartet werden kann, daß nicht sämtliche Kreditnehmer gleichzeitig ausfallen, verringert sich hierdurch die Wahrscheinlichkeit für hohe Kreditausfälle. In concreto fokussiert die Risikozerfällung also auf das Zufallsrisiko.

Bezogen auf das Wechselkurs- und Zinsänderungsrisiko stellt die Risikozerfällung hingegen keine anwendbare risikopolitische Maßnahme dar. So kann auch bei einer Vergabe von Fremdwährungs- bzw. Festzinskrediten an mehrere anstelle von einem Kreditnehmer das formale Risiko nicht reduziert werden.

(2) Risikodiversifikation

Im Gegensatz zum rein volumensorientierten Ansatz der Risikozerfällung steht bei der Risikodiversifikation ein qualitativer Ansatz im Mittelpunkt.[2] Hier kann das

---

[1] Vgl. **Schierenbeck**, Bankmanagement, S. 665.

[2] Gleichwohl stehen die Risikodiversifikation und die Risikozerfällung in einem engen Verhältnis zueinander. So geht mit einer Risikodiversifikation zwangsläufig auch eine Risikozerfällung einher. Werden Kredite etwa nicht nur in eine, sondern in mehrere Risikoklassen vergeben, verringert sich hierdurch nicht nur das Änderungs-, sondern — bedingt durch unterschiedliche und hinsichtlich des Kreditausfalls nicht vollständig positiv korrelierte Kreditnehmer — auch das Zufallsrisiko. Entsprechend könnte in diesem Zusammenhang auch zwischen einer „Risikozerfällung zwischen Risikoklassen" und

gesamte Portfolio — in Abhängigkeit von der Risikoart — nach Währungen, Kreditnehmern, Regionen, Branchen u.a. diversifiziert werden.[1] Die relevanten Umweltzustände sind dabei mit Korrelationskoeffizienten zwischen minus eins und plus eins korreliert.

Hinsichtlich des Ausfallrisikos wurde bereits oben festgestellt, daß das formale Risiko in der Regel auch dann nicht verschwindet, wenn Kredite an eine große Zahl von Kreditnehmern vergeben werden bzw. ein gegebenes Kreditvolumen in eine Vielzahl von Parten zerteilt wird. Vielmehr wird die Höhe des formalen Risikos auch durch das Änderungsrisiko bestimmt, wenn sich die für das Ausfallrisiko relevanten Risikoursachensysteme und damit die der Kalkulation materieller Risikoprämien zugrunde gelegten Krisenquoten im Zeitablauf ändern. Wird nun weiterhin davon ausgegangen, daß Ausfallrisikoklassen — z.B. bestimmte Branchen im gewerblichen Kreditgeschäft — gebildet werden können, wobei die Krisenquoten der Engagements innerhalb der Klassen von einem weitgehend einheitlichen Ursachensystem determiniert werden, so kann durch Kreditvergaben nicht nur in eine, sondern in mehrere Risikoklassen — bei einer Risikodiversifikation also — auch dem Änderungsrisiko begegnet werden. Wird beispielsweise die Höhe der Krisenquote in der Risikoklasse „Baubranche" primär von der ungewissen Entwicklung der staatlichen Bauförderung determiniert, die Höhe der Krisenquote in der Risikoklasse „Chemiebranche" hingegen von der ungewissen Entwicklung umweltschutzpolitischer Regelungen, und sind die potentiellen Umweltzustände bzw. die jeweiligen Ursachensysteme nicht vollständig positiv miteinander korreliert, dann kann durch Kreditvergaben in beide Risikoklassen die Streuung der Reinvermögensänderungen insgesamt verringert werden. Würde nämlich der Umfang der staatlichen Bauförderung und damit die Nachfrage nach Baudienstleistungen über- und die Krisenquote von Krediten in die Baubranche entsprechend unterschätzt, so könnte eine hieraus resultierende Reinvermögensminderung beispielsweise dadurch ausgeglichen werden, daß umweltschutzpolitische Regelungen in restriktiverem Umfang erwartet wurden als sie tatsächlich eintreten, woraus eine Reinvermögensmehrung bei entsprechenden Kreditvergaben in diese Risikoklasse resultiert.[2] Das materielle Risiko wird durch eine Diversifikation des Kreditportfo-

---

einer „Risikozerfällung innerhalb einer Risikoklasse" differenziert werden. Umgekehrt hingegen wird durch eine rein quantitative Zerfällung des Kreditportfolios das Änderungsrisiko nicht beeinflußt.

[1] Vgl. **Schierenbeck**, Bankmanagement, S. 678.

[2] In diesem Zusammenhang ist es sinnvoll, Kreditengagements in möglichst

lios jedoch nicht tangiert. Die Summe der Erwartungswerte von Reinvermögensänderungen, die aus sämtlichen Engagements resultieren, ist bei einem gleichen Volumen des Kreditportfolios und identischen Krisenquoten nämlich unabhängig davon, in welche Branchen bzw. Risikoklassen die Kredite vergeben werden. Insbesondere die Höhe materieller Risikoprämien ist also unabhängig von Diversifikationseffekten.[1]

Bezogen auf das Zinsänderungsrisiko wird die Risikodiversifikation gewöhnlich als eine nicht bzw. nur begrenzt durchführbare risikopolitische Maßnahme betrachtet.[2] Dies beruht darauf, daß Zinsänderungsrisiken als allein durch Veränderungen des nationalen Zinsniveaus, also als von einem einzigen Ursachenkomplex determiniert angesehen werden. Eine Diversifikation ist allerdings dann möglich, wenn zwischen inländischen und ausländischen Zinsänderungsrisiken differenziert und berücksichtigt wird, daß in- und ausländische Zinsänderungen nicht vollständig positiv miteinander korreliert sind. In diesem Fall ist zwischen Festzins- bzw. Zinsanpassungselastizitätsüberhängen in in- und ausländischer Währung zu unterscheiden.[3] Gleichfalls ist eine Diversifikation auch im Hinblick auf verschiedene Zinsbindungsfristen denkbar. Dies ist dann sinnvoll, wenn angenommen wird, daß Zinsänderungen bei unterschiedlichen Zinsbindungsfristen nicht vollständig positiv miteinander korreliert sind. So könnte es etwa bei einer sich drehenden Zinsstruktur, die die Zinssätze unterschiedlicher Zinsbindungsfristen aufzeigt, vorkommen, daß Zinssteigerungen bei kurzen Zinsbindungsfristen einhergehen mit Zinssenkungen bei

---

viele und in hinsichtlich des Ausfallrisikos gering korrelierte Risikoklassen zu vergeben. Grundsätzlich ist eine Diversifikation natürlich nur dann zweckmäßig, wenn Krisenquoten im Zeitablauf nicht konstant bzw. wenn deren Änderungen ex ante nicht bekannt sind und wenn überhaupt mehrere Risikoklassen mit unterschiedlichen Risikoursachensystemen identifiziert werden können.

[1] Die Nutzung eines risikomindernden Diversifikationseffekts ist entsprechend nur dann sinnvoll, wenn die einzelnen Kreditengagements eine positive (Netto)Konditionsmarge aufweisen. Nur in Ausnahmefällen kann auch eine negative (Netto)Konditionsmarge in Kauf genommen werden, wenn die Reinvermögensentwicklungen stark negativ korreliert sind. Vgl. in diesem Zusammenhang auch **Feuerstein**, Risikomessung, S. 77 ff.

[2] Vgl. **Süchting**, Risikoüberlegungen (I), S. 20, **Hölscher**, Risikokosten, S. 236, und **Kugler**, Ansätze, S. 300 f.

[3] Dieser Gedanke findet sich auch bei **Bangert**, Zinsrisiko-Management, S. 336. Vgl. in diesem Zusammenhang ferner Kapitel B. III. 2. c) im zweiten Teil.

langen Zinsbindungsfristen oder umgekehrt. In diesem Fall würden sich zufällig eintretende positive und negative Reinvermögensänderungen ausgleichen.

Hinsichtlich des Währungsrisikos schließlich kann eine Risikodiversifikation dadurch erfolgen, daß die Fremdwährungsengagements in möglichst vielen und gering korrelierten Währungen denominiert werden. Diese Maßnahme bietet sich insbesondere im Verhältnis zu solchen Währungen an, die im Verhältnis zur inländischen weitgehend frei floaten.[1] Im Falle der DM wären dies beispielsweise der US-$ oder der japanische Yen und weniger die im Rahmen des Europäischen-Währungssystems bzw. der Europäischen Wirtschafts-, Währungs- und Sozialunion mit der DM verbundenen Währungen. Jedoch hat sich in der Vergangenheit auch bei letzteren angesichts der „Währungsturbulenzen" im Herbst 1992 gezeigt, daß auch hier eine Diversifikation durchaus sinnvoll sein kann.[2]

c) Steuerung der Handlungsergebnisse

Die auf die Handlungsergebnisse bezogenen risikopolitischen Maßnahmen versuchen, dem Risiko durch Einflußnahme auf die Handlungsergebnisse zu begegnen. Hierdurch werden in der Regel nicht nur das materielle, sondern auch das formale Risiko beeinflußt. Zu unterscheiden ist in diesem Zusammenhang zwischen der Risikokompensation, der Risikoüberwälzung sowie der Risikoabgeltung.

(1) Risikokompensation

Bei der Risikokompensation als einer handlungsergebnisbezogenen Maßnahme handelt es sich um die Durchführung zusätzlicher Geschäfte bzw. Entscheidungen, deren Handlungsergebnisse mit denen der originären Entscheidungssituation idealiter mit einem Korrelationskoeffizienten von minus eins korreliert sind (perfect hedge). In diesem Fall gleichen sich positive und negative Reinvermögensänderungen bei Eintritt jedes Umweltzustandes genau aus, so daß die Summe der Reinvermögensänderungen aus originären und zusätzlich durchgeführten Geschäften

---

[1] Vgl. **Hölscher**, Risikokosten, S. 200 ff.

[2] Mit der geplanten Einführung einer gemeinsamen europäischen Währung im Rahmen der Wirtschafts-, Währungs- und Sozialunion wird es zukünftig allerdings zwischen den wichtigsten europäischen Währungen keine Wechselkursrisiken mehr geben.

bekannt ist.[1] In diesem Zusammenhang ist allerdings zu beachten, daß die kompensatorisch durchgeführten Geschäfte rechtlich unabhängig sind von den originären Positionen und erstere auch dann erfüllt werden müssen, wenn sich Änderungen bei der Abwicklung letzterer ergeben.[2]

Hinsichtlich des Ausfallrisikos könnte eine Risikokompensation grundsätzlich dadurch erreicht werden, daß ein zusätzliches Geschäft — das als „Kreditderivativ" bezeichnet werden könnte — abgeschlossen wird, dessen Wertentwicklung vollständig negativ mit der Reinvermögensänderung des Kreditgeschäfts korreliert ist.[3] Bei einem Ausfall von Zins- und Tilgungszahlungen müßte sich entsprechend ein positiver Wert des Kreditderivativs einstellen, der nicht nur die Reinvermögensminderungen ausgleicht, sondern auch im Durchschnitt erwartete Reinvermögensmehrungen umfaßt. Bei einer ordnungsgemäßen Rückzahlung dagegen sollte sich ein negativer Wert des Kreditderivativs ergeben, der jener Differenz zwischen der tatsächlichen und der durchschnittlich erwarteten Reinvermögensmehrung entspricht. Insgesamt wäre in diesem Fall also unabhängig vom Ausfall des Kreditnehmers oder der ordnungsgemäßen Rückzahlung stets mit einer Reinvermögensmehrung in einer bestimmten Höhe zu rechnen. Kreditderivative im oben genannten Sinne sind in Deutschland — im Vergleich zu den USA — aber noch weitgehend unbekannt. Gleichwohl finden sich in der Literatur Überlegungen hinsichtlich einer möglichen Ausgestaltung derartiger Instrumente.[4]

Bezogen auf das Zinsänderungs- und Währungsrisiko stellt die Risikokompensation neben der Risikobegrenzung insbesondere in Anbetracht der zahlreichen hierfür zur Verfügung stehenden Instrumente die wichtigste risikopolitische Maßnahme dar. Zu denken ist in diesem Zusammenhang bezogen auf das Zinsänderungsrisiko beispielsweise an den Einsatz von risikokompensierenden Kassa- und Termingeschäften wie forward-forward-Geschäften, forward rate agreements, interest rate futures oder interest rate swaps. Im Falle einer offenen aktivischen Festzinsposition könnten beispielsweise Festzinsverbindlichkeiten in entsprechender Höhe aufgenommen oder interest rate futures verkauft werden. Hinsichtlich des Wechselkursrisikos eignen sich zur Risikokompensation hingegen klassische Devisenterminge-

---

[1] Vgl. **Büschgen**, Bankbetriebslehre, S. 727.
[2] Vgl. **Jokisch**, Währungsrisikopolitik, S. 24 f.
[3] Vgl. **Büschgen**, Bankbetriebslehre, S. 727.
[4] Vgl. **Ufer**, Weichen, S. 8 ff., und **Röller**, Risikomanagement, S. 19 f.

schäfte in Form von outright-Geschäften sowie currency futures oder currency-swaps.

(2) Risikoüberwälzung

Im Rahmen der Risikoüberwälzung durch Fremdversicherung werden potentiell eintretende Reinvermögensminderungen dadurch abgesichert, daß bei Eintritt nachteiliger Umweltzustände Versicherungsleistungen fällig werden, die die Reinvermögensminderungen ausgleichen. Hierfür ist dem Versicherungsunternehmen eine Prämie zu entrichten.

Hinsichtlich des Ausfallrisikos kann durch eine vom Kreditnehmer oder der kreditgebenden Bank induzierten Kreditversicherung eine Entscheidungssituation erreicht werden, bei der jedem Umweltzustand ein sicheres Ergebnis zugeordnet werden kann. Dies ist dann der Fall, wenn nicht geleistete Zins- und Tilgungszahlungen von der Versicherung vollständig ersetzt werden und sich auch bei einer ordnungsgemäßen Kreditrückzahlung keine über den Erwartungswert hinausgehenden Reinvermögensänderungen einstellen. In diesem Fall kann von einer kompensationsähnlichen risikopolitischen Maßnahme gesprochen werden. Ein derart sicheres Handlungsergebnis ist allerdings dann nicht zu erwarten, wenn nur ein Teil des gesamten Kreditportfolios versichert oder ein Selbstbehalt der kreditgebenden Bank vereinbart wird. Kreditversicherungen im Kreditgeschäft der Banken haben jedoch nur einen geringen Verbreitungsgrad, was ähnlich der Risikokompensation von Ausfallrisiken unter anderem darauf zurückzuführen ist, daß die Übernahme von Ausfallrisiken als originäre Aufgabe der Banken angesehen wird.[1]

Auch beim Zinsänderungs- und Wechselkursrisiko ist eine Fremdversicherung nicht üblich. Dies ist jedoch anders als beim Ausfallrisiko damit zu begründen, daß die verschiedenen Instrumente der Risikokompensation in der Lage sind, eine der Fremdversicherung von der Wirkungsweise her ähnliche Funktion zu übernehmen.

Die Funktionsweise der Risikoüberwälzung durch Sicherheitenstellung ist dahingehend charakterisiert, daß der Risikoträger hier nicht eine Institution — wie etwa ein Versicherungsunternehmen —, sondern das Sicherungsgut selbst darstellt. So

---

[1] Vgl. **Schierenbeck**, Bankmanagement, S. 665, und Kapitel A. II. im dritten Teil.

können bei einem Ausfall von Zins- und Tilgungszahlungen die hieraus resultierenden Reinvermögensminderungen durch eine Veräußerung des in der Regel vom Kreditnehmer zur Verfügung gestellten Sicherungsgutes ausgeglichen werden. Eine Situation der Sicherheit ist in diesem Fall dann zu erwarten, wenn der Wert des Sicherungsgutes größer oder gleich ist mit der Höhe des herausgelegten Kreditbetrages einschließlich der vereinbarten Zinszahlungen und die Werthaltigkeit des Sicherungsgutes selbst nicht wieder eine unsichere Größe darstellt. Bezogen auf das Währungs- und Zinsänderungsrisiko ist eine Sicherheitenstellung hingegen nicht denkbar, da insbesondere keine Kontraktpartner, die ein Sicherungsgut zur Verfügung stellen könnten, als Verursacher des Zinsänderungsrisikos zu identifizieren sind.

(3) Risikoabgeltung

Bei der Risikoabgeltung schließlich, die oftmals auch als „Eigenversicherung" bezeichnet wird[1], handelt es sich um eine Maßnahme, bei der die Bank eine ansonsten an eine Fremdversicherung zu zahlende Versicherungsprämie kalkuliert und selbst einbehält. Hiermit soll primär erreicht werden, daß im Durchschnitt keine Reinvermögensminderung eintritt, wenn eine Entscheidung häufig wiederholt wird. Offensichtlich handelt es sich bei der Risikoabgeltung also um eine auf das materielle Risiko abzielende Maßnahme, wobei die Abgeltung allerdings — zumindest in Höhe der materiellen Risikoprämie — nicht als fakultative, sondern als eine zwingende risikopolitische Maßnahme anzusehen ist. Eine materielle Risikoprämie ist also immer dann zu kalkulieren und einzufordern, wenn bei der Wahl einer Handlungsalternative mit einer Reinvermögensminderung zu rechnen ist. Zur Steuerung des formalen Risikos ist die Risikoabgeltung hingegen nicht bzw. nur bedingt geeignet. Zwar verringert sich auch die Ruinwahrscheinlichkeit, wenn materielle und über diese hinausgehend auch formale Risikoprämien kalkuliert werden[2], doch ist eine maßgebliche Verringerung des formalen Risikos hierdurch in der Regel nicht zu erreichen.

Grundsätzlich anwendbar ist die Risikoabgeltung schließlich sowohl beim Ausfall-, Zinsänderungs- und Währungsrisiko. Während beim Ausfallrisiko jedoch materielle Risikoprämien regelmäßig einen Teil des mit dem Kunden vereinbarten Zinses

---

[1] Vgl. **Kupsch**, Gegenstand, S. 155.
[2] Vgl. im einzelnen Kapitel B. I. im dritten Teil.

darstellen, sind materielle Risikoprämien beim Zinsänderungs- und Währungsrisiko nicht prima facie zu identifizieren.[1]

---

[1] Im zweiten Teil wird jedoch herausgearbeitet, daß Fristen- bzw. Währungstransformationsbeiträge als materielle Risikoprämien zu interpretieren sind.

Zweiter Teil

Funktionen und Anforderungen an die Risikomessung und kritische Analyse bisheriger Quantifizierungsansätze

Nachdem im ersten Teil der Arbeit das Wesen des Risikos eingehend beschrieben, bankbetriebliche Risiken systematisiert und die risikopolitischen Ansatzpunkte der Banken aufgezeigt wurden, geht es im zweiten Teil um eine kritische Analyse bisheriger Quantifizierungsansätze zur Erfassung bzw. Messung banktypischer Erfolgsrisiken und daraus resultierender Verhaltensweisen der Bankpraxis. Zur Grundlegung dieser Analyse sind aber zuvor die Funktionen und grundsätzlichen Anforderungen an die bankbetriebliche Risikomessung zu erörtern.

A. Funktionen und Anforderungen an die Risikomessung

I. Die Steuerungsfunktion der Risikomessung

In Analogie zur Bankkostenrechnung kann auch der Grundzweck der Risikomessung darin gesehen werden, die Bank durch die Zurverfügungstellung, Aufbereitung und Verarbeitung relevanter Risikoinformationen im Sinne ihrer Zielsetzung optimal zu steuern[1], d.h. richtige Entscheidungen zu ermöglichen und falsche zu verhindern.[2] Die Steuerungsorientierung impliziert dabei drei ineinandergreifende Teilfunktionen: eine Informations-, eine Beurteilungs- sowie eine Verhaltenssteuerungsfunktion.[3] Hinsichtlich der Informationsfunktion können zielsetzungsoptimale Entscheidungen nur dann getroffen werden, wenn der Entscheidungsträger über die Höhe des mit einer Handlungsalternative verbundenen formalen und materiellen Risikos genau informiert ist. Hieran anknüpfend hat der Entscheidungsträger eine Beurteilung der Risikohöhe im Hinblick auf seine individuellen Zielvorstellungen bzw. seine Risikoneigung vorzunehmen und unter Umständen erforderliche risikopolitische Maßnahmen einzuleiten. Wenngleich die Informations- und die Beurteilungsfunktion die Voraussetzungen für eine zielgerichtete Verhaltenssteuerung darstellen, sind beide allerdings dann wertlos, wenn sie das Verhalten der Entscheidungsträger nicht beeinflussen. Entsprechend ist die tatsächliche Durchführung risikopolitischer Maßnahmen Inhalt der Verhaltenssteuerungsfunktion.

---

[1] Vgl. **Banken**, Instrument, S. 11.
[2] Vgl. **Rolfes**, Steuerung, S. 44.
[3] Vgl. **Schierenbeck/Rolfes**, Margenkalkulation, S. 12 f.

Hinsichtlich des materiellen Risikos gehen alle drei Teilfunktionen weitgehend ineinander über und wurden bereits implizit als regelmäßig erfüllt vorausgesetzt. Sofern das materielle Risiko nämlich als die Gefahr beschrieben wird, daß bei häufigem Treffen einer Entscheidung eine Reinvermögensminderung zu erwarten ist, und das materielle Risiko des weiteren mit Hilfe materieller Risikoprämien gemessen wird, sind die Informations- und die Beurteilungsfunktion weitgehend identisch: Die Höhe des materiellen Risikos entspricht genau der materiellen Risikoprämie, die im Hinblick auf einen Mißnutzenausgleich erzielt werden muß. Ein Entscheidungsträger wählt also nur dann eine Handlungsalternative, wenn er bei der Gefahr einer Reinvermögensminderung in der Lage ist, eine materielle Risikoprämie zu erwirtschaften; andernfalls wird er eine Handlungsalternative als nachteilig beurteilen und diese unterlassen.

Anders stellt sich die Situation beim formalen Einzel- oder Gesamtrisiko dar, bei denen zwischen den drei Teilfunktionen der Risikomessung eindeutig differenziert werden kann. Im Hinblick auf die Informationsfunktion wird dem Entscheidungsträger beim formalen Gesamtrisiko ein Hinweis darauf gegeben, mit welcher Wahrscheinlichkeit zu rechnen ist, daß die Summe der positiven und negativen zukünftig eintretenden Reinvermögensänderungen aller in einer bestimmten Periode getroffenen Entscheidungen zufällig das Eigenkapital aufzehrt. Bezogen auf die Beurteilungsfunktion wird die Höhe des formalen Gesamtrisikos sodann mit einer individuell festzulegenden maximalen Ruinwahrscheinlichkeit verglichen. Ziel ist es dabei, die Angemessenheit der eingegangenen Risiken festzustellen bzw. die Notwendigkeit risikopolitischer Maßnahmen zu ermitteln. Schließlich werden einzelne risikopolitische Maßnahmen im Rahmen der Verhaltenssteuerungsfunktion tatsächlich initiiert. Bei letzterem geht es aber nicht wie beim materiellen Risiko nur um die Durchführung oder Ablehnung eines Geschäfts bzw. die Einforderung einer materiellen Risikoprämie, sondern vielmehr um die Wahl zwischen mehreren risikopolitischen Instrumenten (Risikodiversifikation, Risikozerfällung, Risikokompensation u.a.).

Wenngleich mit der Kalkulation und Durchsetzung materieller Risikoprämien eine ansonsten im Durchschnitt zu erwartende Reinvermögensminderung verhindert und mit der Initiierung auf das formale Risiko bezogener risikopolitischer Maßnahmen erreicht werden kann, daß eine bestimmte Ruinwahrscheinlichkeit nicht überschritten wird, so ist gleichwohl fraglich, ob mit der Erfüllung dieser Teilfunktionen im Hinblick auf die individuellen Ziele der Bank bereits richtige Entscheidungen ermöglicht und falsche verhindert werden. Hinsichtlich des formalen Gesamtrisikos wird nämlich vernachlässigt, daß in der Regel — bei einer Risikoaversion der Entscheidungsträger[1] — auch jede noch so kleine Ruinwahrscheinlichkeit mit einem Mißnutzen verbunden ist, so daß es nicht nur darum geht, eine als maximal akzeptierte Ruinwahrscheinlichkeit nicht zu überschreiten, sondern bei gegebenem Erlös ein möglichst geringes bzw. überhaupt kein formales Gesamtrisiko einzugehen. Wird des weiteren berücksichtigt, daß der Kern bankgeschäftlicher Tätigkeit, nämlich die Gewährung von Krediten und die Hereinnahme von Einlagen, nicht zwangsläufig mit der Übernahme formaler Einzelrisiken verbunden ist — Kredite können beispielsweise auch dann gewährt werden, wenn das Ausfallrisiko durch eine Fremdversicherung abgedeckt ist —, dann sollte eine Bank insgesamt nur bereit sein, formale Einzelrisiken bzw. ein formales Gesamtrisiko zu übernehmen, wenn sie hierfür — ähnlich dem materiellen Risiko — auch eine formale Gesamtrisikoprämie erwirtschaften kann.[2] Diese sollte einen Ausgleich für den freiwillig übernommenen und aus dem formalen Gesamtrisiko resultierenden Mißnutzen darstellen. Die Höhe der zu fordernden Prämie hat sich dabei — eine bestimmte Risikoneigung des Entscheidungsträgers vorausgesetzt — am Umfang des formalen Gesamtrisikos zu orientieren. Bezogen auf die Beurteilungsfunktion dient die Messung des formalen Gesamtrisikos also nicht nur dazu, die Notwendigkeit der

---

[1] Im Fall der Risikoaversion bevorzugt der Entscheidungsträger den sicheren Erwartungswert gegenüber der mit Ungewißheit behafteten Wahrscheinlichkeitsverteilung potentiell eintretender Reinvermögensänderungen. Vgl. **Sieben/Schildbach**, Entscheidungstheorie, S. 65 ff. Die Risikoaversion kann dabei als ein für Banken realistisches Verhalten unterstellt werden. So stellt auch Krümmel zur Risikoneigung im Bankbetrieb zutreffend fest: „*Zunächst ist für Banken charakteristisch, daß sie sich risikoavers verhalten. Risikoaversion ist sogar ein ausgeprägter Zug im Bankwesen ... Deshalb muß die Zielfunktion eines Entscheidungsmodells für Banken risikoaverses Verhalten beschreiben.*" **Krümmel**, Liquiditätssicherung, S. 72.

[2] Formale Risikoprämien können in diesem Zusammenhang als zusätzliche, d.h. über eine risikolose Eigenkapitalverzinsung hinausgehende Erfolgsbeiträge der Eigenkapitalgeber („Eigenkapitalkosten") interpretiert werden, die sie dadurch erwirtschaften, daß sie bereit sind, intertemporäre Schwankungen von Reinvermögensänderungen hinzunehmen. Hingegen ist eine in der Bankpraxis übliche und auf der Basis des Eigenkapitalgrundsatzes I des Bundesaufsichtsamtes für das Kreditwesen bzw. eine auf der Grundlage eines bestimmten Gewinnbedarfs erfolgende Kalkulation von „Eigenkapitalkosten" sachlich nur bedingt zufriedenstellend (eine Gewinnbedarfsrechnung verbietet sich in diesem Zusammenhang bereits deshalb, weil der Gewinn immer eine Residualgröße darstellt, und dieser nicht geplant werden kann). Vgl. **Schierenbeck**, Bankmanagement, S. 362 ff., **Flaßkühler/Veltkamp**, Eigenkapitalkosten, S. 190-194, und **Lentes**, Eigenkapitalkosten, S. 180-182. Zu verschiedenen Ansätzen zur Ermittlung von Eigenkapitalkosten vgl. **Breuer**, Kapitalkosten, S. 819-828.

Einleitung risikopolitischer Maßnahmen anzuzeigen, sondern auch Ansprüche im Hinblick auf eine im Durchschnitt mindestens zu erreichende formale Gesamtrisikoprämie zu formulieren.

Hinsichtlich der Verhaltenssteuerungsfunktion können die Ansprüche auf eine formale Gesamtrisikoprämie jedoch nicht wie beim materiellen Ausfallrisiko, wo entsprechende Risikoprämien vom Kreditnehmer einzufordern sind, unmittelbar durchgesetzt werden. Zum einen ist es hinsichtlich formaler Zinsänderungs-, Wechselkurs- und Swapsatzrisikoprämien aufgrund des strukturellen Charakters dieser Risiken nicht möglich, Kontraktpartner, von denen diese Prämien verlangt werden könnten, a prima vista zu identifizieren.[1] Zum anderen wird der Beitrag formaler Ausfallrisiken zum formalen Gesamtrisiko und damit auch die Höhe formaler Ausfallrisikoprämien determiniert durch die Gesamtheit aller bereits abgeschlossenen Geschäfte bzw. Entscheidungen, so daß bei einer einzelnen Kreditvergabeentscheidung die Geschäftstätigkeit unterbrochen und dem entsprechenden Kundenbetreuer Informationen über die Höhe und Struktur bisher bereits vorhandener formaler Einzelrisiken mitgeteilt werden müßten, um eine sachgerechte formale Ausfallrisikoprämie zu kalkulieren. In praxi ist hingegen isoliert und zu verschiedenen Zeitpunkten über die Annahme oder Ablehnung eines Engagements zu befinden. Eine Bemessung formaler Ausfallrisikoprämien nach Maßgabe der Standardabweichungen der Reinvermögensänderungen einzelner Geschäfte ist in diesem Zusammenhang gleichfalls problematisch, weil die Summe der formalen Ausfallrisiken nur im Extremfall einer vollständig positiven Korrelation derselben mit anderen Risiken dem formalen Gesamtrisiko genau entspricht. Hilfsweise kann in diesem Zusammenhang jedoch ein sogenanntes Marktportfolio bestehend aus formalen Zinsänderungs-, Swapsatz-, Wechselkurs- und Ausfallrisiken, das eine optimale Relation formaler Gesamtrisiken einerseits und formaler Gesamtrisikoprämien andererseits aufweist, als Referenzportfolio unterstellt werden. Den formalen Ausfallrisiken können dann entsprechende Risikoprämien zumindest in einer solchen Höhe zugerechnet werden, wie sie zum formalen Gesamtrisiko des Marktportfolios beitragen bzw. wie sie alternativ mit dem Marktportfolio hätten erwirtschaftet werden können.[2]

Abgesehen von der Unmöglichkeit, formale Ausfallrisikoprämien in Abhängigkeit von deren Beitrag zum tatsächlichen Gesamtrisiko zu ermitteln, ist die Unterstel-

---

[1] Vgl. hierzu im einzelnen Kapitel A. III. im dritten Teil.
[2] Vgl. in diesem Zusammenhang Kapitel B. im dritten Teil.

lung eines fiktiven Marktportfolios aber auch dahingehend sachgerecht, weil es sich hierbei um einen objektiven Maßstab handelt, der eine weitgehende Akzeptanz seitens der dezentralen Mitarbeiter gewährleistet. Andernfalls wäre die Höhe formaler Risikoprämien für das Ausfallrisiko vom Zerfällungs- bzw. Diversifikationsgrad des Kreditportfolios abhängig, von Größen also, die vom einzelnen Mitarbeiter nicht zu verantworten sind.[1]

Insgesamt kann der Messung formaler Risiken demnach nicht nur eine Beurteilungsfunktion im Hinblick auf eine im Durchschnitt mindestens zu erreichende formale Gesamtrisikoprämie, sondern auch eine einzelgeschäfts- bzw. einzelentscheidungsbezogene Verhaltenssteuerungsfunktion beigelegt werden. Es sollten also grundsätzlich nur solche Geschäfte abgeschlossen bzw. Entscheidungen getroffen werden, deren Ergebnisse neben einer materiellen auch eine formale Einzelrisikoprämie in entsprechender Höhe enthalten.

Sofern bei der Wahl aller Handlungsalternativen, die mit einem formalen Einzelrisiko verknüpft sind, formale Einzelrisikoprämien erwirtschaftet werden und diese ausreichen, den mit dem formalen Einzelrisiko verbundenen Mißnutzen auszugleichen, kann auch in bezug auf das Ausfallrisiko bereits auf dezentraler Ebene abschließend über die Vorteilhaftigkeit einzelner Kreditengagements entschieden werden.[2] In diesem Fall sollte es nämlich möglich sein, die aus den dezentral abgeschlossenen Geschäften resultierenden formalen Ausfallrisiken im Rahmen kompensatorischer Geschäfte bzw. durch den Abschluß von Kredit- bzw. Ausfallrisikoversicherungen[3] reinvermögensneutral auf Dritte zu übertragen, wobei diesen als Preis für die Übernahme neben der materiellen lediglich die im Kundengeschäft erwirtschaftete formale Risikoprämie weitergereicht wird. Für die Bank ist dabei insgesamt keine Reinvermögensminderung zu erwarten.[4] Werden hingegen keine formalen Ausfallrisikoprämien kalkuliert und werden einzelne Geschäfte bereits

---

[1] Vgl. in diesem Zusammenhang auch Kapitel B. II. im dritten Teil.

[2] In diesem Fall ist auch ein abschließendes „(Self-)Controlling" möglich. Vgl. **Mertin**, (Self-)Controlling, S. 1118-1121. Auf das grundsätzliche Erfordernis formaler Risikoprämien für das Ausfallrisiko weist in diesem Zusammenhang auch Rüsberg hin. Vgl. **Rüsberg**, Banken-Rating, S. 72.

[3] Vgl. Kapitel A. II. im dritten Teil.

[4] Zu beachten ist in diesem Zusammenhang, daß auch den dezentralen Kundenbetreuern formale Ausfallrisikoprämien angelastet werden müssen, da letztlich nicht sie, sondern die Eigenkapitalgeber den aus dem formalen Risiko resultierenden Mißnutzen tragen müssen. Dieser Gedanke findet sich auch bei **Büschgen**, Anreizsysteme, S. 534.

dann als nicht nachteilig angesehen, wenn im Durchschnitt mit einer Reinvermögensänderung von null zu rechnen ist, so führt ein im Fall eines Risikotransfers an einen Dritten zu zahlender Preis für die Übernahme des formalen Risikos zu einer Reinvermögensminderung bei der Bank. Ein Kreditgeschäft wäre unter Umständen als nachteilig zu beurteilen, obgleich die isolierten Informationen über die Höhe des materiellen und formalen Einzel- bzw. Gesamtrisikos dem Entscheidungsträger eine Ablehnung des Geschäfts nicht nahelegen.[1] Insgesamt wird also erst durch eine Kalkulation formaler Risikoprämien auf Einzelgeschäftsebene erreicht, daß die Entscheidungskompetenzen für den Abschluß von Kundengeschäften vollständig auf dezentrale Stellen verlagert werden können und zentrale Eingriffe wie etwa durch Limite nicht länger erforderlich sind.[2]

II. Anforderungen an die Risikomessung

Die Erfüllung der drei angeführten Teilfunktionen und damit letztlich auch der Grundfunktion der Risikomessung ist allgemein nur dann gewährleistet, wenn sowohl auf die Entscheidungssituation selbst bezogene Basisanforderungen als auch konkrete Zusatzanforderungen hinsichtlich der Messung formaler wie materieller Risiken erfüllt sind.[3]

1. Basisanforderungen

Bezogen auf die Basisanforderungen ist es zunächst erforderlich, daß sämtliche Handlungsalternativen vom Entscheidungsträger erfaßt und mit in sein Kalkül gezogen werden.

Hinsichtlich des Ausfallrisikos dürfen Engagements beispielsweise nicht bereits deshalb im Vorfeld abgelehnt werden, weil sie ein bestimmtes Volumen oder eine spezifische Krisenquote überschreiten, aus einer speziellen Region oder Branche, in die bereits Kredite vergeben wurden, stammen, oder weil eine zuvor festgelegte

---

[1] Vgl. auch Kapitel B. I. 3. b) in diesem Teil.

[2] Die Forderung nach einer vollständig dezentralen Lenkung mit Hilfe von Verrechnungspreisen findet sich auch bei Schierenbeck. Vgl. **Schierenbeck**, Bankmanagement, S. 41 ff.

[3] In Analogie zu den Anforderungen an ein steuerungsadäquates Verrechnungszinskonzept vgl. **Banken**, Steuerung, S. 22 ff.

und für alle Engagements insgesamt geltende Kreditobergrenze bereits überschritten wurde. Wird nämlich davon ausgegangen, daß formale Ausfallrisiken bei einer Kalkulation angemessener formaler Risikoprämien grundsätzlich reinvermögensneutral auf Dritte übertragen werden können, sollten Engagements nur dann abgelehnt werden, wenn die vereinbarten Margen keine entsprechenden formalen und materiellen Risikoprämien enthalten.

Ähnliches gilt für das Zinsänderungs- und Wechselkurs- bzw. Swapsatzrisiko. Offene aktivische oder passivische Festzins- oder Fremdwährungspositionen dürfen nicht bereits bei Erwartung einer bestimmten Zins- oder Wechselkursentwicklung aus dem Kalkül des Entscheidungsträgers eliminiert werden. Wird beispielsweise bei einer offenen aktivischen Festzinsposition mit einem Zinsanstieg gerechnet, muß vielmehr eruiert werden, ob sich nicht als Ausgleich für die damit verbundene Reinvermögensminderung eine materielle Zinsänderungsrisikoprämie erwirtschaften läßt. Erst wenn dies nicht der Fall ist, sollten solche Handlungsalternativen nicht eingegangen werden.

Die vollständige Entscheidungsformulierung beinhaltet ferner, daß sämtliche Umweltzustände und nicht nur subjektiv für möglich gehaltene oder nachteilige mit in die Betrachtung einbezogen werden.[1] Es sollen also insbesondere nicht nur diejenigen möglicherweise eintretenden Umweltzustände erfaßt werden, die zu einer Reinvermögensminderung führen, sondern auch solche, die mit einer Reinvermögensmehrung verbunden sind. Auch Umweltzustände, deren Eintritt nur mit einer geringen Wahrscheinlichkeit erwartet wird, sind mit zu berücksichtigen. Dies ist insbesondere deshalb erforderlich, weil im Hinblick auf das formale Gesamtrisiko gerade ursprünglich nicht für möglich gehaltene Extremsituationen einen zufälligen Eigenkapitalverzehr hervorrufen.

Hinsichtlich der in einer Entscheidungssituation berücksichtigten Art der Umweltzustände ist des weiteren zu beachten, daß nur solche als entscheidungsrelevant angesehen und einer Entscheidungssituation zugerechnet werden dürfen, die die Ergebnisse der gewählten Handlungsalternative unmittelbar und nicht nur mittelbar beeinflussen. Hohe Korrelationen zwischen den eigentlich relevanten Umweltzuständen einerseits und den als entscheidungsrelevant unterstellten andererseits rei-

---

[1] Diese a prima vista unrealistisch erscheinende Basisanforderung ist dann erfüllbar, wenn bei der Risikomessung stetige Wahrscheinlichkeitsverteilungen der Umweltzustände bzw. solche vollständig charakterisierende Momente berücksichtigt werden. Vgl. Kapitel C. III. 2. im zweiten Teil.

chen hier nicht aus. Letzteres ist — wie im folgenden ausführlich zu zeigen sein wird — beispielsweise dann von Bedeutung, wenn in- und ausländische Zinssätze nur hoch, aber nicht vollständig positiv korreliert sind, gleichwohl aber davon ausgegangen wird, daß die Entwicklungen inländischer Zinssätze auch die Reinvermögensänderungen bei Festzinsüberhängen in Fremdwährung determinieren. Eine solche Annahme wird implizit gemacht, wenn nicht zwischen Festzinsüberhängen in heimischer und in Fremdwährung unterschieden wird. In diesem Zusammenhang ist es erforderlich, in- und ausländiche Zinsänderungsrisiken isoliert zu erfassen.[1]

Notwendig ist es weiterhin, den Umweltzuständen Wahrscheinlichkeiten beizulegen, die aus Markterwartungen bzw. aus Erfahrungen der Vergangenheit abgeleitet sind. Wahrscheinlichkeiten, die bereits eine bestimmte Risikoneigung der Entscheidungsträger beinhalten, sind hingegen zu vermeiden. So sollten beispielsweise Umweltzuständen, die im Falle ihres Eintritts mit hohen Reinvermögensminderungen verbunden sind, nicht besonders hohe Wahrscheinlichkeiten beigelegt werden, um den hieraus resultierenden Mißnutzen bereits an dieser Stelle adäquat zu berücksichtigen. Bei einer derartigen Vorgehensweise würde die Gefahr eines zufälligen Eigenkapitalverzehrs regelmäßig zu hoch eingeschätzt und es würden auch zu hohe materielle Risikoprämien kalkuliert. Geschäfte würden dann unter Umständen abgelehnt, obwohl sie im Hinblick auf die Zielsetzung der Bank nicht nachteilig sind. Eine Einbeziehung der subjektiven Risikoneigung hat also erst auf der Ebene der Beurteilungsfunktion zu erfolgen.

Unabhängig von der nicht sachgerechten Einbeziehung einer subjektiven Risikoneigung in die Ermittlung von Wahrscheinlichkeiten ist die Zugrundelegung von Markterwartungen aber auch deshalb sinnvoll, weil — eine halbstrenge bzw. strenge Informationseffizienz des Marktes vorausgesetzt[2] — insbesondere kleinere Banken in der Regel keine besseren Prognosen aufstellen können als die Gesamtheit der Marktteilnehmer.

---

[1] Eine derartige Differenzierung zwischen Festzinspostionen in inländischer und in Fremdwährung ist nicht bei allen Banken üblich. Allerdings werden bereits im bankenaufsichtsrechtlichen Eigenkapitalgrundsatz Ia Zinsrisikopositionen für jede Währung einzeln ermittelt. Es besteht in diesem Zusammenhang also keine Möglichkeit, Zinspositionen verschiedener Währungen miteinander zu verrechnen. Vgl. **Schulte-Mattler/Traber**, Marktrisiko, S. 75. Vgl. in diesem Zusammenhang auch Kapitel B. III. 2. c) in diesem Teil.

[2] Zu den Formen der Informationseffizienz vgl. **Schneider**, Investition, S. 541 ff.

Schließlich sind die mit den jeweiligen Handlungsalternativen verbundenen Reinvermögensänderungen — unabhängig von ihrem bilanziellen Ausweis — vollständig zu erfassen. Letzteres beinhaltet insbesondere, daß neben Einkommens- auch Markt- bzw. Barwertänderungen, die gleichfalls zum Konkurs der Bank führen können, erfaßt werden.

2. Steuerungsadäquate Messung des materiellen Risikos

Eine vollständige und eine den objektiven Gegebenheiten entsprechende Definition der Entscheidungssituation stellt zwar die Grundvoraussetzung für eine materielle Risikomessung dar, doch sind im Hinblick auf das materielle Risiko gleichwohl weitere Zusatzanforderungen zu erfüllen.

Wurde bereits bei der Darstellung der Verhaltenssteuerungsfunktion angeführt, daß richtige Entscheidungen ermöglicht und falsche nur dann verhindert werden, wenn die Ergebnisse von Handlungsalternativen zumindest eine materielle Risikoprämie in sachgerechter Höhe enthalten, so ist es in diesem Zusammenhang des weiteren erforderlich, daß Reinvermögensmehrungen auch dann als materielle Risikoprämien interpretiert werden, wenn sie gewöhnlich nicht als solche betrachtet und vielmehr als zusätzliche Erfolgsquellen angesehen werden. Letzteres ist — wie im folgenden ausführlich dargelegt wird — speziell bei Fristen- und Währungstransformationsbeiträgen gegeben, die nicht als materielle Risikoprämien, sondern als weitere Erfolgsquellen der Bank aufgefaßt werden.[1]

Neben diesen trivialen Voraussetzungen ist es ferner notwendig, daß materielle Risikoprämien und Schäden stets einem Fonds zugewiesen und zufällig eintretende Reinvermögensmehrungen nicht ausgeschüttet werden. Beruht die Höhe der Reinvermögensänderungen in einzelnen Perioden nämlich auf Zufallseinflüssen — wie etwa auf dem Eintritt eines unerwartet hohen oder niedrigen Zinses bzw. Wechselkurses — so würde, wie bereits erwähnt wurde[2], eine Ausschüttung langfristig zu einem schleichenden Eigenkapitalverzehr führen. Auch darf ein dezentraler Entscheidungsträger bei zufällig eintretenden Reinvermögensmehrungen bzw. -minderungen weder belohnt noch sanktioniert werden; vielmehr sind ihm nur im

---

[1] Vgl. in diesem Zusammenhang die Kapitel B. II. 4. b) und B. III. 3. b) in diesem Teil.

[2] Vgl. Kapitel A. II. 2. im ersten Teil.

Durchschnitt zu erwartende Reinvermögensänderungen zuzurechnen und unter Umständen an ihn auszuschütten.

Schließlich ist an eine steuerungsadäquate Messung des materiellen Risikos über die Basisvoraussetzungen hinaus die Anforderung zu stellen, daß bei der Kalkulation materieller Risikoprämien sämtliche unmittelbar und mittelbar relevanten Umweltzustände, die die Reinvermögensänderungen determinieren, berücksichtigt werden. Hierbei darf insbesondere nicht von einer Konstanz der die Reinvermögensänderungen nur mittelbar beeinflussenden Umweltzustände ausgegangen werden. Im Hinblick auf das materielle Ausfallrisiko sind beispielsweise nicht nur erwartete Ausfälle von Zins- und Tilgungszahlungen für die Höhe der materiellen Risikoprämie entscheidend, sondern auch erwartete Veränderungen von Zinsen und Wechselkursen. Werden letztere vernachlässigt, wird die Summe der materiellen Ausfallrisikoprämien unter Umständen nicht ausreichen, insgesamt eintretende Reinvermögensminderungen im Durchschnitt zu decken. In diesem Zusammenhang wird im folgenden auch von materiellen Risikoverbundeffekten gesprochen.[1]

3. Steuerungsadäquate Messung des formalen Risikos

Ähnlich wie beim materiellen Risiko ist im Hinblick auf die Verhaltenssteuerungsfunktion auch hinsichtlich des formalen Risikos nur dann gewährleistet, daß richtige Entscheidungen ermöglicht und falsche verhindert werden, wenn formale Risiken tatsächlich gemessen, erforderliche risikopolitische Maßnahmen initiiert und formale Risikoprämien in sachgerechter Höhe kalkuliert und marktlich durchgesetzt werden. In diesem Zusammenhang ist eine Messung des formalen Risikos mittels Hilfsgrößen wie etwa an Hand von offenen Festzins- oder Fremdwährungsüberhängen aber nicht ausreichend. Hiermit können ein formales Gesamtrisiko nicht festgestellt und insbesondere formale Einzelrisikoprämien nicht kalkuliert werden. Zu fordern ist daher, formale Einzelrisiken unmittelbar mit Hilfe der Standardabweichung der Reinvermögensänderungen zu quantifizieren.

Darüber hinaus ist es erforderlich, daß formale Einzel- bzw. Gesamtrisikoprämien auch den Stellen als Erfolgsbeiträge zugerechnet werden, die das formale Gesamtrisiko zu verantworten bzw. den daraus resultierenden Mißnutzen zu tragen haben. Hierbei handelt es sich nicht um die dezentralen Entscheidungsträger oder die Bankgeschäftsleitung, sondern um die Eigenkapitalgeber, deren Eigenkapitalver-

---

[1] Vgl. zum Wesen materieller Risikoverbundeffekte Teil C. in diesem Teil.

zinsung primär von den intertemporären Schwankungen der Summe aller Reinvermögensänderungen abhängt.

Schließlich beinhaltet die steuerungsadäquate Messung des formalen Gesamtrisikos aber noch einen weiteren Aspekt: Da das formale Gesamtrisiko — wie bereits mehrfach angeführt wurde — abschließend nur dann auf der Basis formaler Ausfall-, Zinsänderungs-, Swapsatz- und Wechselkursrisiken gemessen und formale Einzelrisikoprämien nur in dem Fall isoliert kalkuliert werden können, wenn die Reinvermögensänderungen dieser Risiken vollständig positiv miteinander korreliert sind, hiervon aber in der Regel nicht ausgegangen werden kann, müssen die tatsächlichen Korrelationskoeffizienten berechnet und in die Betrachtung einbezogen werden (formale Risikoverbundeffekte).

Im folgenden Kapitel sollen die dargelegten Anforderungen den traditionellen Risikomeßinstrumenten bzw. daraus abgeleiteten Verhaltensweisen der Bankpraxis gegenübergestellt und kritisch analysiert werden. Die Analyse kann hierbei zwei Ebenen betreffend erfolgen: Zum einen ist auf einer dezentralen und einzelgeschäfts- bzw. -entscheidungsbezogen Ebene zu untersuchen, ob und inwiefern die herkömmliche Messung des Ausfall-, Zinsänderungs-, Swapsatz- und Wechselkursrisikos den aufgestellten Anforderungen entspricht. Zum anderen sind auf zentraler Ebene die formalen und materiellen Risikoverbundeffekte zwischen den Einzelrisiken zu beleuchten.

B. Kritische Analyse isolierter Konzepte zur Messung banktypischer Erfolgsrisiken

I. Die Messung des Ausfallrisikos

1. Zur Kontroverse um die Kreditvergabeentscheidung

Die Frage, wie und ob Banken formale und materielle Ausfallrisiken messen bzw. auf welcher Grundlage sie ihre Kreditentscheidungen basieren, läßt sich auf empirischer Basis nicht eindeutig beantworten. Die Diskretion der Kreditbeziehung setzt der empirischen Forschung hier eindeutige Grenzen. Auch aus den Gewinn- und Verlustrechnungen der Banken lassen sich insbesondere aufgrund der Möglichkeit zur Bildung stiller Reserven bzw. zur Überkreuzkompensation die tatsächlichen Forderungsausfälle nur schwer erkennen[1], so daß auch hieraus kaum Anhaltspunkte für das Kreditvergabeverhalten bzw. die Risikomessung der Banken gewonnen werden können. Entsprechend kontrovers werden die verschiedenen Theorien diskutiert, die für sich in Anspruch nehmen, das Kalkül der Banken richtig widerzuspiegeln.[2] Wenngleich auch im Rahmen dieser Arbeit eine abschließende Beurteilung der Theorien nicht möglich ist, läßt sich doch aufgrund beobachtbarer Verhaltensweisen zumindest eine Beurteilung extremer Positionen vornehmen. Hieraus wiederum können erste Indizien für die Messung des Ausfallrisikos in der Bankpraxis gewonnen werden. Als Extrempositionen lassen sich in diesem Zusammenhang die Risikoabgeltungs- und die Risikovermeidungsthese anführen:

Im Rahmen der Risikoabgeltungsthese wird behauptet, daß Banken im Kreditgeschäft quasi unbegrenzt Ausfälle von Zins- und Tilgungszahlungen hinzunehmen bereit sind, wenn sie als Ausgleich hierfür Risikoprämien materieller und formaler Art[3] erhalten. Diese These wird u.a. durch die Existenz von Teilzahlungsbanken zu stützen versucht, die bei gegenüber den Universalbanken weitaus höheren Sollzinsen Kredite auch an solche Kunden vergeben, deren Kreditanträge aufgrund ihrer

---

[1] Vgl. § 340 f Abs. 3 HGB.

[2] Vgl. **Spremann**, Finanzierung, S. 127 ff.

[3] Vgl. **Spremann**, Finanzierung, S. 127. Unbestimmt ist in diesem Zusammenhang allerdings, ob es sich bei den Risikoprämien lediglich um solche materieller oder auch formaler Art handelt. Drukarczyk beispielsweise berechnet lediglich materielle Risikoprämien, während Wilhelm auch die Notwendigkeit der Kalkulation formaler Risikoprämien anführt. Vgl. **Drukarczyk**, Finanzierungstheorie, S. 223 ff., und **Wilhelm**, Bereitschaft, S. 586 f.

geringen Bonität von anderen Banken abgelehnt werden.[1] Folglich, so wird unterstellt, werden zumindest von den Teilzahlungsbanken beliebig hohe Ausfallrisiken akzeptiert, ohne daß eine Kreditvergabe als unvorteilhaft angesehen wird.

Die Risikovermeidungsthese vertritt hingegen eine der Risikoabgeltung konträre Auffassung. Danach ist der Kreditspielraum eines Kreditnehmers angesichts unterstellter extremer Risikoaversion der Banken nicht unbegrenzt, sondern er wird durch den Umfang der sicheren Zahlungen determiniert, die ein Kreditnehmer zu leisten in der Lage ist. Unsicherheiten der Kreditrückzahlung werden hingegen nur im Bereich positiver Deckungsbeiträge toleriert.[2] Die Risikovermeidungsthese wird von Mühlhaupt mit der Aussage plakativ dargestellt, daß eine Bank stets nur die Gewährung sicherer Kredite plane und kein etwaiger Risikozuschlag auf den Zins so hoch sein könne, daß er eine ausreichende Sicherung gegen den Verlust der dem Kreditnehmer zur Verfügung gestellten Mittel bieten würde.[3] Insgesamt wird nach dieser Auffassung ein Kredit also auch dann nicht vergeben, wenn neben einer materiellen auch eine formale Risikoprämie im mit dem Kunden vereinbarten Positionszins enthalten ist.

Beide Thesen spiegeln das beobachtbare Kreditvergabeverhalten der Banken aber nur unzureichend wider. So wird bereits von den Vertretern der Risikovermeidungsthese einschränkend angeführt, daß sich die Risikovermeidung lediglich auf geplante und nicht auch auf latente Risiken bezieht.[4] Risikovermeidung bedeute also nicht, daß überhaupt keine, sondern nur keine geplanten Risiken eingegangen werden. Eine sachgerechte Differenzierung zwischen geplanten und latenten Risiken ist allerdings kaum möglich. So werden als geplante Einzelrisiken in diesem Zusammenhang solche Risiken bezeichnet, *„die von der Bank in ihren konkreten Umständen und in ihrer kausalen Entstehung auf den Einzelfall bezogen als potentiell erkannt werden, wobei sich für die Gefährdung des Kredits eine positive Wahrscheinlichkeit ergibt".*[5] Latente Risiken hingegen sind dadurch charakterisiert, daß *„sie sich als Folge unvollständiger Kenntnis der möglichen Zukunftsla-*

---

[1] Vgl. **Süchting**, Risikoüberlegungen (II), S. 22 f.
[2] Vgl. **Wilhelm**, Bereitschaft, S. 590 ff.
[3] Vgl. **Mühlhaupt**, Kosten, S. 17 f.
[4] Vgl. **Wilhelm**, Bereitschaft, S. 575.
[5] **Wilhelm**, Bereitschaft, S. 575.

gen oder deren kausalgesetzlicher Konsequenzen für das betrachtete Kreditengagement der Planbarkeit im Einzelfall entziehen."[1]

Handelt es sich bei den „konkreten Umständen" geplanter Risiken, die auf eine Ausfallgefahr hindeuten, beispielsweise um Absatzschwierigkeiten, Gewinneinbrüche in der Vergangenheit, schlechte Managementqualität, hohe Verschuldungsgrade, unzureichende charakterliche Eigenschaften des Kreditnehmers o.ä.[2], so sind bereits die konkreten Grenzen, ab denen von einem geplanten und nicht von einem latenten Risiko zu sprechen ist, nicht objektiv bestimmbar; vielmehr unterliegen diese dem weitgehend subjektiven Kalkül des Entscheidungsträgers. Fraglich ist in diesem Zusammenhang beispielsweise, ob bei Unterschreitung einer Eigenkapitalquote von 10% oder 20% von einem geplanten Risiko zu sprechen ist oder welche persönlichen bzw. charakterlichen Voraussetzungen ein Kreditnehmer erfüllen muß, um als bonitätsmäßig einwandfrei eingestuft zu werden. Von einer Risikovermeidung im engeren Sinne kann also nur dann gesprochen werden, wenn von restriktivsten Anforderungen an die Bonität des Kreditnehmers ausgegangen wird. Diese zu erfüllen sind im Extremfall — wenn überhaupt — aber nur öffentliche Haushalte als Kreditnehmer in der Lage. Soweit also Kredite an andere Kreditnehmer als öffentliche Haushalte vergeben werden — was in der Bankpraxis die Regel ist — kann von einer Risikovermeidung im engeren Sinne nicht mehr gesprochen werden. Da zudem vermutet werden kann, daß die Zinssätze für Kredite, die an öffentliche Haushalte vergeben werden, in der Regel niedriger liegen als bei privaten Kreditnehmern und die Zinsdifferenzen nicht allein auf die geringeren Betriebskosten bei der Abwicklung der staatlichen Engagements zurückgeführt werden können, ist die Risikoabgeltungsthese — zumindest in dieser allgemeinen Form — nicht abzulehnen.

Eine Risikoabgeltung ist jedoch nicht nur durch die Tatsache, daß Kredite unter Berücksichtigung eines Aufschlages auf den risikolosen Zins überhaupt an private Kreditnehmer und nicht nur an staatliche Stellen vergeben werden, zu begründen; vielmehr differenzieren die Banken bei der Kreditvergabe auch zwischen unterschiedlichen Bonitäten privater Kreditnehmer. Im gewerblichen Kreditgeschäft etwa werden Anhaltspunkte für kreditnehmerspezifische Bonitäten aus der Untersuchung von in der Vergangenheit beobachteten Kreditausfällen derjenigen Risikoklassen gewonnen, denen der in Betracht stehende Kreditnehmer zuzurechnen

---

[1] **Wilhelm**, Bereitschaft, S. 575.
[2] Vgl. **Brakensiek**, Kalkulation, S. 42.

ist.¹ Wird beispielsweise ein gewerblicher Kredit an ein Unternehmen in der Risikoklasse „Baubranche" vergeben, und ist aufgrund von Erfahrungen aus der Vergangenheit mit einer Krisenquote bzw. Ausfallwahrscheinlichkeit von 1% für Kredite, die an Unternehmen in der Baubranche ausgereicht werden, zu rechnen, so handelt es sich auch hier um ein — mit Einschränkungen — planbares Risiko. Ist nämlich das Ursachensystem für die Risikoklasse Baubranche konstant, so muß bei häufiger Kreditvergabe mit einem tatsächlichen Ausfall von 1% der Kreditnehmer gerechnet werden. Entsprechend schlägt sich diese Krisenquote auch in den geforderten Zinssätzen in Form einer materiellen Risikoprämie in entsprechender Höhe nieder. Ist bei einer anderen Risikoklasse — der Risikoklasse „Chemiebranche" etwa — mit einer höheren Krisenquote zu rechnen, wird eine Bank nur bei einem höheren Zins zur Kreditvergabe bereit sein.

Gegen eine Risikovermeidung im Kreditgeschäft spricht schließlich, daß Banken auch im Bereich des Zinsänderungs-, Wechselkurs- bzw. Swapsatzrisikos Risiken bewußt eingehen bzw. kompensatorische Geschäfte zur Schließung offener Festzins- oder Fremdwährungspositionen willentlich unterlassen, wobei sich diese Risiken ähnlich wie Ausfallrisiken letztlich in einer Wahrscheinlichkeitsverteilung von Reinvermögensänderungen niederschlagen. Ein unterschiedliches Verhalten im Bereich des Ausfallrisikos im Vergleich zum Zinsänderungs-, Swapsatz- oder Wechselkursrisiko wäre rational also kaum zu begründen.²

Trotz der Indizien gegen die Risikovermeidungsthese kann gleichfalls nicht eine unbegrenzte Kreditvergabebereitschaft der Banken unterstellt werden, wenn nur ausreichend hohe formale und materielle Risikoprämien im Kundenzins enthalten sind. So ist zu beobachten, daß Banken nur innerhalb eines bestimmten Bereichs bereit sind, formale Ausfallrisiken zu übernehmen, darüber hinaus aber auch bei hohen Risikoprämien Kreditanträge ablehnen. Ein Ansatz, der dieses Verhalten zu beschreiben versucht, ist die Risikonormierungsthese, die wie folgt gekennzeichnet werden kann: *„Die Banken verfolgen ... nicht das Prinzip, erhöhte Kreditrisiken durch erhöhte, im Zins enthaltene Risikoprämien zu absorbieren, sondern sie*

---

1 Vgl. **Brakensiek**, Kalkulation, S. 166 ff.
2 In diesem Zusammenhang ist auch die folgende Aussage des Vorstandsmitglieds der Deutsche Bank AG, Krumnow zu interpretieren: *„Die Deutsche Bank nimmt, wie jede andere Bank, kalkulierte Risiken."* **Jünnemann**, besser, S. 51.

nehmen eine Kreditselektion auf die Weise vor, daß sie sich nur bis zu einem bestimmten Risikoniveau zur Kreditgewährung bereit erklären."[1]

Wenngleich der Risikonormierungsthese von einigen Autoren vorgeworfen wird, es sei ihr *„bisher nicht gelungen, Risikonormierung als Konsequenz rationalen Verhaltens abzuleiten",*[2] weil risikonormierendes Verhalten als *„ad-hoc-Annahme"* gesetzt und nicht auf andere Annahmen zurückgeführt wird[3], so ist spätestens mit dem auf der Theorie des Gewinnvorbehalts[4] basierenden Ansatz von Fischer eine weitgehend plausible Begründung für risikonormierendes Verhalten der Banken bei der Kreditvergabe gegeben.[5] Aufbauend auf den Überlegungen von Fischer soll daher im folgenden eine modifizierte Risikonormierungsthese dargestellt und insbesondere daraufhin untersucht werden, ob und wie Banken im Rahmen dieser These — die als wirklichkeitsnah unterstellt wird — formale und materielle Risiken messen.[6]

2. Darstellung der Messung von Ausfallrisiken auf der Basis einer modifizierten Risikonormierungsthese

Ausgangspunkt der zu entwickelnden Risikonormierungsthese ist wie bei Fischer die Annahme, daß sich die Kreditvergabeentscheidungen der Banken nach zwei Kriterien ausrichten: einem Sicherheits- und einem Gewinnkriterium.

a) Das Sicherheitskriterium bei der Übernahme von Ausfallrisiken

Im Rahmen des Sicherheitskriteriums ist davon auszugehen, daß Banken zwar grundsätzlich nicht nur sichere, sondern auch vom Ausfall bedrohte Kredite an private Schuldner vergeben, da sie hierin ihre originäre Aufgabe und letztlich die

---

[1] **Fischer**, Entwicklungen, S. 33.
[2] **Terberger**, Kreditvertrag, S. 31 f.
[3] Lediglich ansatzweise sind Begründungen für risikonormierendes Verhalten zu finden. Vgl. **Krümmel**, Finanzierungsrisiken, S. 492 ff., und **Stieglitz/Weiss**, Credit, S. 393-410.
[4] Vgl. **Koch**, Ansatz, S. 19-39, und **Albach**, Gewinnvorbehalt, S. 557-564.
[5] Vgl. **Fischer**, Entscheidungskriterien, S. 123 ff.
[6] Zur Risikonormierungsthese bzw. zur Kreditrationierung im allgemeinen vgl. **Nahr**, Kreditrationierung. Ein Überblick über neuere Entwicklungen zur Theorie der Kreditrationierung findet sich bei Kaiser. Vgl. **Kaiser**, Kreditrationierung, S. 529-532.

Möglichkeit zur Gewinnerzielung sehen, daß sie hierzu aber nur dann bereit sind, wenn mit der Kreditvergabe insgesamt eine bestimmte Ruinwahrscheinlichkeit, die insbesondere abhängig ist von der Höhe des Eigenkapitals, nicht überschritten wird. Im Falle einer Überschreitung der Ruinwahrscheinlichkeit werden Banken auch bei hohen Zinsversprechen seitens ihrer Kunden nicht gewillt sein, weitere Engagements zu akzeptieren.

Die Banken sehen sich in diesem Zusammenhang allerdings mit dem bereits erwähnten Problem konfrontiert, daß ein Kundenbetreuer das bei einer einzelnen Kreditvergabe maximal tolerierbare formale Ausfallrisiko bzw. eine durch die Kreditvergabe induzierte Überschreitung der vorgegebenen Ruinwahrscheinlichkeit nur dann erkennen kann, wenn er über das gesamte Kreditportfolio der Bank in Umfang und Struktur genau informiert ist. Letzteres ist in praxi nicht der Fall und wäre nur bei einer Simultanplanung des Kreditportfolios möglich. In der Regel stehen den Kundenbetreuern nämlich nur Informationen über die in Betracht stehenden Kredite bzw. über eine begrenzte Zahl weiterer von ihnen selbst vergebener Engagements zur Verfügung.[1]

Um dieses Dilemma zu lösen, d.h. einerseits vom Ausfall bedrohte Kredite vergeben und entsprechende Erfolgsbeiträge erwirtschaften zu können, andererseits aber die Existenz der Bank nicht durch eine zu hohe Ruinwahrscheinlichkeit über alle Maßen zu gefährden, partialisieren die Banken das Sicherheitskriterium und unterwerfen ihre Krediteinzelentscheidungen einzelnen und auf Hypothesen hinsichtlich des formalen Ausfallrisikos beruhenden Risikogrenzen. Letztere sollen zumindest näherungsweise dazu dienen, daß die vorgegebene Ruinwahrscheinlichkeit eingehalten wird.[2]

Das formale Ausfallrisiko und damit auch das formale Gesamtrisiko werden in praxi also nicht direkt, sondern vielmehr indirekt mittels der im folgenden näher zu beschreibenden drei Risikogrenzen zu messen und zu steuern versucht:[3]

Zum einen sind die Banken nur bis zu einem bestimmten Ausfallbetrag bereit, Kredite zu vergeben. Zum anderen werden nur Krisenquoten bis zu einer gewissen Höhe akzeptiert. Schließlich hängt das Urteil über die Realisierungswürdigkeit

---

[1] Vgl. **Fischer**, Bereitschaft, S. 278.
[2] Vgl. **Fischer**, Entscheidungskriterien, S. 157.
[3] Vgl. **Fischer**, Bereitschaft, S. 280 ff.

einzelner Engagements auch von der Höhe der eingesetzten Mittel (Kreditvolumen und Finanzierungskosten) ab. Die Bedeutung, die ein bestimmter Ausfallbetrag im Urteil der Bank hat, wird also — so zumindest die Annahme — mit zunehmender Höhe der Mittel sinken.

Inwiefern sich durch diese drei Risikogrenzen Auswirkungen auf das formale Ausfallrisiko ergeben, wird im folgenden paradigmatisch aufgezeigt:

Die erste Risikogrenze, d.h. die Akzeptanz von Ausfallbeträgen bis zu einer bestimmten Höhe, kann damit begründet werden, daß eine Kompensation der Ausfallbeträge um so eher zu erwarten ist, je niedriger deren absolute Höhen ausfallen.[1] Eine Bank wird steigende Ausfallbeträge also nur bei sinkenden Krisenquoten akzeptieren.

Zur Verdeutlichung wird von einer Bank ausgegangen, die die Möglichkeit hat, einen Großkredit in Höhe von 300 TDM an einen Kreditnehmer oder drei einzelne und hinsichtlich des Kreditausfalls voneinander unabhängige Kredite mit Kreditbeträgen von jeweils 100 TDM an drei verschiedene Kreditnehmer zu vergeben.[2] Die mit den Kunden vereinbarten Positionszinsen betragen jeweils 10%, wobei die Finanzierung am Geld- und Kapitalmarkt zu einem Zins von jeweils 5% erfolgt. Die Krisenquoten sowohl des Großkredits als auch der drei einzelnen Kredite weisen ferner einen Wert von jeweils 1% auf.

Für den Fall, daß der Großkredit ausfällt (U I) bzw. daß er vollständig zurückgezahlt wird (U II), ergeben sich folgende Reinvermögensänderungen mit zugehörigen Wahrscheinlichkeiten (vgl. Abb. 2.1):

U	Reinvermögensänderungen	Wahrscheinlichkeiten
I	-315 TDM	0,01
II	15 TDM	0,99

Abb. 2.1: Reinvermögensänderungen bei der Vergabe eines Großkredits

Tritt der Umweltzustand U I ein, resultieren die Reinvermögensminderungen aus dem Ausfall des Kapitalbetrages in Höhe von 300 TDM und dem Ausfall der Finanzierungskosten bzw. Zinszahlungen in Höhe von 15 TDM. Aus dem Ausfall der

---

[1] Vgl. **Fischer**, Bereitschaft, S. 280.
[2] Vgl. **Schierenbeck**, Bankmanagement, S. 673 ff.

über die tatsächlichen Finanzierungskosten hinausgehenden Positionszinsen ergeben sich hingegen keine weiteren Ergebnisminderungen. Es handelt sich hierbei vielmehr nur um den „Entgang einer Reinvermögensmehrung". Entsprechend weist der Umweltzustand II auch einen Reinvermögenszuwachs von 15 TDM auf. Insgesamt ermittelt sich nachstehender Erwartungswert der Reinvermögensänderung:

(2.1) $\quad E(\Delta Rv_2) = (-315 \text{ TDM}) \times 0{,}01 + 15 \text{ TDM} \times 0{,}99 = 11{,}7 \text{ TDM}$.

Bei häufiger Vergabe des Großkredits ist also im Durchschnitt eine Reinvermögensmehrung in Höhe von 11,7 TDM zu erwarten. Hinsichtlich des materiellen Risikos ist der Großkredit entsprechend positiv zu beurteilen.

Bei alternativer Vergabe von drei Einzelkrediten ergeben sich für den Fall, daß diese ausfallen (U I) bzw. vollständig zurückgezahlt werden (U II), in analoger Weise nachstehende Werte (vgl. Abb. 2.2):

U	Reinvermögensänderungen	Wahrscheinlichkeiten
I	-105 TDM	0,01
II	5 TDM	0,99

Abb. 2.2: Reinvermögensänderungen bei der Vergabe eines Einzelkredits

Es errechnet sich für jeden Einzelkredit ein Erwartungswert der Reinvermögensänderung von:

(2.2) $\quad E(\Delta Rv_2) = (-105 \text{ TDM}) \times 0{,}01 + 5 \text{ TDM} \times 0{,}99 = 3{,}9 \text{ TDM}$.

Hier ist bei jedem einzelnen Kredit im Durchschnitt mit Reinvermögensmehrungen in Höhe von 3,9 TDM zu rechnen. Die Einzelkredite erscheinen hinsichtlich des materiellen Risikos also gleichfalls positiv.

Obwohl die Summe der Erwartungswerte der Reinvermögensänderungen der drei Einzelkredite dem entsprechenden Erwartungswert des Großkredits entspricht, wird der Großkredit bei einer unterstellten Risikogrenze von 105 TDM abgelehnt, während die drei Einzelkredite gerade noch akzeptiert werden. Dieses der Bank unterstellte Verhalten wird plausibel, wenn man die Wahrscheinlichkeitsverteilungen der Reinvermögensänderungen genauer betrachtet.

Bei Vergabe des Großkredits tritt mit einer Wahrscheinlichkeit von 1% — bei einem Ausfall des Kreditnehmers (U I) — eine Reinvermögensminderung von 315 TDM auf, während mit einer Wahrscheinlichkeit von 99% — bei ordnungsgemäßer Rückzahlung (U II) — eine positive Reinvermögensänderung in Höhe von 15 TDM erzielt wird. Beträgt das vorhandene Eigenkapital beispielsweise 300 TDM, so ist mit einer Ruinwahrscheinlichkeit von 1% zu rechnen.

Grafisch läßt sich der Zusammenhang wie folgt darstellen (vgl. Abb. 2.3):

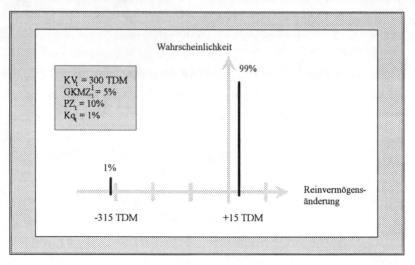

Abb. 2.3:   Diskrete Wahrscheinlichkeitsverteilung bei der Vergabe eines Großkredits

Bei einer Vergabe von drei einzelnen Kredite hingegen sind im Vergleich zum Großkredit nicht nur zwei, sondern vier Umweltzustände möglich:

- Umweltzustand I: alle drei Kredite fallen aus,
- Umweltzustand II: zwei Kredite fallen aus und einer wird zurückgezahlt,
- Umweltzustand III: ein Kredit fällt aus und zwei werden zurückgezahlt,
- Umweltzustand IV: alle Kredite werden zurückgezahlt.

Sofern die Kredite A1 bis A3 untereinander nicht korreliert sind und aus der gleichen Risikoklasse entstammen, lassen sich für die Umweltzustände U I bis U IV folgende Reinvermögensänderungen mit zugehörigen Wahrscheinlichkeiten berechnen (vgl. Abb. 2.4):

U	Reinvermögensänderung				Wahrscheinlichkeiten				
	A1	A2	A3	Σ	A1	A2	A3	kombi-nierte W.	Σ
I	-105 TDM	-105 TDM	-105 TDM	-315 TDM	0,01	0,01	0,01	0,000001	0,000001
II	-105 TDM	-105 TDM	5 TDM		0,01	0,01	0,99	0,000099	
	-105 TDM	5 TDM	-105 TDM	-205 TDM	0,01	0,99	0,01	0,000099	0,000297
	5 TDM	-105 TDM	-105 TDM		0,99	0,01	0,01	0,000099	
III	-105 TDM	5 TDM	5 TDM		0,01	0,99	0,99	0,009801	
	5 TDM	-105 TDM	5 TDM	-95 TDM	0,99	0,01	0,99	0,009801	0,029403
	5 TDM	5 TDM	-105 TDM		0,99	0,99	0,01	0,009801	
IV	5 TDM	5 TDM	5 TDM	15 TDM	0,99	0,99	0,99	0,970299	0,970299

Abb. 2.4: Wahrscheinlichkeitstabelle bei der Vergabe von drei Einzelkrediten bei einer Krisenquote von 1%

Die diskrete Wahrscheinlichkeitsverteilung sieht dann wie folgt aus (vgl. Abb. 2.5):

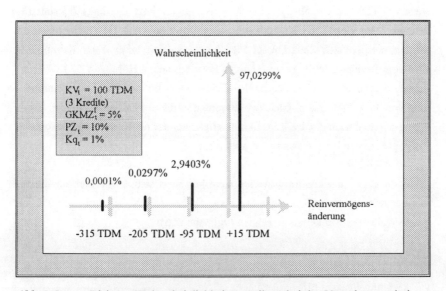

Abb. 2.5: Diskrete Wahrscheinlichkeitsverteilung bei der Vergabe von drei Einzelkrediten bei einer Krisenquote von 1%

Es ist offensichtlich, daß die Wahrscheinlichkeit für den Eintritt einer möglicherweise existenzgefährdenden Reinvermögensminderung in Höhe von 315 TDM im Falle des Großkredits von 1% auf 0,0001% bei Vergabe der drei einzelnen Kredite sinkt. Während der mathematische Erwartungswert der Reinvermögensänderung bei beiden Handlungsalternativen 11,7 TDM beträgt, berechnet sich eine Standardabweichung für die Reinvermögensänderungen des Großkredits von 32,83458 TDM und bei Vergabe der drei einzelnen Kredite von 18,95705 TDM. Es ist erkennbar, daß mit der Begrenzung der Höhe absoluter Ausfallbeträge nicht das materielle, sondern das formale Risiko zu steuern versucht wird.

Im Rahmen der zweiten Risikogrenze wurde des weiteren unterstellt, daß Banken auch bei Abgeltung des materiellen Risikos durch entsprechende Risikoprämien gleichfalls nicht bereit sind, geringe absolute Ausfallbeträge bei beliebig hohen Krisenquoten zu tolerieren. Dies ist damit zu erklären, daß die Gefahr, Reinvermögensmehrungen einzelner Geschäfte zur Konsolidierung von Reinvermögensminderungen ausgefallener Engagements heranziehen zu müssen, mit zunehmenden Krisenquoten steigt. Auch hier läßt sich zeigen, daß mit der Risikogrenze „maximale Krisenquote" auf das formale und nicht das materielle rekurriert wird.

In Abwandlung des vorherigen Beispiels wird unterstellt, daß die Bank weiterhin die Möglichkeit hat, drei einzelne Kredite an drei Kreditnehmer in Höhe von jeweils 100 TDM zu vergeben, wobei die Krisenquoten jetzt allerdings 2% statt 1% betragen. Die Geld- und Kapitalmarktzinsen, zu denen die Geschäfte finanziert werden, belaufen sich weiterhin auf 5%. Zum Ausgleich der erhöhten Krisenquote wird vom Kunden allerdings ein erhöhter Positionszins in Höhe von 11,122% entrichtet, der zu einem gleichbleibenden Erwartungswert der Reinvermögensänderung von 11,7 TDM führt. Gleichwohl werden in diesem Fall nicht nur der Großkredit, sondern auch die drei Einzelkredite bei einer auf die Krisenquote bezogenen Risikogrenze von beispielsweise 1% abgelehnt.

Wenn die drei Einzelkredite weiterhin nicht korreliert sind, lassen sich für die zusammengefaßten Umweltzustände U I bis U IV bei einer Krisenquote von 2% folgende Wahrscheinlichkeiten berechnen (vgl. Abb. 2.6):

U	Reinvermögensänderungen				Wahrscheinlichkeiten				
	A1	A2	A3	Σ	A1	A2	A3	kombin. W.	Σ
I	-105 TDM	-105 TDM	-105 TDM	-315 TDM	0,02	0,02	0,02	0,000008	0,000008
II	-105 TDM	-105 TDM	6,12 TDM		0,02	0,02	0,98	0,000392	
	-105 TDM	6,12 TDM	-105 TDM	-203,88 TDM	0,02	0,98	0,02	0,000392	0,001176
	6,12 TDM	-105 TDM	-105 TDM		0,98	0,02	0,02	0,000392	
III	-105 TDM	6,12 TDM	6,12 TDM		0,02	0,98	0,98	0,019208	
	6,12 TDM	-105 TDM	6,12 TDM	-92,76 TDM	0,98	0,02	0,98	0,019208	0,057624
	6,12 TDM	6,12 TDM	-105 TDM		0,98	0,98	0,02	0,019208	
IV	6,12 TDM	6,12 TDM	6,12 TDM	18,36 TDM	0,98	0,98	0,98	0,941192	0,941192

Abb. 2.6: Wahrscheinlichkeitstabelle bei der Vergabe von drei Einzelkrediten bei einer Krisenquote von 2%

Im Vergleich zur Situation bei einer Krisenquote von 1% ist bei einer solchen von 2% die Wahrscheinlichkeit einer Reinvermögensminderung in Höhe von 315 TDM acht mal höher. Entsprechend steigt die Standardabweichung der Verteilung und damit das formale Risiko von 18,95705 TDM auf 26,92957 TDM. Offensichtlich wird auch mit dieser Risikogrenze versucht, das formale und nicht das materielle Risiko zu steuern. Demnach sind Banken zu einer Kreditvergabe deshalb nur in begrenztem Umfang bereit, weil unabhängig von der Entrichtung eines das materielle Risiko abgeltenden Zinses und der wirtschaftlichen Fähigkeit des Kunden, diesen auch tatsächlich zu zahlen, mit zunehmender Ausfallwahrscheinlichkeit der Kreditengagements die Schwankung der Reinvermögensänderungen um den Erwartungswert steigt. Die Überlegung, daß eine Risikoabgeltung von den Banken deshalb nicht bzw. nur begrenzt verfolgt wird, weil die Kunden wirtschaftlich nicht in der Lage sind, einen risikoabgeltenden Zins zu zahlen oder rechtliche Zinshöchstgrenzen („Wucherparagraph"[1]) überschritten werden, kann insbesondere angesichts der in der Regel nur sehr geringen und von den Banken gerade noch akzeptierten Ausfallwahrscheinlichkeiten im Kreditgeschäft kaum überzeugen.[2]

Die diskrete Wahrscheinlichkeitsverteilung hat in diesem Fall folgendes Aussehen (vgl. Abb. 2.7):

---

[1] Vgl. § 138 BGB.
[2] Vgl. in diesem Zusammenhang auch **Scholz**, Ratenkredit, S. 1658 f.

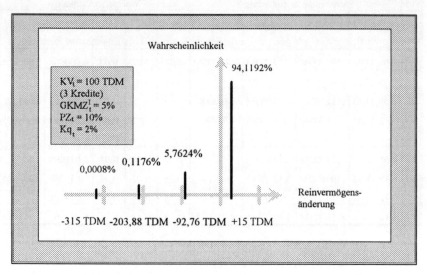

Abb. 2.7: Diskrete Wahrscheinlichkeitsverteilung bei der Vergabe von drei Einzelkrediten bei einer Krisenquote von 2%

Bezogen auf eine dritte Risikogrenze wird schließlich als realistisches Verhalten unterstellt, daß die Bedeutung, die ein bestimmter Ausfallbetrag im Urteil der Bank hat, mit zunehmendem Finanzvolumen abnimmt.[1] Zwar kann das formale Risiko mit dieser Risikogrenze nicht reduziert werden, doch ist das Verhalten der Banken unter Umständen damit zu erklären, daß mit zunehmendem Finanzvolumen eine Steigerung der durchschnittlichen Reinvermögensmehrung erwartet und diese als adäquate Prämie für das formale Risiko angesehen wird.

Zur Veranschaulichung wird das erste Beispiel dahingehend modifiziert, daß der Bank ein Großkredit in Höhe von 600 TDM offeriert wird, wobei 50% des Kapitals sowie der Kundenzinsen besichert sind. Die maximale Reinvermögensminderung beträgt daher wie im ersten Fall 315 TDM. Die Krisenquote für den risikobehafteten Teil des Großkredits beläuft sich auf 1%, und auch der Geld- und Kapitalmarktzins, zu dem das Engagement finanziert wird, weist eine Höhe von 5% auf. Für den risikobehafteten Teil des Kredits ergibt sich wie oben ein Positionszins von 10%, während für den besicherten Teil ein risikoloser Zins von 8,9% unterstellt wird. Insgesamt ist mit diesen Annahmen auch für den besicherten Teil eine Reinvermögensmehrung in Höhe von 11,7 TDM zu erwarten. Der Mischzins für den gesamten Kredit beträgt dann 9,45%.

---

[1] Vgl. **Fischer**, Entscheidungskriterien, S. 162 f.

Für den Fall, daß der zu 50% besicherte Großkredit ausfällt (U I) bzw. dieser vollständig zurückgezahlt (U II) wird, ergeben sich die unten aufgeführten Reinvermögensänderungen mit zugehörigen Wahrscheinlichkeiten (vgl. Abb. 2.8):

U	Reinvermögensänderungen	W
I	(−600 TDM × 1,05) + (300 TDM × 1,089) = −303,3 TDM	0,01
II	(−600 TDM × 0,05) + (600 TDM × 0,0945) = +26,7 TDM	0,99

Abb. 2.8: Reinvermögensänderungen bei der Vergabe eines zu 50% besicherten Großkredits (mit Konditionsmarge)

Wie vermutet, errechnet sich ein Erwartungswert der Reinvermögensänderung von:

(2.3) $$E(\Delta Rv_2) = (-303,3 \text{ TDM}) \times 0,01 + 26,7 \text{ TDM} \times 0,99 = 23,4 \text{ TDM},$$

der doppelt so hoch ist wie der bei der Vergabe des Großkredits in obigem Beispiel.

Darüber hinaus ermittelt sich eine Standardabweichung der Reinvermögensänderung von 32,83458 TDM, die identisch ist mit derjenigen des unbesicherten Großkredits. Dennoch ist gemäß der dritten Risikogrenze zu erwarten, daß die Bank trotz des identischen formalen Risikos letzteren Großkredit präferiert und ersteren ablehnt. Erklärt werden kann die Annahme nur dadurch, daß die aus dem unbesicherten Teil des Kredits resultierende zusätzliche Reinvermögensmehrung als adäquate Abgeltung für das aus dem Großkredit resultierende formale Risiko angesehen wird, während die im Durchschnitt zu erwartende Reinvermögensmehrung beim unbesicherten Großkredit hierfür nicht ausreicht. Es kann also auch hinsichtlich der dritten Risikogrenze davon ausgegangen werden, daß diese letztlich auf das formale und nicht auf das materielle Risiko rekurriert.

In analytischer Form können die Zusammenhänge der drei Risikogrenzen mit Hilfe folgender Formel dargestellt werden:[1]

$$(2.4) \quad Kq_t^* = (\overline{Kq}_t^* - (\frac{c}{1 + b \times \underline{KV}(1 + PZ_t)}) \times (KV - \underline{KV}) \times (1 + GKMZ_t^1)),$$

mit:
- Kq_t^* = tolerable Krisenquote
- $\overline{Kq}_t^*$ = Obergrenze tolerabler Krisenquoten
- c = Parameter, der die Beziehung zwischen absoluten Ausfallbeträgen und tolerablen Krisenquoten angibt
- b = Parameter, der die Beziehung zwischen relativen Ausfallbeträgen und tolerablen Krisenquoten angibt
- $\underline{KV}$ = besichertes Kreditvolumen
- PZ_t = mit den Kunden vereinbarter Positionszins
- $GKMZ_t^1$ = fristenkongruenter Geld- und Kapitalmarktzins, zu dem die Engagements finanziert werden
- KV = tatsächlich herausgelegte Kreditvolumina.

In dieser Formel wird berücksichtigt, daß eine Bank auch bei kleinsten Kreditvolumina nicht bereit ist, eine Krisenquote über eine bestimmte Obergrenze hinaus zu akzeptieren, sie jedoch bei kleinen Kreditvolumina — eine Abgeltung des materiellen Risikos vorausgesetzt — auch höhere Krisenquoten gestattet. Mit dem Parameter c legt die Bank in diesem Zusammenhang fest, in welchem Umfang sie eine Substitution zwischen hohen Ausfallbeträgen und geringen Krisenquoten vermutet. Je eher mit einer Substitution gerechnet wird, desto kleiner wird der Parameter c sein. Mit dem Parameter b schließlich wird angegeben, in welchem Umfang sich die tolerablen Krisenquoten bei sinkenden relativen Ausfallbeträgen erhöhen. Maßgeblich für die Festlegung dieses Parameters ist die Höhe der zusätzlichen Reinvermögensmehrungen, die durch die Vergabe des besicherten Kreditvolumens erwartet werden. Mit zunehmenden Reinvermögensmehrungen steigt auch der Parameter b.

---

[1] Vgl. **Fischer**, Entscheidungskriterien, S. 164 ff.

Grafisch lassen sich die Risikogrenzen wie nachstehend darstellen (vgl. Abb. 2.9):

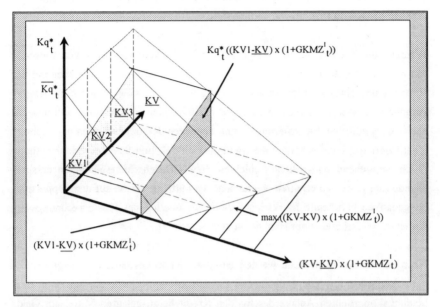

Abb. 2.9: Schematische Darstellung der Risikogrenzen bei der Kreditvergabe der Banken

Der insgesamt umschlossene Raum gibt in dieser Abbildung jene Kreditengagements an, die eine Bank nach einer Vorauswahl grundsätzlich bereit ist einzugehen. Die außerhalb liegenden Kreditengagements werden hingegen abgelehnt.

b) Das Gewinnkriterium bei der Übernahme von Ausfallrisiken

Vorausgesetzt die Bank selektiert im Rahmen des bisher beschriebenen Sicherheitskriteriums in einer Art Vorauswahl jene Kreditengagements, die im Hinblick auf formale Ausfallrisiko grundsätzlich als realisierungswürdig gelten, so werden hinsichtlich des Gewinnkriteriums letztlich aber nur solche Kreditanträge angenommen, die auch bezogen auf das materielle Risiko vorteilhaft erscheinen.

Bei obiger Diskussion des materiellen Ausfallrisikos wurde festgestellt, daß ein Entscheidungsträger eine Handlungsalternative im Hinblick auf das materielle Risiko nur dann wählt, wenn im Durchschnitt eine Reinvermögensänderung von größer oder gleich null zu erwarten ist. Ein derartiges Handeln kann den Banken durchaus unterstellt werden. Offen bleibt in diesem Zusammenhang indes die im folgenden zu klärende Frage nach der in der Praxis üblichen konkreten Zurechnung von Reinvermögensänderungen beim Ausfall eines Kreditengagements einerseits bzw. im Falle der Kreditrückzahlung andererseits.[1]

Während die Zurechnung von ausgereichten Kapitalbeträgen sowie von Zinserlösen zu Kreditgeschäften weitgehend unproblematisch ist — letztere stehen mit der Vereinbarung eines Positionszinses eindeutig fest —, so können durch die Kreditvergabe verursachte Zinskosten aufgrund der fehlenden Verknüpfung von tatsächlich durchgeführten Finanzierungen mit einzelnen Kreditgeschäften nur schwer identifiziert werden.[2] Während die traditionelle Pool- und Schichtenbilanzmethode durch weitgehend willkürliche Schichten- bzw.- Durchschnittsbildungen entsprechende Zinskosten zu ermitteln versuchen[3], ist mittlerweile die auf dem Opportunitätsgedanken beruhende Marktzinsmethode als überlegenes Kostenrechnungsverfahren im Wertebereich der Banken weithin akzeptiert.[4]

Nach der Marktzinsmethode werden einzelnen Kreditgeschäften als negative Ergebniskomponenten jene entgangenen Zinserlöse zugerechnet, die bei einer zinsbindungskongruenten Anlage der für den Kredit herausgelegten Mittel am Geld- und Kapitalmarkt alternativ hätten erzielt werden können. Ist bei einem Kundenkredit beispielsweise eine Zinsbindungsfrist von zwei Jahren vereinbart worden, so sind die aus einer Anlage von Zweijahresgeldern am Geld- und Kapitalmarkt resultierenden Zinserlöse als negative Ergebniskomponente anzusehen. Im Falle eines vollkommenen Kapitalmarktes, d.h. bei einer Identität der Soll- und Habenzinsen, entsprechen die entgangenen Erlöse gleichzeitig denjenigen Zinskosten, die bei einer zinsbindungskongruenten Finanzierung entstanden wären.[5]

---

[1] Bezogen auf die Finanzierungskosten wurde bis hierhin nämlich vereinfachend unterstellt, daß diese den Kreditengagements jeweils unmittelbar zugerechnet werden können.

[2] Vgl. **Büschgen**, Bankbetriebslehre, S. 629.

[3] Vgl. **Schierenbeck,** Bankmanagement, S. 55 ff.

[4] Vgl. **Schierenbeck,** Bankmanagement, S. 69 ff., und **Banken**, Instrument. In jüngerer Zeit sind allerdings auch kritische Argumente gegen die Marktzinsmethode vorgetragen worden, die allerdings nicht vollständig zu überzeugen vermögen. Vgl. beispielsweise **Reinelt/Keller**, Marktzinskonzept, S. 376-380.

[5] Zum Gleich- bzw. Gegenseitigkeitskonzept der Marktzinsmethode vgl. **Wimmer**, Realisierung, S. 588 ff.

Bei einer vereinbarungsgemäßen Rückzahlung des Kredits errechnet sich nach der Marktzinsmethode folglich eine dem einzelnen Geschäft zurechenbare Reinvermögensmehrung in Höhe der Differenz zwischen den unmittelbar zurechenbaren Zinserlösen einerseits und den entgangenen Zinserlösen bei einer zinsbindungskongruenten Anlage der Mittel andererseits. Diese Reinvermögensmehrung wird auch als aktivischer (Brutto-)Konditionsbeitrag bezeichnet:[1]

	im Kundengeschäft erzielte Zinserlöse
-	entgangene Zinserlöse bei fristenkongruenter Anlage der Mittel am Geld- und Kapitalmarkt
=	(Brutto-)Konditionsbeitrag des Aktivgeschäfts

Im Falle einer Kreditvergabe steigt das Reinvermögen der Bank, wenn der Kredit ordnungsgemäß zurückgezahlt wird, um den (Brutto-)Konditionsbeitrag. Fällt der Kredit hingegen aus, entsteht eine Reinvermögensminderung in Höhe des ausgefallenen Kapitalbetrages einerseits und der zinsbindungskongruenten Zinskosten andererseits. Insgesamt kann einem Kreditantrag nach der bereits oben gezeigten Vorgehensweise also nur der Erwartungswert der Reinvermögensänderung zugerechnet werden. Ist dieser größer null, dann ist der Kredit im Hinblick auf das materielle Risiko positiv zu beurteilen, andernfalls ist der Kreditantrag abzulehnen.

In der Bankpraxis wird die Vorteilhaftigkeit eines Kreditengagements jedoch nicht direkt auf der Basis des Erwartungswertes der Reinvermögensänderung beurteilt; vielmehr wird der Erwartungswert indirekt mit Hilfe der Differenz zwischen dem aktivischen (Brutto-)Konditionsbeitrag einerseits und der materiellen Risikoprämie andererseits zu ermitteln versucht. Der um die materielle Risikoprämie korrigierte (Brutto-)Konditionsbeitrag ist in diesem Zusammenhang als (Netto-)Konditionsbeitrag zu bezeichnen.[2] Erst wenn dieser positiv ist — in diesem Fall wird von einem positiven Erwartungswert der Reinvermögensänderung ausgegangen —, wird das Kreditgeschäft auch tatsächlich abgeschlossen:[3]

---

[1] Vgl. **Schierenbeck**, Bankmanagement, S. 69 ff.

[2] Schierenbeck spricht im Zusammenhang mit relativen Erfolgsbeiträgen von (Netto-)Konditions**margen**. Eine Verwendung des Terminus (Netto-)Konditions**beitrag** bei absoluten Erfolgen scheint daher naheliegend. Vgl. **Schierenbeck**, Bankmanagement, S. 230.

[3] Von Betriebskosten und Provisionserlösen, die bei der Ermittlung eines (Netto-)Konditionsbeitrages gleichfalls berücksichtigt werden müssen, wird hier abstrahiert. Vgl. **Schierenbeck**, Bankmanagement, S. 230.

	(Brutto-)Konditionsbeitrag des Aktivgeschäfts
-	materielle Risikoprämie
=	(Netto-)Konditionsbeitrag des Aktivgeschäfts

Oftmals erfolgt die rentabilitätsmäßige Beurteilung eines Kreditgeschäfts aber auch im Rahmen einer Zinsspannen- bzw. Margenrechnung auf der Basis relativer und nicht absoluter Erfolgsbeiträge.[1] Eine (Brutto-)Konditionsmarge berechnet sich in diesem Zusammenhang als Differenz aus dem mit dem Kunden vereinbarten Positionszins einerseits und dem zinsbindungskongruenten Geld- und Kapitalmarktzins andererseits. Von der (Brutto-)Konditionsmarge ist sodann eine materielle Risikomarge — die sich aus dem Verhältnis der materiellen Ausfallrisikoprämie zum Kreditvolumen berechnet — in Abzug zu bringen, um zu einer sogenannten (Netto-)Konditionsmarge zu gelangen:

	mit dem Kunden vereinbarter Positionszins
-	fristenkongruenter Geld- und Kapitalmarktzins
=	(Brutto-)Konditionsmarge
-	materielle Risikomarge
=	(Netto-)Konditionsmarge

Die materielle Risikomarge ist hierbei allerdings nicht gleichzusetzen mit der Krisenquote, obgleich es sich bei beiden um relative und auf das herausgelegte Kreditvolumen bezogene Größen handelt, und die Vermutung naheliegt, daß ein Kredit bereits dann vorteilhaft ist, wenn die (Brutto-)Konditionsmarge größer ist als die Krisenquote. Vielmehr wird vorgeschlagen, bei der Berechnung der materiellen Risikomarge zwei weitere Effekte zu berücksichtigen:[2]

Zum einen wird mit in das Kalkül gezogen, daß beim Ausfall eines Kreditnehmers nicht nur eine Reinvermögensminderung in Höhe ausgefallener Kapitalbeträge und Zinszahlungen eintritt, sondern daß der Kreditnehmer zum Zeitpunkt des Ausfalls auch nicht mehr in der Lage ist, einen eigenen Beitrag in Höhe der materiellen Risikoprämie zur Deckung der insgesamt eingetretenen Schäden zu leisten. Die Reinvermögensänderung unter Berücksichtigung materieller Ausfallrisikoprämien beträgt im Durchschnitt nämlich nur dann null, wenn auch die ausgefallenen Kreditnehmer zumindest noch die materiellen Risikoprämien zu leisten in der Lage sind.

---

[1] Vgl. **Schierenbeck/Rolfes**, Margenkalkulation, S. 256 ff.
[2] Vgl. **Brakensiek**, Kalkulation, S. 215 ff.

Ist die Erwirtschaftung der materiellen Risikoprämien hingegen selbst wieder mit Ungewißheit behaftet, dann müssen, um dennoch zu einer im Durchschnitt ausgeglichenen Reinvermögensänderung zu gelangen, die materiellen Risikoprämien der nicht ausgefallenen Engagements ausreichen, nicht nur die ausgefallenen Kapitalbeträge und die aus fristenkongruenten Finanzierungen resultierenden Zinskosten zu decken, sondern darüber hinaus auch noch die ausgefallenen materiellen Risikoprämien. Um letzteres im Kalkül des Entscheidungsträgers zu berücksichtigen, ist die Krisenquote durch den Faktor (1-Kq) zu dividieren, um zu einer sachgerechten materiellen Risikomarge zu gelangen.

Zum anderen wird der Umstand berücksichtigt, daß bei einer Zahlungsunfähigkeit bzw. -unwilligkeit des Kreditnehmers Zins- und Tilgungszahlungen nur in Höhe des unbesicherten Teils des Engagements tatsächlich ausfallen, daß sich die materielle Risikomarge in der Regel aber auf das gesamte Kreditvolumen bezieht. Sofern also Sicherheiten vorhanden sind, muß die materielle Risikomarge weiterhin um eine Besicherungsquote (Bq), die den relativen Anteil der Sicherheiten am gesamten Kredit- bzw. Finanzierungsvolumen widerspiegelt, korrigiert werden.

Insgesamt berechnet sich die materielle Risikomarge (mRm_t) dann wie folgt:

$$(2.5) \qquad mRm_t = \frac{Kq_t \times (1 - Bq)}{(1 - Kq_t)}.$$

Ein Kreditgeschäft wird in der Bankpraxis also positiv beurteilt, wenn das Engagement die oben angeführten Risikogrenzen nicht verletzt[1] und die (Netto-)Konditionsmarge unter Berücksichtigung einer nach dem oben gezeigten Schema berechneten materiellen Risikomarge positiv ausfällt.

3. Kritische Analyse der herkömmlichen Ausfallrisikomessung

Nachdem mit dem Sicherheits- bzw. Gewinnkriterium die Messung des formalen und materiellen Ausfallrisikos in der Bankpraxis abschließend beschrieben worden ist, soll dieses Vorgehen im folgenden anhand des Anforderungskatalogs, der im Hinblick auf eine zielsetzungsgerechte Risikomessung insgesamt aufgestellt wurde, einer kritischen Analyse unterzogen werden. Probleme ergeben sich hierbei zum einen aus der unvollständigen Messung des materiellen Ausfallrisikos, zum anderen

---

[1] Vgl. **Schierenbeck/Rolfes**, Margenkalkulation, S. 260.

aber auch aus der nur indirekten Messung und Steuerung des formalen Ausfallrisikos.

a) Unvollständige Messung des materiellen Risikos im Rahmen des Gewinnkriteriums

Da sich die materielle Risikomarge wie auch die (Brutto-)Konditionsmarge im Rahmen der (Netto)Margenkalkulation auf das ausgereichte Kreditvolumen beziehen und Kreditgeschäfte bereits dann als vorteilhaft angesehen werden, wenn die (Netto-)Konditionsmarge einen positiven Wert aufweist, so wird implizit unterstellt, daß nur der Kapitalausfall eine Reinvermögensminderung hervorruft. Zinskosten für eine zinsbindungskongruente Finanzierung, die bei einem Ausfall des Engagements gleichfalls zu einer Reinvermögensminderung führen, werden hingegen vernachlässigt. Insgesamt werden von den Banken also auch solche Kreditgeschäfte getätigt, bei denen im Durchschnitt eine Reinvermögensminderung zu erwarten ist.

Zur Illustration der Zusammenhänge wird von einem Kredit mit einem Volumen von 200 TDM ausgegangen, wobei eine Sicherheit in Höhe von 100 TDM — dies entspricht einer Besicherungsquote von 0,5 — zur Verfügung steht. Für die Risikoklasse des Kreditnehmers läßt sich des weiteren aufgrund von Vergangenheitsdaten eine Krisenquote von 1% ermitteln. Der zinsbindungskongruente Geld- und Kapitalmarktzins, zu dem der Kredit finanziert wird, beläuft sich auf 5%. Ausgehend von diesen Daten berechnet sich eine materielle Risikomarge in Höhe von:

$$(2.6) \qquad mRm_t = \frac{0{,}01 \times (1-0{,}5)}{(1-0{,}01)} = 0{,}\overline{50}\%.$$

Bei einem mit dem Kunden vereinbarten Positionszins von $5{,}\overline{50}\%$ ergibt sich — abgesehen von hier nicht berücksichtigten Betriebs-(kosten)margen und Provisions-(erlös)margen[1] — eine (Netto-)Konditionsmarge von 0%. Der dezentrale Kundenbetreuer wäre also bei einem Positionszins von $5{,}\overline{50}\%$ zur Kreditvergabe bereit, bzw. er stände ihr zumindest indifferent gegenüber. Betrachtet man hingegen die gesamte Entscheidungssituation, so lassen sich bei einer Kreditvergabe für die Umweltzustände U I (Ausfall des unbesicherten Teils des Engagements) und U II (vollständige Rückzahlung von Kapital und Zinsen) folgende Reinvermögensän-

---

[1] Vgl. **Schierenbeck**, Bankmanagement, S. 230.

derungen mit zugehörigen Eintrittswahrscheinlichkeiten berechnen (vgl. Abb. 2.10):

U	Reinvermögensänderungen	W
I	$(-200 \text{ TDM} \times 1{,}05) + 100 \text{ TDM} = -110 \text{ TDM}$	0,01
II	$(+200 \text{ TDM} \times 1{,}05\overline{50}) - (200 \text{ TDM} \times 1{,}05) = +1{,}\overline{01} \text{ TDM}$	0,99

Abb. 2.10: Reinvermögensänderungen bei der Vergabe eines zu 50% besicherten Kredits bei falscher Berechnung der materiellen Risikomarge (ohne Konditionsmarge)

Hieraus ermittelt sich ein Erwartungswert der Reinvermögensänderung von:

(2.7) $\quad E(\Delta Rv_2) = (-110 \text{ TDM}) \times 0{,}01 + 1{,}\overline{01} \text{ TDM} \times 0{,}99 = -0{,}1 \text{ TDM}$.

Trotz Kalkulation einer materiellen Risikoprämie ist im Durchschnitt ein Verlust von 0,1 TDM zu erwarten. Der Entscheidungsträger sollte dem Kreditantrag also nicht indifferent — wie durch die (Netto-)Konditionsmarge von null impliziert wird —, sondern ablehnend gegenüberstehen. Wie bereits angedeutet wurde, ist dieser Fehlsteuerungsimpuls auf eine Vernachlässigung der Reinvermögensminderungen zurückzuführen, die durch den Ausfall der Zinszahlungen hervorgerufen werden.[1]

Unter Berücksichtigung sämtlicher der Kreditvergabe zurechenbaren Reinvermögensänderungen — also auch der Zinszahlungen — berechnet sich eine steuerungsadäquate materielle Risikomarge gemäß folgender modifizierter Formel:

(2.8) $\quad mRm_t = \dfrac{Kq_t \times (1 - Bq) + GKMZ_t^1 \times Kq_t}{(1 - Kq_t)}$.

Der bei der herkömmlichen Kalkulation der materiellen Risikomargen auftretende und aus der Unvollständigkeit der Risikomessung resultierende Fehler ist demnach um so größer, je höher der zinsbindungskongruente Geld- und Kapitalmarktzins

---

[1] Brakensiek weist erst im Zusammenhang mit der gesamtbankbezogenen Planung von Standard-Risikokosten darauf hin, daß auch der Ausfall von Zinszahlungen zu einer Reinvermögensminderung führt. Im Rahmen der Ermittlung institutsspezifischer Standard-Risikoraten hingegen wird dieser Umstand nicht berücksichtigt. Des weiteren wird nicht deutlich, ob es sich bei den von Brakensiek angeführten „durchschnittlichen Zinssätzen" um Positionszinsen oder fristenkongruente Geld- und Kapitalmarktzinsen handelt. Vgl. **Brakensiek**, Kalkulation, S. 251.

und die Krisenquote sind. Für das oben angeführte Beispiel ergibt sich folglich eine modifizierte materielle Risikomarge in Höhe von:

$$(2.9) \qquad mRm_t = \frac{0,01 \times (1-0,5) + 0,05 \times 0,01}{(1-0,01)} = 0,\overline{5}\%.$$

Nach dieser Rechnung wäre die Bank erst bei einem Positionszins des Kunden in Höhe von 5,$\overline{5}$% hinsichtlich der Kreditvergabe indifferent. Im Falle einer Kreditvergabe ergeben sich für die Umweltzustände U I (Ausfall des unbesicherten Teils des Engagements) und U II (vollständige Rückzahlung von Kapital und Zinsen) nachstehende Werte (vgl. Abb. 2.11):

U	Reinvermögensänderungen	W
I	(−200 TDM × 1,05) + 100 TDM = −110 TDM	0,01
II	(+200 TDM × 1,0$\overline{5}$5) − (200 TDM × 1,05) = +1,$\overline{1}$ TDM	0,99

Abb. 2.11: Reinvermögensänderungen bei der Vergabe eines zu 50% besicherten Kredits bei korrekter Berechnung der materiellen Risikomarge (ohne Konditionsmarge)

Es ermittelt sich diesmal ein Erwartungswert der Reinvermögensänderung von:

$$(2.10) \qquad E(\Delta Rv_2) = (-110 \text{ TDM}) \times 0,01 + 1,\overline{1} \text{ TDM} \times 0,99 = 0 \text{ TDM}.$$

Offensichtlich spiegelt die (Netto-)Konditionsmarge unter Berücksichtigung der modifizierten materiellen Risikomarge die Vorteilhaftigkeit des Kreditengagements richtig wider.

Fehlsteuerungen resultieren aber nicht nur daraus, daß Zinskosten vernachlässigt werden; vielmehr wird bei der traditionellen Kalkulation materieller Risikomargen auch außer Acht gelassen, daß die (Netto-)Konditionsmarge selbst wieder eine ungewisse Größe darstellt. Einem Kundenbetreuer darf beim Abschluß eines Kundengeschäfts also auch bei Berücksichtigung der modifizierten materiellen Risikomarge nicht die gesamte (Netto-)Konditionsmarge als Erfolgsbeitrag zugerechnet und unter Umständen ausgezahlt werden, sondern wiederum nur der Erwartungswert der Konditionsmarge. Andernfalls ist mit zu hohen Ausschüttungen und einem „schleichenden Eigenkapitalverzehr" zu rechnen.[1]

Zur Demonstration dieses Fehlsteuerungsimpulses wird in Abwandlung des obigen Beispiels von einem mit dem Kunden vereinbarten Positionszins in Höhe von 10% ausgegangen. Unter diesen Voraussetzungen berechnet sich nachstehend angegebene (Netto-)Konditionsmarge:

	(Brutto-)Konditionsmarge:	5%
-	modifizierte materielle Risikomarge:	$0,\overline{5}\%$
=	(Netto-)Konditionsmarge:	$4,\overline{4}\%$.

Bei einem Kreditvolumen von 200 TDM wird dem Kundenbetreuer entsprechend ein (Netto-)Konditionsbeitrag von:

(2.11) $\quad KB_2 = 200 \text{ TDM} \times 4,\overline{4}\% = 8,\overline{88} \text{ TDM}$

zugerechnet. Da sich nun aber für die Umweltzustände U I (Ausfall des unbesicherten Teils des Engagements) und U II (vollständige Rückzahlung von Kapital und Zinsen) folgende Reinvermögensänderungen ergeben (vgl. Abb. 2.12):

U	Reinvermögensänderungen	W
I	(−200 TDM × 1,05) + 100 TDM = −110 TDM	0,01
II	(+200 TDM × 1,1) − (200 TDM × 1,05) = +10 TDM	0,99

Abb. 2.12: Reinvermögensänderungen bei der Vergabe eines zu 50% besicherten Kredits bei falscher Berechnung der materiellen Risikomarge (mit Konditionsmarge)

ermittelt sich ein Erwartungswert derselben von:

(2.12) $\quad E(\Delta Rv_2) = (-110 \text{ TDM}) \times 0,01 + 10 \text{ TDM} \times 0,99 = 8,80 \text{ TDM}$.

---

[1] Zu leistungsorientierten Anreizsystemen vgl. in diesem Zusammenhang **Büschgen**, Anreizsysteme, S. 517-542.

Offensichtlich wird dem Kundenbetreuer ein zu hoher Erfolgsbeitrag in Höhe von:

(2.13) $\quad KB_2 - E(\Delta Rv_2) = 8,\overline{8} \text{ TDM} - 8,80 \text{ TDM} = 0,0\overline{8} \text{ TDM}$

zugerechnet. Soll diese Fehlsteuerung vermieden und die „Gefahr des Ausfalls der (Netto-)Konditionsmarge" im Kalkül des Entscheidungsträgers weiterhin berücksichtigt werden, so ist neben der bislang kalkulierten und im folgenden als materielle Risikomarge I zu bezeichnenden Größe ferner noch eine materielle Risikomarge II zu berechnen. Letztere ergibt sich durch Multiplikation der Krisenquote mit dem oben berechneten und im weiteren als (Netto-)Konditionsmarge I zu bezeichnenden Erfolgsbeitrag des Kundengeschäfts:

(2.14) $\quad$ materielle Rm II = Krisenquote $\times$ (Netto-)Konditionsmarge I.

Bezogen auf das Beispiel ermittelt sich die dem Kundenbetreuer zurechenbare (Netto-)Konditionsmarge II nach folgendem Schema:

	(Brutto-)Konditionsmarge:	5%
−	materielle Risikomarge I:	$0,\overline{5}$%
=	(Netto-)Konditionsmarge I:	$4,\overline{4}$%
−	materielle Risikomarge II:	$0,0\overline{4}$%
=	(Netto-)Konditionsmarge II:	4,4% .

Dem Kundenbetreuer wird nach dieser weiterhin modifizierten (Netto-)Konditionsmargenkalkulation nur noch ein Erfolgsbeitrag von:

(2.15) $\quad KB_2 = 200 \text{ TDM} \times 4,4\% = 8,8 \text{ TDM}$.

zugerechnet, der dem Erwartungswert der Reinvermögensmehrung genau entspricht. Erst jetzt ist gewährleistet, daß weder Kreditgeschäfte abgeschlossen werden, die im Durchschnitt zu einer Reinvermögensminderung führen, noch daß den Kundenbetreuern zu hohe Erfolgsbeiträge zugewiesen werden.[1]

---

[1] Es könnte in diesem Zusammenhang überlegt werden, ob die (Netto-) Konditionsmarge II nicht einfacher auch dadurch ermittelt werden kann, daß in die Formel 2.9 anstatt des Geld- und Kapitalmarktzinses der Positionszins des Kunden eingefügt wird. In diesem Fall ergibt sich eine materielle Risikomarge von:

b) Implikationen aus der indirekten Messung des formalen Risikos im Rahmen des Sicherheitskriteriums

Neben der unvollständigen Messung des materiellen Risikos ist in bezug auf das formale Ausfallrisiko ferner zu kritisieren, daß dieses — wie gezeigt wurde — nur indirekt und mit Hilfe von auf entsprechenden Hypothesen basierenden Risikogrenzen und nicht direkt mittels der Standardabweichung der Reinvermögensänderungen quantifiziert wird. Das genaue formale Ausfallrisiko des einzelnen Kredits wie auch das des gesamten Kreditportfolios ist den Banken bei dieser Vorgehensweise also nicht bekannt, was letztlich dazu führt, daß formale Ausfallrisiken nicht mit formalen Zinsänderungs-, Wechselkurs- und Swapsatzrisiken zu einem formalen Gesamtrisiko zusammengeführt werden können: Ausfallbeträge bzw. Krisenquoten in bestimmten Höhen sind schließlich nicht ohne weiteres mit offenen Festzins- oder Fremdwährungspositionen bzw. daraus resultierenden Standardabweichungen der Reinvermögensänderungen — soweit formale Risiken dort direkt gemessen werden — vergleichbar. Dem Bankmanagement ist damit auch nicht die Wahrscheinlichkeit bekannt, mit der das Eigenkapital innerhalb einer Betrachtungsperiode zufällig aufgezehrt wird. Die Initiierung risikopolitischer Maßnahmen, die sich bei dieser Vorgehensweise nur auf eine geschätzte Ruinwahrscheinlichkeit beziehen kann, wird also weitgehend auf subjektivem Ermessen beruhen und weniger einem exakten Kalkül unterliegen.

Abgesehen von der Schwierigkeit, ein formales Gesamtrisiko zu ermitteln, sind aber auch bei der konkreten Festlegung der Risikogrenzen selbst Fehlsteuerungen bzw. rationalem Kalkül widersprechende Verhaltensweisen nicht auszuschließen. Beispielsweise ist die Substitutionsbeziehung zwischen dem maximal zu tolerierenden Ausfallbetrag einerseits und der höchstens zu tolerierenden Krisenquote andererseits[1] nicht derart exakt zu bestimmen, so daß bezogen auf ein bestimmtes Kreditvolumen stets ein formales Risiko in gleichbleibender Höhe erreicht wird. Vielmehr ist nicht auszuschließen, daß bestimmte Kreditanträge wegen Überschreitung einer Risikogrenze abgelehnt werden, während andere, die die Risikogrenze

---

$$mRm_t = \frac{0{,}01 \times (1 - 0{,}5) + 0{,}1 \times 0{,}01}{(1 - 0{,}01)} = 0{,}\overline{60}\%$$

und eine (Netto-)Konditionsmarge von $4{,}\overline{39}\%$. Es ist klar erkennbar, daß dieses Vorgehen zu einem nicht sachgerechten Ergebnis führt.

[1] Vgl. Parameter „c" in Formel 2.4.

nicht verletzen, gleichwohl aber ein höheres formales Ausfallrisiko aufweisen, akzeptiert werden.

Ferner wird mit der Festlegung einer Substitutionsbeziehung zwischen zu tolerierenden Ausfallbeträgen und Krisenquoten primär auf das Zufalls- und nicht auch auf das Änderungsrisiko fokussiert. So wird das formale Risiko des gesamten Kreditportfolios nicht nur von der Höhe absoluter Ausfallbeträge bzw. der Bonität der Kreditnehmer, sondern auch vom Diversifikationsgrad des Portfolios insgesamt bestimmt. Entsprechend könnten bei gleichbleibendem formalen Risiko des Portfolios höhere Ausfallbeträge bzw. Krisenquoten bei Kreditanträgen aus solchen Risikoklassen akzeptiert werden, in die bislang noch keine oder nur wenige Engagements vergeben wurden.[1] Ohne eine genaue Kenntnis der Struktur des vorhandenen Kreditportfolios — etwa der bereits vergebenen Kredite in bestimmte Branchen oder Regionen — sowie ohne Kenntnis der Korrelationsbeziehungen zwischen den Kreditausfällen verschiedener Risikoklassen kann das Änderungsrisiko aber gleichfalls nur näherungsweise quantifiziert werden.

Neben der fehlenden Kenntnis über die genaue Höhe des formalen Ausfallrisikos werden im Rahmen der traditionellen Risikomessung der Banken aber auch keine formalen Risikoprämien kalkuliert; allenfalls wird die Erwirtschaftung derselben — wie bei der dritten Risikogrenze — erhofft. Dies führt unter Umständen dazu, daß einerseits solche Kreditanträge akzeptiert werden, die die Risikogrenzen zwar nicht verletzen, die aber keine oder nur eine geringe positive (Netto-)Konditionsmarge II aufweisen, der Bank also den durch das formale Risiko entstehenden Mißnutzen nicht bzw. nicht hinreichend abgelten. Andererseits werden möglicherweise Kreditanträge aufgrund von Überschreitungen einzelner Risikogrenzen abgelehnt, obwohl die Zinsversprechen seitens der Kunden neben materiellen auch hohe formale Risikoprämien enthalten. In diesem Zusammenhang wäre es sinnvoller, Risikogrenzen verletzende Engagements mit hohen formalen Risikoprämien zu akzeptieren, sich innerhalb der Risikogrenzen befindliche Engagements hingegen abzulehnen, wenn diese keine oder nur vergleichsweise geringe formale Risikoprämien aufweisen.

Über letztere Gefahr hinaus ist ferner zu bedenken, daß ohne eine genaue Kalkulation formaler Ausfallrisikoprämien auch eine Übertragbarkeit formaler Ausfallrisiken auf Dritte wie etwa auf Versicherungsunternehmen problematisch ist. So wird

---

[1] Überlegungen hierzu finden sich auch im Modell von Fischer. Vgl. **Fischer**, Entscheidungskriterien, S. 165 ff.

eine Bank möglicherweise nicht bereit sein, einem Dritten eine formale Risikoprämie für die Übernahme von Ausfallrisiken zu zahlen, wenn sie hierfür selbst vom Kunden keine oder keine angemessene formale Risikoprämie erhalten hat bzw. einen Teil des Kundenzinses nicht als solche erkennt. Vielmehr werden die Banken weiterhin versuchen, das formale Risiko lediglich zu begrenzen, was zu einem Verzicht auf Erfolgsbeiträge und zu einer in bezug auf die formale Gesamtrisikosteuerung nicht erforderlichen Beschränkung der Entscheidungsautonomie seitens der Kundenbetreuer führt. Aus letzterem resultierende demotivierende Folgen für die Kundenbetreuer sind dabei nicht auszuschließen, zumal die Risikogrenzen weitgehend determiniert werden von dezentral nicht zu verantwortenden Institutsgegebenheiten wie insbesondere der Größe der Bank, ihrer Eigenkapitalausstattung sowie der subjektiven Risikoneigung des Bankmanagement bzw. der Aktionäre.

Schließlich ist ein letzter Aspekt zu beachten. Selbst wenn nur Geschäfte abgeschlossen werden, deren Zinssätze das formale Risiko adäquat abgelten, sind formale Ausfallrisikoprämien gleichwohl isoliert auszuweisen und dürfen insbesondere nicht den Kundenbetreuern als Erfolgsbeiträge zugerechnet werden. Vielmehr stellen die formalen Ausfallrisikoprämien einen Teil der Eigenkapitalverzinsung der Aktionäre, die das formale Risiko aufgrund ihrer im Zeitablauf schwankenden Eigenkapitalverzinsung allein zu tragen haben, dar.

II. Die Messung des Zinsänderungsrisikos

1. Grundlegende Problematik der Zinsänderungsrisikomessung

Nach der kritischen Analyse der materiellen wie formalen Ausfallrisikomessung soll im folgenden die auch in der Praxis übliche Quantifizierung und die darauf aufbauende Steuerung des Zinsänderungsrisikos dargestellt und mit den grundlegenden Anforderungen an die Risikomessung konfrontiert werden.

Hinsichtlich der Frage, wie Zinsänderungsrisiken in der Bankpraxis gemessen werden, ergeben sich erste Anhaltspunkte bereits aus dem traditionellen Vorstellungsinhalt bzw. der herkömmlichen Definition des Zinsänderungsrisikos. So wurde bereits im ersten Teil dieser Arbeit[1] festgestellt, daß die übliche Terminologie angesichts einer kurzfristigen bzw. periodenbezogenen Betrachtungsweise primär auf das formale Zinsänderungsrisiko hindeutet. Hierbei ist die Definition des Zinsände-

---

[1] Vgl. Kapitel B. III. 1. a) im ersten Teil.

rungsrisikos als Gefahr einer negativen Abweichung von einem Referenzwert jedoch wenig hilfreich, weil insbesondere positive Abweichungen, die bei der Messung formaler Zinsänderungsrisiken gleichfalls Berücksichtigung finden müssen, vernachlässigt werden. Ferner konnte konstatiert werden, daß das materielle Zinsänderungsrisiko weithin unbeachtet bleibt. So wird etwa die Frage, ob auch für Zinsänderungsrisiken materielle Risikoprämien zu kalkulieren sind bzw. in welcher Form diese erwirtschaftet werden, in der Literatur nicht oder nicht explizit diskutiert.

Weitere Anhaltspunkte, die die allein aus der Terminologie abgeleiteten Vermutungen hinsichtlich der Messung des Zinsänderungsrisikos bestätigen, ergeben sich aus den in der Literatur vorgestellten konkreten Quantifizierungsansätzen. Unterschieden wird hier primär in die Zinsbindungsbilanz, das Durations- bzw. Solvenzkonzept sowie den Elastizitätenansatz.[1] Diese Konzepte versuchen, die Gefahr eines zufälligen — und nicht im Durchschnitt zu erwartenden — Eigenkapitalverbrauchs, resultierend aus dem ungewissen Eintritt zukünftiger Zinsszenarien, zu messen und zu begrenzen, wobei letzteres allerdings nicht direkt mit Hilfe von Streuungsmaßen, sondern ähnlich wie beim Ausfallrisiko durch Risikogrenzen erfolgt. So wird — wie im folgenden ausführlich zu zeigen ist — durch die Bestimmung und Festlegung maximal zu tolerierender Festzins-, Elastizitäts- oder Durationsüberhänge versucht, das formale Zinsänderungsrisiko zu limitieren. Die konkrete Festlegung der Grenzwerte orientiert sich in diesem Zusammenhang an den jeweils unterstellten Ergebniswirkungen bei Eintritt nachteiliger Umweltzustände. Wird etwa bei einem bestimmten Festzinsüberhang und dem unterstellten Eintritt eines spezifischen Zinsszenarios, dem noch eine gewisse Wahrscheinlichkeit zugerechnet werden kann, ein Ergebnis ermittelt, das risikopolitisch nicht tragbar erscheint, dann wird der Festzinsüberhang verringert bzw. sogar ganz geschlossen. Analog wird bei den beiden anderen Konzepten vorgegangen.[2]

Unterschiede zwischen den drei Konzepten bestehen lediglich hinsichtlich des Umfangs der in die Betrachtung einbezogenen Geschäftspositionen einerseits (fest verzinsliche oder auch variabel verzinsliche Engagements) sowie bezogen auf die Art als relevant erachteter Ergebniswirkungen andererseits (Betrachtung von Einkommens- oder Solvenz- bzw. Barwerteffekten). Bei der Zinsbindungsbilanz bei-

---

[1] Zu den verschiedenen Quantifizierungsansätzen im allgemeinen vgl. **Bangert**, Zinsrisiko-Management, **Herzog**, Zinsänderungsrisiken, **Rolfes**, Steuerung, und **Kugler**, Ansätze.

[2] In diesem Zusammenhang vgl. **Herzog**, Zinsänderungsrisiken, S. 36 f.

spielsweise werden nur Reinvermögensänderungen, resultierend aus fest verzinslichen Engagements, betrachtet, während der Elastizitätenansatz auch Ergebniswirkungen variabel verzinslicher Geschäfte mit in die Betrachtung einschließt.

In der bankbetriebswirtschaftlichen Literatur werden die drei genannten Konzepte zur Messung des Zinsänderungsrisikos zwar kritisch analysiert, doch handelt es sich hierbei in erster Linie nur um eine Diskussion der vollständigen und sachgerechten Abbildung von Ergebniswirkungen bei Eintritt eines bestimmten Zinsszenarios und der Adäquanz daraus abgeleiteter Risikobegrenzungsnormen. Vernachlässigt wird hingegen die Tatsache, daß es sich regelmäßig nur um eine indirekte Messung des formalen Zinsänderungsrisikos mit Hilfe von Risikogrenzen handelt und Standardabweichungen der Einkommens- bzw. Solvenzeffekte nicht ermittelt werden.

Obwohl letzterer Aspekt — neben der grundsätzlichen Vernachlässigung des materiellen Zinsänderungsrisikos — von besonderer Bedeutung und im Gegensatz zur Diskussion einer sachgerechten Abbildung von zinsbedingten Ergebniswirkungen weitgehend neu ist, so ist doch auch eine vollständige und exakte Ergebnisdefinition eine unabdingbare Voraussetzung für eine direkte Messung des Zinsänderungsrisikos mit Hilfe von Streuungsmaßen. Da alle drei Ansätze hier aber nur bedingt zielführend sind und keiner a prima vista als sachgerecht identifiziert werden kann, sollen die Konzepte im folgenden kurz dargestellt und hinsichtlich der Abbildungsgenauigkeit kritisch analysiert werden. Aufbauend auf den einzelnen Kritikpunkten kann sodann eine „modifizierte Zinsbindungsbilanz" entwickelt werden, die die Ergebniswirkungen bei Eintritt bestimmter Zinsszenarien sachgerecht widerspiegelt.

2. Darstellung und kritische Analyse traditioneller Meßkonzepte

a) Die Zinsbindungsbilanz

Das von Scholz 1979 erstmals vorgestellte Konzept der Zinsbindungsbilanz[1] kann als der wohl am weitesten verbreitete Ansatz zur Quantifizierung von Zinsände-

---

[1] Vgl. **Scholz**, Steuerung, S. 119-136, und **Scholz**, Jahresabschluß, S. 517-544.

rungsrisiken bezeichnet werden[1], was nicht zuletzt auf eine entsprechende Anwendungsempfehlung des Bundesaufsichtsamtes für das Kreditwesen zurückzuführen ist.[2]

Der Grundgedanke der Zinsbindungsbilanz[3] besteht darin, daß ein Zinsänderungsrisiko dann besteht, wenn der passivische Festzinsblock in einer Periode größer ist als der aktivische und das Zinsniveau sinkt oder wenn der aktivische Festzinsblock in einer Periode größer ist als der passivische und das Zinsniveau steigt. Die Differenz zwischen aktivischen oder passivischen Festzinsvolumina gilt in diesem Zusammenhang als mengenmäßiger Indikator für das Zinsänderungsrisiko. Ausgehend hiervon stellt die Zinsbindungsbilanz darauf ab, zum Zeitpunkt der Aufstellung dieser Sonderrechnung bestehende aktivische und passivische Festzinspositionen[4] (Altgeschäfte) für den Zeitraum ihrer vereinbarten Zinsbindung — diese werden wie Restlaufzeiten behandelt — einander gegenüberzustellen und sich daraus ergebende Überhänge in einzelnen Betrachtungszeiträumen zu ermitteln.

Von einer offenen aktivischen Festzinsposition bzw. einem aktivischen Festzinsüberhang spricht man in diesem Zusammenhang dann, wenn die aktivischen Festzinspositionen in einer bestimmten Betrachtungsperiode ein höheres Volumen aufweisen als die passivischen (vgl. Abb. 2.13). Auf der Passivseite entsteht dann eine passivische Festzinslücke. Umgekehrt entsteht eine offene passivische Festzinsposition bzw. eine aktivische Festzinslücke, wenn das Volumen der festverzinslichen Passiva größer ist als das der Aktiva. Eine geschlossene Festzinsposition ist dann gegeben, wenn sich aktivische und passivische Festzinsvolumina genau ausgleichen. Bezogen auf das sonstige variabel verzinsliche Geschäft wird vermutet, daß dieses keinem Zinsänderungsrisiko unterliegt. Entsprechend wird es in der Zinsbindungsbilanz nicht weiter berücksichtigt.

---

[1] Synonym zum Terminus „Zinsbindungsbilanz" werden in der Praxis häufig auch die Begriffe Zinsänderungsbilanz, Festzinsbilanz oder Ablaufbilanz verwandt. Vgl. **Scholz**, Steuerung, S. 120.

[2] Eine derartige Empfehlung wurde den Spitzenverbänden der Kreditinstitute in einem Schreiben des Bundesaufsichtsamtes für das Kreditwesen vom 24.02.1983 gegeben. Vgl. **Bundesaufsichtsamt für das Kreditwesen**, Schreiben, S. 25 ff.

[3] Vgl. hierzu **Scholz**, Steuerung, S. 37 ff.

[4] Als Festzinspositionen gelten dabei auch unverzinsliche Geschäftspositionen und das Eigenkapital. Vgl. **Scholz**, Steuerung, S. 36.

Aktiva	Passiva
geschlossene Festzinsposition	
offene aktivische Festzinsposition (= Festzinsgeschäft)	passivische Festzinslücke (= variabel verzinsliches Geschäft)
sonstiges variabel verzinsliches (marktzinsabhängiges) Geschäft	

Abb. 2.13: Schematische Darstellung einer Zinsbindungsbilanz

Neben den Beständen aktivischer und passivischer Festzinspositionen werden in der Zinsbindungsbilanz auch deren Durchschnittsverzinsungen berechnet und darauf aufbauend kritische Grenzzinssätze festgestellt.[1] Diese dienen im Zusammenhang mit der Prognose des zukünftigen Marktzinsniveaus der Beurteilung der Tragfähigkeit von Zinsänderungsrisiken.[2] Der Grenzzins A bezeichnet in diesem Zusammenhang den Durchschnittszins des jeweiligen Überhangs, bis zu dem variabel verzinsliche Mittel der Festzinslücke höchstens aufgenommen bzw. mindestens angelegt werden können, ohne daß das Zinsergebnis der offenen Position negativ wird. Der Grenzzins B berücksichtigt darüber hinaus auch den aus der geschlossenen Festzinsposition resultierenden Zinserfolg, so daß im Rahmen dieser erweiterten Betrachtung Mittel bis zu einem Zins aufgenommen bzw. angelegt werden können, ohne daß der Überschuß des gesamten Festzinsgeschäfts negativ wird. Schließlich bezieht der Grenzzins C auch die Betriebskosten mit in die Betrachtung ein. Hier dürfen Mittel der Festzinslücke nur bis zu einer Untergrenze angelegt bzw. bis zu einer Obergrenze aufgenommen werden, damit der aus dem gesamten Festzinsgeschäft resultierende Erfolg ausreicht, um auch die Betriebskosten zu decken.

Zur Verdeutlichung der Zusammenhänge wird von einer vereinfachten Zinsertragsbilanz[3] ausgegangen, bei der in $t=1$[4] folgende Festzinspositionen mit zugehö-

---

[1] Vgl. **Schierenbeck**, Bankmanagement, S. 520 ff.

[2] Vgl. **Scholz**, Jahresabschluß, S. 537.

[3] Der Terminus „Zinsertragsbilanz" ist in diesem Zusammenhang eigentlich unzutreffend, da es sich bei „Erträgen" um einen Begriff aus dem Bereich des des externen und nicht des internen Rechnungswesens handelt. Da gewöhnlich aber auch im Rahmen des internen Rechnungswesens von Zinsertragsbilanz gesprochen wird, soll dieser Terminologie auch im weiteren gefolgt werden.

rigen Positionszinsen (PZ_t) sowie Geld- und Kapitalmarktzinsen ($GKMZ_t$) vorhanden sind (vgl. Abb. 2.14):

	Aktiva				Passiva			
Pos.	Vol. $_t$ (in Mio. DM)	Zinsbindung	PZ_t	$GKMZ_t^1$	Pos.	Vol. $_t$ (in Mio. DM)	Zinsbindung	PZ_t	$GKMZ_t^1$
A1	300	2 Jahre	8%	6%	P1	200	1 Jahr	0,5%	5%
A2	300	4 Jahre	10%	8%	P2	100	2 Jahre	4%	6%
A3	400	5 Jahre	9%	9%	P3	200	3 Jahre	6%	7%
					P4	500	5 Jahre	8%	9%
$\Sigma=$	1000		$\varnothing=$ 9%	$\varnothing=$ 7,8%	$\Sigma=$	1000		$\varnothing=$ 5,7%	$\varnothing=$ 7,5%

Abb. 2.14: Zinsertragsbilanz in t=1 (ohne variabel verzinsiches Geschäft)

Die Zinserlöse der Bank belaufen sich in diesem Beispiel auf 90 Mio. DM, die Zinskosten betragen 57 Mio. DM, so daß insgesamt in t=2 ein Zinsüberschuß in Höhe von 33 Mio. DM anfällt. Nach der bereits oben skizzierten Marktzinsmethode läßt sich dieser Zinsüberschuß in drei Erfolgsquellen aufspalten: in aktivische Konditionsbeiträge:

$$(2.16) \quad KB_{A,t+1} = BS_t \times (\varnothing PZ_{A,t} - \varnothing GKMZ_{A,t}),$$

die den Renditevorteil aktivischer Kreditgeschäfte gegenüber zinsbindungskongruenten Geld- und Kapitalmarktgeschäften widerspiegeln, in passivische Konditionsbeiträge:

$$(2.17) \quad KB_{P,t+1} = BS_t \times (\varnothing GKMZ_{P,t}^1 - \varnothing PZ_{P,t}^1),$$

die den Zinskostenvorteil passivischer Kundeneinlagen gegenüber zinsbindungskongruenten Finanzierungen am Geld- und Kapitalmarkt repräsentieren, sowie in einen Fristentransformationsbeitrag:

---

[4] Der Zeitpunkt t=1 beschreibt hier und im weiteren den **Beginn** der Periode eins. Analoges gilt für die Zeitpunkte t=2, t=3 usw. Ferner soll es sich bei den in Betracht stehenden Perioden stets um Zeiträume von einem Jahr handeln.

(2.18) $FTB_{t+1} = BS_t \times (\emptyset GKMZ^I_{A,t} - \emptyset GKMZ^I_{P,t})$,

der aus der unterschiedlichen Fristen- bzw. Zinsbindungsstruktur der Geschäfte resultiert und damit in engem Zusammenhang steht mit der Ursache des Zinsänderungsrisikos.[1]

Im einzelnen ergibt sich ein aktivischer Konditionsbeitrag aller Kreditgeschäfte von 12 Mio. DM, ein passivischer Konditionsbeitrag aller Einlagengeschäfte von 18 Mio. DM und ein Fristentransformationsbeitrag von 3 Mio. DM.

Aus den vorhandenen Festzinsvolumina läßt sich sodann folgende Zinsbindungsbilanz (in Mio. DM) aufstellen (vgl. Abb. 2.15):

	t=1	t=2	t=3	t=4	t=5
A1	300	300			
A2	300	300	300	300	
A3	400	400	400	400	400
Σ	1000	1000	700	700	400
Ø Zins	9%	9%	9,43%	9,43%	9%
P1	200				
P2	100	100			
P3	200	200	200		
P4	500	500	500	500	500
Σ	1000	800	700	500	500
Ø Zins	5,7%	7%	7,43%	8%	8%
Festzinsüberhang	A - P -	A 200 P -	A - P -	A 200 P -	A - P 100
Grenzzins A		9%	-	9,43%	8%
Grenzzins B		17%	-	13%	4%
Grenzzins C		7%		6%	14%

Abb. 2.15:   Zinsbindungsbilanz in t=1 (ohne variabel verzinsliches Geschäft)

---

[1] Zur Transformationsleistung der Banken im allgemeinen vgl. **Baxmann**, Transformationsleistung, S. 112-115. Die Entstehung des Strukturbeitrages, der sich aus dem Fristen- und Währungstransformationsbeitrag zusammensetzt, erläutern Marusev/Pfingsten. Vgl. **Marusev/Pfingsten**, Entstehung, S. 223-228.

In t=1 und t=3 wird entsprechend dieser Sonderrechnung kein Zinsänderungsrisiko aufgezeigt.[1] Es wird also davon ausgegangen, daß sich unabhängig von den nach t=1 und t=3 eintretenden Zinsentwicklungen keine Reinvermögensänderungen ergeben. In t=2 und t=4 hingegen werden offene aktivische Festzinsüberhänge und in t=5 ein offener passivischer Festzinsüberhang ermittelt. Steigt nun der Geld- und Kapitalmarktzins für Einjahresgelder bis t=2 um 1% auf 6%, so wird aufgrund des in t=2 vorhandenen aktivischen Festzinsüberhangs ein Rückgang des Zinsergebnisses in t=3 um 2 Mio. DM erwartet. Insgesamt resultiert aus der offenen Festzinsposition allerdings erst dann ein negatives Ergebnis, wenn der Einjahreszins über 9% hinaus ansteigt (Grenzzins A). Bei Betrachtung aller Festzinspositionen, d.h. unter Einbeziehung des Erfolges aus der geschlossenen Festzinsposition, könnte der Einjahreszins für die aufzunehmenden Mittel sogar bis auf 17% ansteigen, ohne daß das Zinsergebnis aus dem gesamten Festzinsgeschäft negativ würde (Grenzzins B). Geht man darüber hinaus von einer Bruttobedarfsspanne in Höhe von 2% auf das jeweils höhere Festzinsvolumen aus, so darf die passivische Festzinslücke höchstens mit einem Zins von 7% verzinst werden, damit das Betriebsergebnis (für den Festzinsbereich) nicht negativ wird (Grenzzins C).[2] Die Grenzzinssätze für t=4 und t=5 lassen sich in analoger Weise interpretieren.

Wenngleich die oben gezeigte Vorgehensweise bei der Abbildung periodischer und durch Zinsänderungen induzierter Einkommenswirkungen sowie die Ermittlung entsprechender Grenzzinssätze prima facie sachgerecht erscheinen, sind diese doch insbesondere hinsichtlich zweier sehr restriktiver Annahmen zu kritisieren:[3]

Zum einen sinkt das Zinsergebnis in t=2 nur dann um 2 Mio. DM, wenn nicht nur die Geld- und Kapitalmarktzinsen für Einjahresgelder, sondern auch die Positionszinsen für die zu schließende Festzinslücke genau um 1% ansteigen. Der Bank muß es also gelingen, als Ersatz für die fällig werdende Einlage P1 erneut ein Kundengeschäft mit einem Positionszins von 1,5% zu akquirieren. Ist dies nicht möglich, und kann die Festzinslücke beispielsweise nur zu dem in t=2 geltenden Geld- und Kapitalmarktzins von 6% geschlossen werden, dann verringert sich das Zinsergebnis nicht um 2 Mio. DM, sondern sogar um 11 Mio. DM.

---

[1] Die Volumina in den einzelnen Teilperioden stellen Stichtagsbestände zum Schluß der jeweiligen Periode dar.

[2] Vgl. **Scholz**, Steuerung, S. 127 ff.

[3] Vgl. **Rolfes/Bellmann/Napp**, Zinsänderungsrisiken, S. 12.

Zum anderen setzt das Konzept der Zinsbindungsbilanz voraus, daß sich aus dem sonstigen variabel verzinslichen Geschäft keine weiteren Zinsänderungsrisiken ergeben. Die Zinserlöse der variabel verzinslichen Aktiva müssen also bei Änderungen der Geld- und Kapitalmarktzinsen stets in genau dem gleichen Umfang steigen oder sinken wie die Zinskosten der variabel verzinslichen Passiva.

Abgesehen von diesen die Aussagekraft des Konzepts einschränkenden Annahmen ist die Zinsbindungsbilanz aber grundsätzlich auch dahingehend zu hinterfragen, ob mit dem alleinigen Ausweis periodischer Veränderungen des Zinsüberschusses (Einkommenseffekte) Auswirkungen auf das Reinvermögen der Bank abschließend erfaßt sind und ob im Hinblick auf das formale Gesamtrisiko ein zinsbedingter Eigenkapitalverbrauch tatsächlich nur dann stattfindet, wenn die Zinskosten die Zinserlöse in einer bestimmten Periode übersteigen. In t=1 beispielsweise identifiziert die Zinsbindungsbilanz aufgrund der geschlossenen Festzinsposition und einem — abgesehen von Ausfallrisiken — mit Sicherheit zu erwartenden Zinsüberschuß von 33 Mio. DM keine Gefahr eines Eigenkapitalverbrauchs. Steigt das Zinsniveau hingegen stark an und verringern sich zwar nicht die Zinsüberschüsse, aber die Bar- bzw. Marktwerte[1] der Aktiva aufgrund längerer durchschnittlicher Zinsbindungsfristen stärker als die Barwerte der Passiva — was im folgenden auch als „Solvenzeffekt" bezeichnet werden soll —, so ist angesichts erforderlich werdender Abschreibungen gleichwohl mit einem zinsbedingten Eigenkapitalverbrauch zu rechnen, und im Extremfall ist sogar ein Ruin der Bank nicht auszuschließen. Deutlich wird der auf Barwertänderungen beruhende Eigenkapitalverbrauch bei bilanziell erforderlich werdenden Kurswertabschreibungen auf fest verzinsliche Wertpapiere des Umlaufvermögens, die im Rahmen der Zinsbindungsbilanz keine Berücksichtigung finden. Aber auch bei Buchkrediten oder Kundeneinlagen, bei denen Abschreibungen der Buchwerte auf die jeweiligen Barwerte in der Bilanz nicht vorgenommen werden, sind Barwertminderungen im Konkursfall von Relevanz. Unterstellt die Zinsbindungsbilanz nämlich implizit, daß nur bei buchmäßiger Überschuldung ein Konkurstatbestand vorliegt — wenngleich dann zumindest auch bilanzielle Abschreibungen auf fest verzinsliche Wertpapiere des Umlaufvermögens berücksichtigt werden müßten —, so wird eine Überschuldung de lege lata tatsächlich auf der Basis einer Vermögensbilanz festgestellt, für die die Ansatz- und Bewertungsvorschriften der §§ 246 ff. und 264 ff. HGB nicht zur Anwendung

---

[1] Die **Markt**werte von Aktiva bzw. Passiva stimmen bei vollkommenen Geld- und Kapitalmärkten stets mit den **Bar**werten der aus diesen resultierenden Zahlungen überein.

kommen.¹ Im Rahmen der Vermögensbilanz sind also auch ansonsten nicht erforderliche Abschreibungen auf Buchkredite und Zuschreibungen auf Verbindlichkeiten zu berücksichtigen.

Analog der nicht erkannten Gefahr eines Eigenkapitalverbrauchs im Falle einer geschlossenen Festzinsposition und steigenden Zinsen werden bei der Zinsbindungsbilanz aber auch Reinvermögensmehrungen aufgrund fallender Zinsen und im Vergleich zu den Passiva im Wert stärker steigenden bzw. weniger sinkenden aktivischen Barwerten unter Umständen nicht erkannt. In diesem Fall sollte eine Bank in der Lage sein, unterbewertete Aktiva zu veräußern und entsprechende Kursgewinne zu realisieren oder im Vergleich zum Marktzinsniveau überbewertete Passiva vorzeitig zu tilgen.² Auch wenn eine Liquidation von Aktiva oder Passiva wegen fehlender Sekundärmärkte nicht in jedem Fall möglich ist, können positive Solvenzeffekte durch den Abschluß kompensatorischer Eigengeschäfte in der Regel bereits im Entstehungszeitpunkt realisiert werden.³ Insgesamt können aus positiven Solvenzeffekten resultierende Reinvermögensmehrungen also grundsätzlich dazu dienen, Reinvermögensminderungen im Bereich des Ausfall- oder Wechselkursrisikos auszugleichen.

Im Extremfall zeigt die Zinsbindungsbilanz im Falle offener Festzinspositionen sogar eine Verringerung des periodischen Zinsüberschusses auf und deutet auf eine Ruingefahr hin, wobei tatsächlich — bei Betrachtung von Solvenzeffekten — Reinvermögensmehrungen zu verzeichnen sind.⁴

Insgesamt ist die alleinige Ermittlung einer zinsbedingten Veränderung des Zinsüberschusses im Hinblick auf eine Quantifizierung des formalen Zinsänderungs- bzw. Gesamtrisikos also nicht zielführend. Sachgerecht ist es vielmehr, Festzinsüberhänge jeweils getrennt für Positionen mit gleichen Zinsbindungsfristen zu ermitteln und darauf aufbauend Solvenzeffekte zu berechnen. Eine Gefahr des Eigenkapitalverbrauchs bzw. die Chance einer Reinvermögensmehrung würde in

---

1   Vgl. **Institut der Wirtschaftsprüfer in Deutschland e.V. (Hrsg.)**, Handbuch, S. 1445. Zu neueren Entwicklungen im Insolvenzrecht vgl. auch **Burger/Schellberg**, Überschuldung, S. 226-233.

2   Vgl. **Bessler**, Zinsrisikomanagement, S. 212 ff.

3   Bösls Argument, daß Solvenzeffekte wegen fehlender Sekundärmärkte nur begrenzt realisiert werden können, ist daher nicht zuzustimmen. Vgl. **Bösl**, Risikobegrenzung, S. 194 f.

4   Vgl. **Rolfes**, Steuerung, S. 132-136.

diesem Fall bereits dann erkannt, wenn bei in einzelnen Perioden der Höhe nach geschlossenen Festzinspositionen die Zinsbindungsfristen derselben nicht genau übereinstimmen.[1]

b) Das Solvenz- bzw. Durationskonzept

Im Unterschied zur Zinsbindungsbilanz fokussiert das Solvenzkonzept nicht auf Festzinsüberhänge bzw. auf daraus resultierende Zinsüberschußänderungen in einzelnen Betrachtungsperioden; vielmehr wird untersucht, wie sich bei Eintritt bestimmter Zinsszenarien die Markt- oder Barwerte der Festzinspositionen verhalten. Bei letzterem Ansatz wird also auch dann ein Zinsänderungsrisiko bzw. eine Reinvermögensänderung erkannt, wenn in einzelnen Perioden bei der Höhe nach geschlossenen Festzinspositionen die Zinsbindungsfristen nicht genau übereinstimmen. Das Solvenzkonzept stellt in diesem Punkt also eine Verbesserung gegenüber der Zinsbindungsbilanz dar.

Abgesehen vom Unterschied der Barwertbetrachtung gleichen sich das Solvenzkonzept und die Zinsbindungsbilanz jedoch dahingehend, daß ein Zinsänderungsrisiko dann erwartet wird, wenn im Falle eines offenen aktivischen Festzinsüberhangs bzw. sich daraus ergebender Zahlungen das Marktzinsniveau steigt bzw. wenn im Falle eines passivischen Festzinsüberhangs das Marktzinsniveau sinkt. Zudem unterstellen beide, daß aus variabel verzinslichen Positionen keine Zinsänderungsrisiken resultieren, da die entsprechenden Positionszinsen stets in vollem Umfang an das veränderte Marktzinsniveau angepaßt werden. Das Solvenzkonzept ist in seinen Grundgedanken also insgesamt eng verwandt mit der Zinsbindungsbilanz und kann als stichtagsbezogenes Spiegelbild des Ansatzes von Scholz bezeichnet werden.[2]

---

[1] Rolfes' Argumente gegen eine Erfassung von Zinsänderungen auf der Basis von Barwertminderungen sind wenig überzeugend. So ist es nur bedingt zutreffend anzunehmen, daß der Eintritt von Zinsänderungsrisiken davon abhängt, daß bestimmte Zeitspannen mit entsprechenden Zinsentwicklungen „durchlaufen" werden. Vielmehr sind zinsänderungsbedingte Verminderungen des Reinvermögens bereits dann als realisiert bzw. realisierbar anzusehen, wenn sie sich in einer Änderung der Barwerte niederschlagen. Vgl. **Rolfes**, Steuerung, S. 153 f.

[2] Vgl. **Schmidt**, Marktzinsrisiken, S. 256.

Hinsichtlich der prozessualen Vorgehensweise werden beim Solvenzkonzept in einem ersten Schritt die aus den Festzinspositionen resultierenden Zahlungen ermittelt. Hierbei handelt es sich um Tilgungs- und Zinszahlungen, die bei den Aktiva zu positiven und bei den Passiva zu negativen Zahlungen führen. In einem zweiten Schritt werden die Zahlungen auf den Betrachtungszeitpunkt diskontiert. Als Diskontierungszins wird bei einer vereinfachten Vorgehensweise der durchschnittliche aktivische ($\varnothing GKMZ^I_{A,t}$) bzw. passivische ($\varnothing GKMZ^I_{P,t}$) Geld- und Kapitalmarktzins herangezogen. Die Barwerte (Bw_t) der Einzahlungen (E_t) bzw. Auszahlungen (A_t) berechnen sich dabei allgemein nach folgender Formel:

(2.19) $\quad Bw^E_{t-1} = \sum_{t=1}^{T} E_t \times (1+\varnothing GKMZ^I_{A,t})^{-t}$ bzw.

(2.20) $\quad Bw^A_{t-1} = \sum_{t=1}^{T} A_t \times (1+\varnothing GKMZ^I_{P,t})^{-t}$.

Schließlich werden in einem dritten Schritt die Barwerte der Einzahlungen bzw. Auszahlungen unter Berücksichtigung einer unterstellten Marktzinsänderung ($\Delta(\varnothing GKMZ^I_{A,t})$ bzw. $\Delta(\varnothing GKMZ^I_{P,t})$) berechnet. Der Solvenzeffekt (ΔBw_{t-1}) ergibt sich dann aus der (doppelten) Differenz der Barwerte der Einzahlungen bzw. Auszahlungen vor Zinsänderung einerseits und nach Zinsänderung andererseits:

(2.21) $\quad \Delta Bw_{t-1} = \begin{bmatrix} \sum_{t=1}^{T} E_t \times (1+\varnothing GKMZ^I_{A,t} + \Delta(\varnothing GKMZ^I_{A,t})) \\ -\sum_{t=1}^{T} A_t \times (1+\varnothing GKMZ^I_{P,t} + \Delta(\varnothing GKMZ^I_{P,t})) \end{bmatrix}$
$\quad - \left[\sum_{t=1}^{T} E_t \times (1+\varnothing GKMZ^I_{A,t}) - \sum_{t=1}^{T} A_t \times (1+\varnothing GKMZ^I_{P,t}) \right]$.

Zur Veranschaulichung des Solvenzkonzepts wird vom bereits oben gewählten Beispiel ausgegangen. Unter der Annahme, daß die Zins- und Tilgungszahlungen jeweils am Periodenende geleistet werden, lassen sich aus der Zinsbindungsbilanz folgende Zahlungsreihen (in Mio. DM) ableiten (vgl. Abb. 2.16):

	t=2	t=3	t=4	t=5	t=6
Einzahlungen auf aktivische Festzinspositionen					
Tilgungen		300		300	400
Zinsen	90	90	66	66	36
Σ	90	390	66	366	436
Einzahlungen auf passivische Festzinspositionen					
Tilgungen	-200	-100	-200		-500
Zinsen	-57	-56	-52	-40	-40
Σ	-257	-156	-252	-40	-540
Aggregierte Zahlungsreihe					
Σ	-167	234	-186	326	-104

Abb. 2.16: Aus der Zinsbindungsbilanz in t=1 abgeleitete Zahlungsreihen

Gilt auf der Aktivseite ein durchschnittlicher Geld- und Kapitalmarktzins von 7,8% und auf der Passivseite ein solcher von 7,5%, so errechnen sich vor Zinserhöhung folgende Barwerte der Einzahlungen bzw. Auszahlungen:

(2.22) $\quad Bw_1^E = 1.042,297066$ Mio. DM $\quad$ bzw.

(2.23) $\quad Bw_1^A = 983,0054012$ Mio. DM.

Der Barwert der gesamten Festzinsposition vor Zinserhöhung weist dann einen Wert von 59,2916648 Mio. DM auf.

Steigen nun in t=1 die durchschnittlichen Geld- und Kapitalmarktzinsen der Ein- und Auszahlungen um jeweils 4%, so sind die Einzahlungen bzw. Auszahlungen nach Zinsänderung mit folgenden Zinssätzen zu diskontieren:

(2.24) $\quad \varnothing GKMZ_{A,1}^I + \Delta(\varnothing GKMZ_{A,1}^I) = 7{,}8\% + 4\% = 11{,}8\%$ $\quad$ bzw.

(2.25) $\quad \varnothing GKMZ_{P,1}^I + \Delta(\varnothing GKMZ_{P,1}^I) = 7{,}5\% + 4\% = 11{,}5\%$.

Die Barwerte der Ein- bzw. Auszahlungen nach Zinsänderung ergeben sich dann wie folgt:

(2.26) $\quad Bw_1^E = 923{,}6373181$ Mio. DM $\quad$ bzw.
(2.27) $\quad Bw_1^A = 876{,}988228$ Mio. DM.

Es ist ersichtlich, daß sich die Barwerte der Aktiva aufgrund der Zinsänderung stärker reduziert haben als die Barwerte der Passiva. Der Barwert der gesamten Festzinsposition nach Zinsänderung beträgt entsprechend nur noch 46,6490901 Mio. DM. Der Solvenzeffekt nimmt einen Wert von -12,6425747 Mio. DM an.

Das auf Macaulay zurückgehende Durationskonzept[1] erfaßt das Zinsänderungsrisiko in grundsätzlich gleicher Weise wie das oben angeführte Solvenzkonzept. Allerdings ist hiermit eine vereinfachte und eine die Determinanten des Zinsänderungsrisikos transparent machende Ermittlung der Barwertänderungen möglich. Die Duration als Laufzeitmaß[2] mißt in diesem Zusammenhang die durchschnittliche zukünftige Zeitspanne, in der der Zins der Aktiva bzw. der Passiva einer Bank gebunden ist, und wird bestimmt als gewogener Mittelwert aller Zeitpunkte, in denen Zahlungen anfallen. Als Gewichtungsfaktoren für die Zahlungszeitpunkte werden die Verhältnisse der Barwerte der den Zeitpunkten zukommenden Ein- bzw. Auszahlungen zum Barwert der gesamten Zahlungsreihe verwandt. Konkret ermittelt sich die Duration für die Ein- bzw. Auszahlungen einer Zahlungsreihe nach folgender Formel:[3]

$$(2.28) \quad D_{t-1}^E = \frac{\sum_{t=1}^{T} t \times E_t (1 + \emptyset GKMZ_{A,t}^1)^{-t}}{Bw_t^E} \quad \text{bzw.}$$

$$(2.29) \quad D_{t-1}^A = \frac{\sum_{t=1}^{T} t \times A_t (1 + \emptyset GKMZ_{P,t}^1)^{-t}}{Bw_t^A}.$$

Durch einige Umformungen, auf die hier nicht näher einzugehen ist, läßt sich der Solvenzeffekt näherungsweise[4] wie folgt berechnen:[5]

---

[1] Vgl. **Macaulay**, Problems, S. 44-53.

[2] Rudolph verwendet synonym den Begriff der „durchschnittlichen Selbstliquidationsperiode". Vgl. **Rudolph**, Selbstliquidationsperiode, S. 190.

[3] Vgl. **Rolfes**, Steuerung, S. 93 ff.

[4] Der mit Hilfe der Duration ermittelte Solvenzeffekt gilt aufgrund der Konvexität der Barwertfunktion regelmäßig nur für infinitesimal kleine Marktzinsänderungen. Der Fehler im Vergleich zum Solvenzkonzept ist also um so größer, je höher die vorgegebene Marktzinsänderung ausfällt. Vgl. **Rolfes**, Steuerung, S. 95 f.

[5] Vgl. **Herzog**, Zinsänderungsrisiken, S. 69 ff.

$$(2.30) \quad \Delta Bw_{t-1} = \left[-\frac{1}{1+\varnothing GKMZ_{A,t}^I} \times D_{t-1}^E \times Bw_{t-1}^E \times \Delta(\varnothing GKMZ_{A,t}^I) \right]$$
$$- \left[-\frac{1}{1+\varnothing GKMZ_{P,t}^I} \times D_{t-1}^A \times Bw_{t-1}^A \times \Delta(\varnothing GKMZ_{P,t}^I) \right].$$

Abgesehen von Rechenvereinfachungen, die dadurch entstehen, daß bei Kenntnis der Durationen und der Barwerte der Ein- und Auszahlungsreihen Simulationsrechnungen mit unterschiedlichen Zinsszenarien vereinfacht durchgeführt werden können, wird die Duration in diesem Zusammenhang aber auch selbst als Maßstab für das Zinsänderungsrisiko einer Bank angeführt.[1] So ist es unter der Voraussetzung identischer Barwerte aktivischer und passivischer Festzinspositionen[2] möglich, allein durch eine Gegenüberstellung der Durationen festverzinslicher Vermögens- oder Schuldpositionen abzusehen, ob und in welcher Höhe eine Verringerung bzw. Mehrung des Reinvermögens bei sinkendem oder steigendem Zinsniveau eintritt.[3] Diese wird dann ceteris paribus um so höher ausfallen, je stärker sich das Marktzinsniveau verändert. Sind sowohl die Durationen als auch die Barwerte aktivischer und passivischer Festzinspositionen identisch, dann beträgt der Solvenzeffekt unabhängig von Veränderungen des Zinsniveaus stets null und es wird von einem nicht existenten Zinsänderungsrisiko ausgegangen.[4]

Bezogen auf obiges Beispiel berechnet sich für die Einzahlungen folgende Duration (vgl. Abb. 2.17):

---

[1] Vgl. **Rudolph**, Selbstliquidationsperiode, S. 195. Schmidt weist allerdings darauf hin, daß es falsch wäre, in der Duration bereits ein Maß für das Zinsänderungsrisiko zu sehen, da die Marktzinsen für Titel mit hoher Duration erfahrungsgemäß geringeren Schwankungen ausgesetzt sind als Titel mit kurzfristigen Bindungsdauern. Vgl. **Schmidt**, Marktzinsrisiken, S. 273.

[2] Bei Barwertdifferenzen aktivischer und passivischer Festzinspositionen vor Zinsänderungen sind die jeweiligen Barwerte mit den Durationen sowie den Abzinsungsfaktoren:

$$\frac{1}{\Delta(\varnothing GKMZ_A)} \times D_{t-1}^E \times Bw_{t-1}^E \quad \text{bzw.} \quad \frac{1}{\Delta(\varnothing GKMZ_P)} \times D_{t-1}^A \times Bw_{t-1}^A$$

zu multiplizieren. Vgl. **Rolfes**, Steuerung, S. 97.

[3] Sind die Barwerte festverzinslicher Aktiva bzw. Passiva nicht identisch, dann ist es unter Berücksichtigung der jeweiligen Strukturanteile ebenfalls möglich, Aussagen hinsichtlich des Zinsänderungsrisikos zu treffen und entsprechende Kennzahlen zu berechnen. Vgl. beispielsweise **Herzog**, Zinsänderungsrisiken, S. 73 ff.

[4] Vgl. **Schmidt**, Marktzinsrisiken, S. 274.

	Zahlungsreihe (in Mio. DM)	Barwerte ($\varnothing GKMZ^I_{A,1} = 7{,}8\%$) (in Mio. DM)	Gewichtungs- faktoren	Duration
(1)	(2)	(3) = (2) × 1,078^{-t}	(4) = (3) / Bw$^E_1$	(5) = (1) × (4)
t=2	90	83,48794	0,8009	0,08009
t=3	390	335,60396	0,32198	0,643969
t=4	66	52,68508	0,050547	0,15164126
t=5	366	271,02293	0,26002465	1,04009861
t=6	436	299,49714	0,287343	1,4367168
Σ		1042,297066	1	3,35252653

Abb. 2.17: Durationstabelle für Einzahlungen

Für die Auszahlungen gilt analog (vgl. Abb. 2.18):

	Zahlungsreihe (in Mio. DM)	Barwerte ($\varnothing GKMZ^I_{P,1} = 7{,}5\%$) (in Mio. DM)	Gewichtungs- faktoren	Duration
(1)	(2)	(3) = (2) × 1,075^{-t}	(4) = (3) / Bw$^A_1$	(5) = (1) × (4)
t=2	-257	-239,06976	0,24320	0,24320
t=3	-156	-134,99188	0,13732	0,27465
t=4	-252	-202,85006	0,20635	0,61907
t=5	-40	-29,95202	0,03046	0,12187
t=6	-540	-376,14166	0,38264	1,91322
Σ		-983,00540	1	3,17202

Abb. 2.18: Durationstabelle für Auszahlungen

Aufgrund der größeren aktivischen als passivischen Duration sowie der ungefähr identischen Barwerte bzw. Diskontierungsfaktoren ist bereits an dieser Stelle ersichtlich, daß sich ein negativer Solvenzeffekt bei steigenden und ein positiver bei fallenden Geld- und Kapitalmarktzinsen einstellt. Bei einer anzunehmenden Marktzinssteigerung von 4% berechnet sich der Solvenzeffekt mit Hilfe der Duration näherungsweise wie folgt:

$$\Delta Bw_1 = \left[-\frac{1}{1{,}078} \times 3{,}3525 \times 1042{,}29706 \text{ Mio. DM} \times 0{,}04 \right]$$

(2.31)
$$-\left[-\frac{1}{1{,}075} \times 3{,}172027459 \times 983{,}00540 \text{ Mio. DM} \times 0{,}04 \right]$$

$$= -13{,}63557 \text{ Mio DM}.$$

Es zeigt sich, daß der mit Hilfe der Duration ermittelte negative Solvenzeffekt etwas höher ist als der zuvor direkt ermittelte tatsächliche Solvenzeffekt[1], was darauf zurückzuführen ist, daß die Durationsgleichung nur für infinitesimal kleine Änderungen der Geld- und Kapitalmarktzinsen Gültigkeit besitzt.

Abgesehen von dieser Ungenauigkeit ist das Durations- wie auch das Solvenzkonzept hinsichtlich der Betrachtung von Barwerten und nicht periodischer Zinsüberschußänderungen allerdings sachgerechter als die Zinsbindungsbilanz. Gleichwohl sind beide Konzepte weiterhin mit Mängeln behaftet und nur bedingt geeignet, zinsbedingte Reinvermögensmehrungen bzw. -minderungen genau zu ermitteln.

Ein erster wesentlicher Kritikpunkt betrifft die im Grundmodell der Durationsermittlung gemachte Annahme einer flachen Zinsstruktur. Denn nur in diesem Fall ist es gerechtfertigt, Ein- bzw. Auszahlungen, die zu unterschiedlichen Zeitpunkten anfallen, mit einheitlichen Geld- und Kapitalmarktzinsen zu diskontieren. In praxi ergeben sich aber regelmäßig Zinsdifferenzen in Abhängigkeit von der Zinsbindungsfrist. Entsprechend sind im Hinblick auf eine genaue Ermittlung des Solvenzeffekts in Abhängigkeit vom zeitlichen Anfall der Zahlungen jeweils unterschiedliche Diskontierungsfaktoren zu verwenden.[2]

---

[1] Der Solvenzeffekt betrug -12,6425747 Mio. DM.

[2] Vgl. **Rolfes**, Steuerung, S. 115 f. Zu bedenken ist in diesem Zusammenhang allerdings, daß die Annahme einer flachen Zinsstruktur nur auf die Grundversion des Durationskonzepts zutrifft. Bei erweiterten Modellen wie etwa bei der Fisher-Weil-Duration können hingegen auch zinsbindungsspezifische Diskontierungsfaktoren sowie fristigkeitsspezifische Zinsänderungen und auch Drehungen der Zinsstruktur berücksichtigt werden. Vgl. **Fisher/Weil**, Coping, S. 430, **Bierwag**, Immunization, S. 725 ff., **Bierwag/Corrado/Kaufmann**, Computing, S. 52 ff., **Chen/Park/Wie**, Duration, S. 95 ff., **Cooper**, Asset, S. 701 ff., **Cox/Ingersoll Jr./Ross**, Duration, S. 51 ff., **Khang**, Bond, S. 1085 ff., und **Bühler/Hies**, Key-Rate-Duration, S. 112-118. Diese erweiterten Durationsmaße sind jedoch sehr komplex und führen auch nur dann zu einer exakten Erfassung der Solvenzeffekte, wenn der zugrunde gelegte stochastische Zinsänderungsprozeß tatsächlich eintritt. Da mit zunehmender Komplexität der Berechnung aber der Vorteil der Duration verloren geht, sollten Solvenzeffekte besser direkt durch Diskontierung einzelner Aus-

Der zweite Kritikpunkt bezieht sich sowohl auf das Durations- als auch auf das Solvenzkonzept und betrifft die Annahme einer einzigen und unmittelbar nach dem Betrachtungszeitpunkt eintretenden Marktzinsänderung. Diese Annahme ist wenig hilfreich, denn in einer logischen Sekunde nach Abschluß der Festzinsgeschäfte können — wenn überhaupt — nur sehr kleine Marktzinsänderungen eintreten. Vielmehr ist ein Ruin der Bank erst dann zu erwarten, wenn sich eine nachteilige und zu negativen Solvenzeffekten führende Zinsentwicklung über einen längeren Zeitraum — über ein Jahr etwa — fortsetzt. Entsprechend sinnvoll ist es in diesem Zusammenhang, Solvenzeffekte durch einen Vergleich der Barwerte zu Beginn und nach Ablauf einer Periode zu berechnen. Zu berücksichtigen sind in diesem Fall jedoch auch zu erwartende und innerhalb der Periode eingetretene Eigenkapitalmehrungen. Dies betrifft insbesondere die unmittelbar im Zusammenhang mit der Fristentransformation erwirtschafteten Fristentransformationsbeiträge.[1] So findet ein Eigenkapitalverbrauch grundsätzlich dann nicht statt, wenn die in der Betrachtungsperiode erwirtschafteten Fristentransformationsbeiträge größer oder gleich den im gleichen Zeitraum eingetretenen Solvenzeffekten sind.

Ein dritter Kritikpunkt am Durations- bzw. Solvenzkonzept betrifft die Tatsache, daß Solvenzeffekte auch dann festgestellt werden, wenn sich die Volumina der Festzinspositionen bei allen Zinsbindungsfristen genau ausgleichen und sich — abgesehen vom Ausfallrisiko — sichere Zinsüberschüsse in einzelnen Perioden allein aufgrund aktivischer bzw. passivischer Konditionsbeiträge ergeben.[2] In diesem Fall führt eine Marktzinssteigerung dazu, daß sich allein der Barwert der Konditionsbeiträge verringert.[3] Je höher die Konditionsbeiträge sind, desto höher ist dann c.p. auch der Solvenzeffekt. Eine Bank, die keine Konditionsbeiträge erwirtschaftet, ist diesem Solvenzeffekt entsprechend nicht ausgesetzt. Zu einer fal-

---

bzw. Einzahlungen ermittelt werden.

[1] Im Unterschied zu den Fristentransformationsbeiträgen können die Konditionsbeiträge bereits zum Betrachtungszeitpunkt als vereinnahmt und damit als Teil des Eigenkapitals angesehen werden.

[2] Vgl. **Bösl**, Risikobegrenzung, S. 187 ff.

[3] Zu beachten ist in diesem Zusammenhang das Barwertkonzept der Marktzinsmethode, welches nicht die periodisch erzielten Konditionsbeiträge, sondern die Konditionsbeitragsbarwerte als maßgebliche Steuerungsgrößen herausstellt. Vgl. **Benke/Gebauer/Piaskowski**, Barwertkonzept (I), S. 457-463, und **Benke/Gebauer/Piaskowski**, Barwertkonzept (II), S. 514-521. Zum Problem der Integration von Konditionsbeitragsbarwerten in die externe Rechnungslegung vgl. **Pfingsten/Thom**, Konditionsbeitrags-Barwert, S. 242-245, und **Probson**, Finanzbuchhaltung, S. 180-184.

schen Beurteilung des Zinsänderungsrisikos kann es entsprechend dann kommen, wenn der allein aus der Verringerung des Konditionsbeitragsbarwertes resultierende Solvenzeffekt dem Eigenkapital zu Beginn der Betrachtungsperiode ohne Einschluß des auf diesen Zeitpunkt diskontierten Konditionsbeitragsbarwertes gegenübergestellt wird. In diesem Fall würde eine zinsbedingte Reinvermögensminderung angezeigt, obwohl es sich bei diesem Solvenzeffekt lediglich um eine Verringerung des als Barwert gemessenen Erfolges der in Betracht stehenden Geschäfte handelt. Eine Bank, die Kundengeschäfte mit hohen Konditionsmargen abgeschlossen hat, würde also hinsichtlich des Zinsänderungsrisikos schlechter beurteilt als eine Bank mit geringeren, keinen oder sogar negativen Konditionsmargen.[1] Um diese Fehlinterpretationen des Solvenzeffekts zu verhindern, sind lediglich den als Barwert gemessenen Erfolg abgeschlossener Geschäfte mindernde Solvenzeffekte einerseits und das Eigenkapital tatsächlich verbrauchende und möglicherweise zu einem Ruin der Bank führende Solvenzeffekte andererseits genau zu trennen.

Viertens schließlich sind das Durations- bzw. Solvenzkonzept dahingehend zu kritisieren, daß variable Zinsänderungsrisiken resultierend aus ungleichgewichtigen Zinsanpassungselastizitäten aktivischer und passivischer Geschäfte nicht berücksichtigt werden.[2] So wird regelmäßig unterstellt, daß der Barwert variabel verzinslicher Positionen aufgrund regelmäßiger Zinsanpassungen auch bei Zinsänderungen immer dem Nominalwert entspricht. Wenngleich letzteres bei Engagements mit Zinsanpassungselastizitäten von eins tatsächlich der Fall ist, kann hiervon bei Zinsanpassungselastizitäten zwischen null und eins nicht unbedingt ausgegangen werden. Deutlich wird dies bereits bei der Betrachtung variabel verzinslicher Geschäfte mit geringen Zinsanpassungselastizitäten, die denen fest verzinslicher Geschäfte nahekommen. Einem variabel verzinslichen Kredit mit einer Zinsanpassungselastizität von 0,1 sowie einer Kapitalbindungsfrist von fünf Jahren etwa ist bei steigenden Marktzinsen eine Barwertänderung zuzurechnen, die der eines fest verzinslichen Kredits mit einer Zinsbindungsfrist von ebenfalls fünf Jahren nahekommt.[3] Aber

---

[1] Im Falle negativer Konditionsmargen käme es sogar zum paradoxen Ergebnis, daß bei steigenden Zinsen ein positiver Solvenzeffekt angezeigt würde.

[2] Vgl. **Rolfes**, Steuerung, S. 121 ff., und **Bangert**, Zinsrisiko-Management, S. 115. In jüngerer Zeit wurden jedoch modifizierte Ansätze entwickelt, die auch eine Integration variabel verzinslicher Geschäfte in das Durationskonzept ermöglichen. Vgl. **Bessler**, Zinsrisikomanagement, und **Kocher**, Duration, S. 379-385.

[3] Herzog, der ein variables Zinsänderungsrisiko nur in Form ungewisser Zinsüberschüsse sieht, ist in diesem Zusammenhang nicht zuzustimmen. Vgl. **Herzog**, Zinsänderungsrisiken, S. 80 f.

auch bei höheren Zinsanpassungselastizitäten können — wenngleich geringere — Barwertänderungen bzw. Solvenzeffekte konstatiert werden. Im Hinblick auf eine genaue Ermittlung des formalen Gesamtrisikos sind das Durations- bzw. Solvenzkonzept also um variabel verzinsliche Positionen zu erweitern.

c) Der Zinselastizitätenansatz

Aufbauend auf der Kritik an der Zinsbindungsbilanz von Scholz und dem Durations- bzw. Solvenzkonzept entwickelte Rolfes 1985 den Elastizitätenansatz, dessen primäres Ziel es ist, die variabel verzinslichen Geschäfte mit in die Quantifizierung des Zinsänderungsrisikos zu integrieren.[1] Während sowohl bei der Zinsbindungsbilanz als auch im Rahmen des Solvenzkonzepts unterstellt wird, daß die Zinsen variabel verzinslicher Geschäftspositionen stets vollständig an das veränderte Marktzinsniveau angepaßt werden, geht Rolfes davon aus, daß die Positionszinsen variabel verzinslicher Geschäfte bei Marktzinsänderungen nur zu einem bestimmten Prozentsatz reagieren. Als Maßstab für die Reagibilität definiert Rolfes die bereits erwähnten Zinsanpassungselastizitäten, die als Relation der Positionszinssteigerung (ΔPZ) zur Marktzinssteigerung (ΔTGZ) definiert sind. Als repräsentative Marktzinsen werden in diesem Zusammenhang gleitende Durchschnitte jeweiliger Tagesgeldzinssätze herangezogen:[2]

$$(2.32) \quad ZAE = \frac{\Delta PZ}{\Delta TGZ}.$$

Eine Zinsanpassungselastizität von 0,6 sagt beispielsweise aus, daß bei einer Steigerung des Tagesgeldzinses um 1% der Positionszins nur in Höhe von 0,6% an das gestiegene Zinsniveau angepaßt werden kann. Voll variable Positionen, die sich stets gleichgerichtet mit den Tagesgeldzinsen verändern, haben hingegen eine Zinsanpassungselastizität von eins; fest verzinsliche Positionen weisen per Definition eine Zinsanpassungselastizität von null auf.

Unter Verwendung der Zinsanpassungselastizitäten sämtlicher fest und variabel verzinslicher Geschäfte kann nun eine Elastizitätenbilanz aufgestellt werden, die neben Volumensangaben der Aktiva und Passiva auch Zinsanpassungselastizitäten sowie Zinskosten- bzw. -erlösänderungen bei einer normierten Tagesgeldzinsstei-

---

[1] Vgl. **Rolfes**, Steuerung.

[2] Vgl. **Rolfes**, Steuerung, S. 173 ff.

gerung um 1%-Punkt enthält. Veränderungen des gesamten Zinsüberschusses lassen sich entsprechend durch eine Multiplikation der Bilanzsumme (BS$_t$) mit der Differenz durchschnittlicher, d.h. mit entsprechenden Volumina gewichteter aktivischer ($\varnothing ZAE_A$) und passivischer ($\varnothing ZAE_P$) Zinsanpassungselastizitäten sowie der durch 100 dividierten Tagesgeldzinssteigerung errechnen:

(2.33) $\Delta Z\ddot{U}_{t+1} = BS_t \times (\varnothing ZAE_A - \varnothing ZAE_P) \times \Delta TGZ / 100$.

Entsprechen sich die durchschnittlichen Zinsanpassungselastizitäten aktivischer und passivischer Geschäfte, dann verändern sich die Zinskosten und -erlöse bei einer Variation des Zinsniveaus stets in gleichem Umfang, und der Zinsüberschuß stellt eine konstante Größe dar. Ist die aktivische Zinsanpassungselastizität hingegen größer als die passivische, vermindert sich der Zinsüberschuß bei fallenden Zinsen dadurch, daß die Zinserlöse stärker sinken als die Zinskosten. Bei steigenden Zinsen erhöht sich der Zinsüberschuß entsprechend. Analog stellt sich der Zusammenhang bei größeren passivischen als aktivischen Zinsanpassungselastizitäten dar.

Im folgenden wird obiges Beispiel dahingehend erweitert, daß fortan auch ein variabel verzinslicher Kredit A4 mit einer Zinsanpassungselastizität von 0,2 und eine variabel verzinsliche Einlage P5 mit einer Zinsanpassungselastizität von eins mit in die Betrachtung einbezogen werden. Unter Berücksichtigung dieser Geschäfte läßt sich folgende Elastizitätenbilanz (vgl. Abb. 2.19) aufstellen:

	Aktiva				Passiva		
Pos.	Vol.$_t$ (in Mio. DM)	ZAE	Δ Zinserlös$_{t+1}$ bei $\Delta TGZ=$ 1% (in Mio. DM)	Pos.	Vol.$_t$ (in Mio. DM)	ZAE	Δ Zinskosten$_{t+1}$ bei $\Delta TGZ=$ 1% (in Mio. DM)
A1	300	0	0	P1	200	0	0
A2	300	0	0	P2	100	0	0
A3	400	0	0	P3	200	0	0
				P4	500	0	0
	$\Sigma=$ 1000	0			$\Sigma=$ 1000	0	0
A4	200	0,2	0,4	P5	200	1	2
	$\Sigma=$ 1200		$0,0\overline{3}$		$\Sigma=$ 1200	$0,1\overline{6}$	2

Abb. 2.19: Elastizitätenbilanz in t=1

Bei einem Anstieg des Tagesgeldzinses um 1% erhöhen sich die Zinserlöse um 0,4 Mio. DM, während die Zinskosten um 2 Mio. DM zunehmen. Insgesamt verringert sich der Zinsüberschuß aufgrund der geringeren durchschnittlichen aktivischen als passivischen Zinsanpassungselastizität um 1,6 Mio. DM.

Unter der Annahme identischer Geschäfte wurde bei der Zinsbindungsbilanz davon ausgegangen, daß in der ersten Periode eine geschlossene Festzinsposition vorliegt und sich der Zinsüberschuß bei einer Variation des Geld- und Kapitalmarktzinses nicht verändert. Bei Einbeziehung variabel verzinslicher Geschäfte wird nun offenkundig, daß Änderungen des Zinsniveaus gleichwohl Auswirkungen auf den periodischen Zinsüberschuß haben können. Im Falle offener Festzinspositionen können bei Vernachlässigung variabel verzinslicher Geschäfte nicht nur die Höhe, sondern sogar das Vorzeichen der erwarteten Zinsüberschußveränderung bei Eintritt eines unterstellten Zinsszenarios falsch eingeschätzt werden.

Obschon die Elastizitätenbilanz periodische Veränderungen des Zinsüberschusses sowohl aus fest als auch aus variabel verzinslichen Positionen zu erfassen in der Lage ist und damit eine wesentliche Erweiterung der Zinsbindungsbilanz darstellt, ist doch auch dieses Konzept nur bedingt geeignet, den funktionalen Zusammenhang zwischen dem Eintritt bestimmter Zinsszenarien und den im Hinblick auf das formale Gesamtrisiko relevanten zinsbedingten Ergebniswirkungen adäquat aufzuzeigen.

Zum einen werden bei der Elastizitäten- wie bei der Zinsbindungsbilanz nur periodische Zinsüberschußänderungen und nicht auch Solvenzeffekte erfaßt. In bezug auf das Festzinsgeschäft wird also auch hier davon ausgegangen, daß aus geschlossenen Festzinspositionen in einzelnen Betrachtungsperioden keine Zinsänderungsrisiken resultieren, die zu einem Ruin der Bank führen können. Hingegen wurde bereits oben festgestellt, daß sich auch aus betragsmäßig geschlossenen, zeitlich aber offenen Festzinspositionen existenzgefährdende Reinvermögensminderungen aus Veränderungen der Barwerte fest verzinslicher Positionen ergeben können. Darüber hinaus werden aber auch mögliche Solvenzeffekte aus variabel verzinslichen Positionen vernachlässigt. So ist es — wie bereits an anderer Stelle angedeutet wurde[1] — auch hier möglich, daß etwa bei einer größeren durchschnittlichen aktivischen als passivischen Zinsanpassungselastizität und steigenden Zinsen zwar

---

[1]   Vgl. Kapitel B. II. 2. b) in diesem Teil.

ein positiver Einkommens-, aber ein negativer Solvenzeffekt, der zum Ruin der Bank führen kann, eintritt.

Zum anderen besteht die Gefahr, daß aus inkongruenten Zinsanpassungselastizitäten resultierende Einkommensänderungen bei Unterstellung eines bestimmten Zinsszenarios im Hinblick auf die Ruinwahrscheinlichkeit fehlinterpretiert werden. So handelt es sich bei den Einkommensänderungen regelmäßig um relative Minderungen des Zinsüberschusses im Vergleich zur Situation konstanter Zinsen. Ein negativer Einkommenseffekt wird also auch dann ausgewiesen, wenn sich der Zinserfolg aus den Geschäften zwar vermindert, aber immer noch positiv ist. Beträgt der Positionszins des Kredits A4 beispielsweise 8,5% und der Positionszins der Einlage P5 3%, dann verringert sich der Zinsüberschuß bei einem sofort nach Abschluß der Geschäfte erfolgenden Anstieg des Marktzinses um 2% lediglich von 11 Mio. DM auf 7,8 Mio. DM. Würde dieser negative Einkommenseffekt in Höhe von -3,2 Mio. DM nun einem Eigenkapital von beispielsweise 3 Mio. DM gegenübergestellt[1], so könnte unter Umständen auf ein nicht tragbares Zinsänderungsrisiko geschlossen werden. Tatsächlich ist bei Eintritt des unterstellten Zinsszenarios jedoch mehr als eine Verdopplung des Eigenkapitals zu erwarten. Sinnvoll wäre es in diesem Zusammenhang, in der Elastizitätenbilanz nur dann eine Verringerung des Zinsüberschusses auszuweisen, wenn Eigenkapital tatsächlich verbraucht wird bzw. verbraucht zu werden droht.[2]

3. Entwicklung einer „modifizierten Zinsbindungsbilanz" zur exakten Quantifizierung zinsbedingter Reinvermögensänderungen

Nachdem in der vorangegangenen Analyse festgestellt wurde, daß alle drei traditionellen Konzepte zur Quantifizierung des Zinsänderungsrisikos nur bedingt geeignet sind, zinsbedingte Reinvermögensänderungen sachgerecht zu erfassen, soll im folgenden eine „modifizierte Zinsbindungsbilanz" entwickelt werden, die zu einer sachgerechten Abbildung zinsbedingter Reinvermögensänderungen in der Lage ist. Die modifizierte Zinsbindungsbilanz hat in diesem Zusammenhang nachstehende Anforderungen zu erfüllen:

---

[1] Hierbei handelt es sich allerdings um eine vereinfachende Annahme. Nach § 33 KWG beträgt das Mindesteigenkapital eines Kreditinstituts mindestens 5 Mio. ECU.

[2] Beim Konzept der Zinsbindungsbilanz werden zumindest Grenzzinssätze berücksichtigt, die nicht existenzgefährdende Veränderungen des Marktzinses anzeigen.

Erstens sind wie bereits bei der Elastizitätenbilanz sowohl aus fest verzinslichen als auch aus variabel verzinslichen Positionen resultierende Zinsergebnisse zu berücksichtigen. Dabei sind aber nicht nur periodische Veränderungen der Zinsüberschüsse (Einkommenseffekte), sondern auch Solvenzeffekte zu ermitteln. Zweitens sind bei der Quantifizierung der Solvenzeffekte zinsbindungsspezifische Diskontierungsfaktoren zu wählen. Es soll also insbesondere die bei der Macaulay-Duration getroffene Annahme einer flachen Zinsstruktur vermieden werden. Drittens ist zwischen Eigenkapital verbrauchenden und damit existenzgefährdenden sowie lediglich den Barwert von Kundengeschäftserfolgen mindernden Solvenzeffekten zu unterscheiden. Viertens schließlich soll der Solvenzeffekt nicht bezogen auf den Beginn der Betrachtungsperiode bei Annahme einer Zinssteigerung unmittelbar nach Abschluß der Geschäfte, sondern bezogen auf den Zeitpunkt nach Ablauf einer Periode bzw. eines Jahres berechnet werden. Hiermit wird der Umstand berücksichtigt, daß ein existenzgefährdender Eigenkapitalverbrauch in der Regel erst dann eintritt, wenn sich die Zinssätze über einen längeren Zeitraum für die Bank nachteilig entwickelt haben.

Hinsichtlich der Integration variabel verzinslicher Geschäfte in die Zinsbindungsbilanz[1] ist zu bedenken, daß letztere in ihrer Originalversion nur in der Lage ist, fest verzinsliche und voll zinsvariable Geschäfte, d.h. solche mit einer Zinsanpassungselastizität von eins, zu erfassen. Sollen dennoch variabel verzinsliche Geschäfte mit Zinsanpassungselastizitäten zwischen null und eins in der Zinsbindungsbilanz berücksichtigt werden, so kann dies gleichwohl dadurch geschehen, daß die aus den variabel verzinslichen Geschäften resultierenden und von der Entwicklung des Tagesgeldzinses abhängigen Zinszahlungen durch eine Kombination von Tranchen fest verzinslicher Geschäfte einerseits und voll variabel verzinslicher Geschäfte andererseits arbitragefrei rekonstruiert werden.[2] Voraussetzung hierfür ist allerdings, daß die Kapitalbindungsfristen der variabel verzinslichen Geschäfte bekannt

---

[1] Wenngleich sowohl variable Zinsänderungsrisiken als auch Festzinsrisiken bereits in der (Zins-)Elastizitätenbilanz erfaßt wurden, können aus letzterer offene Festzinspositionen unterschiedlicher Zinsbindungsfristen, die für eine exakte Quantifizierung von Reinvermögensänderungen erforderlich sind, nicht bestimmt werden.

[2] Implizite Voraussetzung hierbei ist jedoch, daß die Höhe der Positionszinsen variabel verzinslicher Kundengeschäfte als vom Kundenbetreuer nicht beeinflußbar, sondern auf Veränderungen der Marktverhältnisse zurückführbar angesehen wird. Vgl. **Rolfes/Schierenbeck**, Marktwert, S. 403-412.

sind[1] und sich auch die Zinsanpassungselastizitäten im Zeitablauf nicht ändern.[2] Die Zinsbindungsfrist der fest verzinslichen Tranchen entspricht in diesem Fall der Kapitalbindungsfrist des originären variabel verzinslichen Geschäfts, während sich das Volumen der fest verzinslichen Tranche durch Multiplikation der von eins subtrahierten Zinsanpassungselastizität mit dem Volumen des originären variabel verzinslichen Geschäfts ergibt:

> Volumen der fest verzinslichen Tranche =
> (1 − ZAE) × Volumen des originären variabel verzinslichen Geschäfts.

Das Volumen der variabel verzinslichen Tranche, die weiterhin die ursprüngliche Kapitalbindungsfrist aufweisen muß, errechnet sich entsprechend durch Multiplikation der Zinsanpassungselastizität mit dem Volumen des originären variabel verzinslichen Geschäfts:

> Volumen der variabel verzinslichen Tranche =
> ZAE × Volumen des originären variabel verzinslichen Geschäfts.

Bezogen auf den Kredit A4 im obigen Beispielfall ergeben sich bei einer unterstellten Kapitalbindungsfrist dieses Geschäfts von fünf Jahren eine fest verzinsliche Tranche ($A4_f$) von 160 Mio. DM mit einer Zinsbindungsfrist von fünf Jahren und eine variabel verzinsliche Tranche ($A4_v$) von 40 Mio. DM mit einer Kapitalbindungsfrist von ebenfalls fünf Jahren.

Wenn die fest und variabel verzinslichen Tranchen in die Zinsertragsbilanz der Bank integriert (erster Schritt) werden, ergibt sich folgendes Bild (vgl. Abb. 2.20):

---

[1] Probleme bestehen hier insbesondere bei Geschäften mit unbekannten Fälligkeiten (z.B. Spar- und Sichteinlagen), bei denen eine Laufzeit nicht identifiziert werden kann. Hier ist es erforderlich, möglichst realistische Laufzeitannahmen zu treffen. Vgl. **Rolfes**, Zinsergebnis, S. 356.

[2] Rolfes geht in seinen ursprünglichen Überlegungen davon aus, daß Zinsanpassungselastizitäten im Zeitablauf konstant sind, was von einigen Autoren und später auch von ihm selbst bestritten bzw. modifiziert wird. Vgl. **Brammertz/Spillmann**, Zinselastizität, S. 386-390, **Rolfes/Schwanitz**, S. 334 ff., und **Brammertz**, Stabilität, S. 613 f. Zu neueren Untersuchungen hinsichtlich der Stabilität der Zinsanpassungselastizität vgl. **Schwanitz**, Analyse, S. 165-169.

	Aktiva					Passiva			
Pos.	Vol.$_t$ (in Mio. DM)	Zinsbindung	PZ$_t$	GKMZ$_t^1$	Pos.	Vol. (in Mio. DM)	Zinsbindung	PZ$_t$	GKMZ$_t^1$
A1	300	2 Jahre	8%	6%	P1	200	1 Jahr	0,5%	5%
A2	300	4 Jahre	10%	8%	P2	100	2 Jahre	4%	6%
A3	400	5 Jahre	9%	9%	P3	200	3 Jahre	6%	7%
A4$_f$	160	5 Jahre	8,5%	9%	P4	500	5 Jahre	8%	9 %
	Σ= 1160		∅= 8,931 %	∅= 7,965%		Σ= 1000		∅= 5,7%	∅= 7,5%
A4$_v$	40	var.	8,5%	3%	P5$_v$	200	var.	3%	3%
	Σ= 1200		∅= 8,916 %	∅= 7,8%		Σ= 1200		∅= 5,25%	∅= 6,75%

Abb. 2.20: Zinsertragsbilanz in t=1 unter Berücksichtigung variabel verzinslicher Geschäfte

Es ist unmittelbar ersichtlich, daß in t=1 ein aktivischer Festzinsüberhang von 160 Mio. DM besteht, so daß bei einem Zinsanstieg um 1% — wie bereits in der Elastizitätenbilanz festgestellt wurde — eine Einkommensverringerung von 1,6 Mio. DM zu erwarten ist. Um nun aber nicht Einkommens-, sondern Solvenzeffekte zu ermitteln, ist in einem zweiten Schritt eine modifizierte Zinsbindungsbilanz aufzustellen, die in t=1 bestehende Festzinsüberhänge der verschiedenen Zinsbindungsfristen aufzeigt.

Bezogen auf das Beispiel hat die modifizierte Zinsbindungsbilanz (in Mio. DM) nachstehendes Aussehen (vgl. Abb. 2.21):

Position	Zinsbindungsfristen				
	1 Jahr	2 Jahre	3 Jahre	4 Jahre	5 Jahre
A1		300			
A2				300	
A3					400
A4$_f$					160
Σ	0	300	0	300	560
P1	200				
P2		100			
P3			200		
P4					500
Σ	200	100	200		500
Festzins-überhang	A - P 200	A 200 P -	A - P 200	A 300 P -	A 60 P

Abb. 2.21: Modifizierte Zinsbindungsbilanz in t=1 (mit variabel verzinslichem Geschäft)

In einem dritten Schritt sind sodann die Barwertänderungen der Festzinsüberhänge bei Eintritt eines bestimmten Zinsszenarios zu ermitteln. Hierbei dürfen Konditionsbeitragsbarwerte der einzelnen Geschäfte allerdings nicht berücksichtigt werden, da Verminderungen derselben — wie oben angeführt wurde — nicht zu einem Eigenkapitalverbrauch, sondern nur zu einem geringeren Zuwachs des Eigenkapitals führen. Ein Verbrauch des Eigenkapitals findet vielmehr allein durch Verminderungen der Barwerte der hinter den Festzinsüberhängen stehenden Geld- und Kapitalmarktgeschäfte statt. Entsprechend ist im Hinblick auf die Ermittlung des Solvenzeffekts zu unterstellen, daß es sich bei den Festzinsüberhängen jeweils um Geld- und Kapitalmarktgeschäfte handelt.

Des weiteren sind in diesem Zusammenhang die Barwertänderungen nicht zu Beginn der Periode — bei Annahme einer Zinsänderung sofort nach Abschluß der Geschäfte —, sondern bezogen auf das Ende einer Periode zu berechnen.[1] Ein zu Beginn der Periode bestehender Festzinsüberhang ist bei einer Zinsbindungsfrist von beispielsweise fünf Jahren nach Ablauf der Periode mit dem dann geltenden Geld- und Kapitalmarktzins für vierjährige Zinsbindungsfristen zu bewerten. Für Festzinsüberhänge bei einer Zinsbindungsfrist von einem Jahr sind aufgrund der

---

[1] Vgl. Kapitel B. II. 2. b) in diesem Teil.

Fälligkeit der Geschäfte zum Betrachtungszeitpunkt keine Barwertänderungen mehr zu erwarten.

Zur Verdeutlichung der Zusammenhänge wird davon ausgegangen, daß die Geld- und Kapitalmarktzinsen in t=1 folgende Werte aufweisen (vgl. Abb. 2.22):

Zinsbindungs-frist	1	2	3	4	5
%	5	6	7	8	9

Abb. 2.22: DM-Geld- und Kapitalmarktzinsen in t=1

Bis t=2 sollen sich diese wie folgt verändert haben (vgl. Abb. 2.23):

Zinsbindungs-frist	1	2	3	4	5
%	6	8	8,5	9	10

Abb. 2.23: DM-Geld- und Kapitalmarktzinsen in t=2

Hieraus ergeben sich dann nachstehende Barwertänderungen der offenen Festzinspositionen (vgl. Abb. 2.24):[1]

---

[1] Korrekt wäre es in diesem Zusammenhang, die Barwertänderungen nicht auf der Grundlage der für die Zukunft prognostizierten Geld- und Kapitalmarktzinsen, sondern auf der Basis daraus abgeleiteter sogenannter Zerobond-Abzinsungsfaktoren zu berechnen. Da letztere aber erst im weiteren eingeführt werden, ist der hieraus resultierende — allerdings nur geringe — Fehler aus didaktischen Gründen hinzunehmen. Vgl. auch Kapitel B. II. 4. a) in diesem Teil.

Zinsbindungsfrist	Barwertänderungen der offenen Festzinspositionen in t=2 (in Mio. DM)
1 Jahr	$+200 - (200) = 0$
2 Jahre	$-200 + (212 / 1,06) = 0$
3 Jahre	$+200 - (14 / 1,08 + 214 / 1,08^2) = -3,566529494$
4 Jahre	$-300 + (24 / 1,085 + 24 / 1,085^2 + 324 / 1,085^3) = -3,831033558$
5 Jahre	$-60 + (5,4 / 1,09 + 5,4 / 1,09^2 + 5,4 / 1,09^3 + 65,4 / 1,09^4) = 0$

Abb. 2.24: Barwertänderungen offener DM-Festzinspositionen in t=2 (bei Annahme frei gewählter Zinsänderungen)

Es ist ersichtlich, daß bei den Festzinsüberhängen mit ursprünglichen Zinsbindungsfristen von einem, zwei und fünf Jahren bei Eintritt des unterstellten Zinsszenarios keine Barwertänderungen auftreten. Während dies bei Festzinsüberhängen mit Zinsbindungsfristen von einem Jahr regelmäßig zu erwarten ist, treten Barwertänderungen bei den Festzinsüberhängen mit Zinsbindungsfristen von zwei und fünf Jahren hier deshalb nicht auf, weil die in t=2 geltenden Zinssätze für Zinsbindungsfristen von einem und vier Jahren zufällig den in t=1 geltenden Zinssätzen für Zinsbindungsfristen von zwei und fünf Jahren entsprechen. Insgesamt ergibt sich bei Eintritt des unterstellten Zinsszenarios ein Solvenzeffekt von -7,397563052 Mio. DM.

In einem vierten Schritt ist zu überprüfen, ob der Solvenzeffekt die Fristentransformationsbeiträge übersteigt, die durch das Eingehen unterschiedlicher Zinsbindungsfristen unmittelbar erwirtschaftet werden. Denn nur in diesem Fall ist von einer Reinvermögensminderung und der Gefahr eines Eigenkapitalverbrauchs auszugehen. Wird unterstellt, daß der Tagesgeldzins nach t=1 um durchschnittlich 1% angestiegen ist — beträgt er in t=2 also 5% —, so errechnet sich für die Periode eins insgesamt ein durchschnittlicher aktivischer Geld- und Kapitalmarktzins von 7,8$\overline{3}$% und ein durchschnittlicher passivischer Geld- und Kapitalmarktzins von 6,91$\overline{6}$%.[1] Entsprechend ermittelt sich ein in t=2 eintretender Fristentransformationsbeitrag von:

(2.34) $FTB_2 = (7,8\overline{3}\% - 6,91\overline{6}\%) \times 1200$ Mio. DM $= 11$ Mio. DM .

---

[1] Letztere Werte lassen sich dadurch errechnen, daß in der oben aufgestellten Zinsertragsbilanz statt eines Tagesgeldzinses von 3% ein solcher von 4% angesetzt wird. Vgl. Abb. 2.20 in diesem Teil.

Da der positive Fristentransformationsbeitrag den Solvenzeffekt um 3,602436948 Mio. DM übersteigt, findet bei Eintritt des unterstellten Zinsszenarios auch keine Reinvermögensminderung, sondern vielmehr eine Reinvermögensmehrung statt.

Schließlich ist in einem fünften Schritt der Wert des Konditionsbeitragsbarwertes in t=2 zu berechnen. Dieser dient zusammen mit dem bereits in t=1 vorhandenen Eigenkapital dazu, potentielle Minderungen des Reinvermögens auszugleichen.

Bezogen auf den obigen Beispielfall können folgende Konditionsbeiträge — unter Vernachlässigung des Ausfallrisikos — bereits in t=1 als sichere Größen angesehen werden (vgl. Abb. 2.25):

Position	Zum Ende der Betrachtungsperioden anfallende Konditionsbeiträge (in Mio. DM)				
	t=2	t=3	t=4	t=5	t=6
A1	6	6			
A2	6	6	6	6	
A3	0	0	0	0	0
A4$_f$	-0,8	-0,8	-0,8	-0,8	-0,8
A4$_v$	2,2	2,2	2,2	2,2	2,2
P1	9				
P2	2	2			
P3	2	2	2		
P4	5	5	5	5	5
P5$_v$	0	0	0	0	0
Σ	32,4	24,2	17,4	16,4	6,4

Abb. 2.25: Zeitlicher Anfall von Konditionsbeiträgen

Hieraus läßt sich durch Diskontierung mit den in t=2 geltenden Zinssätzen nachstehender Konditionsbeitragsbarwert (KBB) errechnen:

(2.35)
$$KBB_2 = 32{,}4 \text{ Mio. DM} + 24{,}2 \text{ Mio. DM} / 1{,}06 + 17{,}4 \text{ Mio. DM} / 1{,}08^2$$
$$+ 16{,}4 \text{ Mio. DM} / 1{,}085^3 + 6{,}4 \text{ Mio. DM} / 1{,}9^4$$
$$= 88{,}6406692 \text{ Mio. DM}.$$

Insgesamt ist ersichtlich, daß bei Eintritt des unterstellten Zinsszenarios keine Reinvermögensminderung, sondern eine Reinvermögensmehrung von 3,602436948

Mio. DM zu erwarten ist, und daß das in t=1 vorhandene Eigenkapital in t=2 sogar noch um einen Konditionsbeitragsbarwert von 88,6406692 Mio. DM gemehrt wird. Eine Ruingefahr besteht in diesem Fall also nicht. Im Vergleich zu den drei traditionellen Ansätzen zur Quantifizierung des Zinsänderungsrisikos bildet die modifizierte Zinsbindungsbilanz die Ergebniswirkungen eintretender Zinsszenarien also genau ab und ist letztlich auch allein geeignet, formale Zinsänderungsrisiken im Hinblick auf das formale Gesamtrisiko sachgerecht zu ermitteln.

4. Implikationen aus der vernachlässigten und nur indirekten Messung materieller bzw. formaler Zinsänderungsrisiken

Wenngleich mit der Aufstellung einer modifizierten Zinsbindungsbilanz ein exakter funktionaler Zusammenhang zwischen eintretenden Zinsszenarien einerseits und daraus resultierenden Reinvermögensänderungen andererseits hergestellt und die Fehler der traditionellen Verfahren vermieden werden, so handelt es sich aber auch hier nur um eine Ergebnisfunktion; Maßgrößen für materielle und formale Zinsänderungsrisiken, d.h., materielle Risikoprämien und Standardabweichungen der Reinvermögensänderungen sind damit aber noch nicht abschließend bestimmt. Im Hinblick auf letzteres bedarf es insbesondere der Berücksichtigung von Wahrscheinlichkeiten für den Eintritt sämtlicher Zinsszenarien, was im Rahmen der traditionellen und auf Risikogrenzen beruhenden Messung von Zinsänderungsrisiken nur ansatzweise geschieht.

Angesichts dieser Unvollkommenheiten traditioneller Ansätze soll im folgenden zum einen gezeigt werden, wie Erwartungswerte zukünftig eintretender Zinssätze unterschiedlicher Zinsbindungsfristen bereits aus den aktuellen Marktverhältnissen hergeleitet werden können. Die Erwartungswerte geben in diesem Zusammenhang Aufschluß darüber, ob und in welchem Umfang mit steigenden oder fallenden Zinssätzen bei unterschiedlichen Zinsbindungsfristen zu rechnen ist und welche Zinssätze im Durchschnitt bei der gegebenen Situation zu erwarten sind. Zum anderen ist zu analysieren, welche Implikationen sich aus der Vernachlässigung der Erwartungswerte im Hinblick auf die Messung des materiellen Zinsänderungsrisikos ergeben. Schließlich ist zu zeigen, wie das formale Zinsänderungsrisiko exakt zu messen ist und welche Auswirkungen aus der nur indirekten Messung desselben resultieren.

a) Herleitung von Erwartungswerten zukünftiger Zinssätze

Hinsichtlich der Erwartungen zukünftig eintretender Zinssätze geht bereits die traditionelle und auf Fisher zurückgehende Erwartungstheorie[1] zur Erklärung der Fristigkeitsstruktur der Zinssätze davon aus, daß bei einer normalen Zinsstruktur mit steigenden und bei einer inversen Zinsstruktur entsprechend mit fallenden Zinsen zu rechnen ist. Darüber hinaus wird von Fisher unterstellt, daß der von der Zinsstruktur in t für t+i implizierte Terminzins, der im folgenden als „forward rate" bezeichnet werden soll[2], dem vom Markt in t für t+i erwarteten Zins genau entspricht. Andernfalls, so wird unterstellt, wird es zu Arbitrageprozessen kommen, bis sich die entsprechende Zinsstruktur herausgebildet hat.[3] Zwar basiert die Erwartungstheorie mit letzterer Annahme auf der unrealistischen Prämisse, daß die Marktteilnehmer über eine vollkommene Voraussicht verfügen und die zukünftigen Zinssätze sichere Größen darstellen[4], doch können die aus der Zinsstruktur abgeleiteten forward rates näherungsweise auch als mathematische Erwartungswerte zukünftiger Zinsen interpretiert werden.[5] Insgesamt ergeben sich für den Entscheidungsträger in der Bank also bereits durch die Betrachtung der Zinsstruktur erste Hinweise darauf, ob und in welchem Umfang sich die zukünftigen Zinssätze im

---

[1] Vgl. **Fisher**, Interest, S. 70 und 210.

[2] Forward rates im allgemeinen stellen Renditen von in der Zukunft beginnenden, jedoch von der aktuellen Zinsstruktur determinierten Geschäften dar. Vgl. **Schierenbeck**, Bankmanagement, S. 167.

[3] Vgl. **Faßbender**, Fristigkeitsstruktur, S. 99.

[4] Vgl. **Kath**, Zinsstrukturtheorie, S. 37.

[5] Bei dieser Interpretation verwundert es nicht, wenn Adam/Hering/Johannwille in einer empirischen Untersuchung feststellen, daß die tatsächlich eingetretenen Zinssätze nur in relativ wenigen Fällen genau mit den forward rates übereinstimmen und vielmehr um diese streuen. So lange sich die negativen und positiven Differenzen zwischen den zukünftig eintretenden Zinssätzen und den zuvor ermittelten forward rates langfristig ausgleichen und zudem um einen Erwartungswert in Höhe der formalen Zinsänderungsrisikoprämie normalverteilt sind, können die forward rates weiterhin als gute und insbesondere im Hinblick auf das materielle wie formale Zinsänderungsrisiko wichtige Schätzer für die zukünftige Zinsstruktur angesehen werden. Vgl. **Adam/Hering/Johannwille**, Prognosequalität S. 5 ff. Daneben darf die Interpretation der forward rates als Erwartungswerte zukünftig eintretender Zinssätze auch nicht damit verwechselt werden, daß die forward rates bereits zum Betrachtungszeitpunkt durch entsprechende Geld- und Kapitalmarktgeschäfte gesichert werden können. Vgl. **Marusev/Pfingsten**, Zinsstruktur-Kurven, S. 169-172.

Vergleich zu den gegenwärtigen voraussichtlich verändern werden und mit welchen Solvenzeffekten im Durchschnitt zu rechnen ist.

In concreto erfolgt die Herleitung von forward rates aus den aktuellen Zinsverhältnissen am Geld- und Kapitalmarkt in zwei Schritten[1]: In einem ersten Schritt werden aus den gegebenen Zinssätzen unterschiedlicher Zinsbindungsfristen sogenannte Zerobond-Abzinsungsfaktoren ($ZAF_{t,Lz}$) berechnet. Diese geben den rechnerischen Kurswert eines zerobond[2] mit dem „Startzeitpunkt" t und der Laufzeit- bzw. Zinsbindungsfrist Lz an. Der Zerobond-Abzinsfaktor $ZAF_{2,3}$ spiegelt beispielsweise den Kurswert eines zerobond mit dreijähriger Laufzeit in t=2 wider.[3] In einem zweiten Schritt werden mit Hilfe der Zerobond-Abzinsungsfaktoren zukünftige Zinssätze unterschiedlicher Zinsbindungsfristen abgeleitet.

Zur Illustration der Zusammenhänge wird von der bereits oben unterstellten Zinsstruktur ausgegangen (vgl. Abb. 2.26):

Zinsbindungsfrist (Lz)	1 Jahr	2 Jahre	3 Jahre	4 Jahre	5 Jahre
%	5	6	7	8	9

Abb. 2.26: DM-Geld- und Kapitalmarktzinsen in t=1

Hieraus lassen sich durch eine entsprechende Kombination unterschiedlich befristeter Geldanlage- und Geldaufnahmegeschäfte zu aktuell am Geld- und Kapitalmarkt geltenden Konditionen folgende Zerobond-Abzinsungsfaktoren errechnen (vgl. Abb. 2.27):

---

[1] Zur arbitragefreien Herleitung von Zerobond-Abzinsungsfaktoren und forward rates im allgemeinen vgl. **Marusev/Pfingsten,** Zinsstruktur-Kurven, S. 169-172.

[2] Zerobonds oder Nullcoupon-Anleihen stellen im allgemeinen Finanztitel dar, deren Zahlungen nur durch zwei Werte gekennzeichnet sind: Einen Emissions- oder Anschaffungskurs zum einen sowie einen Rückzahlungs- oder Verkaufskurs zum anderen. Vgl. **Schierenbeck**, Bankmanagement, S. 170.

[3] Als zerobonds können in diesem Zusammenhang auch die einzelnen Zahlungen einer Zahlungsreihe angesehen werden. Vgl. **Schierenbeck**, Bankmanagement, S. 170.

Zinsbindungs-frist (Lz)	1 Jahr	2 Jahre	3 Jahre	4 Jahre	5 Jahre
t=1	0,95238	0,88949	0,81408	0,72919	0,63792
t=2	0,93396	0,85479	0,76565	0,66982	
t=3	0,91523	0,81978	0,71718		
t=4	0,89572	0,78361			
t=5	0,87484				

Abb. 2.27: DM-Zerobond-Abzinsungsfaktoren in t=1

Der Kurswert eines zerobond zum Startzeitpunkt t=2 und einer Laufzeit bzw. Zinsbindungsfrist von zwei Jahren (Lz=2) weist beispielsweise einen Wert von 0,85479 auf. Es ist also zu erwarten, daß für einen zweijährigen zerobond mit einem Rückzahlungswert von 100 DM in t=2 85,47 DM gezahlt werden müssen. Derartige Konditionen können — wie im folgenden gezeigt werden soll — durch den Abschluß von Geld- und Kapitalmarktgeschäften bereits in t=1 gesichert werden (vgl. Abb. 2.28).

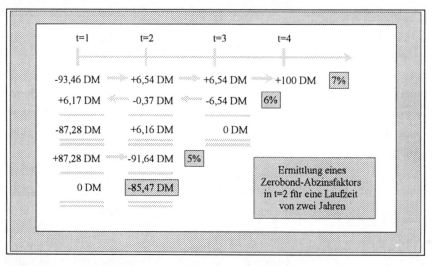

Abb. 2.28: Herleitung eines DM-Zerobond-Abzinsfaktors

Wird unterstellt, daß zum Geld- und Kapitalmarktzins von 7% Dreijahresgelder[1] in Höhe von 93,46 DM angelegt werden und eine Auszahlung in entsprechender Hö-

---

[1] Als „Dreijahresgelder" werden Anlage- oder Finanzierungsfazilitäten mit einer Zinsbindungsfrist von drei Jahren bezeichnet. Entsprechendes gilt auch für Einjahres-, Zweijahresgelder usw.

he entsteht, so fallen in t=2 und t=3 jeweils Zinseinzahlungen von 6,54 DM und in t=4 eine Zins- und Tilgungseinzahlung von insgesamt 100 DM an. Die in t=3 anfallende Zinseinzahlung kann im Rahmen eines zweiten und ebenfalls in t=1 abgeschlossenen Geld- und Kapitalmarktgeschäfts mit einer Zinsbindungsfrist von zwei Jahren, einem Zins von 6% und einem Volumen von 6,17 DM genau ausgeglichen werden. Die hierauf entfallenden Zinsauszahlungen in Höhe von 0,37 DM vermindern die in t=2 insgesamt anfallenden Zinseinzahlungen von 6,54 DM auf 6,16 DM. Soll nun auch in t=1 ein Nullsaldo entstehen, so sind im Rahmen eines dritten Geschäfts Einjahresgelder in Höhe von 87,28 DM zu 5 % aufzunehmen, so daß in t=2 Zins- und Tilgungsauszahlungen von 91,64 DM anfallen. Insgesamt resultiert aus allen Geschäften in t=2 eine Netto-Auszahlung von 85,47 DM und in t=4 eine Netto-Einzahlung von 100 DM. Der Kaufkurs des zerobond beträgt erwartungsgemäß:

(2.36) $$ZAF_{2,2} = \frac{85,479 \text{ DM}}{100 \text{ DM}} = 0,85479.$$

Bei Kenntnis der in t=1 geltenden Zerobond-Abzinsungsfaktoren können auch alle weiteren unter Verwendung von folgender Formel berechnet werden:[1]

(2.37) $$ZAF_{t,Lz} = ZAF_{1,t+Lz-1} / ZAF_{1,t-1}.$$

Mit Hilfe sämtlicher Zerobond-Abzinsungsfaktoren werden im zweiten Schritt die forward rates ($fr_{t,Lz}$) ermittelt. Dies erfolgt über den Zusammenhang, daß einerseits der Bar- bzw. Marktwert eines Zinstitels mit periodischen Zinszahlungen und endfälliger Tilgung, der marktgerecht mit den forward rates verzinst wird, dem Nennwert (Nw) des Wertpapiers entsprechen muß, und sich der Barwert des Wertpapiers andererseits aus der Summe der Barwerte der einzelnen Zinszahlungen sowie dem Barwert der Tilgung zum Ende der Laufzeit zusammensetzt:

(2.38) $$Nw = \left[Nw \times fr_{t,Lz} \times \sum_{i=1}^{Lz} ZAF_{t,i} \right] + \left[Nw \times ZAF_{t,Lz} \right].$$

Durch einfache Umformung läßt sich die Gleichung nach $fr_{t,Lz}$ auflösen:

---

[1] Vgl. **Marusev/Pfingsten**, Zinsstruktur-Kurven, S. 170.

(2.39) $$fr_{t,Lz} = \frac{1 - ZAF_{t,Lz}}{\sum_{i=1}^{Lz} ZAF_{t,i}}.$$

Bezogen auf das obige Beispiel ergeben sich dann nachstehende forward rates (in %) (vgl. Abb. 2.29):

Zinsbindungs-frist (Lz)	1 Jahr	2 Jahre	3 Jahre	4 Jahre	5 Jahre
t=1	5	6	7	8	9
t=2	7,07	8,12	9,17	10,24	
t=3	9,26	10,39	11,53 ·		
t=4	11,64	12,89			
t=5	14,31				

Abb. 2.29: DM-forward-rates in t=1

Bei den gegebenen Zinsverhältnissen ist beispielsweise zu erwarten, daß der Zins für Zinsbindungsfristen von zwei Jahren in t=2 8,12% beträgt. Analog zur Berechnung der Zerobond-Abzinsungsfaktoren läßt sich auch für diese forward rate zeigen, daß sie durch eine entsprechende Kombination unterschiedlich befristeter Geldanlage- und Geldaufnahmegeschäfte zu aktuell am Geld- und Kapitalmarkt geltenden Konditionen bereits in t=1 gesichert werden kann (vgl. Abb. 2.30):

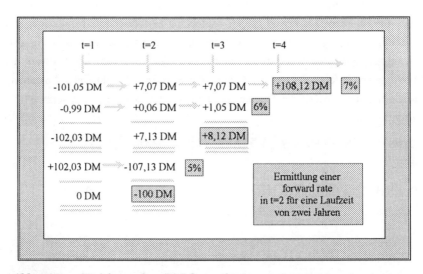

Abb. 2.30: Herleitung einer DM-forward-rate

Wenn unterstellt wird, daß zum Geld- und Kapitalmarktzins von 7% Dreijahresgelder in Höhe von 101,05 DM angelegt werden und eine Auszahlung in entsprechender Höhe erfolgt, dann fallen in t=2 und t=3 jeweils Zinseinzahlungen in Höhe von 7,07 DM an, und in t=4 ist eine Zins- bzw. Kapitaldiensteinzahlung von 108,12 DM zu erwarten. Wird im Rahmen eines zweiten Geld- und Kapitalmarktgeschäfts eine Anlage von Zweijahresgeldern zum Zins von 6% in Höhe von 0,99 DM getätigt, so ist in t=3 mit einer Kapitaldiensteinzahlung von 1,05 DM und in t=2 mit einer Zinseinzahlung von 0,06 DM zu rechnen. Resultiert aus den beiden ersten Geschäften eine Auszahlung in t=1 von insgesamt 102,03 DM, so kann diese durch eine entsprechende Aufnahme von Einjahresgeldern zu 5% kompensiert werden. Die Kapitaldienstauszahlung aus den Einjahresgeldern in t=2 beträgt dann 107,13 DM und führt unter Berücksichtigung der Zinszahlungen aus den anderen Geschäften zu einer Netto-Auszahlung in t=2 von 100 DM. Wird die Netto-Auszahlung schließlich als Marktpreis eines Zinstitels mit periodischen Zinszahlungen und endfälliger Tilgung interpretiert, dann entfallen hierauf in t=2 und t=3 Zins- und Tilgungseinzahlungen von 8,12 DM bzw. 108,12 DM. Offensichtlich kann mit dieser Konstruktion von Geld- und Kapitalmarktgeschäften eine Zweijahres-forwardrate von 8,12 % für in t=2 beginnende Geschäfte bereits in t=1 gesichert werden.

Sofern die forward rates abschließend als Erwartungswerte des Marktes für in t=2 tatsächlich eintretende Zinssätze interpretiert werden, ist im Vergleich zur Ausgangssituation bei den Ein-, Zwei-, Drei- und Vierjahreszinssätzen mit Zinssteigerungen von 2,07%, 2,12%, 2,17% und 2,24% zu rechnen (vgl. Abb. 2.29).

b) **Implikationen aus der Vernachlässigung materieller Zinsänderungsrisikoprämien**

Mit Hilfe der zuletzt berechneten Zinssteigerungen können in einem weiteren Schritt auch Erwartungswerte für Barwertänderungen der offenen Festzinspositionen bzw. für zukünftig eintretende Solvenzeffekte wie folgt quantifiziert werden (vgl. Abb. 2.31):

Zinsbindungsfrist	Barwertänderungen der offenen Festzinspositionen zum Ende der Periode eins (in Mio. DM)
1 Jahr	200 − (200) = 0
2 Jahre	−200 + (212 × 0,93396) = −2
3 Jahre	200 − (14 × 0,93396 + 214 × 0,85479) = +4
4 Jahre	−300 + (24 × 0,93396 + 24 × 0,85479 + 324 × 0,76565) = −9
5 Jahre	−60 + (5,4 × 0,93396 + 5,4 × 0,85479 + 5,4 × 0,76565 + 65,4 × 0,66982) = −2,4

Abb. 2.31: Barwertänderungen offener DM-Festzinspositionen in t=2 (bei Eintritt der forward rates)

Für obiges Beispiel[1] ergibt sich in t=2 ein Solvenzeffekt von insgesamt -9,4 Mio. DM. Sollten offene Festzinspositionen in der unterstellten Höhe also wiederholt eingegangen werden und liegen jedesmal die unterstellten Zinsverhältnisse vor, so sind im Durchschnitt Abschreibungen auf die Festzinspositionen in der genannten Höhe vorzunehmen.

Wenn des weiteren davon ausgegangen wird, daß sich die variablen Tagesgeldzinsen innerhalb eines Jahres im Durchschnitt derart verändern, daß sie den Einjahresgeldzinsen zu Beginn der Periode entsprechen — bei höheren Tagesgeldzinsen würden Investoren langfristig keine Einjahresgelder nachfragen et vice versa —, dann beträgt im Beispielfall der Erwartungswert des durchschnittlichen Tagesgeldzinses in der ersten Periode 5%. Ist letzterer Wert bekannt, läßt sich auch der Erwartungswert des in t=2 anfallenden Fristentransformationsbeitrages berechnen. Unter Berücksichtigung eines Tagesgeldzinses von 5% ergibt sich ein durchschnittlicher aktivischer Geld- und Kapitalmarktzins von $7,\overline{86}\%$ und ein durchschnittlicher passivischer Geld- und Kapitalmarktzins von $7,08\overline{3}\%$. Damit ermittelt sich ein Erwartungswert für den in t=2 eintretenden Fristentransformationsbeitrag von:

(2.40) $\quad E(FTB_2) = (7,\overline{86}\% - 7,08\overline{3}\%) \times 1200 \text{ Mio. DM} = 9,4 \text{ Mio. DM}$.

Es ist offensichtlich, daß der Erwartungswert des Solvenzeffekts genau durch den Erwartungswert des Fristentransformationsbeitrages ausgeglichen wird.

---

[1] Vgl. Abb. 2.21 in diesem Teil.

Ist bei einer Durchschnittsbetrachtung regelmäßig ein Ausgleich eintretender Solvenzeffekte durch vereinnahmte Fristentransformationsbeiträge zu erwarten, dann stellen Fristentransformationsbeiträge aber auch keine Erfolgsbeiträge der Bank[1], sondern sich im Zeitablauf „aufzehrende" Prämien für das materielle Zinsänderungsrisiko, also für die Gefahr dar, daß im Durchschnitt bei unendlich häufiger Wahl bestimmter Festzinsüberhänge eine Reinvermögensminderung durch negative Solvenzeffekte eintritt.[2] Fristentransformationsbeiträge sollten entsprechend auch nicht als Dividende ausgeschüttet werden[3]; vielmehr sind diese ähnlich wie die

---

[1] Fristentransformationsbeiträge stellen insbesondere keine bzw. nicht in vollem Umfang eine (nachhaltige) Prämie dafür dar, daß die Anleger auf die kurzfristige Verfügbarkeit ihrer Mittel verzichten. Vgl. **Schierenbeck**, Bankmanagement, S. 72.

[2] Auch Schierenbeck/Wiedemann kommen in jüngeren Aufsätzen zu der Erkenntnis, daß es sich beim Fristentransformationsbeitrag nicht um einen „Erfolg" der Zentrale, sondern — bei Berücksichtigung von Solvenzeffekten — um sich im Zeitablauf „aufzehrende" materielle Prämien für das Zinsänderungsrisiko handelt, wenn die forward rates mit den zukünftig eintretenden Zinssätzen übereinstimmen. Hieraus folgend wird jedoch nicht weitergehend geschlossen, daß Fristentransformationsbeiträge dann auch nicht ausschüttungs- bzw. entnahmefähig sind, wenn die forward rates gleichzeitig Erwartungswerte für zukünftig eintretende Zinssätze darstellen. Auch auf die im dritten Teil dieser Arbeit erfolgende Ermittlung formaler Risikoprämien für das Zinsänderungsrisiko wird nicht eingegangen. Vgl. **Schierenbeck/Wiedemann**, Treasury-Konzept, S. 287-314, **Schierenbeck/Wiedemann**, Marktzinsmethode (I), S. 670 ff., und **Schierenbeck/Wiedemann**, Marktzinsmethode (II), S. 731-737. Im Zusammenhang mit der Ermittlung des Handelsstrukturbeitrages weisen auch Marusev/Pfingsten darauf hin, daß „Kursgewinne (bzw. -verluste) (also Solvenzeffekte; d.V.) ..., die sich aus arbitragefreien Kursveränderungen vorausberechnen lassen", als „nachträgliche Zinskorrektur", also letztlich als wertmäßiges Äquivalent zum Fristentransformationsbeitrag anzusehen sind. Vgl. **Marusev/Pfingsten**, Zinsstrukturen, S. 332 f. In der Bankpraxis wird der Fristentransformationsbeitrag indes weiterhin als ein „unverzichtbarer Ergebnisbeitrag" angesehen. Vgl. **Wittmann**, Steuerung, S. 609.

[3] Auch Vorschläge, Erfolgsbeiträge der Bereiche „Controlling/Rechnungswesen" und „Zentrale Finanzdisposition" in Abhängigkeit von der Höhe des Strukturbeitrages zu bemessen, sind folglich nicht sachgerecht. Vgl. **Siegel/Degener**, Tantiemeregelung, S. 576.

materiellen Prämien für das Ausfallrisiko in einen Prämienfonds zurückzustellen und mit den eintretenden Solvenzeffekten zu verrechnen.[1]

Da Fristentransformationsbeiträge in der Bankpraxis gewöhnlich nicht als materielle Prämien für das Zinsänderungsrisiko, sondern als aus Fristentransformationsentscheidungen resultierende „reale Erfolge" der Bank betrachtet werden[2], wird der ausschüttungsfähige, d.h. nachhaltige Erfolg der Bank im Falle positiver Fristentransformationsbeiträge zu hoch und im Falle negativer Fristentransformationsbeiträge[3] zu niedrig ausgewiesen. Werden schließlich positive Fristentransformationsbeiträge tatsächlich ausgeschüttet und negative mit dem Eigenkapital verrechnet, dann ist ein „schleichender Eigenkapitalverbrauch" nicht auszuschließen.[4]

---

[1] Entsprechend stellt auch Rolfes heraus, daß das Strukturergebnis einzelner Wertpapieranlagen so lange nicht in die Gewinnverwendung einfließen darf, wie die Fristentransformation noch nicht beendet ist. Da bezogen auf die Gesamtbank die Fristentransformation aber letztlich bis zur Einstellung der gesamten Geschäftstätigkeit nicht als beendet angesehen werden kann, sind Fristentransformationsbeiträge in jedem Fall auf Dauer zurückzustellen. Entsprechen weiterhin die zukünftig eintretenden Zinssätze im Durchschnitt den forward rates, dann bedarf es auch keiner isolierten Steuerung des Strukturergebnisses mehr. Insbesondere kurzfristige Zinsspekulationen dürften dann — abgesehen von einer im dritten Teil zu diskutierenden formalen Risikoprämie für das Zinsänderungsrisiko — zu keinen positiven Erfolgsbeiträgen führen. Vgl. **Rolfes**, Strukturergebnisses, S. 568-574.

[2] Vgl. **Schierenbeck**, Bankmanagement, S. 73.

[3] Negative Fristentransformationsbeiträge können als antizipierte materielle Zinsänderungsrisiken interpretiert werden. Materielle Risikoprämien resultieren in diesem Zusammenhang aus den Reinvermögensmehrungen bei Eintritt der erwarteten Zinsentwicklung. Insgesamt haben Fristentransformationsbeiträge also einen ambivalenten Charakter: Zum einen stellen positive Fristentransformationsbeiträge Prämien für das materielle Zinsänderungsrisiko dar; zum anderen können negative Fristentransformationsbeiträge als materielles Zinsänderungsrisiko selbst interpretiert werden.

[4] Zwar werden in neueren Arbeiten wie etwa der von Breuer einige Nachteile des Struktur- bzw. Fristentransformationsbeitrages, die zu Fehlinterpretationen führen können, beseitigt, doch wird weiterhin eine an den Fristentransformationsbeitrag angelehnte Größe (der „dispositive Beitrag") als Erfolgsquelle der Zentrale betrachtet. Vgl. **Breuer**, Probleme.

c) Ermittlung und Implikationen aus der indirekten Messung des formalen Zinsänderungsrisikos

Auch wenn Fristentransformationsbeiträge lediglich sich im Zeitablauf „aufzehrende" Prämien für das materielle Zinsänderungsrisiko darstellen, kann gleichwohl nur im langfristigen Durchschnitt und nicht in jeder Periode davon ausgegangen werden, daß die Solvenzeffekte den Fristentransformationsbeiträgen genau entsprechen. Obschon die einzelnen und aus der Zinsstruktur abgeleiteten forward rates die höchste Eintrittswahrscheinlichkeit aufweisen dürften, kann nämlich nur in Ausnahmefällen erwartet werden, daß die forward rates mit den zukünftig eintretenden Zinssätzen übereinstimmen. Folglich ist ein Wahrscheinlichkeitsintervall um die forward rates zu unterstellen, das weiter von den forward rates entfernt liegenden Zinssätzen eine geringere Wahrscheinlichkeit zuordnet als näherliegenden.[1] Die mit Hilfe der Standardabweichung gemessene Streuung des Wahrscheinlichkeitsintervalls um die forward rates kann dabei als Gradmesser der Ungewißheit über zukünftige Zinsentwicklungen interpretiert werden. In diesem Zusammenhang kann weiterhin unterstellt werden, daß Zinssätze kürzerer Zinsbindungsfristen stärker um die forward rates schwanken und damit eine höhere Streuung aufweisen als Zinssätze längerer Zinsbindungsfristen.[2] Insgesamt bleibt festzuhalten, daß die Reinvermögensänderungen zwar im langfristigen Durchschnitt gegen null tendieren, in einzelnen Perioden aber regelmäßig positive oder negative Werte aufweisen werden. Das hieraus resultierende formale Zinsänderungsrisiko wird wiederum rekurrierend auf das obige Beispiel veranschaulicht:

Wie bereits zuvor sollen in t=2 die Barwerte aller offenen Festzinspositionen ermittelt werden. Hierbei wird davon ausgegangen, daß die forward rates jeweils nur mit einer Wahrscheinlichkeit von 50% eintreten. Ein höherer und ein niedrigerer Zins sind mit Wahrscheinlichkeiten von jeweils 25% zu erwarten, wobei die variablen Tagesgeldzinsen im Durchschnitt um ±1,2%, die Einjahreszinsen um ±1%, die

---

[1] In diesem Zusammenhang kann zumindest annähernd von einer Normalverteilung zukünftig eintretender Zinssätze um die forward rates ausgegangen werden. Dies zeigt auch eine von Adam/Hering/Johannwille durchgeführte Untersuchung. Vgl. **Adam/Hering/Johannwille**, Prognosequalität, S. 5 ff.

[2] Vgl. **Rolfes**, Steuerung, S. 22 ff.

Zweijahreszinsen um ±0,8%, die Dreijahreszinsen um ±0,6% sowie die Vierjahreszinsen um ±0,4% von den forward rates abweichen sollen (vgl. Abb. 2.32).[1]

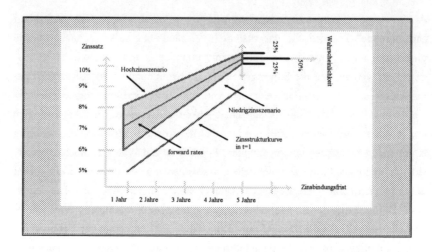

Abb. 2.32: Schematische Darstellung der Abweichungen potentiell eintretender von erwarteten DM-Zinssätzen

Tritt nun das Hochzinsszenario ein, steigt also der durchschnittliche Tagesgeldzins in t=2 auf 6,2%, der Einjahreszins auf 8,07%, der Zweijahreszins auf 8,92% usw., so ergeben sich nachstehende Zerobond-Abzinsungsfaktoren (vgl. Abb. 2.33):

Zinsbindungs-frist (Lz)	1 Jahr	2 Jahre	3 Jahre	4 Jahre	5 Jahre
t=2	0,92532	0,84235	0,75356	0,66135	—[2]

Abb. 2.33: DM-Zerobond-Abzinsungsfaktoren in t=2 bei Eintritt eines „Hochzinsszenarios"

---

[1] Die Unterstellung stärker schwankender kurzfristiger als langfristiger Zinssätze ist in diesem Zusammenhang insbesondere deshalb gerechtfertigt, weil sich die geldpolitischen Maßnahmen der Deutschen Bundesbank in der Regel vor allem auf den kurzfristigen Laufzeitenbereich auswirken. Bestätigt wird diese Annahme auch durch empirische Beobachtungen wie beispielsweise der von Rolfes. Vgl. **Rolfes**, Steuerung, S. 22 f.

[2] Für Zinsbindungsfristen von fünf Jahren können in diesem Zusammenhang keine Zerobond-Abzinsungsfaktoren ermittelt werden, da bei einer gegebenen Zinsstrukturkurve mit einem bestimmten Laufzeitenspektrum grundsätzlich nur erwartete Zinssätze für einen um ein Jahr verkürzten Zeitraum bestimmt werden können.

Unter Berücksichtigung letzterer ermitteln sich sodann folgende Barwertänderungen in t=2 (vgl. Abb. 2.34):

Zinsbindungsfrist	Barwertänderungen der offenen Festzinspositionen in t=2 (in Mio. DM)
1 Jahr	$200 - (200) = 0$
2 Jahre	$-200 + (212 \times 0{,}92532) = -3{,}83216$
3 Jahre	$200 - (14 \times 0{,}92532 + 214 / 0{,}84235) = 6{,}78262$
4 Jahre	$-300 + (24 \times 0{,}92532 + 24 \times 0{,}84235 + 324 \times 0{,}75356) = -13{,}42248$
5 Jahre	$-60 + (5{,}4 \times 0{,}92532 + 5{,}4 \times 0{,}84235 + 5{,}4 \times 0{,}75356 +$ $65{,}4 \times 0{,}66135) = -3{,}133068$

Abb. 2.34: Barwertänderungen offener DM-Festzinspositionen in t=2 bei Eintritt eines „Hochzinsszenarios"

Summiert man alle Barwertänderungen über sämtliche Positionen auf, dann errechnet sich ein Solvenzeffekt von -13,605088 Mio. DM. Bei einem auf 6,2% gestiegenen durchschnittlichen Tagesgeldzins ermitteln sich ferner ein durchschnittlicher aktivischer Geld- und Kapitalmarktzins von 7,906% und ein durchschnittlicher passivischer Geld- und Kapitalmarktzins von 7,283%. Damit ergibt sich ein Fristentransformationsbeitrag von:

(2.41) $\quad FTB_2 = (7{,}90\overline{6}\% - 7{,}28\overline{3}\%) \times 1200 \text{ Mio. DM} = 7{,}48 \text{ Mio. DM}$.

Vergleicht man den Fristentransformationsbeitrag mit dem Solvenzeffekt, resultiert hieraus eine Reinvermögensminderung in Höhe von 6,125088 Mio. DM.

Bei Eintritt des Niedrigzinsszenarios errechnen sich hingegen nachstehende Zerobond-Abzinsungsfaktoren (vgl. Abb. 2.35):

Zinsbindungsfrist (Lz)	1 Jahr	2 Jahre	3 Jahre	4 Jahre	5 Jahre
t=2	0,94276	0,86752	0,77806	0,67851	—

Abb. 2.35: DM-Zerobond-Abzinsungsfaktoren in t=2 bei Eintritt eines „Niedrigzinsszenarios"

Die Barwertänderungen der offenen Festzinspositionen betragen dann (vgl. Abb. 2.36):

Zinsbindungsfrist	Barwertänderungen der offenen Festzinspositionen in t=2 (in Mio. DM)
1 Jahr	$200 - (200) = 0$
2 Jahre	$-200 + (212 \times 0{,}94276) = -0{,}13488$
3 Jahre	$200 - (14 \times 0{,}94276 + 214 \times 0{,}86752) = +1{,}15208$
4 Jahre	$-300 + (24 \times 0{,}94276 + 24 \times 0{,}86752 + 324 \times 0{,}77806) = -4{,}46184$
5 Jahre	$-60 + (5{,}4 \times 0{,}94276 + 5{,}4 \times 0{,}86752 + 5{,}4 \times 0{,}77806 + 65{,}4 \times 0{,}67851) = -1{,}64841$

Abb. 2.36: Barwertänderungen offener DM-Festzinspositionen in t=2 bei Eintritt eines „Niedrigzinsszenarios"

Insgesamt ergibt sich bei Summation der Barwertänderungen ein Solvenzeffekt von -5,09305 Mio. DM. Weiterhin errechnen sich bei einem im Durchschnitt nur von 3% auf 3,8% gestiegenen Tagesgeldzins[1] ein durchschnittlicher aktivischer Geld- und Kapitalmarktzins von 7,82$\overline{6}$% und ein durchschnittlicher passivischer Geld- und Kapitalmarktzins von 6,88$\overline{3}$%. Damit erhält man nachstehenden Fristentransformationsbeitrag:

(2.42) $\quad FTB_2 = (7{,}82\overline{6}\% - 6{,}88\overline{3}\%) \times 1200 \text{ Mio. DM} = 11{,}32 \text{ Mio. DM}$.

Vergleicht man auch hier den Fristentransformationsbeitrag mit dem Solvenzeffekt, dann ergibt sich diesmal eine Reinvermögensmehrung in Höhe von 6,22695 Mio. DM.

Vorausgesetzt die zukünftig eintretenden Zinssätze entsprechen genau den forward rates, resultiert hieraus — wie bereits gezeigt wurde — bei einem Fristentransformationsbeitrag von 9,4 Mio. DM erwartungsgemäß eine Reinvermögensänderung von null.

Werden schließlich die aus den drei Zinsszenarien resultierenden Reinvermögensänderungen mit ihren Wahrscheinlichkeiten gewichtet, erhält man einen Gesamterwartungswert von:

(2.43)
$$E(\Delta Rv_2) = 0{,}25 \times (+6{,}22695 \text{ Mio. DM}) + 0{,}5 \times 0 \text{ Mio. DM}$$
$$+0{,}25 \times (-6{,}125088) \text{ Mio. DM}$$
$$= 0{,}0254655 \text{ Mio. DM}.$$

---

[1] Der Erwartungswert des durchschnittlichen Tagesgeldzinssatzes ist — wie oben bereits festgestellt wurde — identisch mit dem Einjahreszins und beträgt 5%.

Wenngleich bei der oben unterstellten symmetrischen Verteilung zukünftig eintretender Zinssätze um die forward rates mit einem Gesamterwartungswert von null zu rechnen war, ist die leicht positive Abweichung hiervon auf den konvexen Barwertverlauf der Festzinspositionen zurückzuführen. Positive Abweichungen von den forward rates führen also zu geringeren Reinvermögensänderungen als negative, so daß bei einer Normalverteilung zukünftig eintretender Zinssätze um die forward rates im Durchschnitt mit einer Reinvermögensmehrung im Falle einer positiven und mit einer Reinvermögensminderung im Falle einer negativen Fristentransformation zu rechnen ist (vgl. Abb. 2.37).[1]

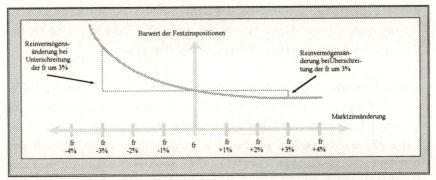

Abb. 2.37: Schematische Darstellung eines konvexen Barwertverlaufs von Festzinspositionen

Insgesamt ermittelt sich dann eine das formale Zinsänderungsrisiko messende Standardabweichung von:

$$(2.44) \quad \sigma_{ZÄR} = \sqrt{\begin{array}{l}(-6{,}125088 \text{ Mio. DM} - 0{,}0254655 \text{ Mio. DM})^2 \times 0{,}25 \\ +(0 \text{ Mio. DM} - 0{,}0254655 \text{ Mio. DM})^2 \times 0{,}5 \\ +(6{,}22695 \text{ Mio. DM} - 0{,}0254655 \text{ Mio. DM})^2 \times 0{,}25\end{array}}$$
$$= 4{,}367179162 \text{ Mio. DM}.$$

Ein derart quantifiziertes formales Zinsänderungsrisiko wird in allen traditionellen Meßkonzepten nicht erfaßt. Vielmehr wird — wie bereits angeführt wurde — lediglich versucht, das Zinsänderungsrisiko indirekt mit Hilfe von Risikogrenzen wie

---

[1] Vgl. **Rolfes**, Steuerung, S. 95 f. Doerks/Hübner versuchen in diesem Zusammenhang, die Konvexität festverzinslicher Wertpapiere im Rahmen des Portfoliomanagement zu nutzen. Vgl. **Doerks/Hübner**, Konvexität, S. 102-105.

etwa einer maximal zu tolerierenden offenen Festzinsposition zu quantifizieren und zu steuern. Welche Implikationen sich hieraus ergeben, wird nachstehend aufgezeigt.

Zum einen ist es bei einer Quantifizierung des formalen Zinsänderungsrisikos mit Hilfe von Risikogrenzen nicht möglich, dieses mit anderen Risikoarten wie etwa dem formalen Ausfall- oder Wechselkursrisiko zu einem formalen Gesamtrisiko zusammenzufassen. Offene Festzinspositionen sind nämlich nicht mit Krisenquoten oder Kreditvolumina sowie offenen Fremdwährungspositionen vergleichbar. Dem Bankmanagement ist damit letztlich auch nicht die Wahrscheinlichkeit bekannt, mit der das Eigenkapital innerhalb einer Betrachtungsperiode zufällig aufgezehrt wird. Die Initiierung risikopolitischer Maßnahmen wird also weitgehend auf subjektivem Ermessen beruhen und weniger einem exakten Kalkül unterliegen.

Zum anderen werden die im Zusammenhang mit der Kalkulation formaler Risikoprämien stehenden Fragen vernachlässigt. Insbesondere wird nicht eruiert, ob überhaupt bzw. in welcher Form und in welcher Höhe formale Prämien für das formale Zinsänderungsrisiko anfallen. Grundsätzlich ist es nämlich nur dann sinnvoll, formale Zinsänderungsrisiken einzugehen, wenn hierfür auch entsprechende Prämien vergütet werden. Letzteres ist nicht in jedem Fall zu erwarten. So ist es möglich, daß beim Eingehen offener Festzinspositionen keine oder sogar negative formale Risikoprämien erwirtschaftet werden. Aber auch bei einer Erwirtschaftung positiver formaler Zinsänderungsrisikoprämien wäre weiterhin zu überprüfen, ob nicht bei anderen Risikoarten bzw. bei einer anderen Struktur des Portfolios günstigere formale Risiko-Risikoprämien-Relationen erreichbar sind. Könnten beispielsweise im Bereich des formalen Wechselkursrisikos pro Risikoeinheit höhere Prämien erzielt werden als beim Zinsänderungsrisiko, wäre es sinnvoll, eher offene Fremdwährungs- als offene Festzinspositionen einzugehen.[1] Schließlich ist es bei einer nur indirekten Messung des formalen Zinsänderungsrisikos nicht möglich, formale Risikoprämien als weitere Erfolgsquelle zu isolieren und wie bereits die formalen Prämien für das Ausfallrisiko den Aktionären als Teil ihrer Eigenkapitalverzinsung sachgerecht zuzurechnen.

---

[1] Vgl. auch Kapitel A. III. 2. im dritten Teil.

III. Die Messung des Währungsrisikos

1. Grundlegende Problematik der Währungsrisikomessung

Nach der kritischen Analyse des Zinsänderungsrisikos soll nachstehend auch die in der Praxis übliche Messung und darauf aufbauende Steuerung des Währungsrisikos skizziert und mit den grundlegenden Anforderungen an die Risikomessung konfrontiert werden.

Bezogen auf die Frage, wie Währungsrisiken in der Bankpraxis quantifiziert werden, ergeben sich ähnlich wie beim Zinsänderungsrisiko erste Anhaltspunkte bereits aus dem traditionellen Vorstellungsinhalt bzw. den herkömmlichen Definitionen des Währungsrisikos. So wurde bereits im ersten Teil dieser Arbeit[1] festgestellt, daß die übliche Terminologie primär auf das formale Wechselkurs- bzw. Swapsatzrisiko hindeutet, wobei die Definition des Wechselkurs- bzw. Swapsatzrisikos als Gefahr einer negativen Abweichung von einem Referenzwert jedoch wenig hilfreich ist und insbesondere positive Abweichungen, die bei der Messung formaler Einzelrisiken gleichfalls Berücksichtigung finden müssen, vernachlässigt werden. Weiterhin konnte konstatiert werden, daß das materielle Wechselkursrisiko weithin unbeachtet bleibt. Entsprechend wird die Frage, ob auch für materielle Wechselkurs- bzw. Swapsatzrisiken Prämien zu kalkulieren sind bzw. in welcher Form diese erwirtschaftet werden, nicht bzw. nicht explizit diskutiert.

Weitere Anhaltspunkte, die die allein aus der Terminologie abgeleiteten Vermutungen hinsichtlich der Messung des Wechselkurs- bzw. Swapsatzrisikos bestätigen, ergeben sich aus dem Konzept der Fremdwährungsbilanz. Diese versucht, die Gefahr eines zufälligen Eigenkapitalverbrauchs resultierend aus dem ungewissen Eintritt zukünftiger Wechselkurse zu messen und zu begrenzen. Letzteres erfolgt ähnlich wie beim Zinsänderungs- und Ausfallrisiko mit Hilfe von Risikogrenzen. Durch die Bestimmung und Festlegung maximal zu tolerierender Fremdwährungsüberhänge wird hier entsprechend versucht, das formale Wechselkursrisiko zu steuern. Die konkrete Festlegung der Grenzwerte orientiert sich in diesem Zusammenhang an den jeweils unterstellten Ergebniswirkungen bei Eintritt nachteiliger Umweltzustände. Wird also bei einem bestimmten Fremdwährungsüberhang und dem unterstellten Eintritt eines spezifischen Wechselkurses, dem noch eine gewisse Wahrscheinlichkeit zugerechnet werden kann, ein Ergebnis ermittelt, das risikopolitisch

---

[1]   Vgl. Kapitel B. III. 1. b) im ersten Teil.

nicht tragbar erscheint, dann verringert man den bestehenden Fremdwährungsüberhang, bzw. dieser wird sogar ganz geschlossen.

Entscheidend ist in diesem Zusammenhang die Tatsache, daß es sich auch beim Konzept der Fremdwährungsbilanz nur um eine indirekte Messung des Wechselkursrisikos mittels Risikogrenzen handelt und Standardabweichungen der wechselkursbedingten Reinvermögensänderungen nicht erfaßt werden. Letzterer Aspekt ist — neben der grundsätzlichen Vernachlässigung des materiellen Wechselkurs- bzw. Swapsatzrisikos — in der Literatur bislang nicht bzw. nicht hinreichend behandelt worden und daher von besonderer Bedeutung. Gleichwohl ist aber auch hier eine vollständige und exakte Ergebnisabbildung wechselkursbedingter Reinvermögensänderungen eine unabdingbare Voraussetzung für eine direkte Messung des formalen Risikos mit Hilfe von Streuungsmaßen. Da die Fremdwährungsbilanz diesbezüglich nur bedingt zielführend ist, soll dieser Ansatz im folgenden in seinen Grundzügen skizziert und analysiert werden.

2. Darstellung und kritische Analyse traditioneller Meßkonzepte

a) Messung des Wechselkursrisikos im Rahmen einer Fremdwährungsbilanz

Der Grundgedanke der Fremdwährungsbilanz[1] besteht darin, daß ein Wechselkursrisiko dann existiert, wenn der passivische Fremdwährungsblock einer bestimmten Währung größer ist als der aktivische und der Wechselkurs steigt (Abwertung der Inlandswährung bzw. Aufwertung der Auslandswährung) oder wenn der aktivische Fremdwährungsblock einer bestimmten Währung größer ist als der passivische und der Wechselkurs sinkt (Aufwertung der Inlandswährung bzw. Abwertung der Auslandswährung). Die Differenz zwischen aktivischen oder passivischen Fremdwährungsvolumina gilt in diesem Zusammenhang als mengenmäßiger Indikator für das Wechselkursrisiko.[2] Hiervon ausgehend stellt die Fremdwährungsbilanz darauf ab, zum Zeitpunkt der Aufstellung dieser Sonderrechnung bestehende aktivische und passivische Fremdwährungspositionen — differenziert nach unterschiedlichen Währungen — einander gegenüberzustellen und sich daraus ergebende Überhänge in einzelnen Betrachtungszeiträumen zu ermitteln.

---

[1] Vgl. **Büschgen**, Bankbetriebslehre, S. 870, **Wittgen**, Währungsrisiko, S. 19 ff., und **Schierenbeck**, Bankmanagement, S. 512.

[2] Vgl. **Kopp**, Risikomanagement, S. 19.

Von einer offenen aktivischen Fremdwährungsposition spricht man in diesem Zusammenhang dann, wenn die aktivischen Fremdwährungspositionen in einer bestimmten Betrachtungsperiode ein höheres Volumen aufweisen als die passivischen (vgl. Abb. 2.38). Auf der Passivseite entsteht dann eine passivische Fremdwährungslücke. Umgekehrt ergibt sich eine offene passivische Fremdwährungsposition bzw. eine aktivische Fremdwährungslücke. Eine geschlossene Fremdwährungsposition ist in dem Umfang gegeben, wie sich aktivische und passivische Fremdwährungsvolumina ausgleichen.[1]

Aktiva	Passiva
geschlossene Fremdwährungsposition	
offene aktivische Fremdwährungsposition in Währung X	passivische Fremdwährungslücke in Währung X
aktivische Fremdwährungslücke in Währung Y	offene passivische Fremdwährungsposition in Währung Y

Abb. 2.38: Schematische Darstellung einer Fremdwährungsbilanz

Zur Veranschaulichung des Wechselkursrisikos wird im folgenden von einer Bank ausgegangen, die in t=1 einen Kredit über 50.000 $ mit einer Laufzeit von einem Jahr vergeben hat. Das in DM bewertete Volumen dieses Fremdwährungsengagements beträgt bei einem Devisenkassakurs von 2 DM/$ 100.000 DM. Der mit dem Kunden vereinbarte Positionszins beläuft sich auf 11%, während für eine zinsbindungskongruente Geld- und Kapitalmarktanlage in $ ($GKMZ_t^A$) nur 8% Zinsen gezahlt werden. Der Geld- und Kapitalmarktzins für eine einjährige Anlage in DM ($GKMZ_t^I$) beträgt hingegen 5%. Die Finanzierung erfolgt über eine Einlage in Schweizer Franken, wobei die Einlagenhöhe von 80.000 SFr bei einem Devisenkassakurs von 1,25 DM/SFr genau dem in DM bewerteten Kreditvolumen entspricht. Der mit dem Kunden vereinbarte Positionszins beträgt hier 3%, während für eine zinsbindungskongruente Finanzierung in SFr 6% ($GKMZ_t^A$) Zinsen gezahlt werden müßten. Der Geld- und Kapitalmarktzins für eine einjährige Finanzierung in DM beträgt wiederum 5% ($GKMZ_t^I$). Insgesamt läßt sich aus den Annahmen folgende Zinsertragsbilanz in t=1 aufstellen (vgl. Abb. 2.39).[2]

---

[1] Vgl. **Schierenbeck**, Bankmanagement, S. 597 ff.

[2] Die gesonderte Aufstellung einer Fremdwährungsbilanz erübrigt sich in diesem Fall, weil hier das Vorliegen eines aktivischen Überhangs von 50.000 $ bzw. eines passivischen von 80.000 SFr offensichtlich ist.

Aktiva					Passiva				
Pos.	Vol.$_t$	PZ$_t$	GKMZ$_t^A$	GKMZ$_t^I$	Pos.$_t$	Vol.$_t$	PZ$_t$	GKMZ$_t^A$	GKMZ$_t^I$
A1 (50 T$)	100 TDM	11%	8%	5%	P1 (80 TSFr)	100 TDM	3%	6%	5%

Abb. 2.39: Zinsertragsbilanz in t=1

Bei unveränderten Wechselkursen belaufen sich die Zinserlöse der Bank in diesem Beispiel auf 11.000 DM, die Zinskosten betragen 3.000 DM, so daß sich ein Zinsüberschuß in Höhe von 8.000 DM ergibt. Nach der bereits oben skizzierten Marktzinsmethode läßt sich letzterer nicht mehr in drei[1], sondern in grundsätzlich fünf Erfolgsquellen aufspalten:

Aktivische Konditionsbeiträge spiegeln in diesem Zusammenhang den Renditevorteil aktivischer Kreditgeschäfte in Fremdwährung gegenüber zinsbindungs- und währungskongruenten Geld- und Kapitalmarktgeschäften wider:

$$(2.45) \quad KB_{A,t+1} = BS_t \times (\varnothing PZ_{A,t} - \varnothing GKMZ_{A,t}^A).$$

Passivische Konditionsbeiträge repräsentieren den Zinskostenvorteil in Fremdwährung denominierter passivischer Kundeneinlagen gegenüber zinsbindungs- und währungskongruenten Finanzierungen am ausländischen Geld- und Kapitalmarkt:

$$(2.46) \quad KB_{P,t+1} = BS_t \times (\varnothing GKMZ_{P,t}^A - \varnothing PZ_{P,t}).$$

Der Fristentransformationsbeitrag resultiert aus der unterschiedlichen Fristen- bzw. Zinsbindungsstruktur der Fremdwährungsgeschäfte:

$$(2.47) \quad FTB_{t+1} = BS_t \times (\varnothing GKMZ_{A,t}^I - \varnothing GKMZ_{P,t}^I).$$

Schließlich erhält man aktivische

$$(2.48) \quad WTB_{A,t+1} = Vol_t \times (GKMZ_{A,1}^A - GKMZ_{A,1}^I)$$

---

[1] Vgl. Kapitel B. II. 2. a) in diesem Teil.

und passivische

(2.49) $\quad WTB_{P,t+1} = Vol_t \times (GKMZ_{P,1}^I - GKMZ_{P,1}^A)$.

Währungstransformationsbeiträge. Letztere und in diesem Zusammenhang im Rahmen der Marktzinsmethode neu eingeführte Erfolgsquellen werden interpretiert als „Marktwechselprämien", die daraus resultieren, daß Gelder gleicher Fristigkeit im Ausland aufgrund von Zinsstrukturunterschieden höher verzinslich angelegt bzw. niedriger verzinslich ausgeliehen werden können als im Inland.[1]

Bezogen auf das Beispiel ergibt sich ein aktivischer Konditionsbeitrag des in $ denominierten Kreditgeschäfts von 3.000 DM, ein passivischer Konditionsbeitrag des in SFr denominierten Einlagengeschäfts von ebenfalls 3.000 DM, ein aktivischer Währungstransformationsbeitrag von 3.000 DM und ein (negativer) passivischer Währungstransformationsbeitrag von -1.000 DM. Ein Fristentransformationsbeitrag fällt aufgrund der fristenkongruenten Finanzierung nicht an.

Ein Jahr nach der Ausgangssituation sollen sich die Devisenkassakurse geändert haben. Der Wechselkurs des $ in t=2 beträgt nun 1,85 DM/$ und der Wechselkurs des SFr 1,23 DM/SFr. Unter Berücksichtigung dieser Veränderungen beträgt der Wert des herausgelegten Kreditbetrages in nationaler Währung nunmehr:

(2.50) $\quad Al_2 = 50.000\ \$ \times 1{,}85\ DM/\$ = 92.500\ DM$.

Gleichzeitig hat sich durch die Abwertung des SFr auch der Wert der aus der Fremdwährungseinlage resultierenden Verbindlichkeit in nationaler Währung auf:

(2.51) $\quad Pl_2 = 80.000\ SFr \times 1{,}23\ DM/SFr = 98.400\ DM$

reduziert. Da sich der Wert der Aktiva allerdings stärker verringert hat als der Wert der Passiva, ergibt sich eine wechselkursbedingte Wertminderung von insgesamt 5.900 DM. Daneben hat sich durch die Abwertungen des SFr bzw. des $ aber auch der Zinsüberschuß vermindert. Nach der Wechselkursänderung kann nicht mehr ein in DM bewerteter Zinsüberschuß von 8.000 DM, sondern nur noch einer von:

---

[1] Vgl. **Schierenbeck**, Bankmanagement, S. 78 ff.

$(2.52) \quad ZÜ_2 = 92.500 \text{ DM} \times 11\% - 98.400 \text{ DM} \times 3\% = 7.223 \text{ DM}$

erzielt werden. Abgesehen von der wechselkursbedingten Wertminderung von 5.900 DM ist also ferner eine wechselkursbedingte Verschlechterung des Zinsüberschusses von 777 DM zu verzeichnen. Insgesamt ergibt sich eine Reinvermögensminderung von 6.677 DM.

Wenngleich die aus den beiden Komponenten „wechselkursbedingte Wertminderung" und „wechselkursbedingte Verringerung des Zinsüberschusses" resultierende Veränderung des Reinvermögens a prima vista richtig widergespiegelt wird, sind Fehlinterpretationen in diesem Zusammenhang gleichwohl nicht auszuschließen.

Ein erster Kritikpunkt betrifft die Tatsache, daß sich der Zinsüberschuß bei Eintritt nachteiliger Wechselkursentwicklungen um so stärker vermindert, je mehr Konditionsbeiträge von der Bank erwirtschaftet werden. Hätte die Bank etwa keine Kunden-, sondern ausschließlich Geld- und Kapitalmarktgeschäfte abgeschlossen und nur einen Währungstransformationsbeitrag von insgesamt 2.000 DM und keine Konditionsbeiträge erzielt, so hätte sich der Zinsüberschuß nach Wechselkursänderung nicht um 777 DM, sondern lediglich um 504 DM auf:

$(2.53) \quad ZÜ_2 = 92.500 \text{ DM} \times 8\% - 98.400 \text{ DM} \times 6\% = 1.496 \text{ DM}$

reduziert. Beim Ausweis einer Reinvermögensminderung von 777 DM würde also ein wechselkursbedingter Verbrauch des Eigenkapitals angezeigt, obwohl es sich bei der Reinvermögensänderung zum Teil nur um eine Verringerung des in DM gemessenen Konditionserfolges der in Betracht stehenden Geschäfte handelt. Eine Bank, die Kundengeschäfte mit hohen Konditionsmargen abgeschlossen hat, würde also hinsichtlich des Wechselkursrisikos schlechter beurteilt als eine Bank mit geringeren oder keinen Konditionsmargen. Um letztere Fehlinterpretationen zu verhindern, sind lediglich wechselkursbedingte Verminderungen der Konditionsbeiträge einerseits und das Eigenkapital tatsächlich verbrauchende und möglicherweise zu einem Ruin der Bank führende Wechselkursrisiken andererseits genau zu trennen. Wechselkursbedingte Verringerungen des Zinsüberschusses sind also stets auf der Basis von Geld- und Kapitalmarktzinsen und nicht auf der Basis von Positionszinsen zu ermitteln.

Ein zweiter Kritikpunkt betrifft den Umstand, daß Reinvermögensminderungen letztlich auch nur dann eintreten, wenn aus Auf- bzw. Abwertungen der Kapitalbeträge resultierende wechselkursbedingte Wertminderungen sowie wechselkursbedingte Verminderungen des Zinsüberschusses nicht durch Währungstransformationsbeiträge, die unmittelbar in Zusammenhang stehen mit dem Eingehen von Wechselkursrisiken, kompensiert werden können. Insgesamt findet bezogen auf obiges Beispiel bei Eintritt der unterstellten Wechselkursentwicklungen also nur eine Reinvermögensminderung von 4.404 DM — und nicht eine von 6.677 DM — statt, die sich wie folgt zusammensetzt:

	wechselkursbedingte Wertminderung:	(- 5.900 DM),
+	wechselkursbedingte Verminderung des ZÜ	(- 504 DM)
+	Währungstransformationsbeitrag	2.000 DM
=	wechselkursbedingte Reinvermögensänderung insgesamt	(- 4.404 DM).

b) Messung des Swapsatzrisikos aus zeitlich offenen Fremdwährungspositionen

Neben dem Wechselkursrisiko, das aus betragsmäßig offenen Fremdwährungspositionen zu einem bestimmten Betrachtungszeitpunkt resultiert, können — wie an anderer Stelle bereits erwähnt wurde[1] — Reinvermögensänderungen auch dann eintreten, wenn bei Vorliegen einer geschlossenen Devisenkassaposition (außerbilanzielle) Terminpositionen in Fremdwährung lediglich laufzeitmäßig nicht übereinstimmen. Hier spricht man von einem Swapsatzrisiko, wobei ein Swapsatz allgemein als Differenz zwischen einem Devisenkassa- und einem Devisenterminkurs definiert ist. Eine Reinvermögensminderung ergibt sich in diesem Zusammenhang dann, wenn sich der beim Ablauf der kürzerfristigen Terminposition für das Schließen der offenen Terminposition relevante Swapsatz im Vergleich zu dem für diesen Zeitpunkt erwarteten Swapsatz („impliziter Swapsatz") derart verändert hat, daß die in der Zukunft erfolgende Schließung nur zu höheren Kosten durchgeführt werden kann.

Bevor auf die konkrete Wirkungsweise des Swapsatzrisikos näher eingegangen wird, sind zunächst die Zusammenhänge zwischen Swapsatz-, Devisenkassa- und Devisenterminkurs näher zu beleuchten. Da der Swapsatz oben als Differenz zwischen Devisenkassa- und -terminkurs definiert wurde und der Devisenterminkurs

---

[1] Vgl. Kapitel B. III. 1. b) im ersten Teil.

primär abhängig ist von den unterschiedlichen Zinsniveaus bzw. -strukturen im Inland und im Ausland, wird auch die Höhe des Swapsatzes bei gegebenem Devisenkassakurs primär determiniert von der Differenz in- und ausländischer Zinssätze der in Betracht stehenden Währungen. Sind die ausländischen Zinssätze niedriger als die inländischen, liegt der Devisenterminkurs über dem aktuellen Devisenkassakurs und umgekehrt. Entsprechen sich in- und ausländische Zinssätze, weisen der Termin- und der Devisenkassakurs identische Höhen auf.

In concreto erfolgt die Herleitung der Devisenterminkurse in diesem Zusammenhang analog der Berechnung der forward rates in zwei Schritten:[1] In einem ersten Schritt werden aus den gegebenen in- und ausländischen Zinssätzen Zerobond-Abzinsungsfaktoren ($ZAF_{t,Lz}$) berechnet. In einem zweiten Schritt werden mit Hilfe der Zerobond-Abzinsungsfaktoren Devisenterminkurse ($w_{T(t,Lz)}$) für verschiedene „Startzeitpunkte" (t) und Zinsbindungsfristen bzw. Laufzeiten (Lz) abgeleitet.[2] Der Devisenterminkurs $w_{T(1,1)}$ beispielsweise gibt den Devisenterminkurs in t=1 bei einer einjährigen Laufzeit bzw. Fälligkeit des Termingeschäfts an.

Zur Verdeutlichung der Zusammenhänge wird von der bereits oben unterstellten inländischen (vgl. Abb. 2.40)

Zinsbindungsfrist (Lz)	1 Jahr	2 Jahre	3 Jahre	4 Jahre	5 Jahre
%	5	6	7	8	9

Abb. 2.40: DM-Geld- und Kapitalmarktzinsen in t=1

und der nachfolgenden ausländischen Zinsstruktur in $ ausgegangen (vgl. Abb. 2.41):

---

[1] Vgl. Kapitel B. II. 4. a) in diesem Teil.

[2] Devisenterminkurse werden in der Regel nur für Laufzeiten von bis zu einem Jahr ermittelt. Das Problem der Anlage zwischenzeitlicher Zinszahlungen bei längeren Laufzeiten wird in der Regel also vernachlässigt. Im folgenden kann gleichwohl gezeigt werden, wie Devisenterminkurse auch hierfür errechnet werden können.

Zinsbindungs-frist	1 Jahr	2 Jahre	3 Jahre	4 Jahre	5 Jahre
%	8	8,5	9	9,5	10

Abb. 2.41: $-Geld- und Kapitalmarktzinsen in t=1

Die ausländische Zinsstruktur liegt oberhalb der inländischen, wobei die Zinsdifferenz mit der Länge der Zinsbindungsfrist abnimmt. Aus dieser Zinsstruktur lassen sich nun entsprechend der bereits gezeigten Vorgehensweise durch eine entsprechende Kombination unterschiedlich befristeter Geldanlage- und Geldaufnahmegeschäfte zu aktuell am Geld- und Kapitalmarkt gültigen Konditionen folgende Zerobond-Abzinsungsfaktoren errechnen (vgl. Abb. 2.42):

Zinsbindungs-frist (Lz)	1 Jahr	2 Jahre	3 Jahre	4 Jahre	5 Jahre
t=1	0,92592	0,84912	0,77086	0,69236	0,61470

Abb. 2.42: $-Zerobond-Abzinsungsfaktoren in t=1

Aufbauend auf den Zerobond-Abzinsungsfaktoren erfolgt die Ermittlung der Devisenterminkurse über den Zusammenhang, daß der Endwert einer Anlage in Inlandswährung dem Endwert einer zum Devisenterminkurs bewerteten Anlage in Fremdwährung entsprechen muß, wenn der inländische Anlagebetrag im Startzeitpunkt zum Devisenkassakurs $w_{K(t)}$ in Fremdwährung umgewechselt und der Endwert in Fremdwährung zum dann geltenden Devisenkassakurs in inländische Währung zurückgetauscht wird. Da der Endwert einer Anlage von 1 DM mit einer Zinsbindungsfrist von Lz-Perioden im Startzeitpunkt t im Inland bzw. im Ausland mit der Beziehung:

$$(2.54) \qquad \frac{1}{ZAF^I_{t,Lz}} \quad \text{bzw.} \quad \frac{1}{ZAF^A_{t,Lz}}$$

dargestellt werden kann, ergibt sich folgende Gleichung:

$$(2.55) \qquad \frac{1}{ZAF^I_{t,Lz}} = \frac{1}{w_{K(t)}} \times \frac{1}{ZAF^A_{t,Lz}} \times w_{T(t,Lz)}.$$

Durch einfache mathematische Umformungen läßt sich der Devisenterminkurs dann wie folgt bestimmen:

(2.56) $\dfrac{ZAF^A_{t,Lz}}{ZAF^I_{t,Lz}} \times w_{K(t)} = w_{T(t,Lz)}$.

Bezogen auf das obige Beispiel ergeben sich bei einem Devisenkassakurs in t=1 von 2 DM/$ folgende Devisenterminkurse (in DM/$) (vgl. Abb. 2.43):

Zinsbindungs-frist (Lz)	1 Jahr	2 Jahre	3 Jahre	4 Jahre	5 Jahre
t=1	1,94444	1,90923	1,89382	1,89899	1,92719

Abb. 2.43: $-Devisenterminkurse in t=1

Analog zur Berechnung der Zerobond-Abzinsungsfaktoren und der forward rates läßt sich auch für die Devisenterminkurse zeigen, daß diese durch entsprechende Kombinationen unterschiedlich befristeter Geldanlage- und Geldaufnahmegeschäfte zu aktuell am Geld- und Kapitalmarkt geltenden Konditionen arbitragefrei hergeleitet werden können (vgl. Abb. 2.44):

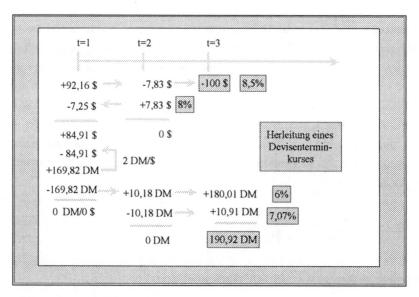

Abb. 2.44: Herleitung eines $-Devisenterminkurses

Unter der Annahme, daß zum Geld- und Kapitalmarktzins von 8,5% Zweijahresgelder in Höhe von 92,16 $ aufgenommen werden, fallen in t=2 Zinsauszahlungen von 7,83 $ und in t=3 Zins- und Tilgungsauszahlungen von insgesamt 100 $ an. Die in t=2 anfallende Zinsauszahlung kann im Rahmen eines zweiten und ebenfalls in t=1 abgeschlossenen Geld- und Kapitalmarktgeschäfts mit einer Zinsbindungsfrist von einem Jahr, einem Zins von 8% sowie einem Volumen von 7,25 $ genau ausgeglichen werden. Die insgesamt in t=1 anfallenden Einzahlungen in Höhe von 84,91 $ werden sodann bei einem Devisenkassakurs von 2 DM/$ in 169,82 DM umgetauscht. Dieser Betrag wird wiederum in Zweijahresgeldern zu einem Zins von 6% angelegt, so daß in t=2 10,18 DM und in t=3 180,01 DM an Zins- und Tilgungseinzahlungen anfallen. Die in t=2 anfallenden Zinsen von 10,18 DM werden weiterhin zu der in t=2 geltenden Einjahres-forward-rate von 7,07% angelegt, so daß hierauf in t=3 Zins- und Tilgungseinzahlungen von 10,91 DM erfolgen. Insgesamt ergibt sich in t=3 ein Auszahlungssaldo von 100 $ einerseits und ein Einzahlungssaldo von 190,92 DM andererseits. Es ist ersichtlich, daß beim Abschluß aller Geschäfte in t=3 ein Betrag von 100 $ in 190,92 DM getauscht werden kann, was einem Devisenterminkurs von 1,9092 DM entspricht.

Wird für den Fall in SFr denominierter Geschäfte analog der oben gezeigten Vorgehensweise verfahren, so ergeben sich bei folgender Zinsstruktur am schweizerischen Geld- und Kapitalmarkt (vgl. Abb. 2.45):

Zinsbindungsfrist (Lz)	1 Jahr	2 Jahre	3 Jahre	4 Jahre	5 Jahre
%	6	7	8	8,5	9

Abb. 2.45: SFr-Geld- und Kapitalmarktzinsen in t=1

die nachstehenden Zerobond-Abzinsungsfaktoren (vgl. Abb. 2.46):

Zinsbindungsfrist (Lz)	1 Jahr	2 Jahre	3 Jahre	4 Jahre	5 Jahre
t=1	0,94339	0,87286	0,79138	0,71737	0,64288

Abb. 2.46: SFr-Zerobond-Abzinsungsfaktoren in t=1

und schließlich folgende Devisenterminkurse (in DM/SFr) (vgl. Abb. 2.47):

Zinsbindungsfrist (Lz)	1 Jahr	2 Jahre	3 Jahre	4 Jahre	5 Jahre
t=1	1,23820	1,22662	1,21514	1,22973	1,25971

Abb. 2.47: SFr-Devisenterminkurse in t=1

Aufbauend auf den Devisenterminkursen soll im folgenden zur Veranschaulichung des Swapsatzrisikos bei weiterhin zu unterstellenden Devisenkassakursen von 2 DM/$ bzw. 1,25 DM/SFr vom Abschluß nachstehender Devisentermingeschäfte in t=1 ausgegangen werden:

- 50.000 $-Devisenterminkauf per t=2 zu einem Devisenterminkurs $w_{T(1,1)}$ = $1,9\overline{4}$ DM / $ (Swapsatz = $-0,0\overline{5}$ DM / $),
- 50.000 $-Devisenterminverkauf per t=3 zu einem Devisenterminkurs $w_{T(1,2)}$ = 1,90923 DM / $ (Swapsatz = -0,0977 DM/$),
- 80.000 SFr-Devisenterminverkauf per t=2 zu einem Devisenterminkurs $w_{T(1,1)}$ = 1,23820 DM/SFr (Swapsatz = -0,0118 DM/SFr),
- 80.000 SFr-Devisenterminkauf per t=3 zu einem Devisenterminkurs $w_{T(1,2)}$ = 1,22662 DM/SFr (Swapsatz = -0,02338 DM/SFr).

Obwohl sich die Devisentermingeschäfte in $ und in SFr in t=1 vom Betrag her entsprechen, bestehen hinsichtlich der Fälligkeit der Geschäfte zeitliche Inkongruenzen. Ein Swapsatzrisiko wird in diesem Fall dann virulent, wenn sich die in t=2 einstellenden Swapsätze für Geschäfte in $ bzw. SFr von den durch den Abschluß der Termingeschäfte implizierten Swapsätzen unterscheiden. Die impliziten Swapsätze berechnen sich in diesem Zusammenhang als Differenz der in t=1 geltenden Swapsätze für die unterschiedlichen Fälligkeiten der Termingeschäfte:[1]

- $: $-0,09077$ DM / $ - ($-0,0\overline{5}$ DM / $) = $-0,03521$ DM / $,
- SFr: $-0,02338$ DM / SFr - ($-0,01180$ DM / SFr) = $-0,01158$ DM / SFr.

Da durch die in t=2 fällig werdenden Engagements Lieferverpflichtungen in SFr bzw. Abnahmeverpflichtungen in $ entstehen, die durch in gleicher Höhe zufließende Fremdwährungsbeträge erst ein Jahr später erfüllt werden können, soll das aus dieser zeitlichen Divergenz resultierende Wechselkursrisiko durch ein Swapgeschäft ausgeschlossen werden. Diesbezüglich wird davon ausgegangen, daß die Devisenkassakurse in t=2 1,85 DM/$ bzw. 1,23 DM/SFr betragen. Der Einjahres-$-Devisenterminkurs soll eine Höhe von 1,81478 DM/$ aufweisen. Im Vergleich zur Ausgangssituation beläuft sich der Swapsatz also nach wie vor auf -0,03521 DM/$. Hingegen hat sich der Swapsatz des SFr bei einem Einjahres-SFr-Devisenterminkurs von 1,20 DM/SFr auf -0,03 DM/SFr verändert.

---

[1] Vgl. **Schierenbeck**, Bankmanagement, S. 599 ff.

Die Erfolgswirkungen der nunmehr wieder geschlossenen Fremdwährungspositionen sehen wie folgt aus:

Erfolgswirkungen der Engagements in $:

in t=2

- originärer Devisenterminkauf von 50.000 $ zu $w_{T(1,1)} = 1,9\overline{4}$ DM / $:
  -50.000 \$ $\times 1,9\overline{4}$ DM / \$ $= -97.222,\overline{2}$ DM
- Verkauf von 50.000 $ zum aktuellen Devisenkassakurs $w_{K(2)} = 1,85$ DM/$
  50.000 $ \times 1,85$ DM / $ = 92.500 DM
- Erfolgsbeitrag in t=2: $-4.722,\overline{2}$ DM

in t=3

- originärer Devisenterminverkauf von 50.000 $ zu $w_{T(1,2)} = 1,90923$ DM/$
  50.000 $ \times 1,90923$ DM / $ = 95.461,5 DM
- Kauf von 50.000 $ zum Devisenterminkurs $w_{T(2,1)} = 1,81478$ DM/$
  -50.000 \$ $\times 1,81478$ DM / \$ $= -90.739,27$ DM
- Erfolgsbeitrag in t=3: $4.722,\overline{2}$ DM

Erfolgswirkungen der Engagements in SFr

in t=2

- originärer Devisenterminverkauf von 80.000 SFr zu $w_{T(1,1)} = 1,23820$ DM/SFr
  80.000 $ \times 1,23820$ DM / SFr = 99.056.000 DM
- Kauf von 80.000 SFr zum aktuellen Devisenkassakurs $w_{K(2)} = 1,23$ DM/SFr
  -80.000 SFr $\times 1,23$ DM / SFr $= -98.400$ DM
- Erfolgsbeitrag in t=2: 656 DM

in t=3

- originärer Devisenterminkauf von 80.000 SFr zu $w_{T(1,2)} = 1{,}22662$ DM/SFr
  -80.000 SFr $\times 1{,}22662$ DM / SFr $= -98.129{,}6$ DM
- Verkauf von 80.000 SFr zum Devisenterminkurs $w_{T(2,1)} = 1{,}20$ DM/SFr
  80.000 SFr $\times 1{,}20$ DM / SFr $= 96.000$ DM
- Erfolgsbeitrag in t=3: $-2.129{,}60$ DM

Es ist ersichtlich, daß der in t=2 eintretende Verlust bei den zeitlich offenen Devisenterminpositionen in $ trotz im Vergleich zur Ausgangssituation veränderter Kassa- und Devisenterminkurse bei einem konstanten Swapsatz durch einen gleich hohen Gewinn in t=3 ausgeglichen wird.

Hingegen ergibt sich bei den offenen Devisenterminpositionen in SFr in t=2 ein Gewinn von 656 DM, der durch den Verlust von 2.129,60 DM im darauffolgenden Jahr überkompensiert wird. Bedingt durch den veränderten Swapsatz ist hier ein Swapsatzrisiko entstanden.

Wenngleich die aus Veränderungen zukünftiger Swapsätze resultierenden periodischen Ergebniswirkungen bei obiger Vorgehensweise richtig widergespiegelt werden, ist in diesem Zusammenhang gleichwohl zu beachten, daß im Hinblick auf das formale Gesamtrisiko nicht periodische Erfolgsänderungen, sondern auf einen bestimmten Betrachtungszeitpunkt bezogene Barwerte derselben von Relevanz sind. In bezug auf das obige Beispiel vermindert sich das Reinvermögen der Bank in t=2 also auch dann, wenn bei unverändertem Swapsatz des $ die Verluste in t=2 durch gleich hohe Gewinne in t=3 ausgeglichen werden. In diesem Fall ist der auf t=2 diskontierte Barwert der in t=3 anfallenden Gewinne nämlich geringer als die in t=2 anfallenden Verluste. Insgesamt wird das Swapsatzrisiko also erst dann richtig widergespiegelt, wenn sämtliche aus offenen Devisenterminpositionen resultierende periodische Ergebniswirkungen als Barwert erfaßt werden.[1]

---

[1] Schierenbeck geht hingegen bei bereits unveränderten Swapsätzen davon aus, daß Reinvermögensänderungen nicht eintreten. Vgl. **Schierenbeck**, Bankmanagement, S. 599 ff.

c) **Entwicklung eines Ansatzes zur Interpretation des Swapsatzrisikos als Zinsänderungsrisiko in Fremdwährung**

Abgesehen von der gewöhnlich unterlassenen Barwertermittlung muß in diesem Zusammenhang ein weiterer Aspekt bedacht werden: Resultiert das Swapsatzrisiko letztlich aus Veränderungen der Zinsdifferenzen für in- und ausländische Währungen — bzw. genauer aus unterschiedlichen Abweichungen zukünftig eintretender in- und ausländischer Zinssätze von den jeweiligen forward rates —, so muß es auch möglich sein, aus außerbilanziellen Termingeschäften resultierende Swapsatzrisiken als bilanzielle Zinsänderungsrisiken in Fremdwährung zu interpretieren, wenn abhängig von der Währungsdenomination nicht nur zwischen offenen Festzinspositionen unterschiedlicher Zinsbindungsfristen — wie bei einigen Banken üblich —, sondern zusätzlich auch zwischen Festzinspositionen verschiedener Währungen differenziert wird. Das Swapsatzrisiko bzw. die aus den zugrundeliegenden Devisentermingeschäften resultierenden Zahlungen müssen also durch Kassageschäfte verschiedener Fristigkeiten und Währungen arbitragefrei rekonstruiert werden können. Ist letzteres der Fall, dann dürfen aber auch beim bisher mit Hilfe der modifizierten Zinsbindungsbilanz ermittelten Zinsänderungsrisiko nicht länger nur Festzinsüberhänge unterschiedlicher Zinsbindungsfristen — unabhängig von der Währungsdenomination — festgestellt werden; vielmehr ist auch hier des weiteren danach zu unterscheiden, ob es sich bei den Festzinsüberhängen um solche in in- oder ausländischer Währung handelt. Ist beispielsweise eine offene aktivische Festzinsposition einer bestimmten Zinsbindungsfrist in inländischer Währung durch eine passivische Festzinsposition in gleicher Höhe und Zinsbindungsfrist, jedoch in unterschiedlicher Währung gedeckt, so handelt es sich nicht um eine geschlossene Festzinsposition, die dem Zinsänderungsrisiko nicht ausgesetzt ist; vielmehr ist in diesem Fall von einer offenen aktivischen Festzinsposition in inländischer Währung und von einer offenen passivischen Festzinsposition in Fremdwährung auszugehen. Steigt nämlich der inländische Zins der in Betracht stehenden Zinsbindungsfrist und bleibt der ausländische Zins konstant bzw. steigt letzterer nicht in gleichem Umfang — von einer vollständig positiven Korrelation in- und ausländischer Zinsentwicklungen kann in der Regel nicht ausgegangen werden[1] —, dann sind trotz der a prima vista geschlossenen Festzinsposition Reinvermögensminderungen hinzunehmen. Es sind also stets für das Inland und das Ausland getrennte Zinsszenarien zu un-

---

[1] Vgl. Kapitel C. III. c) (1) in diesem Teil.

terstellen und hieraus resultierende Reinvermögensänderungen isoliert zu ermitteln.[1]

Zur Verdeutlichung der Zusammenhänge wird im folgenden von den bereits oben unterstellten Devisentermingeschäften in $ ausgegangen. Dabei soll zum einen gezeigt werden, wie sich die aus den zugrundeliegenden Termingeschäften resultierenden Zahlungen durch den Abschluß von Kassageschäften arbitragefrei rekonstruieren lassen. Hiernach sind offene Fremdwährungs- bzw. Festzinspositionen zu ermitteln, die sich ergeben, wenn nicht zwischen Festzinspositionen in in- und ausländischer Währung differenziert wird. Aufbauend darauf wird bei Unterstellung bestimmter Zins- und Wechselkursszenarien gezeigt, welcher Fehler bei dieser Vorgehensweise im Vergleich zur exakten Ermittlung der Reinvermögensänderung via Swapsätze entsteht. Schließlich ist zu zeigen, wie eine genaue Berechnung der aus den Termingeschäften resultierenden Reinvermögensänderung auch über offene Festzinsüberhänge bzw. Fremdwährungspositionen erfolgen kann, wenn nicht nur zwischen offenen Festzinspositionen bestimmter Zinsbindungsfristen, sondern ferner auch zwischen in- und ausländischen Währungen differenziert wird.

Im folgenden sollen die bereits oben angeführten in- und ausländischen Zinsstrukturen in t=1 sowie ein Devisenkassakurs von 2 DM/$ gelten. Aus den Devisentermingeschäften in $ resultieren dann folgende Zahlungen in inländischer bzw. Fremdwährung (vgl. 2.48):

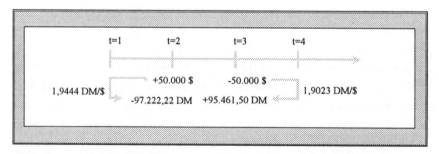

Abb. 2.48: Aus einem in t=1 abgeschlossenen DM/$-Swapgeschäft resultierende Zahlungen

---

[1] Auch Bösl vertritt die Ansicht, daß Swapsatzrisiken als Zinsänderungsrisiken in Fremdwährung erfaßt werden sollten, und zwischen Festzinsüberhängen in in- und ausländischer Währung unterschieden werden muß. Vgl. **Bösl**, Risikobegrenzung, S. 131 ff.

In t=2 erfolgt eine Einzahlung von 50.000 $ aufgrund des fällig werdenden Devisenterminkaufgeschäfts. Gleichzeitig findet bei dem vereinbarten Devisenterminkurs eine Auszahlung von:

(2.57) $A_2 = 50.000\ \$ \times 1,9\overline{4} \text{DM}/\$ = 97.222,\overline{2}\ \text{DM}$

statt. In t=3 ist mit einer Auszahlung von 50.000 $ zu rechnen, während diesmal bei dem zugrunde gelegten Devisenterminkurs eine Einzahlung in heimischer Währung von:

(2.58) $E_3 = 50.000\ \$ \times 1,90923\ \text{DM}/\$ = 95.461,5\ \text{DM}$

erfolgt.

Identische Zahlungen erhält man nun auch dadurch, wenn in t=1 folgende Kassageschäfte zu Geld- und Kapitalmarktkonditionen abgeschlossen werden (vgl. Abb. 2.49):

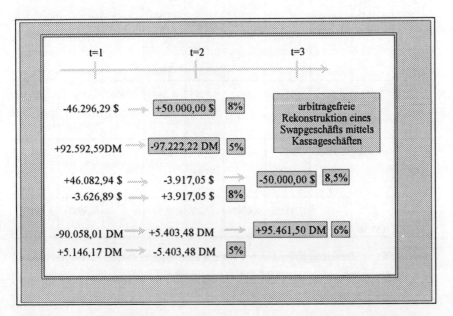

Abb. 2.49: Arbitragefreie Rekonstruktion eines DM/$-Swapgeschäfts mittels Kassageschäften

Eine Einzahlung von 50.000 $ in t=2 ist dadurch zu erreichen, daß in t=1 eine einjährige Geldanlage von 46.296,29 $ zum Einjahreszins von 8% getätigt wird.

Weiterhin findet in t=2 eine Auszahlung von 97.222,$\bar{2}$ DM dann statt, wenn in t=1 Einjahresgelder mit einem Volumen von 92.592,59 DM zu einem Zins von 5% aufgenommen werden. In t=3 werden 50.000 $ ausgezahlt, wenn in t=1 Zweijahresgelder von 46.082,94 $ zu 8,5% aufgenommen werden. Die in t=2 anfallenden Zinsauszahlungen von 3.917,05 $ können durch in t=1 angelegte Einjahresgelder von 3.626,89 $ zu 8% kompensiert werden. Analog ist bei einer zweijährigen Geldanlage von 90.058,01 DM in t=1 zu 6% mit einer Einzahlung von 95.461,50 DM in t=3 zu rechnen. Auch hier können die in t=2 anfallenden Zinszahlungen von 5.403,48 DM durch eine einjährige Geldaufnahme von 5.146,17 DM in t=1 zu 5% kompensiert werden.

In einer Zinsertragsbilanz stellen sich die Kassageschäfte dann wie folgt dar (vgl. Abb. 2.50):

Aktiva					Passiva				
Pos.	$Vol._t$ (in TDM)	Zinsbindung	$GKMZ_t^A$	$GKMZ_t^I$	Pos.	$Vol._t$ (in TDM)	Zinsbindung	$GKMZ_t^A$	$GKMZ_t^I$
A1 (46,296 T$)	92,592	1 Jahr	8%	5%	P1	92,592	1 Jahr	(5%)	5%
A2 (3,626 T$)	7,253	1 Jahr	8%	5%	P2	5,146	1 Jahr	(5%)	5%
A3	90,058	2 Jahre	(6%)[1]	6%	P3 (46,082 T$)	92,165	2 Jahre	8,5%	6%
	Σ= 189,90		7,051%	5,474%		Σ= 189,90		6,698%	5,485%

Abb. 2.50: Zinsertragsbilanz in t=1 für ein arbitragefrei mittels Kassageschäften rekonstruiertes DM/$-Swapgeschäft

---

[1] Bei den in Klammern stehenden Größen handelt es sich nicht um ausländische, sondern um inländische Geld- und Kapitalmarktzinsen. Gleichwohl werden diese aber bei der Berechnung der durchschnittlichen ausländischen Geld- und Kapitalmarktzinsen berücksichtigt. Letzteres ist im Hinblick auf eine vereinfachte Berechnung des Währungstransformationsbeitrages mittels Durchschnittswerten erforderlich.

Hieraus ermittelt sich ein Währungstransformationsbeitrag von insgesamt:

$$
(2.59) \quad \begin{aligned} WTB_2 &= 189.904{,}409 \text{ DM} \times \begin{bmatrix} (7{,}05154\% - 5{,}47422\%) + \\ (5{,}48533\% - 6{,}69865\%) \end{bmatrix} \\ &= 691{,}24424 \text{ DM}, \end{aligned}
$$

und ein negativer Fristentransformationsbeitrag von:

$$
(2.60) \quad \begin{aligned} FTB_2 &= 189.904{,}409 \text{ DM} \times (5{,}47422\% - 5{,}48533\%) \\ &= -21{,}09153 \text{ DM}. \end{aligned}
$$

Insgesamt ergibt sich also ein Zinsüberschuß in t=2 von 670,15271 DM. Konditionsbeiträge fallen hingegen nicht an, da Geld- und Kapitalmarktgeschäfte zugrunde gelegt werden.

Aus der Zinsertragsbilanz läßt sich des weiteren folgende Zinsbindungsbilanz ableiten (in TDM) (vgl. Abb. 2.51):

Position	Zinsbindungsfristen	
	1 Jahr	2 Jahre
A1	92,592	
A2	7,253	
A3		90,058
Σ	99,845	90,058
P1	92,592	
P2	5,146	
P3		92,165
Σ	97,738	92,165
Festzinsüberhang	A 2,107	A
	P	P 2,107

Abb. 2.51: Zinsbindungsbilanz in t=1 für ein arbitragefrei mittels Kassagegeschäften rekonstruiertes DM/$-Swapgeschäft (ohne Währungsdifferenzierung)

Es ist unmittelbar ersichtlich, daß bei arbitragefreier Rekonstruktion der aus den Devisentermingeschäften resultierenden Zahlungen ein aktivischer Festzinsüberhang bei Einjahresgeldern von 2.107,87974 DM und ein passivischer Festzinsüberhang bei Zweijahresgeldern in gleicher Höhe resultieren. Zudem ist aus der Zinsertragsbilanz (vgl. Abb. 2.50) eine offene aktivische Fremdwährungsposition von:

$$(2.61) \quad \begin{aligned} Fw_{A,1} &= 46.296{,}2963\ \$ + 3.6.26{,}8787\ \$ - 46.082{,}94931\ \$ \\ &= 3.840{,}24569\ \$ \end{aligned}$$

erkennbar. Steigt nun der Einjahreszins in t=2 auf $7{,}\overline{07}\%$, so ergeben sich unter der Annahme, daß es sich bei den offenen Festzinspositionen um solche in inländischer Währung handelt — bei der bis dato betrachteten modifizierten Zinsbindungsbilanz wird schließlich nicht zwischen Festzinspositionen in in- und ausländischer Währung unterschieden — nachstehende Barwertänderungen (vgl. Abb. 2.52):

Zinsbindungsfrist	Barwertänderungen der offenen Festzinspositionen zum Ende der Periode eins (in TDM)
1 Jahr	$-2.107{,}87974 + (2.107{,}87974) = 0$
2 Jahre	$2.107{,}87974 - (2.107{,}87974 \times 1{,}06 \times 0{,}93396) = 21{,}07879603$

Abb. 2.52: Barwertänderungen offener Festzinspositionen in t=2 für ein arbitragefrei mittels Kassageschäften rekonstruiertes DM/$-Swapgeschäft (ohne Währungsdifferenzierung)

Erwartungsgemäß werden die Barwertänderung bzw. der Solvenzeffekt durch den oben ermittelten Fristentransformationsbeitrag kompensiert, da der unterstellte Anstieg des Einjahreszinses in t=2 genau der forward rate entspricht.[1] Sofern weiterhin von einer Senkung des Wechselkurses in t=2 auf $1{,}\overline{94}$ DM / $ ausgegangen wird, ermittelt sich durch die Abwertung des aktivischen Fremdwährungsüberhangs eine wechselkursbedingte Wertminderung von:

$$(2.62) \quad \begin{aligned} w.Wert._2 &= -3.840{,}24569\ \$ \times (2\ DM/\$ - 1{,}\overline{94}\ DM/\$) \\ &= -213{,}3469998\ DM. \end{aligned}$$

Ferner berechnen sich nach Eintritt der Wechselkursänderung folgende Zinserlöse:

---

[1] Der Fristentransformationsbeitrag belief sich auf 21,09153 TDM. Die kleine Differenz zum Solvenzeffekt ist auf Rundungsfehler zurückzuführen.

(2.63)
$$\begin{aligned}ZE_2 &= (46.296{,}2963\ \$ \times 1{,}9\overline{4}\ \$/DM \times 0{,}08)\\ &+(3.626{,}8987\ \$ \times 1{,}9\overline{4}\ \$/DM \times 0{,}08)\\ &+(90.058{,}018\ DM \times 0{,}06)\\ &= 13.169{,}3083\ DM\end{aligned}$$

und nachstehende Zinskosten:

(2.64)
$$\begin{aligned}ZK_2 &= (92.592{,}5925\ DM \times 0{,}05)+(5.146{,}1725\ DM \times 0{,}05)\\ &+(46.082{,}9493\ \$ \times 1{,}9\overline{4}\ DM/\$ \times 0{,}085)\\ &= 12.503{,}4257\ DM\ .\end{aligned}$$

Der Zinsüberschuß nach Wechselkursänderung beträgt dann 665,8825984 DM. Vergleicht man diesen Wert mit dem oben ermittelten Zinsüberschuß bei Konstanz des Wechselkurses, dann ergibt sich eine wechselkursbedingte Verminderung des Zinsüberschusses von 5,0374016 DM. Beläuft sich der Währungstransformationsbeitrag auf 691,24424 DM, so ergibt sich insgesamt eine wechselkursbedingte Reinvermögensmehrung von:

(2.65)
$$\begin{aligned}\Delta Rv_2 &= 691{,}24424\ DM - 218{,}3843861\ DM - 5{,}0374016\ DM\\ &= 467{,}8224998\ DM\ .\end{aligned}$$

Bei arbitragefreier Rekonstruktion der Devisentermingeschäfte durch entsprechende Kassapositionen, einer Ermittlung offener Festzins- bzw. Fremdwährungspositionen sowie bei Eintritt des unterstellten Zinses und Wechselkurses wird also mit einer Reinvermögensmehrung von 467,8224998 DM gerechnet. Die Entwicklung der $-Zinssätze spielt bei dieser Betrachtung keine Rolle.

Daß dieses Ergebnis nicht sachgerecht ist, und die Entwicklung der Zinssätze in Fremdwährung ergebnisbestimmend wirkt, kann gezeigt werden, wenn von einem Anstieg des $-Einjahreszinses in t=2 auf 10% ausgegangen und das ursprüngliche Swapsatzrisiko als Barwert ermittelt wird. Bei einem Wechselkurs in t=2 von $1{,}9\overline{4}$ DM/$, einem DM-Einjahreszins von $7{,}\overline{07}\%$ sowie einem $-Einjahreszins von 10% ermittelt sich ein Einjahresdevisenterminkurs in t=2 von 1,8926640 DM/$. Falls die zeitlich offene Devisenterminposition zu dem zuvor ermittelten Devisenterminkurs geschlossen wird, ergeben sich in t=2 bzw. t=3 nachstehende Erfolgswirkungen:

in t=2

- originärer Devisenterminkauf von 50.000 $ zu $w_{T(1,1)} = 1,9\overline{4}$ DM / $:
  $-50.000\ \$ \times 1,9\overline{4}$ DM / $ = -97.222,\overline{2}$ DM
- Verkauf von 50.000 $ zum aktuellen Devisenkassakurs $w_{K(2)} = 1,9\overline{4}$ DM / $
  $50.000\ \$ \times 1,9\overline{4}$ DM / $ = 97.222,\overline{2}$ DM
- Erfolgsbeitrag in t=2: 0 DM

in t=3

- originärer Devisenterminverkauf von 50.000 $ zu $w_{T(1,2)} = 1,90923$ DM/$
  $+50.000\ \$ \times 1,90923$ DM / $ = +95.461,5$ DM
- Kauf von 50.000 $ zum Devisenterminkurs $w_{T(2,1)} = 1,89265$ DM/$
  $-50.000\ \$ \times 1,89265$ DM / $ = -94.633,20061$ DM
- Erfolgsbeitrag in t=3: 828,29939 DM

Berechnet man den Barwert der Erfolgsbeiträge in t=2, ermittelt sich bei einem Einjahreszins von $7,\overline{07}\%$ eine tatsächliche Reinvermögensmehrung von:

(2.66) $\quad \Delta Rv_2 = 828,29939\text{ DM} / 1,\overline{07} = 773,6003742\text{ DM}$

und nicht eine von 467,8224998 DM wie oben berechnet wurde. Offensichtlich werden Swapsatzrisiken also falsch ausgewiesen, wenn die zeitlich offenen Devisentermingeschäfte durch Kassageschäfte rekonstruiert werden, bzw. Zinsänderungsrisiken werden dann in unzutreffender Höhe ermittelt, wenn nicht zwischen Festzinsüberhängen in in- und ausländischer Währung differenziert wird. Sachgerecht ist es in diesem Zusammenhang hingegen, — bezogen auf das Beispiel — von nachstehenden Festzinsüberhängen in in- und ausländischer Währung auszugehen (vgl. Abb. 2.53):

	Zinsbindungsfristen von Festzinspositionen in TDM	
Position	1 Jahr	2 Jahre
A3		90,058
Σ	0	90,058
P1	92,592	
P2	5,146	
Σ	97,738	0
Festzins- überhang	A P 97,738	A 90,058 P

Abb. 2.53: DM-Zinsbindungsbilanz in t=1 für ein arbitragefrei mittels Kassageschäften rekonstruiertes DM/$-Swapgeschäft (mit Währungsdifferenzierung)

bzw. (vgl. Abb. 2.54):

	Zinsbindungsfristen von Festzinspositionen in T$	
Position	1 Jahr	2 Jahre
A1	46,296	
A2	3,626	
Σ	49,922	
P3		46,082
Σ		46,082
Festzins- überhang	A 49,922 P	A P 46,082

Abb. 2.54: $-Zinsbindungsbilanz in t=1 für ein arbitragefrei mittels Kassageschäften rekonstruiertes DM/$-Swapgeschäft (mit Währungsdifferenzierung)

Entsprechend ermitteln sich die Barwertänderungen bzw. Solvenzeffekte der offenen Festzinspositionen in DM bzw. $ wie nachstehend (vgl. Abb. 2.55 und Abb. 2.56):

Zinsbindungsfrist	Barwertänderungen der offenen Festzinspositionen in DM in t=2
1 Jahr	97.738,76508 DM − (97.738,76508 DM) = 0
2 Jahre	−90.058,01887 DM + (90.058,01887 DM × 1,06 × 0,93396) = −900,58012 DM

Abb. 2.55: Barwertänderungen offener DM-Festzinspositionen in t=2 für ein arbitragefrei mittels Kassageschäften rekonstruiertes DM/$-Swapgeschäft (mit Währungsdifferenzierung)

bzw.

Zinsbindungsfrist	Barwertänderungen der offenen Festzinspositionen in $ zum Ende der Periode eins
1 Jahr	−49.923,19509 $ + (49.923,19509 $) = 0
2 Jahre	46.082,94931 $ − (46.082,94931 $ × 1,085 × 0,90909) = 628,40385 $

Abb. 2.56: Barwertänderungen offener $-Festzinspositionen in t=2 für ein arbitragefrei mittels Kassageschäften rekonstruiertes DM/$-Swapgeschäft (mit Währungsdifferenzierung)

Bei einem Wechselkurs in t=2 von $1,9\overline{4}$ DM / $ beträgt der in inländischer Währung ausgedrückte Solvenzeffekt der offenen $-Festzinsposition dann 1.221,896385 DM.

Insgesamt ermittelt sich bei einer Differenzierung zwischen Festzinsüberhängen in DM und $ und dem Eintritt der unterstellten Zins- bzw. Wechselkursszenarien folgende Reinvermögensänderung:

	zinsbedingter Solvenzeffekt offener Festzinspositionen in DM	(− 900,5801299 DM)
+	zinsbedingter Solvenzeffekt offener Festzinspositionen in $	1221,896285 DM
+	wechselkursbedingter außerordentlicher Verlust	(− 213,3469998 DM)
+	wechselkursbedingte Verringerung des Zinsüberschusses	(− 5,0374016 DM)
+	Fristentransformationsbeitrag	(− 21,070 DM)
+	Währungstransformationsbeitrag	691,24424 DM
=	Reinvermögensänderung insgesamt	773,084437 DM

Es ist unmittelbar ersichtlich, daß die Reinvermögensänderung erst jetzt, d.h. bei Differenzierung zwischen Festzinsüberhängen in in- und ausländischer Währung annähernd richtig ermittelt wird.[1] Folglich soll dieser Vorgehensweise im Hinblick auf das Zinsänderungsrisiko im weiteren gefolgt werden. Im Rahmen der Zinsbindungsbilanz ist also stets zwischen Festzinskassapositionen in inländischer und in Fremdwährung zu differenzieren. Entsprechend soll auch das aus offenen Devisenterminpositionen resultierende Swapsatzrisiko als Zinsänderungsrisiko in Fremdwährung betrachtet werden.[2] Im folgenden ist daher nur noch zu untersuchen, welche Implikationen sich aus der vernachlässigten bzw. nur indirekten Messung des materiellen und formalen Wechselkursrisikos ergeben.

3. Implikationen aus der vernachlässigten und nur indirekten Messung materieller bzw. formaler Wechselkursrisiken

Mit der Interpretation von Swapsatzrisiken als Zinsänderungsrisiken in Fremdwährung sowie mit der Aufstellung einer Fremdwährungsbilanz und einer darauf aufbauenden Ermittlung lediglich Eigenkapital verbrauchender Reinvermögensminderungen wird ein exakter funktionaler Zusammenhang zwischen eintretenden Wechselkursszenarien einerseits und daraus resultierenden Reinvermögensänderungen andererseits hergestellt. Gleichwohl handelt es sich hier — wie bereits mehrfach erwähnt wurde — nur um eine Ergebnisfunktion. Maßgrößen für materielle und formale Währungsrisiken, d.h. materielle Risikoprämien und Standardabweichungen der Reinvermögensänderungen, sind damit aber noch nicht abschließend bestimmt. Hierzu bedarf es insbesondere der Berücksichtigung von Wahrscheinlichkeiten für den Eintritt sämtlicher Wechselkursszenarien, was im Rahmen der traditionellen und auf Risikogrenzen beruhenden Messung von Wechselkursrisiken nur ansatzweise geschieht.

---

[1] Die Differenz zum oben ermittelten und als Barwert gemessenen Swapsatzrisiko in Höhe von 773,6003724 DM ist zum einen auf Rundungsfehler, zum anderen aber auch auf den materiellen Risikoverbundeffekt zwischen dem Zinsänderungs- und dem Wechselkursrisiko zurückzuführen. Vgl. in diesem Zusammenhang auch Kapitel C. II. 3. in diesem Teil.

[2] Zu beachten ist in diesem Zusammenhang, daß eine Bank Zinsänderungsrisiken in Fremdwährung einerseits und Wechselkursrisiken andererseits auch isoliert eingehen kann. Dies ist dann der Fall, wenn eine geschlossene Fremdwährungsposition, bei der sich die Zinsbindungsfristen nicht entsprechen, existiert. Vgl. in diesem Zusammenhang auch Kapitel B. III. 2. c) in diesem Teil.

Angesichts dieser Unvollständigkeit der traditionellen Währungsrisikomessung soll im folgenden zum einen gezeigt werden, welche Erwartungswerte — abgeleitet aus den aktuellen Marktverhältnissen — zukünftig eintretenden Wechselkursen beigelegt werden können. Diese geben ähnlich den forward rates Aufschluß darüber, ob und in welchem Umfang mit steigenden oder fallenden Wechselkursen zu rechnen ist und welche Wechselkurse im Durchschnitt bei der gegebenen Situation zu erwarten sind. Zum anderen ist zu analysieren, welche Implikationen sich aus der Vernachlässigung der Erwartungswerte im Hinblick auf die Messung des materiellen Wechselkursrisikos ergeben. Schließlich ist zu zeigen, wie das formale Wechselkursrisiko exakt zu quantifizieren ist und welche Auswirkungen aus der nur indirekten Messung desselben resultieren.

a) Herleitung von Erwartungswerten zukünftiger Wechselkurse

Anhaltspunkte für die Erwartungen des Marktes hinsichtlich zukünftig eintretender Wechselkurse ergeben sich bereits aus den sich aktuell am Geld- und Kapitalmarkt bildenden Devisenterminkursen. So geht bereits die traditionelle Terminkurstheorie der Wechselkurserwartung davon aus, daß bei effizienten Devisenmärkten der Devisenterminkurs der durchschnittlichen Wechselkurserwartung des Marktes entspricht und dieser einen unverzerrten Schätzer für den zukünftigen Devisenkassakurs darstellt. Alle relevanten und verfügbaren Informationen werden nach dieser Theorie in den Devisenkassa- und Devisenterminkursen widergespiegelt. Im Falle eines unter dem Devisenterminkurs liegenden Erwartungswertes zukünftiger Devisenkassakurse würden die Marktteilnehmer versuchen, Fremdwährung zum Devisenterminkurs zu verkaufen. Diese Termintransaktionen würden das Angebot an Fremdwährung zum jeweiligen Fälligkeitszeitpunkt erhöhen, was wiederum zu einer Senkung des Devisenterminkurses führt. Wäre der Devisenterminkurs hingegen höher als der erwartete zukünftige Devisenkassakurs, würden die Marktmechanismen entsprechend umgekehrt wirken.[1]

Aus der Annahme, daß der Devisenterminkurs die Erwartung des Marktes über die Entwicklung des zukünftigen Devisenkassakurses widerspiegelt, kann jedoch noch nicht unmittelbar gefolgert werden, daß sich der Devisenterminkurs auch langfristig als der beste Schätzer für den zukünftig eintretenden Devisenkassakurs herausstellt und sich positive und negative Abweichungen vom Devisenterminkurs im Zeitab-

---

[1] Vgl. **Bernhard**, Wechselkursrisiken, S. 25 ff., und **Büschgen**, Finanzmanagement, S. 129.

lauf kompensieren. Grundsätzlich ist es nämlich denkbar, daß sich der Markt regelmäßig „verschätzt" und systematische Abweichungen von den Erwartungen des Marktes auftreten. In diesem Fall kann aber davon ausgegangen werden, daß regelmäßige Unter- oder Überschätzungen der Höhe des zukünftig eintretenden Devisenkassakurses zu solchen Verhaltensanpassungen führen, die diese Verzerrungen in nachfolgenden Perioden vermeiden. Folglich kann unterstellt und — abgesehen von einer zumindest für den $ nur geringen formalen Wechselkursrisikoprämie — für die Vergangenheit auch empirisch nachgewiesen werden,[1] daß die Terminkurse nicht nur den — durch Befragungen oder Beobachtungen im übrigen kaum zu ermittelnden — Erwartungen der Marktteilnehmer vermutlich gleichkommen, sondern daß die Terminkurse bei einer ex-post-Betrachtung auch weitgehend den Durchschnittswerten von zukünftig eintretenden Devisenkassakursen entsprechen.[2] Zudem kann vereinfachend unterstellt werden, daß die zukünftig tatsächlich eintretenden Devisenkassakurse symmetrisch um den Devisenterminkurs (normal)verteilt sind.[3]

b) Implikationen aus der Vernachlässigung materieller Wechselkursrisikoprämien

Unter der Annahme, daß die aktuell geltenden Devisenterminkurse auch langfristig sich bestätigende Erwartungswerte für zukünftig eintretende Devisenkassakurse darstellen, lassen sich auch Erwartungswerte für wechselkursbedingte Wertminderungen bzw. entsprechende Verringerungen des Zinsüberschusses einfach berechnen.

---

[1] Vgl. Kapitel C. III. 2. c) (2) in diesem Teil.

[2] Zu diesem Ergebnis kommt auch Wentz. Vgl. **Wentz**, Devisenkurssicherung, S. 122 ff. In diesem Zusammenhang sind auch die analogen Überlegungen bezogen auf das Zinsänderungsrisiko zu beachten. Vgl. Kapitel B. II. 4. in diesem Teil.

[3] Die Annahme einer Normalverteilung eintretender Wechselkursänderungen wurde vielfach getestet und konnte bis dato zumindest für frei floatende Währungen nicht schlüssig widerlegt werden. In diesem Zusammenhang stellt auch Liepach fest, daß tägliche Wechselkursänderungen annähernd normalverteilt sind. Vgl. **Liepach**, Devisenmanagement, S. 97 f.

Bei einem $-Einjahres-Devisenterminkurs in t=1 von $1,9\overline{4}$ DM / $ ergibt sich bezogen auf obiges Beispiel[1] nach Wechselkursänderung folgender Wert des herausgelegten Kreditbetrages:

(2.67) $Al_2 = 50.000 \, \$ \times 1,9\overline{4} \, DM / \$ = 97.222,\overline{2} \, DM$.

Aus der Fremdwährungseinlage resultiert bei einem SFr-Einjahres-Devisenterminkurs von 1,23820 DM/SFr nachstehende Verbindlichkeit in heimischer Währung:

(2.68) $Pl_2 = 80.000 \, SFr \times 1,23820 \, DM / SFr = 99.056,60377 \, DM$.

Angesichts der stärkeren Wertminderung der Fremdwährungsforderung als der Fremdwährungsverbindlichkeit ergibt sich eine wechselkursbedingte Wertminderung von insgesamt 1.834,381551 DM. Weiterhin berechnet sich der auf der Basis von Geld- und Kapitalmarktgeschäften ermittelte Zinsüberschuß nach Wechselkursänderung wie folgt:

(2.69) $Z\ddot{U}_2 = 97.222,\overline{2} \, DM \times 0,08 - 99.056,60377 \, DM \times 0,06$
          $= 1.834,381551 \, DM$.

Bei einem zuvor ebenfalls auf der Basis von Geld- und Kapitalmarktgeschäften errechneten Zinsüberschuß von 2.000 DM vor Wechselkursänderung ist also eine wechselkursbedingte Verringerung desselben von 165,6184488 DM zu konstatieren. Insgesamt beläuft sich der Erwartungswert der wechselkursbedingten Reinvermögensänderung also auf 2.000 DM. Beträgt der in t=1 erzielte Währungstransformationsbeitrag gleichfalls 2.000 DM, dann ist offensichtlich, daß dieser genau ausreicht, um den Erwartungswert der wechselkursbedingten Wertminderung sowie den Erwartungswert der wechselkursbedingten Verminderung des Zinsüberschusses genau zu decken.

Ist nun bei einer Durchschnittsbetrachtung regelmäßig ein Ausgleich wechselkursbedingter Reinvermögensänderungen einerseits und vereinnahmter Währungstransformationsbeiträge andererseits zu erwarten, so stellen Währungstransformationsbeiträge aber auch keine Erfolgsbeiträge der Bank, sondern sich im Zeitablauf „aufzehrende" Prämien für das materielle Wechselkursrisiko, also für die Gefahr

---

[1]   Vgl. Abb. 2.39 in diesem Teil.

dar, daß im Durchschnitt eine wechselkursbedingte Reinvermögensminderung eintritt. Währungstransformationsbeiträge sollten folglich auch nicht ausgeschüttet bzw. entnommen werden; vielmehr sind diese ähnlich wie die materiellen Prämien für das Ausfallrisiko oder die Fristentransformationsbeiträge in einen Prämienfonds zurückzustellen und mit den eintretenden Reinvermögensminderungen zu verrechnen.

Da die Bankpraxis Währungstransformationsbeiträge gewöhnlich nicht als materielle Prämien für das Wechselkursrisiko, sondern als aus Währungstransformationsentscheidungen resultierende „reale Erfolge" betrachtet, wird der ausschüttungsfähige Gewinn im Falle positiver Währungstransformationsbeiträge zu hoch und im Falle negativer Währungstransformationsbeiträge zu niedrig ausgewiesen. Werden schließlich positive Währungstransformationsbeiträge tatsächlich ausgeschüttet und negative mit dem Eigenkapital verrechnet, ist ein „schleichender Eigenkapitalverbrauch" zu erwarten.[1]

c) **Implikationen aus der indirekten Messung des formalen Wechselkursrisikos**

Auch wenn die von der Bank erwirtschafteten Währungstransformationsbeiträge lediglich materielle Prämien für das Wechselkursrisiko darstellen, kann gleichwohl nur im langfristigen Durchschnitt und nicht in jeder Periode davon ausgegangen werden, daß Währungstransformationsbeiträge wechselkursbedingte Reinvermögensminderungen genau ausgleichen. Entsprechend dürften die aus der in- bzw. ausländischen Zinsstruktur und den Devisenkassakursen abgeleiteten Devisenterminkurse zwar die höchste Eintrittswahrscheinlichkeit aufweisen, jedoch kann nur in Ausnahmefällen davon ausgegangen werden, daß die Devisenterminkurse den zukünftig eintretenden Devisenkassakursen genau entsprechen. Folglich ist ein Wahrscheinlichkeitsintervall um die Devisenterminkurse zu unterstellen, das weiter von den Devisenterminkursen entfernt liegenden zukünftigen Devisenkassakursen eine geringere Eintrittswahrscheinlichkeit zuordnet als näherliegenden. Die mit Hilfe der Standardabweichung gemessene Streuung des Wahrscheinlichkeitsintervalls kann in diesem Zusammenhang als Gradmesser der Ungewißheit über zukünftige Wechselkursentwicklungen interpretiert werden.

---

[1] Ein analoger Zusammenhang wurde oben bereits beim Zinsänderungsrisiko festgestellt.

In bezug auf das obige Beispiel soll im folgenden davon ausgegangen werden, daß ein dem $- bzw. SFr-Einjahres-Devisenterminkurs entsprechender zukünftiger Devisenkassakurs nur mit einer Wahrscheinlichkeit von 50% eintritt und ein um jeweils 0,01 DM/$ bzw. 0,01 DM/SFr höherer und niedrigerer Devisenkassakurs mit einer Eintrittswahrscheinlichkeit von 25% zu erwarten ist.

Bezogen auf den $ lassen sich die potentiell eintretenden Wechselkursszenarien grafisch wie folgt darstellen (vgl. Abb. 2.57):[1]

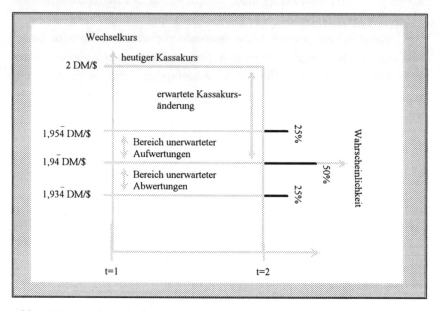

Abb. 2.57: Schematische Darstellung der Abweichungen potentiell eintretender von erwarteten DM/$-Wechselkursen

Tritt nun das obere Zinsszenario für den $ ein, beträgt der zukünftige Devisenkassakurs also $1,95\overline{4}$ DM / $, so berechnet sich ein Wert der Fremdwährungsforderung nach Wechselkursänderung von:

(2.70) $\quad A1_2 = 50.000\ \$ \times 1,95\overline{4}\ DM / \$ = 97.722,\overline{2}\ DM$.

Hieraus resultiert beim Vergleich mit dem Wert der Forderung vor Wechselkursänderung eine wechselkursbedingte Wertminderung von $2.277,\overline{7}$ DM. Ferner be-

---

[1] In Anlehnung an **Büschgen**, Währungsrisikopolitik, S. 14.

laufen sich die auf der Basis der Geld- und Kapitalmarktzinsen ermittelten Zinserlöse nach Wechselkursänderung auf:

(2.71) $\quad ZE_2 = 97.722,\overline{2} \text{ DM} \times 0,08 = 7.817,\overline{7} \text{ DM}$.

Da die Zinserlöse vor Wechselkursänderung eine Höhe von 8.000 DM aufwiesen, ergibt sich eine wechselkursbedingte Verringerung des Zinsüberschusses von $182,\overline{2}$ DM. Beträgt des weiteren der dem Fremdwährungskredit zurechenbare und aus dem um 3% höheren ausländischen gegenüber dem inländischen Geld- und Kapitalmarktzins resultierende Währungstransformationsbeitrag:

(2.72) $\quad WTB_2 = (8\% - 5\%) \times 100.000 \text{ DM} = 3.000 \text{ DM}$,

so ermittelt sich nachstehende Reinvermögensänderung:

	wechselkursbedingte Wertminderung	($-$ 2.277,$\overline{7}$ DM)
+	wechselkursbedingte Verminderung des ZÜ	($-$ 182,$\overline{2}$ DM)
+	Währungstransformationsbeitrag	3.000 DM
=	Reinvermögensänderung insgesamt	540 DM

Bei einer Verringerung des Wechselkurses auf $1,95\overline{4}$ DM / $ ist also mit einer Reinvermögensmehrung von 540 DM zu rechnen.

Einfacher lassen sich wechselkursbedingte Reinvermögensänderungen aber auch dadurch ermitteln, daß die Differenz zwischen dem zukünftig eintretenden Devisenkassakurs und dem Devisenterminkurs mit den im Betrachtungszeitpunkt anfallenden Zins- und Tilgungszahlungen in Fremdwährung multipliziert wird. Bezogen auf das Beispiel ergibt die Berechnung wie folgt:

(2.73) $\quad \Delta Rv_2 = 0,01 \text{ DM} / \$ \times (50.000 \$ \times 1,08) = 540 \text{ DM}$.

Bei einem zukünftig eintretenden Devisenkassakurs von $1,93\overline{4}$ DM / $ errechnet sich entsprechend eine Reinvermögensänderung von:

(2.74) $\quad \Delta Rv_2 = -0,01 \text{ DM} / \$ \times (50.000 \$ \times 1,08) = -540 \text{ DM}$.

Stimmt der Devisenkassakurs in t=2 genau mit dem Devisenterminkurs überein, findet erwartungsgemäß eine Reinvermögensänderung von null statt. Der mit Hilfe der zugrunde gelegten Eintrittswahrscheinlichkeiten ermittelte Gesamterwartungswert der Reinvermögensänderungen beträgt dann ebenfalls null:

(2.75) $\quad E(\Delta Rv_2) = 540 \text{ DM} \times 0{,}25 + 0 \text{ DM} \times 0{,}5 - 540 \text{ DM} \times 0{,}25 = 0$.

Bei einem aktivischen Fremdwährungsüberhang in Höhe von 50.000 $ ergibt sich schließlich ein formales Wechselkursrisiko wie nachstehend:

(2.76) $\quad \sigma_{WKR} = \sqrt{\dfrac{(540 \text{ DM} - 0 \text{ DM})^2 \times 0{,}25 + (0 \text{ DM} - 0 \text{ DM})^2 \times 0{,}5}{+(-540 \text{ DM} - 0 \text{ DM})^2 \times 0{,}25}}$
$= 381{,}83766 \text{ DM}.$

Analog lassen sich die Reinvermögensänderungen bzw. das formale Wechselkursrisiko für den passivischen Fremdwährungsüberhang in SFr ermitteln. Bei einem zukünftig eintretenden Devisenkassakurs von 1,2482 DM / SFr, der um 0,01 DM/SFr über dem Devisenterminkurs liegt, ergibt sich eine Reinvermögensminderung von:

(2.77) $\quad \Delta Rv_2 = 0{,}01 \text{ DM / SFr} \times (-80.000 \text{ SFr} \times 1{,}06) = -848 \text{ DM}$.

Bei einem Devisenkassakurs von 1,2282 DM / SFr erhöht sich das Reinvermögen hingegen um 848 DM. Entspricht der Devisenkassakurs genau dem Devisenterminkurs, beträgt die Reinvermögensänderung null. Da der mit Hilfe der zugrunde gelegten Eintrittswahrscheinlichkeiten ermittelte gesamte Erwartungswert der Reinvermögensänderung gleichfalls null beträgt, errechnet sich für den passivischen Fremdwährungsüberhang in SFr ein formales Wechselkursrisiko von:

(2.78) $\quad \sigma_{WKR} = \sqrt{\dfrac{(848 \text{ DM} - 0 \text{ DM})^2 \times 0{,}25 + (0 \text{ DM} - 0 \text{ DM})^2 \times 0{,}5 +}{(-848 \text{ DM} - 0 \text{ DM})^2 \times 0{,}25}}$
$= 599{,}6265504 \text{ DM}.$

Sofern das formale Wechselkursrisiko für den aktivischen Fremdwährungsüberhang in $ sowie für den passivischen Fremdwährungsüberhang in SFr bekannt sind, läßt sich bei Kenntnis des Korrelationskoeffizienten zwischen der Wechselkursentwicklung des $ und des SFr auch das formale Wechselkursrisiko für ein Portfolio bestehend aus Fremdwährungspositionen beider Währungen berechnen. Beträgt der Korrelationskoeffizient beispielsweise 0,6, so ergibt sich eine Standardabweichung von:

$$(2.79) \quad \sigma_{WKR_{P\$,SFr}} = \sqrt{\frac{(381{,}83766 \text{ DM})^2 + (599{,}6265504 \text{ DM})^2 +}{2 \times 0{,}6 \times 381{,}83766 \text{ DM} \times 599{,}6265504 \text{ DM}}}$$
$$= 883{,}2349615 \text{ DM}.$$

Ein auf diese Weise ermitteltes formales Wechselkursrisiko wird im Rahmen der Fremdwährungsbilanz nicht erfaßt. Vielmehr wird — wie oben bereits angeführt wurde — versucht, das formale Wechselkursrisiko lediglich indirekt mit Hilfe von Risikogrenzen wie etwa maximal zu tolerierenden Fremdwährungsüberhängen zu quantifizieren und zu steuern. Die Implikationen, die sich aus der nur indirekten Messung ergeben, sind ähnlich denen beim Zinsänderungsrisiko:[1]

Sollten Wechselkursrisiken mit Hilfe von Risikogrenzen quantifiziert werden, so ist es auch in diesem Fall nicht möglich, offene Fremdwährungspositionen mit Risikogrenzen anderer Risikoarten wie zum Beispiel Krisenquoten, Kreditvolumina oder offenen Festzinspositionen zu einem formalen Gesamtrisiko zusammenzufassen. Auch werden bei einer nur indirekten Messung des formalen Wechselkursrisikos im Zusammenhang mit der Kalkulation formaler Wechselkursrisikoprämien stehende Fragen vernachlässigt. Weithin unbeachtet bleibt beispielsweise die Frage, ob überhaupt, in welcher Form und in welcher Höhe entsprechende Prämien anfallen. Ähnlich wie beim Zinsänderungs- und Ausfallrisiko ist es nämlich nur dann sinnvoll, formale Wechselkursrisiken einzugehen, wenn man hierfür einen Mißnutzenausgleich erhält. Letzteres kann nicht in jedem Fall erwartet werden. Anhand empirischer Untersuchungen kann etwa gezeigt werden, daß beim Eingehen offener Fremdwährungspositionen unter Umständen keine oder sogar negative formale Risikoprämien erwirtschaftet werden.[2] Können hingegen positive Wechselkursrisikoprämien erzielt werden, wäre weiterhin zu überprüfen, ob nicht bei anderen Risikoarten bzw. einer anderen Struktur des Risikoportfolios günstigere formale Risiko-Risikoprämien-Relationen erreichbar sind.

---

[1] Vgl. Kapitel B. II. 4. c) in diesem Teil.
[2] Vgl. in diesem Zusammenhang Kapitel C. III. 2. c) (2) in diesem Teil.

C. Ermittlung und Interpretation von Risikoverbundeffekten zwischen Einzelrisiken

I. Das Wesen von Risikoverbundeffekten

Wenn in den bisherigen Ausführungen traditionelle Ansätze zur Abbildung banktypischer Erfolgsrisiken kritisch analysiert wurden, handelte sich stets nur um eine die einzelnen Risiken isolierende Betrachtungsweise, d.h., es wurde immer nur bezogen auf die in Betracht stehenden Risikoarten untersucht, ob die bei Eintritt eines bestimmten Umweltszenarios aufgezeigten Ergebniswirkungen den tatsächlichen Reinvermögensänderungen genau entsprechen. Gleichfalls wurde nur bezogen auf die jeweiligen Risikoarten dargelegt, wie Fehler traditioneller Quantifizierungsansätze vermieden und formale wie materielle Zinsänderungs-, Wechselkurs- und Ausfallrisiken exakt ermittelt werden können. Vernachlässigt wurde hingegen der Umstand, daß die Risiken regelmäßig gleichzeitig eintreten und daraus formale wie materielle Risikoverbundeffekte resultieren können, die im Rahmen einer integrativen Risikomessung weiterhin zu berücksichtigen sind.[1]

Materielle Risikoverbundeffekte[2] resultieren daraus, daß die Summe der isoliert ermittelten Reinvermögensänderungen zweier Risikoarten bei jeweiligem Eintritt des im Durchschnitt erwarteten Umweltzustandes nicht der tatsächlichen Reinvermögensänderung bei integrativer Ermittlung entspricht. Wird also bei Risikoart x und Eintritt des im Durchschnitt erwarteten Umweltzustandes $U_{x,i=\emptyset i}$ eine Reinvermögensänderung von $E_{x,i=\emptyset i}$ ermittelt und entsprechend bei Risikoart y und Eintritt des im Durchschnitt erwarteten Umweltzustandes $U_{y,j=\emptyset j}$ eine Reinvermögensänderung von $E_{y,j=\emptyset j}$, so besteht ein materieller Risikoverbundeffekt dann, wenn die gesamte Reinvermögensänderung E_G bei gleichzeitigem Eintritt von $U_{x,i=\emptyset i}$ und $U_{y,j=\emptyset j}$ nicht gleich ist der Summe aus $E_{x,i=\emptyset i}$ und $E_{y,j=\emptyset j}$:

(2.80) $\quad E_G(U_{x,i=\emptyset i}, U_{y,j=\emptyset j}) \neq E_{x,i=\emptyset i} + E_{y,j=\emptyset j}$.

---

[1] Auch Bösl unterscheidet zwischen zwei Arten von „Risikoverbunden", wobei eine Differenzierung zwischen diesen aber nicht durchgängig erfolgt, und insbesondere formale Risikoverbundeffekte weitgehend vernachlässigt werden. Vgl. **Bösl**, Risikobegrenzung, S. 56 ff. Schulte spricht in diesem Zusammenhang von *„direkten und indirekten Wirkungen"*. Vgl. **Schulte**, Betriebskosten, S. 45 ff.

[2] Zu materiellen Risikoverbundeffekten vgl. **Hölscher**, Risikokosten, S. 149.

Durch die Existenz materieller Risikoverbundeffekte ist es beispielsweise möglich, daß es bei Eintritt einer ursprünglich erwarteten Krisenquote einerseits und bei gleichzeitiger Identität sich zukünftig ergebender Zinssätze mit den forward rates andererseits nicht zu einer Reinvermögensänderung von insgesamt null — wie sie bei einer isolierten Betrachtung der Risiken erwartet wird —, sondern zu einer hiervon abweichenden positiven oder negativen Reinvermögensänderung kommt.

Im folgenden ist also zu untersuchen, ob und in welcher Form derartige materielle Risikoverbundeffekte bestehen und wie diese — wenn sie denn konstatiert werden können — durch eine weitergehende Modifikation der bisherigen Quantifizierungsansätze zu berücksichtigen sind.

Formale Risikoverbundeffekte beruhen hingegen auf einem gänzlich anderen Zusammenhang als materielle. Hier geht es nicht darum zu untersuchen, ob die Summe der isoliert ermittelten Reinvermögensänderungen der tatsächlichen Reinvermögensänderung bei integrativer Betrachtung entspricht; vielmehr beruhen formale Risikoverbundeffekte auf den Korrelationszusammenhängen der Umweltzustände selbst. Hier ist also auf der Basis historischer Daten zu ermitteln, ob und in welcher Stärke Veränderungen der Umweltzustände wie etwa Veränderungen der Krisenquoten oder der Zinssätze bzw. daraus resultierende Reinvermögensänderungen tendenziell gleich- oder entgegengerichtet eintreten, d.h., ob beispielsweise steigende Zinssätze tendenziell mit eher fallenden oder steigenden Krisenquoten oder Wechselkursen einhergehen. Sind die Koeffizienten der relevanten Umweltzustände zweier Risikoarten stark negativ korreliert, dann verringert sich unter Umständen das formale Gesamtrisiko, wenn zusätzlich zu den bisherigen formalen Einzel(Risiken) weitere eingegangen werden. Aber auch bei positiven Korrelationskoeffizienten mit einem Wert von kleiner als eins ist die Summe der isoliert gemessenen formalen Einzelrisiken — der Standardabweichungen der Reinvermögensänderungen — größer als das formale Gesamtrisiko eines Portfolios bei integrativer Betrachtung. Insgesamt sind neben der Ermittlung materieller Risikoverbundeffekte also grundsätzlich auch die Korrelationskoeffizienten zwischen den einzelnen Umweltzuständen der in Betracht stehenden Risikoarten zu berechnen.

Sowohl bei formalen wie auch bei materiellen Risikoverbundeffekten ergeben sich in diesem Zusammenhang jeweils drei Untersuchungsfelder bzw. Kombinationsmöglichkeiten von Einzelrisiken:

- Ausfallrisiko — Zinsänderungsrisiko,
- Ausfallrisiko — Währungsrisiko und
- Zinsänderungsrisiko — Währungsrisiko.

II. Abbildung und Analyse materieller Risikoverbundeffekte

1. Materieller Risikoverbundeffekt zwischen dem Ausfall- und dem Zinsänderungsrisiko

Ein materieller Risikoverbundeffekt zwischen dem Ausfall- und dem Festzinsrisiko resultiert daraus, daß beim Ausfall eines Kreditengagements eine vormals kongruente Finanzierungsstruktur fest verzinslicher Geschäfte aufgelöst wird und nur zu den zum Zeitpunkt des Ausfalls geltenden Marktkonditionen erneut geschlossen werden kann.[1] Sind zum Zeitpunkt des Ausfalls die Geld- und Kapitalmarktzinsen im Vergleich zur Ausgangssituation etwa gestiegen, dann kann das zu tätigende Ersatzengagement nur zu einem höheren Zins abgewickelt werden. Aus den höheren Zinserlösen resultiert bei weiterhin konstanten Zinskosten entsprechend ein positiver materieller Risikoverbundeffekt. Dieser ist um so größer, je stärker sich das Zinsniveau zum Ausfallzeitpunkt im Vergleich zur Ausgangssituation erhöht hat. Umgekehrt entsteht ein negativer materieller Risikoverbundeffekt dann, wenn das ausgefallene Engagement nur durch ein Geschäft zu einem niedrigeren Marktzins ersetzt werden kann.[2]

Zur Verdeutlichung der Zusammenhänge wird von einem Kundenkredit A1 mit einem Kreditvolumen von 100.000 DM und einer Zinsbindungsfrist von vier Jahren ausgegangen. Die Finanzierung des Engagements erfolgt zinsbindungskongruent am Geld- und Kapitalmarkt. Bei Annahme der bereits oben unterstellten inländischen Zinsstruktur[3] beträgt der Geld- und Kapitalmarktzins für Vierjahresgelder 8%. Weiterhin wird erwartet, daß der Kredit in jedem Jahr mit einer Krisenquote von 1% ausfallen kann, wobei ein Ausfall jeweils nur am Jahresende möglich ist.

---

[1] Zu materiellen Risikoverbundeffekten zwischen dem Ausfall- und dem Zinsänderungsrisiko im allgemeinen vgl. auch **Bösl**, Risikobegrenzung, S. 76 ff., **Hölscher**, Risikokosten, S. 150 ff., **Brakensiek**, Kalkulation S. 67 ff., und **Akmann/Benke**, Steuerung, S. 61 ff. Diese Autoren legen die Effekte in der Regel aber nur dar und zeigen insbesondere nicht auf, wie diese im Kalkulationssystem der Bank zu berücksichtigen sind.

[2] Vgl. **Brakensiek**, Kalkulation, S. 67 ff.

[3] Vgl. Abb. 2.40. in diesem Teil.

Fällt der Kredit tatsächlich aus, dann wird, um die entstehende aktivische Festzinslücke zu schließen, ein Ersatzengagement mit der restlichen Zinsbindung der Finanzierung getätigt. Schließlich sollen die zukünftig eintretenden Zinssätze — gemäß dem Wesen materieller Risikoverbundeffekte — genau den aus der Zinsstruktur abgeleiteten forward rates entsprechen.[1]

Die sich beim Ausfall des Kreditengagements in t=2 bis t=5 ergebenden Zahlungsreihen stellen sich wie folgt dar (in TDM) (vgl. Abb. 2.58):

	t=1	t=2	t=3	t=4	t=5
Ausfall des Kreditengagements in t=2					
Zahlungsreihe originärer Kredit	-100				
Zahlungsreihe Ersatzengagement		-100	9,17445	9,17445	109,17445
Zahlungsreihe Finanzierung	100	-8	-8	-8	-108
Zahlungsreihe insgesamt	0	-108	1,17445	1,17445	1,17445
Ausfall des Kreditengagements in t=3					
Zahlungsreihe originärer Kredit	-100	8			
Zahlungsreihe Ersatzengagement			-100	10,386966	110,38696
Zahlungsreihe Finanzierung	100	-8	-8	-8	-108
Zahlungsreihe insgesamt	0	0	-108	2,386966	2,386966

Abb. 2.58: Reinvermögensänderungen beim Ausfall eines fest verzinslichen Kreditengagements zu alternativen Zeitpunkten bei fristenkongruenter Positionsschließung

---

[1] Vgl. Abb. 2.29 in diesem Teil.

Fortsetzung *Abb. 2.58:*

Ausfall des Kreditengagements in t=4					
Zahlungsreihe originärer Kredit	-100	8	8		
Zahlungsreihe Ersatzengagement				-100	111,64233
Zahlungsreihe Finanzierung	100	-8	-8	-8	-108
Zahlungsreihe insgesamt	0	0	0	-108	3,642338
Ausfall des Kreditengagements in t=5					
Zahlungsreihe originärer Kredit	-100	8	8	8	
Zahlungsreihe Ersatzengagement					
Zahlungsreihe Finanzierung	100	-8	-8	-8	-108
Zahlungsreihe insgesamt	0	0	0	0	-108

Abb. 2.58: Reinvermögensänderungen beim Ausfall eines fest verzinslichen Kreditengagements zu alternativen Zeitpunkten bei fristenkongruenter Positionsschließung

Bei einem Ausfall des Kredits nach dem ersten Jahr muß in t=2 ein Ersatzengagement mit einer Zinsbindungsfrist von drei Jahren — der Restlaufzeit der Finanzierung — getätigt werden, so daß die Gesamtposition wieder geschlossen ist; einer aktivischen Festzinsposition mit einem Volumen von 100.000 DM und einer Zinsbindungsfrist von drei Jahren steht dann wieder eine passivische Festzinsposition mit einem Volumen von ebenfalls 100.000 DM und einer restlichen Zinsbindungsfrist von drei Jahren gegenüber. Der Zins dieses am Geld- und Kapitalmarkt getätigten Ersatzengagements entspricht der Dreijahres-forward-rate in Höhe von 9,17445%. Aufgrund der nach wie vor gültigen Finanzierung ergeben sich bei Kumulierung aller mit dem ausgefallenen Engagement in Verbindung stehenden Zahlungen ein Fehlbetrag von 108.000 DM in t=2 und Überschüsse in Höhe von 1.174,45 DM in t=3 bis t=5. Letztere Überschüsse resultieren aus dem Umstand, daß die durch den Ausfall geöffnete aktivische Festzinsposition nicht mehr zu dem ursprünglichen Zinssatz von 8%, sondern zu einem — bedingt durch die Zinssteigerung — höheren Zins von 9,17445% geschlossen werden kann. Entsprechend besteht zwischen der Zinssteigerung einerseits und dem Ausfallrisiko andererseits ein positiver materieller Risikoverbundeffekt. Analog sind bei einem Kreditausfall in t=3 bis t=4 positive materielle Risikoverbundeffekte festzustellen. Fällt der Kredit hingegen erst in t=5 aus, so ist kein materieller Risikoverbundeffekt mehr zu konstatieren.

Sofern die in diesem Fall positiven Risikoverbundeffekte dem materiellen Ausfallrisiko zugerechnet werden[1], vermindern bei einem Kreditausfall in t=2 die in t=3 bis t=4 auftretenden positiven Effekte von jeweils 1.174,45 DM die in t=2 eintretenden ausfallbedingten Reinvermögensminderungen von 108.000 DM. Da der mit den jeweiligen Zerobond-Abzinsungsfaktoren[2] berechnete Barwert dieser positiven Effekte in t=2:

(2.81)
$$Bw_2 = 1.174{,}45 \text{ DM} \times 0{,}93396 + 1.174{,}45 \times 0{,}85479$$
$$+ 1.174{,}45 \times 0{,}76565$$
$$= 3.000 \text{ DM}$$

beträgt, können in t=2 entsprechend nur noch Reinvermögensminderungen in Höhe von 105.000 DM erfaßt werden. Dieser Betrag entspricht — bei Berücksichtigung der erwarteten Zinssteigerung — der Summe aus dem Barwert der Forderung in t=2 von:

(2.82)
$$Kl_2 = 8.000 \text{ DM} \times 0{,}93396226 + 8.000 \text{ DM} \times 0{,}85478752$$
$$+ 108.000 \text{ DM} \times 0{,}76564816$$
$$= 97.000 \text{ DM}$$

einerseits sowie den in t=2 anfallenden Zinszahlungen von 8.000 DM andererseits. Offensichtlich können materielle Risikoverbundeffekte zwischen dem Ausfall- und dem Zinsänderungsrisiko also bereits dadurch bei der isolierten Ermittlung des materiellen Ausfallrisikos berücksichtigt werden, wenn bei der Kreditvergabe davon ausgegangen wird, daß bei einem Ausfall des Engagements und dem Eintritt der erwarteten Zinsentwicklung neben den Zinszahlungen nicht der Nenn- bzw. Buchwert, sondern nur der — bei erwarteten Zinssteigerungen — verringerte Barwert der Forderung zu Reinvermögensminderungen führt.

---

[1] Grundsätzlich denkbar ist auch eine Zurechnung der materiellen Risikoverbundeffekte zum Zinsänderungsrisiko. Dies ist allerdings — wie sich im folgenden zeigen wird — nicht sinnvoll.

[2] Vgl. Abb. 2.27 in diesem Teil.

Die Ermittlung ausfallbedingter Reinvermögensminderungen auf der Basis von Barwerten bei einem unterstellten Ausfall nach einem Jahr ist in diesem Zusammenhang gleichbedeutend mit der Annahme, daß es sich bei den ausgefallenen Engagements — unabhängig von der tatsächlichen Zinsbindungsfrist — jeweils um Einjahresgelder handelt. Bei Identität der zukünftig eintretenden Zinssätze mit den forward rates ist nämlich der Barwert einer einjährigen Anlage einschließlich Zinszahlungen nach einem Jahr gleich dem Barwert einer längerfristigen Anlage einschließlich Zinszahlungen nach ebenfalls einem Jahr. Wäre beispielsweise anstatt der vierjährigen Zinsbindungsfrist nur eine einjährige Zinsbindungsfrist bei einem Geld- und Kapitalmarktzins von 5% vereinbart worden, so resultierten aus einem Ausfall zwar keine positiven materiellen Risikoverbundeffekte, doch beliefen sich die Reinvermögensminderungen in t=2 gleichfalls auf 105.000 DM. Den Überlegungen folgend ist entsprechend auch zum Zeitpunkt der Kreditvergabe für das erste Jahr in t=1 lediglich eine auf dem Einjahreszins ($1JZ_t$) und nicht eine auf dem fristenkongruenten Vierjahreszins basierende materielle Risikomarge nach der bereits bei der isolierten Betrachtung des Ausfallrisikos angeführten Formel zu berechnen:[1]

$$(2.83) \quad mRm_t = \frac{Kq_t \times (1 - Bq) + 1JZ_t \times Kq_t}{(1 - Kq_t)}.$$

Bei einer Krisenquote von 1%, einer Besicherungsquote von null und einem Einjahreszins von 5% berechnet sich bezogen auf den Beispielfall eine materielle Risikomarge von:

$$(2.84) \quad mRm_t = \frac{0{,}01 + 0{,}05 \times 0{,}01}{(1 - 0{,}01)} = 1{,}\overline{06}\%.$$

Eine Bank wäre also zur Kreditvergabe nur dann bereit, wenn im ersten Jahr mindestens ein auf einen Kapitalbetrag von 100.000 DM bezogener Positionszins von:

$$(2.85) \quad PZ_1 = 0{,}05 + 0{,}0\overline{106} = 6{,}\overline{06}\%$$

vereinbart wird.

Fällt der Kredit nach dem zweiten Jahr in t=3 aus, treten in t=4 und t=5 gleichfalls positive Risikoverbundeffekte in Höhe von jeweils 2.386,966 DM auf. Der wieder-

---

[1] Vgl. Kapitel B. I. 3. a) in diesem Teil.

um mit den entsprechenden Zerobond-Abzinsungsfaktoren berechnete Barwert dieser positiven Effekte in t=3 beträgt hier:

$$(2.86) \quad \begin{aligned} Al_3 &= 2.386{,}966 \text{ DM} \times 0{,}91522704 + 2.386{,}966 \times 0{,}8197849 \\ &= 4.141{,}41451 \text{ DM}, \end{aligned}$$

so daß analog der Vorgehensweise bei einem Ausfall nach dem ersten Jahr in t=3 nur eine ausfallbedingte Reinvermögensminderung von:

$$(2.87) \quad \Delta Rv_3 = 108.000 \text{ DM} - 4.141{,}41451 \text{ DM} = 103.858{,}5855 \text{ DM}$$

erfaßt werden kann. Dieser Betrag entspricht wiederum genau der Summe aus dem Barwert der Forderung in t=2 in Höhe von 97.000 DM sowie den darauf anfallenden Einjahreszinsen — unter Berücksichtigung der inzwischen eingetretenen Zinssteigerung — von:

$$(2.88) \quad Al_2 \times fr_{2,1} = 97.000 \text{ DM} \times 0{,}0\overline{70} = 6.858{,}58 \text{ DM}.$$

In die Formel zur Berechnung der materiellen Risikomarge geht also auch diesmal der — allerdings gestiegene — Einjahreszins in Höhe von 7,07% ein. Die in t=2 zu kalkulierende materielle Risikomarge, die auf den Barwert der Forderung in t=2 von 97.000 DM zu beziehen ist, beträgt dann:

$$(2.89) \quad mRm_2 = \frac{0{,}01 + 0{,}0\overline{70} \times 0{,}01}{(1 - 0{,}01)} = 1{,}0815223\%.$$

Eine Bank wäre also zur Kreditvergabe nur dann bereit, wenn in t=2 mindestens ein auf einen Kapitalbetrag von 97.000 DM bezogener Positionszins von:

$$(2.90) \quad PZ_2 = 0{,}0\overline{70} + 0{,}010815223 = 8{,}1522294\%$$

vereinbart wird.

Bei einem Ausfall nach dem vierten Jahr in t=5 ergeben sich keine weiteren Risikoverbundeffekte. Die ausfallbedingten Reinvermögensminderungen betragen also insgesamt 108.000 DM. Der Barwert der Forderung in t=4 beläuft sich auf:

$$(2.91) \quad Al_4 = 108.000 \text{ DM} \times 0{,}89571753 = 96.737{,}49324 \text{ DM},$$

und der Wert der ausfallenden Zinszahlungen ergibt sich bei einem wiederum gestiegenen Einjahreszins zu:

(2.92) $\quad Al_4 \times fr_{4,1} = 96.737{,}49324 \text{ DM} \times 0{,}11642338 = 11.262{,}50594 \text{ DM}$.

Bei einem Einjahreszins von 11,642338% erhält man sodann eine materielle Risikomarge von:

(2.93) $\quad mRm_4 = \dfrac{0{,}01 + 0{,}11642338 \times 0{,}01}{(1 - 0{,}01)} = 1{,}1277004\%$.

Der kritische und hier auf einen Kapitalbetrag von 96.737,49324 DM bezogene Positionszins für das vierte Jahr beträgt schließlich:

(2.94) $\quad PZ_4 = 0{,}11642338 + 0{,}01127704 = 12{,}7700384\%$.

Für den Fall, daß die materiellen Risikomargen bei unterstellten Kreditausfällen in t=2 bis t=5 nach der geschilderten Vorgehensweise berechnet werden, sind bei Identität der zukünftig eintretenden Zinssätze mit den forward rates keine materiellen Risikoverbundeffekte zwischen dem Ausfall- und dem Zinsänderungsrisiko mehr zu erwarten. Die Risikoverbundeffekte können also weitgehend problemlos bei der isolierten Messung materieller Ausfallrisiken berücksichtigt werden und bedürfen dann keiner weiteren Steuerung mehr.

Zu beachten ist in diesem Zusammenhang allerdings ein weiterer Aspekt: Wenngleich eine Berücksichtigung des materiellen Risikoverbundeffekts zwischen dem Ausfall- und dem Festzinsrisiko bei der isolierten Ermittlung des Ausfallrisikos dann möglich ist, wenn die materiellen Risikomargen auf der Basis im Zeitablauf ansteigender und auf jeweilige Barwerte bezogener Einjahreszinssätze kalkuliert werden, so ist in praxi bei Festzinsgeschäften ein im Zeitablauf konstanter und nicht ein — wenngleich bereits in t=1 fest zu vereinbarender — ansteigender Zins üblich. Der fest vereinbarte und im Zeitablauf konstante Zins bezieht sich zudem auch auf den Nominalwert und nicht auf den Barwert der Forderung. Entsprechend ist eine die erwartete Zinsentwicklung antizipierende und im Zeitablauf konstante sowie auf den Nennwert der Forderung bezogene durchschnittliche materielle Risikomarge ($\overline{mRm}$) bzw. eine entsprechende materielle Risikoprämie ($\overline{mRp}$) zu kalkulieren. Hierfür muß der auf t=2 — oder auf jeden anderen Zeitpunkt — bezogene Barwert der exakt kalkulierten und im Zeitablauf schwankenden materiellen

Risikoprämien dem auf den gleichen Zeitpunkt bezogenen Barwert der konstanten durchschnittlichen materiellen Risikoprämien entsprechen (vgl. Abb. 2.59).

(1)	(2)	(3)	(2) × (3) = (4)	(5)[1]	(4) × (5) = (6)
t	mRm_t	$Kapitalbetrag_t$	mRp_{t+1}	$ZAF_{2,t-1}$	
1	$\overline{1,06}$%	100.000 DM	$1.060,\overline{60}$ DM	1	$1.060,\overline{60}$ DM
2	1,0815223%	97.000 DM	1.049,07 DM	0,93396226	979,79 DM
3	1,1036617%	95.858,58 DM	1.057,95 DM	0,85478752	934,32 DM
4	1,1277004%	96.737,49 DM	1.090,90 DM	0,76564816	835,25 DM
					3.779,98 DM

Abb. 2.59: Barwertermittlung einer exakt kalkulierten materiellen Risikoprämie eines fest verzinslichen Geschäfts unter Berücksichtigung materieller Risikoverbundeffekte

Insgesamt beträgt der auf t=2 bezogene Barwert der exakt kalkulierten materiellen Risikoprämien 3.779,98 DM. Soll letzterer dem Barwert der ebenfalls auf t=2 bezogenen durchschnittlichen materiellen Risikoprämien entsprechen, ergibt sich folgende Gleichheitsbeziehung:

(2.95) $\quad \overline{mRp} \times (1 + 0,93396226 + 0,85478752 + 0,76564816) = 3.779,98$ DM.

Nach Auflösung der Gleichung ermittelt sich eine durchschnittliche materielle Risikoprämie von 1.063,466423 DM und bezogen auf den Nominalwert der Forderung von 100.000 DM eine durchschnittliche materielle Risikomarge von 1,063466418%. Sofern also mit dem Kunden ein im Zeitablauf konstanter Positionszins von:

(2.96) $\quad \overline{PZ} = 0,08 + 0,01063466418 = 9,063466418\%$

vereinbart wird, ist der materielle Risikoverbundeffekt bereits beim Abschluß des Geschäfts berücksichtigt, und bei Identität der zukünftig eintretenden Zinssätze mit den forward rates einerseits sowie bei einem Ausfall von tatsächlich 1% der Engagements andererseits ist eine Reinvermögensänderung von null zu erwarten.[2]

---

[1] Vgl. Abb. 2.27 in diesem Teil.

[2] Werden bei der Ermittlung der materiellen Risikomarge die aufgezeigten materiellen Risikoverbundeffekte nicht berücksichtigt, ermittelt sich folgender Wert:

Neben dem materiellen Risikoverbundeffekt zwischen dem Festzins- und dem Ausfallrisiko ist aber auch beim Ausfall voll variabel verzinslicher Geschäfte ein Risikoverbundeffekt zu konstatieren. Dieser beruht darauf, daß bei voll variabel verzinslichen Krediten — bei einer Zinsanpassungselastizität von eins also — im Falle einer Veränderung des Zinsniveaus zwar die mit dem Kunden vereinbarten Positionszinsen entsprechend der Tagesgeldzinssteigerung angepaßt werden, daß jedoch die auf der Basis des ursprünglichen Zinsniveaus vor Zinsänderung kalkulierten materiellen Risikomargen konstant bleiben. Steigt nun das Zinsniveau, so werden die materiellen Risikomargen zu niedrig kalkuliert; der durch das gestiegene Zinsniveau bewirkte Ausfall höherer Zinserlöse bleibt also unberücksichtigt. Bei einem sinkenden Zinsniveau ist entsprechend ein positiver Risikoverbundeffekt zu konstatieren.[1]

Zur Verdeutlichung der Zusammenhänge wird wiederum von einem Kundenkredit mit einem Kreditvolumen von 100.000 DM bei einer allerdings variablen Zinsanpassung ausgegangen. Die Zinsanpassungselastizität des Engagements beträgt eins, so daß sich der mit dem Kunden vereinbarte Positionszins vollständig an die Entwicklung des Tagesgeldzinses anpaßt. Zur Vereinfachung soll ferner davon ausgegangen werden, daß sich der Tagesgeldzins jeweils nur am Ende der Periode entsprechend dem Einjahreszins verändert. Die Finanzierung erfolgt zinselastizitätskongruent am Geld- und Kapitalmarkt. Weiterhin wird unterstellt, daß der Kredit, für den eine Laufzeit von vier Jahren vereinbart wird, in jedem Jahr mit einer Krisenquote von 1% ausfallen kann. Fällt der Kredit tatsächlich aus, so wird, um die dann offene Position zu schließen, ein zinselastizitätskongruentes Ersatzengagement getätigt, wobei die Kapitalbindung des Ersatzengagements der Restlaufzeit der Finanzierung entspricht.

$$\mathrm{mRm}_t = \frac{0,01 + 0,01 \times 0,08}{(1 - 0,01)} = 1,\overline{09}\%.$$

Die Bank wäre also erst ab einem Positionszins von $9,\overline{09}\%$ bereit, einen Kredit zu vergeben. Dieser liegt um 0,0274427% über dem angemessenen Wert.

[1] In analoger Weise — wenngleich in verringertem Umfang — können natürlich auch materielle Risikoverbundeffekte zwischen dem Ausfallrisiko und dem variablen Zinsänderungsrisiko bei allen Zinsanpassungselastizitäten zwischen null und eins konstatiert werden.

Die sich beim Ausfall des Kreditengagements in t=2 bis t=5 ergebenden Zahlungsreihen (in TDM) stellen sich wie folgt dar (vgl. Abb. 2.60):

	$t=1$	$t=2$	$t=3$	$t=4$	$t=5$
Ausfall des Kreditengagements in $t=2$					
Zahlungsreihe originärer Kredit	-100				
Zahlungsreihe Ersatzengagement		-100	+7,07	9,2625	111,64233
Zahlungsreihe Finanzierung	100	-5	-7,07	-9,2625	-111,64233
Zahlungsreihe insgesamt	0	-105	0	0	0
Ausfall des Kreditengagements in $t=3$					
Zahlungsreihe originärer Kredit	-100	5			
Zahlungsreihe Ersatzengagement			-100	9,2625	111,64233
Zahlungsreihe Finanzierung	100	-5	-7,07	-9,2625	-111,64233
Zahlungsreihe insgesamt	0	0	-107,07	0	0
Ausfall des Kreditengagements in $t=4$					
Zahlungsreihe originärer Kredit	-100	5	+7,07		
Zahlungsreihe Ersatzengagement				-100	111,64233
Zahlungsreihe Finanzierung	100	-5	-7,07	-9,2625	-111,64233
Zahlungsreihe insgesamt				-109,2625	

Abb. 2.60: Reinvermögensänderungen beim Ausfall eines variabel verzinslichen Kreditengagements zu alternativen Zeitpunkten bei fristenkongruenter Positionsschließung

Fortsetzung Abb. 2.60:

Ausfall des Kreditengagements in t=5					
Zahlungsreihe originärer Kredit	-100	5	+7,07	9,2625	
Zahlungsreihe Ersatzengagement					
Zahlungsreihe Finanzierung	100	-5	-7,07	-9,2625	-111,64233
Zahlungsreihe insgesamt					-111,64233

Abb. 2.60: Reinvermögensänderungen beim Ausfall eines variabel verzinslichen Kreditengagements zu alternativen Zeitpunkten bei fristenkongruenter Positionsschließung

Es ist unmittelbar ersichtlich, daß sich die ausfallbedingten Reinvermögensminderungen bei einem Ausfall des Kredits von 105.000 DM in t=2 bis auf 111.642,338 DM in t=5 erhöhen. Werden nun die materiellen Risikomargen in t=1 auf Basis des zu diesem Zeitpunkt geltenden Einjahreszinses von 5% kalkuliert — werden also die erwarteten Zinsänderungen nicht antizipiert — , und steigt der Positionszins angesichts der unterstellten Zinsanpassungselastizität von eins entsprechend dem Tagesgeld- bzw. Einjahreszins, so ergibt sich folgende Zinsentwicklung (Vgl. Abb. 2.61, Spalte 2):

(1)	(2)	(3)	(4)	(5)	(2) – (5) = (6)
t	tatsächlicher PZ_t	TGZ_t	ΔTGZ_t	sachgerechter PZ_t	
1	6,06%	5%		6,06%	0
2	8,13%	7,07%	2,07%	8,1522293%	-0,0209162%
3	10,323112%	9,2625%	2,191799%	10,3661677%	-0,0430557%
4	12,702944%	11,642338%	2,379832%	12,7700384%	-0,0670944%

Abb. 2.61: Tatsächlicher und sachgerechter Positionszins eines variabel verzinslichen Kreditengagements unter Berücksichtigung materieller Risikoverbundeffekte

Für den Fall, daß sich die nachstehende materielle Risikomarge in t=1 unter Berücksichtigung eines Tagesgeldzinses von 5% berechnet:

(2.97) $\quad mRm_1 = \dfrac{0{,}01 + 0{,}05 \times 0{,}01}{(1-0{,}01)} = 1{,}\overline{06}\%$,

beträgt der Positionszins:

(2.98) $\quad PZ_1 = 0{,}05 + 0{,}01\overline{06} = 6{,}\overline{06}\%$.

Bei einer Tagesgeldzinssteigerung von $2{,}\overline{07}\%$ beläuft sich der Positionszins in t=2 entsprechend auf:

(2.99) $\quad PZ_2 = 0{,}06\overline{06} + 0{,}02\overline{07} = 8{,}\overline{13}\%$.

Über einen Zins von $8{,}\overline{13}\%$ hinaus läßt sich der Positionszins in t=2 aufgrund der unterstellten Zinsanpassungselastizität von eins nicht erhöhen. Angemessen wäre es hingegen, in t=2 aufgrund des gestiegenen Tagesgeldzinses eine gleichfalls erhöhte materielle Risikomarge von:

(2.100) $\quad mRm_2 = \dfrac{0{,}01 + 0{,}0\overline{707} \times 0{,}01}{(1-0{,}01)} = 1{,}0815223\%$

und entsprechend einen Positionszins von:

(2.101) $\quad PZ_2 = 0{,}07\overline{07} + 0{,}010815223 = 8{,}1522293\%$

zu kalkulieren (vgl. Abb. 2.61, Spalte 5). Letzterer liegt um 0,0209126% über dem tatsächlichen Positionszins. Bei einem Kreditvolumen von 100.000 DM wird die materielle Risikoprämie also um 20,91 DM zu niedrig kalkuliert. Die negativen materiellen Risikoverbundeffekte für t=3 und t=4 ergeben sich analog.

Berücksichtigt werden können die Risikoverbundeffekte bei der isolierten Messung des materiellen Ausfallrisikos nun aber dadurch, daß analog der Vorgehensweise beim Festzinsrisiko durchschnittliche und im Zeitablauf konstante materielle Risikoprämien ($\overline{mRp}$) bzw. -margen ($\overline{mRm}$) kalkuliert werden. Hierfür muß wieder der auf t=2 — oder auf jeden anderen Zeitpunkt — bezogene Barwert der exakt kalkulierten, d.h. sachgerechten und im Zeitablauf schwankenden Risikoprämien dem ebenfalls auf t=2 bezogenen Barwert der konstanten durchschnittlichen materiellen Risikoprämien entsprechen (vgl. Abb. 2.62).

(1)	(2)	(3)	(2) × (3) = (4)	(5)[1]	(4) × (5) = (6)
t	angemessene $\overline{mRm}_t$	Kapitalbetrag$_t$	mRp$_{t+1}$	ZAF$_{2,t-1}$	
1	1,06%	100.000 DM	1.060,60 DM	1	1.060,60 DM
2	1,0815223%	100.000 DM	1.081,5223 DM	0,93396226	1.010,1010 DM
3	1,1036617%	100.000 DM	1.103,3661 DM	0,85478752	943,14363 DM
4	1,1277004%	100.000 DM	1.127,7004 DM	0,76564816	863,4217 DM
					3.877,2724 DM

Abb. 2.62: Ermittlung materieller Risikomargen eines variabel verzinslichen Engagements unter Berücksichtigung materieller Risikoverbundeffekte

Insgesamt beträgt der auf t=2 bezogene Barwert der exakt kalkulierten materiellen Risikoprämien 3.877,2724 DM. Soll letzterer dem Barwert der ebenfalls auf t=2 bezogenen durchschnittlichen materiellen Risikoprämien entsprechen, dann ergibt sich folgende Gleichheitsbeziehung:

(2.102) $\overline{mRp} \times (1 + 0{,}93396226 + 0{,}85478752 + 0{,}76564816) = 3.877{,}2724 \text{ DM}$.

Nach Auflösung der Gleichung ermittelt sich eine durchschnittliche materielle Risikoprämie von 1.090,838024 DM und bezogen auf den Nominalwert der Forderung eine durchschnittliche materielle Risikomarge von 1,090838024%. Wird also mit dem Kunden in t=1 ein Positionszins von:

(2.103) $PZ_1 = 0{,}05 + 0{,}01090838024 = 6{,}090838024\%$

vereinbart, so wird auch hier der materielle Risikoverbundeffekt bei der Kalkulation des Ausfallrisikos berücksichtigt. Bei Identität der zukünftig eintretenden Zinssätze mit den forward rates einerseits sowie bei einem Ausfall von tatsächlich 1% der Engagements andererseits ist in diesem Fall eine Reinvermögensänderung von null zu erwarten.

---

[1] Vgl. Abb. 2.27 in diesem Teil.

2. Materielle Risikoverbundeffekte zwischen dem Ausfall- und dem Wechselkurs- bzw. Swapsatzrisiko

a) Ausfall- und Wechselkursrisiko

Neben dem materiellen Risikoverbundeffekt zwischen dem Ausfall- und dem variablen bzw. Festzinsrisiko wird in der Literatur des weiteren auch ein materieller Risikoverbundeffekt zwischen dem Ausfall- und dem Wechselkursrisiko vermutet.[1] Dieser soll darin bestehen, daß beim Ausfall eines Fremdwährungsgeschäfts und einem entsprechenden Abschluß eines Ersatzengagements sowie bei einer gleichzeitigen Veränderung der Wechselkurse Reinvermögensminderungen bzw. -mehrungen höher bzw. niedriger ausfallen als bei einer Konstanz der Wechselkurse. Im Falle steigender Wechselkurse — wenn sich der in DM gemessene Wert der ausgefallenen Fremdwährungsforderung erhöht — entsteht dann ein negativer, aus fallenden Wechselkursen resultiert entsprechend ein positiver Risikoverbundeffekt. Würden das Ausfall- und das Wechselkursrisiko also isoliert erfaßt, bliebe dieser Effekt unberücksichtigt. Im folgenden kann jedoch gezeigt werden, daß die genannten Wirkungen nur dann entstehen, wenn materielle Ausfallrisikoprämien vernachlässigt werden. Bei Berücksichtigung materieller Risikoprämien ist der behauptete materielle Risikoverbundeffekt hingegen nicht existent.

Zur Verdeutlichung wird von 100 in Fremdwährung denominierten Kundenkrediten mit einem Nominalwert von jeweils 500 $ und einer Zinsbindungsfrist von einem Jahr ausgegangen. Der Geld- und Kapitalmarktzins dieser Geschäfte beträgt 8%.[2] Angesichts einer Krisenquote von 1% ist die Bank des weiteren nur bereit, die Kredite bei einer materiellen Risikomarge von:

$$(2.104) \quad mRm_1 = \frac{0{,}01 + 0{,}08 \times 0{,}01}{(1 - 0{,}01)} = 1{,}\overline{09}\%$$

und damit einem Positionszins von:

$$(2.105) \quad PZ_1 = 0{,}08 + 0{,}0109 = 9{,}\overline{09}\%$$

---

[1] Zu materiellen Risikoverbundeffekten zwischen dem Ausfall- und dem Wechselkursrisiko im allgemeinen vgl. auch **Bösl**, Risikobegrenzung, S. 76 ff., und **Hölscher**, Risikokosten, S. 160 ff. Letztere Autoren legen die Effekte in der Regel aber nur dar und zeigen insbesondere nicht auf, wie diese im Kalkulationssystem der Bank sachgerecht zu berücksichtigen sind.

[2] Vgl. Abb. 2.41 in diesem Teil.

zu vergeben. Die Finanzierung des Engagements erfolgt fristenkongruent, aber währungs**in**kongruent am nationalen Geld- und Kapitalmarkt zu einem Einjahreszins von 5%. Bei einem Devisenkassakurs von 2 DM/$ ist hierfür ein Betrag von 100.000 DM erforderlich.

In einer Zinsertragsbilanz stellt sich die Situation dann wie folgt dar:

Aktiva					Passiva				
Pos.	Vol.$_t$	PZ$_t$	GKMZ$_t^A$	GKMZ$_t^I$	Pos.	Vol.$_t$	PZ$_t$	GKMZ$_t^A$	GKMZ$_t^I$
A1 (50 T$)	100 TDM	8%	8%	5%	P1	100 TDM	5%	—	5%

Abb. 2.63: Zinsertragsbilanz in t=1 zur Verdeutlichung des materiellen Risikoverbundeffekts zwischen Ausfall- und Wechselkursrisiken

Fällt nach einem Jahr entsprechend der unterstellten Krisenquote von 1% nur ein Fremdwährungskredit aus, und werden bei isolierter Ermittlung des materiellen Ausfallrisikos unveränderte Wechselkurse angenommen, dann ergeben sich durch den Ausfall des Kapitals und der Zinszahlungen folgende Reinvermögensänderungen:

(2.106) $\quad \Delta Rv_2 = 500\ \$ \times 1{,}08 \times 2\ \text{DM}/\$ = 1.080\ \text{DM}$.

Hinsichtlich des Wechselkursrisikos ermittelt sich bei einer ebenfalls isolierten Betrachtungsweise, d.h. ohne Berücksichtigung des Kreditausfalls, ein Wert der gesamten Fremdwährungsposition nach Wechselkursänderung von:

(2.107) $\quad A1_2 = 50.000\ \$ \times 1{,}9\overline{4}\ \text{DM}/\$ = 97.222{,}\overline{2}\ \text{DM}$.

Da der Wert der Fremdwährungsposition vor Wechselkursänderung 100.000 DM beträgt, ergibt sich eine wechselkursbedingte Wertminderung von:

(2.108) $\quad \text{w.Wert.}_2 = 100.000\ \text{DM} - 97.222{,}\overline{2}\ \text{DM} = 2.777{,}\overline{7}\ \text{DM}$.

Betragen die allein aus der Fremdwährungsposition resultierenden Zinserlöse vor Wechselkursänderung 8.000 DM und nach Wechselkursänderung:

(2.109) $\quad ZE_2 = 97.222,\overline{2}\ DM \times 0,08 = 7.777,\overline{7}\ DM$,

so ergibt sich neben der wechselkursbedingten Wertminderung des weiteren noch eine wechselkursbedingte Verringerung des Zinsüberschusses von:

(2.110) $\quad \Delta Z\ddot{U}_2^{WKR} = 8.000\ DM - 7.777,\overline{7}\ DM = 222,\overline{2}\ DM$.

Insgesamt setzt sich die Reinvermögensänderung bei isolierter Ermittlung des Ausfall- und Wechselkursrisikos aus folgenden Komponenten zusammen:

	wechselkursbedingte Wertminderung:	($-2.777,\overline{77}$ DM)
+	wechselkursbedingte Verminderung des ZÜ:	($-222,\overline{22}$ DM)
+	Ausfall von Zins- und Tilgungszahlungen:	($-1.080,00$ DM)
=	Reinvermögensänderung insgesamt:	($-4.080,00$ DM)

Bei integrierter Sichtweise, d.h. bei Berücksichtigung des materiellen Risikoverbundeffekts, stellt sich nun aber heraus, daß die ausgefallenen Zins- und Tilgungszahlungen nicht mit dem ursprünglichen Devisenkassakurs von 2 DM/$, sondern mit dem inzwischen veränderten Devisenkassakurs von $1,\overline{94}$ DM / $ bewertet werden müssen, weil das Wechselkursrisiko bereits für die gesamte Fremdwährungsposition, d.h. für eine offene Fremdwährungsposition von 50.000 $ und nicht nur für 49.500 $, also unter Einschluß des ausgefallenen Kredits, ermittelt wurde. Entsprechend betragen die ausfallbedingten Reinvermögensminderungen auch nur:

(2.111) $\quad \Delta Rv_2 = 500\ \$ \times 1,08 \times 1,\overline{94} = 1.050\ DM$

und nicht 1.080 DM. Offensichtlich resultiert aus dem Kreditausfall und dem gleichzeitigen Eintritt einer Wechselkursminderung ein positiver materieller Risikoverbundeffekt von 30 DM. Es könnte also vermutet werden, daß bei isolierter Ermittlung des Ausfall- und Wechselkursrisikos eine Reinvermögensmehrung dann gegeben ist, wenn die erwarteten Kreditausfälle und Wechselkurse genau eintreten.

Letzteres ist aber aus folgendem Grund nicht der Fall: Die Bank ist zur Kreditvergabe grundsätzlich nur dann bereit, wenn sie hierfür eine materielle Risikomarge von $1,\overline{09}\%$ erhält. Bei Rückzahlung von 99 der 100 vergebenen Kredite — entsprechend der erwarteten Krisenquote — erwirtschaftet die Bank eine materielle Risikoprämie von insgesamt:

(2.112) $mRp_2 = 99 \times 500 \ \$ \times 0,0\overline{109} = 540 \ \$,$

die genau dem ausgefallenen Kreditvolumen einschließlich Zinsen entspricht. Sinkt nun der Wechselkurs, vermindert sich zwar einerseits der in Inlandswährung gemessene Wert der ausgefallenen Zins- und Tilgungszahlungen — woraus der positive materielle Risikoverbundeffekt hergeleitet wird —; in gleichem Umfang vermindert sich jedoch auch der Wert der materiellen Risikoprämie, was als gleichzeitig eintretender negativer materieller Risikoverbundeffekt interpretiert werden kann. Insgesamt ist ein materieller Risikoverbundeffekt zwischen dem Ausfall- und dem Wechselkursrisiko also dann nicht zu erwarten, wenn materielle Risikomargen bzw. -prämien für das Ausfallrisiko kalkuliert werden und die im Durchschnitt erwarteten Kreditausfälle und Wechselkurse tatsächlich eintreten. Eine Modifikation der isolierten Ermittlung des Ausfall- bzw. Wechselkursrisikos ist folglich nicht notwendig.

b) Ausfall- und Swapsatzrisiko

Neben dem Wechselkursrisiko wurde als weitere Komponente des Währungsrisikos das lediglich aus einer laufzeitmäßigen Inkongruenz von außerbilanziellen Fremdwährungsterminpositionen resultierende Swapsatzrisiko, das oben auch als Zinsänderungsrisiko in Fremdwährung interpretiert wurde, angeführt. Wenngleich sich zwischen dem Ausfallrisiko und dem Swapsatzrisiko schon per Definition keine unmittelbaren materiellen Risikoverbundeffekte herleiten lassen — ein Ausfall von Zins- und Tilgungszahlungen ist bei Termingeschäften aufgrund der fehlenden Kapitalüberlassung nicht möglich —, so können doch materielle Risikoverbundeffekte zwischen dem Swapsatzrisiko und dem mit dem Ausfallrisiko eng verwandten Erfüllungsrisiko konstatiert werden. Unter dem Erfüllungsrisiko ist hierbei nicht der Ausfall von Tilgungs- und Zinszahlungen, sondern die Nichterfüllung vertraglich vereinbarter Termingeschäfte zu verstehen.

Sofern einzelne und dem Swapsatzrisiko unterliegende Termingeschäfte nicht erfüllt werden, resultieren hieraus dann keine weiteren Reinvermögensänderungen, wenn die vereinbarten Devisenterminkurse mit den zukünftigen Devisenkassakursen genau übereinstimmen. Werden Termingeschäfte hingegen in dem Fall nicht ordnungsgemäß abgewickelt, wenn gleichzeitig mit dem Erfüllungsrisiko ein Swapsatzrisiko eintritt — wenn also die zukünftig eintretenden Devisenkassakurse von den vereinbarten Devisenterminkursen abweichen —, so sind Reinvermögensänderungen zu erwarten. Theoretisch können die hieraus resultierenden materiellen Risikoverbundeffekte sowohl positiver als auch negativer Art sein. Wird beispielsweise ein Devisenterminverkaufsgeschäft seitens eines Kontraktpartners nicht erfüllt, und ist der Devisenkassakurs zum vorgesehenen Erfüllungszeitpunkt höher als der vereinbarte Devisenterminkurs, resultiert aus der Nichterfüllung ein positiver Effekt für die Bank; die bei einer Erfüllung des Geschäfts entstehende Reinvermögensminderung wird vermieden. Im Falle eines negativ vom vereinbarten Devisenterminkurs abweichenden zukünftigen Devisenkassakurses würde sich bei einer Nichterfüllung des Termingeschäfts hingegen eine Reinvermögensminderung für die Bank ergeben. Wird nun — wie bereits oben geschehen — eine symmetrische Wahrscheinlichkeitsverteilung zukünftig eintretender Devisenkassakurse um die jeweiligen Devisenterminkurse unterstellt, so treten positive wie negative materielle Risikoverbundeffekte mit gleicher Wahrscheinlichkeit ein, und es ermittelt sich ein Gesamterwartungswert der aus den Risikoverbundeffekten resultierenden Reinvermögensänderungen von null. Materielle Risikoprämien für den Ausfall von Termingeschäften müssen in dieser Situation also nicht kalkuliert werden.

In praxi ist jedoch davon auszugehen, daß Termingeschäfte — unabhängig von der Solvenz des Termingeschäftspartners — immer dann vereinbarungsgemäß abgewickelt werden, wenn mit der Erfüllung für den Kontrahenten positive und für die Bank entsprechend negative Reinvermögensänderungen verbunden sind. Ist letzteres der Fall, dann ist bei dem realistischerweise zu unterstellenden Eintritt lediglich negativer Risikoverbundeffekte ein Gesamterwartungswert der Reinvermögensänderung von kleiner null gegeben, wenn die Termingeschäfte zu den Devisenterminkursen des Marktes abgeschlossen werden. Um letzteres zu vermeiden, ist analog dem Ausfallrisiko auch für den negativen und zwischen dem Erfüllungs- und dem Swapsatzrisiko bestehenden materiellen Risikoverbundeffekt eine materielle Risikoprämie zu kalkulieren. Letztere kann allerdings nicht in Form eines höheren Zinses vom Termingeschäftspartner eingefordert werden — ein Zins wird ja wegen der fehlenden Kapitalüberlassung nicht vereinbart —; vielmehr sind materielle Risikoprämien hier in Form von marktabweichenden Devisenterminkursen zu erwirtschaften.

Zur Verdeutlichung der Zusammenhänge wird von dem bereits oben unterstellten und in t=1 abgeschlossenen Devisentermingeschäft in $ ausgegangen:[1]

- 50.000 $ Devisenterminkauf per t=2 zu einem Devisenterminkurs
  $w_{T(1,1)} = 1{,}9\overline{4}$ DM / $ (Swapsatz = $-0{,}0\overline{5}$ DM / $).

Das Devisentermingeschäft soll einer Krisenquote bzw. einem Erfüllungsrisiko von 1% unterliegen. Grundsätzlich ist jedoch davon auszugehen, daß das Termingeschäft nur dann nicht erfüllt wird, wenn hieraus eine Reinvermögensminderung für den Termingeschäftspartner resultiert.

Hinsichtlich der in t=2 eintretenden Devisenkassakurse ist weiterhin zu unterstellen, daß diese dem Devisenterminkurs mit einer Wahrscheinlichkeit von 50% entsprechen. Ein um jeweils 0,01 DM/$ höherer bzw. niedrigerer Devisenkassakurs treten hingegen mit einer Wahrscheinlichkeit von jeweils 25% ein. Für die Wahrscheinlichkeitsverteilung der Wechselkurse in t=2 ergeben sich somit folgende Werte:

- $w_{K(2)} = 1{,}95\overline{4}$ DM / $ → Wahrscheinlichkeit: 25%
- $w_{K(2)} = 1{,}94\overline{4}$ DM / $ → Wahrscheinlichkeit: 50%
- $w_{K(2)} = 1{,}93\overline{4}$ DM / $ → Wahrscheinlichkeit: 25%.

Tritt in t=2 ein Wechselkurs von 1,9344 DM/$ tatsächlich ein, resultiert hieraus für die Bank eine Reinvermögensminderung von 500 DM und für den Termingeschäftspartner entsprechend eine Reinvermögensmehrung von 500 DM. Mit einer Erfüllung des Geschäfts seitens des Termingeschäftspartners ist bei diesem Szenario auf jeden Fall zu rechnen. Entspricht der Wechselkurs hingegen genau dem ursprünglich vereinbarten Devisenterminkurs in Höhe von $1{,}94\overline{4}$ DM / $, so ist mit der Erfüllung bzw. Nichterfüllung des Geschäfts stets eine Reinvermögensänderung von null verbunden. Bei einem Wechselkurs von $1{,}95\overline{4}$ DM / $ hingegen würde sich für den Termingeschäftspartner bei einer Erfüllung eine Reinvermögensminderung von 500 DM ergeben. Allein für diesen Fall muß damit gerechnet werden, daß der Termingeschäftspartner mit einer Krisenquote von 1% ausfällt.

---

[1] Vgl. Kapitel B. III. 2. b) in diesem Teil.

Einen Überblick über die erfüllungsbedingten Swapsatzrisiken gibt folgendes Baumdiagramm (vgl. Abb. 2.64):

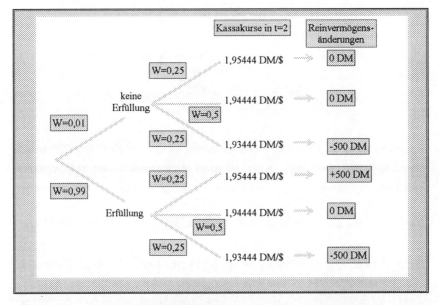

Abb. 2.64: Grafische Darstellung des unkorrigierten materiellen Risikoverbundeffekts zwischen Erfüllungs- und Swapsatzrisiken

Mit Hilfe des Baumdiagramms errechnet sich ein Gesamterwartungswert der Reinvermögensänderungen von:

$$
\begin{aligned}
E(\Delta Rv_2) = &\ 0,01 \times 0,25 \times 0 \text{ DM} + 0,01 \times 0,5 \times 0 \text{ DM} + 0,01 \times 0,25 \\
&\times (-500 \text{ DM}) + 0,99 \times 0,25 \times 500 \text{ DM} + 0,99 \times 0,5 \times 0 \text{ DM} \\
&+ 0,99 \times 0,25 \times (-500 \text{ DM}) \\
= &\ -1,25 \text{ DM} \ .
\end{aligned}
$$

(2.113)

Bei häufigem Abschluß des in Betracht stehenden Devisentermingeschäfts ist also im Durchschnitt mit einer Reinvermögensminderung von 1,25 DM pro Geschäft zu rechnen. Um letzteres zu vermeiden, ist ähnlich wie beim Ausfallrisiko eine materielle Prämie für das Erfüllungsrisiko zu kalkulieren. Diese wird neben der Krisenquote (Kq_t) determiniert von der aus Sicht der Bank nachteiligen Wechselkursänderung ($\Delta w_{K(t)}$) sowie deren Wahrscheinlichkeit ($W_{\Delta w_{K(t)}}$).

Formelmäßig stellt sich der Zusammenhang wie folgt dar:

$$(2.114) \quad mRp_t = \frac{\Delta w_{K(t)} \times Kq_t \times W_{\Delta w_{K(t)}}}{1-(Kq_t \times (1-W_{\Delta w_{K(t)}}))}.$$

Bezogen auf das Beispiel ermittelt sich eine materielle Risikoprämie von:

$$(2.115) \quad mRp_2 = \frac{-0,01 \text{ DM}/\$ \times 0,01 \times 0,25}{1-(0,01 \times (1-0,25))} = -0,000025189 \text{DM}/\$.$$

Insgesamt sollte die Bank also nur dann bereit sein, ein in t=2 fälliges Devisenterminkaufgeschäft einzugehen, wenn sie einen marktabweichenden Devisenterminkurs von:

$$(2.116) \quad w_{T(1,1)} = 1,9\overline{4}\text{DM}/\$ - 0,000025189 \text{ DM}/\$ = 1,944419255 \text{ DM}/\$$$

festlegen kann. In diesem Fall ergibt sich bei Eintritt eines zukünftigen Devisenkassakurses von $1,93\overline{4}$ DM / \$ eine Reinvermögensminderung von:

$$(2.117) \quad \begin{aligned}\Delta Rv_2 &= (1,93\overline{4}\text{DM}/\$ - 1,944419255 \text{ DM}/\$) \times 50.000 \, \$\\ &= -498,74055 \text{ DM}.\end{aligned}$$

Sofern der zukünftige Devisenkassakurs $1,94\overline{4}$ DM / \$ beträgt, errechnet sich analog eine Reinvermögensmehrung von:

$$(2.118) \quad \begin{aligned}\Delta Rv_2 &= (1,9\overline{4}\text{DM}/\$ - 1,944419255 \text{ DM}/\$) \times 50.000 \, \$\\ &= 1,25945 \text{ DM}.\end{aligned}$$

Schließlich beträgt die Reinvermögensmehrung bei einem zukünftigen Devisenkassakurs von $1,95\overline{4}$ DM / \$:

$$(2.119) \quad \begin{aligned}\Delta Rv_2 &= (1,95\overline{4}\text{DM}/\$ - 1,944419255 \text{ DM}/\$) \times 50.000 \, \$\\ &= 501,25945 \text{ DM}.\end{aligned}$$

In einem Baumdiagramm sehen die Reinvermögensänderungen bei Kalkulation eines marktabweichenden Devisenterminkurses dann wie folgt aus (vgl. Abb. 2.65):

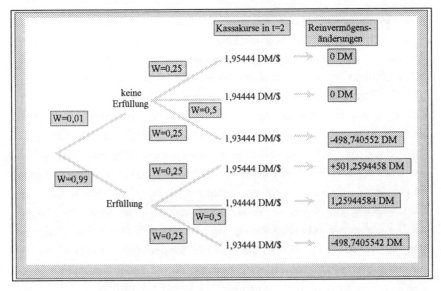

Abb. 2.65: Grafische Darstellung des korrigierten materiellen Risikoverbundeffekts zwischen Erfüllungs- und Swapsatzrisiken

In diesem Fall errechnet sich bei einer Festlegung von marktabweichenden Devisenterminkursen ein Gesamterwartungswert der Reinvermögensänderungen von:

(2.120)
$$E(\Delta Rv_2) = 0,01 \times 0,25 \times 0 \text{ DM} + 0,01 \times 0,5 \times 0 \text{ DM} + 0,01 \times 0,25 \times$$
$$(-498,7405542 \text{ DM}) + 0,99 \times 0,25 \times 501,2594458 \text{ DM} +$$
$$0,99 \times 0,5 \times 1,25944584 \text{ DM} + 0,99 \times 0,25 \times$$
$$(-498,7405542 \text{ DM})$$
$$= 0 \text{ DM}.$$

Offensichtlich ist eine Einbeziehung des materiellen Risikoverbundeffekts zwischen dem Ausfall- bzw. Erfüllungsrisiko einerseits und dem Swapsatzrisiko andererseits in das Kalkulationssystem der Bank dann möglich, wenn Devisentermingeschäfte nicht zu den Devisenterminkursen des Marktes, sondern zu das Erfüllungsrisiko berücksichtigenden marktabweichenden Kursen abgeschlossen werden.

3. Materieller Risikoverbundeffekt zwischen dem Wechselkurs- und dem Zinsänderungsrisiko

Im Rahmen der isolierten Erfassung des Wechselkursrisikos wurde festgestellt, daß Reinvermögensminderungen dann eintreten können, wenn bei einem aktivischen Fremdwährungsüberhang der Wechselkurs sinkt (Aufwertung der Inlandswährung bzw. Abwertung der Auslandswährung) bzw. wenn bei einem passivischen Fremdwährungsüberhang der Wechselkurs steigt (Abwertung der Inlandswährung bzw. Aufwertung der Auslandswährung). Im einzelnen ergaben sich Reinvermögensminderungen zum einen aus wechselkursbedingten Wertminderungen resultierend aus Ab- bzw. Aufwertungen der in Fremdwährung denominierten Kapitalbeträge, zum anderen aber auch aus einer wechselkursbedingten Verminderung des Zinsüberschusses. Materielle Risikoverbundeffekte können in diesem Zusammenhang nun dahingehend vermutet werden, daß bei Identität der zukünftig eintretenden Devisenkassakurse mit den Devisenterminkursen die wechselkursbedingten Veränderungen des Zinsüberschusses um so stärker sind, je höher die Zinsüberschüsse in Fremdwährung zum Zeitpunkt der Wechselkursänderung ausfallen. Belaufen sich die Zinsüberschüsse in Fremdwährung beispielsweise auf 100 $ und wird mit einer Verringerung des Wechselkurses um 0,10 DM/$ gerechnet, so ist die hieraus resultierende Reinvermögensminderung geringer als bei einem Zinsüberschuß von 200 $.

Die Höhe der Zinsüberschüsse wiederum werden primär — abgesehen von Konditionsbeiträgen, die hier keine Berücksichtigung finden dürfen[1] — bei einer nichtflachen Zinsstruktur determiniert von der Länge der jeweiligen Zinsbindungsfristen der Fremdwährungspositionen bzw. dem Umfang der positiven bzw. negativen Fristentransformation.[2] Je länger beispielsweise die Zinsbindungsfrist eines aktivischen Festzinsüberhangs bei Vorliegen einer normalen Zinsstruktur ist, je höher also die Zinserlöse in Fremdwährung — bedingt durch die positiven Fristentransformationsbeiträge — ausfallen, um so mehr vermindert sich der in Inlandswährung gemessene Zinsüberschuß bei Eintritt einer erwarteten Wechselkursverringerung bzw. um so mehr erhöht sich dieser, wenn mit steigenden Wechselkursen gerechnet wird. Falls diese materiellen Risikoverbundeffekte tatsächlich existent sind, könnten sie dahingehend ausgenutzt werden, daß bei erwarteten Wechselkurssteigerungen und bei Vorliegen einer normalen Zinsstruktur eine positive und bei erwarteten Verringerungen des Wechselkurses entsprechend eine negative Fristentransformation betrieben wird. Tatsächlich handelt es sich jedoch wie bereits beim materiellen Risikoverbundeffekt zwischen dem Ausfall- und dem Wechselkursrisiko auch hier nicht um einen tatsächlich existenten Risikoverbundeffekt, sondern nur um einen

---

[1] Vgl. Kapitel B. III. 2. a) in diesem Teil.

[2] Zu materiellen Risikoverbundeffekten zwischen dem Zinsänderungs- und Wechselkursrisiko im allgemeinen vgl. auch **Hölscher**, Risikokosten, S. 175 ff. Dieser kommt jedoch — anders als die folgenden Ausführungen belegen — zu dem Schluß, daß diese Risikoverbundeffekte tatsächlich existent sind.

scheinbaren, der auf Fehlinterpretationen im Kalkulationssystem zurückzuführen ist.

Zur Verdeutlichung der Zusammenhänge wird von einer Anlage A1 am ausländischen Geld- und Kapitalmarkt mit einem Nennwert von 50.000 $ — was bei einem Wechselkurs von 2 DM/$ einem Betrag von 100.000 DM in Inlandswährung entspricht — ausgegangen. Die Zinsbindungsfrist der Anlage beträgt zwei Jahre, so daß der Geld- und Kapitalmarktzins — bei Gültigkeit der bereits oben angenommenen ausländischen Zinsstruktur[1] — eine Höhe von 8,5% aufweist. Finanziert wird das Engagement mit einer Einlage P1 von 100.000 DM am heimischen Geld- und Kapitalmarkt. Die Zinbindungsfrist dieser Einlage beträgt ein Jahr, der Geld- und Kapitalmarktzins beläuft sich auf 5% — gleichfalls bei Gültigkeit der bereits oben unterstellten inländischen Zinsstruktur.[2]

Die Zinsertragsbilanz hat dann folgendes Aussehen (vgl. Abb. 2.66):

Aktiva					Passiva				
Pos.	$Vol._t$	$GKMZ_t$	$GKMZ_t^I$	Zins-bin-dung	Pos.	$Vol._t$	$GKMZ_t$	$GKMZ_t^I$	Zins-bin-dung
A1 (50 T$)	100 TDM	8,5%	6%	2 Jahre	P1	100 TDM	—	5%	1 Jahr

Abb. 2.66: Zinsertragsbilanz in t=1 (zur Verdeutlichung des materiellen Risikoverbundeffekts zwischen Wechselkurs- und Zinsänderungsrisiken)

Falls nun der Devisenkassakurs in t=2 — entsprechend den Erwartungen in t=1 — auf $1,9\overline{4}$ DM / $ sinkt, und der ausländische Einjahreszins in t=2 auf 9,04522613% steigt — bei diesem Zins beläuft sich der Zerobond-Abzinsungsfaktor für eine Laufzeit von einem Jahr in t=2 auf 0,917050691 —, berechnet sich das materielle Wechselkursrisiko wie folgt:

Der Wert der gesamten Fremdwährungsposition nach Wechselkursänderung beträgt:

$$(2.121) \quad A1_1 = 50.000\ \$ \times 1,9\overline{4}\ DM/\$ = 97.222,\overline{22}\ DM\ .$$

---

[1] Vgl. Abb. 2.41 in diesem Teil.
[2] Vgl. Abb. 2.40 in diesem Teil.

Bei einem Wert der Fremdwährungsposition vor Wechselkursänderung von 100.000 DM ergibt sich ein wechselkursbedingte Wertminderung von:

(2.122) $\quad$ w.Wert.$_2$ = 100.000 DM − 97.222,$\overline{2}$ = 2.777,$\overline{77}$ DM.

Belaufen sich die allein aus der Fremdwährungsposition resultierenden Zinserlöse vor Wechselkursänderung auf 8.500 DM und nach Wechselkursänderung auf:

(2.123) $\quad$ ZE$_2$ = 97.222,$\overline{2}$ DM × 0,085 = 8.263,$\overline{88}$ DM,

so ergibt sich neben der wechselkursbedingten Wertminderung des weiteren noch eine wechselkursbedingte Verringerung des Zinsüberschusses von:

(2.124) $\quad$ $\Delta Z\ddot{U}_2^{WKR}$ = 8.500 DM − 8.263,$\overline{1}$ DM = 236,$\overline{11}$ DM.

Die wechselkursbedingte Verminderung des Reinvermögens insgesamt beträgt dann:

(2.125) $\quad$ ΔRv_2 = 2.777,$\overline{7}$ DM + 236,$\overline{1}$ DM = 3.013,$\overline{88}$ DM.

Neben diesem materiellen Wechselkursrisiko ergibt sich folgendes materielle Zinsänderungsrisiko in Fremdwährung: Der Wert des Fremdwährungskredits beträgt in t=2 unter Berücksichtigung der Zinsänderung:

(2.126) $\quad$ Al$_2$ = 54.250 \$ × 0,917050691 = 49.750 \$,

so daß sich ein Solvenzeffekt von −250 \$ einstellt. Bei einem Wechselkurs von 2 DM/\$ — Wechselkursänderungen werden bei einer isolierten Betrachtung des Zinsänderungsrisikos nicht berücksichtigt — ergibt sich folglich ein in Inlandswährung gemessener Solvenzeffekt von −500 DM.

Insgesamt ist bei Eintritt der in t=1 erwarteten Wechselkurse bzw. Zinssätze mit einer Reinvermögensminderung von 3.513,$\overline{88}$ DM zu rechnen.

Werden nach der Ermittlung der wechselkurs- bzw. zinsbedingten Reinvermögensminderungen Fristen- bzw. Währungstransformationsbeiträge — quasi als die Reinvermögensminderungen abdeckende materielle Risikoprämien — ermittelt, dann ergeben sich — der traditionellen und bisher angewandten Kalkulationsweise folgend — für den Währungstransformationsbeitrag ein Wert von:

(2.127) $\quad \text{WTB}_2 = (8{,}5\% - 6\%) \times 100.000 \text{ DM} = 2.500 \text{ DM}$

und für den Fristentransformationsbeitrag ein solcher von:

(2.128) $\quad \text{FTB}_2 = (6\% - 5\%) \times 100.000 \text{ DM} = 1.000 \text{ DM}$.

In diesem Zusammenhang fällt nun zweierlei auf: Zum einen werden für das Zinsänderungs- und Wechselkursrisiko insgesamt materielle Risikoprämien von 3.500 DM vereinnahmt, während sich die Summe der — isoliert ermittelten — Reinvermögensminderungen auf $3.513{,}\overline{88}$ DM beläuft. Offenbar besteht hier ein negativer Risikoverbundeffekt in Höhe von $-13{,}\overline{88}$ DM. Zum anderen korrespondiert die Höhe der Fristen- und Währungstransformationsbeiträge in keiner Weise mit den entsprechenden wechselkurs- bzw. zinsbedingten Reinvermögensminderungen: Einem Währungstransformationsbeitrag von 2.500 DM stehen wechselkursbedingte Reinvermögensminderungen von $3.013{,}\overline{88}$ DM gegenüber, und bei einem Fristentransformationsbeitrag von 1.000 DM belaufen sich die zinsbedingten Reinvermögensminderungen auf 500 DM.

Letztere Inkongruenzen sind darauf zurückzuführen, daß nach traditioneller Kalkulationsweise Währungstransformationsbeiträge bzw. -margen als Differenz zwischen dem ausländischen und dem inländischen fristenkongruenten Geld- und Kapitalmarktzins ermittelt werden und sich der Fristentransformationsbeitrag auch bei Fremdwährungsgeschäften bestimmt als Differenz zwischen dem durchschnittlichen aktivischen und dem durchschnittlichen passivischen inländischen Geld- und Kapitalmarktzins.[1] Wird jedoch bedacht, daß die zinsbedingten Barwertänderungen bzw. Solvenzeffekte von in Fremdwährung abgeschlossenen Geschäften von der Gestalt der ausländischen und nicht der inländischen Zinsstruktur bzw. von den daraus abgeleiteten forward rates determiniert werden, dann muß auch der Fristentransformationsbeitrag anhand der ausländischen und nicht der inländischen Zinsstruktur nach unterschiedlichen Währungen differenziert und damit auch aktiv- und passivseitig getrennt bestimmt werden. In korrekter Weise ermittelt sich der Fristentransformationsbeitrag für Aktivgeschäfte in Fremdwährung folglich anhand der Differenz zwischen dem ausländischen und nicht dem inländischen fristenkon-

---

[1] Vgl. **Schierenbeck**, Bankmanagement, S. 80.

gruenten aktivischen Geld- und Kapitalmarktzins einerseits und dem ausländischen Einjahreszins — bei dem Barwertänderungen bzw. Solvenzeffekte nicht mehr zu erwarten sind — andererseits:[1]

(2.129) $FTB_{A,t+1} = Vol._t \times (GKMZ_{A,t}^A - 1JZ_{A,t}^A)$.

Für Passivgeschäfte ergibt sich der Fristentransformationsbeitrag entsprechend anhand der Differenz zwischen dem ausländischen Einjahreszins einerseits und dem ausländischen fristenkongruenten passivischen Geld- und Kapitalmarktzins andererseits:

(2.130) $FTB_{P,t+1} = Vol._1 \times (1JZ_{P,1}^A - GKMZ_{P,1}^A)$.

Bezogen auf das Beispiel errechnet sich bei einem fristenkongruenten Geld- und Kapitalmarktzins in Fremdwährung von 8,5% und einem Einjahreszins in Fremdwährung von 8% eine aktivische Fristentransformationsmarge von 0,5% und folglich ein aktivischer Fristentransformationsbeitrag von:

(2.131) $FTB_{A,2} = 0,5\% \times 100.000 \, DM = 500 \, DM$.

Letzterer entspricht genau der zuvor ermittelten zinsbedingten Reinvermögensminderung des Fremdwährungskredits A1. Ein passivischer Fristentransformationsbeitrag fällt nicht an.

Gemäß der Ermittlung der Fristentransformationsbeiträge in Fremdwährung abgeschlossener Geschäfte ergibt sich in konsequenter Weise der Währungstransformationsbeitrag bzw. die Währungstransformationsmarge auch nicht als Differenz zwischen dem fristenkongruenten Geld- und Kapitalmarktzins in Fremdwährung und dem fristenkongruenten Geld- und Kapitalmarktzins in heimischer Währung, sondern vielmehr als Differenz zwischen den jeweiligen in- und ausländischen Einjahreszinsen. Für Aktivgeschäfte bestimmt sich der Währungstransformationsbeitrag dann als die mit dem jeweiligen Volumen der Fremdwährungsposition gewichtete Differenz zwischen dem ausländischen und dem inländischen Einjahresgeldzins:

(2.132) $WTB_{A,t+1} = Vol._t \times (1JZ_{A,t}^A - 1JZ_{A,t}^I)$.

---

[1]   Vgl. in diesem Zusammenhang auch Kapitel B. III. 2. a) in diesem Teil.

Für Passivgeschäfte gilt der Zusammenhang entsprechend umgekehrt:[1]

$(2.133) \quad WTB_{P,t+1} = Vol._t \times (1JZ_{P,t}^I - 1JZ_{P,t}^A)$.

Bezogen auf das Beispiel berechnet sich folglich ein aktivischer Währungstransformationsbeitrag von:

$(2.134) \quad WTB_2 = (8\% - 5\%) \times 100.000 \, DM = 3.000 \, DM$.

Wenn letzterer immer noch um $13,\overline{88}$ DM geringer ist als das isoliert ermittelte materielle Wechselkursrisiko, so ist dies darauf zurückzuführen, daß der aktivische Fristentransformationsbeitrag in Fremdwährung in Höhe von 250 $ zu Unrecht in die Ermittlung der wechselkursbedingten Veränderung des Zinsüberschusses einbezogen wurde, da dieser lediglich eine materielle Risikoprämie für den ebenfalls in Fremdwährung anfallenden Solvenzeffekt in Höhe von -250 $ darstellt. Stimmen also bei Eintritt der erwarteten Zinsentwicklung der Fristentransformationsbeitrag und der Solvenzeffekt in Höhe und Währungsdenomination genau überein, dann treten Reinvermögensminderungen nicht auf. Mit anderen Worten steht dem negativen materiellen Risikoverbundeffekt resultierend aus der wechselkursbedingten Verminderung des Zinsüberschusses ein positiver materieller Risikoverbundeffekt,

---

[1] Unter der Voraussetzung, daß der Währungstransformationsbeitrag eine Prämie für das materielle Wechselkursrisiko bzw. wechselkursbedingte Reinvermögensminderungen darstellt, darf ein Währungstransformationsbeitrag dann nicht anfallen, wenn eine betragsmäßig geschlossene Fremdwährungsposition vorliegt und eine wechselkursbedingte Reinvermögensänderung nicht eintreten kann. Bei traditioneller Berechnung wird aber auch in dieser Situation unter Umständen ein positiver oder negativer Währungstransformationsbeitrag ermittelt. Letzteres ist beispielsweise dann der Fall, wenn die Differenzen zwischen kurz- und langfristigen Zinssätzen im Ausland kleiner sind als im Inland und eine positive Fristentransformation bei währungskongruenter Finanzierung betrieben wird. In dieser Situation wäre der positive aktivische Währungstransformationsbeitrag kleiner als der negative passivische:

Aktiva					Passiva				
Pos.	Vol.	Zinsbindg.	GKMZ^A	GKMZ^I	Pos.	Vol.	Zinsbindg.	GKMZ^A	GKMZ^I
A1 (50 T$)	100 TDM	2 Jahre	8,5%	6%	P1 (50 T$)	100 TDM	1 Jahr	8%	5%

der sich aus der wechselkursbedingten Verminderung des Solvenzeffekts ergibt, gegenüber. Der in DM gemessene Solvenzeffekt in Höhe von -250 $ verändert sich also bei sinkenden bzw. steigenden Wechselkursen stets in gleichem Umfang wie die in DM bewertete wechselkursbedingte Veränderung des Zinsüberschusses.

Für den Fall, daß die wechselkursbedingte Verminderung des Zinsüberschusses — unter Ausschluß des Fristentransformationsbeitrages — allein auf der Basis der Einjahresgeldzinsen berechnet wird, belaufen sich die allein aus der Fremdwährungsposition resultierenden Zinserlöse vor Wechselkursänderung auf 8.000 DM und nach Wechselkursänderung auf:

$$(2.135) \quad ZE_2 = 97.222,\overline{2} \text{ DM} \times 0,08 = 7.777,\overline{7} \text{ DM} .$$

Damit ergibt sich neben der wechselkursbedingten Wertminderung von 2.777,$\overline{77}$ DM nur noch eine wechselkursbedingte Verringerung des Zinsüberschusses von:

$$(2.136) \quad \Delta Z\ddot{U}_2^{WKR} = 8.000 \text{ DM} - 7.777,\overline{77} \text{ DM} = 222,\overline{22} \text{ DM} .$$

Insgesamt betragen die wechselkursbedingten Reinvermögensminderungen bei Eintritt der erwarteten Zinssätze und Wechselkurse bei korrekter Erfassung 3.000 DM und stimmen genau mit dem aktivischen Währungstransformationsbeitrag überein.

Festzuhalten bleibt, daß ein materieller Risikoverbundeffekt zwischen dem Zinsänderungs- und dem Wechselkursrisiko dann nicht existent ist, wenn Fristentransformationsbeiträge nicht mit in die Berechnung der wechselkursbedingten Veränderung des Zinsüberschusses einbezogen werden und die im Durchschnitt erwarteten Zinssätze und Wechselkurse tatsächlich eintreten. Eine das Reinvermögen erhöhende Ausnutzung des materiellen Risikoverbundeffekts zwischen dem Zinsänderungs- und Wechselkursrisiko ist also nicht möglich.

III. Abbildung und Analyse formaler Risikoverbundeffekte

1. Das Wesen formaler Risikoverbundeffekte

Wie bereits an anderer Stelle ausgeführt wurde, können neben materiellen Risikoverbundeffekten auch solche formaler Art konstatiert werden.[1] Diese sind auf Korrelationsbeziehungen der Risikoursachen selbst[2], also auf solche zwischen der Entwicklung der Krisenquoten, den in- und ausländischen Zinsen sowie den Wechselkursen, zurückzuführen.[3] Formale Risikoverbundeffekte drücken sich in diesem Zusammenhang allerdings nicht bereits darin aus, daß sich Zinssätze, Wechselkurse

---

[1] Die Ausführungen in der Literatur zu formalen Risikoverbundeffekten beschränken sich in der Regel auf die Forderung, daß diese nicht vernachlässigt werden dürfen. Vgl. **Schierenbeck/Seidel/Rolfes**, Controlling, S. 132, **Schierenbeck**, Bankmanagement, S. 507, und **Krumnow**, Risikoanalyse, S. 7 ff. Empirische Untersuchungen oder grundlegende theoretische Arbeiten, die diesen Problemkomplex vollständig und systematisch angehen, fehlen bislang. Lediglich ansatzweise Überlegungen finden sich bei **Bangert**, Zinsrisiko-Management, S. 218-220, **Vogel**, Bankenregulierung, S. 93-95, **Bösl**, Risikobegrenzung, S. 56 ff., **Feuerstein**, Risikomessung, S. 71 ff., **Süchting**, Überlegungen, S. 687 f., **Süchting**, Risikoüberlegungen (I), und **Professoren-Arbeitsgruppe**, Begrenzung, S. 287.

[2] Die Termini „formale Risikoverbundeffekte" und „Korrelationsbeziehungen" werden im folgenden synonym verwandt.

[3] Empirisch können Risikoverbundeffekte zwischen dem Ausfallrisiko einerseits und dem Zinsänderungs- bzw. Wechselkurs- oder Swapsatzrisiko andererseits in diesem Zusammenhang allerdings allein hinsichtlich des Änderungsrisikos und nicht auch bezogen auf das Zufallsrisiko ermittelt werden. Es sind also lediglich die auf Veränderungen im Risikoursachensystem beruhenden gleich- oder entgegengerichteten Entwicklungen zwischen den Abweichungen der tatsächlich eintretenden von den erwarteten oder geplanten Krisenquoten einerseits und entsprechenden Abweichungen beim Zinsänderungs- bzw. Wechselkurs- oder Swapsatzrisiko andererseits zu untersuchen. Im Hinblick auf das Zufallsrisiko ist hingegen davon auszugehen, daß zufällig eintretende und aus einer nur geringen Zerfällung des Kreditportfolios resultierende Kreditausfälle unabhängig vom Eintritt des Änderungsrisikos bzw. vom Eintritt formaler Zinsänderungs- bzw. Wechselkurs- oder Swapsatzrisiken vorkommen. Bei einer Krisenquote von 3% und einem Kreditportfolio bestehend aus 100 Einzelkrediten beispielsweise besteht kein Grund zu der Annahme, daß aufgrund einer zufällig eintretenden Abweichung des sich zukünftig ergebenden Devisenkassakurses vom erwarteten eher mehr oder eher weniger als die erwarteten drei Kredite ausfallen unter der Annahme, daß sich die Krisenquote selbst nicht verändert. Sofern die Krisenquote hingegen im Zeitablauf nicht konstant ist, und eine Unter- oder Überschätzung derselben mit entsprechenden positiven oder negativen Abweichungen im Bereich des Zinsänderungs- oder Wechselkursrisikos einer geht, ist dies dem Änderungs- und nicht dem Zufallsrisiko zuzuschreiben.

und Krisenquoten im Zeitablauf gleich- oder gegenläufig entwickeln; vielmehr werden die formalen Risikoverbundeffekte bestimmt von den Korrelationen der Differenzen zwischen tatsächlich eintretenden Zinssätzen, Krisenquoten bzw. Wechselkursen einerseits und den jeweiligen Erwartungswerten dieser Größen andererseits. Eine positive Korrelationsbeziehung zwischen dem Ausfall- und dem Zinsänderungsrisiko besteht beispielsweise erst dann, wenn bei einer positiven Fristentransformation die tatsächlich eintretenden Zinssätze tendenziell unterhalb der forward rates liegen — insgesamt, d.h. unter Berücksichtigung der Fristentransformationsbeiträge also eine Reinvermögensmehrung stattfindet — und gleichzeitig die tatsächlich eintretenden Krisenquoten — über das gesamte Kreditportfolio betrachtet — tendenziell geringer sind als die erwarteten Krisenquoten, d.h. die vereinnahmten materiellen Risikoprämien größer sind als die Reinvermögensminderungen resultierend aus Kapital- und Zinsausfällen. In diesem Fall gehen also zufällig eintretende Reinvermögensmehrungen beim Zinsänderungsrisiko mit ebenfalls zufällig eintretenden Reinvermögensmehrungen beim Ausfallrisiko einher. Eine positive Korrelationsbeziehung äußert sich darüber hinaus aber auch darin, daß zufällig eintretende Reinvermögensminderungen beim Zinsänderungsrisiko tendenziell gleichzeitig mit solchen beim Ausfallrisiko auftreten. Negative Korrelationsbeziehungen stellen sich entsprechend umgekehrt dar.

Werden Korrelationsbeziehungen hingegen zwischen absoluten Veränderungen von bestimmten Umweltzuständen wie etwa zwischen täglichen oder jährlichen Zinsabweichungen einerseits und Krisenquotenabweichungen andererseits ermittelt und ist der nach dieser Rechnung bestimmte Korrelationskoeffizient positiv — ist beispielsweise bei einem Anstieg des Zinsniveaus aufgrund ansteigender Finanzierungskosten der Kreditnehmer tendenziell mit einem Anstieg der Krisenquoten zu rechnen —, so sagt dies noch nichts aus über den letztlich interessierenden Zusammenhang, ob Reinvermögensmehrungen bzw. -minderungen beim Zinsänderungsrisiko tendenziell einhergehen mit gleichgerichteten Reinvermögensmehrungen bzw. -minderungen beim Ausfallrisiko. Trotz einer auf absoluten Veränderungen beruhenden positiven Korrelationsbeziehung zwischen Zinssätzen und Krisenquoten kann es nämlich vorkommen, daß bei einer positiven Fristentransformation die zukünftig eintretenden Zinssätze — trotz Zinssteigerung — tendenziell unter den forward rates liegen, während die erwarteten Krisenquoten geringer sind als die tatsächlich eintretenden. In diesem Fall gehen Reinvermögensmehrungen beim Zinsänderungsrisiko einher mit Reinvermögensminderungen beim Ausfallrisiko und umgekehrt. Letztlich ist hier — bei Betrachtung der korrekten Korrelationsbeziehung — nicht eine positive — wie sie bei der Ermittlung absoluter Veränderungen der Umweltzustände vermutet werden könnte —, sondern eine negative Korrelationsbeziehung vorhanden.

Mit letzteren Überlegungen ist die korrekte Vorgehensweise bei der Ermittlung formaler Risikoverbundeffekte grundsätzlich geklärt. Hinsichtlich einer empirischen Ermittlung formaler Risikoverbundeffekte ist jedoch ferner zu beachten, daß es „das" formale Zinsänderungs-, Wechselkurs-, Swapsatz oder Ausfallrisiko nicht gibt und entsprechend auch nicht „die" formalen Risikoverbundeffekte bzw. Korrelationsbeziehungen zwischen den verschiedenen Risikoarten ermittelt werden können. Vielmehr kann eine große Zahl unterschiedlicher formaler Zinsänderungs-, Wechselkurs-, Swapsatz und Ausfallrisiken und damit auch eine Vielzahl formaler Risikoverbundeffekte bestimmt werden.

Bezogen auf das formale Zinsänderungsrisiko etwa können die Zinssätze diverser Zinsbindungsfristen in unterschiedlichem Maße und unter Umständen auch in verschiedener Richtung von den entsprechenden forward rates abweichen, so daß sich in Abhängigkeit davon, von welchen Zinsbindungsfristen ausgegangen wird, jeweils andere formale Risikohöhen und letztlich auch unterschiedliche formale Risikoverbundeffekte ergeben können. Beispielsweise sind die Abweichungen der zukünftig eintretenden Einjahreszinssätze von den forward rates nicht unbedingt identisch mit den entsprechenden Abweichungen bei Zinsbindungsfristen von zwei, drei, vier oder fünf Jahren. Auch ist nicht auszuschließen, daß bei Zinssätzen kurzer Zinsbindungsfristen die forward rates tendenziell dann unterschritten werden, wenn beim Ausfallrisiko die erwarteten Krisenquoten größer sind als die tatsächlich eintretenden, und sich dieser Zusammenhang bei Zinssätzen längerer Zinsbindungsfristen genau umgekehrt darstellt.

Hinsichtlich des formalen Ausfallrisikos lassen sich ähnliche Überlegungen wie beim Zinsänderungsrisiko anstellen. Auch hier sind Höhe und Richtung der Differenzen zwischen tatsächlich eintretenden Krisenquoten einerseits und den Erwartungswerten derselben, die der Kalkulation materieller Risikoprämien zugrunde liegen, andererseits abhängig von der jeweils in Betracht stehenden Ausfallrisikoklasse. Beim gewerblichen Kreditgeschäft etwa dürften die Schwankungen der tatsächlichen um die erwarteten Krisenquoten in Ausfallrisikoklassen mit Unternehmen junger und dynamischer Branchen größer sein als beispielsweise in solchen mit Unternehmen des Bank- und Versicherungsgewerbes. Auch kann es Branchen geben, deren Krisenquoten tendenziell unterschätzt werden, wenn die Krisenquoten des Gesamtmarktes eher zu hoch eingeschätzt werden. Im Hinblick auf die formalen Risikoverbundeffekte können sich entsprechend auch die Korrelationsbeziehungen zwischen einzelnen Zinsdifferenzen einerseits und Krisenquotendifferenzen andererseits in Abhängigkeit davon unterscheiden, auf welche Branche jeweils fokussiert wird.

Schließlich sind auch im Hinblick auf das formale Wechselkursrisiko die Abweichungen der tatsächlichen Wechselkurse von den erwarteten unterschiedlich in Abhängigkeit von der jeweils fokussierten Währung. Auch hier können positive Abweichungen der zukünftig eintretenden Wechselkurse von den Devisenterminkursen bei einer Währung einhergehen mit negativen Abweichungen bei einer anderen, und auch in diesem Zusammenhang sind unterschiedliche formale Risikoverbundeffekte zum Beispiel zwischen dem Wechselkurs- und dem Zinsänderungsrisiko in Abhängigkeit davon zu ermitteln, auf welche Währung jeweils fokussiert wird.

Gäbe es insgesamt nur 100 Ausfallrisikoklassen, Währungen oder Zinsbindungsfristen, dann sind bereits 4.950 formale Risikoverbundeffekte, d.h. Korrelationskoeffizienten zwischen den einzelnen Risikopositionen, zu kalkulieren. Rechenanlagen zumindest kleinerer Banken können hier an ihre Grenzen stoßen. Der für die Ermittlung formaler Risikoverbundeffekte notwendige Rechenaufwand kann allerdings dadurch erheblich reduziert werden, wenn — in Analogie zum Index-Modell von Sharpe, das eine Abhängigkeit der Wertentwicklung einzelner Aktien von der performance eines Index unterstellt[1] — auch für das formale Ausfall-, Zinsänderungs- bzw. Wechselkursrisiko jeweils ein „formaler Marktrisikoindex" als repräsentative Größe bestimmt werden kann, der in möglichst linearer Abhängigkeit zu den konkreten formalen Einzelrisiken steht. In diesem Fall müßten dann — neben den Korrelationsbeziehungen zwischen den Marktrisikoindizes — im wesentlichen nur noch die linearen Zusammenhänge zwischen den konkreten formalen Ausfall-, Zinsänderungs- und Wechselkursrisiken einerseits — wie etwa dem formalen Zinsänderungsrisiko für Zinsbindungsfristen von zwei Jahren — und den jeweiligen Marktrisikoindizes andererseits — hier also dem Marktrisikoindex für das formale Zinsänderungsrisiko — ermittelt werden. Insgesamt dürfte der Rechenaufwand bei dieser vereinfachten Vorgehensweise die Ermittlung eines formalen Gesamtrisikos nicht verhindern.

---

[1] Vgl. **Sharpe**, Portfolio, S. 277 ff., **Cohen/Pogue**, Portfolio, S. 170 ff., und **Büschgen**, Wertpapierbeständen, S. 1 ff., insb. S. 30.

Marktrisikoindizes sind aber nicht nur im Hinblick auf eine vereinfachte Berechnung von Korrelationsbeziehungen zwischen den einzelnen Risikoarten von Relevanz, erstere repräsentieren ferner auch nicht weiter zu diversifizierende Portfolios, resultierend aus formalen Zinsänderungs-, Ausfall- und Wechselkursrisiken.[1] So kann davon ausgegangen werden, daß die Relation erwirtschafteter formaler Risikoprämien einerseits und eingegangener formaler Risiken andererseits bei einem Portfolio bestehend etwa aus formalen Zinsänderungsrisiken unterschiedlicher Zinsbindungsfristen geringer ist als die entsprechende Relation beim formalen Zinsänderungsrisiko für Zinsbindungsfristen von nur einem, zwei oder drei Jahren. Werden die Marktrisikoindizes für Zinsänderungs-, Ausfall- und Wechselkursrisiken dann selbst wieder diversifiziert, werden also Zinsänderungsrisiken unterschiedlicher Zinsbindungsfristen mit Kreditengagements verschiedener Risikoklassen sowie einer Vielzahl offener Fremdwährungspositionen unterschiedlicher Denomination kombiniert, so kann hieraus abschließend jene optimale Kombination einzugehender Zinsänderungs-, Ausfall- und Wechselkursrisiken abgeleitet werden, die hinsichtlich der Relation insgesamt erwirtschafteter formaler Risikoprämien und eingegangener formaler Gesamtrisiken von keiner anderen Kombination übertroffen werden kann. Letztere formale Risiko-Risikoprämien-Relation ist — wie im folgenden zu zeigen sein wird — insbesondere für die Ermittlung formaler Ausfallrisikoprämien maßgebend.

Im folgenden werden zunächst die allgemeinen Vorgehensweisen bei der Bestimmung formaler Markrisikoindizes für das Zinsänderungs-, Wechselkurs- und Ausfallrisiko dargestellt, bevor die formalen Marktrisikoindizes selbst auf der Basis empirischer Daten ermittelt und interpretiert werden.[2] Darauf aufbauend sind sodann die formalen Risikoverbundeffekte zwischen den Marktrisikoindizes der einzelnen Risikoarten zu bestimmen.

---

[1]   Vgl. **Bösl**, Risikobegrenzung, S. 35.

[2]   Im Hinblick auf die Ermittlung von Korrelationskoeffizienten zwischen Wechselkursrisiken einerseits und Zinsänderungs-, Swapsatz- bzw. Ausfallrisiken andererseits ist es in diesem Zusammenhang sinnvoll, Daten erst ab dem Jahre 1976 bzw. 1977 zu berücksichtigen, da erst ab diesem Zeitpunkt von frei floatenden Wechselkursen insbesondere zwischen dem $ und der DM ausgegangen werden kann, und die Korrelationskoeffizienten bzw. Standardabweichungen bei einer Berücksichtigung früherer Zeitpunkte verfälscht würden.

2. Empirische Messung formaler Einzelrisiken

a) Quantifizierung des formalen Ausfallrisikos

Unter der Voraussetzung, daß die Ursachen formaler Risikoverbundeffekte grundsätzlich darin bestehen, daß die Differenzen zwischen zukünftig tatsächlich eintretenden Zinssätzen, Krisenquoten bzw. Wechselkursen einerseits und den Erwartungswerten dieser Größen andererseits korreliert sind, sowie unter der Annahme, daß die in der Vergangenheit beobachteten Korrelationsbeziehungen auch für die Zukunft gelten, stellt sich in bezug auf das Ausfallrisiko zunächst die Frage, wie in concreto in der Vergangenheit tatsächlich eingetretene Krisenquoten, d.h. insbesondere Ausfälle von Zins- und Tilgungszahlungen der Banken, ermittelt werden können. In den Jahresabschlüssen der Institute sind hierzu in der Regel keine oder nur vage Angaben zu finden. Hilfsweise können in diesem Zusammenhang jedoch — zumindest im Hinblick auf das im folgenden allein betrachtete gewerbliche Kreditgeschäft[1] — die Unternehmensinsolvenzen als gute Indikatoren für Bonitätsprobleme der Kreditnehmer und damit für Ausfälle von Zins- und Tilgungszahlungen angesehen werden.[2] Entsprechende Erhebungen über in der Vergangenheit aufgetretene Insolvenzen stehen in Form regelmäßig publizierter Ausführungen zur

---

[1] Hinsichtlich der Ermittlung von Krisenquoten im Kreditgeschäft mit Privatkunden besteht das Problem, daß weder Datenreihen über die Anzahl von Zahlungsstörungen noch über die Anzahl kreditnehmender Haushalte bzw. Privatpersonen existieren, so daß Untersuchungen in diesem Bereich (derzeit noch) nicht möglich sind. Anhaltspunkte für Krisenquoten finden sich allenfalls in vereinzelt durchgeführten, nicht repräsentativen Erhebungen wie etwa der von Korczak/Pfefferkorn. Vgl. **Korczak/Pfefferkorn**, Überschuldungssituation. Eine Fokussierung der Betrachtung auf Ausfallrisiken im gewerblichen Kreditgeschäft scheint aber auch angesichts der häufigeren in diesem Bereich vorkommenden Zahlungsstörungen gerechtfertigt. Vgl. **Brakensiek**, Kalkulation, S. 178.

[2] Die Zahl der Insolvenzen gibt bei weitem nicht alle Zahlungsstörungen der Kreditnehmer wieder; vielmehr können Zahlungsstörungen auch aus außergerichtlichen Vergleichsverfahren, stillen Bereinigungen von Insolvenzen sowie aus der Auflösung von Teilbetrieben, die aus Insolvenzgründungen erfolgen, resultieren. Hierüber liegen aber keine statistischen Angaben vor, so daß die Zahl der Insolvenzen mit einem unbekannten Faktor zu multiplizieren ist. Letzterer wird hier aber aus Vereinfachungsgründen vernachlässigt. Vgl. **Brakensiek**, Kalkulation, S. 191 ff. Nach Ansicht von einigen Fachleuten werden die aus „versteckten" Insolvenzen resultierenden Verluste sogar mindestens ebenso hoch veranschlagt wie die registrierten Insolvenzverluste. Vgl. **Beuter**, Insolvenzentwicklung, S. 716.

Verfügung.[1] Wird weiterhin davon ausgegangen, daß alle Unternehmen eines Landes Kreditnehmer sind — was einer weitgehend realistischen Annahme entspricht —, so können durch die Gegenüberstellung von Unternehmensinsolvenzen und der Anzahl der Unternehmen historische Krisenquoten für den Gesamtmarkt bzw. für einzelne Risikoklassen bestimmt werden:[2]

$$(2.137) \quad Kq_t = \frac{\text{Anzahl der Insolvenzen}_t}{\text{Anzahl der Unternehmen}_t}.$$

Für den Gesamtmarkt in Deutschland (West), d.h. für sämtliche Kredite, die im gewerblichen Kreditgeschäft an Unternehmen in Deutschland gewährt wurden, ergeben sich für den Zeitraum von 1964 bis 1994 folgende Krisenquoten (Kq_t^{Ist}) (vgl. Abb. 2.67):[3]

Jahr	Insolvenzen$_t$	Anzahl der Unternehmen$_t$	Kq_t^{Ist}
1964	2203	2098000[4]	0,00105005
1965	2070	2098000	0,00098665
1966	2530	2098000	0,00120591
1967	3159	2098000	0,00150572
1968	2602	2098000	0,00124023

Abb. 2.67: Krisenquoten für Deutschland (alte Bundesländer) von 1964 bis 1994 (alle Unternehmen)

---

[1] Insolvenzzahlen werden jeweils in der Fachserie II „Unternehmen und Arbeitsstätten", Reihe 4.1. „Insolvenzverfahren" und Reihe 4.2 „Finanzielle Abwicklung der Insolvenzverfahren" in den Jahrbüchern des Statistischen Bundesamtes veröffentlicht. Vgl. **Statistisches Bundesamt** (Hrsg.), Jahrbuch.

[2] Bezogen auf das gewerbliche Kreditgeschäft wird im folgenden unterstellt, daß primär branchenbezogene Kriterien maßgeblich sind für die Höhe der Krisenquoten. Als Risikoklassen werden entsprechend einzelne Unternehmensbranchen definiert. Alternativ könnten Risikoklassen aber auch anhand von rechtsform- oder größenspezifischen, regionalen oder sonstigen Kriterien gebildet werden. Vgl. **Brakensiek**, Kalkulation, S. 181 ff. Zu Risikoklassen im allgemeinen vgl. auch **Schmoll**, Bonitäts- und Risikoklassen, S. 988-1003.

[3] Vgl. **Statistisches Bundesamt** (Hrsg.), Jahrbuch.

[4] Da Erhebungen über die Anzahl von Unternehmen im Bundesgebiet nicht jährlich, sondern in größeren zeitlichen Abständen durchgeführt werden, beruhen die hier zugrunde gelegten Werte auf einer am 25.05.1987 durchgeführten Zählung. Vgl. **Statistisches Bundesamt**, Jahrbuch.

Fortsetzung *Abb. 2.67:*

Jahr	Insolvenzen$_t$	Anzahl der Unternehmen$_t$	Kq_t^{Ist}
1969	2494	2098000	0,00118875
1970	2716	2098000	0,00129457
1971	1971	2098000	0,00093947
1972	3097	2098000	0,00147617
1973	4000	2098000	0,00190658
1974	5976	2098000	0,00284843
1975	6953	2098000	0,00331411
1976	6808	2098000	0,003245
1977	6929	2098000	0,00330267
1978	5949	2098000	0,00283556
1979	5483	2098000	0,00261344
1980	6315	2098000	0,00301001
1981	8494	2098000	0,00404862
1982	11915	2098000	0,00567922
1983	11845	2098000	0,00564585
1984	12018	2098000	0,00572831
1985	13625	2098000	0,00649428
1986	13500	2098000	0,0064347
1987	12098	2098000	0,00576644
1988	10562	2098000	0,00503432
1989	9590	2098000	0,00457102
1990	8730	2098000	0,00416111
1991	8445	2098000	0,00402526
1992	9828	2098000	0,00468446
1993	12821	2098000	0,00611106
1994	14782[1]	2098000	0,00704576

Abb. 2.67: Krisenquoten für Deutschland (alte Bundesländer) von 1964 bis 1994 (alle Unternehmen)

Da im Jahr 1975 beispielsweise 6.953 Unternehmensinsolvenzen festgestellt wurden, ermittelt sich bei einer Anzahl von 2.098.000 Unternehmen im Marktgebiet eine Krisenquote von:

---

[1] Die Insolvenzzahl für das Jahr 1994 beruht auf einer Hochrechnung, basierend auf monatlichen Insolvenzzahlen von Januar bis November 1994.

$$(2.138) \quad Kq^{Ist}_{1975} = \frac{6.953}{2.098.000} = 0{,}331411\%.$$

Es kann also davon ausgegangen werden, daß 1975 insgesamt, d.h. über sämtliche vergebene Kredite betrachtet, 0,3314109% der vereinbarten Zins- und Tilgungszahlen ausgefallen sind.

Anders als die Ermittlung tatsächlicher Krisenquoten ist die Bestimmung von Erwartungswerten derselben (Kq^e_t) ungleich problematischer, da gesicherte Erkenntnisse über die Erwartungswertbildung zukünftiger Krisenquoten nicht vorliegen und diese auch unterschiedlich sein dürfte bei den einzelnen Instituten. Erwartete Krisenquoten — und damit letztlich auch formale Risikoverbundeffekte — können also nur bei Zugrundelegung entsprechender Prämissen eruiert werden.

Hinsichtlich der zu unterstellenden Erwartungswertbildung ist es zum einen möglich, Krisenquoten auf der Basis vergangenheitsorientierter Durchschnittsgrößen, zum anderen aber auch auf der Basis zukunftsorientierter Prognosewerte zu bestimmen.[1] Bei ersterem Verfahren wird oftmals der gleitende Durchschnitt der tatsächlich eingetretenen Krisenquoten der vergangenen vier oder fünf Jahre als Erwartungswert für die Krisenquote des kommenden Jahres herangezogen. Betragen die Krisenquoten der vergangenen fünf Jahre beispielsweise 2%, 3%, 3,5%, 4% und 5%, so errechnet sich folgender gleitender Durchschnitt, der dem Erwartungswert für die kommende Periode entspricht:

$$(2.139) \quad Kq^e_t = \frac{1}{5} \times (0{,}02 + 0{,}03 + 0{,}035 + 0{,}04 + 0{,}05) = 3{,}9\%.$$

Wenngleich es sich hierbei um eine relativ einfache Vorgehensweise handelt, ist diese doch dahingehend zu kritisieren, daß im Zeitpunkt der Erwartungswertbildung bereits erkannte und die zukünftigen Krisenquoten determinierende Entwicklungen nicht berücksichtigt werden. Bei letzteren handelt es sich insbesondere um die absehbare Verschlechterung der konjunkturellen Situation und eine damit einhergehende Erhöhung der Krisenquote. Der hieraus resultierende systematische Fehler wird bei der Erwartungswertbildung auf der Basis zukunftsorientierter Prognosewerte hingegen vermieden. Dort werden zum Zeitpunkt der Erwartungswertbildung bereits erkannte und die zukünftigen Krisenquoten determinierende

---

[1] Vgl. **Brakensiek**, Kalkulation, S. 232 ff. Ein vollständiger Überblick über Prognoseverfahren findet sich bei Opitz. Vgl. **Opitz**, Modelle, S. 83-95.

Entwicklungen auf der Basis einer regressionsanalytischen Vorgehensweise explizit berücksichtigt. Entsprechend soll auch dieses Verfahren den folgenden Ausführungen zugrunde gelegt werden.

Wenn bei der durchzuführenden Regressionsanalyse im einzelnen davon ausgegangen wird, daß die tatsächlich eingetretenen Zuwachsraten der Krisenquoten ($p(Kq_t^{Ist})$) im Zeitablauf primär determiniert werden vom Wachstum des realen Bruttoinlandsprodukts ($p(BIP_t^{Ist})$)[1], wird also bei einem starken Wachstum des Bruttoinlandsprodukts ein Rückgang der Krisenquoten unterstellt, so können — da offizielle und vom Sachverständigenrat zur Begutachtung der gesamtwirtschaftichen Entwicklung gemachte Schätzungen des Wachstums des realen Bruttoinlandsprodukt ($p(BIP_t^e)$) vorliegen[2] — hieraus auch Erwartungen über zukünftige Krisenquoten abgeleitet werden. Unter der Voraussetzung, daß die tatsächlich eingetretene Veränderung des realen Bruttoinlandsprodukts als unabhängige Variable X und die tatsächlich eingetretene Veränderung der Krisenquoten als abhängige Variable Y interpretiert werden, ermittelt sich nach der Methode der kleinsten Quadrate für den Zeitraum von 1964 bis 1974 folgende Regressionsfunktion als Schätzfunktion für das erwartete Wachstum der Krisenquote ($p(Kq_t^e)$) in Abhängigkeit vom erwarteten Wachstum des realen Bruttoinlandsprodukts (in %):

$$(2.140) \quad p(Kq_{1975}^e) = 34{,}22507449 - 5{,}221707395 \times p(BIP_{1975}^e).$$

Da der Sachverständigenrat 1974 für das Jahr 1975 ein Wachstum des realen Bruttoinlandsprodukts um 2% erwartete, beträgt das für das Jahr 1975 prognostizierte Wachstum der Krisenquote (in %) entsprechend:

$$(2.141) \quad p(Kq_{1975}^e) = 34{,}22507449 - 5{,}221707395 \times 2 = 23{,}7816597.$$

---

[1] Ein derartiger Ursache-Wirkungs-Zusammenhang ist zwar (noch) nicht abschließend bewiesen, jedoch deuten hierauf einige Untersuchungen wie beispielsweise die von der Deutschen Bundesbank hin. Vgl. Deutsche Bundesbank, Unternehmensinsolvenzen, S. 33. Für mittelständische Unternehmen wurde in einer älteren Untersuchung gleichfalls ein starker Zusammenhang zwischen Konjunktur- und Insolvenzentwicklung nachgewiesen. Vgl. **Reske/Brandenburg/Mortsiefer**, Insolvenzursachen, S. 160 ff. Auch Bösl und Hesberg gehen von einem solchen Zusammenhang aus. Vgl. **Bösl**, Risikobegrenzung, S. 111, und **Hesberg**, Risikovorsorge, S. 550. Zu beachten sind in diesem Zusammenhang auch die umfassenden Überlegungen von Büschgen. Vgl. **Büschgen**, Konjunkturwandel.

[2] Vgl. **Sachverständigenrat zur Begutachtung der gesamtwirtschaftlichen Entwicklung**, Jahresgutachten.

Bei einer tatsächlich eingetretenen Krisenquote im Jahr 1974 von 0,00284843 errechnet sich für das Jahr 1975 eine erwartete Krisenquote von:

(2.142) $\quad Kq^e_{1975} = 0,00284843 \times 1,237816597 = 0,003525834$.

Vergleicht man diese erwartete Krisenquote für das Jahr 1975 mit der im Jahr 1975 tatsächlich eingetretenen, so resultiert hieraus eine Abweichung von:

(2.143) $\quad Kq^e_{1975} - Kq^{Ist}_{1975} = 0,00352583 - 0,00331411 = 0,00021172$.

Wäre also im Jahr 1975 ein maximal zerfälltes Kreditportfolio mit einem Volumen von 1.000.000 DM (einschließlich Zinszahlungen) in kleinsten und gleich großen Krediteinheiten an sämtliche Unternehmen im Marktgebiet ausgereicht worden und hätte man die Krisenquoten auf der Basis der oben angeführten Regressionsfunktion ermittelt, resultierte hieraus aufgrund der zu hoch eingeschätzten Krisenquote eine Reinvermögensmehrung von:

(2.144) $\quad \Delta Rv_{1976} = 1.000.000 \text{ DM} \times 0,000211724 = 211,724 \text{ DM}$.

Für das Jahr 1976 kann eine Analyse der Veränderungen der realen Bruttoinlandsprodukte bzw. der Krisenquoten für den um ein Jahr verlängerten Zeitraum von 1964 bis 1975 durchgeführt werden, und es ermittelt sich nach der Methode der kleinsten Quadrate folgende Regressionsfunktion (in %):

(2.145) $\quad p(Kq^e_{1976}) = 24,17300729 - 3,313969115 \times p(BIP^e_{1976})$.

Durch Einsetzen des vom Sachverständigenrat erwarteten Wachstums des realen Bruttoinlandsprodukts von 4,5% ergibt sich eine erwartete Krisenquote von 0,003621. Die Differenz zwischen der erwarteten und der tatsächlich eingetretenen Krisenquote beträgt hier 0,000376. Die Berechnungen für die anderen Jahre erfolgen analog (vgl. Abb. 2.68).

Jahr	Kq_t^{Ist}	$p(Kq_t^{Ist})$ (in %)	$p(BIP_t^{Ist})$ (in %)	$p(BIP_t^e)$ (in %)	$p(Kq_t^e)$ (in %)	Kq_t^e	$Kq_t^e - Kq_t^{Ist}$
1963	0,00101049						
1964	0,00105005	3,91509434	6,8				
1965	0,00098665	-6,037222	5,7				
1966	0,00120591	22,2222222	2,8				
1967	0,00150572	24,8616601	-0,2				
1968	0,00124023	-17,632162	7,1				
1969	0,00118875	-4,1506533	8,2				
1970	0,00129457	8,90136327	5,9				
1971	0,00093947	-27,430044	2,9				
1972	0,00147617	57,1283612	3,4				
1973	0,00190658	29,157249	5,1				
1974	0,00284843	49,4	0,6	2,5	16,327177		
1975	0,00331411	16,3487282	-3,2	2	23,781659	0,00352583	0,00021172
1976	0,003245	-2,0854307	5,6	4,5	9,2601462	0,003621	0,000376
1977	0,00330267	1,7773208	2,8	4,5	8,6070688	0,00352429	0,00022162
1978	0,00283556	-14,143455	3,2	3,5	11,087936	0,00366887	0,00083331
1979	0,00261344	-7,8332493	4,6	3,5	9,3069470	0,00309946	0,00048602
1980	0,00301001	15,1741747	1,9	2,75	10,941787	0,0028994	-0,0001106
1981	0,00404862	34,5051465	0,1	0,5	18,468536	0,00356591	-0,0004827
1982	0,00567922	40,2754886	-1	0,5	20,316174	0,00487114	-0,0008081
1983	0,00564585	-0,5874948	1	1	20,107668	0,00682118	0,00117532
1984	0,00572831	1,46053187	2,6	2,5	12,879815	0,00637303	0,00064472
1985	0,00649428	13,3716093	2,6	3	10,473274	0,00632825	-0,000166
1986	0,0064347	-0,9174312	2,6	3	10,537912	0,00717864	0,00074394
1987	0,00576644	-10,385185	1,9	2	13,656205	0,00731344	0,00154699
1988	0,00503432	-12,696313	3,7	1,5	14,234035	0,00658724	0,00155292

Abb. 2.68: Abweichungen von erwarteten und tatsächlich eingetretenen Krisenquoten für Deutschland (alte Bundesländer) von 1963 bis 1994 (alle Unternehmen)

Fortsetzung *Abb. 2.68:*

Jahr	Kq_t^{Ist}	$p(Kq_t^{Ist})$ (in %)	$p(BIP_t^{Ist})$ (in %)	$p(BIP_t^e)$ (in %)	$p(Kq_t^e)$ (in %)	Kq_t^e	$Kq_t^e - Kq_t^{Ist}$
1989	0,00457102	-9,2028025	3,3	2,5	9,9824492	0,00553687	0,00096585
1990	0,00416111	-8,9676747	4,7	3	7,5599235	0,00491659	0,00075548
1991	0,00402526	-3,2646048	3,7	3,5	5,3347849	0,00438309	0,00035783
1992	0,00468446	16,3765542	1,5	5	-0,5497778	0,00400313	-0,0006813
1993	0,00611106	30,4538055	-2	0	18,630755	0,00555721	-0,0005538
1994	0,00704576	15,2952188	3	0,5	17,541334	0,00718302	0,00013726

Abb. 2.68: Abweichungen von erwarteten und tatsächlich eingetretenen Krisenquoten für Deutschland (alte Bundesländer) von 1963 bis 1994 (alle Unternehmen)

In einem weiteren Schritt wird die Standardabweichung der Differenzen der erwarteten von den tatsächlich eingetretenen Krisenquoten ermittelt. Bezogen auf den Beispielfall ergibt sich ein Wert von:[1]

$(2.146) \quad \sigma_{AR_M} = 0,00070901$.

Diese Größe — in inländischen Geldeinheiten — entspricht dem in der Vergangenheit beobachteten formalen Ausfallrisiko eines optimal diversifizierten und unendlich zerfällten Kreditportfolios (einschließlich Zinszahlungen) mit einem Volumen von 1 DM, das in unendlich vielen Krediteinheiten an sämtliche Unternehmen in jeweils gleichem Umfang ausgereicht wurde. Im Falle des bereits oben unterstellten Kreditportfolios von 1.000.000 DM beträgt das formale Ausfallrisiko entsprechend:

$(2.147) \quad \sigma_{AR_M} = 1.000.000 \text{ DM} \times 0,00070901 = 709,01 \text{ DM}$.

---

[1] Es ist in diesem Zusammenhang erneut darauf hinzuweisen, daß es sich bei dem hier berechneten formalen Ausfallrisiko nur um das Änderungsrisiko handelt, das Zufallsrisiko hier also nicht berücksichtigt wird. Da auch im folgenden in der Regel das Änderungs- und nicht das Zufallsrisiko gemeint ist, wird allerdings auf eine spezielle und auf das Änderungsrisiko hindeutende Bezeichnung der Symbole verzichtet.

Wird schließlich berücksichtigt, daß sich die Abweichungen der erwarteten Krisenquoten von den tatsächlich eingetretenen am ehesten dann ausgleichen, wenn Kredite an sämtliche Unternehmen im Gesamtmarkt vergeben werden, und daß die entsprechenden Abweichungen bei Krisenquoten einzelner Branchen mit den Abweichungen des Gesamtmarktes in weitgehend linearer Beziehung stehen, dann kann das oben ermittelte formale Risiko auch als Marktrisikoindex für das Ausfallrisiko interpretiert werden.

b) Quantifizierung des formalen Zinsänderungsrisikos

Wie bereits angedeutet wurde, besteht das formale Zinsänderungsrisiko nicht in Form von Schwankungen der Zinssätze unterschiedlicher Zinsbindungsfristen um einen zeitlichen Durchschnittswert bzw. in Abweichungen zukünftig eintretender von bestimmten historischen Zinssätzen, sondern vielmehr in Form von Schwankungen tatsächlich eintretender Zinssätze um entsprechende forward rates. Des weiteren wurde darauf hingewiesen, daß positive Abweichungen bei einer bestimmten Zinsbindungsfrist mit negativen Abweichungen bei einer anderen einhergehen können und es beispielsweise möglich ist, daß formale Zinsänderungsrisiken kurzer Zinsbindungsfristen stärker oder schwächer oder sogar mit umgekehrten Vorzeichen mit dem formalen Ausfall- oder Wechselkursrisiko einer bestimmten Währung korreliert sein können als formale Zinsänderungsrisiken langer Zinsbindungsfristen. Formale Risikoverbundeffekte zwischen dem Zinsänderungsrisiko einerseits und dem Wechselkurs- bzw. Ausfallrisiko andererseits sind also abhängig von der jeweils in Betracht stehenden Zinsbindungsfrist. Vor diesem Hintergrund ist es ähnlich den Überlegungen beim Ausfallrisiko erforderlich, einen Marktrisikoindex für das Zinsänderungsrisiko zu bestimmen, der die formalen Zinsänderungsrisiken verschiedener Laufzeiten repräsentiert.[1] Als geeigneter Marktrisikoindex sollen in diesem Zusammenhang die nach jeweils einer Periode zu beobachtenden Abweichungen der tatsächlich eintretenden von den erwarteten Kurswerten von idealtypischen, d.h. im Ausgangszeitpunkt zu pari notierten, endfälligen Bundesanleihen[2] mit einer Laufzeit von zehn Jahren und jährlichen Zinszahlungen dienen. In den Kurswertabweichungen schlagen sich nämlich nicht nur die Abweichungen der

---

[1] In diesem Zusammenhang ist auch der Ansatz von Wilhelm zur Übertragung der Portfolio-Theorie von Markowitz auf Bond-Portfolios zu beachten. Vgl. **Wilhelm**, Fristigkeitsstruktur, S. 209-246.

[2] Eine Fokussierung auf Bundesanleihen ist deshalb sinnvoll, weil diese nicht vom Ausfall bedroht sind und entsprechend nur dem Zinsänderungsrisiko unterliegen.

tatsächlich eintretenden Zinssätze von den forward rates für Zinsbindungsfristen von neun Jahren, sondern bezogen auf die jährlichen Zinszahlungen — wenngleich in geringerem Umfang — auch die Abweichungen tatsächlich eintretender Zinssätze von den forward rates kürzerer Zinsbindungsfristen in cumulo nieder. Die Kurswertabweichungen von Bundesanleihen können also als diversifiziertes Portfolio formaler Zinsänderungsrisiken unterschiedlicher Zinsbindungsfristen interpretiert werden. Zur Verdeutlichung des formalen Zinsänderungsrisikos werden im folgenden die Zinsstrukturen am inländischen Geld- und Kapitalmarkt für die Jahre 1976 bis 1994 analysiert (vgl. Abb. 2.69):[1]

Jahr	Zinssätze (in %) für Zinsbindungsfristen (in Jahren)									
	1	2	3	4	5	6	7	8	9	10
1976	5,48	6,32	6,75	7,02	7,2	7,32	7,41	7,46	7,5	7,51
1977	4,34	4,76	5,03	5,25	5,43	5,59	5,74	5,88	6	6,13
1978	4,23	5,14	5,63	5,94	6,16	6,32	6,44	6,52	6,59	6,63
1979	8,54	8,22	8,07	7,98	7,92	7,89	7,87	7,86	7,86	7,87
1980	9,3	9,16	9,09	9,05	9,02	8,99	8,98	8,97	8,96	8,95
1981	10,17	9,93	9,81	9,74	9,7	9,67	9,66	9,66	9,66	9,67
1982	6,76	7,22	7,45	7,58	7,66	7,72	7,75	7,76	7,76	7,75
1983	6,86	7,51	7,84	8,03	8,16	8,24	8,29	8,32	8,32	8,32
1984	5,52	6,12	6,46	6,68	6,84	6,96	7,06	7,14	7,2	7,25
1985	4,79	5,52	5,92	6,18	6,36	6,5	6,6	6,68	6,75	6,79
1986	4,46	5,06	5,4	5,62	5,79	5,92	6,03	6,11	6,19	6,25
1987	3,47	4,41	4,96	5,34	5,64	5,88	6,08	6,25	6,4	6,54
1988	5,53	5,82	6	6,14	6,25	6,34	6,42	6,49	6,56	6,62
1989	7,67	7,67	7,66	7,65	7,64	7,62	7,61	7,59	7,57	7,55
1990	9,08	9,12	9,13	9,13	9,13	9,11	9,1	9,08	9,06	9,04
1991	9,43	9,09	8,89	8,75	8,63	8,54	8,46	8,39	8,32	8,26
1992	7,44	7,27	7,18	7,13	7,1	7,09	7,08	7,09	7,09	7,1
1993	5,04	5,08	5,14	5,21	5,29	5,37	5,45	5,53	5,61	5,7
1994	5,97	6,64	7	7,24	7,42	7,54	7,64	7,72	7,78	7,83

Abb. 2.69: DM-Geld- und Kapitalmarktzinsen von 1976 bis 1994

---

[1] Die Zinssätze entsprechen den Dezemberwerten der jeweiligen Jahre. Vgl. **Deutsche Bundesbank**, Beihefte. In dieser Reihe werden Angaben zu Zinssätzen verschiedener Zinsbindungsfristen erst seit 1976 veröffentlicht.

Gemäß der bereits an anderer Stelle dargestellten Vorgehensweise[1] können hieraus nachstehende Zerobond-Abzinsungsfaktoren hergeleitet werden (vgl. Abb. 2.70):

Jahr	Zerobond-Abzinsungsfaktoren für Zinsbindungsfristen (in Jahren)								
	1	2	3	4	5	6	7	8	9
1976	0,948047	0,884201	0,820911	0,760370	0,703568	0,650976	0,602072	0,557776	0,516656
1977	0,958405	0,911015	0,862580	0,813843	0,765873	0,718794	0,672639	0,627743	0,585043
1978	0,959416	0,904209	0,847370	0,791926	0,738715	0,688420	0,641210	0,597778	0,556768
1979	0,921319	0,854063	0,792751	0,736305	0,684107	0,635187	0,589702	0,547212	0,507336
1980	0,914913	0,839312	0,770502	0,707484	0,649838	0,597305	0,548498	0,503809	0,462887
1981	0,907688	0,827678	0,755632	0,690155	0,630289	0,575757	0,525438	0,479152	0,436943
1982	0,936680	0,869587	0,805428	0,745522	0,689984	0,638280	0,591067	0,548013	0,508550
1983	0,935803	0,864776	0,796396	0,732632	0,673357	0,619138	0,569607	0,524417	0,484137
1984	0,947687	0,887675	0,827949	0,770613	0,716135	0,664879	0,616537	0,571394	0,529657
1985	0,954289	0,897766	0,840595	0,785076	0,732245	0,682020	0,635204	0,591285	0,549885
1986	0,957304	0,905730	0,853317	0,802254	0,752691	0,705380	0,660102	0,617842	0,577115
1987	0,966463	0,916941	0,863741	0,810045	0,756696	0,704895	0,655031	0,607422	0,562030
1988	0,947597	0,892883	0,839218	0,787136	0,737244	0,689732	0,644443	0,601527	0,560463
1989	0,928763	0,862602	0,801394	0,744685	0,692139	0,643881	0,598781	0,557520	0,519370
1990	0,916758	0,839801	0,769381	0,705013	0,646031	0,592802	0,543766	0,499421	0,458943
1991	0,913826	0,840529	0,775128	0,716018	0,662720	0,613817	0,569274	0,528497	0,491535
1992	0,930752	0,869147	0,812434	0,759582	0,710171	0,663535	0,620106	0,578550	0,540247
1993	0,952018	0,905631	0,860297	0,815887	0,772210	0,729586	0,688058	0,647664	0,608433
1994	0,943663	0,878976	0,815341	0,754392	0,696598	0,643194	0,593146	0,546682	0,503951

Abb. 2.70: DM-Zerobond-Abzinsungsfaktoren von 1976 bis 1994

Bei idealtypischen Bundesanleihen mit Restlaufzeiten von zehn Jahren, Nennwerten von jeweils 100 DM sowie jährlichen Zinscoupons, die jeweils die aktuell gültigen Zehnjahreszinsen verbriefen, ergeben sich dann — basierend auf den historischen Zinssätzen bzw. den oben ermittelten Zerobond-Abzinsungsfaktoren[2] — folgende erwartete ($Kw_t^{I,e}$) und tatsächlich eingetretene bzw. rechnerische Kurswerte ($Kw_t^{I,Ist}$) der Anleihen (in DM) (vgl. Abb. 2.71):

---

[1] Vgl. Kapitel B. II. 4. a) in diesem Teil.

[2] Bei den hier berechneten Zerobond-Abzinsungsfaktoren wurde jeweils der Startzeitpunkt t=2 zugrunde gelegt, da die zinsbedingten Reinvermögensänderungen jeweils erst nach einer Periode zu erfassen sind.

Jahr	$Kw_t^{I,Ist}$	$Kw_t^{I,e}$	$Kw_t^{I,Ist} - Kw_t^{I,e}$
1977	117,953067	105,48	12,4730672
1978	103,036125	104,34	-1,30387534
1979	98,920377	104,23	-5,30962304
1980	101,335936	108,54	-7,20406353
1981	104,811596	109,3	-4,48840377
1982	121,76625	110,17	11,5962503
1983	104,215847	106,76	-2,54415305
1984	115,636437	106,86	8,77643652
1985	110,584184	105,52	5,06418446
1986	110,889043	104,79	6,09904313
1987	105,223509	104,46	0,76350947
1988	106,405995	103,47	2,93599502
1989	100,588317	105,53	-4,94168284
1990	98,5323995	107,67	-9,13760054
1991	113,440171	109,08	4,36017121
1992	115,846897	109,43	6,41689677
1993	117,499884	107,44	10,0598843
1994	92,4380324	105,04	-12,6019676
Summe			21,0140687

Abb. 2.71: Abweichungen tatsächlich eingetretener von erwarteten Kurswerten endfälliger und in DM denominierter zehnjähriger Anleihen von 1977 bis 1994

Im Jahr 1977 beispielsweise ergibt sich bei einem 1976 gültigen Zehnjahreszins von 7,51% ein rechnerischer Kurs- oder Barwert einer wie oben beschriebenen idealtypischen Bundesanleihe (einschließlich Zinszahlung im Jahr 1977) von:

$$
\begin{aligned}
Bw_{1977} = &\, 7{,}51\,\text{DM} + 7{,}51\,\text{DM} \times 0{,}95840521 + 7{,}51\,\text{DM} \\
&\times 0{,}91101557 + 7{,}51\,\text{DM} \times 0{,}86258034 + 7{,}51\,\text{DM} \\
&\times 0{,}81384317 + 7{,}51\,\text{DM} \times 0{,}76587371 + 7{,}51\,\text{DM} \\
&\times 0{,}71879436 + 7{,}51\,\text{DM} \times 0{,}67263911 + 7{,}51\,\text{DM} \\
&\times 0{,}62774338 + 107{,}51\,\text{DM} \times 0{,}58504369 \\
= &\, 117{,}953067\,\text{DM} \,.
\end{aligned}
$$

(2.148)

Aufgrund des im Jahr 1976 gültigen Einjahreszinses von 5,48% wurde aber nur mit einem Kurswert von 105,48 DM gerechnet.[1] In diesem Fall entsteht eine Reinvermögensmehrung von 12,4730672 DM. Die Reinvermögensänderungen für die anderen Jahre ergeben sich analog.

Sofern nun auch hier die Standardabweichung der Differenzen zwischen den tatsächlich eingetretenen und den erwarteten Kurswerten in den einzelnen Jahren berechnet wird, ergibt sich ein Wert von:

(2.149) $\quad \sigma_{ZÄR} = 7{,}2690914 \text{ DM}$.

Dieser entspricht dem formalen Risiko eines aktivischen Festzinsüberhangs in Höhe von 100 DM resultierend aus einer Anlage mit einer Zinsbindungsfrist von zehn Jahren und einer Finanzierung mit Einjahresgeldern. Bei einer offenen aktivischen Festzinsposition in Höhe von beispielsweise 100.000 DM errechnet sich entsprechend ein formales Zinsänderungsrisiko von:

(2.150) $\quad \sigma_{ZäR} = 100.000 \text{ DM} \times \dfrac{7{,}26909143 \text{ DM}}{100 \text{ DM}} = 7.269{,}09143 \text{ DM}$.

c) Quantifizierung des formalen Wechselkurs- und Swapsatzrisikos

(1) Swapsatzrisiko

Analog dem Zinsänderungsrisiko beruht auch das Swapsatzrisiko — interpretiert als Zinsänderungsrisiko in Fremdwährung — auf Abweichungen tatsächlich eintretender (ausländischer) Zinssätze von den entsprechenden forward rates. Folglich können auch in diesem Zusammenhang die Differenzen zwischen den tatsächlich eintretenden und den erwarteten Kurswerten einer ausländischen endfälligen Bundesanleihe mit einer Zinsbindungsfrist von zehn Jahren sowie jährlichen Zinszahlungen als Marktrisikoindizes für das Swapsatzrisiko interpretiert werden.[2] Zu be-

---

[1] Insgesamt darf sich nämlich der Barwert einer längerfristigen Anleihe (einschließlich Zinsen) nach Ablauf eines Jahres bei Eintritt der forward rates nicht vom Barwert einer zum Einjahressatz verzinsten Schuldverschreibung (einschließlich Zinsen) unterscheiden. Vgl. in diesem Zusammenhang insbesondere auch Kapitel C. II. 1. in diesem Teil.

[2] Vernachlässigt wird hier der Umstand, daß Swapsatzrisiken in den verschiedenen Währungen auftreten können, und ein Marktrisikoindex für das

achten ist hierbei allerdings, daß die Kurswertdifferenzen stets in Fremdwährung anfallen und im Hinblick auf eine einheitliche Risikomessung mit den aktuellen Devisenkassakursen in DM umgerechnet werden müssen. Das formale Swapsatzrisiko unterliegt damit immer auch einem zinsbedingten Wechselkursrisiko, das im Vergleich zum Wechselkursrisiko aus offenen Fremdwährungskassapositionen allerdings relativ unbedeutend und mit diesem nicht zu verwechseln ist.

Zur Verdeutlichung der Zusammenhänge werden folgende Zinsstrukturen in $ für die Jahre 1976 bis 1994 analysiert (vgl. Abb. 2.72):[1]

Jahr	Zinssätze (in %) für Zinsbindungsfristen (in Jahren)									
	1	2	3	4	5	6	7	8	9	10
1976	4,89	5,38	5,68	5,89	6,1	6,235	6,37	6,53	6,70	6,87
1977	6,96	7,18	7,3	7,39	7,48	7,535	7,59	7,62	7,65	7,69
1978	10,3	9,72	9,33	9,20	9,08	9,055	9,03	9,02	9,01	9,01
1979	11,98	11,39	10,71	10,56	10,42	10,42	10,42	10,41	10,4	10,39
1980	14,88	14,08	13,65	13,45	13,25	13,12	13	12,94	12,89	12,84
1981	12,85	13,29	13,66	13,52	13,6	13,62	13,62	13,71	13,71	13,72
1982	8,91	9,66	9,88	10,05	10,22	10,35	10,49	10,50	10,52	10,54
1983	10,11	10,84	11,13	11,33	11,54	11,66	11,78	12,03	11,93	11,83
1984	9,33	10,18	10,56	10,81	11,07	11,26	11,45	11,46	11,48	11,5
1985	7,67	8,15	8,4	8,56	8,73	8,92	9,11	9,07	9,16	9,26
1986	5,87	6,27	6,43	6,55	6,67	6,82	6,97	7,01	7,06	7,11
1987	7,17	7,86	8,13	8,29	8,45	8,635	8,82	8,87	8,93	8,99
1988	8,99	9,09	9,11	9,1	9,09	9,11	9,13	9,12	9,11	9,11
1989	7,72	7,78	7,77	7,76	7,75	7,81	7,87	7,86	7,85	7,84
1990	7,05	7,31	7,47	7,6	7,73	7,86	8	8,02	8,05	8,08
1991	4,38	5,03	5,39	5,79	6,19	6,44	6,69	6,82	6,95	7,09
1992	3,71	4,67	5,21	5,645	6,08	6,27	6,46	6,56	6,66	6,76
1993	4,61	4,21	4,54	4,845	5,15	5,315	5,48	5,57	5,67	5,77
1994	7,14	7,59	7,71	7,745	7,78	7,78	7,8	7,80	7,80	7,81

Abb. 2.72: $-Geld- und Kapitalmarktzinsen von 1976 bis 1994

Swapsatzrisiko idealiter die Kurswertabweichungen unterschiedlicher Währungen in cumulo umfassen sollte. Die aus Vereinfachungsgründen erfolgte Fokussierung auf $-Positionen ist allerdings tolerabel, da es sich hierbei — gemessen am Handelsvolumen — um die wichtigste Fremdwährung handelt.

[1] Vgl. **Board of Governors of the Federal Reserve System (Hrsg.),** Bulletin.

Aus den Zinsstrukturen[1] lassen sich wiederum nachstehende Zerobond-Abzinsungsfaktoren herleiten (vgl. Abb. 2.73):

Jahr	Zerobond-Abzinsungsfaktoren für Zinsbindungsfristen (in Jahren)								
	1	2	3	4	5	6	7	8	9
1976	0,953379	0,900273	0,846624	0,794176	0,741600	0,692692	0,644955	0,596663	0,549542
1977	0,934928	0,870378	0,809144	0,751272	0,696170	0,645311	0,597381	0,553424	0,512250
1978	0,906618	0,831094	0,766369	0,704637	0,649659	0,596601	0,548211	0,503144	0,461866
1979	0,893016	0,806432	0,738857	0,671453	0,612174	0,554405	0,502087	0,455181	0,412775
1980	0,870473	0,769142	0,682967	0,606093	0,540353	0,481493	0,430470	0,383196	0,341682
1981	0,886132	0,778738	0,679727	0,601449	0,527585	0,463545	0,408164	0,355156	0,312322
1982	0,918189	0,831025	0,752800	0,680188	0,612210	0,550123	0,492585	0,445022	0,401853
1983	0,908182	0,813382	0,727427	0,648858	0,576033	0,511933	0,453489	0,394226	0,356804
1984	0,914662	0,823096	0,738506	0,660733	0,587678	0,521842	0,460990	0,412863	0,369571
1985	0,928763	0,854651	0,784310	0,718531	0,655853	0,595265	0,537663	0,494372	0,448223
1986	0,944554	0,88527	0,829035	0,775077	0,722749	0,670767	0,620292	0,577246	0,536537
1987	0,933096	0,859130	0,79006	0,725762	0,664333	0,604763	0,547965	0,500622	0,456641
1988	0,917515	0,840221	0,769746	0,705773	0,647260	0,592507	0,542117	0,496917	0,455820
1989	0,928332	0,860805	0,798908	0,741618	0,688585	0,636466	0,587442	0,545119	0,505979
1990	0,934142	0,868245	0,805212	0,745188	0,687672	0,632473	0,579782	0,535406	0,494073
1991	0,958037	0,906227	0,853511	0,796522	0,736853	0,682286	0,627943	0,580892	0,535452
1992	0,964227	0,912363	0,857551	0,800471	0,740097	0,688788	0,638134	0,593593	0,550719
1993	0,955931	0,920981	0,875060	0,826617	0,775751	0,729778	0,683911	0,642505	0,602146
1994	0,933358	0,863610	0,799789	0,741455	0,686850	0,637134	0,590304	0,547413	0,507593

Abb. 2.73: $-Zerobond-Abzinsungsfaktoren von 1976 bis 1994

Bei einem Nennwert einer Bundesanleihe in Fremdwährung von 100 $ ergeben sich sodann folgende erwartete und tatsächlich eintretende Kurswerte in $[2] sowie — unter Berücksichtigung entsprechender Devisenkassakurse — nachstehende Kurswertabweichungen (vgl. Abb. 2.74):

---

[1] Zinssätze für Zinsbindungsfristen von acht und neun Jahren wurden aufgrund fehlender statistischer Angaben linear interpoliert.

[2] Bei den hier berechneten Zerobond-Abzinsungsfaktoren wurde jeweils der Startzeitpunkt t=2 zugrunde gelegt, da die swapsatzbedingten Reinvermögensänderungen jeweils erst nach Ablauf einer Periode zu erfassen sind.

Zweiter Teil: Funktionen und Anforderungen an die Risikomessung 261

Jahr	tatsächlicher Kurswert$_t$ (in $)	erwarteter Kurswert$_t$ (in $)	tatsächlicher Kurswert$_t$ - erwarteter Kurswert$_t$ (in $)	$W_{K(1)}$ (in DM)	tatsächlicher Kurswert$_t$ - erwarteter Kurswert$_t$ (in DM)
1977	101,858726	104,89	-3,031274	2,105	-6,38083194
1978	99,7721832	106,96	-7,1878168	1,828	-13,1393292
1979	101,161525	110,3	-9,148475	1,7315	-15,8232703
1980	97,6082976	111,98	-13,3717024	1,959	-28,1541651
1981	108,43684	114,88	-6,44316	2,2548	-14,528037
1982	131,889854	112,85	19,039854	2,3765	45,2482126
1983	103,034596	108,91	-5,875404	2,7238	-16,0034261
1984	113,733181	110,11	3,623181	3,148	11,4057727
1985	125,525176	109,33	16,195176	2,4613	39,8611859
1986	123,673493	107,67	16,003493	1,9408	31,0595797
1987	96,0198015	105,87	-9,8501985	1,5815	-15,578089
1988	108,223326	107,17	1,053326	1,7803	1,87523659
1989	117,039505	108,99	8,049505	1,6978	13,6664498
1990	106,499798	107,72	-1,220202	1,494	-1,82298201
1991	115,581314	107,05	8,531314	1,516	12,9334723
1992	109,990757	104,38	5,610757	1,614	9,05576182
1993	114,380452	103,71	10,670452	1,7263	18,4204011
1994	92,9237055	104,61	-11,686945	1,5488	-18,099733
Summe					53,9962089

Abb. 2.74: Abweichungen tatsächlich eingetretener von erwarteten Kurswerten endfälliger und in $ denominierter zehnjähriger Anleihen von 1977 bis 1994

Im Jahr 1977 beispielsweise errechnet sich bei einem 1976 gültigen $-Zehnjahreszins von 6,87% ein Kurswert der Anleihe (einschließlich Zinszahlung im Jahr 1977) von:

(2.151)
$$\begin{aligned}Bw_{1977} =\ & 6{,}87\ \$ + 6{,}87\ \$ \times 0{,}93492895 + 6{,}87\$ \times 0{,}8703789 + 6{,}87\ \$ \\ & \times 0{,}80914495 + 6{,}87\ \$ \times 0{,}75127287 + 6{,}87\ \$ \times 0{,}69617019 \\ & + 6{,}87\ \$ \times 0{,}6453119 + 6{,}87\ \$ \times 0{,}59738166 + 6{,}87\ \$ \\ & \times 0{,}5534241 + 106{,}87\ \$ \times 0{,}51225015 \\ =\ & 101{,}858726\ \$.\end{aligned}$$

Aufgrund des im Jahr 1976 gültigen $-Einjahreszinses von 4,89% wurde aber mit einem Kurswert von 104,89 $ gerechnet. In diesem Fall entsteht also im Jahr 1977 eine Reinvermögensminderung von 3,031274 $. Bei einem 1977 gültigen Devisenkassakurs von 2,105 DM/$ beläuft sich die Reinvermögensminderung in heimischer Währung auf 6,38083177 DM.[1]

Berechnet man weiterhin die Standardabweichung der in DM bewerteten Kurswertdifferenzen, so ergibt sich ein Wert von :

(2.152) $\sigma_{SR} = 20{,}6090213$ DM .

Dieser entspricht dem formalen Risiko eines aktivischen Festzinsüberhangs in Fremdwährung in Höhe von 100 $ resultierend aus einer Anlage mit einer Zinsbindungsfrist von zehn Jahren und einer Finanzierung mit Einjahresgeldern. Bei einer offenen Festzinsposition in Höhe von zum Beispiel 100.000 $ ergibt sich entsprechend ein formales Swapsatzrisiko von:

(2.153) $\sigma_{SR} = 100.000\ \$ \times \dfrac{20{,}6090213\ \text{DM}}{100\ \$} = 20.609{,}0213\ \text{DM}$.

(2) Wechselkursrisiko

Das formale Wechselkursrisiko beruht auf Abweichungen der tatsächlich eintretenden Devisenkassakurse von den entsprechenden Devisenterminkursen. Auch hier lassen sich die Zusammenhänge — wiederum fokussierend auf Fremdwährungsüberhänge in $ — für den Zeitraum von 1976 bis 1994 verdeutlichen (vgl. Abb. 2.75):

---

[1] Bereits an dieser Stelle wird deutlich, daß inländische und ausländische Zinsänderungsrisiken nicht vollständig positiv korreliert sein können: Während 1977 bei einem aktivischen Festzinsüberhang von 100 DM eine Reinvermögensmehrung von 12,4730672 DM eingetreten wäre, hätte 1977 bei einem aktivischen Festzinsüberhang von 100 $ eine Reinvermögensminderung von 6,38083177 DM hingenommen werden müssen.

Jahr (t)	$w_{K(t)}$ (in DM)	$w_{T(t-1,1)}$ (in DM)	$w_{K(t)} - w_{T(t-1,1)}$ (in DM)
1976	2,3625		
1977	2,105	2,37578892	-0,27078892
1978	1,828	2,05343773	-0,22543773
1979	1,7315	1,72740199	0,00409801
1980	1,959	1,67830872	0,28069128
1981	2,2548	1,86384662	0,39095338
1982	2,3765	2,20125225	0,17524775
1983	2,7238	2,32958535	0,39421465
1984	3,148	2,64340449	0,50459551
1985	2,4613	3,03829653	-0,57699653
1986	1,9408	2,39546417	-0,45466417
1987	1,5815	1,914952	-0,333452
1988	1,7803	1,52689937	0,25340063
1989	1,6978	1,72378254	-0,02598254
1990	1,494	1,69701194	-0,20301194
1991	1,516	1,52233087	-0,00633087
1992	1,614	1,58934547	0,02465453
1993	1,7263	1,6720486	0,0542514
1994	1,5488	1,73339597	-0,18459597
Summe			-0,19915351

Abb. 2.75: Abweichungen tatsächlich eingetretener von erwarteten DM/$-Wechselkursen

Nach der folgenden und bereits oben entwickelten Formel:[1]

$$(2.154) \qquad \frac{ZAF^A_{t,Lz}}{ZAF^I_{t,Lz}} \times w_{K(t)} = w_{T(t,Lz)}$$

errechnet sich etwa für das Jahr 1976 ein Einjahresdevisenterminkurs als Erwartungswert für den 1977 eintretenden Devisenkassakurs von:

$$(2.155) \qquad w_{T(1976,1)} = \frac{0{,}95337973}{0{,}94804702} \times 2{,}3625 \text{ DM} / \$ = 2{,}375788927 \text{ DM} / \$.$$

---

[1] Vgl. Kapitel B. III 2. a) in diesem Teil.

Da sich der Devisenkassakurs 1977 tatsächlich bei 2,105 DM/$ einstellte, ergibt sich eine Abweichung von -0,27078892 DM/$. Dieser Wert entspricht einer Reinvermögensminderung, die eingetreten wäre, wenn 1977 — aufgrund eines aktivischen Fremdwährungsüberhangs — nicht durch entsprechende Fremdwährungsauszahlungen gedeckte Einzahlungen von 1 $ angefallen wären.

Berechnet man die Standardabweichung der Differenzen zwischen den Devisenkassa- und -terminkursen, dann ergibt sich ein Wert von:

$(2.156) \quad \sigma_{WKR} = 0,29710925 \text{ DM}/\$$,

der einem formalen Wechselkursrisiko einer ungedeckten Fremdwährungseinzahlung von 1 $ entspricht. Auch hier ergibt sich das formale Wechselkursrisiko bei größeren Fremdwährungseinzahlungen als ein Vielfaches des oben ermittelten Wertes. Bei einer Fremdwährungseinzahlung von beispielsweise 100.000 $ errechnet sich ein formales Wechselkursrisiko von:

$(2.157) \quad \sigma_{WKR} = 100.000 \; \$ \times 0,29710925 \text{ DM}/\$ = 29.710,925 \text{ DM}$.

Aus Praktikabilitätsgründen soll das so ermittelte formale Wechselkursrisiko als formaler Marktrisikoindex angesehen werden.[1]

3. Empirische Messung und Interpretation formaler Risikoverbundeffekte

Nachdem formale Marktrisikoindizes für das formale Ausfall-, Zinsänderungs-, Swapsatz- und Wechselkursrisiko basierend auf historischen Datenreihen abschließend ermittelt wurden, sind hieran anknüpfend Korrelationsbeziehungen zwischen den Differenzen tatsächlich eingetretener Krisenquoten, Zinssätze und Wechselkur-

---

[1] Auf die Bildung eines Portfolios bestehend aus unterschiedlichen Fremdwährungspositionen wird also verzichtet.

se einerseits sowie den Erwartungswerten dieser Größen andererseits zu bestimmen.[1]

a) Formaler Risikoverbundeffekt zwischen dem Ausfall- und dem Zinsänderungsrisiko

Mißt man das formale Zinsänderungsrisiko — wie bereits oben — auf der Basis der Abweichungen der tatsächlich eingetretenen von den erwarteten Kurswerten einer endfälligen Bundesanleihe mit einem Nennwert von 100 DM sowie jährlichen Zinszahlungen — wird also von einer positiven Fristentransformation ausgegangen[2] — und bestimmt sich das formale Ausfallrisiko anhand der Differenzen zwischen den tatsächlich eingetretenen Krisenquoten einerseits und den auf der Basis des realen Bruttoinlandsprodukts prognostizierten Krisenquoten andererseits, so ermittelt sich der Korrelationskoeffizient zwischen dem formalen Zinsänderungs- und dem formalen Ausfallrisiko nach folgender allgemeiner Formel:

$$(2.158) \quad \rho_{Z\ddot{A}R^+, AR_M} = \frac{1}{n} \times \frac{\sum_{t=1}^{n} \left(\left((Kq_t^e - Kq_t^{Ist}) - (\frac{\sum_{t=1}^{n}(Kq_t^e - Kq_t^{Ist})}{n}) \right) \times \left((Kw_t^{Ist} - Kw_t^e) - (\frac{\sum_{t=1}^{n}(Kw_t^{I,Ist} - Kw_t^{I,e})}{n}) \right) \right)}{\sigma_{Z\ddot{A}R} \times \sigma_{AR_M}}.$$

Bei Zugrundelegung der Daten für die Jahre 1977 bis 1994 ergibt sich ein Korrelationskoeffizient von:

---

[1] Problematisch ist in diesem Zusammenhang, daß es sich bei den im folgenden zu ermittelnden formalen Risikoverbundeffekten auch um sog. Scheinkorrelationen handeln kann, daß stringente Ursache-Wirkungs-Zusammenhänge also nicht existieren und die Koeffizienten im Zeitablauf nicht stabil sind. Letzteres kann abschließend aber kaum evaluiert werden; vielmehr kann hier nur nach plausiblen Zusammenhängen gesucht werden, was im weiteren auch geschehen soll. In diesem Zusammenhang weist auch Büschgen darauf hin, daß bei Korrelationsanalysen stets auf sachlogische Zusammenhänge zurückgegriffen werden muß. Vgl. **Büschgen**, Bankmarketing, S. 43.

[2] Im Falle einer negativen Fristentransformation wären Barwertminderungen der Bundesanleihe entsprechend als positive Reinvermögensänderungen zu interpretieren.

$$(2.159) \quad \rho_{Z\overline{A}R^+,AR_M} = \frac{1}{18} \times \frac{-0{,}02472119 \text{ DM}}{0{,}00070901 \times 7{,}26909143 \text{ DM}} = -0{,}26648.$$

Der Zähler des zweiten Terms entspricht dabei der Summe der Produkte aus den Differenzen zwischen den tatsächlich eingetretenen und den erwarteten Kurswerten einer idealtypischen inländischen Bundesanleihe zum einen und den entsprechenden Differenzen einer idealtypischen ausländischen Bundesanleihe zum anderen (vgl. Abb. 2.76, Spalte 5, letzte Zeile).

Jahr	(1) $Kq_t^e - Kq_t^{Ist}$	(2) $(Kq_t^e - Kq_t^{Ist}) - \left(\dfrac{\Sigma(Kq_t^e - Kq_t^{Ist})}{n}\right)$	(3) $Kw_t^{I,Ist} - Kw_t^{I,e}$ (in DM)	(4) $(Kw_t^{I,Ist} - Kw_t^{I,e}) - \left(\dfrac{\Sigma(Kw_t^{I,Ist} - Kw_t^{I,e})}{n}\right)$ (in DM)	(5) = (2) × (4) (in DM)
1977	0,00022162	-0,0001461	12,4730672	11,3056189	-0,0016515
1978	0,00083331	0,00046561	-1,3038753	-2,4713236	-0,0011507
1979	0,00048602	0,00011832	-5,309623	-6,4770713	-0,0007663
1980	-0,0001106	-0,0004783	-7,2040635	-8,3715118	0,00400422
1981	-0,0004827	-0,0008504	-4,4884038	-5,655852	0,00480978
1982	-0,0008081	-0,0011758	11,5962503	10,4288021	-0,012262
1983	0,00117532	0,00080762	-2,544153	-3,7116013	-0,0029976
1984	0,00064472	0,00027701	8,77643652	7,60898825	0,00210778
1985	-0,000166	-0,0005337	5,06418446	3,8967362	-0,0020798
1986	0,00074394	0,00037624	6,09904313	4,93159486	0,00185545
1987	0,00154699	0,00117929	0,76350947	-0,4039388	-0,0004764
1988	0,00155292	0,00118522	2,93599502	1,76854676	0,00209612
1989	0,00096585	0,00059814	-4,9416828	-6,1091311	-0,0036541
1990	0,00075548	0,00038778	-9,1376005	-10,305049	-0,003996
1991	0,00035783	-9,875E-06	4,36017121	3,19272295	-3,153E-05
1992	-0,0006813	-0,001049	6,41689677	5,2494485	-0,0055068
1993	-0,0005538	-0,0009216	10,0598843	8,89243606	-0,0081948
1994	0,00013726	-0,0002304	-12,601968	-13,769416	0,00317306
Summe					-0,02472119

Abb. 2.76: Korrelationsberechnung zwischen Zinsänderungs- und Ausfallrisiken

Der negative Korrelationskoeffizient besagt in diesem Zusammenhang, daß tendenziell eine zinsbedingte Reinvermögensmehrung einhergeht mit einer Reinvermögensminderung beim Ausfallrisiko und umgekehrt. Diese Korrelationsbeziehung kann nun dahingehend genutzt werden, daß durch das gleichzeitige Eingehen von formalen Zinsänderungs- und Ausfallrisiken das formale Gesamtrisiko im Vergleich zum alleinigen Eingehen von formalen Ausfallrisiken reduziert wird. Bestimmt sich das formale Gesamtrisiko für zwei gleichzeitig eingegangene Risikoarten allgemein nach folgender Formel:

$$(2.160) \quad \sigma_{P_{x,y}} = \sqrt{\sigma_X^2 + \sigma_Y^2 + 2\rho_{X,Y}\sigma_X\sigma_Y},$$

und weist das formale Zinsänderungsrisiko bei einem aktivischen Festzinsüberhang von 100.000 DM eine Höhe von 7.269,0914 DM[1] und das formale Ausfallrisiko bei einem Kreditportfolio von 1.000.000 DM entsprechend eine Höhe von 709,01[2] DM auf, so errechnet sich ein formales Gesamtrisiko für das gleichzeitige Eingehen beider Positionen von:

$$(2.161) \quad \sigma_{P_{AR_M;ZÄR^+}} = \sqrt{\frac{(7.269,0914 \text{ DM})^2 + (709,01 \text{ DM})^2 - 2 \times (-0,26648) \times}{(7.269,0914 \text{ DM}) \times (709,01 \text{ DM})}}$$
$$= 7.113,057327 \text{ DM}.$$

Es ist offensichtlich, daß durch das zusätzliche Eingehen formaler Ausfallrisiken das formale Gesamtrisiko im Vergleich zum alleinigen Eingehen formaler Zinsänderungsrisiken reduziert wird (7.113,057327 DM < 7.269,0914 DM).

Sofern nicht von einer positiven — wie oben unterstellt wurde —, sondern von einer negativen Fristentransformation ausgegangen wird, ist das formale Zinsänderungs- mit dem formalen Ausfallrisiko lediglich mit umgekehrten Vorzeichen, also mit einem Koeffizienten von:

$$(2.162) \quad \rho_{ZÄR^-,AR_M} = 0,26648$$

---

[1] Vgl. Formel 2.150 in diesem Teil.
[2] Vgl. Formel 2.147 in diesem Teil.

korreliert.[1] Zwar ist bei einer negativen Fristentransformation der Korrelationskoeffizient größer als bei einer positiven Fristentransformation, und eine Verminderung des formalen Gesamtrisikos durch das Eingehen einer zusätzlichen Risikoart kann in diesem Fall nicht erreicht werden; gleichwohl ist aber auch hier ein Diversifikationseffekt vorhanden, da das formale Gesamtrisiko eines Portfolios, bestehend aus zwei Risikoarten, geringer ist als die Summe der formalen Einzelrisiken.

Hypothetisch erklärt werden kann der negative Korrelationskoeffizient bei einer positiven Fristentransformation schließlich wie folgt: Liegt zu Beginn eines konjunkturellen Aufschwungs ein positiver Verlauf der Zinsstruktur vor, erwartet der Markt also einhergehend mit der Konjunkturbelebung ein Ansteigen des Zinsniveaus, so tritt eine zinsbedingte Reinvermögensminderung dann ein, wenn die tatsächlich eintretenden Zinsen größer sind als die erwarteten. In diesem Fall ist der konjunkturelle Aufschwung in der Regel stärker als prognostiziert wurde, die Konjunkturprognose war zu pessimistisch. Resultiert hieraus wiederum ein höherer Rückgang bzw. eine geringere Erhöhung der Krisenquote als erwartet, übersteigen also die vereinnahmten materiellen Risikoprämien für das Ausfallrisiko die tatsächlichen Ausfälle von Zins- und Tilgungszahlungen, so werden die zinsbedingten Reinvermögensminderungen zum Teil durch Reinvermögensmehrungen beim Ausfallrisiko gedeckt und umgekehrt.

Anders als die oben ermittelten Korrelationskoeffizienten belegen, wird von einigen Autoren davon ausgegangen, daß bei einem (über die forward rates hinausgehenden) Zinsanstieg mit einer Erhöhung und nicht mit einer Senkung der Krisenquoten zu rechnen sei.[2] Dies wird darauf zurückgeführt, daß bei einem Zinsanstieg auch die Zinsbelastung der Unternehmen wächst, was eine insolvenzfördernde Wirkung verursacht. Wenngleich diese Überlegung a prima vista plausibel erscheint und bei einzelnen Branchen wie etwa der Baubranche zutreffen mag[3], so hat die mit einem

---

[1] In diesem Fall wären nämlich Barwertminderungen der Bundesanleihe als Reinvermögensmehrungen und umgekehrt zu interpretieren, so daß etwa bei tendenziell unterschätzten Krisenquotenentwicklungen — einer Reinvermögensminderung beim Ausfallrisiko also — und gleichzeitigen Barwertmehrungen der Bundesanleihe von einer positiven Korrelationsbeziehung auszugehen ist.

[2] Vgl. **Bösl**, Risikobegrenzung, S. 73 ff.

[3] Vgl. **Bösl**, Risikobegrenzung, S. 75.

Zinsanstieg ebenfalls einhergehende konjunkturelle Erholung[1] bzw. die daraus resultierende Verbesserung der Absatzchancen offensichtlich eine noch stärkere positive Wirkung auf die Insolvenzanfälligkeit der Unternehmen.[2]

b) **Formale Risikoverbundeffekte zwischen dem Ausfall- und dem Wechselkurs- bzw. Swapsatzrisiko**

(1) **Ausfall- und Swapsatzrisiko**

Vorausgesetzt, das formale Swapsatzrisiko wird als Zinsänderungsrisiko in Fremdwährung interpretiert und auf der Basis der Abweichungen der tatsächlich eingetretenen von den erwarteten Kurswerten einer endfälligen Anleihe in Fremdwährung mit einem Nennwert von 100 $ sowie jährlichen Zinszahlungen gemessen — wird also auch hier von einer positiven Fristentransformation ausgegangen — und ergibt sich das formale Ausfallrisiko anhand der Abweichungen zwischen den tatsächlich eingetretenen Krisenquoten einerseits und den auf der Basis des realen Bruttoinlandsprodukts prognostizierten Krisenquoten andererseits, dann ermittelt sich der Korrelationskoeffizient zwischen dem formalen Swapsatz- und dem formalen Ausfallrisiko analog der Formel für den Korrelationskoeffizienten zwischen dem formalen Zinsänderungs- und formalen Ausfallrisiko.[3] Bei Zugrundelegung der Daten für die Jahre 1977 bis 1994 ergibt sich in diesem Fall ein Korrelationskoeffizient von:[4]

---

[1] Zum Verhältnis von Zinsniveau und Konjunkturzyklus vgl. **Heim**, Einfluß, S. 4-7.

[2] Diese Vermutung äußert auch Süchting: „*Denkt man etwa an eine Phase des Konjunkturaufschwungs und ansteigender Zinssätze, so mag sich bei Dominanz offener aktivischer Festzinspositionen in der Kreditwirtschaft das Zinsänderungsrisiko erhöhen. In einer solchen Phase kann umgekehrt das Bonitätsrisiko allgemein sinken, weil eine sich verbessernde Konjunktur die schlechte Bonität vieler Kreditnehmer verdeckt*". Vgl. **Süchting**, Überlegungen, S. 687. Zu empirisch beobachteten Insolvenzursachen im allgemeinen vgl. **Deutsche Bundesbank**, Unternehmensinsolvenzen, S. 30-36, und **Euler**, Insolvenzen, S. 364-371. Kürsten schließlich differenziert zwischen positiven und negativen Korrelationskoeffizienten und untersucht den formalen Risikoverbundeffekt zwischen dem Ausfall- und Zinsänderungsrisiko in einem differenzierten theoretischen Ansatz. Vgl. **Kürsten**, Kreditkontrakte, S. 867-891.

[3] Vgl. Formel 2.161 in diesem Teil.

[4] Hinsichtlich der Ermittlung des Zählers im zweiten Term vgl. auch Abb. 2.77, Spalte 5, letzte Zeile.

(2.163) $\quad \rho_{SR^+,AR_M} = \frac{1}{18} \times \frac{-0{,}08490567 \text{ DM}}{0{,}00070901 \times 20{,}6090213 \text{ DM}} = -0{,}32281567.$

Jahr	(1) $Kq_t^e - Kq_t^{Ist}$	(2) $(Kq_t^e - Kq_t^{Ist}) - \frac{\sum(Kq_t^e - Kq_t^{Ist})}{n}$	(3) $Kw_t^{A,Ist} - Kw_t^{A,e}$ (in DM)	(4) $(Kw_t^{A,Ist} - Kw_t^{A,e}) - \frac{\sum(Kw_t^{A,Ist} - Kw_t^{A,e})}{n}$ (in DM)	(5) = (2) × (4) (in DM)
1977	0,00022162	-0,0001461	-6,38083194	-9,38062132	0,00137031
1978	0,00083331	0,00046561	-13,1393292	-16,1391186	-0,00751446
1979	0,00048602	0,00011832	-15,8232703	-18,8230597	-0,00222707
1980	-0,0001106	-0,0004783	-28,1541651	-31,1539544	0,01490141
1981	-0,0004827	-0,0008504	-14,528037	-17,5278264	0,0149058
1982	-0,0008081	-0,0011758	45,2482126	42,2484232	-0,04967488
1983	0,00117532	0,00080762	-16,0034261	-19,0032155	-0,01534736
1984	0,00064472	0,00027701	11,4057727	8,40598331	0,00232856
1985	-0,000166	-0,0005337	39,8611859	36,8613965	-0,01967403
1986	0,00074394	0,00037624	31,0595797	28,0597903	0,01055715
1987	0,00154699	0,00117929	-15,578089	-18,5778784	-0,02190865
1988	0,00155292	0,00118522	1,87523659	-1,1245528	-0,00133284
1989	0,00096585	0,00059814	13,6664498	10,6666604	0,00638018
1990	0,00075548	0,00038778	-1,82298201	-4,8227714	-0,00187015
1991	0,00035783	-9,875E-06	12,9334723	9,93368288	-9,8091E-05[1]
1992	-0,0006813	-0,001049	9,05576182	6,05597243	-0,00635292
1993	-0,0005538	-0,0009216	18,4204011	15,4206117	-0,01421087
1994	0,00013726	-0,0002304	-18,099733	-21,0995224	0,00486223
Summe					-0,08490567

Abb. 2.77: Korrelationsberechnung zwischen Swapsatz- und Ausfallrisiken

Analog der Beziehung zwischen dem formalen Ausfall- und dem formalen Zinsänderungsrisiko besagt diese Größe, daß tendenziell eine zinsbedingte Reinvermögensmehrung bei aktivischen Festzinsüberhängen in Fremdwährung einhergeht mit einer Reinvermögensminderung beim Ausfallrisiko und umgekehrt. Folglich kann

---

[1] Der Term „E-05" bedeutet in diesem Zusammenhang, daß die Zahl -9,8091 mit 10^{-5} zu multiplizieren ist. Analoges gilt für entsprechende Terme in den nachfolgenden Tabellen.

auch hier das formale Gesamtrisiko durch das gleichzeitige Eingehen von formalen Swapsatz- und Ausfallrisiken reduziert werden.

Falls nicht von einer positiven, sondern von einer negativen Fristentransformation in Fremdwährung ausgegangen wird, ist das formale Swapsatz- mit dem formalen Ausfallrisiko lediglich mit umgekehrten Vorzeichen, also mit einem Wert von:

(2.164) $\rho_{Sr^-, AR_M} = 0{,}32281567$

korreliert.

Hypothetisch erklärt werden können die Höhe und das Vorzeichen des Korrelationskoeffizienten durch den internationalen Zinszusammenhang der Geld- und Kapitalmärkte. Es kann nämlich beobachtet werden, daß zinsbedingte Reinvermögensänderungen resultierend aus aktivischen oder passivischen Festzinsüberhängen in Inlandswährung einhergehen mit in etwa gleich hohen Reinvermögensänderungen resultierend aus entsprechenden Festzinsüberhängen in Fremdwährung.[1] Sind also formale Swapsatz- und formale Zinsänderungsrisiken stark positiv korreliert — was im folgenden konkret zu zeigen sein wird —, so muß auch der Korrelationskoeffizient zwischen dem formalen Zinsänderungs- und dem formalen Ausfallrisiko in etwa demjenigen zwischen dem formalen Swapsatz- und formalen Ausfallrisiko entsprechen, was tatsächlich der Fall ist.

(2) Ausfall- und Wechselkursrisiko

Wenn das formale Wechselkursrisiko im folgenden auf der Basis der Abweichungen der tatsächlich eingetretenen Devisenkassakurse von den jeweiligen Devisenterminkursen gemessen wird, und das formale Ausfallrisiko anhand der Differenzen zwischen den tatsächlich eingetretenen Krisenquoten einerseits und den auf der Basis des realen Bruttoinlandsprodukts prognostizierten Krisenquoten andererseits quantifiziert wird, dann ermittelt sich der Korrelationskoeffizient zwischen dem formalen Wechselkurs- und dem formalen Ausfallrisiko wie nachstehend:

---

[1] Vgl. auch Kapitel C. III. 3. c) (1) in diesem Teil.

$$\text{(2.165)} \quad \rho_{WKR^+, AR_M} = \frac{1}{n} \times \frac{\sum_{t=1}^{n} \left[\begin{array}{c} \left[(Kq_t^e - Kq_t^{Ist}) - (\frac{\sum_{t=1}^{n}(Kq_t^e - Kq_t^{Ist})}{n}) \right] \\ \times \left[(w_{K(t)} - w_{T(t-1,1)}) - (\frac{\sum_{t=1}^{n}(w_{K(t)} - w_{T(t-1,1)})}{n}) \right] \end{array} \right]}{\sigma_{WKR} \times \sigma_{AR_M}}.$$

Auf der Basis der Daten für die Jahre 1977 bis 1994 ergibt sich in diesem Fall ein Korrelationskoeffizient von:[1]

$$\text{(2.166)} \quad \rho_{WKR^+, AR_M} = \frac{1}{18} \times \frac{-0{,}00036307 \text{ DM}}{0{,}00070901 \times 0{,}29710925 \text{ DM}} = -0{,}09575356.$$

Jahr	(1) $Kq_t^e - Kq_t^{Ist}$	(2) $(Kq_t^e - Kq_t^{Ist}) - (\frac{\sum(Kq_t^e - Kq_t^{Ist})}{n})$	(3) $w_{K(t)} - w_{T(t-1,1)}$ (in DM)	(4) $(w_{K(t)} - w_{T(t-1,1)}) - (\frac{\sum(w_{K(t)} - w_{T(t-1,1)})}{n})$ (in DM)	(5) = (2) × (4) (in DM)
1977	0,00022162	-0,0001461	-0,27078892	-0,25972484	3,794E-05
1978	0,00083331	0,00046561	-0,22543773	-0,21437365	-9,9813E-05
1979	0,00048602	0,00011832	0,00409801	0,01516209	1,7939E-06
1980	-0,0001106	-0,0004783	0,28069128	0,29175537	-0,00013955
1981	-0,0004827	-0,0008504	0,39095338	0,40201746	-0,00034188
1982	-0,0008081	-0,0011758	0,17524775	0,18631184	-0,00021906
1983	0,00117532	0,00080762	0,39421465	0,40527874	0,00032731
1984	0,00064472	0,00027701	0,50459551	0,5156596	0,00014284
1985	-0,000166	-0,0005337	-0,57699653	-0,56593245	0,00030206
1986	0,00074394	0,00037624	-0,45466417	-0,44360008	-0,0001669
1987	0,00154699	0,00117929	-0,333452	-0,32238791	-0,00038019
1988	0,00155292	0,00118522	0,25340063	0,26446472	0,00031345
1989	0,00096585	0,00059814	-0,02598254	-0,01491846	-8,9234E-06
1990	0,00075548	0,00038778	-0,20301194	-0,19194785	-7,4433E-05

Abb. 2.78: Korrelationsberechnung zwischen Wechselkurs- und Ausfallrisiken

---

[1] Hinsichtlich der Ermittlung des Zählers im zweiten Term vgl. auch Abb. 2.78, Spalte 5, letzte Zeile.

Fortsetzung *Abb. 2.78:*

Jahr	(1) $Kq_t^e - Kq_t^{ist}$	(2) $(Kq_t^e - Kq_t^{ist}) - (\frac{\sum(Kq_t^e - Kq_t^{ist})}{n})$	(3) $w_{K(t)} - w_{T(t-1,1)}$	(4) $(w_{K(t)} - w_{T(t-1,1)}) - (\frac{\sum(w_{K(t)} - w_{T(t-1,1)})}{n})$ (in DM)	(5) = (2) × (4) (in DM)
1991	0,00035783	-9,875E-06	-0,00633087	0,00473321	-4,6738E-08
1992	-0,0006813	-0,001049	0,02465453	0,03571862	-3,747E-05
1993	-0,0005538	-0,0009216	0,0542514	0,06531549	-6,0192E-05
1994	0,00013726	-0,0002304	-0,18459597	-0,17353188	3,9989E-05
Σ					-0,00036307

Abb. 2.78: Korrelationsberechnung zwischen Wechselkurs- und Ausfallrisiken

Die relativ geringe Korrelation deutet darauf hin, daß wechselkursbedingte Reinvermögensmehrungen bzw. -minderungen weitgehend unabhängig von ausfallbedingten Reinvermögensänderungen auftreten. Offensichtlich kann in diesem Fall das formale Gesamtrisiko weder bei einem aktivischen noch bei einem passivischen Fremdwährungsüberhang durch das zusätzliche Eingehen von Wechselkurs- oder Ausfallrisiken maßgeblich reduziert werden. Gleichwohl ist auch hier ein Diversifikationseffekt dahingehend vorhanden, daß die Summe der formalen Einzelrisiken größer ist als das formale Gesamtrisiko eines Portfolios bestehend aus beiden Risikoarten.

Sofern nicht von einem aktivischen, sondern von einem passivischen Fremdwährungsüberhang ausgegangen wird, ist das formale Wechselkurs- mit dem formalen Ausfallrisiko lediglich mit umgekehrten Vorzeichen, also mit einem Wert von:

(2.167) $\rho_{WKR^-, AR_M} = 0{,}09575356$

korreliert.

Ansatzweise kann die nur schwache Korrelation in diesem Zusammenhang dadurch erklärt werden, daß Wechselkursrisiken gewöhnlich auf Veränderungen einer Vielzahl gesellschaftlicher, politischer oder auch weltwirtschaftlicher Rahmenbedingungen zurückgeführt werden können, wobei ein stringenter Zusammenhang der Entwicklung dieser Einflußfaktoren zur nationalen Konjunkturentwicklung und damit zur Entwicklung inländischer Krisenquoten nicht konstruiert werden kann.

Zwar wird oftmals ein Zusammenhang zwischen beiden formalen Risikoarten dahingehend vermutet, daß Wechselkursänderungen bei den Banken neben daraus unmittelbar resultierenden Reinvermögensänderungen auch auf die Erfolgslage der kreditnehmenden Unternehmen Auswirkungen haben und damit letztlich auf den Ausfall von gewerblichen Kreditnehmern — was insbesondere bei exportierenden oder importierenden Unternehmen der Fall sein dürfte —, doch scheint dieser Zusammenhang — zumindest deuten die empirischen Daten darauf hin — nicht wesentlich zu sein.[1]

c) **Formale Risikoverbundeffekte zwischen dem Zinsänderungs- und dem Wechselkurs- bzw. Swapsatzrisiko**

(1) **Zinsänderungs- und Swapsatzrisiko**

Quantifiziert man das formale Zinsänderungsrisiko auch im folgenden Zusammenhang auf der Basis der Abweichungen der tatsächlich eingetretenen von den erwarteten Kurswerten einer endfälligen Bundesanleihe mit einem Nennwert von 100 DM sowie jährlichen Zinszahlungen und wird das formale Swapsatzrisiko analog bestimmt auf der Basis der Abweichungen der tatsächlich eingetretenen von den erwarteten Kurswerten einer endfälligen Anleihe in Fremdwährung mit einem Nennwert von 100 $ sowie jährlichen Zinszahlungen, dann ergibt sich der Korrelationskoeffizient zwischen dem formalen Swapsatz- und dem formalen Zinsänderungsrisiko wie nachstehend (vgl. auch Abb. 2.79):

$$(2.168) \quad \rho_{Z\ddot{A}R^+, SR^+} = \frac{1}{n} \times \frac{\sum_{t=1}^{n} \left[\left((Kw_t^{I,Ist} - Kw_t^{I,e}) - \left(\frac{\sum_{t=1}^{n}(Kw_t^{I,Ist} - Kw_t^{I,e})}{n} \right) \right) \times \left((Kw_t^{A,Ist} - Kw_t^{A,e}) - \left(\frac{\sum_{t=1}^{n}(Kw_t^{A,Ist} - Kw_t^{A,e})}{n} \right) \right) \right]}{\sigma_{Z\ddot{A}R} \times \sigma_{SR}}$$

Bei Zugrundelegung der Daten für die Jahre 1977 bis 1994 ermittelt sich hier ein Korrelationskoeffizient von:[2]

---

[1] Diese Vermutung äußert auch Bösl. Vgl. **Bösl**, Risikobegrenzung, S. 73 ff.

[2] Hinsichtlich der Ermittlung des Zählers im zweiten Term vgl. auch Abb. 2.79, Spalte 5, letzte Zeile.

$$(2.169) \quad \rho_{SR^+,ZÄR^+} = \frac{1}{18} \times \frac{1754{,}01381 \, (DM^2)}{7{,}26909143 \, DM \times 20{,}6090213 \, DM} = 0{,}65046361.$$

Jahr	(1) Inland $Kw_t^{I,Ist} - Kw_t^{I,e}$ (in DM)	(2) Inland $(Kw_t^{I,Ist} - Kw_t^{I,e}) - \frac{\sum(Kw_t^{I,Ist} - Kw_t^{I,e})}{n}$ (in DM)	(3) Ausland $Kw_t^{A,Ist} - Kw_t^{A,e}$ (in DM)	(4) Ausland $(Kw_t^{A,Ist} - Kw_t^{A,e}) - \frac{\sum(Kw_t^{A,Ist} - Kw_t^{A,e})}{n}$ (in DM)	(5) = (2) × (4) (in DM²)
1977	12,4730672	11,3056189	-6,38083194	-9,38062132	-106,05373
1978	-1,3038753	-2,4713236	-13,1393292	-16,1391186	39,8849846
1979	-5,309623	-6,4770713	-15,8232703	-18,8230597	121,9183
1980	-7,2040635	-8,37151179	-28,1541651	-31,1539544	260,805697
1981	-4,4884038	-5,65585204	-14,528037	-17,5278264	99,1347926
1982	11,5962503	10,4288021	45,2482126	42,2484232	440,600444
1983	-2,544153	-3,71160131	-16,0034261	-19,0032155	70,5323595
1984	8,77643652	7,60898825	11,4057727	8,40598331	63,9610283
1985	5,06418446	3,8967362	39,8611859	36,8613965	143,639138
1986	6,09904313	4,93159486	31,0595797	28,0597903	138,379518
1987	0,76350947	-0,40393879	-15,578089	-18,5778784	7,50432571
1988	2,93599502	1,76854676	1,87523659	-1,1245528	-1,9888242
1989	-4,9416828	-6,1091311	13,6664498	10,6666604	-65,164027
1990	-9,1376005	-10,3050488	-1,82298201	-4,8227714	49,6988946
1991	4,36017121	3,19272295	12,9334723	9,93368288	31,7154973
1992	6,41689677	5,2494485	9,05576182	6,05597243	31,7905154
1993	10,0598843	8,89243606	18,4204011	15,4206117	137,126804
1994	-12,6019676	-13,7694159	-18,099733	-21,0995224	290,528098
Summe					1754,01381

Abb. 2.79: Korrelationsberechnung zwischen Zinsänderungs- und Swapsatzrisiken

Offensichtlich ist das formale Zinsänderungsrisiko mit dem formalen Swapsatzrisiko — wie bereits vermutet wurde — stark positiv, aber nicht vollständig positiv korreliert, wenn zugleich eine positive oder negative Fristentransformation in heimischer und in Fremdwährung betrieben wird. Auch in diesem Fall ist das formale Gesamtrisiko eines Portfolios, bestehend aus formalen Zinsänderungs- und Swapsatzrisiken, geringer als die Summe der formalen Einzelrisiken. Es scheint daher sinnvoll, offene Festzinspositionen nicht nur in inländischer, sondern auch in Fremdwährung einzugehen.

Unter der Annahme einer jeweils entgegengesetzten Fristentransformation in in- und ausländischer Währung ist das formale Zinsänderungs- mit dem formalen Swapsatzrisiko entsprechend mit umgekehrten Vorzeichen, also mit einem Koeffizienten von:

(2.170) $\quad \rho_{Z\ddot{A}R^-,SR^+} = -0{,}65046361 \qquad$ bzw.

(2.171) $\quad \rho_{Z\ddot{A}R^+,SR^-} = -0{,}65046361$

korreliert. Aufgrund der nicht vollständig negativen Korrelation gleichen sich zins- bzw. swapsatzbedingte Reinvermögensänderungen folglich auch dann nicht aus, wenn aktivische und passivische Festzinsüberhänge gleicher Zinsbindungsfristen und Höhen, aber unterschiedlicher Währungsdenomination vorliegen.

Die hohe positive Korrelation zwischen dem formalen Zinsänderungs- und Swapsatzrisiko bei einer gleichgerichteten Fristentransformation kann möglicherweise durch den internationalen Konjunkturzusammenhang erklärt werden: Ist der Kapitalmarktzins eines Landes gewöhnlich hoch korreliert mit der Inflationsrate[1] — ist also bei einer hohen Inflationsrate auch ein hoher Kapitalmarktzins zu beobachten — und geht die Höhe der Inflationsrate wiederum einher mit der wirtschaftlichen Aktivität eines Landes — in Phasen wirtschaftlicher Prosperität sind regelmäßig hohe Inflationsraten zu beobachten —, so wird bei einer erwarteten Zinssteigerung — die in einer positiven Zinsstruktur zum Ausdruck kommt — gleichzeitig auch die Erwartung einer steigenden wirtschaftlichen Aktivität eskomptiert. Ist nun die zukünftig eintretende wirtschaftliche Aktivität stärker als erwartet, so liegt auch der zukünftig eintretende Kapitalmarktzins über den forward rates, und es tritt, bei einer positiven Fristentransformation, eine zinsbedingte Verminderung des Reinvermögens ein. Gleiches gilt für eine Überschätzung der wirtschaftlichen Aktivität, was zu einer zinsbedingten Reinvermögensmehrung führt. Erfolgen nun die Fehleinschätzungen der konjunkturellen Entwicklungen aufgrund des internationalen Konjunkturzusammenhangs sowohl im Inland als auch im Ausland gleichzeitig und in gleicher Richtung, gehen also Über- oder Unterschätzungen im Inland einher mit solchen im Ausland, dann ist es eine logische Konsequenz, daß ein

---

[1] Vgl. **Filc**, Theorie, S. 85 ff.

„Überschießen" der zukünftig eintretenden Zinssätze über die forward rates im Inland weitgehend gleichzeitig mit einem „Überschießen" der entsprechenden Zinssätze im Ausland und umgekehrt eintritt. Formale Zinsänderungs- und formale Swapsatzrisiken sollten also bei gleichgerichteter Fristentransformation hoch positiv und bei entgegengerichteter Fristentransformation hoch negativ korreliert sein.[1]

(2) Zinsänderungs- und Wechselkursrisiko

Das formale Zinsänderungsrisiko wird auch im weiteren quantifiziert auf der Basis der Abweichungen der tatsächlich eingetretenen von den erwarteten Kurswerten einer endfälligen Bundesanleihe mit einem Nennwert von 100 DM sowie jährlichen Zinszahlungen. Ferner soll das formale Wechselkursrisiko auf der Basis der Abweichungen der tatsächlich eingetretenen Devisenkassakurse von den entsprechenden Devisenterminkursen gemessen werden. Unter diesen Voraussetzungen ermittelt sich ein Korrelationskoeffizient zwischen dem formalen Wechselkurs- und dem formalen Zinsänderungsrisiko wie nachstehend:[2]

$$(2.172) \quad \rho_{Z\ddot{A}R^+, WKR^+} = \frac{1}{n} \times \frac{\sum_{t=1}^{n} \left(\left[(Kw_t^{I,Ist} - Kw_t^{I,e}) - \left(\frac{\sum_{t=1}^{n} (Kw_t^{I,Ist} - Kw_t^{I,e})}{n} \right) \right] \times \left[(w_{K(t)} - w_{T(t-1,1)}) - \left(\frac{\sum_{t=1}^{n} (w_{K(t)} - w_{T(t-1,1)})}{n} \right) \right] \right)}{\sigma_{Z\ddot{A}R} \times \sigma_{WKR}}$$

Auf der Basis der Daten für die Jahre 1977 bis 1994 ergibt sich ein Wert von (vgl. auch Abb. 2.80):

$$(2.173) \quad \rho_{WKR^+, Z\ddot{A}R^+} = \frac{1}{18} \times \frac{-1{,}41150014 \, (DM^2)}{7{,}26909143 \, DM \times 0{,}29710925 \, DM} = -0{,}0363088 \, .$$

---

[1] Vgl. **Filc**, Theorie, S. 134 ff.
[2] Hinsichtlich der Ermittlung des Zählers im zweiten Term vgl. auch Abb. 2.80, Spalte 5, letzte Zeile.

	(1) Inland (in DM)	(2) Inland (in DM)	(3) (in DM)	(4) (in DM)	(5) = (2) × (4) (in DM^2)
Jahr	$Kw_t^{I,Ist} - Kw_t^{I,e}$	$(Kw_t^{I,Ist} - Kw_t^{I,e}) - \frac{\sum(Kw_t^{I,Ist} - Kw_t^{I,e})}{n}$	$w_{K(t)} - w_{T(t-1,t)}$	$(w_{K(t)} - w_{T(t-1,t)}) - \frac{\sum(w_{K(t)} - w_{T(t-1,t)})}{n}$	
1977	12,4730672	11,3056189	-0,27078892	-0,2597248	-2,93635
1978	-1,3038753	-2,4713236	-0,22543773	-0,2143736	0,52978666
1979	-5,309623	-6,4770713	0,00409801	0,01516209	-0,0982059
1980	-7,2040635	-8,37151179	0,28069128	0,29175537	-2,4424335
1981	-4,4884038	-5,65585204	0,39095338	0,40201746	-2,2737513
1982	11,5962503	10,4288021	0,17524775	0,18631184	1,94300928
1983	-2,544153	-3,71160131	0,39421465	0,40527874	-1,5042331
1984	8,77643652	7,60898825	0,50459551	0,5156596	3,92364782
1985	5,06418446	3,8967362	-0,57699653	-0,5659324	-2,2052895
1986	6,09904313	4,93159486	-0,45466417	-0,4436001	-2,1876559
1987	0,76350947	-0,40393879	-0,333452	-0,3223879	0,13022498
1988	2,93599502	1,76854676	0,25340063	0,26446472	0,46771822
1989	-4,9416828	-6,1091311	-0,02598254	-0,0149185	0,0911388
1990	-9,1376005	-10,3050488	-0,20301194	-0,1919479	1,97803201
1991	4,36017121	3,19272295	-0,00633087	0,00473321	0,01511183
1992	6,41689677	5,2494485	0,02465453	0,03571862	0,18750303
1993	10,0598843	8,89243606	0,0542514	0,06531549	0,58081379
1994	-12,6019676	-13,7694159	-0,18459597	-0,1735319	2,38943265
Σ					-1,41150014

Abb. 2.80: Korrelationsberechnung zwischen Zinsänderungs- und Wechselkursrisiken

Ähnlich dem formalen Risikoverbundeffekt zwischen dem formalen Wechselkurs- und dem formalen Ausfallrisiko deutet auch hier der Korrelationskoeffizient nahe null darauf hin, daß wechselkursbedingte Reinvermögensänderungen weitgehend unabhängig von zinsbedingten Reinvermögensänderungen eintreten. Das formale Gesamtrisiko kann also weder bei gleich- noch entgegengerichteten Fremdwährungs- bzw. Festzinsüberhängen maßgeblich reduziert werden. Gleichwohl ist auch in diesem Fall ein Diversifikationseffekt dahingehend vorhanden, daß die Summe der formalen Einzelrisiken größer ist als das formale Gesamtrisiko des Portfolios.

Im Falle von entgegengerichteten Fremdwährungs- bzw. Festzinsüberhängen ist das formale Wechselkurs- mit dem formalen Zinsänderungsrisiko lediglich mit umgekehrten Vorzeichen, also mit einem Koeffizienten von:

(2.174) $\rho_{WKR^-,ZÄR^+} = 0,0363088$ bzw.

(2.175) $\rho_{WKR^+,ZÄR^-} = 0,0363088$

korreliert.

Ansatzweise können die Korrelationskoeffizienten von ungefähr null auch in diesem Zusammenhang dadurch erklärt werden, daß Veränderungen des Wechselkurses — zumindest kurzfristig — gewöhnlich auf eine Vielzahl gesellschaftlicher, politischer und weltwirtschaftlicher Rahmenbedingungen oder auch nur auf fundamental nicht weiter erklärbare psychologische Faktoren zurückgeführt werden können. Ein stringenter Zusammenhang zwischen dem Verlauf dieser Determinanten und der nationalen Zinsentwicklung kann jedenfalls nicht konstruiert werden.[1]

d) Formaler Risikoverbundeffekt zwischen dem Swapsatz- und dem Wechselkursrisiko

Wird schließlich auch beim letzten zu untersuchenden formalen Risikoverbundeffekt das formale Swapsatzrisiko auf der Basis der Abweichungen der tatsächlich eingetretenen von den erwarteten Kurswerten einer endfälligen Anleihe in Fremdwährung mit einem Nennwert von 100 $ sowie jährlichen Zinszahlungen gemessen, und ermittelt sich das formale Wechselkursrisiko wiederum basierend auf den Abweichungen der tatsächlich eingetretenen Devisenkassakurse von den entsprechenden Devisenterminkursen, so errechnet sich der Korrelationskoeffizient zwischen dem formalen Swapsatz- und dem formalen Wechselkursrisiko wie folgt:

---

[1] Auch **Bösl** kommt zu der Erkenntnis, daß aufgrund vielfältiger Determinanten die Ableitung eines zuverlässigen theoretischen Zusammenhangs bzw. einer stabilen Korrelationsbeziehung zwischen Zins- und Wechselkursveränderungen nicht erwartet werden kann. Vgl. **Bösl**, Risikobegrenzung, S. 67 ff.

$$(2.176) \quad \rho_{SR^+,WKR^+} = \frac{1}{n} \times \frac{\sum_{t=1}^{n}\left[\left[(Kw_t^{A,Ist} - Kw_t^{A,e}) - (\frac{\sum_{t=1}^{n}(Kw_t^{A,Ist} - Kw_t^{A,e})}{n})\right] \times \left[(w_{K(t)} - w_{T(t-1,1)}) - (\frac{\sum_{t=1}^{n}(w_{K(t)} - w_{T(t-1,1)})}{n})\right]\right]}{\sigma_{SR} \times \sigma_{WKR}}$$

Bei Zugrundelegung der Daten für die Jahre 1977 bis 1994 ergibt sich ein Wert von:[1]

$$(2.177) \quad \rho_{SR^+,WKR^+} = \frac{1}{18} \times \frac{-27{,}9385749 \ (DM^2)}{20{,}6090213 \ DM \times 0{,}29710925 \ DM} = -0{,}2534885.$$

Jahr	(1) Ausland (\$) $Kw_t^{A,Ist} - Kw_t^{A,a}$ (in DM)	(2) Ausland (\$) $(Kw_t^{A,Ist} - Kw_t^{A,e}) - (\frac{\sum(Kw_t^{A,Ist} - Kw_t^{A,e})}{n})$ (in DM)	(3) $w_{K(t)} - w_{T(t-1,1)}$ (in DM)	(4) $(w_{K(t)} - w_{T(t-1,1)}) - (\frac{\sum(w_{K(t)} - w_{T(t-1,1)})}{n})$ (in DM)	(5) = (2) × (4) (in DM²)
1977	-6,38083194	-9,38062132	-0,27078892	-0,2597248	2,43638035
1978	-13,1393292	-16,1391186	-0,22543773	-0,2143736	3,45980175
1979	-15,8232703	-18,8230597	0,00409801	0,01516209	-0,2853969
1980	-28,1541651	-31,1539544	0,28069128	0,29175537	-9,0893335
1981	-14,528037	-17,5278264	0,39095338	0,40201746	-7,0464923
1982	45,2482126	42,2484232	0,17524775	0,18631184	7,87138137
1983	-16,0034261	-19,0032155	0,39421465	0,40527874	-7,7015992
1984	11,4057727	8,40598331	0,50459551	0,5156596	4,33462597
1985	39,8611859	36,8613965	-0,57699653	-0,5659324	-20,86106
1986	31,0595797	28,0597903	-0,45466417	-0,4436001	-12,447325
1987	-15,578089	-18,5778784	-0,333452	-0,3223879	5,98928345

Abb. 2.81: Korrelationsberechnung zwischen Swapsatz- und Wechselkursrisiken

---

[1] Hinsichtlich der Ermittlung des Zählers im zweiten Term vgl. auch Abb. 2.81, Spalte 5, letzte Zeile.

Fortsetzung **Abb. 2.81:**

	(1) Ausland ($)	(2) Ausland ($)	(3)	(4)	(5) = (2) × (4)
Jahr	$Kw_t^{A,Ist} - Kw_t^{A,e}$ (in DM)	$(Kw_t^{A,Ist} - Kw_t^{A,e}) - \dfrac{\sum(Kw_t^{A,Ist} - Kw_t^{A,s})}{n}$ (in DM)	$w_{K(t)}$ $-w_{T(t-1,1)}$ (in DM)	$(w_{K(t)} - w_{T(t-1,1)}) - \dfrac{\sum(w_{K(t)} - w_{T(t-1,1)})}{n}$ (in DM)	(in DM²)
1988	1,87523659	-1,1245528	0,25340063	0,26446472	-0,2974045
1989	13,6664498	10,6666604	-0,02598254	-0,0149185	-0,1591301
1990	-1,82298201	-4,8227714	-0,20301194	-0,1919479	0,92572062
1991	12,9334723	9,93368288	-0,00633087	0,00473321	0,04701821
1992	9,05576182	6,05597243	0,02465453	0,03571862	0,21631095
1993	18,4204011	15,4206117	0,0542514	0,06531549	1,00720477
1994	-18,099733	-21,0995224	-0,18459597	-0,1735319	3,66143982
Σ					-27,9385749

Abb. 2.81: Korrelationsberechnung zwischen Swapsatz- und Wechselkursrisiken

Offensichtlich ist das formale Swapsatzrisiko mit dem formalen Wechselkursrisiko negativ korreliert, wenn zugleich ein aktivischer oder passivischer Fremdwährungs- und Festzinsüberhang eingegangen werden. Es kann also erwartet werden, daß swapsatzbedingte Reinvermögensmehrungen bzw. -minderungen durch entgegengerichtete wechselkursbedingte Reinvermögensänderungen tendenziell kompensiert werden. Bei bestimmten Kombinationen der beiden Risikoarten ist es entsprechend möglich, daß durch das zusätzliche Eingehen von Swapsatz- oder Wechselkursrisiken das formale Gesamtrisiko des Portfolios nicht erhöht, sondern reduziert wird.[1]

Falls nicht von gleichgerichteten, sondern von entgegengerichteten Fremdwährungs- bzw. Festzinsüberhängen ausgegangen wird, ist das formale Wechselkurs- mit dem formalen Swapsatzrisiko lediglich mit umgekehrten Vorzeichen, also mit einem Koeffizienten von:

(2.178) $\qquad \rho_{SR^-,WKR^+} = 0{,}2534885 \qquad$ bzw.

---

[1] Vgl. auch Kapitel C. III. 3. a) in diesem Teil.

(2.179) $\rho_{SR^+, WKR^-} = 0{,}2534885$

korreliert.

Der negative Korrelationskoeffizient zwischen dem formalen Swapsatz- und dem formalen Wechselkursrisiko bei gleichgerichteten Festzins- bzw. Fremdwährungsüberhängen läßt sich in diesem Zusammenhang möglicherweise mit den relativ stärkeren Abweichungen amerikanischer Zinssätze von den amerikanischen forward rates im Vergleich zu den entsprechenden Abweichungen deutscher Zinssätze von den deutschen forward rates erklären. So ist zu beobachten, daß bei einer sich sowohl im Inland als auch im Ausland ergebenden Unterschätzung des zukünftigen Zinsniveaus — die tatsächlich eintretenden Zinssätze liegen über den Erwartungswerten — die amerikanischen Zinssätze in der Regel stärker positiv von den forward rates abweichen als die deutschen und bei einer Überschätzung des Zinsniveaus — die tatsächlich eintretenden Zinssätze liegen unter den Erwartungswerten — die amerikanischen Zinssätze im Vergleich zu den deutschen relativ stärker hinter den forward rates zurückbleiben (vgl. Abb. 2.82).

	Inland (DM)		Ausland ($)	
Jahr	tatsächlich eingetretene DM-Neunjahreszinssätze$_t$	erwartete DM-Neunjahreszinssätze$_t$ (forward rates)	tatsächlich eingetretene $-Neunjahreszinssätze$_t$	erwartete $-Neunjahreszinssätze$_t$ (forward rates)
1977	0,06	0,07832017	0,07656667	0,07171055
1978	0,0659	0,06393917	0,09016667	0,07805501
1979	0,0786	0,06996305	0,104	0,087968
1980	0,0896	0,07763872	0,12893333	0,10113099
1981	0,0966	0,08891832	0,13718379	0,12448915
1982	0,0776	0,09584674	0,10523333	0,13895162
1983	0,0832	0,07908002	0,11932381	0,1083183
1984	0,072	0,08559218	0,11483333	0,12155016
1985	0,0675	0,07519847	0,09169322	0,11904576
1986	0,0619	0,07096525	0,07063333	0,09528785

Abb. 2.82: Vergleich der Abweichungen zwischen tatsächlich eingetretenen und erwarteten Neunjahreszinssätzen für DM und $

Fortsetzung Abb. 2.82:

Jahr	Inland (DM)		Ausland ($)	
	tatsächlich eingetretene DM-Neunjahreszinssätze$_t$	erwartete DM-Neunjahreszinssätze$_t$ (forward rates)	tatsächlich eingetretene $-Neunjahreszinssätze$_t$	erwartete $-Neunjahreszinssätze$_t$ (forward rates)
1987	0,064	0,06517172	0,08933333	0,07301536
1988	0,0656	0,07003938	0,09118467	0,09295159
1989	0,0757	0,06784615	0,0785	0,09130133
1990	0,0906	0,07531124	0,08053333	0,07859093
1991	0,0832	0,09033305	0,06956667	0,08245787
1992	0,0709	0,08070931	0,0666	0,07507988
1993	0,0561	0,07047759	0,05673333	0,07227458
1994	0,0778	0,05795239	0,07806667	0,05937514

Abb. 2.82: Vergleich der Abweichungen zwischen tatsächlich eingetretenen und erwarteten Neunjahreszinssätzen für DM und $

Wenn nun die ausländischen Zinssätze bei einer Unterschätzung des Zinsniveaus relativ stärker als die inländischen ansteigen, dann ist aufgrund der größer werdenden Differenzen zwischen den ausländischen und den inländischen Zinssätzen und einer damit einhergehenden größeren Vorteilhaftigkeit von Anlagen in ausländischer Währung auch ein Anstieg der zukünftig eintretenden Devisenkassakurse über die Devisenterminkurse und damit — bei einem aktivischen Fremdwährungsüberhang — eine wechselkursbedingte Reinvermögensmehrung zu erwarten. Gleichzeitig geht — ebenfalls bei einem aktivischen Festzinsüberhang — ein „Überschießen" der ausländischen Zinssätze über die forward rates mit einer swapsatzbedingten Reinvermögensminderung einher. Wechselkursbedingte Reinvermögensmehrungen und swapsatzbedingte Reinvermögensminderungen verhalten sich also tendenziell konträr zueinander. Bei einer Überschätzung der Zinsentwicklung stellt sich der Zusammenhang entsprechend umgekehrt dar. Insgesamt ist der negative Korrelationskoeffizient bei einem gleichgerichteten Festzins- bzw. Fremdwährungsüberhang also ebenso erklärbar wie der leicht positive Korrelationskoeffizient bei entgegengerichteten Überhängen.

Dritter Teil

Problemfelder und Vorgehensweise beim Management des formalen Gesamtrisikos der Bank

A. Grundüberlegungen

I. Erhebung der Problemfelder bei der Ermittlung des formalen Gesamtrisikos

Im Rahmen des vorangegangenen zweiten Teils der Arbeit, der sich mit der kritischen Analyse traditioneller Ansätze zur Messung materieller und formaler banktypischer Erfolgsrisiken befaßte, stellte sich heraus, daß die Ansätze mit zahlreichen Problemen behaftet sind, die dazu führen können, daß falsche Entscheidungen getroffen und richtige verhindert werden. Gleichzeitig jedoch wurde bezogen auf das materielle Risiko dargelegt, wie durch eine modifizierte und schließlich auch Risikoverbundeffekte einbeziehende Kalkulation materieller Ausfallrisikoprämien bzw. durch eine Interpretation von Fristen- bzw. Währungstransformationsbeiträgen als materielle Risikoprämien für das Zinsänderungs- bzw. Wechselkursrisiko verhindert werden kann, daß im Durchschnitt Reinvermögensminderungen eintreten bzw. reinvermögensmehrende Geschäfte abgelehnt werden. Das materielle Risiko bedarf hiernach keiner weiteren Steuerung mehr. Darüber hinaus wurde aber auch bezogen auf das im Rahmen traditioneller Ansätze weithin vernachlässigte bzw. nur hilfsweise gemessene formale Einzelrisiko gezeigt, wie dieses sachgerecht mittels Standardabweichungen jeweiliger Reinvermögensänderungen für alle Risikoarten einheitlich bestimmt werden kann. Schließlich wurden in diesem Zusammenhang die im Hinblick auf das formale Gesamtrisiko erforderlichen Korrelationskoeffizienten zwischen den einzelnen Risikoarten ermittelt.

Wenngleich mit letzteren Erkenntnissen die Bestimmung und anschließende Steuerung des formalen Gesamtrisikos a prima vista nur noch als formal-analytisches Problem erscheint, ergibt sich bei genauerer Betrachtung gleichwohl eine Vielzahl weiterer und bisher vernachlässigter Fragestellungen, auf die in diesem Teil der Arbeit fokussiert werden soll:

Erstens stellt sich die Frage nach der Versicherung von Ausfallrisiken. Bei der Darstellung der Funktionen der Risikomessung wurde unterstellt, daß über die Annahme oder Ablehnung von Kreditanträgen bereits auf dezentraler Ebene abschließend entschieden werden kann, wenn neben materiellen auch formale Risikoprämien bzw. -margen in den Kreditkonditionen enthalten sind und wenn ein Engagement insgesamt, d.h. unter Berücksichtigung der formalen Risikomarge, eine positive Nettomarge aufweist. In diesem Fall wäre es möglich, die aus den dezentral abgeschlossenen Geschäften resultierenden formalen und materiellen Ausfallrisiken reinvermögensneutral auf Dritte wie etwa auf Versicherungsunternehmen zu übertragen, wobei letzteren als Preis für die Übernahme der Risiken die im Kundengeschäft erwirtschafteten formalen und materiellen Risikoprämien lediglich weitergereicht werden. Wenngleich diese Überlegungen durchaus plausibel erscheinen, haben Versicherungen von Bankkrediten in praxi bis dato nur eine geringe Bedeutung erlangt. In diesem Zusammenhang bleibt also zu untersuchen, ob bankenaufsichtsrechtliche Gründe oder grundsätzliche Aspekte des Management ursächlich sind für die nur geringe Bedeutung des Risikotransfers. Darüber hinaus ist näher darauf einzugehen, welche Vorteile mit einer Versicherung von Ausfallrisiken — abgesehen von der bereits angeführten Möglichkeit dezentraler Kreditentscheidungen — tatsächlich verbunden sind bzw. welche Probleme sich im Hinblick auf eine formale Gesamtrisikosteuerung ergeben, wenn eine Versicherung von Ausfallrisiken in praxi nicht möglich ist.

Zweitens ist zu untersuchen, ob, in welcher Form und bei Einnahme welcher Festzins- oder Fremdwährungsposition — bei einem aktivischen oder einem passivischen Festzins- bzw. Fremdwährungsüberhang — eine formale Prämie für das Zinsänderungs- bzw. Wechselkursrisiko erwirtschaftet werden kann. Bislang wurde lediglich an mehreren Stellen darauf hingewiesen, daß formale Zinsänderungs- bzw. Wechselkursrisiken grundsätzlich nur dann eingegangen werden sollten, wenn hierfür — ähnlich wie beim formalen Ausfallrisiko — entsprechende Prämien erzielt werden. Im Unterschied zum Ausfallrisiko sind beim Zinsänderungs- und Wechselkursrisiko aber keine Marktpartner existent, von denen solche Prämien verlangt werden könnten.

Obwohl beim Ausfallrisiko Marktpartner existent sind, von denen formale Risikoprämien gefordert werden können, stellt sich drittens die Frage nach der exakten Kalkulation formaler Ausfallrisikoprämien. Zwar gibt es in der Versicherungswirtschaft Prämienprinzipien, die auch auf den Bankbetrieb übertragen werden könnten, doch sind diese im Hinblick auf einen zu erreichenden Mißnutzenausgleich kaum sachgerecht, so daß ein neuer Ansatz zu entwickeln ist.

Viertens schließlich ist die Ermittlung und Steuerung des formalen Gesamtrisikos paradigmatisch aufzuzeigen. Probleme ergeben sich hierbei zum einen aus der Integration des bisher weithin vernachlässigten und aus einer geringen Zerfällung des

Kreditportfolios resultierenden Zufallsrisikos in die Gesamtrisikokonzeption, da in praxi kaum davon ausgegangen werden kann, daß Kreditportfolios optimal zerfällt sind. Zum anderen sind aber auch die konkrete Ermittlung des Eigenkapitals sowie die Festlegung einer maximal zu tolerierenden Ruinwahrscheinlichkeit eingehend zu beleuchten.

II. Die Versicherung von Ausfallrisiken

Bevor hinsichtlich des ersten Problemfeldes[1] näher auf bankenaufsichtsrechtliche bzw. auf grundsätzliche Managementaspekte, die eine Versicherung von Ausfallrisiken — trotz Kalkulation formaler Risikoprämien — verhindern können, eingegangen wird, sind zunächst weitere, d.h. über die Möglichkeit der dezentralen Kreditentscheidungsfindung hinausgehende Vorteile eines Risikotransfers zu untersuchen.[2]

1. Vorteile bei der Versicherung von Ausfallrisiken

Als erster Vorteil ist in diesem Zusammenhang die Erweiterung des Kreditvergabepotentials der Banken anzuführen.[3] Dies resultiert daraus, daß auf Gesamtbankebene bei gegebenem Eigenkapital die Bereitschaft zur Vergabe von mit Ausfallrisiken behafteten Krediten begrenzt ist, wenn die Ausfallrisiken nicht von den Engagements separiert und erstere bei Überschreitung der bankindividuellen Ruinwahrscheinlichkeit nicht auf eine Kreditversicherung übertragen werden können. Sind ein derartiger Transfer bzw. eine derartige Separation jedoch möglich, kann eine Bank auch bei einer Risikoauslastung ihres Eigenkapitals weiterhin eine

---

[1] Zur Versicherung von Ausfallrisiken im allgemeinen vgl. **Isern**, Versicherung, **Gerke/Kayser**, Bewertung, S. 662-683, **Gerke**, Eigenkapitalsurrogat, S. 636-654, **Krauß**, Kreditversicherung (I), S. 91-93, **Krauß**, Kreditversicherung (II), S. 322-328, und **Krauß**, Kreditversicherung (III), S. 402-407.

[2] Die Vorteile einer Versicherung bzw. eines Handels von Ausfallrisiken werden in jüngerer Zeit auch von Bankpraktikern erkannt und diskutiert. Vgl. **Röller**, Führungsaufgabe, S. 29 f.

[3] Zu den Vorteilen einer Versicherung von Ausfallrisiken vgl. **Gerke/Kayser**, Bewertung, S. 665 ff.

Transaktionsfunktion mit damit verbundenen Erlöschancen wahrnehmen.[1] Engpaßfaktoren bei der Kreditvergabeentscheidung sind in diesem Fall dann nicht mehr das Eigenkapital bzw. risikopolitische Überlegungen, sondern vielmehr die freien Kapazitäten im Betriebsbereich der Banken wie beispielsweise der Auslastungsgrad der Mitarbeiter und technischer Fazilitäten. In diesem Zusammenhang wären mit einer Ausfallrisikoversicherung neben einer Erhöhung der Erlöschancen auch eine tendenziell höhere Nutzung des Betriebsbereichs und eine damit einhergehende Vermeidung von Leerkosten verbunden.

Abgesehen vom Fall, daß die Kapazitäten im Betriebsbereich der Bank eine umfangreichere Kreditvergabe erlauben als das zur Verfügung stehende Eigenkapital, ist es aber auch umgekehrt denkbar, daß das vorhandene Eigenkapital und die Risikoneigung der Unternehmensführung eine weitere Übernahme von Ausfallrisiken gestatten würden, die hierfür erforderlichen Kapazitäten im Betriebsbereich aber nicht zur Verfügung stehen oder eine entsprechende Nachfrage nach Krediten nicht existiert. Unter diesen Umständen wäre es gleichfalls möglich, daß die Bank als Versicherungsgeber auftritt, d.h. gegen entsprechende formale und materielle Prämien Ausfallrisiken übernimmt. Hierbei handelte es sich dann im Sinne eines zweiten Vorteils um eine Risikoauslastung des Eigenkapitals mit einer damit verbundenen Möglichkeit der Erwirtschaftung zusätzlicher formaler Risikoprämien.

Neben der Erweiterung des Kreditvergabepotentials bzw. der verbesserten Risikoauslastung des Eigenkapitals der Banken ist aus Gesamtbanksicht als dritter Vorteil einer Versicherung von Ausfallrisiken eine Erhöhung der Risikozerfällungs- bzw. Risikodiversifikationsmöglichkeiten zu nennen. Eine Verringerung formaler Risiken durch eine Diversifikation des Kreditportfolios ist insbesondere bei regionalen oder bei auf bestimmte Branchen spezialisierten Banken nämlich nur bedingt möglich.[2] Als Lösungsmöglichkeit bietet sich oft nur eine Verbreiterung des Bankleistungsprogramms an, was allerdings mit einer Aufgabe von aus spezifischen Kenntnissen und Erfahrungen resultierenden Vorteilen verbunden ist. Sind Ausfallrisiken hingegen von den zugrundeliegenden Krediten separierbar und können sie auf ein Versi-

---

[1] Denkbar ist es in diesem Zusammenhang auch, daß einzelne Banken im Rahmen der Kreditvergabe überhaupt keine Ausfallrisiken mehr eingehen, die Ausfallrisiken also regelmäßig auf Versicherungsunternehmen oder andere Marktteilnehmer übertragen und unter Verzicht auf die Erwirtschaftung einer formalen Ausfallrisikoprämie nur noch eine Transaktions- und keine (Risiko)Transformationsfunktion mehr wahrnehmen.

[2] Diese Beschränkung der Diversifikationsmöglichkeiten sieht auch Schierenbeck. Vgl. **Schierenbeck**, Bankmanagement, S. 678 f.

cherungsunternehmen transferiert werden, so obliegt es letzterem, die isoliert betrachtet schlecht diversifizierten Kreditportfolios einer Vielzahl regional tätiger oder spezialisierter Banken zu einem hoch diversifizierten Gesamtportfolio zusammenzufassen. Die regional tätigen oder spezialisierten Banken können dann wiederum eine Parte des Gesamtportfolios von dem Versicherungsunternehmen zurückerwerben. Im Extremfall ist es sogar denkbar, daß ein Versicherungsunternehmen die Ausfallrisiken lediglich umverteilt, ohne diese selbst zu übernehmen. Insgesamt wäre also trotz einer konzentrierten Marktbearbeitung und sich daraus ergebenden Spezialisierungsvorteilen eine weitgehende Diversifikation des Kreditportfolios möglich.[1] Ein ähnlicher Effekt dürfte sich durch die verbesserten Risikozerfällungsmöglichkeiten insbesondere für kleinere Banken ergeben. Diese würden aus Großkrediten resultierende Ausfallrisiken auf ein Versicherungsunternehmen übertragen und könnten dafür eine Vielzahl aus Klein- bzw. aus zerfällten Krediten resultierende Ausfallrisiken zurückerwerben.[2]

2. Bankenaufsichtsrechtliche Anerkennung von Ausfallrisikoversicherungen

Abgesehen von den genannten Vorteilen ist im weiteren zu überprüfen, ob von einem Dritten versicherte Kredite auch bankenaufsichtsrechtlich anerkannt werden.[3] Im Falle einer Versagung könnte nämlich die notwendige Einhaltung bankenaufsichtsrechtlicher Normen dazu führen, daß die genannten Vorteile nicht bzw. nur zum Teil realisiert werden können.[4]

Nach gegenwärtiger Rechtslage werden im Rahmen des bankenaufsichtsrechtlichen Eigenkapitalgrundsatzes I von einem Dritten versicherte oder garantierte Risikoaktiva entsprechend der Risikoklasse des Garanten bzw. Sicherungsgebers aufsichtsrechtlich angerechnet. Würde also ein Kredit, der unbesichert im Eigenkapitalgrundsatz I mit 100% zu erfassen wäre, von einem dritten Institut mit einem

---

[1] Vgl. **Isern**, Versicherung, S. 59 ff.

[2] Vgl. **Kayser**, Großkreditversicherungen, S. 120 ff.

[3] Zu den Problemen und Anforderungen an eine bankenaufsichtsrechtliche Anerkennung von Ausfallrisikoversicherungen vgl. **Gerke/Kayser**, Bewertung, S. 667 ff.

[4] Auf Transaktionskosten, die die Versicherung von Ausfallrisiken gleichfalls behindern können, wird im folgenden nicht weiter eingegangen. So ist zu vermuten, daß deren Höhe insbesondere bei einem ausgeprägten Kreditversicherungsgeschäft von zu vernachlässigender Bedeutung ist.

Risikoanrechnungsfaktor von 20% garantiert, so beträgt die Anrechnungsquote bei der versicherungsnehmenden Bank gleichfalls 20%. Ein Transfer von Ausfallrisiken auf andere Institute wäre damit grundsätzlich sinnvoll und würde den Eigenkapitalgrundsatz I der versicherungsnehmenden Banken weitgehend entlasten. Werden hingegen Kredite von einem Versicherungsunternehmen garantiert, gehen diese bei der versicherungsnehmenden Bank weiterhin mit 100% in den Eigenkapitalgrundsatz I ein, da Banken und Versicherungen vom Bundesaufsichtsamt für das Kreditwesen in unterschiedliche Risikoklassen eingeordnet wurden und an Versicherungen vergebene Kredite grundsätzlich nicht mit 20% — wie bei Banken —, sondern mit 100% im Eigenkapitalgrundsatz I angerechnet werden. Ein Transfer von Ausfallrisiken auf Versicherungsunternehmen würde den Grundsatz I also nicht entlasten, und eine Ausweitung der gewichteten Risikoaktiva über das 12,5-fache des haftenden Eigenkapitals hinaus wäre bei der versicherungsnehmenden Bank nicht möglich.[1] Weiterhin ist problematisch, daß von einem Dritten garantierte Kredite zwar im Eigenkapitalgrundsatz I, nicht aber im Rahmen der Großkreditregelung des § 13 des Gesetzes über das Kreditwesen (KWG) anerkannt werden.[2] Folglich dürfen Großkredite gemäß § 13 KWG, die 15% des haftenden Eigenkapitals überschreiten, auch dann nicht über das Achtfache des haftenden Eigenkapitals hinaus vergeben werden, wenn mittels einer Versicherung der Engagements eine Risikozerfällung angestrebt wurde.[3]

Führen die genannten Rahmenbedingungen unter Umständen zu einer Attraktivitätsschmälerung von Ausfallrisikoversicherungen, so ist in diesem Zusammenhang jedoch gleichzeitig zu fragen, ob die vollständige bankenaufsichtsrechtliche Anerkennung bislang versagt blieb, weil dies im Widerspruch zum bankenaufsichtsrechtlichen Zielsystem steht oder ob dies auf die bis dato nur geringe Bedeutung von Kreditversicherungen in der Bankpraxis zurückzuführen ist. Die Möglichkeit einer Anerkennung von Ausfallrisikoversicherungen ist dabei auf konzeptioneller, pragmatischer und wettbewerblicher Ebene zu erörtern.[4]

Aus konzeptioneller Sicht wären versicherte Kredite bankenaufsichtsrechtlich mit einem geringeren Risikoanrechnungsfaktor als 100% im Eigenkapitalgrundsatz I

---

[1] Vgl. **Dürselen**, Novellierung, S. 112.
[2] Vgl. **Ufer**, Weichen, S. 12.
[3] Eine Änderung der Großkreditregelung ist allerdings im Rahmen der 5.-KWG-Novelle geplant.
[4] Vgl. **Kayser**, Großkreditversicherungen, S. 176 ff.

als Risikoaktiva anzurechnen, wenn das Versicherungsunternehmen beim Ausfall vereinbarter Zins- und Tilgungszahlungen diese der Bank mit Sicherheit vollständig und zum ursprünglich vereinbarten Zahlungstermin ersetzt. Hiervon ist aber nicht unbedingt auszugehen. Zwar hat die Bank mit dem Abschluß des Versicherungsvertrages einen verbindlichen Rechtsanspruch erlangt, doch erfährt dieser zum einen durch Leistungsausschlußklauseln beispielsweise im Betrugsfall und zum anderen durch Selbstbeteiligungsvereinbarungen eine Einschränkung. Allerdings dürften erstere nur von geringer Relevanz sein, und Selbstbeteiligungsvereinbarungen könnten insofern berücksichtigt werden, als die Selbstbeteiligung der Banken aufsichtsrechtlich weiterhin als Risikoaktivum berücksichtigt wird.[1] Gravierender ist hingegen der Umstand, daß auch bei gegebenem Rechtsanspruch einen Ausfall kompensierende Zahlungen nur dann erfolgen, wenn das Versicherungsunternehmen hierzu selbst wirtschaftlich in der Lage ist. Eine bankenaufsichtsrechtliche Anerkennung von Ausfallrisikoversicherungen kann uneingeschränkt also nur dann erfolgen, wenn die Solvenz des Versicherungsunternehmens zumindest für die Dauer der Versicherungsdeckung als gesichert angesehen werden kann. Wenngleich hiervon nicht in jedem Fall auszugehen ist, kann doch nicht zuletzt aufgrund der dem Bankgewerbe annähernd äquivalenten Versicherungsaufsicht zumindest eine hohe Solvenzwahrscheinlichkeit der Versicherungsunternehmen unterstellt werden. Eine weitgehende bankenaufsichtsrechtliche Anerkennung von Ausfallrisikoversicherungen erscheint daher gerechtfertigt. Um ferner auch die Dauerhaftigkeit der Haftungszusage seitens der Versicherung zu gewährleisten, kann des weiteren vorgesehen werden, daß Kreditversicherungen auch nur in dem Fall anerkannt werden, wenn sie das Ausfallrisiko über die gesamte Kreditlaufzeit decken. Insgesamt ergeben sich aus konzeptionellen Gründen also keine Argumente dafür, eine bankenaufsichtsrechtliche Anerkennung von Ausfallrisikoversicherungen grundsätzlich abzulehnen.

Aus pragmatischer Sicht ist des weiteren zu eruieren, ob das Bundesaufsichtsamt für das Kreditwesen im Falle einer grundsätzlichen Anerkennung von Ausfallrisikoversicherungen ohne größere Informationsbeschaffungs- und -verarbeitungsprobleme in der Lage ist, die Qualität der Verlustausgleichsverpflichtungen seitens der Versicherung zu überprüfen. Dies dürfte zumindest dann der Fall sein, wenn es sich bei den zwischen den Banken und den Versicherungsunternehmen getroffenen Vereinbarungen um standardisierte Verträge handelt, wovon allein aufgrund der von der Versicherungsaufsicht zu genehmigenden Versicherungsbedingungen aus-

---

[1] Vgl. **Gerke/Kayser**, <u>Rückversicherungskonzept</u>, S. 662.

zugehen ist. Insofern wäre von der Bankenaufsicht nur noch die Bonität der Versicherungsunternehmen selbst zu überprüfen. Aber auch in diesem Zusammenhang kann die Bankenaufsicht auf die Tätigkeit der Versicherungsaufsicht zurückgreifen und auf das von dieser Institution vergebene Gütesiegel vertrauen. Eine Ausweitung der bankenaufsichtsrechtlichen Überwachung auf Versicherungsunternehmen braucht also nicht zu erfolgen, und der Anerkennung von Kreditversicherungen stehen damit auch keine pragmatischen Erwägungen entgegen.

Abgesehen von den konzeptionellen und pragmatischen Überlegungen ist ferner zu fragen, ob sich durch eine Anerkennung von Ausfallrisikoversicherungen die Wettbewerbssituation innerhalb des Bankgewerbes verändert und Wettbewerbsverzerrungen entstehen könnten. In diesem Zusammenhang ist zu erwarten, daß von einer bankenaufsichtsrechtlichen Anerkennung insbesondere Regional- und Spezialbanken profitieren würden, deren Möglichkeiten, durch Diversifikation des Kreditportfolios ihr formales Gesamtrisiko zu verringern, bis dato begrenzt sind. Aber auch Institute mit vergleichsweise schlechtem Zugang zum organisierten Kapitalmarkt könnten ihre Kreditengagements unabhängig von einem nur begrenzt zur Verfügung stehenden haftenden Eigenkapital ausweiten. Gleichfalls wären kleinere Institute verstärkt in der Lage, Großkredite zu vergeben und würden nicht länger durch § 13 KWG restringiert. Wenngleich sich mit letzterem die Wettbewerbsstellung der genannten Institute im Vergleich zu großen Universalbanken verbessert, kann hierin aber kein unzulässiger Eingriff in die aktuelle Wettbewerbssituation und damit ein Grund für die Ablehnung der bankenaufsichtsrechtlichen Anerkennung von Ausfallrisikoversicherungen gesehen werden. Vielmehr dürften sogar gerechtere Wettbewerbsverhältnisse hergestellt werden, da heutzutage insbesondere kleinere und nicht börsennotierte Banken durch Eigenkapitalnormen, die primär auf gesamtwirtschaftliche, die Funktionsfähigkeit des Bankgewerbes betreffende und nicht auf wettbewerbspolitische Erwägungen fokussieren, in ihrem Geschäftsgebaren beeinträchtigt werden.[1] Von einem wettbewerblichen Verstoß gegen die Gleichbehandlung ist allerdings dann auszugehen, wenn nicht allen Banken der Zugang zum Markt für Ausfallrisikoversicherungen offen stände bzw. für gleiche Ausfallrisiken unterschiedliche Risiko- bzw. Versicherungsprämien gefordert würden. Obschon derzeit nur wenige Versicherungsunternehmen Versicherungsschutz für Banken anbieten und eine größere Nachfrage hiernach wohl kaum ad hoc befriedigt werden könnte, so ist doch zu vermuten, daß im Falle einer bankenaufsichtsrechtlichen Anerkennung vermehrt neue Anbieter in den Markt eintreten

---

[1] Vgl. **Erdland**, Einlegerschutz, S. 114 ff.

würden. Auch besteht kein Grund zu der Annahme, daß von verschiedenen Instituten für gleiche Ausfallrisiken grundsätzlich unterschiedliche Prämien verlangt werden, da primär die Bonität des Kreditnehmers — unabhängig von den Merkmalen der kreditgebenden Bank — die Höhe der Risikoprämie determiniert.

Insgesamt sind also weder konzeptionelle, pragmatische noch wettbewerbliche Gründe zu erkennen, die gegen eine bankenaufsichtsrechtliche Anerkennung von Ausfallrisikoversicherungen sprechen.

3. Grundsätzliche Aspekte des Management von Ausfallrisiken

Neben den bankenseitig herausgestellten Vorteilen und der grundsätzlich möglichen bankenaufsichtsrechtlichen Anerkennung wird sich ein entsprechender Markt für Ausfallrisikoversicherungen aber auch nur dann herausbilden, wenn auch die Versicherungsunternehmen vor spezifischen und aus der Versicherung selbst resultierenden Kooperationsnachteilen geschützt werden. Diese können daraus resultieren, daß die kreditgebenden Banken dem Anreiz erliegen, verstärkt solche Ausfallrisiken auf die Versicherungsunternehmen zu übertragen, deren materielle Höhe die Versicherungsunternehmen unterschätzen, wobei allein die Banken aufgrund ihres detaillierteren Wissens die tatsächliche Bonität der Kreditnehmer kennen. In diesem Fall würden die von den Versicherungsunternehmen vereinnahmten materiellen Risikoprämien unter Umständen nicht ausreichen, die ausfallbedingten Reinvermögensminderungen zu decken, und es wäre ein Zusammenbruch des Marktes zu erwarten. Des weiteren können sich Kooperationsnachteile für die Versicherungsunternehmen aber auch daraus ergeben, daß von den kreditgebenden Banken nach Abschluß des Versicherungsvertrages solche Maßnahmen unterlassen werden, die die Höhe der ausfallbedingten Reinvermögensminderungen begrenzen und die im Falle einer Risikoselbsttragung durchgeführt worden wären. Entsprechend bedarf es bestimmter Sanktionsmechanismen, die derartige Kooperationsnachteile verhindern.[1]

Als erstes Instrument in diesem Zusammenhang ist eine Selbstbeteiligung der Banken an Zins- und Tilgungsausfällen zu nennen. Hiermit würde zumindest partiell eine Harmonisierung der Interessen von Banken und Versicherungsunternehmen erreicht, so daß erstere auch weiterhin Maßnahmen ergreifen werden, die die Höhe der Reinvermögensminderungen begrenzen. Allerdings wäre für Banken auch bei

---

[1] Vgl. **Kayser**, Großkreditversicherungen, S. 107 ff.

der Vereinbarung einer Selbstbeteiligung nach wie vor der Anreiz gegeben, solche Ausfallrisiken zu übertragen, deren Höhe die Versicherungsunternehmen unterschätzen („Negativauslese" bzw. „Antiselektion"[1]). Im Extremfall akzeptierten die Banken sogar solche Engagements, die bei einer Risikoselbstdeckung eine negative (Netto-)Konditionsmarge aufweisen würden, und übertrügen das daraus resultierende Ausfallrisiko auf ein Versicherungsunternehmen.

Zur Verdeutlichung der zuletzt genannten Gefahr wird von einem Kreditengagement mit einem Positionszins von 8% und einem zinsbindungskongruenten Geld- und Kapitalmarktzins von 6% ausgegangen. Die (Brutto-)Konditionsmarge beträgt entsprechend 2%. Beläuft sich die Krisenquote gleichfalls auf 2%, dann berechnet sich — nach der oben entwickelten Formel[2] — eine materielle Risikomargen I von:

$$(3.1) \qquad mRmI_1 = \frac{0{,}02 + 0{,}06 \times 0{,}02}{0{,}98} = 2{,}1632653\% .$$

Die (Netto-)Konditionsmarge II, die letztlich die Vorteilhaftigkeit des Engagements widerspiegelt, ergibt sich dann wie nachstehend:

	(Brutto-)Konditionsmarge:	2%
-	materielle Risikomarge:	2,1632653%
=	(Netto-)Konditionsmarge I:	- 0,1632653%
-	materielle Risikomarge II:	- 0,0032653%
=	(Netto-)Konditionsmarge II:	- 0,16%.

Aufgrund der negativen (Netto-)Konditionsmarge II wäre die Bank also nicht bereit, das Ausfallrisiko selbst zu tragen und die Kredite zu vergeben. Geht nun ein Versicherungsunternehmen mangels besserer Information fälschlicherweise von einer Krisenquote von nur 1% aus, und wird eine Selbstbeteiligungsquote (Sbq) der Bank in Höhe von 20% vereinbart, dann berechnet sich die materielle Risikomarge im Kalkül der Versicherung wie nachstehend:

$$(3.2) \qquad mRm_t = Kq_t \times (1 + PZ_t) \times (1 - Sbq) .$$

---

[1] Vgl. **Gerke/Kayser**, Bewertung, S. 663 f.
[2] Vgl. Kapitel I. 3. a) im zweiten Teil.

Bezogen auf das Beispiel beträgt die materielle Risikomarge dann:

$$(3.3) \qquad mRm_1 = 0{,}01 \times (1+0{,}08) \times (1-0{,}2) = 0{,}864\% \ .$$

Sollten nun langfristig tatsächlich 2% der Kreditengagements nicht zurückgezahlt werden, belaufen sich die ausgefallenen Zins- und Tilgungszahlungen auf 2,16% des ausgereichten Kreditvolumens. Die Bank hat dann entsprechend ihrer Selbstbeteiligungsquote von 20% eine Verringerung ihrer (Netto-)Konditionsmarge II in Höhe von:

$$(3.4) \qquad NKmII_1 = 0{,}2 \times 0{,}0216 = 0{,}432\%$$

des ausgereichten Kreditvolumens zu tragen.

Die (Netto-)Konditionsmarge II der Bank weist in diesem Fall folgenden Wert auf:

	(Brutto-)Konditionsmarge:	2%
-	materielle Risikomarge der Versicherung:	0,864%
-	Selbstbeteiligung der Bank:	0,432%
=	(Netto-)Konditionsmarge II:	0,0704%

Es ist ersichtlich, daß die Bank aufgrund der Fehleinschätzung des materiellen Risikos seitens der Versicherung eine positive (Netto-)Konditionsmarge erzielt und das Engagement infolgedessen positiv einschätzt, wenngleich das Engagement insgesamt negativ zu beurteilen wäre. Die Kreditvergabe der Bank ginge also zu Lasten der Versicherung.

Letztere Gefahr, daß die Banken eine Negativauslese einzelner Engagements betreiben, könnte zum Teil durch die Vereinbarung von Mantelverträgen ausgeschaltet werden, bei denen das Ausfallrisiko des gesamten Kreditportfolios bzw. bestimmter Teilportfolios (z.B. Ratenkredite an private Haushalte oder Industriekredite) auf das Versicherungsunternehmen übertragen wird. Zwar besteht in diesem Fall nicht mehr die Möglichkeit, daß die Banken eine Negativauslese einzelner Engagements betreiben, doch ist auch weiterhin nicht auszuschließen, daß die Institute im Sinne einer primär wachstumsorientierten Geschäftsphilosophie insgesamt keine sorgfältige Bonitätsprüfung ihrer Kunden mehr durchführen. Erfolgversprechender scheint es daher zu sein, wenn den Banken von den Versicherungsunternehmen Mindestanforderungen an die Bonitätsprüfung vorgegeben werden, so daß eine Unterschätzung der tatsächlichen Risikohöhe weitgehend ausgeschlossen wird. Ferner ist es möglich, den Instituten aufzuerlegen, die Bonitätsprüfung mit der „Sorgfalt eines ordentlichen Kaufmanns" durchzuführen und bei einem Verstoß gegen diese Obliegenheit einen Verlust des Versicherungsschutzes und Vertragsstrafen zu vereinbaren. Wann von einem derartigen Verstoß auszugehen ist, kann mit Hilfe statistischer Schätz- bzw. Testverfahren beurteilt werden.[1]

Neben der Vermeidung von aus Ausfallrisikoversicherungen resultierenden Kooperationsnachteilen stellt sich ferner die Frage nach der Trägerschaft der Versicherung.[2] Naheliegend ist es in diesem Zusammenhang, daß bereits heute in Deutschland Kreditversicherungsschutz anbietende Unternehmen ihre Geschäftstätigkeit ausweiten und ausländische Kredit- bzw. Ausfallrisikoversicherungsunternehmen in den Markt eintreten. Hierfür sprächen insbesondere die bereits von diesen Unternehmen erworbenen Kenntnisse und Erfahrungen. Theoretisch denkbar ist allerdings auch eine von den Banken bzw. den Bankenverbänden vorgenommene und ähnlich der Schutzgemeinschaft für allgemeine Kreditrisiken (Schufa) konzipierte Neugründung einer allein auf die Versicherung von Ausfallrisiken spezialisierten Institution. Würden sich sämtliche Ausfallrisikoversicherungen bei dieser konzentrieren, dann ist von einem im Vergleich zu einer Zersplitterung des Marktes höheren Diversifikations- bzw. Zerfällungsgrad des Risikoportfolios und damit einer Optimierung der formalen Risiko-Risikoprämien-Relation auszugehen. Auch könnten auf eine derartige Institution zum Vorteil aller Banken sämtliche bei den Instituten bereits vorhandene Bonitätsinformationen transferiert werden. Zudem wären bei dieser Neugründung aufgrund ihrer Trägerschaft kreditspezifische und für die Bonitätsbeurteilung erforderliche Kenntnisse in hohem Maße vorhanden, und schließlich würde der Anreiz für Banken, eine Negativauslese ihrer Kreditrisiken zu betreiben und Maßnahmen zur Minderung effektiver Risikokosten zu unterlassen, weiterhin vermindert. Durch ein derartiges Verhalten entstehende Verluste wären nämlich von der Gemeinschaft der Banken selbst zu tragen.[3]

---

[1] Vgl. **Bleymüller/Gehlert/Gülicher**, Statistik, S. 85 ff.

[2] Vgl. **Isern**, Versicherung, S. 277 ff.

[3] Das von Isern in diesem Zusammenhang als Gegenargument angeführte Defizit an versicherungstechnischem Erfahrungswissen dürfte diesen Vorteilen gegenüber in den Hintergrund treten, zumal die Banken im Wege von Allfinanzkonzeptionen auch heute bereits im Versicherungsgeschäft tätig sind. Vgl. **Isern**, Versicherung, S. 278.

Auch Fragen der technisch-organisatorischen Abwicklung von Kreditversicherungsverträgen sind in diesem Zusammenhang zu klären. Hierbei geht es insbesondere darum, daß die Deckungszusage des Versicherungsunternehmens möglichst unmittelbar erfolgt, da speziell im Mengengeschäft von den Kunden eine direkte Bestätigung oder Ablehnung des Kreditantrages erwartet wird. Letzteres könnte dadurch gewährleistet werden, daß von den Versicherungsunternehmen bis zu einer bestimmten Risikogrenze ex ante eine Deckungszusage gegeben wird und den Banken die Risiko- bzw. Versicherungsprämien für nach bestimmten Kriterien gebildete Risikoklassen in regelmäßigen Abständen mitgeteilt werden. Lediglich für Kreditanträge, die über die Risikogrenzen hinausgehen, könnte eine Deckungszusage erst nach eingehender Prüfung der Unterlagen individuell mitgeteilt werden. Ein versicherungstypischer Nachteil würde aber auch hieraus nicht resultieren, da Banken ab einer bestimmten Risikohöhe über Kreditanträge ebenfalls nicht sofort entscheiden.

Schließlich ist zwischen den Vertragspartnern zu vereinbaren, wann der Versicherungsfall als eingetreten gilt und wie sich die Höhe der daraus resultierenden Reinvermögensminderungen ermittelt. Diesbezüglich ist es einerseits denkbar, daß die Versicherung erst dann die ausgefallenen Zins- und Tilgungszahlungen zu ersetzen hat, wenn ihr die Zahlungsunfähigkeit des Kreditnehmers sowie die fruchtlos ausgefallene bzw. aussichtslos erscheinende Verwertung der Sicherheiten nachgewiesen werden.[1] Andererseits kann eine Schadensersatzpflicht bereits zu dem Zeitpunkt eintreten, wenn der Kreditnehmer mit den vereinbarten Zahlungen in Verzug ist. In diesem Fall würde der auf die Bank lautende Rechtstitel der notleidenden Forderung bereits bei Zahlungsverzug auf die Versicherung übergehen, die dann die Rechtsverfolgung sowie die Verwertung der Sicherheiten übernimmt. Letztere Alternative ist insbesondere deshalb zu präferieren, weil die Versicherung im Vergleich zur Bank ein größeres Interesse an einer möglichst günstigen Verwertung der Sicherheiten besitzt, da der Bank die ausgefallenen Zins- und Tilgungszahlungen auch bei einer ungünstigen Verwertung auf jeden Fall ersetzt werden. Weiterhin ist davon auszugehen, daß die Versicherungen insbesondere bei einer Kreditvergabe durch kleine Banken eine weitaus größere Expertise bei der Rechtsverfolgung der Forderungen sowie der Verwertung der Sicherheiten aufweisen dürften, so daß hier zusätzlich ein Spezialisierungsvorteil zum Tragen kommt. Schließlich ist eine sofortige Substitution der ausgefallenen Zahlungen aber auch im Hinblick auf die dezentrale Steuerung bei den Banken sinnvoll. Bliebe es der Bank überlas-

---

[1] Vgl. **Isern**, Versicherung, S. 283 ff.

sen, die Rechtsverfolgung der Forderung sowie die Verwertung der Sicherheiten zunächst selbst zu übernehmen, und würden die erwarteten Zahlungen erst nach längerer Frist ersetzt, dann könnten hieraus temporäre Liquiditätsprobleme oder auch Überforderungen durch juristisch nur unzureichend ausgebildete Mitarbeiter resultieren, so daß aus diesen Gründen — trotz der grundsätzlichen Möglichkeit des Transfers von Ausfallrisiken — die Kreditvergabe auf dezentraler Ebene weiterhin restringiert wird.

Insgesamt dürften Managementaspekte — bei entsprechenden Vereinbarungen — aber kaum verhindern, daß Ausfallrisiken versichert und auf dritte Unternehmen übertragen werden.[1]

III. Formale Risikoprämien für strukturelle Risiken

1. Grundsätzliche Problematik der Zurechnung formaler Risikoprämien

Wenngleich ein Transfer von Ausfallrisiken auf Dritte grundsätzlich möglich ist, wird eine Bank — wie oben bereits erwähnt wurde — gleichwohl nur dann bereit sein, Kredite zu vergeben, wenn im mit dem Kunden vereinbarten Positionszins neben Finanzierungs- und Betriebskosten sowohl materielle als auch formale Risikoprämien enthalten sind. In diesem Fall können letztere an eine Versicherung weitergeleitet werden, so daß die Bank mit der Erlangung einer Situation der Sicherheit weder eine formale Risikoprämie erwirtschaftet noch eine solche zu entrichten hat.

Von Bedeutung ist in diesem Zusammenhang indes, daß stets der Kreditnehmer die formale Risikoprämie zu zahlen hat, da er als „Verursacher" des formalen Risikos angesehen wird. Zwar kann auch der von der Bank abgeschlossene Versicherungsvertrag selbst — ähnlich einer Option — als werthaltiges Aktivum — dessen Wert steigt, wenn sich die Bonität des Kreditnehmers verschlechtert — interpretiert

---

[1] Ein Transfer von Ausfallrisiken auf Dritte wird oftmals aber auch allein deshalb abgelehnt, weil die Risikoübernahme als originärer Aufgabenbereich der Banken angesehen wird. Dies gilt allerdings gleichfalls für Versicherungen. Dort gibt es aber mit Rückversicherungsunternehmen allerdings Institutionen, auf die Risiken auch heute schon übertragen werden können. Die geringe Bedeutung bzw. das Fehlen von „Rückversicherern für Banken" kann also kaum mit aufgabenorientierten Argumenten begründet werden. Vgl. **Hölscher**, Risikokosten, S. 240 f., und **Gerke/Kayser**, Bewertung, S. 665.

werden, und folglich ist auch der Versicherungsvertrag mit einem formalen Risiko verbunden — über alle Versicherungsverträge betrachtet schwankt der Wert dieser Aktiva entgegengerichtet den Ausfällen der Zins- und Tilgungszahlungen —, doch dürfte für das den Versicherungsverträgen immanente formale Risiko kaum eine Risikoprämie von den Versicherungsunternehmen entgolten werden. Vielmehr ist zu erwarten, daß für den Abschluß einer Ausfallrisikoversicherung immer nur eine formale Risikoprämie gezahlt werden muß.[1] Letzteres scheint aber auch deshalb gerechtfertigt, da es kaum vorstellbar ist, daß eine Bank nur einen fiktiven und keinen tatsächlich im eigenen Portfolio befindlichen Kredit — beispielsweise den Kredit eines anderen Instituts — versichert und sie sich mit dem Abschluß einer „ungedeckten" Ausfallrisikoversicherung gerade einem formalen Risiko aussetzt und nicht eine Situation der Sicherheit zu erreichen versucht. Die Seite, die die formale Risikoprämie zu zahlen hat, ist beim Ausfallrisiko also eindeutig bestimmt.

Anders stellt sich die Situation beim Wechselkurs- und Zinsänderungsrisiko dar. Formale Zinsänderungs- bzw. Wechselkursrisiken resultieren hier sowohl aus aktivischen als auch aus passivischen Festzins- bzw. Fremdwährungsüberhängen, und es ist — anders als beim Ausfallrisiko — nicht a prima vista ersichtlich, welche Seite der „Verursacher" des formalen Risikos ist und entsprechend formale Risikoprämien zu tragen hat. Eine Bank etwa, die einen aktivischen Festzinsüberhang eingeht, wird wie eine solche, die einen passivischen Festzinsüberhang aufweist, zum Eintritt in eine solche Situation nur dann bereit sein, wenn sie für das hiermit verbundene formale Zinsänderungsrisiko die Erwirtschaftung einer formalen Risikoprämie erwarten kann. Wird nun eine formale Risikoprämie für das Zinsänderungsrisiko in den Zinsstrukturen selbst vermutet — anders als beim Ausfallrisiko kann beim Zinsänderungs- und Wechselkursrisiko eine Institution, die mit einer formalen Risikoprämie belastet werden kann, nicht identifiziert werden —, so müßten bei einem aktivischen Festzinsüberhang die tatsächlich eintretenden Zinssätze tendenziell unter den forward rates liegen. Im Falle einer normalen

---

[1] Sollten Ausfallrisikoversicherungen zukünftig handelbar und darüber hinaus auch „leer", d.h. ohne Vorhandensein eines entsprechenden Kreditengagements abgeschlossen werden können, so ist das Ausfallrisiko ähnlich wie das Zinsänderungs- oder Wechselkursrisiko auch als strukturelles Risiko interpretierbar. In diesem Fall gäbe es dann gleichfalls „offene Ausfallrisikopositionen", d.h. Kreditengagements, die nicht durch Ausfallrisikoversicherungen gedeckt sind, sowie Ausfallrisikoversicherungen, denen keine Kreditengagements gegenüberstehen. Bei tatsächlich vorhandenen Kreditengagements, die gleichzeitig versichert sind, handelt es sich dann quasi um eine „geschlossene Ausfallrisikoposition".

Zinsstruktur würden die erwirtschafteten Fristentransformationsbeiträge dann nicht vollständig durch den zinsbedingten Solvenzeffekt aufgezehrt, und der im Durchschnitt verbleibende Bodensatz könnte als formale Risikoprämie interpretiert werden. Bei einem passivischen Festzinsüberhang stellt sich der Zusammenhang entsprechend umgekehrt dar. Die tatsächlich eintretenden Zinssätze müßten hier tendenziell über den forward rates liegen.

Letztlich kann aber nur ein Szenario eintreten, d.h., entweder liegen die tatsächlich eintretenden Zinssätze tendenziell unter oder über den forward rates. Würde also eine Bank A immer nur eine positive Fristentransformation betreiben und eine Bank B immer nur eine negative, so würde eine der beiden Banken trotz des eingegangenen formalen Zinsänderungsrisikos nicht nur keine formale Risikoprämie erwirtschaften, sondern sogar noch eine solche zu entrichten haben. Analoge Überlegungen können für das Wechselkursrisiko angestellt werden. Im folgenden ist also zu untersuchen, welche Seite formale Risikoprämien erwirtschaftet und welche Seite formale Risikoprämien zu entrichten hat.

2. Formale Risikoprämien für das Zinsänderungsrisiko

Grundsätzlich ist davon auszugehen, daß einerseits solche Kunden der Banken, die mit der Vereinbarung einer bestimmten Zinsbindungsfrist ihrer Anlage- oder Finanzierungsfazilitäten eine Situation der Sicherheit erreichen, bereit sind, hierfür eine formale Risikoprämie zu entrichten.[1] Andererseits dürften Marktteilnehmer nur gewillt sein, eine mit einem formalen Risiko verbundene Zinsbindungsfrist zu akzeptieren, wenn sie im Vergleich zu einer mit einer Situation der Sicherheit verbundenen Zinsbindungsfrist eine formale Risikoprämie erwirtschaften. Sind etwa lange Zinsbindungsfristen für Kapitalnachfrager mit einer Situation der Sicherheit verbunden, weil ihnen in diesem Fall die Höhe der Zinserlöse garantiert ist, so werden diese Marktteilnehmer auch dann Anlagefazilitäten mit langen Zinsbindungsfristen nachfragen, wenn die tatsächlich eintretenden kurzfristigen Zinssätze tendenziell über den forward rates liegen und mit einer revolvierenden Anlage kurzfristiger Gelder ein im Durchschnitt höherer Zinserlös erzielt werden kann. Sind für Kapitalnachfrager lange Zinsbindungsfristen gleichfalls mit einer Situation der Sicherheit verbunden, da die Zinskosten in diesem Fall eine fixe Größe darstellen, so wird diese Gruppe Finanzierungsfazilitäten mit kurzer Zinsbindungsfrist ebenfalls

---

[1] Zur empirischen Evidenz von formalen Risikoprämien für Zinsänderungsrisiken vgl. **Kratz**, Finanzmarktvolatilität, S. 123 ff.

nur dann nachfragen, wenn die tatsächlich eintretenden kurzfristigen Zinssätze tendenziell unter den forward rates liegen und revolvierende Aufnahmen kurzfristiger Mittel mit im Durchschnitt niedrigeren Zinskosten verbunden sind als bei der Aufnahme von Mitteln mit langer Zinsbindungsfrist.

Ob nun lange oder kurze Zinsbindungsfristen für Kapitalanbieter bzw. -nachfrager mit einer Situation der Sicherheit verbunden sind, kann aber nicht eindeutig beantwortet werden. Für Kapitalanleger beispielsweise sind lange Zinsbindungsfristen zwar mit im Zeitablauf sicheren Zinserlösen verknüpft, doch ist bei einem Verkauf etwa eines festverzinslichen Wertpapiers vor Fälligkeit mit einem ungewissen Marktwert zu rechnen. Analog stellen die Zinskosten für einen Kapitalnachfrager bei einem Kreditengagement mit langer Zinsbindungsfrist zwar eine fixe Größe dar, doch ist bei einer vorzeitigen Auflösung des Engagements die Höhe der von der Bank kalkulierten „erfolgsneutralen Ablösesumme" gleichfalls ungewiß.[1] Offensichtlich ist es für eine eindeutige Bestimmung des formalen Zinsänderungsrisikos von Kapitalanbietern und Kapitalnachfragern erforderlich, einen individuellen Anlage- bzw. Finanzierungshorizont festzulegen. Eine Situation der Sicherheit wird also nur in dem Fall erreicht, wenn die Zinsbindungsfristen den individuellen Anlage- und Finanzierungshorizonten der Kapitalanbieter bzw. -nachfrager entsprechen.

Weiterhin entscheidend ist in diesem Zusammenhang, ob innerhalb der Gruppe der Kapitalanbieter bzw. -nachfrager tendenziell eher kurzfristige oder eher langfristige Finanzierungshorizonte vorherrschen und — wenn eine eindeutige Tendenz feststellbar ist — ob hieraus resultierende Präferenzen nach kurzen oder langen Zinsbindungsfristen gleich- oder entgegengerichtet sind. Sind entsprechende Präferenzen unter den Kapitalanbietern bzw. -nachfragern nicht eindeutig erkennbar oder sind zwar eindeutige Präferenzen zu beobachten, doch bevorzugen sowohl Kapitalanbieter als auch -nachfrager jeweils gleiche Fristigkeiten, dann kommt es ohne Notwendigkeit einer Fristentransformationsfunktion seitens der Banken zu einem Marktgleichgewicht, und es kann von allen Marktteilnehmern eine Situation der Sicherheit erreicht werden, ohne daß hierfür formale Risikoprämien zu zahlen wären.[2] Banken dürften in diesem Fall keine formalen Risikoprämien erwirtschaften, auch wenn sie durch eine positive oder negative Fristentransformation formale Zinsänderungsrisiken eingehen. Präferieren Kapitalanbieter und -nachfrager jedoch

---

[1] Vgl. **Schierenbeck/Rolfes**, Margenkalkulation, S. 156 ff.

[2] Die Erwartungstheorie der Zinsentwicklung hätte damit auch unter Berücksichtigung der Ungewißheit zukünftiger Zinsen Bestand. Zur Erwartungstheorie der Zinsentwicklung vgl. **Filc**, Theorie, S. 114 ff.

unterschiedliche Zinsbindungsfristen, ist ein Marktausgleich nicht quasi automatisch zu erwarten. Einzelne Marktteilnehmer müßten in diesem Fall bereit sein, längere oder kürzere Zinsbindungsfristen im Vergleich zu ihren individuellen Anlage- bzw. Finanzierungshorizonten hinzunehmen. Hierfür ist ihnen dann aber eine formale Risikoprämie in Form einer höheren Rendite der Anlage bzw. in Form niedrigerer Finanzierungskosten zu entgelten. Die tatsächlich eintretenden Zinsen lägen dann unter oder über den forward rates. In diesem Fall könnte ein Marktausgleich aber auch durch die Fristentransformationsfunktion der Banken erfolgen, und allein bei dieser Marktkonstellation ist die Erwirtschaftung einer formalen Risikoprämie zu erwarten.

Von einer für die Erwirtschaftung formaler Risikoprämien erforderlichen unterschiedlichen Präferenz kurzer und langer Zinsbindungsfristen bei Kapitalanlegern und -nachfragern geht Hicks[1] in der von ihm aufgestellten Liquiditätspräferenztheorie aus. Er unterstellt, daß Kapitalanleger einen tendenziell kurzfristigen und Kapitalnachfrager einen eher langfristigen Anlage- bzw. Finanzierungshorizont besitzen.[2] Demzufolge setzen sich die Einjahres-forward-rates zusammen aus der Summe des in t für t+1 erwarteten Einjahreszinses und einer formalen Risikoprämie für die in Relation zum präferierten Anlagehorizont längere Zinsbindung. Die tatsächlich eintretenden Zinssätze liegen also tendenziell unter den forward rates. Für Kapitalanleger ergäbe sich entsprechend ein Renditevorteil, wenn sie ihre Mittel mit langer Zinsbindungsfrist anlegen würden. Die Finanzierungskosten der Kapitalnachfrager würden in analoger Weise sinken, wenn sie ihre Kredite revolvierend und mit möglichst kurzfristiger Zinsbindungsfrist aufnähmen. Grafisch läßt sich die formale Risikoprämie am besten dann darstellen, wenn alle Marktteilnehmer im Durchschnitt gleichbleibende kurzfristige Zinssätze erwarten. Dies hätte dann nicht eine parallel zur Abszisse verlaufende, sondern eine mit zunehmender Zinsbindungsfrist ansteigende Zinsstruktur zur Folge.[3]

Für die Banken bedeutet die Liquiditätspräferenztheorie hingegen, daß sie langfristig nur bei einer positiven Fristentransformation eine formale Risikoprämie erwirtschaften können und zwar unabhängig davon, ob eine „normale" oder eine

---

[1] Vgl. hierzu ausführlich **Hicks**, Value.

[2] Entsprechend überwiegt auch bei vornehmlich Kapitalnachfragenden Unternehmen das Risiko schwankender Zinszahlungen. Vgl. **Büschgen**, Finanzmanagement, S. 261 f.

[3] Vgl. **Faßbender**, Fristigkeitsstruktur, S. 100.

„inverse" Zinsstruktur vorherrscht.¹ Im Falle einer negativen Fristentransformation würden die Institute für das mit dieser Situation verbundene formale Zinsänderungsrisiko nämlich nicht nur keine Prämie erhalten; vielmehr müßten sie hierfür — ähnlich einer Ausfallrisikoversicherung — noch eine formale Risikoprämie entrichten.² Eine negative Fristentransformation würde also kaum rationalem Kalkül entsprechen.³

Für den Fall, daß das formale Zinsänderungsrisiko — wie bereits oben — auf der Basis der Abweichungen der tatsächlich eingetretenen von den erwarteten Kurswerten einer endfälligen Bundesanleihe mit einem Nennwert von 100 DM sowie jährlichen Zinszahlungen gemessen wird, ergibt sich für den Zeitraum von 1977 bis 1994 ein arithmetisches Mittel der Abweichungen in Höhe von 1,16744826 DM (vgl. Abb. 2.71). Offensichtlich wird die Liquiditätspräferenztheorie durch die Empirie bestätigt, da bei einer positiven Fristentransformation der genannten Art eine über den Einjahreszins hinausgehende durchschnittliche formale Risikoprämie von 1,16744826 DM pro Jahr erzielt werden kann. Im Falle einer negativen Fristentransformation wäre ein Betrag in gleicher Höhe — trotz identischem formalen Zinsänderungsrisiko — zu entrichten.⁴

---

[1] Bei Gültigkeit der Liquiditätspräferenztheorie werden im Falle einer positiven Fristentransformation und einer inversen Zinsstruktur anfänglich negative Fristentransformationsbeiträge erwirtschaftet, wobei diese jedoch durch Reinvermögensmehrungen resultierend aus sinkenden Marktzinsen bzw. Zinskosten im Zeitablauf langfristig überkompensiert werden.

[2] Wenngleich im Rahmen dieser Arbeit davon ausgegangen wird, daß materielle Zinsänderungs- und Wechselkursrisiken deshalb nicht eintreten, weil Fristen- bzw. Währungstransformationsbeiträge als diese Risiken kompensierende Prämien erzielt werden, könnte ein materielles Risiko in diesem Zusammenhang doch auch in der Erwirtschaftung negativer formaler Risikoprämien gesehen werden. Auch in diesem Fall ist der Erwartungswert der Reinvermögensänderungen kleiner null, und es findet wie beim ursprünglich beschriebenen materiellen Risiko dann ein „schleichender Eigenkapitalverzehr" statt, wenn keine zusätzlichen Prämien erzielt werden. Aus didaktischen Gründen wird dieser Interpretation aber nicht weiter gefolgt.

[3] Für die Gültigkeit der Liquiditätspräferenztheorie spricht in diesem Zusammenhang auch, daß in der Vergangenheit eher normale Zinsstrukturen, d.h. höhere Zinssätze bei längeren Zinsbindungsfristen beobachtet werden konnten als inverse Zinsstrukturen.

[4] Eine ähnliche Untersuchung führten auch Schmitz/Pesch, die im wesentlichen zu gleichen Erkenntnissen gelangten, durch. Vgl. **Schmitz/Pesch**, Abweichungsanalyse, S. 550-553.

Sofern auch das formale Swapsatzrisiko auf der Basis der Abweichungen der tatsächlich eingetretenen von den erwarteten Kurswerten einer endfälligen Anleihe in Fremdwährung mit einem Nennwert von 100 $ sowie jährlichen Zinszahlungen gemessen wird, ermittelt sich für den Zeitraum von 1977 bis 1994 analog dem formalen Zinsänderungsrisiko ebenfalls eine positive durchschnittliche formale Risikoprämie von 2,99978938 DM pro Jahr. Die Liquiditätspräferenztheorie findet also auch hier ihre empirische Bestätigung.

3. Formale Risikoprämien für das Wechselkursrisiko

Ähnlich wie beim Zinsänderungsrisiko gilt in gleicher Weise für das Wechselkursrisiko, daß einerseits solche Kunden der Bank, die mit der Nachfrage oder dem Angebot einer Devise per Termin eine Situation der Sicherheit erreichen, bereit sind, hierfür eine formale Risikoprämie zu entrichten. Andererseits dürften Marktteilnehmer nur dann gewillt sein, in eine mit einem formalen Risiko verbundene Fremdwährungsposition einzutreten, wenn sie im Vergleich zur Situation der Sicherheit eine formale Risikoprämie erwirtschaften.[1] Ist etwa für bestimmte Marktteilnehmer die Nachfrage nach Devisen per Termin mit einer Situation der Sicherheit verbunden, wird diese Gruppe Devisen auch dann nachfragen, wenn die tatsächlich eintretenden Devisenkassakurse tendenziell unter den Devisenterminkursen liegen und mit einer erst in Zukunft erfolgenden Nachfrage am Kassamarkt im Durchschnitt ein günstigerer Kurs zu erreichen wäre. Ist für andere Marktteilnehmer das Angebot von Devisen per Termin mit einer Situation der Sicherheit verbunden, werden diese Kontrahenten Devisen auch in dem Fall anbieten, wenn die tatsächlich eintretenden Wechselkurse tendenziell über den Devisenterminkursen liegen und mit einer erst in Zukunft erfolgenden Angebot am Kassamarkt im Durchschnitt entsprechend höhere Kurse zu erzielen wären. Ob nun das Angebot oder die Nachfrage nach Devisen per Termin mit einer Situation der Sicherheit verbunden ist, kann aber auch hier nicht eindeutig beantwortet werden und wird primär bestimmt von den aus realwirtschaftlichen Transaktionen resultierenden und vom Devisenmarkt autonomen Zahlungen in Fremdwährung.

Vom Devisenmarkt autonome Fremdwährungspositionen entstehen in diesem Zusammenhang bei exportierenden Unternehmen, die Forderungen in Fremdwährung

---

[1] Zu Risikoprämien für formale Wechselkursrisiken im allgemeinen vgl. **Bernhard**, Wechselkursrisiken, S. 25 ff. und 39 ff., und **Frenkel**, Wechselkurstheorie, S. 10 f.

haben, und bei importierenden Unternehmen, die Verbindlichkeiten in Fremdwährung aufweisen. Eine Situation der Sicherheit kann bei letzteren nur dann erreicht werden, wenn die aus der originären Handelstätigkeit resultierenden Fremdwährungspositionen am Devisenterminmarkt mit entsprechend entgegengerichteten Engagements abgesichert werden. Ein Importeur beispielsweise, der in ausländischer Währung fakturierte Waren auf Ziel kauft, müßte Devisen ebenfalls per Termin kaufen, ein Exporteur müßte entsprechend Devisen per Termin verkaufen. Ein marktlicher Ausgleich zwischen einem allein realwirtschaftlich induzierten Angebot bzw. einer entsprechenden Nachfrage nach Devisen kommt in diesem Zusammenhang nur dann zustande, wenn den in einer bestimmten Fremdwährung fakturierten Importen eines Landes in gleicher Höhe und in der gleichen Währung fakturierte Exporte gegenüberstehen. Andernfalls müssen einige Marktteilnehmer — Exporteure oder Importeure — bereit sein, offene Fremdwährungspositionen einzugehen. Eine Bereitschaft hierzu wird aber nur in dem Fall gegeben sein, wenn für die daraus resultierenden Risiken eine formalen Risikoprämie entgolten wird. Bei einem in einer bestimmten Währung fakturierten Exportüberschuß eines Landes würden die tatsächlich eintretenden Wechselkurse über den Devisenterminkursen, im Falle eines Importüberschusses unter den Devisenterminkursen liegen.

Falls der Ausgleich zwischen Devisenangebot und Devisennachfrage nicht durch einzelne Importeure oder Exporteure, sondern durch Banken, die offene Fremdwährungspositionen einzugehen bereit sind, erreicht wird, können letztere entsprechend nur in dem Fall formale Prämien für das Wechselkursrisiko erwirtschaften, wenn das Sitzland des Instituts einen in einer bestimmten Währung fakturierten Exportüberschuß aufweist und ein aktivischer Fremdwährungsüberhang bei der Bank vorliegt. Im Falle eines passivischen Fremdwährungsüberhangs werden in dieser Situation folglich nicht nur keine Risikoprämien erwirtschaftet; vielmehr muß trotz eines formalen Wechselkursrisikos sogar noch eine Prämie gezahlt werden. Entsprechend werden bei einem Ausgleich von Exporten und Importen und gleichzeitigem Vorliegen aktivischer bzw. passivischer Fremdwährungsüberhänge seitens der Banken keine formalen Risikoprämien erwirtschaftet.[1] Analoge Überle-

---

[1] Auch **Spremann** geht mit gleicher Begründung davon aus, daß es bei einem Ausgleich von in einer bestimmten Fremdwährung fakturierten Exporten und Importen keine formalen Risikoprämie geben darf. Verallgemeinernd nimmt er dann aber auch an, daß **grundsätzlich** keine formalen Risikoprämien existent sein dürfen. Unzulässigerweise vernachlässigt er hierbei den Fall, daß es nicht nur zu einem Ausgleich, sondern auch zu strukturellen und in Fremdwährung fakturierten Export- oder Importüberschüssen kommen kann. Vgl. **Spremann**, Währungsrisiken, S. 858 f.

gungen lassen sich auch für den Fall eines Importüberschusses anstellen.[1]

Vorausgesetzt, das formale Wechselkursrisiko wird — wie bereits oben — basierend auf den Differenzen zwischen den tatsächlich eintretenden Devisenkassakursen und den Devisenterminkursen gemessen — es wird also ein aktivischer Fremdwährungsüberhang unterstellt —, so ergibt sich für den Zeitraum von 1977 bis 1994 ein arithmetisches Mittel der Differenzen in Höhe von -0,0110641 DM/$ (vgl. Abb. 2.75). Dieser Betrag ist als negative formale Risikoprämie, die im Durchschnitt pro Jahr bei einem aktivischen Fremdwährungsüberhang von 1 $ gezahlt werden muß, zu interpretieren. Im Falle eines passivischen Fremdwährungsüberhangs könnte ein Betrag in gleicher Höhe erwirtschaftet werden. Offensichtlich sind die in $ fakturierten Importe Deutschlands größer als die in $ fakturierten Exporte. Letzteres ist aber nicht zwangsläufig mit einem strukturellen Importüberschuß gegenüber den USA gleichzusetzen — hier konnte in den letzten Jahren eher ein Exportüberschuß konstatiert werden —; vielmehr wird auch der Handel mit anderen Ländern oftmals auf $-Basis fakturiert. Zu denken ist in diesem Zusammenhang beispielsweise an die Importe von Erdöl, die in der Regel auf $-Basis gezahlt werden.

Insgesamt festzuhalten bleibt, daß auch für das Wechselkursrisiko eine formale Prämie entgolten wird, wobei jedoch nicht wie beim formalen Zinsänderungsrisiko a prima vista sicher ist, welche Seite diese Prämie erwirtschaftet bzw. zu zahlen hat. Letzteres wird vielmehr von realwirtschaftlichen Vorgängen determiniert.

---

[1] Anders versucht Schmidt die Existenz einer Risikoprämie für das formale Wechselkursrisiko mit relativen staatlichen Schuldenständen zu erklären. Hiernach muß ein Land mit hoher Staatsschuld eine wechselkursbedingte formale Risikoprämie auf den risikolosen Zins dafür zahlen, daß ausländische Anleger bereit sind, Staatsschuldtitel in Fremdwährung zu halten. Bei einem nicht auf Differenzen der Inflationsraten zurückzuführenden höheren ausländischen Zins ergibt sich entsprechend, daß bei einer hohen Staatsschuld der erwartete Wechselkurs tendenziell geringer ist als der Terminkurs. Der ausländische Anleger würde also in Höhe letzterer Differenz eine formale Risikoprämie erwirtschaften können. Zu kritisieren ist bei dieser Überlegung allerdings, daß sich eine formale Risikoprämie für das Wechselkursrisiko nur dann ergibt, wenn die Staatsschuld nicht von Inländern getragen wird bzw. getragen werden kann. Ausschlaggebend hierfür ist unter anderem die von Schmidt nicht berücksichtigte inländische Sparquote. So führt Schmidt selbst an, daß ein Großteil der amerikanischen und der deutschen Staatsschuld von Inländern gehalten wird. In diesem Fall dürften sich dann aber auch keine Risikoprämien für das formale Wechselkursrisiko ergeben. Vgl. **Schmidt**, Risikoprämien, S. 63 ff.

B. Kalkulation formaler Ausfallrisikoprämien

Während formale Risikoprämien für das Zinsänderungs- und Wechselkursrisiko bereits implizit in den Zinsstrukturen bzw. in den Devisenterminkursen enthalten sind, diese also quasi automatisch erwirtschaftet werden, bedürfen entsprechende Prämien für das Ausfallrisiko, die den Kreditnehmern in Form eines weiteren Aufschlages auf den Positionszins in Rechnung zu stellen sind, einer isolierten Kalkulation.[1] Hinsichtlich der konkreten Ausgestaltung eines Kalkulationsschemas bestehen in der Bankpraxis aber noch keine konkreten Vorstellungen. Zwar sind aus der Versicherungsbetriebslehre auf die Kalkulation formaler Risikoprämien ausgerichtete Prinzipien, die entsprechende Hinweise geben könnten, bekannt[2], doch fokussieren diese primär auf eine Sicherheitsfunktion und weniger auf einen Mißnutzenausgleich für eintretende Reinvermögensschwankungen, was eine Übertragbarkeit auf formale Ausfallrisiken verhindert.[3] Werden beide Funktionen im folgenden näher untersucht, wird sich nämlich herausstellen, daß sich die Höhe formaler Ausfallrisikoprämien allein an der Mißnutzenausgleichs- und nicht an der Sicherheitsfunktion ausrichten sollte.

Da mit letzterem das Ziel der Prämienkalkulation weitgehend festgelegt ist, geht es darüber hinaus auch darum, konkrete Anforderungen an die Höhe der Prämien im Hinblick auf einen zu erreichenden Mißnutzenausgleich zu ermitteln. Aufbauend hierauf ist in einem letzten Schritt die Kalkulation formaler Ausfallrisikoprämien

---

[1] Einer Kalkulation formaler Ausfallrisiken bedarf es erst dann nicht mehr, wenn hierfür ein Markt und entsprechende Marktpreise existieren. In diesem Fall werden Marktkonditionen dem Kunden in Rechnung gestellt, wobei es der Bank grundsätzlich überlassen bleibt, das Risiko auf ein Versicherungsunternehmen zu transferieren oder selbst zu tragen.

[2] Vgl. **Farny**, Versicherungsbetriebslehre, S. 44 ff., **Lippe**, Prämienprinzipien, S. 133-156, und **Albrecht**, Prämienprinzipien, S. 167-180.

[3] Lippe führt beispielsweise an: „*Ein Versicherungsunternehmen muß zusätzlich zum erwarteten Gesamtschaden noch einen Sicherheitszuschag erheben, der die Ruinwahrscheinlichkeit auf eine akzeptable Größenordnung reduziert.*" Von einem Mißnutzenausgleich ist bei Lippe nicht die Rede. Vgl. **Lippe**, Prämienprinzipien, S. 137. Zu beachten ist in diesem Zusammenhang jedoch der für das Versicherungsgewerbe untypische Ansatz von Kromschröder zur Basierung von Versicherungsprämien auf der Basis des Capital Asset Pricing Model. Dieser fokussiert nicht auf die Sicherheits-, sondern auf die Mißnutzenausgleichsfunktion der Risikoprämie und deutet damit erstmals auf eine sachgerechte Kalkulationsweise hin. Vgl. **Kromschröder**, Versicherungskalkulation, S. 321-336.

paradigmatisch auf der Basis der bereits oben ermittelten empirischen Daten aufzuzeigen.

I. Mißnutzenausgleichs- und Sicherheitsfunktion formaler Ausfallrisikoprämien

Bereits im Zusammenhang mit den Funktionen der Risikomessung wurde angeführt, daß eine Bank grundsätzlich nur dann bereit sein sollte, formale Risiken zu übernehmen, wenn sie hierfür auch eine Prämie erwirtschaftet. Letztere können gleichwohl nicht nur als Entgelt für den aus Schwankungen des Reinvermögens resultierenden Mißnutzen interpretiert werden; vielmehr ist den formalen Risikoprämien auch eine Sicherheitsfunktion immanent.[1] Wird nämlich im Zuge eines Eintritts in eine Risiko- bzw. Ungewißheitssituation lediglich eine materielle Risikoprämie kalkuliert, dann ist — im Falle einer Normalverteilung der Reinvermögensänderungen — die Wahrscheinlichkeit einer Reinvermögensminderung gleich der Wahrscheinlichkeit einer Reinvermögensmehrung. Bei zusätzlicher Kalkulation einer formalen Risikoprämie hingegen verschiebt sich die Wahrscheinlichkeitsverteilung nach rechts, so daß die Gefahr einer Reinvermögensminderung mit wachsender Höhe der formalen Risikoprämie abnimmt. Bei gegebenem Eigenkapital der Bank sinkt damit auch die Ruinwahrscheinlichkeit (vgl. Abb. 3.1).

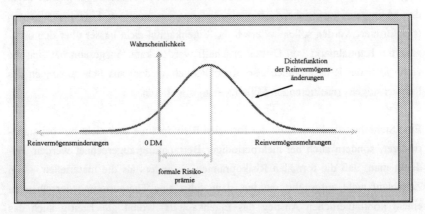

Abb. 3.1: Schematische Darstellung einer Wahrscheinlichkeitsverteilung potentieller Reinvermögensänderungen unter Berücksichtigung formaler Risikoprämien[2]

---

[1] Vgl. **Karten**, Schwankungsrückstellung, S. 764.
[2] Vgl. **Farny**, Versicherungsbetriebslehre, S. 67.

Wenngleich der Sicherheitsfunktion quasi automatisch also auch dann gedient wird, wenn mit der formalen Risikoprämie ursprünglich nur auf den Mißnutzenausgleich fokussiert wurde, so stellt sich dennoch die Frage, ob die Höhe einer allein den Mißnutzen ausgleichenden Prämie ausreicht, um die Ruinwahrscheinlichkeit maßgeblich zu reduzieren. Sofern dies nicht der Fall ist— hiervon dürfte in der Regel auszugehen sein —, müßte ein weiterer und die Sicherheitsfunktion erfüllender Zuschlag kalkuliert werden. Sollten die formalen Risikoprämien den Konkursfall völlig ausschließen, wären vom Kreditnehmer sogar formale bzw. materielle Risikoprämien in Höhe der maximalen Reinvermögensminderung zu fordern.

Grundsätzlich werden Kreditnehmer aber nur dann bereit sein, Zuschläge auf die allein den Mißnutzen ausgleichende formale Risikoprämie zu akzeptieren, bzw. es werden sich entsprechende Zuschläge auch nur in dem Fall marktlich durchsetzen lassen, wenn den Kreditnehmern im nachhinein „nicht gebrauchte" Beträge rückvergütet werden. In der Versicherungswirtschaft ist ein derartiges Verfahren insbesondere in der Lebens-, Kranken- und Kraftverkehrshaftpflichtversicherung üblich und wird dort als Instrument zur „Wahrung der Belange der Versicherten" hinsichtlich einer angemessenen Preis-Leistungs-Relation eingesetzt.[1] Ein vergleichbares Vorgehen im Rahmen des Ausfallrisikos ist hingegen unüblich, so daß die Durchsetzbarkeit eines analogen Instruments bei Banken in Frage steht. Auch ist fraglich, ob die Kreditnehmer durch die Kalkulation eines Zuschlags auf die allein den Mißnutzen ausgleichende formale Risikoprämie quasi zu Eigenkapitalgebern transformiert werden sollen[2] oder ob das Eigenkapital nicht besser über den organisierten Kapitalmarkt von Dritten beschafft werden kann. Insgesamt hat sich die Höhe formaler Risikoprämien also ausschließlich an dem aus Schwankungen des Reinvermögens resultierenden Mißnutzen zu orientieren.

Eine Sicherheitsfunktion kann der formalen Risikoprämie aber nicht nur bei einperiodiger, sondern auch bei mehrperiodiger Betrachtung zugerechnet werden. Bedenkt man, daß die formalen Risikoprämien — anders als die materiellen — im Zeitablauf nicht aufgezehrt werden, dann führt eine Thesaurierung derselben zu einem kontinuierlichen Anstieg des Eigenkapitals, womit gleichzeitig auch das Haftungspotential der Bank erhöht wird (vgl. Abb. 3.2).

---

[1] Vgl. **Farny**, <u>Versicherungsbetriebslehre</u>, S. 60 f.

[2] Der Sicherheitszuschlag übernimmt durch den intertemporären Ausgleich zufällig eintretender Reinvermögensminderungen eine Haftungs- und damit eine Eigenkapitalfunktion.

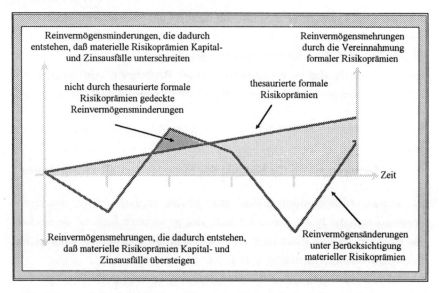

Abb. 3.2: Schematische Darstellung der Sicherheitsfunktion der Schwankungsrückstellung[1]

In diesem Zusammenhang könnte daran gedacht werden, formale Risikoprämien ähnlich wie in der Versicherungswirtschaft, wo sogenannte Schwankungsrückstellungen gebildet werden[2], ebenfalls einer Zwangsrückstellung bzw. -rücklage[3] zuzuführen. Ob eine derartige Thesaurierung aber letztlich erforderlich ist, hängt ab von der Höhe des bereits vorhandenen Eigenkapitals, dessen originäre Funktion zum Ausgleich zufällig eintretender Reinvermögensminderungen sich im Grunde nicht von der Funktion thesaurierter formaler Risikoprämien unterscheidet.[4] Eine Thesaurierung ist also nur dann sinnvoll, wenn in der folgenden Periode höhere formale Risiken eingegangen werden sollen oder sich die Risikoneigung der Eigenkapitalgeber bei gleichem Risikoniveau verringert hat und Eigenkapital auf anderem Wege nicht beschafft werden kann. Es hängt damit von der autonomen Entschei-

---

[1] Vgl. **Braeß**, Schwankungsrückstellung, S. 2.

[2] Vgl. **Karten**, Schwankungsrückstellung, S. 763-765. Gedanken zur Übertragbarkeit einer Schwankungsrückstellung auf Banken finden sich bei Birck/Meyer. Vgl. **Birck/Meyer**, Die Bankbilanz (3), S. VII 58.

[3] Bei den Sicherheitszuschlägen bzw. formalen Risikoprämien handelt es sich — wenn diese nicht rückvergütet werden — nicht um ungewisse Verbindlichkeiten gegenüber Dritten, sondern um Eigenkapitalbestandteile, so daß der Terminus „Rückstellung" hier eigentlich nicht sachgerecht ist.

[4] Vgl. **Neumann**, Kalkulationsprobleme, S. 20.

dung der Eigenkapitalgeber ab, ob sie mit ihren für den Mißnutzenausgleich erhaltenen Entgelten das Eigenkapital dotieren und weitere formale Risikoprämien erwirtschaften oder ob sie die formalen Risikoprämien als Gewinn entnehmen wollen. Insgesamt besteht also auch bei mehrperiodiger Betrachtung kein unmittelbares Erfordernis, formale Risikoprämien aufgrund ihrer Sicherheitsfunktion zu thesaurieren.

II. Anforderungen an die Kalkulation formaler Ausfallrisikoprämien

Da formale Risikoprämien primär dem Mißnutzenausgleich für eintretende Schwankungen des Reinvermögens dienen, sind im weiteren auch nur die an diese und nicht bzw. nicht zugleich auch die an die Sicherheitsfunktion der Risikoprämien zu stellenden Anforderungen zu eruieren.

Grundsätzlich ist in diesem Zusammenhang zu fordern, daß formale Ausfallrisikoprämien nicht auf das Zufallsrisiko fokussieren dürfen, da dieses durch eine entsprechende Zerfällung des Kreditportfolios bzw. durch den Abschluß von Ausfallrisikoversicherungen ohne weitere Reinvermögensminderungen eliminiert werden kann. Entsprechend ist zu erwarten, daß auch von Versicherungsunternehmen für die Zerfällung von Krediten keine oder nur geringe (Betriebs-)Kosten verlangt werden, da sich ein Diversifikationseffekt bei einem großen Portfolio versicherter Kredite quasi automatisch ergibt. Für einen Großkredit beispielsweise sind dann gleich hohe Risikoprämien zu verlangen wie für eine entsprechende Anzahl von Kleinkrediten, die in dieselbe Risikoklasse vergeben werden.

Im Gegensatz zum Zufallsrisiko kann das Änderungsrisiko durch Diversifikation innerhalb des Kreditportfolios zwar vermindert, jedoch auch bei einer optimalen Diversifikation, d.h. bei einer Kreditvergabe in sämtliche Branchen, Regionen usw. niemals ganz ausgeschaltet werden. Eine formale Ausfallrisikoprämie ist dem Grunde nach also dann gerechtfertigt, wenn bei der Kalkulation allein auf das Änderungsrisiko eines optimal diversifizierten Kreditportfolios fokussiert wird.

Letzteres bedeutet jedoch nicht, daß alle Kredite innerhalb des optimal diversifizierten Kreditportfolios in Abhängigkeit vom Änderungsrisiko desselben mit einer Prämie in identischer Höhe zu belasten sind. Vielmehr sollte der Beitrag des einzelnen Kredits zum Änderungsrisiko des gesamten Portfolios die Prämienhöhe bestimmen. Für einen Kredit etwa, der zum Änderungsrisiko des gesamten Portfolios nur wenig beiträgt, ist dann eine geringere formale Risikoprämie zu kalkulieren als für einen Kredit, bei dem dies in höherem Maße der Fall ist.

Auch wenn mit den individuellen Beiträgen einzelner Kredite zum Änderungsrisiko des gesamten Kreditportfolios die Relationen der formalen Risikoprämien untereinander festgelegt ist, bleibt die absolute Höhe der formalen Risikoprämien weiterhin ungeklärt. Zu fordern ist in diesem Zusammenhang, daß der Preis pro Einheit formalen Risikos des optimal diversifizierten Portfolios nicht institutsindividuell festgelegt, sondern bestimmt wird von der Höhe der formalen Risikoprämien, wie sie für eine Einheit formalen Zinsänderungs-, Swapsatz- oder Wechselkursrisikos — bzw. für ein Portfolio bestehend aus diesen Risikoarten — alternativ erwirtschaftet werden können. Da mit letzterem sowohl die Mengen- als auch die Wertkomponente der Prämie marktdeterminiert sind, ist davon auszugehen, daß sich eine derart kalkulierte formale Risikoprämie auch am Markt für Ausfallrisiken bildet bzw. Versicherungsunternehmen entsprechende Prämien verlangen werden. Kalkuliert eine Bank hingegen höhere formale Risikoprämien, dann werden Kreditanträge abgelehnt, die bei sachgerechter Kalkulation mit positiven (Netto-)Konditionsbeiträgen verbunden sind. Kalkuliert eine Bank dagegen niedrigere formale Risikoprämien, verzichtet sie auf einen Mißnutzenausgleich, wie er beim Eingehen anderer Risikoarten alternativ hätte erwirtschaftet werden können bzw. es sind bei einer Versicherung des Ausfallrisikos unter Umständen negative (Netto-)Konditionsbeiträge hinzunehmen. Insgesamt dürfte eine Basierung formaler Ausfallrisikoprämien auf Marktdaten aber auch zu einer hohen Akzeptanz derselben bei den dezentralen Kundenbetreuern der Bank führen.

III. Kalkulation formaler Ausfallrisikoprämien auf der Basis eines marktdeduzierten Ansatzes

Den oben aufgestellten Anforderungen an eine sachgerechte Kalkulation formaler Ausfallrisikoprämien gerecht zu werden, versucht der im folgenden darzustellende marktdeduzierte und auf dem Grundgedanken des Capital Asset Pricing Model (CAPM)[1] basierende Ansatz.[2] Hierbei ist in vier Schritten vorzugehen:

---

[1] Aus den zahlreichen Literaturquellen zum CAPM vgl. insbesondere **Perridon/Steiner**, Finanzwirtschaft, S. 246 ff., **Spremann**, Finanzierung, S. 239 ff. und **Schneider**, Investition, S. 507 ff.

In einem ersten Schritt werden Risikoportfolios, d.h. Kombinationen aus jeweils zwei Risikoarten, bei denen die Höhe der formalen Risikoprämie bekannt ist — dies ist beim formalen Zinsänderungs-, Wechselkurs- und Swapsatzrisiko der Fall[1] —, gebildet, und es werden für diese Kombinationen Portfoliolinien ermittelt, die jeweils unter Berücksichtigung der Korrelationskoeffizienten zwischen den Risikoarten die funktionalen Zusammenhänge zwischen dem formalen Risiko einerseits und der formalen Risikoprämie des Portfolios andererseits widerspiegeln.[2] Eine Portfoliolinie für formale Wechselkurs- und Swapsatzrisiken gibt beispielsweise an, welche formalen Prämien bei alternativen Höhen des Portfoliorisikos und jeweils unterschiedlichen Anteilen der in Betracht stehenden Risikoarten am Portfolio erzielt werden können. Stellt sich dabei heraus, daß die optimale formale Risiko-Risikoprämien-Relation eines Portfolios geringer ist als diejenige beim Eingehen nur einer Risikoart — kann also bei einem vorgegebenen formalen Risiko von x dann eine höhere Risikoprämie erzielt werden, wenn beispielsweise nicht nur formale Zinsänderungsrisiken, sondern eine Kombination aus formalen Zinsänderungs- und Swapsatzrisiken eingegangen wird —, dann ist das Portfolio dem Einzelrisiko vorzuziehen. Für das formale Ausfallrisiko eines optimal diversifizierten Kreditportfolios ist in diesem Fall mindestens die formale Risiko-Risikoprämien-Relation des Portfolios zu verlangen.

Zu beachten ist in diesem Zusammenhang, daß bei allen drei Risikoarten jeweils offene aktivische und passivische Positionen eingegangen werden können. Werden positive Fristentransformationspositionen im Bereich des Zinsänderungs- oder Swapsatzrisikos bzw. aktivische Fremdwährungsüberhänge im Bereich des Wechselkursrisikos im folgenden mit „positives Zinsänderungs-, Swapsatz- bzw. Wech-

---

[2] Alternativ können Risikoprämien für das formale Ausfallrisiko auch auf der Basis eines Optionspreismodells ermittelt werden. Hierbei handelt es sich aber um einen eher theoretischen und — unter Berücksichtigung von Wirtschaftlichkeitsaspekten — bis dato kaum in die Bankpraxis umsetzbaren Ansatz. Vgl. **Gerdsmeier/Krob**, Optionspreismodell, S. 469-475, und **Rudolph**, Ansätze, S. 898 ff.

[1] Bei diesen Risikoarten ergeben sich die formalen Risikoprämien aus den Marktgegebenheiten.

[2] Zu beachten ist in diesem Zusammenhang, daß sich die formalen Risikoprämien bei allen Risikoarten nicht auf Bestandsgrößen wie etwa auf Kreditvolumina oder offene Festzins- bzw. Fremdwährungspositionen zu beziehen haben, sondern auf das aus diesen Positionen resultierende formale Risiko. Schließlich werden die formalen Risikoprämien nicht für eine Kapitalüberlassung, sondern für den aus den formalen Risiken resultierenden Mißnutzen entgolten.

selkursrisiko" und negative Fristentransformationspositionen bzw. passivische Fremdwährungsüberhänge entsprechend mit „negatives Zinsänderungs-, Swapsatz- oder Wechselkursrisiko" bezeichnet, dann ergeben sich nicht nur drei, sondern elf unterschiedliche Kombinationsmöglichkeiten, die zu einem erheblichen Rechenaufwand führen (vgl. Abb. 3.3).

	pos. ZÄR	pos. SR	pos. WKR	neg. ZÄR	neg. SR	neg. WKR
pos. ZÄR		1	2		3	4
pos. SR			5	6		7
pos. WKR				8	9	
neg. ZÄR						10
neg. SR						11
neg. WKR						

Abb. 3.3: Kombinationsmöglichkeiten unterschiedlicher Erfolgsrisikopositionen bei Banken

Verringert werden kann die Komplexität jedoch dadurch, daß jene Positionen von vornherein aus der Betrachtung ausgeschlossen werden, die zu einer negativen formalen Risikoprämie führen, da nur bei einer relativ kleinen negativen formalen Risikoprämie, einem geringen formalen Risiko und einer extrem negativen — im Einzelfall zu bestimmenden — Korrelation zwischen der in Betracht stehenden und anderen Risikoarten erwartet werden kann, daß der Mißnutzen aus der negativen Risikoprämie durch eine Verringerung des Portfoliorisikos überkompensiert wird. Darüber hinaus können solche Kombinationen zweier Risikoarten außer Betracht bleiben, bei denen zum einen die formalen Risiko-Risikoprämien-Relationen der Einzelrisiken ungünstiger sind als bei einem bereits gebildeten Portfolio, das aus zwei anderen Risikoarten besteht, und bei denen zum anderen die formalen Einzelrisiken untereinander gleichzeitig höher korreliert sind.

Nachdem das Portfolio aus zwei Risikoarten mit der günstigsten formalen Risiko-Risikoprämien-Relation bestimmt ist, muß darauf aufbauend in einem zweiten Schritt überprüft werden, ob durch Einbeziehung der bis dahin nicht berücksichtigten dritten Risikoart eine weitere Verbesserung der Relation zu erreichen ist. Ist dies der Fall, dann sollte die optimale Relation des Portfolios nicht bestehend aus zwei, sondern aus drei Risikoarten als Mindest-Relation für die formale Ausfallrisikoprämie eines optimal diversifizierten Kreditportfolios gefordert werden.

Eine formale Ausfallrisikoprämie in einer Höhe, wie sie sich auch mit einem Portfolio, das aus zwei oder drei Risikoarten besteht, erzielen ließe, wird der oben aufgestellten Forderung nach Marktdeduktion zwar im wesentlichen gerecht, doch ist des weiteren zu berücksichtigen, daß das formale Ausfallrisiko selbst in der Regel nicht vollständig, sondern mit einem Korrelationskoeffizienten kleiner eins mit den jeweiligen Risikoarten des abschließend gebildeten und vorerst als optimal erachteten Portfolios korreliert ist. Demnach kann es nicht rationalem Kalkül entsprechen, lediglich formale Ausfallrisiken einzugehen und hierfür die formale Risiko-Risikoprämien-Relation des als optimal erachteten Portfolios, das aus zwei oder drei Risikoarten besteht, zu verlangen. Vielmehr ist das vorerst als optimal erachtete Portfolio derart mit dem formalen Ausfallrisiko zu kombinieren, daß der durch die weitergehende Einbeziehung des Ausfallrisikos entstehende Vorteil einer zusätzlichen Verminderung des formalen Portfoliorisikos bei gegebener formaler Risikoprämie bzw. der Vorteil der Erhöhung der Risikoprämie bei gegebenem formalen Portfoliorisiko maximiert wird. Entsprechend ist in einem dritten Schritt die optimale Kombination von Ausfallrisiken mit dem vorerst als optimal erachteten Portfolio aus zwei oder drei Risikoarten zu bestimmen. Unter Berücksichtigung des Vorteilseffekts kann sodann die endgültige formale Risiko-Risikoprämien-Relation für das Ausfallrisiko eines optimal diversifizierten Kreditportfolios ermittelt werden.

Schließlich sind in einem vierten Schritt basierend auf letzteren Erkenntnissen formale Risikoprämien für Ausfallrisiken spezifischer und in eine bestimmte Risikoklasse vergebener Kredite zu ermitteln. Wie bereits angeführt wurde, ist es nämlich nicht sachgerecht, alle Risikoklassen mit der gleichen formalen Risikoprämie zu belasten, obschon sie in unterschiedlicher Höhe zum Risiko des gesamten Kreditportfolios beitragen.[1]

Zur Verdeutlichung der Zusammenhänge wird von den bereits oben ermittelten empirischen Daten ausgegangen.[2]

---

[1] Die Ermittlung formaler Ausfallrisikoprämien für spezifische Kreditnehmer bzw. Risikoklassen innerhalb eines optimal diversifizierten Kreditportfolios erfolgt analog der Vorgehensweise bei der Ermittlung der Wertpapierlinie im Rahmen des für den Aktienmarkt entwickelten Capital Asset Pricing Model. Vgl. **Drukarczyk**, Finanzierungstheorie, S. 330 ff., **Perridon/Steiner**, Finanzwirtschaft, S. 246 ff., und **Schneider**, Investition, S. 428 ff.

[2] Vgl. Kapitel C. III. im zweiten Teil.

Bezogen auf den ersten Schritt sind zunächst jene Risikopositionen zu identifizieren, die zu einer positiven formalen Risikoprämie führen und damit allein in die weitere Betrachtung einzubeziehen sind. Für diese Risikopositionen sind sodann formale Risiko-Risikoprämien-Relationen zu ermitteln.

Das formale Zinsänderungsrisiko wurde bereits oben gemessen auf der Basis der Abweichungen der tatsächlich eingetretenen von den erwarteten Kurswerten einer endfälligen Bundesanleihe mit einem Nennwert von 100 DM sowie jährlichen Zinszahlungen. Es ergab sich eine positive formale Risikoprämie in Höhe von 1,16744826 DM. Negative Fristentransformationen in heimischer Währung sind folglich aus der weiteren Betrachtung auszuschließen, da hier negative Prämien zu erwarten sind. Bei einem formalen Zinsänderungsrisiko von $\sigma_{ZÄR} = 7{,}26909143$ DM errechnet sich sodann eine formale Risiko-Risikoprämien-Relation von:

$$(3.5) \qquad \frac{\sigma_{ZÄR}}{fRp_{ZÄR^+}} = \frac{7{,}26909143\,DM}{1{,}16744826\,DM} = 6{,}226478448 \ .$$

Für das formale Swapsatzrisiko, das ähnlich wie das Zinsänderungsrisiko auf der Basis der Abweichungen der tatsächlich eingetretenen von den erwarteten Kurswerten einer endfälligen zehnjährigen Anleihe in Fremdwährung mit einem Nennwert von 100 $ sowie jährlichen Zinszahlungen quantifiziert wurde, ermittelte sich eine ebenfalls positive formale Risikoprämie in Höhe von 2,99978938 DM. Negative Fristentransformationen in Fremdwährung sind also ebenfalls nicht weiter zu betrachten, da hier negative Prämien zu erwarten sind. Bei einem formalen Swapsatzrisiko von $\sigma_{SR} = 20{,}6090213$ DM errechnet sich in diesem Fall eine formale Risiko-Risikoprämien-Relation von:

$$(3.6) \qquad \frac{\sigma_{SR}}{fRp_{SR^+}} = \frac{20{,}6090213\,DM}{2{,}99978938\,DM} = 6{,}870156097 \ .$$

Das formale Wechselkursrisiko schließlich wurde gemessen basierend auf den Differenzen zwischen den tatsächlich eingetretenen Devisenkassakursen und den zuvor bestimmten Devisenterminkursen. Es ermittelte sich eine negative formale Risikoprämie in Höhe von -0,0110641 DM/$. Entsprechend sind in diesem Fall positive Währungstransformationen aus der weiteren Betrachtung auszuschließen, da hier negative Prämien zu erwarten sind, und es ist allein auf negative Währungstransformationen mit leicht positiven formalen Risikoprämien zu fokussieren.

Bei einem formalen Wechselkursrisiko von $\sigma_{WKR} = 0{,}29710925\,DM\,/\,\$$ errechnet sich eine formale Risiko-Risikoprämien-Relation von:

$$(3.7) \qquad \frac{\sigma_{WKR}}{fRp_{WKR^-}} = \frac{0{,}29710925\,DM\,/\,\$}{0{,}01106408\,DM\,/\,\$} = 28{,}85349799\,.$$

Da im folgenden allein positive Zinsänderungs- und Swapsatzrisiken sowie negative Wechselkursrisiken in die Betrachtung einzubeziehen sind, können nur noch drei Kombinationsmöglichkeiten bzw. drei Portfolios, die aus jeweils zwei Risikoarten bestehen, gebildet werden. Für die Korrelationskoeffizienten zwischen diesen Kombinationsmöglichkeiten ergeben sich folgende und bereits oben ermittelte Werte:

- pos. Zinsänderungs-/pos. Swapsatzrisiko $\qquad \rho_{ZÄR^+,SR^+} = 0{,}65046361$,
- pos. Zinsänderungs-/neg. Wechselkursrisiko $\qquad \rho_{ZÄR^+,WKR^-} = 0{,}0363088$,
- pos. Swapsatz-/neg. Wechselkursrisiko $\qquad \rho_{SR^+,WKR^-} = 0{,}2534885$.

Im weiteren ist zu überprüfen, ob die bis hierhin günstigste formale Risiko-Risikoprämien-Relation des Zinsänderungsrisikos verbessert werden kann, indem ein Portfolio, bestehend aus Zinsänderungs- und Swapsatzrisiken, gebildet wird. Hierfür ist die Portfoliolinie für beide Risikoarten zu ermitteln.[1]

Bezeichnet man allgemein die Anteile der beiden Risikoarten i und j an einem Portfolio aus den zwei Risikoarten mit x_i und x_j, so ergibt sich die formale Risikoprämie für das Portfolio P wie folgt:

$$(3.8) \qquad fRp_P = x_i \times fRp_i + x_j \times fRp_j\,.$$

Das formale Risiko des Portfolios berechnet sich ferner wie nachstehend:

$$(3.9) \qquad \sigma_{P_{i,j}} = \sqrt{x_i^{\,2} \times \sigma_i^{\,2} + x_j^{\,2} \times \sigma_j^{\,2} + 2 \times \rho_{i,j} \times \sigma_i \times \sigma_j \times x_i \times x_j}\,.$$

---

[1] Zur Bildung von Wertpapierportfolios aus zwei und drei Wertpapieren vgl. **Hörnig/Engelmann**, Portefeuilletheorie (I), S. 267 ff., **Hörnig/Engelmann**, Portefeuilletheorie (II), S. 314 ff., **Hörnig/Engelmann**, Portefeuilletheorie (III), S. 857 ff., und **Hörnig/Engelmann**, Portefeuilletheorie (IV), S. 411 f.

Weil sich die Summe der Portfolioanteile zu eins aufaddieren muß und die einzelnen Portfolioanteile selbst größer oder gleich null sein müssen, sind des weiteren folgende Nebenbedingungen einzuhalten:

(3.10) $\quad x_i + x_j = 1 \quad \text{und} \quad x_i, x_j \geq 0$.

Bezogen auf ein Portfolio, das sich aus Zinsänderungs- und Swapsatzrisiken zusammensetzt, ergibt sich in diesem Fall folgendes Gleichungssystem:

(3.11) $\quad fRp_{P_{ZÄR^+, SR^+}} = x_{ZÄR^+} \times 1{,}16744826 \, \text{DM} + x_{SR^+} \times 2{,}99978938 \, \text{DM}$

und

(3.12) $\quad \sigma_{P_{ZÄR^+, SR^+}} = \sqrt{\begin{array}{l} x_{ZÄR^+}^2 \times (7{,}26909143 \, \text{DM})^2 + x_{SR^+}^2 \\ \times (20{,}6090213 \, \text{DM})^2 + 2 \times 0{,}65046361 \\ \times (7{,}26909143 \, \text{DM}) \times (20{,}6090213 \, \text{DM}) \times \\ x_{ZÄR^+} \times x_{SR^+} \end{array}}$

mit:

(3.13) $\quad x_{ZÄR^+} + x_{SR^+} = 1 \quad \text{und} \quad x_{ZÄR^+}, x_{SR^+} \geq 0$.

Durch Umformen und Einsetzen läßt sich das Gleichungssystem lösen. Als Portfoliolinie, die den funktionalen Zusammenhang zwischen dem formalen Risiko und der formalen Risikoprämie eines Portfolios aus den zwei Risikoarten angibt, erhält man:

(3.14) $\quad \sigma_{P_{ZÄR^+, SR^+}} = \sqrt{\begin{array}{l} 84{,}19455413 \times fRp_{P_{ZÄR^+, SR^+}}^2 - 147{,}8986529 \, \text{DM} \\ \times fRp_{P_{ZÄR^+, SR^+}} + 110{,}7519736 \, (\text{DM}^2). \end{array}}$

Aufbauend hierauf ergibt sich — grafisch betrachtet — die weiterhin zu ermittelnde optimale formale Risiko-Risikoprämien-Relation als die mit a bezeichnete Steigung eines Strahls, der ausgehend vom Koordinatenursprung die Portfoliolinie tangiert (vgl. Abb. 3.4).

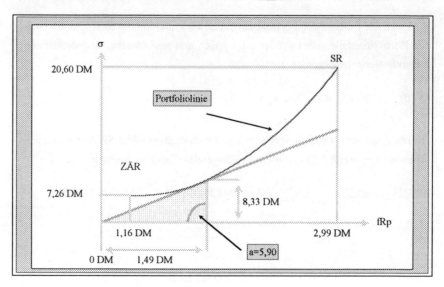

Abb. 3.4: Portfoliolinie eines Portfolios aus Zinsänderungs- und Swapsatzrisiken

Bei formal-analytischer Betrachtung sind in diesem Zusammenhang folgende Gleichungen zu erfüllen:

(3.15) $\quad a = \dfrac{\partial \sigma_P}{\partial fRp_P}$

und

(3.16) $\quad \sigma_P = a \times fRp_P$.

Für das Portfolio aus Zinsänderungs- und Swapsatzrisiken ergibt sich das zu lösende Gleichungssystem dann wie folgt:

(3.17)
$$a = 0{,}5 \times (84{,}19455413 \times fRp^2_{P_{ZÄR^+,SR^+}} - 147{,}8986529 \text{ DM}$$
$$\times fRp_{P_{ZÄR^+,SR^+}} + 110{,}904757 \text{ (DM}^2))^{-0{,}5}$$
$$\times (2 \times 84{,}19455413 \times fRp_{P_{ZÄR^+,SR^+}} - 147{,}8986529 \text{ DM})$$

und:

$$(3.18) \quad a \times fRp_{P_{ZÄR^+,SR^+}} = \sqrt{\begin{array}{l}84{,}1945513 \times fRp_{P_{ZÄR^+,SR^+}}^2 \\ -147{,}8986529 \text{ DM} \times fRp_{P_{ZÄR^+,SR^+}} \\ +110{,}904757 \text{ (DM}^2\text{)}.\end{array}}$$

Durch Umformen und Einsetzen läßt sich das Gleichungssystem lösen. Als Steigung des Strahls und damit als günstigste formale Risiko-Risikoprämien-Relation für das Portfolio erhält man:

$$(3.19) \quad a = \frac{\sigma_{P_{ZÄR^+,SR^+}}}{fRp_{P_{ZÄR^+,SR^+}}} = 5{,}900714602$$

bei einem formalen Risiko des Portfolios von:

$$(3.20) \quad \sigma_{P_{ZÄR^+,SR^+}} = 8{,}83734605 \text{ DM}$$

und einer formalen Risikoprämie von:

$$(3.21) \quad fRp_{P_{ZÄR^+,SR^+}} = 1{,}497673866 \text{ DM}.$$

Vergleicht man die so ermittelte formale Risiko-Risikoprämien-Relation des Portfolios von 5,900714602 mit jener beim isolierten Eingehen von Zinsänderungsrisiken in Höhe von 6,226478448, so stellt sich heraus, daß es offensichtlich vorteilhaft ist, nicht nur Zinsänderungsrisiken einzugehen, sondern ein Portfolio aus Zinsänderungs- und Swapsatzrisiken zu bilden. Durch Einsetzen der formalen Risikoprämie des Portfolios in die Ausgangsgleichungen erhält man folgende Portfolioanteile:

$$(3.22) \quad x_{ZÄR^+} = 0{,}819779406 \quad \text{und}$$

$$(3.23) \quad x_{SR^+} = 0{,}180220594.$$

Insgesamt sind in dem Portfolio Zinsänderungs- und Swapsatzrisiken also derart zu kombinieren, daß einerseits in eine idealtypische zehnjährige und bereits oben beschriebene Bundesanleihe mit einem Nennwert von 81,9779406 DM und andererseits gleichzeitig in eine in $ denominierte und ebenfalls idealtypische zehnjährige

Fremdwährungsanleihe mit einem Nennwert von 18,0220594 $ investiert wird.[1] Die Finanzierung der Engagements hat in diesem Zusammenhang jeweils währungskongruent, aber zinsbindungsinkongruent mit Einjahresgeldern zu erfolgen.

Soll des weiteren überprüft werden, ob mit einem Portfolio aus Zinsänderungs- und Wechselkursrisiken eine noch günstigere formale Risiko-Risikoprämien-Relation erreicht werden kann, dann ermittelt sich analog obigem Vorgehen folgende Portfoliolinie:

$$(3.24) \quad \sigma_{P_{ZÄR^+,WKR^-}} = \sqrt{\begin{array}{l}39{,}46318354 \times fRp_{P_{ZÄR^+,WKR^-}}^2 - 0{,}890296087\ DM \\ \times fRp_{P_{ZÄR^+,WKR^-}} + 0{,}093293359\ (DM^2)\end{array}}.$$

Wird auch für dieses Portfolio die optimale formale Risiko-Risikoprämien-Relation errechnet, ergibt sich ein Wert von:

$$(3.25) \quad a = \frac{\sigma_{P_{ZÄR^+,WKR^-}}}{fRp_{P_{ZÄR^+,WKR^-}}} = 6{,}110578161$$

bei einem formalen Risiko des Portfolios von:

$$(3.26) \quad \sigma_{P_{ZÄR^+,WKR^-}} = 1{,}28064443\ DM$$

und einer formalen Risikoprämie von:

$$(3.27) \quad fRp_{P_{ZÄR^+,WKR^-}} = 0{,}209578275\ DM\ .$$

Es wird deutlich, daß bei einem Portfolio aus Zinsänderungs- und Wechselkursrisiken keine bessere formale Risiko-Risikoprämien-Relation zu erwarten ist als bei einer Kombination von Zinsänderungs- und Swapsatzrisiken. Portfolios, die sich aus Zinsänderungs- und Wechselkursrisiken zusammensetzen, sind also suboptimal und nicht weiter zu betrachten.

Ferner kann auch ein Portfolio aus Swapsatz- und Wechselkursrisiken keine bessere formale Risiko-Risikoprämien-Relation hervorbringen als ein solches aus Zinsänderungs- und Swapsatzrisiken, da das Swapsatzrisiko eine ungünstigere

---

[1] Vgl. Kapitel C. III b) im zweiten Teil.

formale Risiko-Risikoprämien-Relation aufweist als das Zinsänderungsrisiko, das Swapsatz- mit dem Wechselkursrisiko höher korreliert ist als das Zinsänderungs- mit dem Wechselkursrisiko und bereits das Portfolio aus Zinsänderungs- und Wechselkursrisiken keine Verbesserung der formalen Risiko-Risikoprämien-Relation erbrachte.

Es bleibt jedoch zu überprüfen, ob mit einer Kombination aller drei Risikoarten eine noch günstigere formale Risiko-Risikoprämien-Relation zu erreichen ist. Analog zur Vorgehensweise bei zwei Risikoarten gilt für Portfolios aus n Risikoarten allgemein:

(3.28) $\quad fRp_P = \sum_i x_i \times fRp_i \qquad$ mit: $\quad i = \pm Z\ddot{A}R, \pm WKR, \pm SR$

und

(3.29) $\quad \sigma_P^2 = \sum_i \sum_j x_i \times x_j \times \rho_{i,j} \times \sigma_i \times \sigma_j$

mit: $\quad i = \pm Z\ddot{A}R, \pm WKR, \pm SR$,
$\quad j = \pm Z\ddot{A}R, \pm WKR, \pm SR$

sowie

(3.30) $\quad \sum_i x_i = 1; x_i \geq 0 \qquad$ mit: $\quad i = \pm Z\ddot{A}R, \pm WKR, \pm SR$.

Für ein Portfolio, das sich aus Zinsänderungs-, Swapsatz- und Wechselkursrisiken zsammensetzt, ergibt sich dann folgendes Gleichungssystem:

(3.31) $\quad fRp_{P_{Z\ddot{A}R^+, SR^+, WKR^-}} = 1{,}16744826 \text{ DM} \times x_{Z\ddot{A}R^+} + 2{,}99978938 \text{ DM} \times x_{SR^+}$
$\qquad\qquad + 0{,}01106408 \text{ DM} \times x_{WKR^-}$

und

$$\sigma_{P_{Z\ddot{A}R^+,SR^+,WKR^-}} =$$

(3.32)
$$\sqrt{\begin{array}{l} x_{Z\ddot{A}R^+}^{\ 2} \times (7{,}26909143\ DM)^2 + x_{SR^+}^{\ 2} \times (20{,}6090213\ DM)^2 \\ + x_{WKR^-}^{\ 2} \times (0{,}29710925\ DM)^2 \\ + 2 \times 0{,}65046361 \times (7{,}26909143\ DM) \times (20{,}6090213\ DM) \\ \qquad \times x_{Z\ddot{A}R^+} \times x_{SR^+} \\ + 2 \times 0{,}0363088 \times (7{,}26909143\ DM) \times (0{,}29710925\ DM) \\ \qquad \times x_{Z\ddot{A}R^+} \times x_{WKR^-} \\ + 2 \times 0{,}2534885 \times (20{,}6090213\ DM) \times (0{,}29710925\ DM) \\ \qquad \times x_{SR^+} \times x_{WKR^-} \end{array}}$$

sowie

(3.33) $\quad x_{Z\ddot{A}R^+} + x_{SR^+} + x_{WKR^-} = 1$.

Durch dieses Gleichungssystem ist ein ganzes Feld von formalen Risiko-Risikoprämien-Relationen definiert. Hiervon ist nun der effiziente Rand zu bestimmen, der einem Ausschnitt der Portfoliolinie entspricht. Letzteres geschieht, indem für jeden Wert der formalen Risikoprämie das geringste Portfoliorisiko ermittelt wird. Das Minimierungsproblem kann mit Hilfe des Lagrange-Ansatzes (L) gelöst werden:

(3.34)
$$\text{Min } L = \sigma^2_{P_{Z\ddot{A}R^+,SR^+,WKR^-}} =$$
$$x_{Z\ddot{A}R^+}^{\ 2} \times (7{,}26909143\ DM)^2 + x_{SR^+}^{\ 2} \times (20{,}6090213\ DM)^2$$
$$+ x_{WKR^-}^{\ 2} \times (0{,}29710925\ DM)^2$$
$$+ 2 \times 0{,}65046361 \times (7{,}26909143\ DM) \times (20{,}6090213\ DM)$$
$$\times x_{Z\ddot{A}R^+} \times x_{SR^+}$$
$$+ 2 \times 0{,}0363088 \times (7{,}26909143\ DM) \times (0{,}29710925\ DM)$$
$$\times x_{Z\ddot{A}R^+} \times x_{WKR^-}$$
$$+ 2 \times 0{,}2534885 \times (20{,}6090213\ DM) \times (0{,}29710925\ DM)$$
$$\times x_{SR^+} \times x_{WKR^-}$$
$$+ \lambda_1 \times (fRp_{P_{Z\ddot{A}R^+,SR^+,WKR^-}} - (1{,}16744826\ DM) \times x_{Z\ddot{A}R^+}$$
$$- (2{,}99978938\ DM) \times x_{SR^+} - (0{,}01106408\ DM) \times x_{WKR^-})$$
$$+ \lambda_2 \times (1 - x_{Z\ddot{A}R^+} - x_{SR^+} - x_{WKR^-}).$$

Dritter Teil: Problemfelder und Vorgehensweise ...

Als partielle Ableitungen, die null gesetzt werden, ergeben sich:

(3.35)
$$\frac{\partial L}{\partial x_{ZÄR^+}} = 105{,}6793804 \, (DM^2) \times x_{ZÄR^+} + 194{,}8904239 \, (DM)^2 \times x_{SR^+}$$
$$+ 0{,}156833269 \, (DM)^2 \times x_{WKR^-} - \lambda_1 \times (1{,}16744826 \, DM) - \lambda_2$$
$$= 0,$$

(3.36)
$$\frac{\partial L}{\partial x_{SR^+}} = 849{,}4635178 \, (DM^2) \times x_{SR^+} + 194{,}8904239 \, (DM^2) \times x_{ZÄR^+}$$
$$+ 3{,}1042865145 \, (DM^2) \times x_{WKR^-} - (2{,}99978938 \, DM) \times \lambda_1 - \lambda_2$$
$$= 0,$$

(3.37)
$$\frac{\partial L}{\partial x_{WKR^-}} = 0{,}176547812 \, (DM^2) \times x_{WKR^-} + 0{,}156833269 \, (DM^2)$$
$$\times x_{ZÄR^+} + 3{,}104286515 \, (DM^2) \times x_{SR^+} + (0{,}01106408 \, DM)$$
$$\times \lambda_1 - \lambda_2$$
$$= 0,$$

(3.38)
$$\frac{\partial L}{\partial \lambda_1} = fRp_{P_{ZÄR^+,SR^+,WKR^-}} - 1{,}16744826 \, (DM^2) \times x_{ZÄR^+}$$
$$- 2{,}99978398 \, (DM^2) \times x_{SR^+} - 0{,}01106408 \, (DM^2) \times x_{WKR^-}$$
$$= 0,$$

(3.39)
$$\frac{\partial L}{\partial \lambda_2} = 1 - x_{ZÄR^+} - x_{SR^+} - x_{WKR^-} = 0.$$

Da das Gleichungssystem fünf Gleichungen mit sechs Unbekannten umfaßt, kann es — in Abhängigkeit von $fRp_{P_{ZÄR^+,SR^+,WKR^-}}$ — eindeutig gelöst werden. Nach mehreren Umformungen ergeben sich folgende Definitionsgleichungen für die Anteile der einzelnen Risikoarten am Portfolio:

(3.40)
$$x_{ZÄR^+} = \frac{+0{,}539840301}{DM} \times fRp_{P_{ZÄR^+,SR^+,WKR^-}} + 0{,}007849166$$

(3.41)
$$x_{SR^+} = \frac{+0{,}125718217}{DM} \times fRp_{P_{ZÄR^+,SR^+,WKR^-}} - 0{,}006738905,$$

(3.42)
$$x_{WKR^-} = \frac{-0{,}66555851}{DM} \times fRp_{P_{ZÄR^+,SR^+,WKR^-}} + 0{,}998889739.$$

Weil jeder einzelne Portfolioanteil nicht negativ und nicht größer als eins werden darf, kann für jedes x_i ein Definitionsbereich für $fRp_{P_{ZÄR^+,SR^+,WKR^-}}$, in dem die Portfoliolinie definiert ist, ermittelt werden. Konkret ergeben sich folgende Werte:

(3.43) $\quad x_{ZÄR^+}:\quad -0,014539793\text{ DM} \le fRp_{P_{ZÄR^+,SR^+,WKR^-}} \le 1,837859886\text{ DM}$,

(3.44) $\quad x_{SR^+}:\quad 0,05360325\text{ DM} \le fRp_{P_{ZÄR^+,SR^+,WKR^-}} \le 8,007899961\text{ DM}$ und

(3.45) $\quad x_{WKR^-}:\quad -0,001668164\text{ DM} \le fRp_{P_{ZÄR^+,SR^+,WKR^-}} \le 1,500829322\text{ DM}$.

Da die engste Restriktion greift, ergibt sich als Definitionsbereich, für den die Nebenbedingungen bezüglich aller drei Risikoarten erfüllt sind:

(3.46) $\quad 0,05360325\text{ DM} \le fRp_{P_{ZÄR^+,SR^+,WKR^-}} \le 1,500829322\text{ DM}$.

Schließlich kann die Portfoliolinie ermittelt werden, indem die obigen Gleichungen der Portfolioanteile[1] für die drei Risikoarten in die Ausgangsgleichung für das formale Risiko des Portfolios[2] eingesetzt werden:

(3.47) $\quad \sigma_{P_{ZÄR^+,SR^+,WKR^-}} = \sqrt{\begin{array}{l}35,06164184 \times fRp^2_{P_{ZÄR^+,SR^+,WKR^-}} - (0,587564425\text{ DM}) \\ \times fRp_{P_{ZÄR^+,SR^+,WKR^-}} + 0,080646393\text{ (DM}^2)\end{array}}$

Wird nun analog dem bereits gezeigten Vorgehen die optimale formale Risiko-Risikoprämien-Relation ermittelt, dann ergibt sich ein Wert von:

(3.48) $\quad a = \dfrac{\sigma_{P_{ZÄR^+,SR^+,WKR^-}}}{fRp_{P_{ZÄR^+,SR^+,WKR^-}}} = 5,83021776$

bei einem formalen Risiko des Portfolios von:

(3.49) $\quad \sigma_{P_{ZÄR^+,SR^+,WKR^-}} = 1,600457794\text{ DM}$

---

[1] Vgl. die Formeln 3.40 bis 3.42 in diesem Teil.
[2] Vgl. Formel 3.32 in diesem Teil.

Dritter Teil: Problemfelder und Vorgehensweise ... 325

und einer formalen Risikoprämie von:

(3.50) $fRp_{P_{ZÄR^+, SR^+, WKR^-}} = 0{,}274510809 \text{ DM}$.

Da der Wert für die formale Risikoprämie des Portfolios aus drei Risikoarten innerhalb des oben ermittelten Definitionsbereichs liegt, kann die formale Risiko-Risikoprämien-Relation tatsächlich realisiert werden. Letztere ist geringer als bei einem Portfolio, das sich lediglich aus Swapsatz- und Zinsänderungsrisiken zusammensetzt, so daß es sinnvoll ist, nicht nur Zinsänderungs- und Swapsatzrisiken, sondern zugleich auch Wechselkursrisiken einzugehen (vgl. Abb. 3.5).

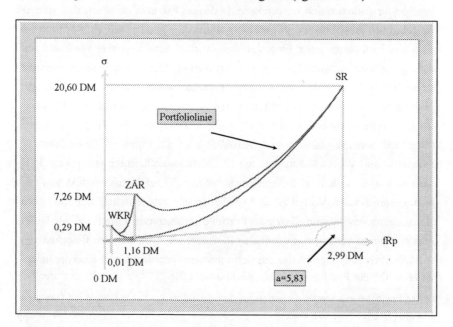

Abb. 3.5:   Portfoliolinie eines Portfolios aus Zinsänderungs-, Swapsatz- und Wechselkursrisiken

Die Portfolioanteile der drei Risikoarten bei einer formalen Risikoprämie des Portfolios von 0,274510809 DM ergeben sich dann wie folgt:

(3.51) $x_{SR^+} = 0{,}027772104$,

(3.52) $x_{ZÄR^+} = 0{,}156041164$,

(3.53) $x_{WKR^-} = 0{,}816186732$.

In konkreten Risikopositionen ausgedrückt ist es also optimal, einen passivischen Fremdwährungsüberhang in Höhe von 0,816186732 $, einen aktivischen Festzinsüberhang in Inlandswährung in Form einer endfälligen Bundesanleihe mit einem Nennwert von 15,6041164 DM sowie einen aktivischen Festzinsüberhang in Fremdwährung in Form einer endfälligen Fremdwährungsanleihe mit einem Nennwert von 2,7772104 $ oder ein Vielfaches der genannten Beträge einzugehen.

Wie bereits oben angeführt wurde, ist es aber noch nicht hinreichend, für formale Ausfallrisiken genau jene formale Risiko-Risikoprämien-Relation zu verlangen, wie sie bei einem optimal strukturierten Portfolio aus Zinsänderungs-, Swapsatz- und Wechselkursrisiken erzielt werden kann. In diesem Fall nämlich würde das isolierte Eingehen von Ausfallrisiken als genauso vorteilhaft angesehen wie ein Portfolio aus allen vier Risikoarten unter Einschluß des Ausfallrisikos. Letzteres wäre aber nur dann gerechtfertigt, wenn formale Ausfallrisiken mit den drei anderen in Betracht stehenden Risikoarten vollständig positiv korreliert wären und durch ein Hinzufügen von Ausfallrisiken zum oben ermittelten optimalen Portfolio aus drei Risikoarten kein weiterer Diversifikationseffekt mehr zu erwarten wäre. Hingegen konnte festgestellt werden, daß formale Ausfallrisiken mit formalen Zinsänderungs-, Swapsatz- und Wechselkursrisiken mit Korrelationskoeffizienten von jeweils kleiner eins korreliert sind, so daß mit einem weiteren Diversifikationseffekt bzw. einem entsprechenden Vorteil zu rechnen ist. In concreto ermittelt sich der durch Hinzufügung des Ausfallrisikos zum Portfolio resultierende Vorteil (V) als Differenz aus der zu verlangenden formalen Risikoprämie bei alleinigem Eingehen von Ausfallrisiken und Zugrundelegung der optimalen formalen Risiko-Risikoprämien-Relation für ein Portfolio aus drei Risikoarten ($fRp_{AR}^{3R-Fall}$) einerseits und der bei einem Portfolio aus vier Risikoarten für das Ausfallrisiko zu verlangenden formalen Prämie ($fRp_{AR}^{4R-Fall}$) andererseits:

(3.54) $\quad V = fRp_{AR}^{3R-Fall} - fRp_{AR}^{4R-Fall}$.

Die im Fall von vier Risikoarten für das Ausfallrisiko zu verlangende formale Risikoprämie bestimmt sich in diesem Zusammenhang folgendermaßen: Zunächst ist für das formale Risiko eines Portfolios aus vier Risikoarten jene formale Risiko-Risikoprämien-Relation zu fordern, die im Fall von drei Risikoarten als optimal erachtet wurde:

(3.55) $\quad fRp_{P_{ZÄR^+,SR^+,WKR^-,AR_M}} = \dfrac{\sigma_{P_{ZÄR^+,SR^+,WKR^-,AR_M}}}{5,83021776}$.

Werden von dieser für das Portfolio aus vier Risikoarten insgesamt zu verlangenden formalen Risikoprämie jene Prämien subtrahiert, die quasi automatisch für das formale Zinsänderungs-, Swapsatz- und Wechselkursrisiko erzielt werden, dann erhält man für das formale Ausfallrisiko innerhalb des Portfolios folgenden Prämienanteil:

$$(3.56) \quad fRp_{AR}^{4R-Fall} = (\frac{\sigma_{P_{ZÄR^+,SR^+,WKR^-}}}{5{,}83021776}) - (x_{ZÄR^+} \times 1{,}16744826 \text{ DM})$$
$$- (x_{SR^+} \times 2{,}99978938 \text{ DM}) - (x_{WKR^-} \times 0{,}01106408 \text{ DM}) .$$

Insgesamt ermittelt sich der aus der zusätzlichen Einbeziehung des Ausfallrisikos in das Portfolio resultierende Vorteil dann wie folgt:

$$(3.57) \quad V = \left[\frac{x_{AR_M} \times \sigma_{AR_M}}{5{,}83021776} \right]$$
$$- \left[\begin{array}{l} (\frac{\sigma_{P_{ZÄR^+,SR^+,WKR^-,AR_M}}}{5{,}83021776}) - (x_{ZÄR^+} \times 1{,}16744826 \text{ DM}) \\ -(x_{SR^+} \times 2{,}99978938 \text{ DM}) - (x_{WKR^-} \times 0{,}01106408 \text{ DM}) \end{array} \right] .$$

Unbekannt sind bis hierhin allerdings noch das der Vorteilhaftigkeitsgleichung zugrunde zu legende konkrete formale Ausfallrisiko, die Portfoliolinie für ein Portfolio aus vier Risikoarten sowie die entsprechenden Portfolioanteile.

Wenn das formale Ausfallrisiko in diesem Zusammenhang quantifiziert wird anhand der mit einem Kreditvolumen von 10.000 DM gewichteten Abweichungen zwischen den auf der Basis des realen Bruttoinlandsprodukts prognostizierten Krisenquoten einerseits und den tatsächlich eingetretenen Krisenquoten andererseits, so errechnet sich ein formales Risiko für ein optimal diversifiziertes Kreditportfolio von:

$$(3.58) \quad \sigma_{AR_M} = 10.000 \text{ DM} \times 0{,}00070901 = 7{,}0901 \text{ DM} .$$

Darüber hinaus betragen die für die Berechnung des Portfoliorisikos weiterhin erforderlichen Korrelationskoeffizienten: [1]

(3.59) $\rho_{Z\ddot{A}R^+, AR_M} = -0{,}26648$

und

(3.60) $\rho_{SR^+, AR_M} = -0{,}32281567$.

Die Portfoliolinie für ein Portfolio aus vier Risikoarten ermittelt sich dann wie folgt:

(3.61)
$$\sigma_{P_{Z\ddot{A}R^+, SR^+, WKR^-, AR_M}} = $$
$$\begin{aligned}\Big[&x_{Z\ddot{A}R^+}^2 \times (7{,}26909143\ DM)^2 + x_{SR^+}^2 \times (20{,}6090213\ DM)^2 \\ &+ x_{WKR^-}^2 \times (0{,}29710925\ DM)^2 + x_{AR_M}^2 \times (7{,}0901\ DM)^2 \\ &+ x_{Z\ddot{A}R^+} \times x_{AR_M} \times 2 \times (-0{,}26648) \times (7{,}26909143\ DM) \\ &\qquad \times (7{,}0901\ DM) \\ &+ x_{Z\ddot{A}R^+} \times x_{WKR^-} \times 2 \times (0{,}0363088) \times (7{,}26909143\ DM) \\ &\qquad \times (0{,}29710925\ DM) \\ &+ x_{Z\ddot{A}R^+} \times x_{SR^+} \times 2 \times (0{,}65046361) \times (7{,}26909143\ DM) \\ &\qquad \times (2{,}6090213\ DM) \\ &+ x_{AR_M} \times x_{SR^+} \times 2 \times (-0{,}32281567) \times (7{,}0901\ DM) \\ &\qquad \times (20{,}6090213\ DM) \\ &+ x_{AR_M} \times x_{WKR^-} \times 2 \times (0{,}0957536) \times (7{,}0901\ DM) \\ &\qquad \times (0{,}29710925\ DM) \\ &+ x_{WKR^-} \times x_{SR^+} \times 2 \times (0{,}2534885) \times (0{,}29710925\ DM) \\ &\qquad \times (20{,}6090213\ DM) \Big]\end{aligned}$$

Berücksichtigt man weiterhin, daß die Relationen der oben ermittelten Portfolioanteile eines Portfolios aus drei Risikoarten auch bei Hinzufügung des Ausfallrisikos konstant gehalten werden müssen, da nur in diesem Fall eine formale Risiko-Risikoprämien-Relation von 5,83021776 gewahrt bleibt, dann ergeben sich folgende Austauschverhältnisse:

---

[1] Vgl. die Formeln 2.162 und 2.163 in diesem Teil.

(3.62)
$$\frac{x_{ZÄR^+}}{x_{SR^+}} = \frac{0,156041164}{0,027772102} = 5,61863015$$
$$\Leftrightarrow x_{ZÄR^+} = 5,61863015 x_{SR^+} \Leftrightarrow x_{SR^+} = 0,177979325 x_{ZÄR^+}$$

(3.63)
$$\frac{x_{WKR^-}}{x_{SR^+}} = \frac{0,816186732}{0,027772102} = 29,38872929$$
$$\Leftrightarrow x_{WKR^-} = 29,38872929 x_{SR^+} \Leftrightarrow x_{SR^+} = 0,03402665 x_{WKR^-}$$

(3.64)
$$\frac{x_{WKR^-}}{x_{ZÄR^+}} = \frac{0,816186732}{0,156041164} = 5,230586027$$
$$\Leftrightarrow x_{WKR^-} = 5,230586027 x_{ZÄR^+} \Leftrightarrow x_{ZÄR^+} = 0,191183167 x_{WKR^-}$$

Da auch für ein Portfolio aus vier Risikoarten gilt:

(3.65) $\quad x_{ZÄR^+} + x_{SR^+} + x_{WKR^-} + x_{AR_M} = 1$,

können durch Einsetzen der obigen Relationen die Portfolioanteile für das Zinsänderungs-, Swapsatz- und Wechselkursrisiko in Abhängigkeit vom Portfolioanteil des Ausfallrisikos wie folgt ausgedrückt werden:

(3.66) $\quad x_{SR^+} = 0,027772102 \times (1 - x_{AR_M})$,

(3.67) $\quad x_{ZÄR^+} = 0,156041164 \times (1 - x_{AR_M})$,

(3.68) $\quad x_{WKR^-} = 0,816186732 \times (1 - x_{AR_M})$.

Die Portfoliolinie für ein Portfolio aus vier Risikoarten in Abhängigkeit vom Portfolioanteil des Ausfallrisikos hat dann folgendes Aussehen:

(3.69)
$$\sigma_{P_{ZÄR^+,SR^+,WKR^-,AR_M}} = \sqrt{\begin{aligned}&(0{,}156041146 - 0{,}156041146 x_{AR_M})^2 \times 52{,}83969022 \, (DM^2) \\ &+ (0{,}0277721 - 0{,}0277721 x_{AR_M})^2 \times 424{,}7317589 \, (DM^2) \\ &+ (0{,}816186735 - 0{,}816186735 x_{AR_M}) \times 0{,}088273906 \, (DM^2) \\ &+ x_{AR_M}^2 \times 50{,}26951801 \, (DM^2) \\ &+ (0{,}156041164 - 0{,}156041164 x_{AR_M}) \times x_{AR_M} \\ &\quad \times (-27{,}46800434 \, (DM^2)) \\ &+ (0{,}156041164 - 0{,}156041164 x_{AR_M}) \\ &\quad \times (0{,}816186735 - 0{,}816186735 x_{AR_M}) \\ &\quad \times 0{,}156833269 \, (DM^2) \\ &+ (0{,}156041164 - 0{,}156041164 x_{AR_M}) \\ &\quad \times (0{,}0277721 - 0{,}0277721 x_{AR_M}) \\ &\quad \times 194{,}8904239 \, (DM^2) \\ &+ x_{AR_M} \times (0{,}0277721 - 0{,}0277721 x_{AR_M}) \\ &\quad \times (-94{,}33967432 \, (DM^2)) \\ &+ x_{AR_M} \times (0{,}816186735 - 0{,}816186735 x_{AR_M}) \\ &\quad \times 0{,}403416484 \, (DM^2) \\ &+ (0{,}816186735 - 0{,}816186735 x_{AR_M}) \\ &\quad \times (0{,}0277721 - 0{,}0277721 x_{AR_M}) \\ &\quad \times 3{,}104286515 \, (DM^2) \end{aligned}}$$

Nach mehreren Umformungen erhält man:

(3.70) $$\sigma_{P_{ZÄR^+,SR^+,WKR^-,AR_M}} = \sqrt{\begin{aligned}&59{,}45430148 \, (DM^2) x_{AR_M}^2 \\ &-11{,}79267947 \, (DM^2) x_{AR_M} \\ &+2{,}607896418 \, (DM^2)\end{aligned}}.$$

Die Vorteilhaftigkeitsgleichung ergibt sich dann wie nachstehend:

$$V = \left[\frac{x_{AR} \times 7,0901 \text{ DM}}{5,83021776} \right]$$

(3.71)
$$- \left[\frac{\sqrt{\begin{array}{l} 59,45430148 \text{ (DM}^2) x_{AR_M}^2 - 11,79267947 \text{ (DM}^2) x_{AR_M} \\ +2,607896418 \text{ (DM}^2) \end{array}}}{5,83021776} - \begin{array}{l} (0,156041164 - 0,156041164 x_{AR_M}) \times (1,16744826 \text{ DM}) - \\ (0,0277721 - 0,0277721 x_{AR_M}) \times (2,99978938 \text{ DM}) - \\ (816186735 - 0,816186735 x_{AR_M}) \times (0,01106408 \text{ DM}) \end{array} \right].$$

Bei einer Maximierung der Vorteilhaftigkeitsgleichung erhält man für das Ausfallrisiko folgenden Portfolioanteil:

(3.72) $x_{AR_M} = 0,286197859$.

Für die Portfolioanteile der anderen Risikoarten ergeben sich durch Einsetzen nachstehende Werte:

(3.73) $x_{SR^+} = 0,019823784$,

(3.74) $x_{ZAR^+} = 0,111382517$ und

(3.75) $x_{WKR^-} = 0,582595837$.

In konkreten Risikopositionen ausgedrückt ist es also unter Berücksichtigung des Ausfallrisikos optimal, einen passivischen Fremdwährungsüberhang in Höhe von 0,582595837 $, einen aktivischen Festzinsüberhang in Inlandswährung in Form einer endfälligen Bundesanleihe mit einem Nennwert von 11,1382517 DM, einen aktivischen Festzinsüberhang in Fremdwährung in Form einer endfälligen Fremdwährungsanleihe mit einem Nennwert von 1,9823784 $ sowie Ausfallrisiken durch die Vergabe eines optimal diversifizierten Kreditportfolios mit einem Volumen von 2.861,97859 DM oder ein Vielfaches der genannten Beträge einzugehen.

Im Falle einer alleinigen Übernahme von Ausfallrisiken berechnet sich unter Berücksichtigung der formalen Risiko-Risikoprämien-Relation eines Portfolios aus drei Risikoarten eine formale Risikoprämie von:

$$(3.76) \quad fRp_{AR}^{3R-Fall} = \frac{0,286197859 \times (7,0901 \text{ DM})}{5,83021776} = 0,348043851 \text{ DM}.$$

Für ein Portfolio aus vier Risikoarten ergibt sich insgesamt folgender Wert:

$$(3.77) \quad fRp_{P_{ZAR^+,SR^+,WKR^-,AR_M}} = \frac{\sqrt{\begin{array}{l}59,45430148 \text{ (DM}^2) \times 0,286197859^2 \\ -11,79267947 \text{ (DM}^2) \\ \times 0,286197859 + 2,607896418 \text{ (DM}^2)\end{array}}}{5,83021776}$$
$$= 0,347416736 \text{ DM}.$$

Berechnen sich ferner für das Zinsänderungs-, Swapsatz- und Wechselkursrisiko nachstehende und quasi automatisch erwirtschaftete formale Risikoprämien:

$$(3.78) \quad fRp_{SR^+} = 0,019823784 \times 2,99978938 \text{ DM} = 0,059467177 \text{ DM},$$

$$(3.79) \quad fRp_{ZAR^+} = 0,111382517 \times 1,16744826 \text{ DM} = 0,130033326 \text{ DM},$$

$$(3.80) \quad fRp_{WKR^-} = 0,582595839 \times 0,01106408 \text{ DM} = 0,006445887 \text{ DM},$$

dann muß für das Ausfallrisiko nur noch nachstehende formale Prämie kalkuliert werden:

$$(3.81) \quad \begin{aligned} fRp_{AR_M}^{4R-Fall} &= 0,347416736 \text{ DM} - 0,059467177 \text{ DM} \\ &\quad -0,130033326 \text{ DM} - 0,006445887 \text{ DM} \\ &= 0,151470345 \text{ DM}. \end{aligned}$$

Im Vergleich zum alleinigen Eingehen von Ausfallrisiken beträgt der aus der Diversifikation resultierende Vorteil:

$$(3.82) \quad V = 0,348043851 \text{ DM} - 0,151470345 \text{ DM} = 0,196573566 \text{ DM}.$$

Sofern der Vorteil dazu genutzt wird, die formale Risiko-Risikoprämien-Relation für das Ausfallrisiko zu erhöhen — und damit die formale Risikoprämie für das Ausfallrisiko zu reduzieren —, errechnet sich abschließend folgender und für die Bestimmung der formalen Ausfallrisikoprämien in einzelnen Risikoklassen maßgebliche Wert:

Dritter Teil: Problemfelder und Vorgehensweise ... 333

(3.83) $\quad \dfrac{\sigma_{AR_M}}{fRp_{AR_M}} = \dfrac{0{,}286197859 \times 7{,}0901\,\text{DM}}{0{,}151470345\,\text{DM}} = 13{,}39649316\,\text{DM}$.

Demnach sollte beispielsweise für ein optimal diversifiziertes Kreditportfolio von 1.000.000 DM eine formale Risikoprämie von:

(3.84) $\quad fRp_{AR_M} = \dfrac{1.000.000\,\text{DM} \times 0{,}00070901}{13{,}39649316} = 52{,}92504475\,\text{DM}$

verlangt werden.

Nachdem die formale Risiko-Risikoprämien-Relation bzw. die insgesamt für ein optimal diversifiziertes Kreditportfolio unter Berücksichtigung des Diversifikationsvorteils zu verlangende formale Risikoprämie ermittelt worden ist, stellt sich schließlich die für die Bankpraxis letztlich relevante Frage, welche formale Risikoprämie für Ausfallrisiken von einzelnen Krediten innerhalb bestimmter Risikoklassen zu verlangen ist. Schließlich wurde bereits oben angedeutet, daß die formale Risiko-Risikoprämien-Relation eines optimal diversifizierten Kreditportfolios nicht für alle Risikoklassen maßgeblich sein kann, da die formalen Ausfallrisiken einzelner Risikoklassen in unterschiedlichem Umfang zum formalen Risiko eines optimal diversifizierten Kreditportfolios beitragen.[1] Hinsichtlich der Ermittlung spezifischer formaler Ausfallrisikoprämien sind in diesem Zusammenhang folgende Überlegungen anzustellen:

Für ein Portfolio, das zu x_{AR_i}-Teilen aus Ausfallrisiken der Risikoklasse i und zu $(1 - x_{AR_i})$-Teilen aus Ausfallrisiken eines optimal diversifizierten Portfolios besteht, können das formale Risiko bzw. die formale Risikoprämie wie folgt berechnet werden:

(3.85) $\quad \sigma_{P_{AR_M} \cdot AR_i} = \left[\begin{array}{l} x_{AR_i}{}^2 \times \sigma_{AR_i}{}^2 + (1 - x_{AR_i})^2 \times \sigma_{AR_M}{}^2 \\ + 2 \times x_{AR_i} \times (1 - x_{AR_i}) \times \sigma_{AR_M, AR_i} \end{array} \right]^{0{,}5}$

und

(3.86) $\quad fRp_{P_{AR_M} \cdot AR_i} = x_{AR_i} \times fRp_{AR_i} + (1 - x_{AR_i}) \times fRp_{AR_M}$.

---

[1] Ähnliche Überlegungen finden sich auch bei Rudolph. Vgl. **Rudolph**, Ansätze, S. 90.

Die Abhängigkeit des formalen Risikos bzw. der formalen Risikoprämie des Portfolios von marginalen Änderungen des Anteils von Ausfallrisiken der Risikoklasse i am Portfolio kann durch Bildung der jeweils ersten Ableitungen nach x_{AR_i} ermittelt werden:

(3.87)
$$\frac{\partial \sigma_{P_{AR_M \cdot AR_i}}}{\partial x_{AR_i}} = 0{,}5 \times \begin{bmatrix} x_{AR_i}^2 \times \sigma_{AR_i}^2 + (1 - x_{AR_i})^2 \times \sigma_{AR_M}^2 \\ +2 \times x_{AR_i} \times (1 - x_{AR_i}) \times \sigma_{AR_M \cdot AR_i} \end{bmatrix}^{-0{,}5}$$
$$\times \begin{bmatrix} 2 \times x_{AR_i} \times \sigma_{AR_i}^2 - 2 \times \sigma_{AR_M}^2 + 2 \times x_{AR_i} \\ \times \sigma_{AR_M}^2 + 2 \times \sigma_{AR_M \cdot AR_i} - 4 \times x_{AR_i} \times \sigma_{AR_M \cdot AR_i} \end{bmatrix}$$

und

(3.88)
$$\frac{\partial fRp_{P_{AR_M \cdot AR_i}}}{\partial x_{AR_i}} = fRp_{AR_i} - fRp_{AR_M}.$$

Da Ausfallrisiken der Risikoklasse i zwar Teil des optimal diversifizierten Portfolios sind, darüber hinaus aber keine weiteren Kredite in die Risikoklasse i vergeben werden, beträgt $x_{AR_i} = 0$, woraus folgt:

(3.89)
$$\left. \frac{\partial \sigma_{P_{AR_M \cdot AR_i}}}{\partial x_{AR_i}} \right|_{x_{AR_i}=0} = 0{,}5 \times (\sigma_{AR_M}^2)^{-0{,}5} \times (-2 \times \sigma_{AR_M}^2 + 2 \times \sigma_{AR_M \cdot AR_i})$$
$$= \frac{\sigma_{AR_M \cdot AR_i} - \sigma_{AR_M}^2}{\sigma_{AR_M}}$$

und

(3.90)
$$\left. \frac{\partial fRp_{P_{AR_M \cdot AR_i}}}{\partial x_{AR_i}} \right|_{x_{AR_i}=0} = fRp_{AR_i} - fRp_{AR_M}.$$

Hieraus läßt sich sodann die marginale formale Risiko-Risikoprämien-Relation unter der Bedingung, daß $x_{AR_i} = 0$ beträgt, ableiten:

(3.91)
$$\left. \frac{\partial fRp_{P_{AR_M \cdot AR_i}} / \partial x_{AR_i}}{\partial \sigma_{P_{AR_M \cdot AR_i}} / \partial x_{AR_i}} \right|_{x_{AR_i}=0} = \frac{fRp_{AR_i} - fRp_{AR_M}}{(\sigma_{AR_M \cdot AR_i} - \sigma_{AR_M}^2)/\sigma_{AR_M}}.$$

Zumal weiterhin die marginale formale Risiko-Risikoprämien-Relation beim Halten eines optimal diversifizierten Kreditportfolios konstant ist, d.h. unabhängig von Veränderungen der Höhe des formalen Portfoliorisikos, gilt:

$$(3.92) \qquad \frac{\sigma_{AR_M}}{fRp_{AR_M}} = \frac{(\sigma_{AR_M,AR_i} - \sigma^2_{AR_M})/\sigma_{AR_M}}{fRp_{AR_i} - fRp_{AR_M}}.$$

Nach einigen Umformungen ergibt sich schließlich die Bestimmungsgleichung für die formale Ausfallrisikoprämie eines in die Risikoklasse i vergebenen Kredits:

$$(3.93) \qquad fRp_{AR_i} = \frac{\sigma_{AR_i}}{\sigma_{AR_M}/fRp_{AR_M}} \times \rho_{AR_M,AR_i}.$$

Für den Fall, daß das formale Ausfallrisiko eines in die Risikoklasse i vergebenen Kredits beispielsweise mit einem Koeffizienten von 0,8 mit dem formalen Ausfallrisiko eines optimal diversifizierten Kreditportfolios korreliert ist, ermittelt sich bei einem Kreditvolumen von 1.000.000 DM, einem formalen Risiko von 0,001 pro DM vergebener Krediteinheit und einer formalen Risiko-Risikoprämien-Relation eines optimal diversifizierten Kreditportfolios von 13,39649316 folgende formale Risikoprämie:

$$(3.94) \qquad fRp_{AR_i} = \frac{1.000.000 \text{ DM} \times 0,001}{13,39649316} \times 0,8 = 59,71712078 \text{ DM}.$$

C. Das Management des formalen Gesamtrisikos

I. Ermittlung des formalen Gesamtrisikos

Nachdem in den vorangegangenen Ausführungen gezeigt wurde, wie formale Risikoprämien für das Ausfallrisiko marktdeduziert kalkuliert werden können, ist im weiteren die Vorgehensweise bei der Ermittlung des formalen Gesamtrisikos paradigmatisch darzulegen. Wie erinnerlich erübrigt sich mit der Kalkulation und Vereinnahmung formaler Risikoprämien nämlich noch nicht die Ermittlung des formalen Gesamtrisikos.[1] Vielmehr hängt die optimale Höhe des formalen Gesamtrisikos ab von der Risikoneigung der Entscheidungsträger sowie der Ausstattung mit Eigenkapital. Entsprechend sind die Entscheidungsträger einer Bank gewöhnlich nur bei einem überproportionalen Anstieg formaler Risikoprämien bereit, weitere Risiken einzugehen. Ab einer gewissen Grenze sind sie hierzu aber auch bei einer im Extremfall unendlich hohen Prämie nicht mehr gewillt. Resultiert aus den dezentral zustandegekommenen Kundengeschäften beispielsweise ein in Relation zur Risikoneigung der Entscheidungsträger bzw. zur Ausstattung mit Eigenkapital zu hohes formales Gesamtrisiko, dann ist der Risikoüberhang auch unter Verzicht auf die Erwirtschaftung formaler Prämien abzubauen. Im Falle einer zu geringen Risikohöhe kann es hingegen gleichfalls sinnvoll sein, weitere Risiken zwecks Erwirtschaftung formaler Risikoprämien einzugehen. In jedem Fall ist das formale Gesamtrisiko zu ermitteln.

1. Informationsanforderungen und Vorgehensweise

Im einzelnen erfolgt die Bestimmung des formalen Gesamtrisikos in fünf Schritten:

In einem ersten Schritt sind die relevanten Zinsänderungs-, Wechselkurs-, Swapsatz- und Ausfallrisikopositionen zu identifizieren. Hierbei sind insbesondere folgende und im zweiten Teil dieser Arbeit herausgearbeitete Punkte zu beachten:

Grundsätzlich ist zwischen dem Zinsänderungsrisiko in inländischer und in Fremdwährung (Swapsatzrisiko) zu differenzieren. Wie gezeigt wurde, besteht nämlich auch dann ein Zinsänderungsrisiko, wenn sich aktivische und passivische Festzinspositionen zwar in Höhe und Zinsbindungsfristen genau entsprechen, sie jedoch in unterschiedlichen Währungen denominiert sind. Um die effektiven Festzinsposi-

---

[1] Vgl. Kapitel A. I. im zweiten Teil.

tionen in inländischer bzw. in Fremdwährung aber überhaupt ermitteln zu können, sind variabel verzinsliche Engagements mit Hilfe der Zinsanpassungselastizitäten in voll variabel und fest verzinsliche Tranchen zu transformieren. Offene Festzinspositionen in inländischer bzw. Fremdwährung ergeben sich schließlich dann, wenn die Engagements entweder in Höhe und/oder Zinsbindungsfrist nicht genau übereinstimmen. Nach der Ermittlung relevanter Zinsänderungsrisikopositionen sind des weiteren offene Fremdwährungspositionen zur Ermittlung des Wechselkursrisikos zu identifizieren. Dies hat gleichfalls für jede Währung isoliert zu erfolgen. Schließlich sind zur Ermittlung des Ausfallrisikos die Kreditvolumina der verschiedenen Risikoklassen zu eruieren.

In einem zweiten Schritt sind für die jeweils in Betracht stehenden Risikopositionen die formalen Einzelrisiken zu ermitteln. Beim Zinsänderungs- und Swapsatzrisiko hat dies für jede Art der offenen Position zu erfolgen. Beispielsweise ist ein formales Risiko zu ermitteln für eine passivische Festzinsposition mit einer Zinsbindungsfrist von vier Jahren, die durch eine aktivische Festzinsposition mit einer Zinsbindungsfrist von zwei Jahren gedeckt wird. Gleichfalls sind beim Ausfall- und Wechselkursrisiko formale Risiken für jede Risikoklasse bzw. für jede Währung zu bestimmen.

Zur Ermittlung des Gesamtrisikos ist es in einem dritten Schritt erforderlich, die Korrelationsbeziehungen zwischen den Einzelrisiken zu eruieren. Letzteres gestaltet sich insbesondere deshalb problematisch, weil nicht länger nur Marktrisikoindizes für formale Ausfall-, Zinsänderungs-, Swapsatz- oder Wechselkursrisiken von Relevanz sind — und die Zahl der Korrelationsbeziehungen damit begrenzt ist —, sondern entsprechend der individuellen Risikopositionen eine Vielzahl von Korrelationsbeziehungen zu ermitteln ist. Diesbezüglich können aber die bereits an anderer Stelle angeführten Indexmodelle Verwendung finden.[1]

In einem vierten Schritt ist die Höhe der mit dem aktuell gegebenen Risikoportfolio erwirtschafteten formalen Risikoprämien zu berechnen. Die Ermittlung ist erforderlich, da letzteren Prämien — wie oben festgestellt wurde — auch eine Sicherheitsfunktion zukommt und ein Konkurs der Bank um so unwahrscheinlicher ist, je höher die formalen Risikoprämien ausfallen. Ermittelt werden können die formalen Risikoprämien für das Zinsänderungs-, Swapsatz- und Wechselkursrisiko — so-

---

[1] Auf die Verwendung von Indexmodellen kann im folgenden vereinfachten Beispiel allerdings verzichtet werden, da es sich hier nur um eine begrenzte Anzahl von Risikopositionen handelt.

weit dies noch nicht erfolgt ist — aus empirischen Datenreihen. Beim Ausfallrisiko hingegen sind die formalen Risikoprämien für jede Risikoklasse (Branche) individuell zu kalkulieren.

In einem fünften Schritt ist schließlich aufbauend auf den zuvor ermittelten Informationen das formale Gesamtrisiko mit Hilfe der nachstehenden und bereits bekannten Formel zu bestimmen:[1]

(3.95) $$\sigma_P^2 = \sum_i \sum_j x_i \times x_j \times \rho_{i,j} \times \sigma_i \times \sigma_j$$

mit: $i = \pm ZÄR, \pm WKR, \pm SR$ und $j = \pm ZÄR, \pm WKR, \pm SR$.

Das nach Durchführung der fünf Schritte ermittelte Gesamtrisiko gibt dessen tatsächliche Höhe aber noch nicht hinreichend wieder. Bei der bisherigen Betrachtung wurde nämlich vom praxisfernen Fall ausgegangen, daß dem Ausfallrisiko ein optimal zerfälltes Kreditportfolio zugrunde liegt, ein Zufallsrisiko insbesondere resultierend aus Großkreditrisiken also nicht existent ist. Vor der abschließenden Bestimmung des formalen Gesamtrisikos bleibt also zu zeigen, wie das Zufallsrisiko zu ermitteln und in das bislang noch unvollständige formale Gesamtrisiko zu integrieren ist.

2. Problematik und Vorgehensweise bei der Integration des Zufallsrisikos in das formale Gesamtrisiko

Die besondere Problematik der Einbeziehung von Zufallrisiken in das formale Gesamtrisiko besteht darin, daß Zufalls- und Änderungsrisiken im Rahmen des Ausfallrisikos in der Regel nicht isoliert, sondern gleichzeitig auftreten. Einerseits ist es nämlich möglich, daß aufgrund einer zu geringen Zerfällung des Kreditportfolios mehr Kreditnehmer ausfallen als im Durchschnitt zu erwarten war, andererseits kann es zur selben Zeit vorkommen, daß sich auch die Zahl der im Durchschnitt ausfallenden Kreditnehmer selbst ändert. Beide Risiken sind nur schwer voneinander zu trennen, so daß die Summe der isoliert gemessenen Zufalls- und Änderungsrisiken das bei integrativer Betrachtung quantifizierte formale Ausfallrisiko übersteigt. Bei alleiniger Erfassung des Zufallsrisikos hingegen würde das formale Ausfallrisiko unterschätzt.

---

[1] Die Indizes i bzw. j bezeichnen hier jedoch nicht die Marktrisiken, sondern die individuellen Risikopositionen der Bank.

Zur Verdeutlichung der Zusammenhänge wird vereinfachend von einem Kreditportfolio, das sich aus zwei Krediten (A1 und A2) mit Volumina von jeweils 50.000 DM zusammensetzt, ausgegangen. Die Krisenquoten der Engagements sind nicht genau bekannt. Es kann jedoch damit gerechnet werden, daß der Erwartungswert der Krisenquoten 2% beträgt, wobei solche von 1% und 3% mit Wahrscheinlichkeiten von jeweils 50% eintreten. Die Geld- und Kapitalmarktzinsen der Kredite betragen bei einer Zinsbindungsfrist von einem Jahr 5%. Insgesamt errechnet sich dann für beide Kredite folgende materielle Risikomarge:

$$(3.96) \quad mRm_1 = \frac{0{,}02 + 0{,}02 \times 0{,}05}{0{,}98} = 2{,}1428571\% \;.$$

Die Bank ist also nur bereit, die Kredite zu Positionszinsen von jeweils 7,1428571% zu vergeben.

Bei Vergabe der Kredite sind wiederum drei Umweltzustände möglich:

- Umweltzustand I: beide Kredite fallen aus,
- Umweltzustand II: ein Kredit fällt aus, ein Kredit wird zurückgezahlt,
- Umweltzustand III: beide Kredite werden zurückgezahlt.

Gesetzt den Fall, die Kreditausfälle sind mit einem Korrelationskoeffizienten von null korreliert, und wird ferner davon ausgegangen, daß eine Krisenquote von 2% tatsächlich eintritt — wird also das Änderungsrisiko vernachlässigt —, dann lassen sich für die einzelnen Umweltzustände folgende Reinvermögensänderungen mit zugehörigen Wahrscheinlichkeiten ermitteln (vgl. Abb. 3.6):

U	Reinvermögensänderung			Wahrscheinlichkeiten			
	A1	A2	Σ	A1	A2	kombin. W.	Σ
I	-52.500 DM	-52.500 DM	-105.000 DM	0,02	0,02	0,0004	0,0004
II	-52.500 DM	1.071,428571 DM	-51.428,57143 DM	0,02	0,98	0,0196	0,0392
	1.071,428571 DM	-52.500 DM	-51.428,57143 DM	0,98	0,02	0,0196	
III	1.071,428571 DM	1.071,428571 DM	2.141,857143 DM	0,98	0,98	0,9604	0,9604

Abb. 3.6: Reinvermögensänderungen in t=2 bei der Vergabe von zwei Einzelkrediten bei einer Krisenquote von 2%

Das isoliert gemessene Zufallsrisiko unter Vernachlässigung des Änderungsrisikos beträgt dann:

(3.97) $$\sigma_{AR}^{Zuf.} = \sqrt{\begin{array}{l}(-105.000 \text{ DM} - 0 \text{ DM})^2 \times 0,0004 \\ +(-51.428,57143 \text{ DM} - 0 \text{ DM})^2 \times 0,0392 \\ +(2.142,857143 \text{ DM} - 0 \text{ DM})^2 \times 0,9604\end{array}}$$
$$= 10.606,60172 \text{ DM}.$$

Im weiteren soll das Änderungsrisiko unter Vernachlässigung des Zufallsrisikos quantifiziert werden. Dabei wird von einem maximal zerfällten Kreditportfolio ausgegangen, und es wird ferner berücksichtigt, daß nicht eine Krisenquote von 2%, sondern daß solche von 1% und 3% mit Wahrscheinlichkeiten von jeweils 50% eintreten können. Tritt tatsächlich eine Krisenquote von 1% ein, dann ergibt sich bei einer auf der Basis der erwarteten Krisenquote kalkulierten materiellen Risikomarge von 2,1428571% eine Reinvermögensmehrung von:

(3.98)
$$\Delta Rv_2 = (-105.000 \text{ DM} \times 0,01)$$
$$+(100.000 \text{ DM} \times 0,021428571 \times 0,99)$$
$$= 1.071,428571 \text{ DM}.$$

Bei einer tatsächlich eintretenden Krisenquote von 3% resultiert entsprechend eine Reinvermögensminderung von:

(3.99)
$$\Delta Rv_2 = (-105.000 \text{ DM} \times 0,03)$$
$$+(100.000 \text{ DM} \times 0,021428571 \times 0,97).$$
$$= -1.071,428571 \text{ DM}.$$

Insgesamt errechnet sich dann ein Änderungsrisiko von:

(3.100) $$\sigma_{AR}^{\text{Änd}} = \sqrt{\begin{array}{l}(1.071,428571 \text{ DM} - 0 \text{ DM})^2 \times 0,5 + \\ (-1.071,428571 \text{ DM} - 0 \text{ DM})^2 \times 0,5\end{array}}$$
$$= 1.071,428571 \text{ DM}.$$

Das aus der nur geringen Zerfällung des Kreditportfolios in zwei Engagements resultierende Zufallsrisiko bleibt hierbei unberücksichtigt.

Nachdem das isolierte Zufalls- und das isolierte Änderungsrisiko ermittelt wurden, soll im folgenden auch das sich insgesamt ergebende formale Ausfallrisiko bei integrativer Berücksichtigung von Zufalls- und Änderungsrisiken kalkuliert werden. Im Falle einer tatsächlich eintretenden Krisenquote von 1% und bei Vergabe von zwei Krediten ermitteln sich folgende Reinvermögensänderungen mit zugehörigen Wahrscheinlichkeiten (vgl. Abb. 3.7):

U	Reinvermögensänderung			Wahrscheinlichkeiten			
	A1	A2	Σ	A1	A2	kombin. W.	Σ
I	-52.500 DM	-52.500 DM	-105.000 DM	0,01	0,01	0,0001	0,0001
II	-52.500 DM	1.071,428571 DM	-51.428,57143 DM	0,01	0,99	0,0099	0,0198
	1.071,428571 DM	-52.500 DM	-51.428,57143 DM	0,99	0,01	0,0099	
III	1.071,428571 DM	1.071,428571 DM	2.141,857143 DM	0,99	0,99	0,9801	0,9801

Abb. 3.7: Reinvermögensänderungen in t=2 bei der Vergabe von zwei Einzelkrediten bei einer Krisenquote von 1%

Bei einer tatsächlich eintretenden Krisenquote von 3% ergeben sich hingegen die Reinvermögensänderungen bzw. Wahrscheinlichkeiten wie nachstehend (vgl. Abb. 3.8):

U	Reinvermögensänderung			Wahrscheinlichkeiten			
	A1	A2	Σ	A1	A2	kombinierte W.	Σ
I	-52.500 DM	-52.500 DM	-105.000 DM	0,03	0,03	0,0009	0,0009
II	-52.500 DM	1.071,428571 DM	-51.428,57143 DM	0,03	0,97	0,0291	0,0582
	1.071,428571 DM	-52.500 DM	-51.428,57143 DM	0,97	0,03	0,0291	
III	1.071,428571 DM	1.071,428571 DM	2.141,857143 DM	0,97	0,97	0,9409	0,9409

Abb. 3.8: Reinvermögensänderungen in t=2 bei der Vergabe von zwei Einzelkrediten bei einer Krisenquote von 3%

Zusammengefaßt kann das Zusammenwirken von Zufalls- und Änderungsrisiken mit Hilfe des folgenden Baumdiagramms dargestellt werden (vgl. Abb. 3.9):

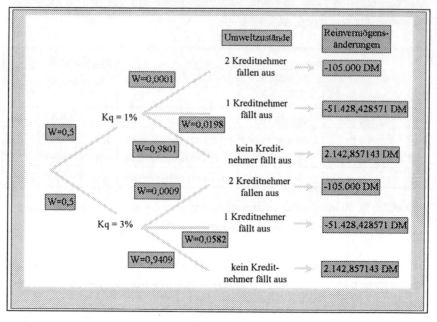

Abb. 3.9: Grafische Darstellung des Zusammenwirkens von Zufalls- und Änderungsrisiken

Das sich insgesamt ergebende formale Ausfallrisiko bei integrativer Berücksichtigung von Zufalls- und Änderungsrisiken beträgt dann:

$$(3.101) \quad \sigma_{AR}^{int.(Zuf.;\text{Änd.})} = \sqrt{\begin{array}{l}(-105.000 \text{ DM} - 0 \text{ DM})^2 \times 0{,}5 \times 0{,}0001 \\ +(-51.428{,}428571 \text{ DM} - 0 \text{ DM})^2 \times 0{,}5 \times 0{,}0198 \\ +(2.142{,}857143 \text{ DM} - 0 \text{ DM})^2 \times 0{,}5 \times 0{,}9801 \\ +(-105.000 \text{ DM} - 0)^2 \times 0{,}5 \times 0{,}0009 \\ +(-51.428{,}428571 \text{ DM} - 0 \text{ DM})^2 \times 0{,}5 \times 0{,}0582 \\ +(2.142{,}857143 \text{ DM} - 0 \text{ DM})^2 \times 0{,}5 \times 0{,}9409 \end{array}}$$

$$= 10.633{,}598 \text{ DM}.$$

Offenkundig wird in diesem Zusammenhang zweierlei: Zum einen ist das formale Ausfallrisiko bei integrativer Messung des Zufalls- und Änderungsrisikos in Höhe von 10.633,598 DM größer als das isoliert gemessene Zufallsrisiko, das 10.606,60172 DM beträgt. Demnach reicht es also nicht aus, bei der Ermittlung des formalen Gesamtrisikos nur das in der Regel bedeutsamere Zufalls- und nicht auch das Änderungsrisiko zu berücksichtigen. Zum anderen ist die Summe aus isoliert gemessenen Zufalls- und Änderungsrisiken von:

(3.102)
$$\sigma_{AR}^{Zuf.} + \sigma_{AR}^{\text{Änd.}} = 10.606,60172 \text{ DM} + 1.071,428571 \text{ DM}$$
$$= 11.678,03029 \text{ DM}$$

größer als das formale Ausfallrisiko bei integrativer Betrachtung.

Der hier auftretende Fehler liegt darin begründet, daß nur ein Zufallsrisiko für den Erwartungswert der Krisenquote von 2% und nicht zwei bedingte Zufallsrisiken, d.h. Zufallsrisiken unter der Annahme, daß Krisenquoten von 1% bzw. 3% eintreten, ermittelt wurden. Auf der Basis der bereits oben bestimmten Reinvermögensänderungen ergibt sich entsprechend folgendes bedingtes Zufallsrisiko unter der Annahme, daß eine Krisenquote von 1% eintritt und die materielle Risikomarge weiterhin auf der Basis des Erwartungswertes der Krisenquote von 2% kalkuliert wird:

(3.103)
$$\sigma_{AR}^{Zuf.(1\%)} = \sqrt{\begin{array}{l}(-105.000 \text{ DM} - 1.071,428571 \text{ DM})^2 \times 0,0001 \\ +(-51.428,428571 \text{ DM} - 1.071,428571 \text{ DM})^2 \times 0,0198 \\ +(2.142,857143 \text{ DM} - 1.071,428571 \text{ DM})^2 \times 0,9801\end{array}}$$
$$= 7.538,148485 \text{ DM}.$$

Analog errechnet sich das bedingte Zufallsrisiko bei Unterstellung einer Krisenquote von 3% wie nachstehend:

(3.104)
$$\sigma_{AR}^{Zuf.(3\%)} = \sqrt{\begin{array}{l}(-105.000 \text{ DM} + 1.071,428571 \text{ DM})^2 \times 0,0009 \\ +(-51.42857143 \text{ DM} + 1.071,428571 \text{ DM})^2 \times 0,0582 \\ +(2.142,857143 \text{ DM} + 1.071,428571 \text{ DM})^2 \times 0,9409\end{array}}$$
$$= 12.923,90126 \text{ DM}.$$

Wird ferner berücksichtigt, daß beide Krisenquoten mit einer Wahrscheinlichkeit von jeweils 50% eintreten, so ermittelt sich auf der Basis der bedingten Werte ein gewichtetes Zufallsrisiko in folgender Höhe:

(3.105)
$$\sigma_{AR}^{gew.Zuf.} = \sqrt{\begin{array}{l}0,5 \times (7.538,148485 \text{ DM})^2 \\ + 0,5 \times (12.923,90126 \text{ DM})^2\end{array}}$$
$$= 10.579,48265 \text{ DM}.$$

Das formale Ausfallrisiko bei integrativer Berücksichtigung des Zufalls- und Änderungsrisikos ergibt sich schließlich aus der Wurzel der Summe des quadrierten gewichteten Zufallsrisikos und des Änderungsrisikos:

$$(3.106) \qquad \sigma_{AR}^{int.(Zuf.;\text{Änd.})} = \sqrt{(10.579,48265 \text{ DM})^2 + (1.071,428571 \text{ DM})^2}$$
$$= 10.633,598 \text{ DM}.$$

Mit dieser Vorgehensweise ist es also grundsätzlich möglich, das Zufallsrisiko vom Änderungsrisiko genau zu trennen und insgesamt ein exakt kalkuliertes formales Gesamtrisiko unter Berücksichtigung des Zufallsrisikos zu ermitteln.

Probleme bereitet in diesem Zusammenhang allerdings die Tatsache, daß in praxi nicht diskrete, sondern stetige Wahrscheinlichkeitsverteilungen potentiell eintretender Krisenquoten vorliegen und nicht für jede Krisenquote ein bedingtes Zufallsrisiko berechnet werden kann. Als repräsentative Größen für potentiell eintretende Krisenquoten können in diesem Zusammenhang allerdings die Erwartungswerte derselben plus/minus einer Standardabweichung angesehen werden. Für diese allein sind dann nach der oben dargestellten Vorgehensweise bedingte Zufallsrisiken und schließlich ein gewichtetes Zufallsrisiko zu ermitteln.

3. Paradigmatische Ermittlung des formalen Gesamtrisikos

Nachdem das Problem der Integration des Zufallsrisikos diskutiert und damit die allgemeine Vorgehensweise zur Ermittlung des formalen Gesamtrisikos abschließend dargestellt wurde, geht es im folgenden darum, die Zusammenhänge anhand eines vereinfachten Beispiels zu verdeutlichen.

Auf der Aktivseite der Bilanz hat die im folgenden betrachtete Bank eine endfällige Fremdwährungsanleihe A1 mit jährlichen Zinszahlungen und einer Zinsbindungsfrist von fünf Jahren bilanziert. Der Nennwert der Anleihe beträgt 10.000 $, was bei einem Wechselkurs von 2 DM/$ einem Betrag von 20.000 DM in heimischer Währung entspricht. Der Positions- sowie der Geld- und Kapitalmarktzins der Fremdwährungsanleihe betragen entsprechend der bereits oben unterstellten ausländischen Zinsstruktur jeweils 10%.[1] Des weiteren wird ein Kreditportfolio A2, das aus drei Krediten an verschiedene und hinsichtlich des Ausfallrisikos voneinander unabhängige Unternehmen in der Baubranche besteht, unterstellt. Das Volu-

---

[1] Vgl. Abb. 2.41 im zweiten Teil.

men der Engagements beträgt insgesamt 10.000 DM. Der für ein Jahr gebundene Positionszins dieser Kredite beläuft sich darüber hinaus auf 10%; die Geld- und Kapitalmarktzinsen weisen entsprechend der oben unterstellten inländischen Zinsstruktur einen Wert von 5% auf.[1] Finanziert werden die Aktiva zum einen mit einer Geld- und Kapitalmarkteinlage P1 von 5.000 $, was bei gegebenem Wechselkurs einem Betrag von 10.000 DM in heimischer Währung entspricht. Die Zinsbindungsfrist der Einlage beträgt ein Jahr, und der Positions- bzw. Geld- und Kapitalmarktzins weisen eine Höhe von jeweils 8% auf. Zum anderen werden die Aktiva mit einer Geld- und Kapitalmarkteinlage P2 in heimischer Währung in Höhe von 20.000 DM finanziert. Die Zinsbindungsfrist dieser Einlage beträgt 5 Jahre, und der Positions- bzw. Geld- und Kapitalmarktzins belaufen sich auf jeweils 9%. Insgesamt ergibt sich eine Bilanzsumme von 30.000 DM (vgl. Abb. 3.10).

Aktiva					Passiva				
Pos.	Vol.$_t$ (in DM)	Zinsbindung	PZ$_t$	GKMZ$_t^!$	Pos.	Vol.$_t$ (in DM)	Zinsbindung	PZ$_t$	GKMZ$_t^!$
A1 (10 T$)	20.000	5 Jahre	10%	10%	P1 (5 T$)	10.000	1 Jahr	8%	8%
A2	10.000	1 Jahr	10%	5%	P2	20.000	5 Jahre	9%	9%
	Σ= 30.000					Σ= 30.000			

Abb. 3.10: Zinsertragsbilanz in t=1 (ohne EK)

Auf der Basis dieser Daten erhält man nachstehende Risikopositionen, formale Risiken und formale Risikoprämien:

Hinsichtlich des formalen Wechselkursrisikos sind zum einen die offene aktivische Fremdwährungsposition von 5.000 $, zum anderen aber auch die auf diese Position anfallenden Zinszahlungen einem Wechselkursrisiko ausgesetzt. Zu beachten ist in diesem Zusammenhang jedoch, daß nur die um den Fristentransformationsbeitrag in Fremdwährung korrigierten Zinszahlungen einem Wechselkursrisiko unterliegen, da die zins- bzw. wechselkursbedingten Reinvermögensänderungen ansonsten aufgrund des materiellen Risikoverbundeffekts zwischen dem Wechselkurs- und dem Zinsänderungsrisiko zu hoch oder zu niedrig ausgewiesen werden.[2] Bei einem den

---

[1] Vgl. Abb. 2.40 im zweiten Teil.
[2] Vgl. Kapitel C. II. 3. im dritten Teil.

Fristentransformationsbeitrag ausschließenden Einjahreszins in Fremdwährung von 8% beläuft sich die offene aktivische Fremdwährungsposition dann auf:

(3.107) $\text{Fw}_{A,1} = 5.000 \, \$ \times 1{,}08 = 5.400 \, \$$.

Bei einem bereits oben ermittelten formalen Wechselkursrisiko pro $ von $\sigma_{WKR} = 0{,}29710925 \, \text{DM}$ ergibt sich für die gesamte offene Fremdwährungsposition ein formales Wechselkursrisiko von:

(3.108) $\sigma_{WKR} = 5.400 \, \$ \times 0{,}29710925 \, \text{DM}/\$ = 1.604{,}38995 \, \text{DM}$.

Schließlich wurde bei einem aktivischen Fremdwährungsüberhang eine formale Risikoprämie von $-0{,}01106408 \, \text{DM}/\$$ ermittelt. Für die Gesamtposition errechnet sich folglich nachstehender Wert:

(3.109) $\text{fRp}_{WKR^+} = 5.400 \, \$ \times (-0{,}01106408 \, \text{DM}/\$) = -59{,}746032 \, \text{DM}$.

Das formale Swapsatzrisiko (Zinsänderungsrisiko in Fremdwährung) resultiert des weiteren aus einem aktivischen Festzinsüberhang in Höhe von 10.000 $, wobei dieser eine Zinsbindungsfrist von fünf Jahren aufweist. Die Finanzierung erfolgt annahmegemäß währungskongruent, aber zinsbindungsinkongruent mit Einjahresgeldern. Das formale Risiko einer entsprechenden Festzinsposition in Fremdwährung in Höhe von 100 $ berechnet sich analog dem bereits oben gezeigten Vorgehen (vgl. Abb. 3.11).

Jahr	tatsächlicher Kurswert$_t$ (in $)	erwarteter Kurswert$_t$ (in $)	Tatsächlicher Kurswert$_t$ - erwarteter Kurswert$_t$ (in $)	$W_{K(t)}$	Tatsächlicher Kurswert$_t$ - erwarteter Kurswert$_t$ (in DM)
1977	101,758214	104,89	-3,1317861	2,105	-6,5924097
1978	101,944959	106,96	-5,0150406	1,828	-9,1674943
1979	104,462006	110,3	-5,8379943	1,731	-10,108487
1980	101,546111	111,98	-10,433889	1,959	-20,439988

Abb. 3.11: Abweichungen tatsächlich eingetretener von erwarteten Kurswerten endfälliger und in $ denominierter fünfjähriger Anleihen von 1977 bis 1994

Fortsetzung *Abb. 3.11:*

Jahr	tatsächlicher Kurswert$_t$ (in $)	erwarteter Kurswert$_t$ (in $)	Tatsächlicher Kurswert$_t$ - erwarteter Kurswert$_t$ (in $)	$w_{K(t)}$	Tatsächlicher Kurswert$_t$ - erwarteter Kurswert$_t$ (in DM)
1981	112,430115	114,88	-2,4498852	2,254	-5,5240012
1982	124,896826	112,85	12,0468257	2,376	28,6292813
1983	106,765896	108,91	-2,1441037	2,723	-5,8401096
1984	113,814324	110,11	3,70432378	3,148	11,6612113
1985	119,302077	109,33	9,9720773	2,461	24,5442739
1986	116,215983	107,67	8,5459828	1,940	16,5860434
1987	101,310958	105,87	-4,5590417	1,581	-7,2101245
1988	106,348383	107,17	-0,821617	1,780	-1,4627248
1989	113,518454	108,99	4,52845392	1,697	7,68840907
1990	108,252918	107,72	0,5329183	1,494	0,79617993
1991	114,547741	107,05	7,49774058	1,516	11,3665747
1992	108,116364	104,38	3,73636394	1,614	6,0304914
1993	110,49956	103,71	6,78956006	1,726	11,7208175
1994	96,4873357	104,61	-8,1226643	1,548	-12,580383

Abb. 3.11: Abweichungen tatsächlich eingetretener von erwarteten Kurswerten endfälliger und in $ denominierter fünfjähriger Anleihen von 1977 bis 1994

Es ermittelt sich ein formales Risiko von:

(3.110) $\quad \sigma_{SR} = 12{,}9764619 \text{ DM}$.

Bei einer offenen Festzinsposition in Fremdwährung in Höhe von 10.000 $ ergibt sich ein formales Swapsatzrisiko von:

(3.111) $\quad \sigma_{SR} = 10.000 \text{ \$} \times \dfrac{12{,}9764619 \text{ DM}}{100 \text{ \$}} = 1.297{,}64619 \text{ DM}$.

Die formale Risikoprämie für eine offene aktivische Festzinsposition in Fremdwährung beträgt weiterhin 2,22764226 DM pro 100 $. Bei einer offenen aktivischen Festzinsposition von 10.000 $ errechnet sich entsprechend eine formale Risikoprämie von:

$$(3.112) \qquad fRp_{SR^+} = 10.000 \ \$ \times \frac{2,22764226 \ DM}{100 \ \$} = 222,764226 \ DM \ .$$

Hinsichtlich des formalen Zinsänderungsrisikos ist eine offene passivische Festzinsposition in Höhe von 20.000 DM bei einer Zinsbindungsfrist von fünf Jahren zu konstatieren. Das formale Risiko einer entsprechenden offenen aktivischen Festzinsposition in Höhe von 100 DM errechnet sich wie nachstehend (vgl. Abb. 3.12):

Jahr	Kw_t^{Ist} (in DM)	Kw_t^e (in DM)	$Kw_t^{Ist} - Kw_t^e$ (in DM)
1977	114,114396	105,48	8,63439639
1978	103,643509	104,34	-0,696491
1979	100,145919	104,23	-4,084081
1980	104,267599	108,54	-4,2724006
1981	106,729569	109,3	-2,5704314
1982	116,817305	110,17	6,64730483
1983	106,428044	106,76	-0,3319556
1984	113,242212	106,86	6,38221201
1985	109,135300	105,52	3,61530017
1986	108,963768	104,79	4,17376846
1987	107,390737	104,46	2,93073682
1988	103,906582	103,47	0,43658196
1989	101,577576	105,53	-3,9524243
1990	102,825876	107,67	-4,8441235
1991	110,363291	109,08	1,28329101
1992	113,687874	109,43	4,25787426
1993	113,778947	107,44	6,33894705
1994	98,6748717	105,04	-6,3651283

Abb. 3.12: Abweichungen tatsächlich eingetretener von erwarteten Kurswerten endfälliger und in DM denominierter fünfjähriger Anleihen von 1977 bis 1994

Es ergibt sich ein formales Risiko von:

$$(3.113) \qquad \sigma_{ZÄR} = 4,49235412 \ DM \ .$$

Bei einer offen passivischen Festzinsposition in Höhe von 20.000 DM errechnet sich folglich ein formales Zinsänderungsrisiko von:

$$(3.114) \quad \sigma_{ZÄR} = 20.000 \text{ DM} \times \frac{4,49235412 \text{ DM}}{100 \text{ DM}} = 898,470824 \text{ DM}.$$

Die formale Risikoprämie für eine offene passivische Festzinsposition beträgt −0,97685429 DM pro 100 DM. Bei einer offenen passivischen Festzinsposition von 20.000 DM errechnet sich dann eine negative formale Risikoprämie von:

$$(3.115) \quad fRp_{ZÄR+} = 20.000 \text{ DM} \times \frac{(-0,97685429 \text{ DM})}{100 \text{ DM}} = -195,370858 \text{ DM}.$$

Bezogen auf das formale Ausfallrisiko besteht eine Ausfallrisikoposition in Form von drei Krediten an Unternehmen in der Baubranche in Höhe von insgesamt 10.000 DM. Da auch die Zinszahlungen vom Ausfall bedroht sind, ergibt sich bei einem Positionszins von 10% eine Ausfallrisikoposition von insgesamt:

$$(3.116) \quad A2_t \times (1+PZ) = 10.000 \text{ DM} \times 1,1 = 11.000 \text{ DM}.$$

Das bislang noch nicht ermittelte formale Risiko für die Risikoklasse „Baubranche" kann in diesem Zusammenhang entsprechend dem Vorgehen bei der Ermittlung eines Marktrisikoindex für formale Ausfallrisiken erfolgen. Bei einer Anzahl von 181.598 Unternehmen in der Baubranche[1] ergeben sich nachstehende Krisenquoten (vgl. Abb. 3.13):

Jahr	Insolvenzen$_t$	Anzahl der Unternehmen$_t$	Kq_t^{Ist}
1963	289	181598[2]	0,00159143
1964	316	181598	0,00174011
1965	407	181598	0,00224121
1966	552	181598	0,00303968

Abb. 3.13: Krisenquoten für Deutschland (alte Bundesländer) von 1963 bis 1994 (Risikoklasse „Baubranche")

---

[1] Vgl. **Statistisches Bundesamt**, Jahrbuch.

[2] Da Erhebungen über die Anzahl von in der Baubranche tätigen Unternehmen im Bundesgebiet nicht jährlich, sondern in größeren zeitlichen Abständen durchgeführt werden, beruhen die hier zugrunde gelegten Werte auf einer am 25.05.1987 durchgeführten Zählung. Vgl. **Statistisches Bundesamt**, Jahrbuch.

Fortsetzung *Abb. 3.13:*

Jahr	Insolvenzen$_t$	Anzahl der Unternehmen$_t$	Kq$_t^{Ist}$
1967	687	181598	0,00378308
1968	539	181598	0,00296809
1969	505	181598	0,00278087
1970	451	181598	0,00248351
1971	519	181598	0,00285796
1972	509	181598	0,00280289
1973	764	181598	0,00420709
1974	1375	181598	0,00757167
1975	1589	181598	0,0087501
1976	1456	181598	0,00801771
1977	1492	181598	0,00821595
1978	1280	181598	0,00704854
1979	1101	181598	0,00606284
1980	1328	181598	0,00731286
1981	1942	181598	0,01069395
1982	2726	181598	0,01501118
1983	2467	181598	0,01358495
1984	2765	181598	0,01522594
1985	3228	181598	0,01777553
1986	3008	181598	0,01656406
1987	2638	181598	0,01452659
1988	2290	181598	0,01261027
1989	2058	181598	0,01133272
1990	1724	181598	0,0094935
1991	1703	181598	0,00937786
1992	1890	181598	0,0104076
1993	2334	181598	0,01285256
1994	2850	181598	0,01569401

Abb. 3.13: Krisenquoten für Deutschland (alte Bundesländer) von 1963 bis 1994 (Risikoklasse „Baubranche")

Aufbauend auf den tatsächlich eingetretenen Krisenquoten können sodann auch die erwarteten Krisenquoten und entsprechende Abweichungen für die Risikoklasse „Baubranche" ermittelt werden. Hinsichtlich der erwarteten Wachstumsraten der

Krisenquoten sind hier jene Werte anzusetzen, die bereits für den Gesamtmarkt ermittelt wurden[1] (vgl. Abb. 3.14).

Jahr	Kq_t^{ist}	$p(Kq_t^{ist})$ (in %)	$p(BIP_t^{ist})$ (in %)	$p(BIP_t^e)$ (in %)	$p(Kq_t^e)$ (in %)	Kq_t^e	$Kq_t^e - Kq_t^{ist}$
1963	0,00159143						
1964	0,00174011	9,34256055	6,8				
1965	0,00224121	28,7974684	5,7				
1966	0,00303968	35,6265356	2,8				
1967	0,00378308	24,4565217	-0,2				
1968	0,00296809	-21,54294	7,1				
1969	0,00278087	-6,3079777	8,2				
1970	0,00248351	-10,693069	5,9				
1971	0,00285796	15,0776053	2,9				
1972	0,00280289	-1,9267823	3,4				
1973	0,00420709	50,0982318	5,1				
1974	0,00757167	79,973822	0,6	2,5	16,32717		
1975	0,0087501	15,5636364	-3,2	2	23,78165		
1976	0,00801771	-8,3700441	5,6	4,5	9,260146		
1977	0,00821595	2,47252747	2,8	4,5	8,607068	0,0087078	0,00049185
1978	0,00704854	-14,209115	3,2	3,5	11,08793	0,0091269	0,00207839
1979	0,00606284	-13,984375	4,6	3,5	9,306947	0,0077045	0,0016417
1980	0,00731286	20,6176203	1,9	2,75	10,94178	0,0067262	-0,0005866
1981	0,01069395	46,2349398	0,1	0,5	18,46853	0,0086634	-0,0020305
1982	0,01501118	40,3707518	-1	0,5	20,31617	0,0128665	-0,0021446
1983	0,01358495	-9,5011005	1	1	20,10766	0,0180295	0,00444463
1984	0,01522594	12,0794487	2,6	2,5	12,87981	0,0153346	0,00010873
1985	0,01777553	16,7450271	2,6	3	10,47327	0,0168205	-0,0009549
1986	0,01656406	-6,8153656	2,6	3	10,53791	0,0196487	0,00308464

Abb. 3.14: Abweichungen tatsächlich eingetretener von erwarteten Krisenquoten für Deutschland (alte Bundesländer) von 1963 bis 1994 (Risikoklasse „Baubranche")

---

[1] Vgl. Kapitel C. III. 2. a) im zweiten Teil.

Fortsetzung Abb. 3.14:

Jahr	Kq_i^{ist}	$p(Kq_t^{ist})$ (in %)	$p(BIP_t^{ist})$ (in %)	$p(BIP_t^*)$ (in %)	$p(Kq_t^*)$ (in %)	Kq_i^*	$Kq_i^* - Kq_i^{ist}$
1987	0,01452659	-12,300532	1,9	2	13,65620	0,0188260	0,00429949
1988	0,01261027	-13,191812	3,7	1,5	14,23403	0,0165943	0,00398404
1989	0,01133272	-10,131004	3,3	2,5	9,982449	0,0138690	0,00253636
1990	0,0094935	-16,229349	4,7	3	7,559923	0,0121894	0,00269597
1991	0,00937786	-1,2180974	3,7	3,5	5,334784	0,0099999	0,0006221
1992	0,0104076	10,9806224	1,5	5	-0,549777	0,0093263	-0,0010813
1993	0,01285256	23,4920635	-2	0	18,63075	0,0123466	-0,0005059
1994	0,01569401	22,1079692	3	0,5	17,54133	0,0151070	-0,0005869

Abb. 3.14: Abweichungen tatsächlich eingetretener von erwarteten Krisenquoten für Deutschland (alte Bundesländer) von 1963 bis 1994 (Risikoklasse „Baubranche")

Berechnet man als Maßgröße für das formale Ausfallrisiko in der Risikoklasse „Baubranche" die Standardabweichung der Abweichungen der erwarteten von den tatsächlich eingetretenen Krisenquoten, dann ergibt sich ein Wert von:

(3.117) $\sigma_{AR_{Bau}} = 0{,}00208884$.

Für die Gesamtposition beläuft sich das formale Risiko auf:

(3.118) $\sigma_{AR_{Bau}} = 11.000 \text{ DM} \times 0{,}00208884 = 22{,}97724 \text{ DM}$.

Schließlich ist die formale Risikoprämie für die Kredite in der Risikoklasse „Baubranche" zu kalkulieren. Gemäß dem oben aufgezeigten marktdeduzierten Ansatz erfolgt dies gemäß nachstehender allgemeiner Formel:

(3.119) $fRp_{AR_i} = \dfrac{\sigma_{AR_i}}{\sigma_{AR_M} / fRp_{AR}} \times \rho_{AR_M, AR_i}$.

Unbekannt ist bis hierhin noch der Korrelationskoeffizient zwischen dem formalen Ausfallrisiko von Krediten in der Risikoklasse „Baubranche" und dem formalen Marktrisikoindex. Letzterer kann nach dem bereits oben aufgezeigten Vorgehen ermittelt werden (vgl. Abb. 3.15).

Jahr	(1) Markt $Kq_t^e - Kq_t^{Ist}$	(2) Markt $(Kq_t^e - Kq_t^{Ist}) - \frac{\Sigma(Kq_t^e - Kq_t^{Ist})}{n}$	(3) Bau $Kq_t^e - Kq_t^{Ist}$	(4) Bau $(Kq_t^e - Kq_t^{Ist}) - \frac{\Sigma(Kq_t^e - Kq_t^{Ist})}{n}$	(5) = (2) × (4)
1977	0,00022162	-0,0001461	0,00049185	-0,0005135	7,5017E-08
1978	0,00083331	0,00046561	0,00207839	0,001073	4,996E-07
1979	0,00048602	0,00011832	0,0016417	0,00063631	7,5285E-08
1980	-0,0001106	-0,0004783	-0,0005866	-0,001592	7,6149E-07
1981	-0,0004827	-0,0008504	-0,0020305	-0,0030359	2,5818E-06
1982	-0,0008081	-0,0011758	-0,0021446	-0,00315	3,7037E-06
1983	0,00117532	0,00080762	0,00444463	0,00343924	2,7776E-06
1984	0,00064472	0,00027701	0,00010873	-0,0008967	-2,484E-07
1985	-0,000166	-0,0005337	-0,0009549	-0,0019603	1,0463E-06
1986	0,00074394	0,00037624	0,00308464	0,00207925	7,8229E-07
1987	0,00154699	0,00117929	0,00429949	0,0032941	3,8847E-06
1988	0,00155292	0,00118522	0,00398404	0,00297865	3,5304E-06
1989	0,00096585	0,00059814	0,00253636	0,00153097	9,1574E-07
1990	0,00075548	0,00038778	0,00269597	0,00169058	6,5557E-07
1991	0,00035783	-9,875E-06	0,0006221	-0,0003833	3,7848E-09
1992	-0,0006813	-0,001049	-0,0010813	-0,0020867	2,189E-06
1993	-0,0005538	-0,0009216	-0,0005059	-0,0015113	1,3928E-06
1994	0,00013726	-0,0002304	-0,0005869	-0,0015923	3,6694E-07

Abb. 3.15: Korrelationsberechnung zwischen Ausfallrisiken der Risikoklasse „Baubranche" und Ausfallrisiken des Gesamtmarktes (alle Unternehmen)

Insgesamt ergibt sich ein Korrelationskoeffizient von:

(3.120) $\quad \rho_{AR_M, AR_{Bau}} = 0{,}93755665$.

Bei einer formalen Risiko-Risikoprämien-Relation des Marktes für Ausfallrisiken von 13,39649316 und einem bereits ermittelten formalen Risiko des Kredits von 22,97724 DM berechnet sich dann nachstehende formale Risikoprämie:

(3.121) $\quad fRp_{AR_i} = \dfrac{22{,}97724 \text{ DM}}{13{,}39649316} \times 0{,}93755665 = 1{,}608067418 \text{ DM}$.

Für die Ermittlung des formalen Gesamtrisikos ist es des weiteren erforderlich, die Korrelationskoeffizienten zwischen den individuellen Risikopositionen des Beispielfalls zu ermitteln. Bis hierhin wurden nämlich nur entsprechende Korrelationskoeffizienten zwischen den Marktrisikoindizes bestimmt. Ersteres erfolgt nach gleichem Vorgehen. Wie leicht gezeigt werden kann, ergeben sich nachstehende Werte:

(3.122) $\rho_{SR^+_{5:1},WKR^+} = -0{,}1734887$,

(3.123) $\rho_{ZÄR^-_{5:1},WKR^+} = 0{,}084762$,

(3.124) $\rho_{AR_{Bau},WKR^+} = -0{,}1576069$,

(3.125) $\rho_{SR^+_{5:1},ZÄR^-_{5:1}} = -0{,}58739645$,

(3.126) $\rho_{SR^+_{5:1},AR_{Bau}} = -0{,}2614009$ und

(3.127) $\rho_{ZÄR^-_{5:1},AR_{Bau}} = +0{,}1864604$.

Insgesamt berechnet sich das formale Gesamtrisiko dann wie folgt:

(3.128)
$$\sigma_{P_{SR^+_{5:1},ZÄR^-_{5:1},WKR^+,AR_{Bau}}} =$$
$$\sqrt{\begin{aligned}&(1.604{,}3535\ DM)^2 + (1.297{,}64619\ DM)^2 \\ &+(898{,}470824\ DM)^2 + (22{,}97724\ DM)^2 \\ &+2 \times (-0{,}1734887) \times 1.604{,}3535\ DM \times 1.297{,}64619\ DM \\ &+2 \times (+0{,}0874672) \times 1.604{,}3535\ DM \times 898{,}470824\ DM \\ &+2 \times (-0{,}1576069) \times 22{,}97724\ DM \times 1.604{,}3535\ DM \\ &+2 \times (-0{,}58739645) \times 1.297{,}64619\ DM \times 898{,}470824\ DM \\ &+2 \times (-0{,}2614009) \times 1.297{,}64619\ DM \times 22{,}97724\ DM \\ &+2 \times (-0{,}1864604) \times 898{,}470824\ DM \times 22{,}97724\ DM\end{aligned}}$$
$$= 1.790{,}589816\ DM\ .$$

Mit der Ermittlung einer Standardabweichung von 1.790,589816 DM ist das formale Gesamtrisiko aber noch nicht abschließend bestimmt. Vernachlässigt wurde bis hierhin das gewichtete Zufallsrisiko. Dieses ist nach der oben gezeigten Vorgehensweise zu errechnen und dem bis jetzt noch unvollständigen formalen Gesamtrisiko hinzuzufügen.

In einem ersten Schritt sind in diesem Zusammenhang die materiellen Risikomargen sowie die (Netto-)Konditionsmargen des Kreditportfolios zu bestimmen, um die Reinvermögensänderungen bei einem Ausfall der Engagements errechnen zu können. Bei einer unterstellten Krisenquote von 1% ermittelt sich nachstehende materielle Risikomarge I:

$$(3.129) \quad mRm\ I_1 = \frac{0{,}01 + 0{,}01 \times 0{,}05}{0{,}99} = 1{,}\overline{06}\%\ .$$

Da die (Brutto-)Konditionsmargen der Kredite jeweils 5% betragen, ergeben sich folgende (Netto-)Konditionsmargen I und II sowie nachstehende materielle Risikomargen II:

	(Brutto-)Konditionsmarge:	5%
-	materielle Risikomarge I:	$1{,}\overline{06}\%$
=	(Netto-)Konditionsmarge I:	$3{,}\overline{93}\%$
-	materielle Risikomarge II:	$0{,}0\overline{39}\%$
=	(Netto-)Konditionsmarge II:	3,9%.

Im weiteren wird davon ausgegangen, daß nicht nur der Ausfall der ausgereichten Kapitalbeträge sowie der Ausfall der Finanzierungskosten in Höhe der Geld- und Kapitalmarktzinsen, sondern daß auch ein Ausfall der (Netto-)Konditionsmargen II bzw. entsprechender (Netto-)Konditionsbeiträge zu einer Reinvermögensminderung führen. Letzteres ist gerechtfertigt, wenn die (Netto-)Konditionsbeitragsbarwerte dem Eigenkapital zugerechnet werden. In diesem Fall ermittelt sich bei einem Ausfall aller drei Engagements nachstehende Reinvermögensminderung:

$$(3.130) \quad \Delta Rv_2 = 10.000\ DM \times (1 + 0{,}05 + 0{,}039) = 10.890\ DM\ .$$

Hieran anknüpfend sind in einem zweiten Schritt repräsentative Größen für zukünftig potentiell eintretende Krisenquoten zu ermitteln, auf deren Basis dann bedingte Zufallsrisiken zu bestimmen sind. Werden als repräsentative Krisenquoten der Erwartungswert derselben von 1% plus/minus einer Standardabweichung des Änderungsrisikos angesehen, so errechnen sich bei einem bereits oben ermittelten Änderungsrisiko der Risikoklasse „Baubranche" von $\sigma_{AR_{Bau}} = 0{,}00208884$ folgende Werte:

$$(3.131) \quad Kq^{I}_{Bau,1} = 0{,}01 + 0{,}00208884 = 1{,}208884\%\ \quad bzw.$$

$$(3.132) \quad Kq^{II}_{Bau,1} = 0{,}01 - 0{,}00208884 = 0{,}791116\%\ .$$

Bei einer Krisenquote von 1,208884% ergibt sich ein Erwartungswert der Reinvermögensänderung bei einem Ausfall aller drei Kredite von:

(3.133)
$$E(\Delta Rv_2) = -10.890 \text{ DM} \times 0,01208884 + 110 \text{ DM} \times (1 - 0,0120884)$$
$$= -22,97724 \text{ DM}$$

und ein bedingtes Zufallsrisiko für ein unzerfälltes Kreditportfolio von:

(3.134)
$$\sigma_{AR}^{Zuf.(1,20884\%)} = \sqrt{\begin{aligned}&[-10.890 \text{ DM} - (-22,97724 \text{ DM})]^2 \times 0,01208884 \\ &+ [110 \text{ DM} - (-22,97724 \text{ DM})]^2 \times (1 - 0,01208884)\end{aligned}}$$
$$= 1.202,109269 \text{ DM}.$$

Ferner ist zu berücksichtigen, daß das Kreditportfolio in drei einzelne Engagements zerfällt ist. Diesen Umstand berücksichtigend erhält man ein bedingtes Zufallsrisiko für das zerfällte Kreditportfolio von:

(3.135) $\quad \sigma_{AR}^{Zuf.(1,208884\%)} = \sqrt{(1.202,109269 \text{ DM})^2 / 3} = 694,0381098 \text{ DM}.$

Tritt hingegen die alternative Krisenquote von 0,791116% ein, so errechnet sich ein Erwartungswert der Reinvermögensänderung bei einem Ausfall aller drei Engagements von:

(3.136)
$$E(\Delta Rv_2) = -10.890 \text{ DM} \times 0,00791116$$
$$+ 110 \text{ DM} \times (1 - 0,00791116)$$
$$= 22,97724 \text{ DM}$$

und ein bedingtes Zufallsrisiko für ein unzerfälltes Kreditportfolio von:

(3.137)
$$\sigma_{AR}^{Zuf.(0,791116\%)} = \sqrt{\begin{aligned}&[-10.890 \text{ DM} - (+22,97724 \text{ DM})]^2 \\ &\times 0,00791116 \\ &+ [110 \text{ DM} - (+22,97724 \text{ DM})]^2 \\ &\times (1 - 0,00791116)\end{aligned}}$$
$$= 974,5139297 \text{ DM}.$$

Sofern auch hier berücksichtigt wird, daß das Kreditportfolio in drei einzelne Engagements zerfällt ist, ermittelt sich ein bedingtes Zufallsrisiko von:

(3.138) $\quad \sigma_{AR}^{Zuf.(0,79116\%)} = \sqrt{(974,5139297 \text{ DM})^2 / 3} = 562,6358797 \text{ DM}$.

Wenn beide bedingten formalen Zufallsrisiken mit unterstellten Wahrscheinlichkeiten von jeweils 50% gewichtet werden, lautet das gewichtete formale Zufallsrisiko wie folgt:

(3.139) $\quad \sigma_{AR}^{gew.Zuf.} = \sqrt{\begin{array}{l}(694,0381098 \text{ DM})^2 \times 0,5 \\ +(562,6358797 \text{ DM})^2 \times 0,5\end{array}}$
$= 631,7626259 \text{ DM}$.

Letzteres ist dem oben ermittelten und bis dato unvollständigen formalen Gesamtrisiko hinzuzufügen. Insgesamt ergibt sich ein endgültiges formales Gesamtrisiko von:

(3.140) $\quad \sigma_{P_{SR_{5:1}^+, Z\ddot{A}R_{5:1}^-, WKR^+, AR_{Bau}^{bd}, AR_{Bau}^{gew.Zuf.}}} = \sqrt{\begin{array}{l}(1.790,589816 \text{ DM})^2 \\ +(631,7626259 \text{ DM})^2\end{array}}$
$= 1.898,77221 \text{ DM}$.

Bevor dieser Wert interpretiert werden kann, ist zunächst die Summe der hiermit unmittelbar korrespondierenden formalen Risikoprämien für die vier in Betracht stehenden Risikopositionen zu ermitteln, um deren implizite Sicherheitsfunktion zu berücksichtigen:

(3.141) WKR: $\quad fRp_{WKR^+} = -59,746032 \text{ DM}$,
(3.142) SR: $\quad fRp_{SR^+} = 222,764226 \text{ DM}$,
(3.143) ZÄR: $\quad fRp_{Z\ddot{A}R^-} = -195,370858 \text{ DM}$,
(3.144) AR: $\quad fRp_{AR_{Bau}} = 1,608067418 \text{ DM}$,
(3.145) insgesamt: $\quad fRp_{gesamt} = -30,74459658 \text{ DM}$.

Es ist ersichtlich, daß die Summe der formalen Risikoprämien in diesem Fall negativ ist, so daß aus der Vereinnahmung derselben nicht eine Verringerung, sondern vielmehr eine Erhöhung der Ruinwahrscheinlichkeit resultiert.

Da im Hinblick auf eine Interpretation des formalen Gesamtrisikos des weiteren unterstellt wird, daß dieses bzw. die darin enthaltenen formalen Einzelrisiken normalverteilt sind[1], kann das formale Gesamtrisiko mit Hilfe nachstehender Formel standardisiert werden:

$$(3.146) \quad Z = \frac{\Delta Rv_{i,t} - fRp_{gesamt}}{\sigma_P}.$$

Da z beispielsweise bei $z = -1{,}64$ mit einer Wahrscheinlichkeit von 5% unterschritten wird, gilt:

$$(3.147) \quad \begin{aligned} \Delta Rv_{i,2} &= (-1{,}64 \times 1.898{,}77221 \text{ DM}) - 30{,}74459658 \text{ DM} \\ &= -3.144{,}731021 \text{ DM}. \end{aligned}$$

Verbal ausgedrückt ist also bei einem formalen Gesamtrisiko von 1.898,77221 DM und einer hiermit korrespondierenden formalen Risikoprämie von -30,74459658 DM zu erwarten, daß mit einer Wahrscheinlichkeit von 5% eine Reinvermögensänderung von mindestens -3.144,731021 DM eintritt.[2]

---

[1] Eine abschließende Untersuchung der Normalverteilungseigenschaft der Reinvermögensänderungen ist im Rahmen dieser Arbeit aufgrund des nur begrenzten Datenumfangs nicht möglich. Allerdings ist die Unterstellung einer Normalverteilung in diesem Zusammenhang üblich und wird auch durch umfangreichere Untersuchungen weitgehend gestützt. Vgl. **J.P. Morgan**, RiskMetrics, S. 4. In diesem Zusammenhang ist aber auch aus Wirtschaftlichkeitsüberlegungen abzuwägen zwischen der Unterstellung einer die Komplexität der Berechnungen reduzierenden Normalverteilung einerseits und der Annahme einer exakten, aber unter Umständen nicht-parametrische-Rechenverfahren erforderlich machenden Verteilung andererseits. Sofern zumindest näherungsweise von einer Normalverteilung ausgegangen werden kann, was bei den hier in Betracht stehenden Erfolgsrisiken der Fall zu sein scheint, ist die Unterstellung einer Normalverteilung zweckmäßig.

[2] Eine so ermittelte potentielle Reinvermögensminderung wird im allgemeinen auch als „capital at risk" oder „money at risk" bezeichnet. Vgl. **Deutsche Bank AG (Hrsg.)**, Geschäftsbericht, S. 42, und **Moser/Quast**, Organisation, S. 676.

II. Bestimmung und Durchsetzung sicherheitspolitischer Vorstellungen

1. Grundüberlegungen bei der Bestimmung des Sicherheitsniveaus

Im Anschluß an die abschließende Bestimmung des formalen Gesamtrisikos ist in einem weiteren Schritt zu eruieren, inwieweit dessen Höhe mit den sicherheitspolitischen Vorstellungen der Bank korrespondiert und ob gegebenenfalls risikopolitische Maßnahmen zur Verringerung oder auch Erhöhung desselben ergriffen werden müssen. Neben der Höhe des formalen Gesamtrisikos sind in diesem Zusammenhang das vorhandene Eigenkapital der Bank, die Sicherheitsbedürfnisse der Entscheidungsträger sowie deren individuelle Risikopräferenzfunktionen entscheidend. Letztere geben an, welche formale Risikoprämie die Entscheidungsträger pro übernommener Einheit formalen Risikos erwarten.[1] Zu allen drei Determinanten sind im folgenden einige allgemeine und über die bisherigen Darlegungen hinausgehende Überlegungen anzustellen.

Wie bereits an mehreren Stellen angedeutet wurde, ist die Höhe des vorhandenen Eigenkapitals hinsichtlich der Beurteilung der Angemessenheit des formalen Gesamtrisikos insofern von Relevanz, als zufällig eintretende Reinvermögensminderungen, die im Extremfall zum Ruin der Bank führen können, primär von den Eigenkapitalgebern getragen werden müssen und eine entsprechende Gefahr von diesen in der Regel nur bis zu einer bestimmten maximalen Ruinwahrscheinlichkeit akzeptiert wird. Beträgt die von den Entscheidungsträgern festgesetzte maximale Ruinwahrscheinlichkeit beispielsweise 5% und beinhaltet ein formales Gesamtrisiko die Gefahr, daß mit einer Wahrscheinlichkeit von 5% Reinvermögensminderungen von mindestens 120.000 DM und mit einer Wahrscheinlichkeit von 1% Reinvermögensminderungen von mindestens 160.000 DM eintreten, so ist bei einem Eigenkapital von 100.000 DM die Ruinwahrscheinlichkeit in jedem Fall größer als 5%; die Höhe des formalen Gesamtrisikos würde als unangemessen hoch angesehen. Bei einem Eigenkapital von 160.000 DM hingegen kann mit mindestens 99-prozentiger Wahrscheinlichkeit davon ausgegangen werden, daß ein Totalverlust des Eigenkapitals nicht eintritt. In diesem Fall wäre die Höhe des formalen Gesamtrisikos akzeptabel. Entspricht ein formales Gesamtrisiko also um so eher den sicherheitspolitischen Vorstellungen der Bank, je höher das Eigenkapital dotiert ist, so gilt dies natürlich gleichermaßen bei gegebenem Eigenkapital, je höher die maximal akzeptierte Ruinwahrscheinlichkeit festgesetzt wird.

---

[1] Vgl. **Steiner/Bruns**, Wertpapiermanagement, S. 114 ff.

In bezug auf die Ruinwahrscheinlichkeit ist weiterhin zu bedenken, daß diese nicht nur die Gefahr für den Totalverlust des Eigenkapitals beschreibt, sondern gleichzeitig auch die Wahrscheinlichkeit dafür angibt, daß das Fremdkapital zur Deckung zufällig eintretender Reinvermögensminderungen herangezogen wird. Die maximal zu akzeptierende Ruinwahrscheinlichkeit ist daher idealiter unter Berücksichtigung der sicherheitspolitischen Vorstellungen sowohl der Eigen- als auch der Fremdkapitalgeber zu bestimmen. Problematisch ist in diesem Zusammenhang jedoch der Fall, wenn die Sicherheitsbedürfnisse der Eigen- und Fremdkapitalgeber — abgesehen von einer unter Umständen auch den Fremdkapitalgebern zu zahlenden „Risikoprämie" — nicht kongruent sind. So könnte es beispielsweise vorkommen, daß die Eigenkapitalgeber zur Übernahme einer Ruinwahrscheinlichkeit von maximal 2% bereit sind, die Fremdkapitalgeber aber nur bis zu einer Wahrscheinlichkeit von 1% gewillt sind, gleichfalls einen teilweisen oder sogar vollständigen Verbrauch ihres Kapitals zu akzeptieren. Eine Lösung des Problems könnte in diesem Zusammenhang zum einen in einem Kompromiß — einer Ruinwahrscheinlichkeit von 1,5% etwa —, zum anderen aber auch darin bestehen, jeweils die restriktivsten sicherheitspolitischen Vorstellungen — hier also eine Ruinwahrscheinlichkeit von 1% — als maßgeblichen Wert anzusetzen.

In diesem Zusammenhang ist ferner zu beachten, daß die Differenzierung zwischen Eigen- und Fremdkapital oftmals nicht trennscharf erfolgen kann.[1] So gibt es neben Sicht-, Termin- und Spareinlagen sowie Bankschuldverschreibungen, die gewöhnlich als sichere Anlagefazilitäten gelten, und deren Fremdkapitalgeber in der Regel nur in geringem Umfang bereit sind, einen Verbrauch ihres Kapitals hinzunehmen, auch sogenannte hybride Finanzierungsinstrumente wie zum Beispiel nachrangige Verbindlichkeiten oder Genußrechtskapital, deren Haftkapitalgeber — gegen eine entsprechend höhere Verzinsung — bereit sind, in vergleichsweise größerem Umfang ein formales Gesamtrisiko zu tragen. Die Berücksichtigung hybrider Finanzierungsinstrumente führt also dazu, daß zum einen im Vergleich zur alleinigen Finanzierung durch Sicht-, Termin- und Spareinlagen ein höheres formales Gesamtrisiko eingegangen werden kann; zum anderen müssen dann aber auch nicht nur die unterschiedlichen sicherheitspolitischen Vorstellungen von Eigen- und Fremdkapitalgebern, sondern auch die der Haftkapitalgeber der hybriden Finanzie-

---

[1] Auch Uhlir weist in diesem Zusammenhang zu Recht darauf hin, daß es eine trennscharfe Unterscheidung zwischen Eigen- und Fremdkapital nicht gibt, und daß vielmehr der „*Risikograd eines Anspruchs*" als geeignetes Abgrenzungskriterium zwischen Eigen- und Fremdkapital heranzuziehen sei. Unklar ist allerdings, wie ein „kritischer Risikograd" festzulegen ist. Vgl. **Uhlir**, Bemessung, S. 693.

rungsinstrumente berücksichtigt werden, was die Festlegung einer maximal zu akzeptierenden und allen Kapitalgebern gerecht werdenden Ruinwahrscheinlichkeit weiterhin erschwert.

Unabhängig vom Problem der Bestimmung und Berücksichtigung der Risikoneigung der Investoren verschiedener hybrider Mittel sollte die konkrete Festlegung der maximal zu akzeptierenden Ruinwahrscheinlichkeit grundsätzlich auch entweder von den Eigen- und Fremdkapitalgebern selbst oder zumindest deren Vorstellungen entsprechend durch Dritte erfolgen. Insbesondere bei großen Bank-Aktiengesellschaften mit breit gestreutem Aktionärskreis ist ersteres jedoch problematisch. So wird es in praxi eine zentrale Aufgabe des Vorstandes bzw. der Geschäftsleitung an der Spitze der Gesamtbank sein müssen, entsprechende Ruinwahrscheinlichkeiten festzulegen. Gleichwohl sollte aber auch die Geschäftsleitung nicht zuletzt im Hinblick auf eine Konfliktvermeidung bestrebt sein, Fragen der Sicherheitsbedürfnisse im Rahmen von Hauptversammlungen oder Aufsichtsratssitzungen zu diskutieren und die Ergebnisse dann auch im Zielsystem der Bank auf der Ebene der Formalziele festzulegen.[1] Insbesondere dürfen die individuellen Sicherheitsbedürfnisse der in der Regel nur als Agent der Eigenkapitalgeber tätigen Geschäftsleitung die Festlegung der Ruinwahrscheinlichkeit nicht beeinflussen.[2]

Die Risikoneigung der Eigen- und Fremdkapitalgeber erschöpft sich jedoch nicht nur in der Festlegung von maximal zu akzeptierenden Ruinwahrscheinlichkeiten; diese stellen lediglich Grenzen der Bereitschaft dar, ein formales Gesamtrisiko unabhängig von der Höhe dabei zu erzielender formaler Risikoprämien einzugehen. Darüber hinaus ist zu überprüfen, ob die beim Eingehen eines formalen Gesamtrisikos zu erzielenden formalen Risikoprämien überhaupt ausreichen, um den hiermit verbundenen Mißnutzen zu entgelten. Um letzteres zu entscheiden, muß der Verlauf der individuellen Präferenzfunktionen der Entscheidungsträger bekannt sein. Wenngleich eine experimentelle Ermittlung derselben grundsätzlich möglich ist[3], müßten diese Experimente doch auch hier bei den Eigen- und Fremdkapitalgebern und nicht bei der Geschäftsleitung der Bank durchgeführt und zu einer gemeinsamen Präferenzfunktion aller Kapitalgeber zusammengefaßt werden. Letzteres dürfte sich noch weitaus schwieriger gestalten als die bloße Festlegung von Ruin-

---

[1] Bislang hat dieses Problem in der bankbetrieblichen Literatur kaum Beachtung gefunden. Vgl. **Schierenbeck**, Bankmanagement, S. 509.

[2] Eine andere Auffassung vertritt in diesem Zusammenhang Schierenbeck. Vgl. **Schierenbeck**, Bankmanagement, S. 509.

[3] Vgl. **Bamberg/Coenenberg**, Entscheidungslehre, S. 70 ff.

wahrscheinlichkeiten. Aus praxeologischen Erwägungen ist entsprechend davon auszugehen, daß die in den Zinsstrukturen bzw. die in den Wechselkursen enthaltenen formalen Risikoprämien und die auf der Basis des marktdeduzierten Ansatzes kalkulierten formalen Ausfallrisikoprämien grundsätzlich ausreichen, um den aus den formalen Einzelrisiken resultierenden Mißnutzen zu kompensieren. Falls allerdings letzteres unterstellt wird, bedeutet dies aber gleichzeitig, daß die festzulegende Ruinwahrscheinlichkeit nicht nur eine Obergrenze für das formale Gesamtrisiko darstellt, sondern daß formale Einzelrisiken im Hinblick auf eine Erzielung entsprechender Risikoprämien auch so lange eingegangen werden sollten, bis die vorgegebene Ruinwahrscheinlichkeit gerade erfüllt wird.

Falls die vorgegebenen Ruinwahrscheinlichkeiten im Einzelfall verletzt werden, ist in einem ersten Schritt zu überprüfen, ob das formale Gesamtrisiko durch eine weitere Zerfällung oder Diversifikation des Kreditportfolios verringert werden kann, wobei Prämieneinbußen hierbei nicht in Kauf zu nehmen sind. In einem zweiten Schritt sind sodann jene formalen Einzelrisiken zu reduzieren, die im Vergleich zur optimalen Struktur aller Risikoarten übergewichtet sind. Erst wenn die optimale Struktur der Gesamtheit aller Risikoarten erreicht und eine Risikominderung weiterhin erforderlich ist, sollten Anteile aller in Betracht stehenden Risikoarten simultan und im Verhältnis der optimalen Portfoliostruktur verringert werden.

2. Bestimmung des sicherheitsrelevanten Eigenkapitals

Über letztere Grundüberlegungen bei der Bestimmung des Sicherheitsniveaus hinausgehend ist des weiteren auf die konkrete Ermittlung des sicherheitsrelevanten Eigenkapitals, das dem formalen Gesamtrisiko gegenüberzustellen ist, näher einzugehen. Während bis hierhin nämlich — abgesehen vom Fall hybrider Finanzierungsinstrumente — davon ausgegangen wurde, daß es sich beim Eigenkapital der Bank um eine bekannte — d.h. leicht zu ermittelnde — und homogene Größe handelt, ist dessen Quantifizierung bei eingehenderer Betrachtung gleichwohl mit Problemen behaftet.

Grundsätzlich darf bei der Ermittlung des Eigenkapitals nicht der Fehler begangen werden, dieses allein auf der Basis bilanzieller Wertansätze (Grundkapital, Gewinn- und Kapitalrücklagen usw.) ermitteln zu wollen. Speziell die deutschen Rechnungslegungsvorschriften sind nämlich vom Vorsichtsprinzip geprägt — das Eigenkapital wird tendenziell zu niedrig ausgewiesen —, so daß die sicherheitspolitischen Bedürfnisse der Entscheidungsträger bei einer Fokussierung auf bilanzielle Größen nicht nur in den maximal akzeptierten Ruinwahrscheinlichkeiten, sondern auch im Eigenkapital selbst und damit doppelt Berücksichtigung fänden. Die gemessenen Ruinwahrscheinlichkeiten würden folglich die Gefahr des vollständigen Eigenkapitalverbrauchs tendenziell überzeichnen, so daß unter Berücksichtigung der tatsächlichen Ruinwahrscheinlichkeit eigentlich ein höheres formales Gesamtrisiko hätte eingegangen und höhere formale Risikoprämien hätten erzielt werden können. Unter Umständen wird das auf der Basis bilanzieller Werte quantifizierte Eigenkapital aber auch zu hoch ausgewiesen. Beispielsweise werden Solvenzeffekte resultierend aus offenen aktivischen Festzinspositionen bei steigenden Marktzinsen dann nicht in der Bilanz erfaßt — es handelt sich hier quasi um „stille Lasten" —, wenn es sich bei den aktivischen Festzinspositionen um Buchkredite handelt.

Insgesamt ist es also sachgerecht, das Eigenkapital nicht auf der Basis von bilanziellen Werten, sondern mit Hilfe von Markt- bzw. Barwerten zu quantifizieren. Diese können anhand der Differenzen der mit Hilfe der Geld- und Kapitalmarktzinsen ermittelten Barwerte der erwarteten und aus bereits abgeschlossenen aktivischen und passivischen Geschäften resultierenden Zahlungen bestimmt werden. Zu berücksichtigen sind in diesem Zusammenhang allerdings nur um materielle Ausfallrisikoprämien korrigierte Größen.[1]

Zur Verdeutlichung der Eigenkapitalermittlung wird von einem Kredit A1 mit einem Kreditvolumen von 100.000 DM, einer Zinsbindungsfrist von fünf Jahren, einem Positionszins von 12%, einem Geld- und Kapitalmarktzins von 9% sowie einer Krisenquote von 1% ausgegangen. Finanziert wird der Kredit mit einer Geld- und Kapitalmarkteinlage P1 in Höhe von 50.000 DM, die eine Zinsbindungsfrist von einem Jahr aufweist und mit einem Geld- und Kapitalmarktzins von 5% verzinst wird. Das bilanzielle Eigenkapital EK beläuft sich ebenfalls auf 50.000 DM (vgl. Abb. 3.16).

---

[1] Das materielle Zinsänderungsrisiko und das Swapsatzrisiko werden anders als das materielle Ausfallrisiko bereits dadurch berücksichtigt, daß die zukünftigen Zahlungen mit den zum jeweiligen Betrachtungszeitpunkt geltenden forward rates bzw. mit den entsprechenden Zerobond-Abzinsungsfaktoren diskontiert werden. Das materielle Wechselkursrisiko wird gleichfalls quasi automatisch dadurch erfaßt, daß die in der Zukunft anfallenden Zahlungen in Fremdwährungen mit den entsprechenden Terminkursen und nicht den Devisenkassakursen bewertet werden. Auch für formale Risiken sind keine weiteren Abschläge von den Ein- bzw. Auszahlungen vorzunehmen, da das Eigenkapital gerade dem formalen Gesamtrisiko gegenübergestellt werden soll und ersteres ansonsten doppelt erfaßt wird.

Aktiva					Passiva				
Pos.	Vol.$_t$ (in DM)	Zinsbindungsfrist	PZ$_t$	GKMZ$_t^!$	Pos.	Vol.$_t$ (in DM)	Zinsbindungsfrist	PZ$_t$	GKMZ$_t^!$
A1	100.000	5 Jahre	12%	9%	P1	50.000	1 Jahr	5%	5%
					EK	50.000			
	$\Sigma=$ 100.000					$\Sigma=$ 100.000			

Abb. 3.16: Zinsertragsbilanz in t=1 zur Verdeutlichung der Ermittlung des Barwertes des Eigenkapitals

Die materielle Risikomarge I des Kredits berechnet sich dann wie folgt:

$$(3.148) \quad \mathrm{mRm\ I}_1 = \frac{0,01 + 0,01 \times 0,09}{0,99} = 1,\overline{10}\% .$$

Die (Brutto-)Konditionsmarge, die (Netto-)Konditionsmargen I und II sowie die Risikomarge II ergeben sich wie nachstehend:

	(Brutto-)Konditionsmarge:	3%
-	materielle Risikomarge I:	$1,\overline{10}\%$
=	(Netto-)Konditionsmarge I:	$1,\overline{89}\%$
-	materielle Risikomarge II:	$0,01\overline{89}\%$
=	(Netto-)Konditionsmarge II:	$1,88\%$.

Die Summe aus materieller Risikomarge I und II beträgt folglich 1,12%. Bei einem Kreditvolumen von 100.000 DM errechnet sich entsprechend eine materielle Risikoprämie von insgesamt:

$$(3.149) \quad \mathrm{mRp}_2 = 100.000 \text{ DM} \times 0,0112 = 1.120 \text{ DM}.$$

Die aus dem Kredit resultierende und um die materielle Ausfallrisikoprämie korrigierte Zahlungsreihe hat dann folgendes Aussehen (vgl. Abb. 3.17):

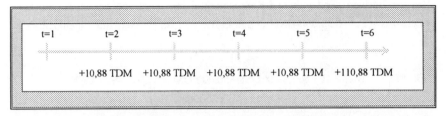

Abb. 3.17: Zahlungsreihe eines um die materielle Ausfallrisikoprämie korrigierten Kredits

Des weiteren wird die nachstehende und bereits an anderer Stelle berücksichtigte inländische Zinsstruktur unterstellt (vgl. Abb. 3.18):

Zinsbindungs- frist (Lz)	1	2	3	4	5
%	5	6	7	8	9

Abb. 3.18: DM-Geld- und Kapitalmarktzinsen in t=1

Hieraus abgeleitet ergeben sich folgende Zerobond-Abzinsungsfaktoren (vgl. Abb. 3.19):

Zinsbindungs- frist (Lz)	1 Jahr	2 Jahre	3 Jahre	4 Jahre	5 Jahre
t=1	0,95238	0,88949	0,81408	0,72919	0,63792
t=2	0,93396	0,85479	0,76565	0,66982	
t=3	0,91523	0,81978	0,71718		
t=4	0,89572	0,78361			
t=5	0,87484				

Abb. 3.19: DM-Zerobond-Abzinsungsfaktoren in t=1

Für die aus dem Kredit resultierende Zahlungsreihe berechnet sich entsprechend ein Barwert in t=1 von:

(3.150)
$$\begin{aligned} Bw_1 &= 10.880 \text{ DM} \times 0{,}95238 + 10.880 \text{ DM} \times 0{,}88949 \\ &\quad + 10.880 \text{ DM} \times 0{,}81408 + 10.880 \text{ DM} \times 0{,}72919 \\ &\quad + 10.880 \text{ DM} \times 0{,}63792 \\ &= 107.562{,}8928 \text{ DM}. \end{aligned}$$

Da der Barwert der Geld- und Kapitalmarkteinlage aufgrund der marktgerechten Verzinsung in t=1 50.000 DM beträgt, ergibt sich ein Barwert des Eigenkapitals in t=1 von:

(3.151) $\quad Bw_1 = 107.562{,}8928 \text{ DM} - 50.000 \text{ DM} = 57.562{,}8928 \text{ DM}$.

In dem so berechneten Barwert des Eigenkapitals sind auch die aus dem Kundengeschäft resultierenden (Netto-)Konditionsbeitragsbarwerte enthalten. Darüber hinaus dürfen aber aus geplanten, bislang aber noch nicht realisierten Kundengeschäften resultierende Konditionsbeiträge nicht berücksichtigt werden, da deren Erwirtschaftung nicht sicher ist und entsprechende Absatzrisiken im formalen Gesamtrisiko nicht enthalten sind.

Hinsichtlich des Zeitpunktes, auf den sich die Barwertermittlung des Eigenkapitals zu beziehen hat, ist ferner zu berücksichtigen, daß das Eigenkapital nicht bereits zu Beginn, sondern erst nach Ablauf der in Betracht stehenden Periode zur Deckung möglicherweise eingetretener Reinvermögensminderungen zur Verfügung stehen muß. Schließlich wurden auch die zinsänderungs-, wechselkurs- und ausfallbedingten Reinvermögensminderungen unter der Prämisse ermittelt, daß diese erst zum Ende einer Periode eintreten bzw. ein möglicher Ruin der Bank erst zum Schluß einer Periode festgestellt wird. Entsprechend sind nicht nur der Barwert des Eigenkapitals in t=1, sondern auch die hierauf entfallenden Zinszahlungen in der Lage, Reinvermögensminderungen auszugleichen. Wird in diesem Zusammenhang unterstellt, daß ein Betrag in Höhe des Barwertes des Eigenkapitals in t=1 in Einjahresgeldern investiert wird wird, dann ergibt sich ein Barwert des Eigenkapitals in t=2 von:

(3.152) $\quad Bw_2 = 57.562{,}89820 \text{ DM} \times 1{,}05 = 60.441{,}04311 \text{ DM}$.

Allein diese Größe ist folglich einem zuvor ermittelten formalen Gesamtrisiko gegenüberzustellen.

Hinsichtlich der Anlagefiktion des Eigenkapitals ist aber noch ein weiterer Aspekt zu bedenken. Der Barwert des Eigenkapitals in t=2 stellt nur dann eine sichere Größe dar, wenn ein Betrag in dieser Höhe tatsächlich auch in Einjahresgeldern investiert wird. Bei einer Anlage in Aktiva mit längerer Zinsbindungsfrist hingegen ist der Barwert des Eigenkapitals selbst wieder einem Zinsänderungsrisiko ausgesetzt. Letzteres ist der Fall, wenn bei der Messung des Zinsänderungsrisikos mit Hilfe der Zinsbindungsbilanz mit dem Hinweis auf die Dauerhaftigkeit des Eigenkapitals bzw. aus Liquiditätsgesichtspunkten regelmäßig davon ausgegangen wird, daß es sich beim Eigenkapital um fest verzinsliche bzw. um den Festzinspositionen zuzurechnende Passiva handelt und ein Zinsänderungsrisiko folglich dann nicht konstatiert wird, wenn Aktiva mit langer Zinsbindungsfrist vollständig mit Eigenkapital finanziert werden.[1] Gerade bei dieser Fiktion ist der Wert des Eigenkapitals aber nicht sicher und dem Zinsänderungsrisiko ausgesetzt. Entsprechend müßte hier zusätzlich zum formalen Gesamtrisiko noch ein „formales Eigenkapitalrisiko" berücksichtigt werden. Wird das Eigenkapital im Rahmen der Zinsbindungsbilanz jedoch als in Einjahresgeldern investiert angesehen, so wird das formale Eigenkapitalrisiko bereits implizit bei der Ermittlung des formalen Zinsänderungsrisikos berücksichtigt. Im oben angeführten Beispielfall[2] liegt folglich auch keine geschlossene Festzinsposition, sondern ein aktivischer Festzinsüberhang vor.

Wenngleich herausgestellt wurde, daß bei der Bestimmung des Eigenkapitals nicht auf bilanzielle Größen, sondern auf Markt- bzw. Barwerte zu fokussieren ist, werden in der bankbetriebswirtschaftlichen Literatur gleichwohl auch die Höhe und Struktur bilanzieller Wertansätze im Hinblick auf die Risikotragfähigkeit des Eigenkapitals als relevant erachtet.[3] Dem Grundkapital etwa wird eine geringere Risikotragfähigkeit zugesprochen als den stillen Reserven und letzteren wiederum eine kleinere als dem sogenannten risikodispositiven Überschuß, der jenen Teil des laufenden ordentlichen Ergebnisses darstellt, der über einen Mindestreingewinn hinaus erwirtschaftet wird (vgl. 3.20).

Entsprechend werden auch sogenannte Risikobegrenzungsregeln formuliert, die in Abhängigkeit von der Höhe bestimmter Eigenkapitalbestandteile unterschiedliche Höhen formaler Gesamtrisiken als maximal zu akzeptierende Werte festlegen. Von einem Normalbelastungsfall, der mit hoher Wahrscheinlichkeit eintreten darf, wird beispielsweise dann gesprochen, wenn die Reinvermögensminderungen höchstens den für Risiken verwendbaren Anteil am erwirtschafteten Betriebsergebnis übersteigen. Mit mittlerer bis geringer Wahrscheinlichkeit darf nach einer weiteren Risikobegrenzungsregel der Fall eintreten, daß der gesamte Jahresüberschuß aufge-

---

[1] Entsprechend ordnet Schierenbeck dem Eigenkapital auch einen langfristigen Kapitalmarktzins als Opportunitätszins zu. Vgl. **Schierenbeck**, Bankmanagement, S. 107 f. Zur grundsätzlichen Problematik eines maßgeblichen Opportunitätszinses für unverzinsliche Aktiva und Passiva vgl. **Schmitz**, Marktpreismethode, S. 603-606.

[2] Vgl. Abb. 32 in diesem Teil.

[3] Vgl. **Bösl**, Risikobegrenzung, S. 83 ff. und die dort angegebene Literatur, sowie **Akmann/Benke**, Steuerung, S. 68 ff.

zehrt wird. Im dritten, dem Maximalbelastungsfall schließlich, der nur mit einer äußerst geringen Wahrscheinlichkeit eintreten darf, müssen alle weiteren offenen und stillen Eigenkapitalbestandteile zur Verlusttragung herangezogen werden.[1]

Externes Risiko-deckungspotential	Internes Risikodeckungspotential						
	Bestandsgrößen					lfd. ord. Erg.	
Garantiefonds, Haftungszusagen	Haftsummenzu-schlag, nachge-wiesenes freies Verm.	Grund-kapi-tal, Ge-nuß-rechts-kapi-tal	offene Rücklagen	Reserven		Mindest-rein-ge-winn	risiko-dispo-sitiver Über-schuß
				stille Reserven			
				in Gebäu-den	in Wertpapieren und überdotier-ten Wertbe-richtigungen		
	haft. EK. gem § 10 KWG						
Tertiäres				Sekundäres			Prim.
Risikodeckungspotential							

Abb. 3.20: Risikodeckungspotentiale unterschiedlicher Risikotragfähigkeit[2]

Begründet werden kann die an bilanzielle Größen anknüpfende unterschiedliche Risikotragfähigkeit zum einen mit der unterschiedlichen Möglichkeit der verschiedenen Eigenkapitalkomponenten, Reinvermögensminderungen „geräuschlos", d.h. bilanziell nicht sichtbar auszugleichen, was den Eigenkapitalgebern, so wird unterstellt, einen geringeren Mißnutzen bereitet als die Offenlegung eines Verlustes. Formale Risiken könnten damit um so eher eingegangen werden, je höher der Anteil stiller Reserven am gesamten Eigenkapital ausfällt. Zum anderen kann eine unterschiedliche Risikotragfähigkeit bestimmter Teile des Eigenkapitals damit erklärt werden, daß eine Eigenkapitalausstattung in bestimmter Höhe und Struktur rechtlich vorgeschrieben ist und bei einer Unterschreitung derselben Mißnutzen verursachende Rechtsfolgen zu erwarten sind. Zu denken ist hier beispielsweise an den bereits erwähnten bankenaufsichtsrechtlichen Eigenkapitalgrundsatz I. Drittens schließlich kann die unterschiedliche Risikotragfähigkeit mit bestimmten Mindestanforderungen der Eigenkapitalgeber an einen jährlich auszuweisenden Gewinn begründet werden. Wird etwa nur der risikodispositive Überschuß durch Reinver-

---

[1] Vgl. **Schierenbeck**, Bankmanagement, S. 509. Von einigen Bankpraktikern wird sogar die Auffassung vertreten, daß überhaupt „*das offen ausgewiesene Eigenkapital kein geeigneter Maßstab für die Risikotragfähigkeit*" sei. Vgl. **Urbach/Spanier**, Kreditausfallrisiken, S. 32-36.

[2] Vgl. **Schierenbeck**, Bankmanagement, S. 505.

mögensminderungen aufgezehrt, verursacht dies einen geringeren Mißnutzen als das Unterschreiten eines Mindestgewinns.

Wenngleich letztere Determinanten unterschiedlicher Risikotragfähigkeiten nicht a prima vista als unbegründet abgelehnt werden können, gleichwohl aber im Rahmen dieser Untersuchung eine undifferenzierte Ruinwahrscheinlichkeit für das Eigenkapital festgelegt werden soll, und damit implizit unterstellt wird, daß Banken mit gleichem Markt- oder Barwert ihres Eigenkapitals, aber unterschiedlicher Struktur desselben in gleicher Weise in der Lage sind, formale Risiken einzugehen, so ist dies mit der Annahme zu begründen, daß die mit den Determinanten unterschiedlicher Risikotragfähigkeiten zu erreichenden Ziele weitgehend mit bilanz- bzw. jahresabschlußpolitischen Mitteln erreicht werden können.[1] Unter Jahresabschlußpolitik ist hierbei die bewußte (formale und materielle) Gestaltung des Jahresabschlusses mit der Absicht zu verstehen, vorhandene Gestaltungsspielräume im Sinne bestimmter bilanz- und publizitätspolitischer Zielsetzungen zu nutzen. Ansatzpunkte ergeben sich in diesem Zusammenhang nicht nur durch allgemeine und für alle Unternehmen geltende Ansatz- und Bewertungswahlrechte bzw. Ermessensspielräume, sondern insbesondere auch durch die Nutzung des bankenspezifischen § 340 f HGB, der den Banken umfangreiche Möglichkeiten zur Bildung und Auflösung stiller Reserven bietet. Die Grenzen derartiger „Manipulationsmöglichkeiten" des Jahresüberschusses bzw. des Ausweises bilanzieller Eigenkapitalkomponenten werden weitgehend durch den Bar- bzw. Marktwert des Eigenkapitals bestimmt. Selbst die Überschuldung der Bank wird — wie bereits an anderer Stelle konstatiert wurde — nicht auf der Basis des Jahresabschlusses, sondern mit Hilfe eines sogenannten Überschuldungsstatus festgestellt, bei dem wiederum Bar- bzw. Liquidationswerte[2] und nicht Buchwerte der Aktiva und Passiva berücksichtigt werden. Insgesamt und nicht zuletzt aus Praktikabilitätsgründen scheint es also sachgerecht, bei der Ermittlung der Ruinwahrscheinlichkeit auf den Barwert des Eigenkapitals und nicht auf eine differenzierte Betrachtung bilanzieller Größen abzustellen.[3]

---

[1] Zu den einzelnen Instrumenten der Jahresabschlußpolitik bei Banken vgl. insbesondere **Birck/Meyer**, Bankbilanz (3), S. VII 3 ff. Die rechtlichen Rahmenbedingungen der Jahresabschlußpolitik bei Banken nach dem Bankbilanzrichtlinie-Gesetz werden bei Göttgens/Schmelzeisen übersichtlich dargestellt. Vgl. **Göttgens/Schmelzeisen**, Bankbilanzrichtlinie-Gesetz.

[2] Beide Größen dürften sich in der Bankpraxis weitgehend entsprechen.

[3] In der Bankpraxis dürfte den verschiedenen Eigenkapitalkomponenten hinsichtlich ihrer Risikotragfähigkeit aber auch weiterhin eine unterschiedliche Bedeutung zukommen.

3. Paradigmatische Darstellung der Durchsetzung sicherheitspolitischer Vorstellungen

Nach letzteren Überlegungen zur Quantifizierung des Eigenkapitals ist in einem abschließenden Schritt — in Anlehnung an obiges Beispiel[1] — die Bestimmung und Durchsetzung risikopolitischer Vorstellungen paradigmatisch aufzuzeigen. Hierzu ist es erforderlich, das obige Beispiel zu erweitern und konkrete Unterstellungen hinsichtlich der Eigenkapitalposition der in Betracht stehenden Bank zu machen. Entsprechend wird angenommen, daß das bilanzielle Eigenkapital der Bank (Grundkapital und offene Rücklagen) 2.000 DM beträgt. Ferner sind nachrangige Verbindlichkeiten P3 in Höhe von 1.000 DM vorhanden, wobei die Zinsbindungsfrist dieser hybriden Mittel fünf Jahre und der Positions- sowie der Geld- und Kapitalmarktzins 9% betragen. Weiterhin erfolgt die Anlage des bilanziellen Eigenkapitals in Geld- und Kapitalmarkttiteln A4 mit einer Zinsbindungsfrist von einem Jahr. Hierdurch sollen „formale Eigenkapitalrisiken" ausgeschlossen werden. Entsprechend sollen auch die nachrangigen Verbindlichkeiten in Geld- und Kapitalmarktmitteln A3 mit einer Zinsbindungsfrist von fünf Jahren angelegt werden. Insgesamt hat die Zinsertragsbilanz dann folgendes Aussehen (vgl. Abb. 3.21):

	Aktiva					Passiva			
Pos.	Vol.$_t$ (in DM)	Zinsbin- dungs- frist	PZ$_t$	GKMZ$_t^!$	Pos.	Vol.$_t$ (in DM)	Zinsbin- dungs- frist	PZ$_t$	GKMZ$_t^!$
A1 (10 T$)	20.000	5 Jahre	10%	10%	P1 (5 T$)	10.000	1 Jahr	8%	8%
A2	10.000	1 Jahr	10%	5%	P2	20.000	5 Jahre	9%	9%
A3	1.000	5 Jahre	9%	9%	P3	1.000	5 Jahre	9%	9%
A4	2.000	1 Jahr	5%	5%	EK	2.000			
	Σ= 33.000					Σ= 33.000			

Abb. 3.21: Zinsertragsbilanz in t=1 (mit EK vor Optimierung)

Es ist unmittelbar ersichtlich, daß sämtliche aktivischen und passivischen Geschäfte außer dem Kundenkredit an die Baubranche zu Geld- und Kapitalmarktkonditionen abgeschlossen wurden, so daß die Markt- bzw. Barwerte dieser Engagements dem bilanziellen Ansatz entsprechen. Beim Kundenkredit an die Baubranche hingegen

---

[1] Vgl. Abb. 3.10 in diesem Teil.

ist der Marktwert um den (Netto-)Konditionsbeitragsbarwert höher als der bilanzielle Ansatz. Beträgt die bereits oben ermittelte (Netto-)Konditionsmarge 3,9%, und fällt in t=2 entsprechend ein (Netto-)Konditionsbeitrag in Höhe von 390 DM an, so ermittelt sich bei einem Einjahreszins von 5% ein (Netto-)Konditionsbeitragsbarwert in t=1 von:

$$(3.153) \qquad KBB_1 = 390 \text{ DM} / 1{,}05 = 371{,}4285714 \text{ DM}$$

sowie ein Marktwert des gesamten Kredits von 10.371,4285714 DM. Da entsprechend auch der Marktwert des Eigenkapitals um den (Netto-)Konditionsbeitragsbarwert höher sein muß als das bilanzielle Eigenkapital, berechnet sich ein Marktwert des Eigenkapitals in t=1 von 2.371,42857 DM. Berücksichtigt man weiterhin, daß der Marktwert des Eigenkapitals nicht bereits in t=1, sondern erst in t=2 zur Abdeckung potentiell eintretender Reinvermögensminderungen zur Verfügung stehen muß und folglich noch eine Verzinsung des Eigenkapitals zum Einjahreszins zu berücksichtigen ist, so ergibt sich ein Marktwert des Eigenkapitals in t=2 von:

$$(3.154) \qquad Bw_2 = 2.371{,}42857 \text{ DM} \times 1{,}05 = 2.490 \text{ DM}.$$

Nachdem bereits oben das formale Gesamtrisiko ermittelt und festgestellt wurde, daß bei einer Höhe von 1.898,77221 DM eine Reinvermögensminderung von mindestens 3.144,731021 DM mit einer Wahrscheinlichkeit von 5% eintritt, stellt sich in diesem Zusammenhang die Frage, mit welcher Wahrscheinlichkeit eine Reinvermögensminderung in Höhe des Marktwertes des Eigenkapitals von 2.490 DM zu erwarten ist (Ruinwahrscheinlichkeit). Der z-Wert der Standardnormalverteilung beträgt in diesem Fall:

$$(3.155) \qquad z = \frac{-2.490 \text{ DM} - (-30{,}74459658 \text{ DM})}{1.898{,}77221 \text{ DM}} = -1{,}295181903.$$

Die Wahrscheinlichkeit dafür, daß dieser z-Wert unterschritten wird, d.h., daß der Marktwert des Eigenkapitals in Folge von Reinvermögensminderungen vollständig aufgezehrt wird, beträgt dann 9,68%.[1]

---

[1] Vgl. Abb. 1.6 im ersten Teil.

Analog berechnet sich für die Summe aus dem Barwert des Eigenkapitals einerseits und dem Barwert der nachrangigen Verbindlichkeiten in t=2 von 1.050 DM andererseits nachstehender z-Wert:

$$(3.156) \quad z = \frac{-2.490 \text{ DM} - 1.050 - (-30{,}74459658 \text{ DM})}{1.898{,}77221 \text{ DM}} = -1{,}848170826.$$

Die Wahrscheinlichkeit für die Unterschreitung dieses z-Wertes, d.h. den vollständigen Verbrauch des Barwertes des Eigenkapitals einschließlich der nachrangigen Verbindlichkeiten, beträgt dann 3,33%.

Weiterhin wird angenommen, daß durch Festlegungen der Geschäftsführung, die die Sicherheitsbedürfnisse der Eigen- und Fremdkapitalgeber der Bank berücksichtigen, maximale Ruinwahrscheinlichkeiten für das Eigenkapital in Höhe von 5% und für die nachrangigen Verbindlichkeiten von 3,5% festgesetzt wurden. Unter diesen Prämissen stellt sich heraus, daß die gegebene Höhe des formalen Gesamtrisikos lediglich der an die hybriden Mittel gestellten Sicherheitsanforderung gerecht wird.[1] Die für das Eigenkapital als maximal akzeptierte Ruinwahrscheinlichkeit in Höhe von 5% wird jedoch verletzt, da die tatsächliche Ruinwahrscheinlichkeit — wie oben ermittelt wurde — 9,68% beträgt. Folglich besteht eine Notwendigkeit, das formale Gesamtrisiko zu verringern.

Wenn im Hinblick auf eine Reduzierung des formalen Gesamtrisikos ferner davon ausgegangen wird, daß das Kreditportfolio nicht weiter zerfällt werden kann, dann ist es erforderlich, die Zinsänderungs-, Swapsatz- bzw. Wechselkursrisikopositionen derart umzustrukturieren, daß unter Berücksichtigung des gegebenen Zufallsrisikos die vorgegebene maximale Ruinwahrscheinlichkeit für das Eigenkapital eingehalten wird. Gleichzeitig hiermit hat die Umstrukturierung mit dem Ziel zu erfolgen, daß die oben ermittelte optimale formale Risiko-Risikoprämien-Relation für ein Portfolio aus Zinsänderungs-, Swapsatz- und Wechselkursrisiken erreicht wird. In diesem Fall ist zu erwarten, daß neben einer Verringerung des formalen Gesamtrisikos auch eine positive formale Gesamtrisikoprämie erwirtschaftet werden kann. Zu beachten ist hierbei allerdings, daß die zu erwartende formale Gesamtrisikoprämie aufgrund ihrer Sicherungsfunktion dann selbst wieder mit formalen Risiken

---

[1] Zu beachten ist in diesem Zusammenhang, daß mit der Festlegung einer Ruinwahrscheinlichkeit unabhängig von der Höhe des Eigenkapitals eine gleichbleibende relative Risiko(ab)neigung unterstellt wird. Denkbar sind allerdings auch eine sinkende oder eine steigende relative Risiko(ab)neigung. Vgl. **Schneider**, Investition, S. 392.

belastet werden kann, ohne daß die vorgegebene Ruinwahrscheinlichkeit überschritten wird. Zur Verdeutlichung der Zusammenhänge wird die konkrete Berechnung der anzustrebenden Risikopositionen im folgenden paradigmatisch dargestellt.

Wie bereits oben angeführt wurde, kann die Normalverteilung der Reinvermögensänderungen mit Hilfe der nachstehenden Formel standardisiert werden:

$$(3.157) \quad Z = \frac{\Delta Rv_{i,t} - fRp_{gesamt}}{\sigma_P}.$$

Die in dieser Formel angeführte formale Gesamtrisikoprämie setzt sich in diesem Fall zusammen aus der zu errechnenden formalen Risikoprämie für ein Portfolio aus Zinsänderungs-, Swapsatz- und Wechselkursrisiken sowie der bei Konstanz des Kreditportfolios bekannten formalen Ausfallrisikoprämie von 1,608067418 DM. Wird bezogen auf die formale Risikoprämie des Portfolios des weiteren berücksichtigt, daß die optimale formale Risiko-Risikoprämien-Relation für ein Portfolio aus Zinsänderungs-, Swapsatz- und Wechselkursrisiken einen Wert von 5,83021776 aufweist, so ergibt sich die formale Gesamtrisikoprämie wie nachstehend:

$$(3.158) \quad fRp_{P_{ZÄR^+,SR^+,WKR^-,AR_{Bau}}} = \frac{\sigma_{P_{ZÄR^+,SR^+,WKR^-}}}{5,83021776} + 1,608067418 \text{ DM}.$$

Bei einem zuvor berechneten gewichteten Zufallsrisiko von 631,7626259 DM ermittelt sich weiterhin das formale Gesamtrisiko wie folgt:

$$(3.159) \quad \sigma_{P_{ZÄR^+,SR^+,WKR^-,AR_{Bau}^{Änd},AR_{Bau}^{gew.Zuf.}}} = \sqrt{(\sigma_{P_{ZÄR^+,SR^+,WKR^-,AR_{Bau}^{Änd}}}^2 + (631,7626259 \text{ DM})^2}.$$

Da nicht nur das Zufallsrisiko, sondern auch das Änderungsrisiko bereits bekannt sind, läßt sich das formale Gesamtrisiko beschreiben als:

$$(3.160) \quad \sigma_{P_{ZÄR^+,SR^+,WKR^-,AR_{Bau}^{Änd},AR_{Bau}^{gew.Zuf.}}} = \sqrt{\begin{array}{l}(\sigma_{P_{ZÄR^+,SR^+,WKR^-}}^2 + \sigma_{AR_{Bau}^{Änd}}^2 \\ +2 \times \rho_{P_{ZÄR^+,SR^+,WKR^-},AR_{Bau}^{Änd}} \\ \times \sigma_{P_{ZÄR^+,SR^+,WKR^-}} \times \sigma_{AR_{Bau}^{Änd}}) \\ +(631,7626259 \text{ DM})^2\end{array}}.$$

Beträgt der Korrelationskoeffizient zwischen dem formalen Zinsänderungs-, Swapsatz- und Wechselkursrisiko des Portfolios einerseits und dem Änderungsrisiko andererseits

(3.161) $\rho_{P_{ZÄR^+,SR^+,WKR^-} \cdot AR_{Bau}^{Ind}} = -0{,}22183068$,

und wird schließlich ein z-Wert bei z = -1,64 mit einer Wahrscheinlichkeit von 5% unterschritten, dann ist insgesamt folgende Gleichung zu erfüllen:

(3.162) $\quad -1{,}64 = \dfrac{-2{.}490 \text{ DM} - (\dfrac{\sigma_{P_{ZÄR^+,SR^+,WKR^-}}}{5{,}83021776} + 1{,}608067418 \text{ DM})}{\sqrt{(\sigma_{P_{ZÄR^+,SR^+,WKR^-}}^2 + (22{,}9724 \text{ DM})^2 + 2 \times (-0{,}22183068) \times \sigma_{P_{ZÄR^+,SR^+,WKR^-}} \times 22{,}9724 \text{ DM}) + (631{,}7626259 \text{ DM})^2}}$.

Nach mehreren Umformungen ergibt sich für das maximal einzugehende formale Gesamtrisiko nachstehender Wert:

(3.163) $\quad \sigma_{P_{ZÄR^+,SR^+,WKR^-}} = 1{.}564{,}780762 \text{ DM}$.

Wenn ferner berücksichtigt wird, daß die Strukturen des formalen Zinsänderungs-, Swapsatz- und Wechselkursrisikos untereinander durch die Unterstellung der optimalen formalen Risiko-Risikoprämien-Relation für diese drei Risikoarten vorgegeben sind, so muß gelten:

(3.164) $\sigma_{P_{ZÄR^+,SR^+,WKR^-} \cdot AR_{Bau}^{Ind}} = 1{.}564{,}780762 \text{ DM} =$

$\sqrt{\begin{array}{l} x^2_{ZÄR_{10:1}} \times (7{,}26909143 \text{ DM})^2 \\ +(0{,}177979325 \times x_{ZÄR_{10:1}})^2 \times (20{,}6090213 \text{ DM})^2 \\ +(5{,}2305869027 \times x_{ZÄR_{10:1}})^2 \times (0{,}29710925 \text{ DM})^2 \\ +2 \times (0{,}65046301) \times (7{,}26909143 \text{ DM} \times x_{ZÄR_{10:1}}) \\ \times (0{,}177979325 \times x_{ZÄR_{10:1}}) \times 20{,}6090213 \text{ DM} \\ +2 \times (0{,}0363088) \times (7{,}26909143 \text{ DM} \times x_{ZÄR_{10:1}}) \\ \times (5{,}2305869027 \times x_{ZÄR_{10:1}}) \times 0{,}29710925 \text{ DM} \\ +2 \times (0{,}2534885) \times (5{,}2305869027 \times x_{ZÄR_{10:1}}) \\ \times 0{,}29710925 \text{ DM} \times (0{,}177979325 \times x_{ZÄR_{10:1}}) \\ \times 20{,}6090213 \text{ DM}. \end{array}}$

Nach Auflösung der Gleichung ergibt sich:

(3.165) $\quad x_{Z\ddot{A}R_{10:1}} = 151{,}1985366$.

Unter Berücksichtigung der durch die Unterstellung der optimalen formalen Risiko-Risikoprämien-Relation vorgegebenen Strukturen der einzelnen Risikoarten untereinander, errechnen sich für das Swapsatz- bzw. Wechselkursrisiko folgende Werte:

(3.166) $\quad x_{SR_{10:1}} = 26{,}91021349$ und

(3.167) $\quad x_{WKR^-} = 790{,}8570851$.

Sollen die so ermittelten optimalen Risikopositionen unter Einhaltung der vorgegebenen Ruinwahrscheinlichkeit realisiert werden, sind die bis dato vorhandenen offenen Festzinspositionen in inländischer und ausländischer Währung sowie die offene Fremdwährungsposition zu schließen. Statt dessen sind folgende Engagements am Geld- und Kapitalmarkt abzuschließen:

- Bezogen auf das Zinsänderungsrisiko ist eine aktivische Festzinsposition mit einer Zinsbindungsfrist von zehn Jahren in Höhe von:

(3.168) $\quad 151{,}1985366 \times 100$ DM $= 15.119{,}85366$ DM

einzugehen, wobei die Finanzierung in Einjahresgeldern erfolgt.

- Hinsichtlich des Swapsatzrisikos muß eine aktivische Festzinsposition mit einer Zinsbindungsfrist von ebenfalls zehn Jahren in Höhe von:

(3.169) $\quad 26{,}91021349 \times 100 \$ = 2.691{,}021349 \$$

getätigt werden. Die Finanzierung hat hier währungskongruent, aber fristeninkongruent mit Einjahresgeldern in $ zu erfolgen.

- In bezug auf das Wechselkursrisiko ist schließlich eine passivische Fremdwährungsposition mit einer Zinsbindungsfrist von einem Jahr in Höhe von:

(3.170) $\quad (790{,}8570851 \times 1\$) / 1{,}08 = 790{,}8570851 \$$

einzugehen. Finanziert werden sollte dieses Engagement währungsinkongruent, aber fristenkongruent mit Einjahresgeldern in DM.

Insgesamt hat die Zinsertragsbilanz dann folgendes Aussehen (vgl. Abb. 3.22):

Aktiva					Passiva				
Pos.	Vol.$_t$ (in DM)	Zinsbin- dungs- frist	PZ$_t$	GKMZ$_t^I$	Pos.	Vol.$_t$ (in DM)	Zinsbin- dungs- frist	PZ$_t$	GKMZ$_t^I$
A1 (10 T$)	20.000	5 Jahre	10%	10%	P1 (5 T$)	10.000	1 Jahr	8%	8%
A2	10.000	1 Jahr	10%	5%	P2	20.000	5 Jahre	9%	9%
A3	1.000	5 Jahre	9%	9%	P3	1.000	5 Jahre	9%	9%
A4	2.000	1 Jahr	5%	5%	P4 (10 T$)	20.000	5 Jahre	10%	10%
A5 (5 T$)	10.000	1 Jahr	8%	8%	P5	10.000	1 Jahr	5%	5%
A6	20.000	5 Jahre	9%	9%	P6	15.119	1 Jahr	5%	5%
A7	15.119	10 Jahre	14%	14%[1]	P7 (2.691 $)	5.382	1 Jahr	8%	8%
A8 (2.691$)	5.382	10 Jahre	12%	12%[2]	P8 (790$)	1.581	1 Jahr	8%	8%
A9	1.581	1 Jahr	5%	5%	EK	2.000			
	Σ= 85.083					Σ= 85.083			

Abb. 3.22: Zinsertragsbilanz in t=1 (mit EK nach Optimierung)

---

[1] In diesem Zusammenhang wird ein DM-Zehnjahreszins von 14% unterstellt.
[2] In diesem Zusammenhang wird ein $-Zehnjahreszins von 12% unterstellt.

Nach Umstrukturierung der Zinsänderungs-, Swapsatz- und Wechselkursrisikopositionen werden formale Risikoprämien in folgender Höhe erwirtschaftet:

(3.171) WKR: $fRp_{WKR^+} = 790,8570851\ \$ \times 0,01106408\ DM/\$$
$= 8,750106058\ DM,$

(3.172) SR: $fRp_{SR^+} = 2.691,021349\ \$ \times 2,9997893\ DM/100\ \$$
$= 80,72497264\ DM,$

(3.173) ZÄR: $fRp_{ZÄR^-} = 15.119,85366\ DM \times 1,16744826\ DM/100\ DM$
$= 176,5164685\ DM,$

(3.174) AR: $fRp_{AR_{Bau}} = 1,608067418\ DM.$

Insgesamt errechnet sich eine formale Gesamtrisikoprämie von 267,5996146 DM.

Setzt man die formale Gesamtrisikoprämie in Relation zum Barwert des Eigenkapitals in t=1 (ohne Berücksichtigung des Konditionsbeitragsbarwertes), so ergibt sich eine formale Gesamtrisikomarge in Höhe von:

(3.175) $fRm_{gesamt,1} = \dfrac{267,5996146\ DM}{2.000\ DM} = 13,3799807\%,$

die allein als Ausgleich für den Mißnutzen resultierend aus dem übernommenen formalen Gesamtrisiko erwirtschaftet wird. Zusätzlich ist dem Eigenkapital für seine Finanzierungsfunktion noch der Einjahreszins zuzurechnen. Bei einem im obigen Beispiel unterstellten Wert von 5%, ist dann für die Betrachtungsperiode eine Eigenkapitalrendite von 18,3799807% zu erwarten. Werden schließlich auch noch die aus den Kundengeschäften resultierenden und in t=2 anfallenden (Netto-) Konditionsbeiträge von 390 DM berücksichtigt, so erhöht sich die Eigenkapitalrendite sogar auf 37,8799807%.

Insgesamt wird offenkundig, daß bei Berücksichtigung der optimalen formalen Risiko-Risikoprämien-Relation und einer entsprechenden Umstrukturierung des Portfolios nicht nur eine Einhaltung der vorgegebenen Ruinwahrscheinlichkeit, sondern auch eine beträchtliche Steigerung der Eigenkapitalrentabilität erreicht werden kann. Werden im Laufe der Betrachtungsperiode nach Umstrukturierung und einhergehend mit neuen Kundengeschäften weitere Risiken eingegangen, so ist es, um die optimale formale Risiko-Risikoprämien-Relation beizubehalten, des weiteren erforderlich, entsprechende Gegengeschäfte abzuschließen bzw. Ausfallrisiken zu versichern. Eine Erhöhung des formalen Gesamtrisikos ist bei Konstanz der vorgegebenen Ruinwahrscheinlichkeit schließlich nur dann möglich, wenn der Bank neues Eigenkapital zugeführt wird.

Zusammenfassung der Ergebnisse

Das primäre Ziel dieser Arbeit bestand darin, aufbauend auf dem Grundgedanken der Portfolio-Selection-Theorie von Markowitz ein empirisch-analytisches Modell zur Ermittlung des formalen Gesamtrisikos einer Bank zu konstruieren und so dem Entscheidungsträger eine abschließende Information darüber zu geben, mit welcher Wahrscheinlichkeit sein Eigenkapital in der kommenden Periode aufgezehrt wird. Darüber hinaus sollten die Existenz von formalen Risikoprämien für Zinsänderungs- und Wechselkursrisiken theoretisch erklärt und empirisch nachgewiesen sowie ein Ansatz für eine marktgerechte Kalkulation von formalen Ausfallrisikoprämien entwickelt werden. Schließlich sollte untersucht werden, welche Struktur formaler Zinsänderungs-, Swapsatz-, Wechselkurs- und Ausfallrisiken hinsichtlich einer zu maximierenden formalen Risiko-Risikoprämien-Relation als optimal anzusehen ist.

Im Rahmen einer allgemeinen Grundlegung wurde im ersten Teil zunächst das aus den Konstituenten Aktionsraum, Zustandsraum und Ergebnisfunktion bestehende Basismodell der Entscheidungstheorie, auf das alle Risiken zurückgeführt werden können, aufgezeigt. Es stellte sich heraus, daß ein Entscheidungsträger gewöhnlich mit einer Vielzahl von Entscheidungssituationen konfrontiert ist, wobei diese grundsätzlich so zu definieren sind, daß im Aktionsraum stets sämtliche Handlungsalternativen berücksichtigt werden und diese darüber hinaus einander streng ausschließen. Letzteres führt allerdings zu einem nicht mehr handhabbaren Totalmodell, so daß in praxi auch unter Inkaufnahme suboptimaler Lösungen mit Partialmodellen gerechnet werden muß. Des weiteren wurde konstatiert, daß Handlungsalternativen im Ergebnisraum gewöhnlich mit einer Vielzahl relevanter Ergebniswirkungen verknüpft sind, sich diese aber nur dann vergleichen lassen, wenn eine Ergebnisart quasi als Standard festgelegt wird. Im Falle wirtschaftlicher Entscheidungen ist es in diesem Zusammenhang sinnvoll, Ergebniswirkungen stets in Reinvermögensänderungen zu transformieren. Bezogen auf die Umweltzustände (Zustandsraum) zeigte sich ferner, daß in der Bankpraxis oftmals nicht eindeutig solche Geschehnisse identifiziert werden können, die sich der Einflußnahme seitens der Bank vollständig entziehen. Dies betrifft insbesondere Ausfälle von Kreditengagements, wenn diese auf das Fehlverhalten entsprechender Kreditsachbearbeiter und nicht auf Zufallseinflüsse zurückzuführen sind. Schließlich wurden der klassische, der statistische und der subjektive Wahrscheinlichkeitsbegriff dargelegt. Es erwies sich, daß allein die beiden letzteren, zwischen denen aber oftmals nur schwer differenziert werden kann, bankpraktische Relevanz besitzen.

Resultiert die primäre Ursache des Risikos aus der Ungewißheit einer Entscheidungssituation bei Vorliegen mehrerer potentiell eintretender Umweltzustände, so darf darüber hinaus die Unschärfe der Entscheidungssituation als weitere Ursache des Risikos nicht vernachlässigt werden. Diese folgt aus „menschlichem Versagen" bei der Informationsbeschaffung und -auswertung.

Mit der Darlegung der Ursachen des Risikos konnte die inhaltliche Fundierung des Risikobegriffs aber noch nicht abgeschlossen werden. Vielmehr galt es weiterhin, aufbauend auf dem Begriffsverständnis von Knight das Wesen des materiellen und formalen Risikobegriffs zu spezifizieren. Das materielle Risiko wurde in diesem Zusammenhang als die Gefahr definiert, daß bei häufiger Wiederholung einer Entscheidung im Durchschnitt mit einer Reinvermögensminderung zu rechnen ist. Als formale Einzelrisiken wurden hingegen die aus einzelnen Entscheidungen resultierenden zufälligen Reinvermögensschwankungen interpretiert. Sämtliche formalen Einzelrisiken aggregierend wurde schließlich das formale Gesamtrisiko als die Gefahr bezeichnet, daß die Summe der positiven und negativen zukünftig eintretenden Reinvermögensänderungen aller in einer bestimmten Periode getroffenen Entscheidungen das Eigenkapital zufällig aufzehrt. Von Bedeutung war in diesem Zusammenhang, daß sich formale und materielle Vorstellungsinhalte nicht gegenseitig ausschließen — wie dies in der Literatur oftmals unterstellt wird —, sondern daß sich beide ergänzen.

Nach der terminologischen Grundlegung war es eine weitere Aufgabe, Risikomaßgrößen für materielle und formale Risiken festzulegen. Hinsichtlich des materiellen Risikos wurde in diesem Zusammenhang die Differenz zwischen einer Reinvermögensänderung von null und dem Erwartungswert potentiell eintretender Reinvermögensänderungen als eine geeignete Maßgröße herausgearbeitet. Das formale Einzelrisiko bzw. das formale Gesamtrisiko sollten hingegen mit der Standardabweichung der potentiell eintretenden Reinvermögensänderungen bzw. letzeres auch — unter Berücksichtigung des jeweils vorhandenen Eigenkapitals — mit der Ruinwahrscheinlichkeit quantifiziert werden.

Hinsichtlich der Systematisierung bankbetrieblicher Risiken wurde im folgenden Kapitel in Risiken des Werte-, des Betriebs- und des Absatzbereichs unterschieden. Es wurde in diesem Zusammenhang konkret gezeigt, daß sich letztere auf das Basismodell der Entscheidungstheorie zurückführen und daß sich insbesondere die Ergebniswirkungen immer in Form von Reinvermögensänderungen ausdrücken lassen. Auf eine weitere Untersuchung von Betriebs- und Absatzrisiken wurde allerdings verzichtet, weil sich diese nur vergleichsweise schwer messen lassen und Betriebsrisiken darüber hinaus gewöhnlich nicht bewußt eingegangen, sondern von vornherein vermieden werden. Bei den Risiken des Wertebereichs wurde ferner zwischen Erfolgsrisiken und Liquiditätsrisiken unterschieden. Bei den Liquiditätsrisiken wurde offenkundig, daß sich die hieraus resultierenden Ergebniswirkungen nicht nur in Zahlungsmittelüberschüssen bzw. -fehlbeständen, sondern auch in Reinvermögensänderungen ausdrücken lassen, wobei diese jedoch von relativ geringer Bedeutung sind und daher — wie bereits die Betriebs- und Absatzrisiken — gleichfalls aus der weiteren Betrachtung ausgeschlossen wurden. Bei den letztlich als relevant erachteten Erfolgsrisiken handelte es sich also nur noch um Zinsänderungs-, Währungs- sowie Ausfallrisiken. Wurde bei letzteren zwischen solchen formaler und materieller Art unterschieden, so stellte sich hinsichtlich des formalen Ausfallrisikos heraus, daß hier zusätzlich in ein Zufallsrisiko und ein Änderungsrisiko differenziert werden muß. Das Zufallsrisiko besteht in diesem Zusammenhang darin, daß bei einer Konstanz der Krisenquoten jeweiliger Risikoklassen zufällig mehr Kreditnehmer ausfallen als im Durchschnitt zu erwarten war. Das Änderungsrisiko resultiert hingegen daraus, daß die Krisenquoten nicht konstant sind, sondern durch Änderungen des Ursachensystems im Zeitablauf schwanken, und Reinvermögensänderungen dadurch eintreten, daß die erwarteten Krisenquoten einer Risikoklasse nicht mit den tatsächlich eintretenden übereinstimmen.

Im abschließenden Kapitel des ersten Teils wurden die den Banken zur Verfügung stehenden risikopolitischen Maßnahmen systematisiert und dargelegt. Unterschieden wurde hier zum einen in passive und zum anderen in aktive Maßnahmen. Erstere fokussieren nicht auf die Risiken selbst; vielmehr wird lediglich versucht, durch eine Dotierung des Eigenkapitals die Höhe des formalen Gesamtrisikos zu verringern. Die aktiven Maßnahmen beziehen sich hingegen direkt auf die mit Ungewißheit behaftete Entscheidungssituation. Hierbei kann wiederum auf die Konstituenten einer scharf definierten Entscheidungssituation oder die Unschärfe selbst abgezielt werden. Die Reduzierung der Unschärfe kann in diesem Zusammenhang erreicht werden durch Analysen und Prognosen zur exakten Eruierung der mit den einzelnen Umweltzuständen verknüpften Eintrittswahrscheinlichkeiten, durch die Bestimmung exakter funktionaler Zusammenhänge zwischen Umweltzuständen einerseits und Ergebniswirkungen andererseits u.ä. Bei den auf die Konstituenten der Entscheidungssituation bezogenen Maßnahmen hingegen kann erstens auf die Handlungsalternativen selbst eingewirkt werden. Dies geschieht entweder durch eine Risikovermeidung oder eine Risikoreduzierung. Die Risikovermeidung kann dabei allerdings nur auf einzelne Geschäfte bezogen werden, da eine das Gesamtgeschäft betreffende Risikovermeidung in der Regel mit einer Aufgabe wirtschaftlichen Handelns verbunden ist. Bei der Steuerung der Umweltzustände als zweitem Ansatzpunkt kann grundsätzlich zwischen Risikodiversifikation und Risikozerfällung unterschieden werden. Beide Maßnahmen reduzieren allein das formale Risiko, wobei dies bei der Risikozerfällung durch eine allein volumensmäßige Begrenzung einzelner Handlungsalternativen erfolgt und bei der Risikodiversifikation ein eher qualitativer Ansatz im Mittelpunkt steht. Während eine Risikodiversifikation sowohl beim Zinsänderungs- und Wechselkurs- als auch beim Ausfallrisiko sinnvoll ist, kann eine Risikozerfällung allein im Rahmen des Ausfallrisikos eingesetzt werden. Drittens schließlich können sich die risikopolitischen Maßnahmen auch auf die Handlungsergebnisse beziehen. Im einzelnen handelt es sich dabei um die Risikokompensation, die Risikoüberwälzung und die Risikoabgeltung.

Während die Risikokompensation eine in der Bankpraxis übliche Maßnahme ist und im Bereich des Zinsänderungs- und Währungsrisikos häufig angewandt wird, ist es in jüngerer Zeit durch die Verbreitung sogenannter Kreditderivate auch beim Ausfallrisiko möglich, Risikokompensation zu betreiben. Eine Überwälzung des Ausfallrisikos auf Dritte kann aber auch durch klassische Kreditversicherungen erfolgen. Wenngleich dieses Instrument in anderen Branchen durchaus üblich ist, findet es bei Banken bis dato aber noch kaum Verwendung. Gleichfalls ist eine Versicherung von Währungs- und Zinsänderungsrisiken unüblich. Schließlich kann eine Überwälzung von Ausfallrisiken auch mittels einer Sicherheitenstellung erfolgen. Die neben der Risikokompensation und Risikoüberwälzung mögliche Risikoabgeltung wird oftmals auch als Eigenversicherung bezeichnet, weil die Bank hier eine ansonsten an eine Versicherung zu zahlende Prämie kalkuliert und selbst einbehält. Bezogen auf das Ausfallrisiko sollte es sich dabei allerdings nicht um eine fakultative, sondern um eine in jedem Fall zwingend durchzuführende Maßnahme handeln. Beim Zinsänderungs- und Währungsrisiko wird die Risikoabgeltung zwar gewöhnlich als eine nicht durchführbare risikopolitische Maßnahme angesehen, doch können auch hier das Risiko abgeltende materielle und formale Risikoprämien identifiziert werden.

Nach den Grundlegungen wurde im zweiten Teil zunächst auf die Funktionen und Anforderungen an die Risikomessung eingegangen. Hinsichtlich der Funktionen ist hierbei zwischen einer Informations-, einer Beurteilungs- und einer Verhaltenssteuerungsfunktion unterschieden worden. Während alle drei Teilfunktionen beim materiellen Risiko weitgehend ineinander übergehen, ist beim formalen Risiko klar zwischen allen drei Teilfunktionen zu differenzieren. Hier wird dem Entscheidungsträger zuerst eine Information über die Höhe der Ruinwahrscheinlichkeit gegeben, die aus den tatsächlich abgeschlossenen Geschäften resultiert. Diese Höhe ist sodann mit den sicherheitspolitischen Vorstellungen zu vergleichen und im Hinblick auf die Risikotragfähigkeit zu beurteilen. Schließlich muß im Rahmen der Verhaltenssteuerungsfunktion über geeignete und auf das formale Risiko bezogene Maßnahmen entschieden werden. Mit der Durchsetzung der risikopolitischen Maßnahmen ist aber noch nicht gewährleistet, daß richtige Entscheidungen ermöglicht und falsche verhindert werden. So sind des weiteren auch formale Risikoprämien für den Mißnutzen, der aus Reinvermögensschwankungen resultiert, mit in die Betrachtung einzubeziehen. Entsprechend ist eine um so höhere formale Risikoprämie zu verlangen, je höher das formale Gesamtrisiko ausfällt. Die formale Risikomessung hat also nicht nur die Funktion zu gewährleisten, daß eine maximal zu akzeptierende Ruinwahrscheinlichkeit nicht überschritten wird; vielmehr determiniert sie auch die zu fordernde Höhe formaler Risikoprämien.

Damit sämtliche Funktionen der Risikomessung erfüllt werden, sind sowohl grundlegende Basisanforderungen als auch speziell auf das formale und materielle Risiko bezogene Anforderungen zu erfüllen. Bei ersteren, die wiederum an die Konstituenten der Entscheidungssituation anknüpfen, handelt es sich beispielsweise darum, daß stets sämtliche Umweltzustände mit in die Betrachtung einbezogen werden und nicht nur jene, die zu Reinvermögensminderungen führen. Bei den auf das materielle Risiko bezogenen Anforderungen handelt es sich neben der trivialen Voraussetzung, daß das materielle Risiko überhaupt gemessen und entsprechende Prämien kalkuliert werden, zum einen darum, daß diese Prämien auch einem Fonds zugeführt und nicht bei zufällig eintretenden Reinvermögensmehrungen ausgeschüttet werden; zum anderen muß das materielle Risiko über alle Geschäfte unabhängig sein vom Eintritt anderer Risiken (materielle Risikoverbundeffekte). Die Höhe des materiellen Ausfallrisikos etwa darf nicht davon abhängen, ob eine offene oder geschlossene Festzinsposition vorliegt. Hinsichtlich der speziell auf das formale Risiko fokussierenden Anforderungen ist ferner zu fordern, daß formale Risikoprämien den Eigenkapitalgebern und nicht den Entscheidungträgern in der Bank als Erfolgsbeiträge zugerechnet werden; darüber hinaus müssen auch hier im Hinblick auf eine sachgerechte Ermittlung des formalen Gesamtrisikos formale Risikoverbundeffekte ermittelt und berücksichtigt werden.

Nach den Funktionen und Anforderungen an die Risikomessung wurden Quantifizierungsansätze einzelner Risikoursachenbereiche kritisch analysiert. Bezogen auf das Ausfallrisiko stellte sich dabei heraus, daß die Risikonormierungsthese, die von einer Risikoabgeltung im Rahmen gewisser Risikogrenzen ausgeht, das Kreditvergabeverhalten der Banken weitgehend realistisch widerspiegelt. Konkret wurde dabei die Gültigkeit eines modifizierten Risikonormierungsmodells unterstellt. Hiernach sind Banken auch bei einer Abgeltung des materiellen Risikos zum einen nur bis zu einem bestimmten Ausfallbetrag bereit, Kredite zu vergeben. Zum anderen werden Krisenquoten nur bis zu einer bestimmten Höhe akzeptiert. Schließlich hängt das Urteil über die Realisierungswürdigkeit einzelner Engagements auch von der Höhe der eingesetzten Mittel ab. Bei näherer Betrachtung stellte sich allerdings heraus, daß alle drei Risikogrenzen nur mittelbar versuchen, das aus der Kreditvergabe resultierende formale Ausfallrisiko zu begrenzen. Da die mittelbare Risikobegrenzung mit zahlreichen Problemen verbunden ist, sollte eine direkte Messung und Steuerung des formalen Ausfallrisikos angestrebt werden. Abgesehen von letzteren Problemen stellte sich aber auch hinsichtlich des materiellen Risikos heraus, daß dieses im Rahmen des in der Bankpraxis als fortschrittlich angesehenen „marktdeduzierten Risikokostenansatzes" falsch quantifiziert wird. Fehler resultieren dabei zum einen aus der Vernachlässigung der Finanzierungskosten eines Kredits, zum anderen aber auch aus der fehlenden Berücksichtigung des Ausfalls positiver Nettomargen. Diese Schwächen berücksichtigend wurde ein modifizierter Ansatz zur Ermittlung materieller Ausfallrisikoprämien entwickelt.

Im Rahmen der kritischen Analyse zur Quantifizierung des Zinsänderungsrisikos wurden die Zinsbindungsbilanz, das Solvenz- bzw. Durationskonzept sowie der Zinselastizitätenansatz untersucht. Bezogen auf die Zinsbindungsbilanz stellte sich — abgesehen von der bereits des öfteren kritisierten Vernachlässigung des variablen Zinsänderungsrisikos — heraus, daß Reinvermögensänderungen bei Eintritt bestimmter Zinsszenarien auch deshalb nicht richtig abgebildet werden, weil unterschiedliche Zinsbindungsfristen der einzelnen Festzinspositionen nicht bzw. nicht hinreichend berücksichtigt werden und darüber hinaus nicht allein periodische Einkommensänderungen, sondern auch Solvenzeffekte zinsbedingte Reinvermögensänderungen sachgerecht widerspiegeln. Letzterer Mangel wird zwar beim Solvenz- bzw. Durationskonzept vermieden, doch wird hier gewöhnlich von einer in der Praxis nur selten vorkommenden flachen Zinsstruktur ausgegangen. Zudem unterstellt das Solvenzkonzept in der Regel nur eine einmalige und unmittelbar nach dem Betrachtungszeitpunkt eintretende Zinsänderung, was gleichfalls eine unrealistische Annahme darstellt. Darüber hinaus werden sowohl beim Solvenz- als auch beim Durationskonzept Zinsänderungsrisiken dann ermittelt, wenn sich lediglich der Konditionsbeitragsbarwert vermindert. Ein Eigenkapitalverzehr und insbesondere ein Konkurs der Bank können in diesem Fall aber niemals stattfinden.

Schließlich werden beim Solvenz- bzw. Durationskonzept wie bereits bei der Zinsbindungsbilanz variable Zinsänderungsrisiken vernachlässigt. Letztere Risiken werden zwar im Rahmen des Elastizitätenansatzes von Rolfes berücksichtigt, und dieses Konzept stellt entsprechend eine wesentliche Weiterentwicklung traditioneller Ansätze dar, doch handelt es sich hierbei wiederum nur um eine Ermittlung von periodischen Einkommens- und nicht auch von Solvenzeffekten.

Um auch Solvenzeffekte, die aus variabel verzinslichen Geschäften resultieren, zu ermitteln, wurde eine „modifizierte Zinsbindungsbilanz" entwickelt. In letztere wurden variabel verzinsliche Kundengeschäfte dadurch integriert, daß diese entsprechend ihrer Zinsanpassungselastizitäten in fest verzinsliche Tranchen einerseits und voll variable Tranchen andererseits aufgespalten wurden und die ursprüngliche Zahlungsstromcharakteristik so genau nachgebildet wurde. Die fest verzinslichen Tranchen wurden sodann in die modifizierte Zinsbindungsbilanz integriert, woraufhin auch Solvenzeffekte resultierend sowohl aus fest- als auch variabel verzinslichen Geschäften ermittelt werden konnten. Wenngleich mit Hilfe der modifizierten Zinsbindungsbilanz eine sachgerechte Abbildung von aus Zinsänderungen resultierenden Reinvermögensänderungen möglich ist, sind damit allerdings noch keine Aussagen über eine Messung des formalen und materiellen Zinsänderungsrisikos getroffen. In diesem Zusammenhang wurde gezeigt, daß sich aus der aktuell gültigen Zinsstruktur auch Erwartungen hinsichtlich der zukünftigen Zinsstruktur ableiten lassen. Treten diese Erwartungswerte zukünftiger Zinssätze genau ein, dann werden die Fristentransformationsbeiträge der Bank, die gewöhnlich als „Erfolg" der Zentrale angesehen werden, im Durchschnitt von eintretenden Solvenzeffekten vollständig aufgezehrt. Entsprechend ist es nicht gerechtfertigt, Fristentransformationsbeiträge als weitere Erfolgsquellen der Bank anzusehen; vielmehr sind diese als Prämie für das materielle Zinsänderungsrisiko zu interpretieren. Unter dieser Voraussetzung resultieren formale Zinsänderungsrisiken folglich auch nicht aus Veränderungen zukünftig eintretender Zinssätze gegenüber den aktuell gültigen Werten, sondern aus Schwankungen zukünftig eintretender Zinssätze um entsprechende forward rates.

Bei der kritischen Analyse zur Quantifizierung des Währungsrisikos wurde streng zwischen dem Wechselkursrisiko und dem Swapsatzrisiko unterschieden. Hinsichtlich des Wechselkursrisikos, das ähnlich wie bei einer Zinsbindungsbilanz mit Hilfe einer Femdwährungsbilanz gemessen wird, ergibt sich eine um so höhere Reinvermögensänderung, je mehr Konditionsbeiträge die Bank erwirtschaftet. Dies führt unter Umständen dazu, daß eine aufgezeigte Reinvermögensminderung bei Eintritt eines bestimmten Wechselkursszenarios das Eigenkapital nur deshalb übersteigt, weil auch eine Reduzierung der Konditionsbeiträge mit in die Betrachtung einbezogen wird. Banken mit geringeren Konditionsbeiträgen würden dann c.p. ein geringeres Risiko aufweisen als Banken mit höheren Konditonsbeiträgen. Ein weiterer Kritikpunkt an der Fremdwährungsbilanz betrifft den Umstand, daß Reinvermögensminderungen insgesamt auch nur dann virulent werden, wenn wechselkursbedingte Reinvermögensminderungen nicht gleichzeitig durch sogenannte Währungstransformationsbeiträge, die beim Übergang von heimischer in Fremdwährung zu erzielen sind, ausgeglichen werden.

Hinsichtlich des Swapsatzrisikos wurde festgestellt, daß traditionelle Meßkonzepte die aus Swapsatzänderungen resultierenden Reinvermögensmehrungen bzw. -minderungen weitgehend sachgerecht abbilden. Allerdings wird bis dato zu Unrecht davon ausgegangen, daß Reinvermögensänderungen — unabhängig von der Entwicklung der zukünftigen Kassa- bzw. Terminkurse — immer dann nicht eintreten, wenn der Swapsatz konstant bleibt. Zwar trifft es zu, daß sich bei Konstanz der Swapsätze Reinvermögensminderungen beim Abschluß des erstfälligen Geschäfts mit Reinvermögensmehrungen beim Abschluß des letztfälligen Geschäfts ausgleichen, doch ist auch in diesem Fall eine Reinvermögensänderung dann zu konstatieren, wenn Barwerte ermittelt werden. Ein Swapsatzrisiko tritt also nur in dem Fall nicht ein, wenn die sich zukünftig ergebenden Wechselkurse beider Termingeschäfte genau mit den zum Ausgangszeitpunkt festgestellten Devisenterminkursen übereinstimmen. Über letzteren Fehler hinausgehend wurde des weiteren festgestellt, daß sich die aus den Swapgeschäften resultierenden Zahlungen und damit auch die sich aus den Termingeschäften ergebenden Swapsatzrisiken durch eine Kombination von Kassageschäften in heimischer und Fremdwährung abbilden lassen. Gleiche Reinvermögensänderungen wie bei den ursprünglich den Swapgeschäften zugrundeliegenden Termingeschäften treten in diesem Fall aber nur dann ein, wenn bei der Ermittlung der aus den Kassageschäften resultierenden zinsbedingten Reinvermögensänderungen genau zwischen Festzinspositionen in heimischer und in Fremdwährung differenziert wird. Hieraus wurde geschlossen, daß grundsätzlich auch dann von einer offenen Festzinsposition auszugehen ist, wenn zwar die Volumina und Zinsbindungsfristen von aktivischen und passivischen Festzinspositionen übereinstimmen, diese aber in unterschiedlichen Währungen denominiert sind.

Ähnlich wie bei der Untersuchung des Zinsänderungsrisikos handelte es sich bis hierhin aber nur um die Analyse einer sachgerechten Abbildung wechselkurs- bzw.

swapsatzbedingter Reinvermögensänderungen; keine Aussage wurde hingegen hinsichtlich der Messung des formalen bzw. materiellen Wechselkurs- bzw. Swapsatzrisikos getroffen. Entsprechend wurde auch in diesem Zusammenhang gezeigt, wie sich aus den aktuell gültigen Devisenkassakursen bzw. den Zinsverhältnissen im In- und Ausland Erwartungswerte für zukünftige Devisenkassakurse herleiten lassen. Im Sinne der Terminkurstheorie der Wechselkurserwartung wurde diesbezüglich davon ausgegangen, daß die Terminkurse einen unverzerrten Schätzer für zukünftig eintretende Kassakurse darstellen. Sofern letzteres der Fall ist, stellen auch die Währungstransformationsbeiträge ähnlich wie die Fristentransformationsbeiträge keinen „Erfolg" der Zentrale, sondern eine Prämie für das materielle Wechselkursrisiko dar. Folglich besteht auch das formale Wechselkursrisiko nicht in Veränderungen zukünftig eintretender Wechselkurse gegenüber den aktuellen Kassakursen, sondern in Schwankungen zukünftig eintretender Wechselkurse um die zuvor ermittelten Devisenterminkurse.

Nach der kritischen Analyse von Quantifizierungsansätzen innerhalb einzelner Risikoursachenbereiche galt es im weiteren, Risikoverbundeffekte zwischen den Risikoarten zu identifizieren. Hierbei wurde streng getrennt zwischen Risikoverbundeffekten materieller und formaler Art. Materielle Risikoverbundeffekte beruhen im allgemeinen darauf, daß die Summe der isoliert ermittelten Reinvermögensänderungen zweier Risikoarten bei jeweiligem Eintritt des im Durchschnitt erwarteten Umweltzustandes nicht der tatsächlichen Reinvermögensänderung bei integrierter Betrachtung entspricht.

Ein materieller Risikoverbundeffekt zwischen dem Ausfall- und Zinsänderungsrisiko besteht in diesem Zusammenhang darin, daß beim Ausfall eines Kreditengagements eine vormals kongruente Finanzierungsstruktur fest verzinslicher Geschäfte wieder aufgelöst und nur zu den zum Zeitpunkt des Ausfalls geltenden Marktkonditionen erneut wieder geschlossen werden kann. Ein zweiter Risikoverbundeffekt zwischen dem Ausfall- und Zinsänderungsrisiko ist dann gegeben, wenn bei variabel verzinslichen Kundenkrediten im Falle einer Erhöhung des Zinsniveaus zwar die mit den Kunden vereinbarten Positionszinsen steigen, jedoch die auf der Basis des ursprünglichen Zinsniveaus vor Zinsänderung kalkulierten materiellen Risikomargen konstant bleiben. Es konnte allerdings in beiden Fällen aufgezeigt werden, daß die Risikoverbundeffekte durch entsprechend korrigierte materielle Risikomargen berücksichtigt werden können.

Ein materieller Risikoverbundeffekt zwischen dem Ausfall- und Wechselkursrisiko wurde dahingehend vermutet, daß beim Ausfall eines Fremdwährungsengagements die Reinvermögensminderungen einen höheren Wert annehmen, wenn gleichzeitig der Wechselkurs steigt, und entsprechend einen geringeren Wert, wenn der Wechselkurs sinkt. Es stellte sich jedoch heraus, daß dieser Effekt nur dann besteht, wenn materielle Ausfallrisikoprämien unberücksichtigt bleiben. Des weiteren wurde in diesem Zusammenhang ein materieller Risikoverbundeffekt zwischen dem Swapsatz und dem mit dem Ausfallrisiko eng verwandten Erfüllungsrisiko konstatiert. Dieser Risikoverbundeffekt resultiert daraus, daß Termingeschäfte bei Bonitätsproblemen seitens des Kreditnehmers asymmetrisch erfüllt werden. So ist damit zu rechnen, daß ein Kreditnehmer bzw. seine Gläubiger auch im Falle des Konkurses dann auf einer Erfüllung des Termingeschäfts bestehen, wenn sich die Zinssätze bzw. Wechselkurse für sie positiv entwickelt haben und das Termingeschäft bei einer Glattstellung mit einer Reinvermögensmehrung verbunden ist. Bei negativen Zins- bzw. Wechselkursentwicklungen hingegen ist im Falle bonitätsmäßiger Schwierigkeiten seitens des Kontraktpartners nicht mit einer Erfüllung zu rechnen. Letzterer Risikoverbundeffekt kann allerdings durch das Stellen marktabweichender Devisenterminkurse bei Abschluß der Geschäfte berücksichtigt werden.

Ein materieller Risikoverbundeffekt zwischen dem Zinsänderungs- und Wechselkursrisiko wurde schließlich dahingehend vermutet, daß sich einerseits Wechselkursänderungen um so stärker auf Zinserlöse bzw. Zinskosten in Fremdwährung auswirken, je höher diese ausfallen, und andererseits die Höhe der Zinserlöse bzw. Zinskosten — bei einer nicht-flachen Zinsstruktur — vom Umfang der Zinsbindungsinkongruenzen in Fremdwährung abgeschlossener Geschäfte determiniert wird. Allerdings konnte auch hier gezeigt werden, daß es sich nur um einen scheinbaren materiellen Risikoverbundeffekt handelt, der nur dann auftritt, wenn Fristentransformationsbeiträge mit in die Berechnung der wechselkursbedingten Änderung des Zinsüberschusses einbezogen werden. In diesem Zusammenhang wurde aber noch folgendes konstatiert: Fristentransformationsbeiträge von aktivischen und in Fremdwährung abgeschlossenen Geschäften ermitteln sich grundsätzlich als Differenz zwischen dem ausländischen (und nicht dem inländischen) fristenkongruenten Geld-und Kapitalmarktzins einerseits und dem ausländischen Einjahreszinssatz andererseits. Entsprechend ergibt sich der Währungstransformationsbeitrag aktivischer Geschäfte auch als Differenz zwischen den inländischen und ausländischen Einjahresgeld- und nicht den Geld- und Kapitalmarktzinsen. Werden nämlich bei traditioneller Vorgehensweise Währungstransformationsbeiträge als Prämie für ein übernommenes Wechselkursrisiko auch dann ermittelt, wenn überhaupt keine offene Fremdwährungsposition vorliegt, so ist dies bei letzterer Kalkulationsart ausgeschlossen.

Neben materiellen wurden des weiteren auch formale Risikoverbundeffekte untersucht. Diese sind grundsätzlich auf Korrelationsbeziehungen zwischen einzelnen Risikoursachen zurückzuführen. Im einzelnen stellte sich hierbei heraus, daß formale Risikoverbundeffekte nicht bereits dann bestehen, wenn sich Zinssätze, Wechselkurse und Krisenquoten im Zeitablauf gleich- oder gegenläufig entwickeln; vielmehr resultieren die Risikoverbundeffekte aus den Korrelationen der Differenzen zwischen tatsächlich eintretenden Zinssätzen, Wechselkursen und Krisenquoten einerseits und den jeweiligen Erwartungswerten dieser Größen andererseits.

Im abschließenden dritten Teil der Arbeit wurde schließlich auf die Messung, Kalkulation und Steuerung des formalen Gesamtrisikos eingegangen. In einem ersten Schritt wurde hierbei die Versicherung von Ausfallrisiken näher untersucht. Als Vorteile einer Versicherbarkeit ergaben sich in diesem Zusammenhang erstens eine Erweiterung des Kreditvergabepotentials, zweitens die Möglichkeit, auch ohne Kapitalüberlassung Risiken eingehen und formale Risikoprämien erwirtschaften zu können sowie drittens eine Verbesserung der Risikozerfällungs- bzw. Risikodiversifikationsmöglichkeiten. Hinsichtlich der bankenaufsichtsrechtlichen Anerkennung von Ausfallrisikoversicherungen wurde weiterhin festgestellt, daß die fehlende Anerkennung versicherter Kredite im Eigenkapitalgrundsatz I der versicherungsnehmenden Bank sachlich nicht gerechtfertigt ist. Bei einer weiteren Bedeutungszunahme von Ausfallrisikoversicherungen kann allerdings mit einer bankenaufsichtsrechtlichen Anerkennung gerechnet werden, so daß ein Transfer von Ausfallrisiken auf Versicherungen auch nicht durch eine weiterhin erforderliche Eigenkapitalunterlegung behindert wird. Schwerwiegender sind in diesem Zusammenhang Kooperationsnachteile zu gewichten, die daraus resultieren, daß von den kreditgebenden Banken unter Umständen solche Maßnahmen unterlassen werden, die die Höhe der ausfallbedingten Reinvermögensminderungen begrenzen würden und die im Falle einer Risikoselbsttragung durchgeführt worden wären. Um letzteres zu vermeiden, stehen allerdings die Instrumente Selbstbeteiligung, Vereinbarung von Mantelverträgen, von den Versicherungen vorgegebene Mindestanforderungen an die Bonitätsprüfung sowie entsprechende Vertragsstrafen zur Verfügung. Hinsichtlich der Trägerschaft von Ausfallrisikoversicherungen wurde schließlich vorgeschlagen, daß von den Bankenverbänden eine hierauf spezialisierte Institution ähnlich der Schutzgemeinschaft für allgemeine Kreditrisiken (Schufa) neu gegründet werden könnte. Hierfür spräche im Vergleich zu einer Zersplitterung des Marktes auf mehrere Anbieter insbesondere ein zu erreichender höherer Diversifikations- und Zerfällungsgrad.

Als weiteres Problem wurde die Existenz formaler Risikoprämien für strukturelle Risiken diskutiert. Hierbei stellte sich heraus, daß diese Prämien bereits in den Zinsstrukturkurven bzw. Devisenterminkursen enthalten sind. Es ergab sich jedoch die Frage, welcher Seite formale Risikoprämien zugerechnet werden können, da sowohl bei aktivischen als auch bei passivischen Festzins- bzw. Fremdwährungsüberhängen formale Zinsänderungs- bzw. Wechselkursrisiken entstehen, aber nur bei jeweils einer Position entsprechende Prämien erwirtschaftet werden können. Bezogen auf das formale Zinsänderungsrisiko wurde diesbezüglich herausgearbeitet, daß aufgrund der Liquiditätspräferenz der Anleger formale Risikoprämien stets nur bei einer positiven Fristentransformation erzielt werden können. Beim formalen Wechselkursrisiko hingegen war die Frage der Prämienzurechnung nicht eindeutig zu beantworten. Die Seite, welche formale Risikoprämien erhält, hängt hier ab von den in einer bestimmten Währung fakturierten Export- bzw. Importüberschüssen des Sitzlandes der Bank. Im Falle eines Exportüberschusses wird beispielsweise dann eine formale Wechselkursrisikoprämie erzielt, wenn bei der Bank gleichzeitig ein aktivischer Fremdwährungsüberhang vorliegt.

Da formale Risikoprämien für Ausfallrisiken nicht wie bei den Zinsänderungs- oder Wechselkursrisiken quasi automatisch erwirtschaftet werden, galt es weiterhin, einen entsprechenden Kalkulationsansatz zu entwickeln. Dabei war zunächst zu klären, ob die Prämienhöhe primär eine Sicherheitsfunktion erfüllen soll, oder ob mit der Prämie eher der aus den Reinvermögensschwankungen resultierende Mißnutzen auszugleichen ist. Während versicherungsmathematische Prämienprinzipien allein auf die erstere Funktion fokussieren, wurde für Banken die Mißnutzenausgleichsfunktion als die maßgebliche herausgearbeitet. Hinsichtlich der Anforderungen an eine in diesem Sinne sachgerechte Kalkulation formaler Ausfallrisikoprämien wurde festgestellt, daß die Höhe der Prämie nicht vom Zufallsrisiko, sondern nur vom Änderungsrisiko determiniert werden darf, wobei von einem optimal diversifizierten Kreditportfolio auszugehen ist. Die formalen Risikoprämien für einzelne Risikoklassen sollten wiederum abhängen vom individuellen Beitrag zum formalen Risiko des optimal diversifizierten Kreditportfolios. Waren mit letzterem die Relationen der formalen Ausfallrisikoprämien untereinander festgelegt, so blieb bis hierhin noch die absolute Höhe der Prämien ungeklärt. Gefordert wurde in diesem Zusammenhang, daß die Prämie pro Einheit formalen Ausfallrisikos jener Relation entsprechen sollte, die mit einem Portfolio bestehend aus Zinsänderungs-, Swapsatz- und Wechselkursrisiken im günstigsten Fall erzielt werden kann. Folglich wurden im weiteren im Rahmen einer sukzessiven Vorgehensweise Portfolios bestehend aus zwei und drei Risikoarten gebildet und hinsichtlich einer optimalen formalen Risiko-Risikoprämien-Relation überprüft. Es stellte sich heraus, daß eine optimale Relation dann gegeben ist, wenn ein Portfolio bestehend aus allen drei Risikoarten gebildet wird. Da bei einer Kombination des formalen Ausfallrisikos mit einem Portfolio bestehend aus drei Risikoarten aber noch ein weiterer Diversifikationsvorteil zu erwarten ist, mußte dieser in einem weiteren Schritt mit in die Bestimmung einer für das Ausfallrisiko maßgeblichen formalen Risiko-Risikoprämien-Relation einbezogen werden. Die in diesem Zusammenhang ermittelten Anteile der vier Risikoarten an einem Portfolio stellten dabei gleichzeitig auch grundsätzlich als optimal anzusehende und damit langfristig anzustrebende Verhältnisse der Risikoarten dar. Schließlich wurde hergeleitet, welche formale Risiko-Risikoprämien-Relation für einzelne Risikoklassen innerhalb eines optimal diversifizierten Kreditportfolios sachgerecht ist.

In einem letzten Schritt wurde anhand eines vereinfachten Beispiels gezeigt, wie sich das formale Gesamtrisiko konkret ermittelt und wie sich bei einer Überschreitung der Sicherheitsanforderungen durch Umstrukturierung des Risikoportfolios nicht nur eine Einhaltung der vorgegebenen Ruinwahrscheinlichkeit, sondern sogar noch eine Erhöhung der formalen Risikoprämien erreichen läßt. Neben der paradigmatischen Darstellung wurden aber noch zwei weitere wichtige Punkte herausgearbeitet: Zum einen wurde hinsichtlich der Sicherheitsanforderungen festgestellt, daß sich diese idealiter nicht an den Vorstellungen des Bankmanagement, sondern an der Risikoneigung der Aktionäre und insbesondere auch der Fremdkapitalgeber zu orientieren haben, und ein Weg gefunden werden muß, die Risikoneigung unter Berücksichtigung von Praktikabilitäts- und Wirtschaftlichkeitsgesichtspunkten zu ermitteln. Zum anderen wurde herausgearbeitet, daß dem Eigenkapital, nicht wie bisher üblich, ein langfristiger Kapitalmarktzins, sondern vielmehr ein kurzfristiger Einjahreszins als Opportunitätszins beizulegen ist; andernfalls ist zusätzlich zum bis dahin ermittelten formalen Gesamtrisiko noch ein „formales Eigenkapitalrisiko" zu berücksichtigen.

Wenngleich mit der hier vorliegenden Arbeit ein sachgerechtes Modell zur Ermittlung des formalen Gesamtrisikos konzipiert werden konnte und versucht wurde, die Erkenntnisse empirisch zu fundieren, so bedarf es doch für eine Umsetzung in die Bankpraxis weiterer theoretischer Überlegungen und empirischer Analysen, die insbesondere auf einer breiteren Datenbasis basieren sollten. Bezogen auf die sachgerechte Bildung von Ausfallrisikoklassen ist es beispielsweise erforderlich, die im

Rahmen dieser Arbeit gemachte Annahme zu überprüfen, daß allein branchenbezogene Kriterien für die Höhe bzw. die Veränderung der durchschnittlichen Krisenquoten in einzelnen Risikoklassen ausschlaggebend sind. Vielmehr ist zu überlegen, ob nicht auch die Größe, das Alter, regionale oder sonstige Kriterien herangezogen werden müssen, damit Insolvenzen bzw. Kreditausfälle bei Konstanz des jeweils als relevant erachteten Ursachensystems nur noch vom Zufall bedingt werden. Auf der Basis dieser modifizierten Risikoklassen sind sodann differenzierte Krisenquoten zu berechnen, wobei nicht nur die vom Statistischen Bundesamt erfaßten Insolvenzen, sondern auch außergerichtliche Vergleichsverfahren, stille Bereinigungen oder sonstige „verdeckte" Insolvenzen Berücksichtigung finden sollten. Probleme der Datenerhebung könnten in diesem Zusammenhang durch eine von den Bankenverbänden zu gründende Evidenzzentrale, die die Anzahl der Bonitätsprobleme und Kreditnehmerzahlen in anonymisierter Form verwaltet, beseitigt werden.[1] Auf der Grundlage differenzierter Krisenquoten sind sodann formale Ausfallrisiken für einzelne Risikoklassen sowie entsprechende formale Risikoverbundeffekte neu zu ermitteln. In analoger Weise sollten auch für das Währungs- und Zinsänderungsrisiko formale Einzelrisiken und Risikoverbundeffekte nicht nur für eine, sondern für unterschiedliche Zinsbindungsfristen bzw. Währungen bestimmt werden.

Abgesehen von den angeführten empirischen Analysen ist im Rahmen weiterer Forschungsansätze grundsätzlich zu untersuchen, ob es sich bei den ermittelten formalen Risikoverbundeffekten um tatsächliche oder nur um Scheinkorrelationen handelt, die einen sachlogischen Ursache-Wirkungs-Zusammenhang vermissen lassen. Über die im Rahmen dieser Arbeit aufgestellten grundlegenden Hypothesen hinausgehend, sind hier weitere Überlegungen anzustellen. Aber auch wenn sich die ermittelten Korrelationskoeffizienten als sachlogisch begründet erweisen sollten, ist gleichwohl zu überprüfen, ob diese — wie im Rahmen dieser Arbeit unterstellt wurde — im Zeitablauf tatsächlich stabil sind. Ist beispielsweise die immer wieder aufgestellte, in der Regel aber auf absoluten und nicht auf relativen Erwartungswertabweichungen von Zinsen und Wechselkursen basierende Behauptung zunehmend volatilerer Finanzmärkte zutreffend, so müßten im Zeitablauf jeweils angepaßte Korrelationskoeffizienten zugrunde gelegt werden.

Eine Erweiterung des Modells könnte ferner dahingehend erfolgen, daß nicht nur Zinsänderungs-, Währungs- und Ausfallrisiken, sondern auch sonstige Preisrisiken wie etwa Aktienkurs- oder Immobilienpreisrisiken mit in die Betrachtung einbezo-

---

[1] Dieser Vorschlag findet sich bereits bei Brakensiek. Vgl. **Brakensiek**, Kalkulation, S. 304.

gen werden. Da diese mit den ersten drei Risikoarten nicht vollständig positiv korreliert sein dürften, kann die Risiko-Risikoprämien-Relation für die Gesamtbank hiermit noch verbessert werden. Bei einer Berücksichtigung weiterer Risikoarten ist dann aber auch die Risikoprämie für das formale Ausfallrisiko im Rahmen des marktdeduzierten Ansatzes neu zu berechnen.

Während sich die Ausführungen dieser Arbeit primär auf die bankinterne Messung des formalen Gesamtrisikos bezogen, ist ein Transfer der grundlegenden Erkenntnisse aber auch auf das Bankenaufsichtsrecht wünschenswert. Diesbezüglich sollte speziell von dem Versuch Abstand genommen werden, Bankrisiken durch immer neue und allein auf Einzelaspekte bezogene Normen aufsichtsrechtlich begrenzen zu wollen. Vielmehr ist ein auf das formale Gesamtrisiko bezogener, alle Risikoarten übergreifender und insbesondere formale Risikoverbundeffekte berücksichtigender einheitlicher Eigenkapitalgrundsatz zu entwickeln. Die in diesem Zusammenhang immer wieder angeführten Probleme der Datenerhebung dürften angesichts der Entwicklungen im EDV-Bereich von nur geringer Relevanz sein.

Schließlich ist eine Übertragung der gewonnenen Erkenntnisse auch auf Investmentfonds im Rahmen der Bestimmung einer optimalen Struktur ihres Portfolios, auf Einlagensicherungssysteme bei der Kalkulation sachgerechter Risikoprämien sowie auf grundsätzliche Fragen der Bankbilanzierung, wo insbesondere die Frage des an die Anteilseigner ausschüttungsfähigen Gewinns neu diskutiert werden sollte, übertragbar.

Literaturverzeichnis:

Adam, Dietrich, Kurzlehrbuch Planung, Wiesbaden 1983.

Adam, Dietrich; Hering, Thomas; Schlüchtermann, Jörg, Die Eignung der Marktzinsmethode als Partialmodell zur Beurteilung der Vorteilhaftigkeit von Investitionen, in: DBW, 54. Jg. (1994), S. 775-786.

Adam, Dietrich; Hering, Thomas; Schlüchtermann, Jörg, Marktzinsmethode: Ein letzter Versuch, in: ZfB, 64. Jg, (1994), 787-790.

Adam, Dietrich; Hering, Thomas; Schlüchtermann, Jörg, Marktzinsorientierte Lenkpreistheorie und klassische Investitionsrechnung, in: zfbf, 45. Jg. (1993), S. 786-790.

Adam, Dietrich; Hering, Thomas; Schlüchtermann, Jörg, Zur Verwendung marktorientierter Kalkulationszinsfüße in der Investitionsrechnung, in: ZfB, 64. Jg. (1994), S. 115-119.

Adam, Dietrich; Hering, Thomas; Utzel, Christian, Zur Eignung der Marktzinsmethode für Investitionsentscheidungen, in: zfbf, 45. Jg. (1993), S. 3-18.

Adam, Dietrich; Hering, Thomas; Johannwille, Ulrich, Analyse der Prognosequalität impliziter Terminzinssätze, Veröffentlichung des Instituts für Industrie- und Krankenhausbetriebslehre der Westfälischen Wilhelms-Universität Münster, Nr. 38, Dezember 1994.

Akmann, Michael; Benke, Holger, Die Steuerung des Zinsänderungsrisikos im Rahmen eines Gesamtrisikokonzepts, in: Aktuelle Probleme des Controlling und der Rechnungslegung, hrsg. v. Gesellschaft zur Förderung der wissenschaftlichen Forschung über das Spar- und Girowesen e.V., Bonn 1993, S. 55-93.

Albach, Horst, Gewinnvorbehalt und Risikomanagement, in: ZfB, 50. Jg. (1980), H. 5, S. 557-564.

Albrecht, Peter, Ausgleich im Kollektiv und Prämienprinzipien, in: Zeitschrift für die gesamte Versicherungswissenschaft, 73. Jg. (1984), S. 167-180.

Apfelthaler, Siegfried, Das Risikoproblem im Bankbetrieb, Wien 1939.

Baetge, Jörg, Möglichkeiten der Früherkennng negativer Unternehmensentwicklungen mit Hilfe statistischer Jahresabschlußanalysen, in: zfbf, 41. Jg. (1989), S. 792-811.

Bamberg, Günter; Coenenberg, Adolf Gerhard, Betriebswirtschaftliche Entscheidungslehre, 4. Aufl., München 1985.

Bangert, Michael, Zinsrisiko-Management in Banken, Wiesbaden 1987.

Banken, Robert, Die Marktzinsmethode als Instrument der pretialen Lenkung in Kreditinstituten, Frankfurt 1987.

Bauer, Christoph, Volatilitäten und Betafaktoren - geeignete Risikomaße?, in: Die Bank, o. Jg. (1991), H. 3, S. 172-175.

Baumol, W.J., The Transaction Demand for Cash: An Inventory Theoretic Approach, in: Quarterly Journal of Economics 66, (1952), S. 545 ff.

Baxmann, Ulf G., Die Transformationsleistung der Kreditinstitute, in: WISU, 22. Jg. (1993), H. 2, S. 112-115.

Beine, Günther, Die Bilanzierung von Forderungen, in Handels-, Industrie- und Bankbetrieben, Wiesbaden 1960.

Benke, Holger; Gebauer, Burkhard; Piaskowski, Friedrich, Die Marktzinsmethode wird erwachsen: Das Barwertkonzept (I), in: Die Bank, o. Jg. (1991), H. 8, S. 457-463.

Benke, Holger; Gebauer, Burkhard; Piaskowski, Friedrich, Die Marktzinsmethode wird erwachsen: Das Barwertkonzept (II), in: Die Bank, o. Jg. (1991), H. 9, S. 514-521.

Beranek, W., Analysis for Financial Decisions, 2. ed., Homewood 1965.

Bernhard, Wolfgang, Management von Wechselkursrisiken, Wiesbaden 1992.

Bessler, Wolfgang, Zinsrisikomanagement in Kreditinstituten, Wiesbaden 1989.

Beuter, Hubert, Insolvenzentwicklung im Konjunkturverlauf, in: ZfgK, 33. Jg. (1980), H. 15, S. 716-719.

Bierwag, Gerald O., Immunization, Duration and the Term Structure of Interest Rates, in: Journal of Quantitative Economics, 12. Jg. (1977), S. 725-742.

Bierwag, Gerald O.; Corrado, Charles J.; Kaufmann, George G., Computing Durations for Bond Portfolios, in: Journal of Portfolio Management, 16. Jg. (1990), S. 51-55.

Birck, Heinrich; Meyer, Heinrich, Die Bankbilanz (3), Teillieferung 3, 3. Aufl., Wiesbaden 1976.

Birck, Heinrich; Meyer Heinrich, Die Bankbilanz (5), Teillieferung 5, 3. Aufl., Wiesbaden 1989.

Bitz, Michael, Entscheidungstheorie, München 1981.

Bitz, Michael, Strukturierung ökonomischer Entscheidungsprobleme, Wiesbaden 1977.

Bleymüller, Josef; Gehlert, Günther; Gülicher, Herbert, Statistik für Wirtschaftswissenschaftler, 4. Aufl., Münster 1985.

Board of Governors of the Federal Reserve System (Hrsg.), Federal Reserve Bulletin, Washington, D.C., diverse Jahrgänge.

Bösl, Konrad, Integrative Risikobegrenzung, Wiesbaden 1993.

Braeß, Paul, Die „Schwankungsrückstellung" in betriebswirtschaftlicher und steuerlicher Sicht, in: Zeitschrift für die gesamte Versicherungswirtschaft, Heft 1/2, (o. Jg.) 1967, S. 1-17.

Brakensiek, Thomas, Die Kalkulation und Steuerung von Ausfallrisiken im Kreditgeschäft der Banken, Frankfurt 1991.

Brammertz, Willi, Zur Stabilität der Zinselastizität, in: Die Bank, o. Jg. (1993), H. 10, S. 613-614.

Brammertz, Willi; Spillmann, Martin, Zinselastizität: Ein unstabiles Maß, in: Die Bank, o. Jg. (1991), H. 7, S. 386-390.

Brauch, Heinrich, Möglichkeiten zur Quantifizierung von Informationen für Entscheidungsprozesse, Diss., Mannheim 1968.

Braun, Herbert, Risikomanagement - eine spezifische Controllingaufgabe, Diss., Stuttgart 1982.

Breuer, Ralf, Probleme der Risikosteuerung im Rahmen der Marktzinsmethode, Berlin 1994.

Breuer, Wolfgang, Kapitalkosten — Begriff, Bedeutung und Ermittlung, in: WISU, 23. Jg. (1994), H. 10, S. 819-828.

Bühler, Alfred; Hies, Michael, Zinsrisiken und Key-Rate-Duration, in: Die Bank, o. Jg. (1995), H. 2, S. 112-118.

Bundesaufsichtsamt für das Kreditwesen, Schreiben des Bundesaufsichtsamtes für das Kreditwesen vom 24. Februar 1983, in: KWG, hrsg. v. Johannes Consbruch, Inge Lore Bähre, Manfred Schneider, Loseblattsammlung, 11.28, S. 25 ff.

Burger, Anton; Schellberg, Bernhard, Die Überschuldung im neuen Insolvenzrecht, in: WiSt, 24. Jg. (1995), H. 5, S. 226-233.

Büschgen, Hans E., Das Unternehmen im Konjunkturwandel, Berlin, Bielefeld, München 1971.

Büschgen, Hans E., Bankbetriebslehre, 4. Aufl., Wiesbaden 1993, S. 864.

Büschgen, Hans E., Bankmarketing, Düsseldorf 1995.

Büschgen, Hans E., Internationales Finanzmanagement, 2. Aufl., Frankfurt 1993.

Büschgen, Hans E., Leistungsorientierte Anreizsysteme in der Vertriebssteuerung (von Banken), in: Handbuch Bankcontrolling, hrsg. v. Henner Schierenbeck, Hubertus Moser, Wiesbaden 1995, S. 517-542.

Büschgen, Hans E., Veränderungen im Wettbewerbsszenario der Banken — neue Anforderungen an das bankbetriebliche Risikomanagement, in: Mitteilungen und Berichte des Instituts für Bankwirtschaft und Bankrecht an der Universität zu Köln, Abteilung Bankwirtschaft, 23. Jg. (1992), Nr. 66, S. 31-79.

Büschgen, Hans E., Risikomanagement als Prüfstein im Wettbewerb, in: Betriebswirtschaftliche Blätter, 41. Jg. (1992), S. 80-90.

Büschgen, Hans E., Währungsrisiko und Währungsrisikopolitik im Rahmen internationalen Finanzmanagements, in: Wolfsburger Fachgespräche 3, Dialog zwischen Wissenschaft und Praxis über aktuelle Fragen des Finanzmanagements, hrsg. v. Volkswagen AG, Wolfsburg 1980, S. 10-92.

Büschgen, Hans E., Zum Problem der Planung von Wertpapierbeständen, insbesondere durch Kreditinstitute und Investmentgesellschaften, in: Kredit und Kapital, 2. Jg. (1969), S. 1-59.

Büschgen, Hans E.; Everling, Oliver, Auf dem Prüfstand: Bonität der Banken, in: Bank Magazin, H. 7, o. Jg. (1993), S. 38-41.

Chen, Andrew H.; Park, Hun Y.; Wie, John K., Stochastic Duration and dynamic Measure of Risk in Financial Futures, in: Advances in Futures and Options Research, 1. Jg. (1986), Teil B, S. 93-112.

Coenenberg, Adolf G., Jahresabschluß und Jahresabschlußanalyse, 15. Aufl., Landsberg am Lech 1994.

Cohen, Kalman J.; Pogue, Jerra A., An Empirical Evaluation of Alternative Portfolio Selection Models, in: The Journal of Business, 40. Jg. (1967), S. 170 ff.

Conen, Ralf; Väth, Hubertus, Risikoprämien am deutschen Kapitalmarkt, in: Die Bank, o. Jg. (1993), H. 11, S. 642-647.

Cooper, I.A., Asset Values, Interest-Rate Changes, and Duration, in: Journal of Quantitative Economics, 12. Jg. (1977), S. 701-723.

Cox, John C.; Ingersoll Jr. Jonathan E.; Ross, Stephen A., Duration and the Measurement of Basic Risk, in: Journal of Business, 52. Jg. (1979), S. 51-61.

Deutsche Bank AG (Hrsg.), Geschäftsbericht der Deutsche Bank AG für das Jahr 1994, Frankfurt 1994.

Deutsche Bundesbank (Hrsg.), Die Einlagensicherung in der Bundesrepublik Deutschland, in: Monatsbericht Juli 1992, S. 30-38.

Deutsche Bundesbank, Die Untersuchung der Unternehmensinsolvenzen im Rahmen der Kreditwürdigkeitsprüfung durch die Deutsche Bundesbank, in: Monatsbericht Januar 1992, S. 30-36.

Deutsche Bundesbank, Monatsbericht der Deutschen Bundesbank, 46. Jg. (1994), H. 10.

Deutsche Bundesbank, Statistische Beihefte zu den Monatsberichten der Deutschen Bundesbank, Reihe 2: Wertpapierstatistik, diverse Jahrgänge.

Doerks, Wolfgang; Hübner, Stefan, Konvexität festverzinslicher Wertpapiere, in: Die Bank, o. Jg. (1993), H. 2, S. 102-105.

dresdnerbank investment management Kapitalanlagegesellschaft mbH (dbi), Korrelationen, Sonderveröffentlichung, Frankfurt 1994.

Drukarczyk, Jochen, Finanzierungstheorie, München 1980.

Drukarczyk, Jochen, Theorie und Politik der Finanzierung, 2. Aufl., München 1993.

Dürselen, Karl E., Novellierung der Bankaufsichtsnorm Grundsatz I zur Erfassung und Begrenzung von Ausfallrisiken eines Kreditinstituts, in: ZBB, 6. Jg. (1994), H. 1, S. 100-115.

Eichhorn, Wolfgang, Erscheinungsformen des versicherungstechnischen Risikos, in: Zeitschrift für das Versicherungswesen, 21. Jg. (1978), S. 586-596.

Engels, Wolfram, Betriebswirtschaftliche Bewertungslehre im Lichte der Entscheidungstheorie, Köln-Opladen 1962.

Erdland, Alexander, Eigenkapital und Einlegerschutz bei Kreditinstituten, Berlin 1981.

Euler, Manfred, Die Entwicklung der Insolvenzen in der Bundesrepublik Deutschland, in: Der langfristige Kredit, 38. Jg.(1987), H. 11, S. 364-371.

Farny, Dieter, Versicherungsbetriebslehre, Karlsruhe 1989.

Faßbender, Heino, Die Theorie der Fristigkeitsstruktur der Zinssätze: Ein Überblick, in: WiSt, 6. Jg. (1977), H. 3, S. 97-103.

Fertig, Hermann, Modelltheorie der Messung, Berlin 1977.

Feuerstein, Werner, Risikomessung, Risikobegrenzung und Risikodeckung bei Kreditinstituten, Bad Homburg v.d.H. 1984.

Filc, Wolfgang, Fundamentalanalyse der Wechselkursentwicklung, in: Methoden und Instrumente der Zins- und Wechselkursprognose, 2. Aufl., hrsg. v. Hannes Rehm, Bonn 1989, S. 82-102.

Filc, Wolfgang, Theorie und Empirie des Kapitalmarktzinses, Stuttgart 1992.

Fischer, Edwin O.; Grünbichler, Andreas, Risikoangepaßte Prämien für die Einlagensicherung in Deutschland: Eine empirische Studie, in: zfbf, 61. Jg. (1991), H. 9, S. 747-759.

Fischer, Otfried, Neuere Entwicklungen auf dem Gebiet der Kapitaltheorie, in: zfbf, 21. Jg. (1969), S. 26-42.

Fischer, Thomas R., Die Bereitschaft von Banken zur Übernahme von Kreditrisiken, in: Kredit und Kapital, 22. Jg. (1989), H. 2, S. 267-295.

Fischer, Thomas R., Entscheidungskriterien für Gläubiger, Wiesbaden 1986.

Fisher, Irving, The Theory of Interest, New York 1930.

Fisher, Lawrence; Weil, Roman L., Coping with the Risk of Market-Rate-Fluctuations: Returns to Bondholders from Naive and Optimal Strategies, in: Journal of Business, 44. Jg. (1971), S. 408-431.

Flaßkühler, Alfred; Veltkamp, Jürgen, Der Ansatz von Eigenkapitalkosten in der Kalkulation, in: Betriebswirtschaftliche Blätter, o. Jg. (1995), H. 4, S. 190-194.

Franke Günter; Hax, Herbert, Finanzwirtschaft des Unternehmens und Kapitalmarkt, Berlin Heidelberg 1988.

Frantzmann, Hans-Jörg, Saisonalitäten von Anleiherenditen am deutschen Kapitalmarkt, in: Methoden und Instrumente der Zins- und Wechselkursprognose, hrsg. v. Hannes Rehm, Bonn 1989, S. 57-81.

Frenkel, Michael, Neuere Entwicklungen in der Wechselkurstheorie, in: WiSt, 24. Jg., 1995, H. 1, S. 8-15.

Gerdsmeier, Stefan; Krob, Bernhard, Kundenindividuelle Bewertung des Ausfallrisikos mit dem Optionspreismodell, in: Die Bank, o. Jg. (1994), H. 8, S. 469-475.

Gerke, Wolfgang, Die Versicherung von Großkrediten — ein Eigenkapitalsurrogat für Kreditinstitute?, in: Geld, Banken und Versicherungen, Band II, hrsg. v. Hermann Göppl, Rudolf Henn, Königstein/Taunus 1981, S. 636-654.

Gerke, Wolfgang; Kayser, Ottmar, Bewertung eines Rückversicherungskonzepts für die Deckung von Kreditausfallrisiken der Kreditinstitute, in: ZfB, 57. Jg. (1987), H. 7, S. 662-683.

Göttgens, Michael; Schmelzeisen, Michael, Bankbilanzrichtlinie-Gesetz, 2. Aufl., Ratingen 1992.

Haas, Christof, Unsicherheit und Risiko in der Preisbildung, Schriftenreihe Annales Universitatis Saraviensis, Rechts- und Wirtschaftswissenschaftliche Abteilung, Heft 13, Köln, Berlin, Bonn, München 1965.

Häberle, Siegfried Georg, Risiko als zielbezogenes Phänomen, Diss., Tübingen 1979.

Heilmann, Wolf-Rüdiger; Karten, Walter, Risikopolitik des Versicherungsunternehmens, in: Handwörterbuch der Versicherung, hrsg. v. Dieter Farny et al., Karlsruhe 1988, S. 663 ff.

Heim, Eberhard, Der Einfluß der Konjunktur auf Kreditsicherheiten, Nürnberg 1984.

Heinke, Eberhard, Steuerung der Bankliquidität, in: BI, o. Jg. (1991), H. 8, S. 11-16.

Heri, Erwin W., Fundamentalanalyse der Zinsentwicklung, in: Methoden und Instrumente der Zins- und Wechselkursprognose, hrsg. v. Hannes Rehm, Bonn 1989, S. 7-23.

Herrmann, Hans-Joachim, Modellgestützte Planung in Unternehmen, Wiesbaden 1991.

Herzog, Walter, Zinsänderungsrisiken in Kreditinstituten, Wiesbaden 1990.

Hesberg, Dieter, Risikovorsorge durch Kreditausfall- und Zinsänderungsrückstellungen im Jahresabschluß von Banken, in: Kredit und Kapital, 16. Jg. (1983), 531-567.

Hicks, John R., Value and Capital, 2. Aufl., Oxford 1946.

Hölscher, Reinhold, Risikokosten-Management in Kreditinstituten, Frankfurt 1987.

Hörnig, B; Engelmann W, Die Fallstudie der Betriebswirtschaftslehre — Portefeuilletheorie (I), in: WISU, 12. Jg. (1983), H. 6, S. 267-274.

Hörnig, B; Engelmann W, Die Fallstudie der Betriebswirtschaftslehre — Portefeuilletheorie (II), in: WISU, 12. Jg. (1983), H. 7, S. 314-320.

Hörnig, B; Engelmann W, Die Fallstudie der Betriebswirtschaftslehre — Portefeuilletheorie (III), in: WISU, 12. Jg. (1983), H. 8, S. 357-365.

Hörnig, B; Engelmann W, Die Fallstudie der Betriebswirtschaftslehre — Portefeuilletheorie (IV), in: WISU, 12. Jg. (1983), H. 9, S. 411-412.

Institut der Wirtschaftsprüfer in Deutschland e.V. (Hrsg.), Wirtschaftsprüfer-Handbuch 1992, Band I, 10. Aufl., Düsseldorf 1992.

Isern, Werner, Die Versicherung von Krediten als Instrumentkreditspezifischer Risikovorsorge im Aktivgeschäft der Banken, Frankfurt 1984.

J.P. Morgan, Introduction to RiscMetrics, New York 1994.

Jenni, Oskar, Die Frage des Risikos in der Betriebswirtschaftslehre, Diss., Bern 1952.

Jokisch, Jens, Betriebswirtschaftliche Währungsrisikopolitik und internationales Finanzmanagement, Stuttgart 1987.

Jünnemann, Bernhard, „Wir sind besser", in: Wirtschaftswoche, 49. Jg. (1995), H. 10, S. 51-54.

Kaiser, Dirk, Neuere Entwicklung in der Theorie der Kreditrationierung, in: WiSt, 1992, H. 10, S. 529-532.

Karten, Walter, Aspekte des Risk Management, in: BFuP, 30. Jg. (1978), H. 4, S. 309-323.

Karten, Walter, Die Unsicherheit des Risikobegriffs, in: Praxis und Theorie der Versicherungsbetriebslehre, hrsg. v. Paul Braeß et al, Karlsruhe 1972, S. 147-169.

Karten, Walter, Schwankungsrückstellung, in: Handwörterbuch der Versicherung, hrsg. v. Dieter Farny et al., 1988, S. 763-765.

Kath, Dietmar, Verschiedene Ansätze der Zinsstrukturtheorie, in: Kredit und Kapital, 5. Jg. (1972), S. 28-71.

Kayser, Ottmar, Großkreditversicherungen für Kreditinstitute, Karlsruhe 1986.

Keine, Friedrich Michael, Die Risikoposition eines Kreditinstituts, Wiesbaden 1986.

Keppler, Michael, Portfolio-Theorie: Zweifelhafte Annahmen, suboptimale Ergebnisse, in: Die Bank, o. Jg. (1991), H. 7, S. 382-385.

Keppler, Michael, Risiko ist nicht gleich Volatilität, in: Die Bank, o. Jg. (1990), S. 610-614,

Khang, Chulsoon, Bond Immunization when Short-Term Interest Rates fluctuate more than Long-Term Rates, in: Journal of Financial and Quantitative Analysis, 14. Jg. (1979), S. 1085-1090.

Kloidt, Heinrich, Grundsätzliches zum Messen und Bewerten in der Betriebswirtschaft, in: Organisation und Rechnungswesen, Festschrift für Erich Kosiol, hrsg. v. Erwin Grochla, Berlin 1964, S. 283-303.

Knight, Frank H., Risk, Uncertainty and Profit, New York 1964.

Kobelt, Helmut, Sammlung ausgewählter statistischer Tabellen, Baden-Baden und Bad Homburg v. d. Höhe 1977.

Koch, Helmut, Die Theorie des Gewinnvorbehalts als ungewißheitstheoretischer Ansatz, in: zfbf, 30. Jg. (1978), S. 19-39.

Kocher, Paul A., Zur Problematik der Duration bei Spareinlagen, in: ÖBA, 42. Jg. (1994), H. 5, S. 379-385.

Kopp, Ulla-Christiane, Quantitatives Risikomanagement in Banken, Wiesbaden 1993.

Korczak, Dieter; Pfefferkorn, Gabriela, Überschuldungssituation und Schuldnerberatung in der Bundesrepublik Deutschland, Stuttgart, Berlin, Köln 1992.

Kratz, Karlheinz, Finanzmarktvolatilität und monetäre Unsicherheit, Hamburg 1994.

Krauß, Karl-Hermann, Die Bedeutung der Kreditversicherung (I) im Kreditgeschäft der Banken — I. Teil, in: Bank-Betrieb, o. Jg. (1971), H. 3, S. 91-93.

Krauß, Karl-Hermann, Die Bedeutung der Kreditversicherung (II) im Kreditgeschäft der Banken — II. Teil, in: Bank-Betrieb, o. Jg. (1971), H. 9, S. 322-328.

Krauß, Karl-Hermann, Die Bedeutung der Kreditversicherung (III) im Kreditgeschäft der Banken — III. Teil, in: Bank-Betrieb, o. Jg. (1971), H. 11, S. 402-407.

Kremer, Erhard, Risikotheorie, in: Handwörterbuch der Versicherung, hrsg. v. Dieter Farny et al., Karlsruhe 1988, S. 671-678.

Kremkow, Klaus-Dieter, Verbesserung der Informations- und Dispositionsgrundlage bankbetrieblicher Adressaten, Anmerkung zur Diskussion einer EG-einheitlichen Rechnungslegung der Banken, in: Beiträge aus dem Bankseminar der Universität Hannover, Nr. 2, Hannover 1982.

Kromschröder, Bernhard, Versicherungspreis und Versicherungskalkulation in kapitaltheoretischer Sicht, in: Aktuelle Fragen der Finanzwirtschaft und der Unternehmenssteuerung, hrsg. v. Dieter Rückle, Wien 1991, S. 321-336.

Krümmel, Hans-Jacob, Finanzierungsrisiken und Kreditspielraum, in: Handwörterbuch der Finanzwirtschaft, hrsg. v. Hans E. Büschgen, Stuttgart 1976, Sp. 491-503.

Krümmel, Hans-Jacob, Liquiditätssicherung im Bankwesen, in: Kredit und Kapital, 1. Jg. (1968), H. 3, S. 247-307.

Krümmel, Hans-Jacob, Liquiditätssicherung im Bankwesen (II), in: Kredit und Kapital, 2. Jg. (1969), S. 60-110.

Krümmel, Hans-Jacob, Risikopolitik als Führngsaufgabe, in: Die Zukunft gestalten, hrsg. v. Deutschen Sparkassen- und Giroverband e.V., Stuttgart 1989.

Krümmel, Hans-Jacob, Unternehmenspolitische Vorgaben für die Risikosteuerung der Bank, in: Finanzintermediation und Risikomanagement, hrsg. v. Hans J. Krümmel, Bernd Rudolph, Frankfurt 1989, S. 32-58.

Krumnow, Jürgen, Risikoanalyse im Controlling einer Großbank, in: Rosemarie Kolbeck, Die Finanzmärkte der neunziger Jahre - Perspektiven und Strategien, Frankfurt 1990, S. 93-119.

Kugler Albert, Konzeptionelle Ansätze zur Analyse und Gestaltung von Zinsänderungsrisiken in Kreditinstituten, Frankfurt 1985.

Küllmer, Hermann, Betriebliche Programmplanung bei Unsicherheit, Wiesbaden 1975.

Kupsch, Peter, Das Risiko im Entscheidungsprozeß, Wiesbaden 1973.

Kupsch Peter, Risiken als Gegenstand der Unternehmenspolitik, in: WiSt, 4. Jg. (1975), H. 4, S. 153-159.

Kürsten, Wolfgang, Optimale fix-variable Kreditkontrakte: Zinsänderungsrisiko, Kreditausfallrisiko und Financial Futures Hedging, in: zfbf, 43. Jg. (1991), H. 10, S. 867-891.

Laux, Helmut, Entscheidungstheorie, Berlin,Heidelberg,New-York 1982.

Leichsenring, Hansjörg; Schwarzkopff, Wolfgang, Strategische Risiken der Banken, in: Die Bank, o. Jg. (1989), H. 11, S. 588-594.

Lentes, Thomas, Eigenkapitalkosten in Profit-Center-Kalkulationen, in: Betriebswirtschaftliche Blätter, o. Jg. (1994), H. 4, S. 180-182.

Liepach, Werner E., Effizientes Devisenmanagement durch Kombination von Kurssicherungsinstrumenten, Frankfurt 1993.

Lippe, Stefan, Mathematische Grundlagen von Prämienprinzipien, in: Zeitschrift für die gesamte Versicherungswissenschaft, 73. Jg. (1984), S. 133-156.

Macaulay, F.R., Some theoretical problems suggested by the movement of interest rates, bond yields and stock prices in the United States since 1856, National Bureau of Economic Research, New York 1938, S. 44-53.

Markowitz, Harry M., Portfolio Selection, New-York,London,Sydney 1959.

Marusev, Alfred W.; Pfingsten, Andreas, Arbitragefreie Herleitung zukünftiger Zinsstruktur-Kurven und Kurswerte, in: Die Bank, o. Jg. (1992), H. 3, S. 169-172.

Marusev, Alfred W.; Pfingsten, Andreas, Die Entstehung des Strukturbeitrages, in: Die Bank, o. Jg. (1993), H. 4, S. 223-228.

Marusev, Alfred W.; Pfingsten Andreas, Zukünftige Zinsstrukturen bei informationseffizienten Kapitalmärkten: Herleitung und Anwendung, in: Hanbuch des Bankcontrolling, hrsg. v. Henner Schierenbeck; Hubertus Moser, Wiesbaden 1995, S. 317-336.

Mertin, Klaus, (Self-)Controlling, in: ZfgK, 35. Jg. (1982), H. 24, S. 1118-1121.

Meyer, Frieder, Hedging mit Zins- und Aktienindex-Futures, Köln 1994.

Miller, Merton H.; Orr D., The Demand for Money by Firms: Extension of Analytic Results, in: Journal of Finance, 23. Jg. (1968), S. 735 ff.

Moser, Hubertus; Quast, Wolfgang, Organisation des Risikomanagements in einem Bankkonzern, in: Handbuch des Bankcontrolling, hrsg. v. Henner Schierenbeck, Hubertus Moser, Wiesbaden 1995, S. 663-686.

Mühlhaupt, Ludwig, Umsatz-, Kosten- und Gewinnplanung einer Kreditbank, in: Zeitschrift für handelswissenschaftliche Forschung, 8. Jg. (1956), S. 7-74.

Müller, Werner A., Bankenaufsicht und Gläubigerschutz, Baden-Baden 1981.

Nahr, Gottfried, Kreditrationierung, Information und Unsicherheit, München 1980.

Naumann, Klaus-Peter, Die Bewertung von Rückstellungen, Düsseldorf 1989.

Neumann, Leo, Kalkulationsprobleme im Versicherungsbetrieb, Berlin 1973.

Nowak, Thomas; Wittrok, Carsten, Kapitalmarkttheoretische Ansätze zur Performance-Messung, Arbeitspapier des Lehrstuhls für Finanzierung der Westfälischen Wilhelms-Universität Münster, hrsg. v. Manfred Steiner, Münster 1993.

Opitz, Modelle und Verfahren der Prognose, in: DBW, 45. Jg. (1985), H. 1, S. 83-95.

Orth, Bernhard, Einführung in die Theorie des Messens, Stuttgart 1974.

o.V., Schwere Managementfehler und eine zu geringe Eigenkapitalbasis, in: FAZ v. 31.05.1994, Nr. 124, S. 18.

o.V., Sind Banken zeitgerecht versichert, in: Banken & Versicherungen, o. Jg. (1994), H. 2, S. 50-53.

Perridon, Louis; Steiner, Manfred, Finanzwirtschaft der Unternehmung, 7. Aufl., München 1993.

Pfingsten, Andreas; Thom, Susanne, Der Konditionsbeitrags-Barwert in der Gewinn- und Verlustrechnung, in: Die Bank, o. Jg. (1995), H. 4, S. 242-245.

Philipp, Fritz, Risiko und Risikopolitik, Stuttgart 1967.

Pitz, Karl-Heinz, Die Anwendungsmöglichkeiten der Portfolio Selection Theorie auf die optimale Strukturierung des Banksortiments, Bochum 1977.

Probson, Stefan, Identität von Barwert und Finanzbuchhaltung, in: Die Bank, o. Jg. (1994), H. 3, S. 180-184.

Professoren-Arbeitsgruppe, Bankaufsichtsrechtliche Begrenzung des Risikopotentials von Kreditinstituten, in: DBW, 47. Jg. (1987), H. 3, S. 285-302.

Regnery, Peter, Bankenaufsicht, Bankeneigenkapital und Wettbewerb, Stuttgart 1994.

Reinelt, Iris; Keller, Thomas, Das Marktzinskonzept hat versagt, in: Die Bank, o. Jg. (1995), H. 6, S. 376-380.

Reske Winfried; Brandenburg, Achim; Mortsiefer Hans-Jürgen, Insolvenzursachen mittelständischer Betriebe — Eine empirische Analyse, Göttingen 1976.

Roglin, Otto, Die stochastische Dominanz als Entscheidungsprinzip, in: WiSt, 11. Jg. (1982), H. 10, S. 484-490.

Rolfes, Bernd, Das Zinsergebnis variabel verzinslicher Bankgeschäfte, in: Handbuch des Bankcontrolling, hrsg. v. Henner Schierenbeck; Hubertus Moser, Wiesbaden 1995, S. 337-356.

Rolfes, Bernd, Die Marktzinsmethode in der Investitionsrechnung, in: ZfB, 64. Jg. (1994), H. 5, S. 667-671.

Rolfes, Bernd, Die Steuerung des Strukturergebnisses, in: Die Bank, o. Jg., (1991), H. 10, S. 568-574.

Rolfes Bernd, Die Steuerung von Zinsänderungsrisiken in Kreditinstituten, Frankfurt 1985.

Rolfes, Bernd, Marktzinsorientierte Investitionsrechnung, in: ZfB, 63. Jg. (1993), H. 7, 691-713.

Rolfes, Bernd, Marktzinsorientierte Investitionsrechnung (Replik), in: ZfB, 64. Jg. (1994), H. 1, S. 121-125.

Rolfes, Bernd; Bellmann, Klaus; Napp, Udo, Darstellung und Beurteilung von Zinsänderungsrisiken, in: bank und markt, 17. Jg. (1988), H. 12, S. 12-16.

Rolfes, Bernd; Schierenbeck, Henner, Der Marktwert variabel verzinslicher Bankgeschäfte, in: Die Bank, o. Jg. (1992), H. 7, S. 403-412.

Rolfes, Bernd; Schwanitz, Johannes, Die „Stabilität" von Zinselastizitäten, in: Die Bank, o. Jg. (1992), H. 6, S. 334-337.

Rolfes, Bernd; v. Villiez, Christian, Steuerung des Transformationsergebnisses, in: Die Bank, o. Jg. (1989), S. 502-506.

Röller, Wolfgang, Globale Finanzmärkte und Risikomanagement, Berlin 1989.

Röller, Wolfgang, Risikomanagement als Führungsaufgabe, in: Finanzintermediation und Risikomanagement, hrsg. v. Hans J. Krümmel, Bernd Rudolph, Frankfurt 1989, S. 19-31.

Rose, Klaus; Sauernheimer, Karlhans, Theorie der Außenwirtschaft, 11. Aufl., München 1992.

Rudolph, Bernd, Ansätze zur Kalkulation von Risikokosten im Kreditgeschäft, in: Handbuch des Bankcontrolling, hrsg. v. Henner Schierenbeck; Hubertus Moser, Wiesbaden 1995, S.887-904.

Rudolph, Bernd, Zinsänderungsrisiken und die Strategie der durchschnittlichen Selbstliquidationsperiode, in: Kredit und Kapital, 12.Jg. (1979), H. 2, S. 181-206.

Rüsberg, Lars, Banken-Rating, Wiesbaden 1992.

Sachverständigenrat zur Begutachtung der gesamtwirtschaftlichen Entwicklung, Jahresgutachten, diverse Jahrgänge.

Saliger, Edgar, Betriebswirtschaftliche Entscheidungstheorie, München,Wien,Oldenbourg 1981.

Scheffler, Jan, Hedge-Accounting, Wiesbaden 1994.

Schierenbeck, Henner, Bilanzstrukturmanagement in Kreditinstituten, in: Bilanzstrukturmanagement in Kreditinstituten, hrsg. v. Henner Schierenbeck, Hans Wielens, Frankfurt 1984, S. 9-29.

Schierenbeck, Henner, Ertragsorientiertes Bankmanagement, 4. Aufl., Wiesbaden 1994.

Schierenbeck, Henner; Rolfes, Bernd, Entscheidungsorientierte Margenkalkulation, Frankfurt 1988.

Schierenbeck, Henner; Seidel, Eberhard; Rolfes, Bernd, Controlling in Kreditgenossenschaften, 2. Aufl., Wiesbaden 1988.

Schierenbeck, Henner; Wiedemann, Arnd, Das Treasury-Konzept der Marktzinsmethode, in: Handbuch des Bankcontrolling, hrsg. v. Henner Schierenbeck; Hubertus Moser, Wiesbaden 1995, S. 287-314.

Schierenbeck, Henner; Wiedemann, Arnd, Das Treasury-Konzept der Marktzinsmethode (I), in: Die Bank, o. Jg. (1993), H. 11, S. 670-676.

Schierenbeck, Henner; Wiedemann, Arnd, Das Treasury-Konzept der Marktzinsmethode (II), in: Die Bank, o. Jg. (1993), H. 12, S. 731-737.

Schmidt, Hartmut, Einzelkredit und Kreditportefeuille, in: Bankpolitik, Finanzielle Unternehmensführung und Theorie der Finanzmärkte, hrsg. v. Bernd Rudolph; Jochen Wilhelm, Berlin 1988, S. 245-259.

Schmidt, Hartmut, Wege zur Ermittlung und Beurteilung der Marktzinsrisiken von Banken, in: Kredit und Kapital, 14. Jg. (1981), H. 3, S. 249-286.

Schmidt, Roland, Risikoprämien an Devisenmärkten, Wiesbaden 1995.

Schmitz, Andreas, Von der Marktzins- zur Marktpreismethode, in: Die Bank, o. Jg. (1992), H. 10, S. 603-606.

Schmitz, Elmar; Pesch, Andrè, Abweichungsanalyse für Zinsstrukturkurven, in: Die Bank, o. Jg. (1994), H. 9, S. 550-553.

Schmoll, Anton, Bonitäts- und Risikoklassen, in: ÖBA, 40. Jg. (1992), H. 11, S. 988-1003.

Schneider Erich, Wirtschaftlichkeitsrechnung, 7. Aufl., Tübingen,Zürich 1968.

Schneider, Dieter, Investition, Finanzierung und Besteuerung, 7. Aufl., Wiesbaden 1992.

Schneider, Günter, Zur Planung von Bankportefeuilleentscheidungen, Frankfurt 1970.

Schnetzer, Wilhelm, Möglichkeiten für eine Versicherung von Bankeinlagen in der Bundesrepublik Deutschland, Karlsruhe 1984.

Scholz, Franz Josef, Sittenwidriger Ratenkredit mit absolutem Zinsunterschied von 12%-Punkten, in: Betriebs-Berater, 45. Jg. (1990), H. 24, S. 1658-1659.

Scholz, Walter, Die Steuerung von Zinsänderungsrisiken und ihre Berücksichtigung im Jahresabschluß von Kreditinstituten, Bilanzstrukturmanagement in Kreditinstituten, hrsg. v. Henner Schierenbeck, Hans Wielens, Frankfurt 1984, S. 119-136.

Scholz, Walter, Zinsänderungsrisiken im Jahresabschluß der Kreditinstitute, in: Kredit und Kapital, 12. Jg. (1979), H. 3, S. 517-544.

Schulte, Michael, Integration der Betriebskosten in das Risikomanagement von Kreditinstituten, Wiesbaden 1994.

Schulte-Mattler, Hermann; Traber, Uwe, Marktrisiko und Eigenkapital, Wiesbaden 1995.

Schwake, Edmund, Das versicherungstechnische Risiko als arteigenes Risiko der Versicherungsunternehmen, in: Zeitschrift für die gesamte Versicherungswissenschaft, 77. Jg. (1988), S. 61-88.

Schwanitz, Johannes, Analyse des Kontokorrentzinses mit Hilfe des Elastizitätsdiagramms, in: Die Bank, o. Jg. (1995), H. 3, S. 165-169.

Schwartzkopff, Ekkehart, Zyklische Analyse der Zinsentwicklung, in: Methoden und Instrumente der Zins- und Wechselkursprognose, hrsg. v. Hannes Rehm, Bonn 1989, S. 47-56.

Seil, Hans-Jörg, Die Quantifizierung betriebswirtschaftlicher Sachverhalte, Diss., Berlin 1966.

Sharpe, William F., A Simplified Model for Portfolio Analysis, in: Management Science, 9. Jg. (1963), S. 277-293.

Sieben, Günter; Schildbach, Thomas, Betriebswirtschaftliche Entscheidungstheorie, 3. Aufl., Düsseldorf 1990.

Siegel, Bernd; Degener, Rolf, Die ertragsorientierte Tantiemeregelung, in: ZfgK, 41. Jg. (1988), H. 13, S. 574-576.

Spremann, Klaus, Das Management von Währungsrisiken in: Handbuch Bankcontrolling, hrsg. v. Henner Schierenbeck, Hubertus Moser, Wiesbaden 1995, S. 836-862.

Spremann, Klaus, Finanzierung, München 1985.

Sroka, Kurt, Probleme der Messung der Fremdfinanzierungsrisiken und deren Bedeutung in der Theorie der finanziellen Führung, Diss., Frankfurt 1966.

Statistisches Bundesamt (Hrsg.), Statistisches Jahrbuch 1990 für die Bundesrepublik Deutschland, Wiesbaden 1990, sowie weitere Jahrgänge.

Staudt, Erich, Planung als „Stückwerktechnologie", Göttingen 1979.

Steiner, Manfred; Bruns, Christoph, Wertpapiermanagement, 4. Aufl., Stuttgart 1995.

Stephan, Jürgen, Entscheidungsorientierte Wechselkurssicherung, Köln 1989.

Stieglitz, Joseph E.; Weiss, Andrew, Credit Rationing in Markets with Imperfect Information, in: American Economic Reciew, 71. Jg. (1981), H. 3, S. 393-410.

Stützel, Wolfgang, Bankpolitik heute und morgen, 3. Aufl., Frankfurt 1983.

Stützel, Wolfgang, Ist die „Goldene Bankregel" eine geeignete Richtschnur für die Geschäftspolitik der Kreditinstitute?, in: Vorträge für Sparkassenprüfer, hrsg. v. Deutschen Sparkassen- und Giroverband, Kiel 1959, S. 34-51.

Süchting, Joachim, Risikoüberlegungen bei der Kreditfinanzierung von Unternehmen (I), in: BI, 3. Jg. (1976), H. 2, S. 20-27.

Süchting, Joachim, Risikoüberlegungen bei der Kreditfinanzierung von Unternehmen (II), in: BI, 3. Jg. (1976), H. 3, S. 20-24.

Süchting, Joachim, Überlegungen zu einer umfassenden Risikobegrenzung im Bankbetrieb, in: ÖBA, 35. Jg. (1987), H. 10, S. 679-689.

Süchting, Joachim, Zum Problem des „angemessenen Eigenkapitals von Kreditinstituten, in: zfbf, 34. Jg. (1982), H. 5, S. 402-415.

Terberger, Eva, Der Kreditvertrag als Instrument zur Lösung von Anreizproblemen, Heidelberg 1987.

Ufer, Willi, Stellen Sie die Weichen, in: Bank Magazin, o. Jg. (1994), H. 11, S. 8-13.

Uhlir, Helmut, Zur Bemessung risikoabhängigen Haftkapitals bei Banken, in: Aktuelle Fragen der Finanzwirtschaft und der Unternehmung, hrsg. v. Dieter Rückle, Wien 1991, S. 691-710.

Urbach, Willi; Spanier, Günter, Steuerung der strukturellen Kreditausfallrisiken, in: BI, o. Jg. (1994), H. 7, S. 32-36.

Vogel, Thomas, Bankenregulierung - Die Zielsetzungen, Einlegerschutz und Stabilität des Bankensystems, Würzburg 1990.

Vollmar, Fritz, Begriff und Wesen des Risikos in der Betriebswirtschaftslehre, Bern, 1957.

Wächtershäuser, Manfred, Kreditrisiko und Krediteinzelentscheidung im Bankbetrieb, Wiesbaden 1971.

Weiershäuser, Eberhard, Geschäftsfeldrisiken und Gesamtrisiko der Bank, in: Finanzintermediation und Risikomanagement, hrsg. v. Hans J. Krümmel, Bernd Rudolph, S. 158-175.

Welcker, Johannes, Point and Figure Analyse der Zinsentwicklung, in: Methoden und Instrumente der Zins- und Wechselkursprognose, hrsg. v. Hannes Rehm, Bonn 1989, S. 37-46.

Wentz, Rolf-Christian, Unternehmerische Devisenkurssicherung, Frankfurt 1979.

Wieandt, Paul, Risiko als Faktor für den Ressourceneinsatz, in: ZfgK, 46. Jg. (1993), H. 13, S. 603-610.

Wiegel, Klaus Dieter, Rentabilität und Risiko im Kreditgeschäft der Banken, Köln 1985.

Wilhelm, Jochen, Die Bereitschaft der Banken zur Risikoübernahme im Kreditgeschäft, in: Kredit und Kapital, 15. Jg. (1982), H. 4, S. 572-601.

Wilhelm, Jochen, Fristigkeitsstruktur und Zinsänderungsrisiko, in: zfbf, 44. Jg. (1992), H. 3, S. 209-246.

Wimmer, Konrad, Die Realisierung von Konditions- und Strukturbeiträgen in der Marktzinsmethode, in: ÖBA, 42. Jg. (1994), H. 8, S. 588-598.

Witte, Peter, Die technische Analyse in der Praxis des Devisenhandels, in: Methoden und Instrumente der Zins- und Wechselkursprognose, hrsg. v. Hannes Rehm, Bonn 1989, S. 103-112.

Wittgen, Robert, Währungsrisiko und Devisenkurssicherung, Frankfurt 1975.

Wittmann, Waldemar, Unternehmung und unvollkommene Information, Unternehmerische Voraussicht - Ungewißheit und Planung, Köln, Opladen 1959.

Wittmann, Franz, Steuerung des Zinsrisikos in der Praxis, in: Betriebswirtschaftliche Blätter, o. Jg. (1994), H. 12, S. 609-613.

Wöhe, Günter, Einführung in die Allgemeine Betriebswirtschaftslehre, 17. Aufl., München 1990.

Wölling, Angelika, Die Steuerung von Produktrisiken, in: Risikomanagement in Banken — Konzeptionen und Steuerungssysteme —, hrsg. v. Verband öffentlicher Banken, Bonn 1991, S. 119-135.

Zimmer, Klaus, Die Harmonisierung der Einlagensicherung in der Europäischen Gemeinschaft, Teil I: Der Richtlinienentwurf der EG-Kommission, in: ÖBA, 40. Jg. (1992), H. 5, S. 457-466.

Zimmermann, Hans-Jürgen, Optimale Entscheidungen bei unscharfen Problembeschreibungen, in: zfbf, 27. Jg. (1975), S. 785-795.

Stichwortverzeichnis:

Abrufrisiko 73
Absatzrisiko 55 f.
Aktionsraum 7 ff.
Änderungsrisiko 70 f.
Ausfallrisiko
- allg. 68 ff., 104 ff.
- formales 69 ff., 129 ff.
- materielles 69, 124 ff.
- Versicherung 286 ff.

Besicherungsquote 123

Beurteilung 36
(Brutto-)Konditionsbeitrag 121
(Brutto-)Konditionsmarge 122

Devisenterminkurs 183 ff.
Diversifikationseffekt 326 ff.
Duration 144
Durationskonzept 144 ff.

Eigenkapital 362 ff.
Einlagensicherungssystem 37 f.
Elastizitätenbilanz 150 ff.
Entscheidungsfeld 7 ff.
Erfolgsrisiko 59 ff.
Erfüllungsrisiko 228
Ergebnismatrix 13
Ergebnisraum 13
Exklusionsprinzip 8

Festzinslücke 134
Festzinsposition
- aktivische 134
- geschlossene 134
- passivische 134
Festzinsrisiko 60, 133 ff.
Forward rate 81, 162 ff.

Fremdwährungsbilanz 178 ff.
Fremdwährungsposition
- geschlossene 179
- offene 179
Fremdwährungsüberhang 66
Fristentransformationsbeitrag 136

Gewinnkriterium 119 ff.
Grenzzins 135

Handlungsalternative 7 ff.

Intervallskala 35

Konditionsbeitrag 121 f.
Konditionsbeitragsbarwert 149
Korrelationskoeffizient 48
Kovarianz 48
Kreditvergabeentscheidung 104 ff.
Krisenquote 107

Lagrange-Ansatz 284 ff.

Liquiditätsrisiko 71 ff.

Marktrisikoindex 244
Marktwechselprämie 181
Marktzinsmethode 120
Messung
- abgeleitete 34
- fundamentale 34
Mißnutzenausgleichsfunktion 307 ff.

(Netto)Konditionsmarge
- allg. 122
- I 128
- II 128
(Netto-)Konditionsbeitrag 121

Nominalskala 35

Ordinalskala 35

Partialmodell 8 ff.
Portfoliolinie 312
Prämienprinzip 25 f.

Quantifizieren 36

Referenzwert 18
Refinanzierungsrisiko 73
Reinvermögensänderung 10
Risiko
- Begriff allg. 1 ff.
- des Betriebsbereichs 56 ff.
- des Wertebereichs 58 ff.
Risiko-Risikoprämien-Relation 78, 311
Risikoabgeltung 104 f.
Risikobegrenzung 82
Risikobegriff
- formaler 28 ff
- materieller 23 ff.
Risikodeckungsfonds 25 f.
Risikodeckungspotential 368
Ruinwahrscheinlichkeit 17
Risikodiversifikation 85 ff.
Risikogrenze 109 ff.
Risikoklasse 86, 243 ff.
Risikokompensation 88 ff.
Risikomarge 122
Risikomaßgröße 41 ff.
Risikomessung
- allg. 36 ff.
- Anforderungen 98 ff.
- Funktion 93 ff.
Risikonormierungsthese 107 ff.

Risikoprämie
- formale 130, 176, 209
- materielle 23 ff.
Risikosteuerung
- aktive Maßnahmen 79 ff.
- passive Maßnahmen 78 f.
Risikoüberwälzung 90 f.
Risikoverbundeffekt
- allg. 210 ff.
- formaler 241 ff.
- materieller 212 ff.
Risikovermeidung 82 f.
Risikozerfällung 84 f.

Schaden 18
Schätzung 36
Scheinkorrelation 265
Schwankungsrückstellung 309
Selbstbeteiligungsquote 293
Sicherheitsfunktion 307 ff.
Sicherheitskriterium 108 ff.
Sicherheitsniveau 359 ff.
Skala 34
Solvenzkonzept 141 ff.
Standardabweichung 45
Standardnormalverteilung 50 f.
Stochastische Dominanz 42
Swapsatz, impliziter 183
Swapsatzrisiko 64 ff., 183 ff.

Terminrisiko 73
Totalmodell 8
Tranche
- fest verzinsliche 154 f.
- variabel verzinsliche 154 f.

Überschuß, risikodispositiver 367
Umweltzustand 11 f.

Ungewißheit
- i.e.S. 20 f.
- i.w.S. 21
Unscharfe Entscheidungssit. 16 f.

Varianz 45
Verhältnisskala 35

Wahrscheinlichkeitsbegriff 13 ff.
Währungsrisiko 63 ff., 177 ff.
Währungstransformationsbeitrag 180 f.
Wechselkursrisiko
- allg. 64 f., 178 ff.
- formales 66 f., 205 ff.
- materielles 66 f., 203 ff.

Z-Wert 51
Zerobond-Abzinsfaktor 163
Zielsystem, bankbetriebliches 36 f.
Zinsänderungsrisiko
- materielles 61, 167 ff
- formales 61, 171 ff.
- variables 60 f.
Zinsänderungsrisikoprämien 61, 167 ff., 176
Zinsanpassungselastizität 60 f., 150 ff.
Zinsbindungsbilanz 133 ff.
Zinselastizitätenansatz 150 ff.
Zufallsrisiko 70
Zustandsraum 11 f.